# 外国特种部队揭秘

苏贻鸣◎总策划
胡兆才 费志杰 等◎编 著

上海人民出版社

美军 101 空降师士兵在阿富汗昆纳尔省与塔利班武装交火中注重战术配合

俄罗斯 SSO 特种部队

美国“绿色贝雷帽”特种部队在训练

法国外籍特种兵

以色列特种部队在训练

俄罗斯阿尔法部队的狙击训练

英国皇家陆军“特别空勤团”在训练

美军“海豹突击队”应征者在卡罗拉多海军两栖基地接受原木训练

韩国特种部队在进行冬季训练

美军特种兵使用莫斯伯格 M500-12 号霰弹枪进行训练

美军特种兵发射 MK19 榴弹

美军特种部队在运动中进行射击训练

驻韩美军徒手格斗训练

俄罗斯特种兵比武中的战场医疗急救科目

MEU（SOC）手枪

迷你左轮手枪

尼泊尔廓尔喀弯刀

AWM 狙击步枪

BXP 冲锋枪

德国 Blaser R93 狙击步枪

美军特种部队 M14 增强型狙击作战步枪

美军特种部队 M249 班用自动武器

SA-80 步枪

M4 超级 90 霰弹枪

P90 冲锋枪

俄罗斯特种兵单兵装备

美军特种部队使用改进型 XM905 迫击炮

秘鲁海军陆战队蛙人装备

德国ESG公司生产的特种部队用单兵飞行器正面

装备ACH先进战斗头盔的驻阿富汗美军

特种部队使用无人车处理爆炸物

美军“影子-200”无人机

UH-60 中型通用直升机

美军全地形防地雷反伏击车

单兵头盔配备的融合技术夜视仪

俄罗斯特种小分队班长正在使用战术计算机

美军特种部队直升机驾驶员 HGU-56P 专用头盔（AIHS）

# 目　录
# CONTENTS

# 序

作为新型作战力量，特种部队是现代战争克敌制胜的“神兵”，也是反恐、处置突发事件的“利剑”。20 世纪 80 年代以来，特种部队的地位作用日益突出，在历次武装冲突中逐渐由“配角”上升为“主角”。这些部队装备精良，素质优秀，能随时执行各种特殊任务，被誉为军队中的“精英”。他们总是低调行事，一旦有艰难险重任务，召之即来，速战速决，一鸣惊人。“神秘莫测”“销声匿迹”是他们的代名词，人们总是想尽办法去探听他们的行动细节，穷尽手段去了解他们的神奇装备，绞尽脑汁去偷窥他们的魔鬼训练。

特种部队是国家或集团为实现特定的政治、经济、军事目的，在军队编成内专门组建的执行特殊任务的作战分队，具有编制灵活、人员精干、装备精良、机动迅捷、训练有素、战斗力强等特点。特种部队常以特殊的方式和手段实施作战行动，其行动具有目的特殊、计划周密、方式独特、手段多样、隐蔽突然等特点。无论是深入敌后的侦察、引导，还是直接参加战斗、冲突，实施破袭、营救、斩首等作战行动，都以神奇的威力，演绎出一幕幕神秘莫测又惊险绝伦的战争奇观。

特种部队最早诞生于第二次世界大战期间的英国。当时，为对德国实施非正规作战，英国正式组建“哥曼德”特种部队，对德军实施侦察、破坏、袭扰和暗杀活动，战绩显著，堪称世界特种部队的“鼻祖”。随着英国第一支特种部队的建立，世界各主要国家也先后组建了专门执行各种特殊任务的特种部队。进入 21 世纪，在伊拉克战争、阿富汗战争，以及其他一系列武装冲突、局部行动中，世界各国特种部队以其惊心动魄的特种作战行动，取得了一系列奇迹般的辉煌战果，充分显示了特种部队的特殊地位和作用。

目前，特种部队已经升级为世界各主要国家维护其国家安全与稳定的战略级军事力量，由其担负并实施的特种作战行动，成为各个国家在平时和战时实现其特殊国家利益目标的一种极为重要的斗争形式和军事手段。随着各国特种部队编制、体制、训练、武器装备等的不断革新，特种部队的作战能力持续增强，在打赢信息化战争中将发挥越来越重要的作用。

本书专门介绍了世界主要军事强国特种部队的真实面貌，为读者揭开它们的神秘面纱，展示了外国特种部队包括轻型武器、支援兵器、单兵装具、未来武器等在内的“独门暗器”，详细分析了外国特种部队单兵体能训练、个人技能训练、心理素质训练、战术能力训练，让人们一窥特种部队魔鬼训练的严酷之处。全书还详细披露了特种部队全程参与的、最为知名的八大人质营救成功行动，以及五大人质营救失败事件，向人们揭示了特种行动的辉煌成就和残酷代价，提供了全球十大特种部队行动的独到分析，五大特种护卫部队的精彩展示，更有从美军越境击毙恐怖大亨本·拉登到绿色贝雷帽陨命尼日尔十大最新特种战例的详细解读。

孙子云：知彼知己，百战不殆。作为军事科学院《外军军事学术》的主编，我审读过许多关于外国特种作战的学术文章，对美俄法等国特种部队印象深刻。研究借鉴外国特种部队的经验教训，增强中国军队能打仗、打胜仗的本领，不仅仅是军队官兵实现强军梦的内在需要，更是激发全民国防意识，实现中国梦的必要途径。《外国特种部队揭秘》洋洋大观，从尖端特殊的武器装备到百炼成钢的魔鬼训练，从奇诡多变的战术技巧到夺人心魄的经典战例，还有精彩夺目的高清大图、通俗易懂的行文方式、简洁明快的栏目设置。作为研究外国特种部队的最新“装备”，值得读者拥有。

军事科学院 陈婷<br>2019 年 5 月

# 前言

## 奇兵诡道

——漫话特种部队

## 神奇的部队

说起特种部队，他们那神秘莫测、惊险刺激、紧张曲折的出击和威猛无比、骁勇善战、临危不惧、九死一生的战斗风采；他们在大大小小的战场和复杂纷纭的战争舞台上演出的一幕幕沙场奇观，也许您已经从新闻报道、热点纪实及影视作品中多少有些耳闻目睹。“9·11 事件”以后，以对付恐怖活动为主要使命的特种部队更为世人关注。提起“绿色贝雷帽”、“哥曼德”、“三角洲”、“野小子”、“边防军第九旅”，目睹“奇兵偷袭乌干达恩德培机场”、“神兵大战马岛”等，又会使您对特种部队的神奇行动、精彩表现而惊叹不已……

何谓特种部队？顾名思义，特种部队是指经过特殊训练、执行特种作战任务的武装集团。

何谓特种作战？也就是非正规作战，通常是在秘密的时间、地点和空间进行的特殊作战。这种非正规作战，主要指侦察谍报、秘密渗透、扰乱敌后、袭击破坏等游击战、心理战，敌战区安抚和颠覆以及反恐怖、反劫机、紧急军事营救等。它往往与“达成有限战略目的”密切相关。但是，有时为了达到某种战役战术目的，进而实现战略意图，临时精心挑选或招募部队精英组编起来的“突击队”、“别动队”、“敢死队”、“游击队”，虽称不上是专门的特种部队，却与特种部队有着密切的血缘关系。他们可以执行与特种部队相同的任务，实施类似的作战，达成同样的目的。例如在第二次世界大战期间，临时特编的“敢死队”、“突击队”、“别动队”，就发挥了重要作用。

随着人类社会的多样化发展，各种矛盾错综复杂，日益尖锐，由此产生的恐怖活动、暴力活动日益猖獗，特种部队的作战外延已大大扩大，反劫机、反暗杀、营救人质、捉拿恐怖分子等也成了特种部队的重要作战内容。同时，保卫政府首脑、要人及来访国宾，也成了特种部队的重要任务。

## 神奇的威力

特种部队最早起源于英国。第二次世界大战初期，英国就组建了一支由海军和海军陆战队精锐部队组成的特种部队。他们头戴绿色贝雷帽，取名为“哥曼德”。第二次世界大战期间，“哥曼德”多次袭击德军的军事设施，立下了赫赫战功。在同一时期，英国还组建了被称为“沙漠鼠”的特种突袭部队，头戴褐色贝雷帽、被称为“红色恶魔”的特种空降部队；以及以破坏德、日军待命飞机为主要任务的特种航空部队等。

继英国之后，美国也在第二次世界大战期间组建了特种部队。其队员佩戴箭与剑交叉图案的徽章。1952 年 6 月 20 日，在杜鲁门总统时代，美国在北卡罗来纳州的布雷格堡正式成立了名为“绿色贝雷帽”的特种部队——第 10 特殊任务部队。20 世纪 60 年代，即越南战争期间，美军大力发展适合丛林战和游击散兵作战的特种部队。目前，美国特种作战部队总兵力已超过 4.26 万人。

苏联在第二次世界大战期间，尤其是 1941 年 6 月苏德爆发战争后，将破坏、干扰敌后方作战列为战略作战的一个重要组成部分，把一批批小股特种人员空投到德占区，进行干扰破坏作战，取得了辉煌战绩。例如，苏军从 1941 年至 1945 年在对德、日的作战中，累计空降 50 万人次，其中大部分用于特种空降，从事敌后游击活动。再如，在 1943 年 7 月的克列斯特会战中，苏联特种部队一齐行动，四处出击，仅一个晚上，就炸毁了德国 5800 处铁路设施和重要路段，使德军补给线陷入了严重的瘫痪状态。据统计，1941 年至 1944 年期间，仅在德军作战的后方——白俄罗斯，被苏特种部队暗杀的德国官兵就达

5万人，其中包括47名将军。二战后，苏联在原特种部队的基础上，建立了一支具有相当规模、装备精良的特种部队，约有3万人，被西方分析家视为仅次于核力量和常规力量的“第三力量”。苏军入侵阿富汗时，这支部队发挥了特殊作用，被阿富汗人称为“超级黑兵”。

总之，在过去数十年中，各国特种部队几乎都得到了空前的发展。目前，世界上很多国家都拥有特种部队。除上述英、美、苏（俄）外，以色列有被称为“野小子”的特种部队；德国有代号为“边防军第九旅”的反恐怖特种部队；丹麦有对付敌人突击队的反突击队；瑞士有对敌进行搜索、侦察、偷袭的特种部队；印度有维持边境安全、对付暴力的特种部队；朝鲜、韩国、泰国、越南、菲律宾、马来西亚以及一些中东国家均有规模不等的特种部队。

## 特殊的使命

特种部队的编制体制、军事训练、武器装备、作战任务及其他各种作战勤务保障都与其独特的使命相适应。近一个世纪以来，特种部队以其特有的作战手段，活跃于世界各地大小战场，出现在各种反恐怖、反劫机、救人质的作战舞台，演出了一幕幕惊心动魄、令人惊叹的战争奇观。

特种部队所负的使命，随着历史的演变，战争样式的变化以及各国根据各自不同的利益和需要，其内涵和外延在不断丰富和发展。特种部队的作用，在和平时期主要体现在完成那些基于政治原因而不便使用警察或正规军去完成的任务上，如对付恐怖主义活动；在战争时期，主要体现在全面战争中的非正规作战方面，即战时派出小分队潜入敌军后方或心脏地带，以出其不意的奇袭手段摧毁敌人的指挥系统，破坏敌军司令部及指挥通信设施，暗杀敌军指挥员，并在可能条件下袭击敌方导弹部队阵地、核武器仓库、交通枢纽、核动力系统等重要目标，营救被俘人员，歼灭小股敌军等，最大限度地在战略、战术上打击敌军，震撼敌方的士气与民心，配合正面部队的正规作战，发挥战略战役作战的作用。特种部队从组织上看有两种形式：一种是相对独立的，如美国的特种部队之一“三角洲”部队；另一种是作为庞大的武装部队中的精锐力量，如英国特种舟艇大队就是皇家海军陆战队的一部分。

特种部队的任务归结起来，大致可分为六大类。

## 敌后侦察

一般通过秘密空降或从地面、海上渗入等方法，深入敌后。在海湾战争中，为弄清空袭目标的准确位置和性质，提高空袭效果，美国中央情报局从“绿色贝雷帽”部队中挑选了一批长相与伊拉克人相似，能操一口流利的阿拉伯语的美籍阿拉伯后裔，趁夜黑秘密搭乘直升机潜入伊拉克境内，执行敌后侦察任务。他们化整为零，以 3—5 人为一行动小组，昼伏夜出，行动诡秘，搜寻隐蔽的伊拉克“飞毛腿”导弹、作战飞机以及指挥所等地下工事的准确位置。他们利用数码照相机及摄像机把照片直接发回驻利雅得的多国部队总部，引导多国部队的飞机实施精确轰炸，取得了惊人的效果。

## 特工破坏

利用多种手段深入敌纵深地带，以偷袭方式，破坏敌军指挥中心、导弹基地、桥梁、机场、防空设施、弹药库、油库等重要军事目标。在第四次中东战争期间，埃军将 50 多支特种部队空投到以军后方，在那里，他们破坏了以军指挥所、交通枢纽等，还炸毁了西奈半岛南部的油田设施，以军疲于奔命，顾此失彼，拖住了以军 3 个多小时，使埃军赢得了强渡苏伊士运河的时间，有力地配合了正面进攻。在英阿马岛战争中，英特种部队从海上潜入阿根廷本土，炸毁了停在里亚、盖来歌斯空军基地的全部“超级军旗”式飞机，从而解除了阿对英特混舰队的最大威胁。

## 抢夺要地

英阿马岛战争中，英军在部队发起攻击前，首先由海军陆战队派出 100 名特工队员，以出敌不意的行动，夺占了南乔治亚岛等要地，保障了大部队的顺利登陆。又如，在海湾战争后期，在地面作战开始前数小时，美军就派出地面特种作战部队深入伊境内，攻占伊军后方基地。这样做一举两得，既切断了伊军的后勤补给，又为盟军部队利用这些基地提供后勤保障创造了条件。地面作战中，美军派出两支特种部队为先遣队，穿插至伊军纵深数百公里，抢占幼发拉底河附近重要地段，切断伊军退路，在构成对第 29 军主力的合围中起了重要作用。

## 实施心战

海湾战争中，为什么会有 6 万多伊军向多国部队投降呢？原来，美军“联合心理战委员会”在布什总统的直接授意下，对伊军展开了强大的心战攻势。美军组织了一批懂阿拉伯语，通晓阿拉伯传统文化和风俗习惯的专家，在战区建立了“海湾之声”广播电台，每天对伊军广播 18 个小时，进行宣传蛊惑，动摇其军心。同时向盟军的每一个作战营派出战场喊话小组，跟随部队进行战场宣传。据不完全统计，在战前和战争期间，美军散发了各类传单约 2800 万张和大量的录音带、录像带等音像制品，而且 90% 的伊军俘虏都看过美军制作的宣传品，70% 的俘虏承认是受到心战宣传品的影响而决定投降的，可见心战的威力是多么强大。

### 组织营救

由于特种部队队员经过特殊训练，武艺精强，几乎无所不能，所以他们在组织营救活动中经常充当主角。1976 年以色列特种部队在乌干达营救人质的行动就曾经轰动了世界。当年，以色列精选 200 名武装突击队员，分别乘坐数架军用运输机，采取超低空飞行，远距离偷袭了乌干达的恩德培机场。这次行动，仅用 53 分钟，当场击毙全部劫机者，炸毁 10 余架乌干达作战飞机，并把被劫持的 242 名人质全部救出，安全返回。又如，在海湾战争期间，美国陆军第 160 航空团第 3 营多次成功完成美中央情报局指派的营救飞行员任务，该营的“黑鹰”直升机还在离地面 30 米的高度上飞行 240 公里，深入到幼发拉底河以北地区，顺利救出被伊军围困达 5 小时的 5 名特种部队队员。

### 暗杀绑架、捉拿恐怖分子

绑架暗杀是特种作战部队经常采用的特工作战手段之一。只要指挥员下达命令，特工人员会立即全力以赴地潜往敌国，对敌国政府要员和军队高级指挥官进行绑架或暗杀，使其国家或军队失去控制，不战自乱。如苏联侵占阿富汗就是由于在苏军入侵阿富汗之前，苏联内务部第一副部长帕普金中将率领特种突击队员，秘密潜入阿富汗首都喀布尔，暗杀了阿明总统，使阿富汗陷入一片混乱，然后乘虚而入，侵占了阿富汗。

此外，追杀、捉拿恐怖分子，也已成为特种部队的重要使命。如“9 · 11”事件后，美军为追捕本 · 拉登，出动了数万名特种兵。

## 特殊的训练

为了能在特殊的地形、季节、气候等恶劣环境条件下进行作战，同时能在困境、逆境、险境、绝境中求得生存，特种部队的队员必须在体力、精力、耐力和智力的极限上进行训练，冬练三九，夏练三伏，使心理和生理能力在最大的临界值上受到考验。冰冻三尺非一日之寒，要想通过严格的训练成为一名合格的特种队员，需要异乎寻常的决心和非凡的毅力。因此，训练淘汰率极高，一般在50%以上，有时淘汰率高达90%。

训练之所以要如此严格，是因为特种队员面临着异常严酷的自然环境和残酷的战场环境。要能在极端险恶的条件下生存下来，并能沉着冷静地分析判断情况，机敏果敢地处理问题，不折不扣地完成任务，没有超常的体魄、技能、智力、意志以及相当的科学文化修养，是难以想象的。因此，特种部队必须以严格的科学态度和先进的科学技术为基础进行训练，培养出一群既有“攻击、攻击、再攻击”的勇猛，“战斗、战斗、再战斗”的意志，又不逞一夫之勇的、有胆略、有智谋的军人。

特种部队的训练，除了严酷的体能训练外，通常分为六类。

## 战斗技能训练

战斗技能训练使参加人员熟练掌握本军和外军的各种武器，包括各种枪械、手榴弹、枪榴弹、小口径火炮和反坦克武器的使用，有的还能使用重型火炮，徒手格斗以及利用各种制式或自制的冷兵器进行格杀，利用炸药和其他手段进行破坏，特别是使用和设置诡计装置和欺瞒装置的方法，以及掌握巷战、夜战、搜捕、脱险逃生的基本技能等。

## 机动技能训练

这种训练就是要让战斗人员掌握正确驾驶和操纵各种车辆、舰艇的方法，其他训练还包括学习直升机和固定翼飞机的驾驶技能。另外，它要求特种部队人员必须熟练地排除故障和使用机动工具上的设备及武器的方法。

## 渗透技能训练

渗透技能包括跳伞、潜水、攀登、滑雪、穿越雷区、通过封锁区以及识图标图和远距离越野行军。一名优秀的特种部队军人在这方面同职业运动员相比，其能力是不分上下的。

## 野战生存与防护训练

这种训练的主要目的是让所有参训人员掌握在深山老林、荒原沙漠、冰天雪地的条件下或在孤立无援、水断粮绝的危难时刻生存下来的方法。学会觅食，例如花草果实、鱼鸟昆虫、野兽等动植物的采集、捕获处理方法，无毒植物的食用、药用及对人体有毒植物的识别、采集和利用；汲水，包括取水、净水和喝水、节水、防止脱水的方法；取火，要利用各种手段，甚至包括最原始的钻木取火方法；露营，包括支帐篷、筑雪洞、搭窝棚、防雨防虫方法；穿衣，除了衣帽鞋袜的正确穿着、保管，还要求特工人员学会裁剪或编织防寒蔽体衣物的方法；防护训练主要包括伤害疾病、溺水中毒的预防救治及护理、护送方法。此外，还必须学会对核、生、化武器的防护，利用自然或人工条件进行伪装的技能。

### 侦察谍报技能的训练

训练主要包括观察潜伏、窃听、捕俘、审俘、照相、录像、测绘等多种获取情报的手段，以及密码通信联络等多种传递情报的技能。

### 心理对策训练

一般学员都必须掌握并学会一至两门外语，而且要求学员能够自如地应付审讯，伺机逃脱等对抗训练和心战、策反、安抚、颠覆方面的对策训练。此外，还要进行胆量训练，教练故意制造一些危险情况，比如把学员带进火灾现场，扔到深海里，制造沉船、房屋倒塌、车辆碾压等事件。更有甚者，有的教练员还把学员装进麻袋里，用卡车运到森林或很偏僻的地方抛弃，队员完全要靠自己的力量和智慧设法挣脱，处理伤痛，战胜饥饿，生存下来，返回基地。

## 奇特的装备

为适应特种作战的需要，特种部队往往需要拥有尖端的装备，并在作战中运用先进技术。

特种部队的武器装备必须精良配套，灵活轻便，易于隐蔽和操纵。这是因为，他们一旦潜入或被投送到敌区后，由于作战行动的高度机密和战场客观条件的限制，基地或兵站在一定时间内难以对其进行支援和补给，特别是远距偷袭、跨国突袭等特殊作战，几乎是无法补给和支援的。这就要求每个特种部队的队员，尽可能多地携带武器装备和物资器材。然而，人的负载能力是有限的。所以，特种部队配备的武器通常是体积小，重量轻，功能全，用途多，作用大，威力强。例如，美军特种部队选用的M16A1卡宾枪，比M16A1自动步枪短小轻便得多，但威力不减，所配M9型刺刀，既可装枪用，又可手持当白刃格斗的兵器用，既可切、割、锯、剪、削、砍，又可开瓶拧螺丝。它完全体现了“小全轻大”四维并举的特点。美国特种部队队员执行任务时，身着迷彩服，头戴绿色贝雷帽，腰挎卡宾枪或自动步枪，身藏柯尔特式自动手枪、手榴弹、炸药、索具、小型无线电台等，一应俱全。如此武装起来的队员，或从空中伞降，或从海上乘橡皮舟登陆，或徒步穿越森林，昼伏夜出，神出鬼没，可长期深入敌方腹地进行独立活动。

特种部队相对于正规作战部队来说，规模小，人数少，装备的总数量也少。然而，特种作战的独立性和特殊性，特种作战任务的多样性和战场目标的广泛性，又要求其装备品种齐全，种类配套。大到飞机、舰船、火炮、战车，小到手枪、匕首、鱼钩、鱼线，应有尽有。冷兵器有军刀、刺刀、匕首、伞兵刀、靴刀、救生刀、多功能刀；水上装备有两栖攻击舰、微型潜艇、装甲艇、巡逻艇、气垫艇、橡皮艇、蛙人运输艇；爆破器材有特种炸药、定向杀伤地雷、燃烧弹、眩目弹；电子装备有新型通讯器材、电子侦察器材、夜视器材、高效指挥装备、激光目标指示器、单兵便携式卫星信号接收机；其他还有特制云梯、特殊降落伞等等。

为适应机动能力、应变能力、突击能力和生存能力的高要求，特种部队大多选择重量轻、机动性好、火力强的装备，以形成“少而全、轻而快、小而精”的装备体系，使特种部队各层次乃至整体的作战能力得到优化。

在现代高科技技术广泛应用于军事的今天，特种部队的装备并非一味地求新求精，而是主张“新老搭配、土精结合”。其原因是，一些特殊环境下的特种作战，仍带有原始战法的性质，如丛林战、山地战、沼泽战、沙漠战等。所以，性能优良的微声手枪和微声冲锋枪，并没有完全取代古老的弓弩和毒箭；原始的独木舟、小帆船仍可与现代的小型机动艇并驾齐驱，各显神通；砍刀、弹弓、火柴、蜡烛、铅笔头、凸透镜等现代人不屑一顾的“土玩意”，在特种部队中却能大派用场。

## 备受青睐的宠儿

第二次世界大战后，世界局部战争不断，地区冲突和民族纷争频生。从二战到90年代末的50余年间，全世界共发生政治革命300场以上，武装冲突200多起，有限战争十多次，政变100多次，叛乱200多起，世界极不太平。进入80年代后，恐怖活动席卷全球，绑架、暗杀、袭击、爆炸、劫机、抢劫、劫持人质事件接连不断，闹得世界惶恐不安。90年代后，民族纷争、地区冲突接连发生，旷日持久；恐怖行动屡见不鲜，时有所闻。

因此，特种作战更加受到各国军事统帅部门的高度重视，特种部队更是备受青睐。特别是西方一些军事大国，纷纷加强了特种部队的建设。如美国、法国专门成立了特种作战司令部，将这些精锐之师置于统一的指挥机构控制之下；西班牙专门改组了特种作战部队，使之成为一支规模中等的快速反应部队；英国新增设了旅属特种侦察巡逻队等等。特种部队的士兵，往往是百里挑一；其装备则是最先进的。

特种部队之所以受到世界各国的青睐，其原因在于它具有较强的单独作战能力、战场渗透力、战场生存力、战场应变力，能够在特殊条件下执行特殊任务，以较少的人力物力发挥巨大的作战效能，以较小的代价获取重大战果。能在解决国家政治、军事、外交危机的过程中，达到其他作战部队所难以达到的效果。

今后，无论是和平时代还是战争时期，特种部队都将受到高度重视，特种部队将令热血青年心往神驰。

本书将披露各国特种部队许多鲜为人知的内幕，真实地介绍著名特种部队在战争年代及和平时期的大小政治舞台、隐蔽战场演出的一幕幕令人惊叹的战斗奇观。

“神兵奇旅”、“奇兵诡道”，这或许是对特种作战部队最好的形容和概括。

# Chapter 1

# 军之精萃

——外国特种部队大观

# 一、“绿色贝雷帽”与“海豹”

——骁勇的美国特种部队

## 初试锋芒于二战

美国特种作战部队是进行游击战、秘密活动和反恐怖活动的突击部队。其先驱——第1特种部队，于1942年7月9日在蒙大拿州的哈里逊堡正式成立。当时，这支部队是由美军和加拿大军组成的混合部队。这支部队成立后不久便被派往欧洲。

他们先是在德国占领之下的挪威实施破坏作战，后来转战意大利战场。在夺取马焦山附近的战略要塞——莱德芳萨高地的作战中，与敌人浴血奋战36天，一举名扬沙场。正是由于第1特种部队占领了这个重要据点，为美陆军第5军由那波利北上打开了通道。

后来，这支部队又转战法国，战争结束后被解散。虽然它存在时间不长，却因其活动神出鬼没，使德军闻风丧胆，被德军称为“魔鬼旅”。

箭与剑交叉的浮雕，是在这支部队的筹备阶段，由当时的国防部长于1942年2月26日批准佩戴的徽章，并且一直沿用至今。它同贝雷帽一起，成了“绿色贝雷帽”部队的象征。

美国特种部队先驱的另一支部队，是佛兰克·麦里尔率领的第5307混合部队，人们称之为麦里尔袭击队。这支部队在缅甸北部打过5次大仗，17次小仗，使日军大伤脑筋。这支部队曾派出一支分遣队，长途跋涉数百公里，克服重重困难，穿越缅北平原，夺取了位于重要战略据点密铁拉附近的日军机场，彻底摧毁了日军在缅北的空中优势。

在美国名目众多的特种作战部队中，第二次世界大战时期活跃在欧洲和太平洋的美军突击队功不可没。

美国的第一支突击大队是 1942 年 6 月 19 日在爱尔兰的加里库法科斯诞生的。这支部队参加过北非作战，在突尼斯攻击战中进行了奋勇顽强的战斗，率先突破沙漠之狐——隆美尔的防线。后来，在意大利战场曾参加过攻克杰拉、萨莱尔、卡米诺的战斗。当盟军在欧洲发起反攻时，它作为先头部队为在诺曼底建立滩头据点立下了赫赫战功。第二次世界大战期间，美国共成立了 6 支突击大队。

随着战争形势的发展，美军方高层人士认为，突击队作为非正规作战部队已完成了它的历史使命，遂于 1944 年 8 月 15 日在北卡罗来纳州班他兵营宣布解散。

## 战火中重生

朝鲜战争爆发后，突击队得到恢复。美军在佐治亚州贝宁堡编成了 8 个突击中队，执行特殊作战任务。在经过短时间的突击训练后，这些突击中队被派往朝鲜。其中配属于第 187 团的第 2、4 突击中队，曾空投到汉城（今首尔）近郊的汶山里，参加了配合美军在朝鲜半岛的登陆作战。

在杜鲁门总统任职期间，当时的心理战中心所属的一支特种部队，由堪萨斯州赖利堡调到北卡罗来纳州布雷格堡，于 1952 年 6 月 20 日成立了第 10 特种作战部队。这是现“绿色贝雷帽”部队的前身。

当时，在朝鲜有一支名叫“联合国游击队驻韩国步兵部队”的游击队。美国第 10 特种部队分遣队是该游击队主力。它于 1952 至 1953 年在中朝后方开展袭扰活动。

1953 年，以派驻西德的第 10 特种作战部队留守部队为主体，在美国的布雷格堡成立了第 77 空降特种部队。

第 77 空降特种部队经过多次扩编，逐步扩大，最后全部承担了原第 10 特种作战部队在美国本土的任务。1957 年夏，又以第 77 部队的一部分为主体，成立了第 1 空降特种部队，作为东北亚地区的应急力量部署在冲绳。1960 年春，第 77 空降特种部队改编为第 7 空降特种部队。

1956 年，当时的陆军参谋长马克斯维尔·泰勒上将，向参谋长联席会议提出了一份关于国家军事计划的文件，主张美国实行灵活反应战略，反对当时的参谋长联席会议主席雷德福所倡导的大规模报复战略。

泰勒上将的主张得到肯尼迪总统的赞成，他支持增强以从事非正规战为主要目标的特种部队建设。于是，1961 年美军新成立了第 5 特种部队，后来曾部署在越南；1962 年在巴拿马成立第 8 特种部队；1963 年在布雷格堡成立第 3、第 6 特种部队。

美国特种部队约有精锐兵员数万，并建立了赫赫战功，引起了世人的瞩目。发展美国特种部队的功臣肯尼迪总统被暗杀之后，为了赞誉他的功绩，美国把位于布雷格堡的特种作战中心改称为约翰·F. 肯尼迪特种作战中心。

## 探索中前进

由于特种部队机动性强、反应速度快、训练有素，因而它是今天美国使用最频繁的部队，如 1992 年动用特种部队的次数比上一年增加了 35%；在美国派往拉美、非洲、中东、亚洲和欧洲训练外国军队的军事训练团中，25%—30% 的成员来自特种作战部队；1983 年美国入侵格林纳达、1989 年入侵巴拿马及 1990 年海湾战争等军事行动中，都使用了特种作战部队。

1980 年 4 月 25 日美“三角洲”突击队在伊朗抢救人质失败后，美国政府进一步采取措施，全面加强特种部队建设，以便使它能够担负抗击恐怖活动和其他小规模战争的任务。

1987 年 4 月 23 日，美军为加强对各军种特种部队的一元化领导和实施统一指挥，组建了特种作战司令部。它是美军特种作战部队的最高指挥机构，司令由陆军上将或海军上将担任，并由总统直接任命。司令部设在佛罗里达州的麦克迪尔空军基地，并在华盛顿五角大楼设有办事机构。司令部编制 500 人。接着，海、陆、空军又分别于 1988、1989、1990 年建立了本军种的特种作战司令部。

90 年代后，美国把战略重点放在应付地区冲突和低强度战争上，认为特种部队不再仅仅担负某种秘密的军事行动，还将参加战区内的联合作战，因为它是完成这种任务最理想的军种。目前，美国特种作战部队已是其海外快速反应作战力量的重要组成部分。

## 庞大的特战集团——美国特种部队的现状

美国特种部队除部署在本土外，另在102个国家部署有特种部队。至90年代初，已拥有现役特种兵力约4万人，后备特种兵力1.76万人。队员年龄在30至45岁之间。

## 陆军特种部队

陆军特种作战司令部设在北卡罗来纳州的布雷格堡。至90年代，已拥有现役特种作战部队近2.9万人，其中现役1.47万人，后备役1.43万人。它主要由绿色贝雷帽部队、别动团、“三角洲”部队、心理战部队和民事部队组成。

### “绿色贝雷帽”部队

“绿色贝雷帽”部队在美陆军中是一支独特的部队，也是最有名的美国特种作战部队。它由第1、3、5、7、10共五个特种作战大队组成，每个特种作战大队编制1400人，下辖3个营。

第1特种作战大队驻刘易斯堡，负责亚太地区；第3特种作战大队负责非洲；第5特种作战大队驻布雷格堡，负责中东和北非；第7特种作战大队驻布雷格堡，负责中美洲和南美洲；第10特种作战大队驻德文斯堡，负责欧洲。特种后备队有4个特种作战大队。

特种作战的最小行动单位是特种战斗小组，每组12人，组长为上尉衔，副组长为中尉衔，其他成员有担任作战任务的士官2人、担任维修和技术任务的士官2人、担任医疗任务的士官2人、配备重火器的士官和轻武器的士官各1人、担任通讯任务的士官2人。

“绿色贝雷帽”部队的绿色贝雷帽，是队员们勇敢地克服种种困难、执行艰苦任务的象征。但因绿色贝雷帽也是英国突击队戴用的军帽，美陆军的高级将领对这个不同一般的帽子并不中意，曾一度停用。然而，对特种部队表现出异常关心和全面支持的肯尼迪总统认为，这种帽子用于特种部队十分相称，并指示队员们要自豪地戴上它。因此，美国特种作战部队又重新采用了贝雷帽，并成了美军特种部队的象征。与此同时，他们还继续延用 1942 年经国防部长批准使用的一支箭和短剑交叉在一起的徽章，把它佩戴在帽子上方。

1963 年 11 月，肯尼迪总统在得克萨斯州达拉斯遭暗杀后，其遗体在华盛顿阿林顿公墓安葬时，"绿色贝雷帽"部队的代表作为仪仗队参加了葬礼。当安葬仪式快要结束时，弗朗希斯 · 拉迪上士满面悲痛地摘下自己的贝雷帽，放在美军最高司令官、已故总统肯尼迪的坟墓上。总统因热爱特种部队而把绿色贝雷帽授予特种部队，如今，特种部队的将士又将它献给了总统。这顶绿色贝雷帽至今仍同陆、海、空军军帽一起，静静地安放在阿林顿公墓肯尼迪总统的墓中。

第 75 别动团

又称"第 75 游击骑兵团"。该团主要担负在敌国领土作战的任务，袭击、破坏敌人的核生化武器及纵深战役的指挥通信设施等。该团由团部和直属连以及 3 个营组成，每营 660 人。第 1 营驻华盛顿州刘易斯堡，第 2 营驻斯图尔特堡，第 3 营及团部驻佐治亚州贝宁堡。3 个营轮流担任别动队战备值班部队，能在 18 小时内出动。入侵格林纳达的首批突击部队主要由别动团组成。别动团队员戴黑色贝雷帽，故又称"黑色贝雷帽"。

"三角洲"部队

又名"三角洲"突击队、"德尔塔"部队，是一支极其保密、鲜为人知的特种部队，直到 1980 年美国营救伊朗人质时才公开。它是一支反恐怖、反劫机的特种作战部队，成员约 400 人，驻扎在布雷格堡。这支部队在参加过伊朗营救作战后，在 1984 年 12 月科威特班机被劫持期间，"三角洲"部队曾飞往阿曼演练救援行动。它还参加过 1982 年在意大利营救多齐尔将军的行动、1983 年洛杉矶奥运会的保卫工作、1984 年利比亚驻伦敦使馆事件的处理工作以及 1985 年 1 月总统就职典礼的保卫工作。

第 160 特种作战航空团

该部队是陆军特种作战部队中唯一的航空部队，创建于 1981 年 10 月，驻扎在肯塔基州坎贝尔堡。该团约有1500人，拥有各型直升机150架，其主要任务是为陆军特种作战部队提供直升机侦察、攻击支援，以及作战人员的空投与撤离，营救人质等。

民事部队

民事部队编为第96民事营，驻布雷格堡。此外，陆军后备队还有3个将官队、4个大队、5个旅和24个连。战时，民事部队的任务是减少当地居民对美国军事行动的干扰。他们曾参加入侵格林纳达的行动。平时，民事部队在外国协助本地军政当局处理卫生、教育、公共工程、农业、交通、通信和民政事宜，并对美国军事训练部队提供支援。

心理战部队

心理战部队主要由第4心理战大队（辖3个营，驻布雷格堡）和3个后备役心理战大队（共9个营，22个连）组成。他们的任务主要是瓦解敌军士气、安抚当地人民。心理战主要是利用电视、广播、报纸、海报、传单和喊话等手段进行宣传，以影响各种友好、中立或敌对团体的舆论、态度、感情和举止。他们还接受审俘训练。美国心理战部队曾在格林纳达、海湾战争中发起大规模宣传运动，取得了显赫的战果。

## 海军特种作战部队

海军特种作战司令部设在加利福尼亚州科罗纳多海军基地。拥有现役部队4000人，后备役1500人，共计5500人。

美国海军特种作战任务主要是在敌国海域和内河进行特殊作战，破坏其沿岸的重要军事目标，实施两栖破坏和水下爆破、为己方部队搜集情报，观测炮弹的弹着点等。偶尔，他们自己也对敌人阵地发起突然袭击。海军特种作战部队的诨名是“海豹”部队。

海军特种部队编有2个现役特种作战大队，分属大西洋舰队和太平洋舰队。第1海军特种作战大队驻加利福尼亚州科罗纳多，下辖第1、3、5“海豹”队和若干个特种舟艇中队和侦察运送组。第2海军特种作战大队驻弗吉尼亚州小克里克，下辖第 2、4 “海豹”队和第 6 行政控制分队，直接归大西洋司令部控制。每个“海豹”队拥有 175 人。入侵格林纳达时，“海豹”队用于侦察和渗透。海豹队是一支水中突击队。队员在潜水服上安有水中呼吸器，或从水下到敌舰船停泊处进行侦察，或排除和爆破水中障碍物。有时，他们也登陆破坏敌方通讯站和电厂等。

除上述海豹队外，还有海军陆战队，担负侦察搜索和保护基地、对抗恐怖分子攻击、破坏的任务。

## 空军特种作战部队

空军特种作战司令部设在佛罗里达州的赫尔伯特空军基地。空军有现役特种作战部队 6300 人，后备役 1800 人，共计 8100 人。该作战部队主要由特种作战联队和特种作战大队组成，装备 70 架各型作战飞机和运输机、50 架直升机。其主要任务是进行敌后侦察，为决策者提供准确可靠的情报；向敌后方运送陆、海军特种作战部队，并向其提供有效的空中火力支援；迅速夺取制空权，选择和准备登陆场、机降地区；完成敌后任务后负责供给和后送；搜索和营救在敌后失事的机组人员等。

特种作战联队

空军特种作战司令部下辖 3 个特种作战联队，即第 1、39、353 联队。第 1 特种作战联队驻佛罗里达州赫尔伯特机场，下辖第 8、9、16、20、55 5 个特种作战中队。第 39 特种作战联队驻德国莱茵—美国空军基地，下辖第 7、21、67 3 个中队。第 353 特种作战联队原驻菲律宾克拉克空军基地，下辖第 1 和第 17 两个中队。特种作战联队主要装备 MC、HC 和 AC 型 130 飞机及 MH-53J、M-60G 型飞机等。其主要任务是负责对中央总部、大西洋总部和南方总部的特种作战提供空中支援以及向部署在欧洲和太平洋地区的特种作战联队提供增援部队。

第 1720 特种作战大队

该大队所属分队分别驻扎在美国、欧洲和亚太地区的一些国家。其主要任务是负责空降区的空中行动以及特种作战的空中支援。

特种作战任务试验与鉴定中心

该中心集科研与教学为一体，负责培训空军特种作战人员以及从事特种作战部队的作战理论研究。此外，空军特种作战司令部还拥有 2 个后备役大队，即第 193 特种作战大队和第 919 特种作战大队，装备有 EC-130E、AC-130A 等飞机。

## 二、“哥曼德”神威

——善战的英国特种部队

### 屡建奇功——硝烟中诞生的特种部队

“哥曼德”是英国特种部队的别称。在 1899 年到 1902 年非洲爆发的布尔战争期间，骁勇剽悍的哥曼德部落凭借神出鬼没的游击战曾使 25 万大英帝国的正规部队顾此失彼，大伤脑筋。英国在成立特种作战部队时，专门启用了“哥曼德”作为特种作战部队的名称。

“哥曼德”的历史可以追溯到第二次世界大战期间。1940 年 6 月 6 日，英军招架不住德军的猛烈进攻，被迫从法国的敦刻尔克撤回本土。回撤途中，溃不成军的英军虽然多数人活着回到英国本土，但几乎所有的装备都被遗弃。曾不可一世的大英帝国蒙受了开国以来从未有过的耻辱。民族自尊心受到严重的挫伤。为了挽回败局，鼓舞全国军民的抗德信心，英国战时内阁认识到，唯一能够重创敌人的方法就是以一连串的突袭行动，来偷袭挪威西海岸的纳尔维克至法国的比利牛斯山脉一线的德军阵地。于是，他们想起了 40 年前，在非洲大陆使他们饱尝苦头的“哥曼德”人。英国首先编成了 10 支“突袭部队”，取名为“哥曼德”。每支部队辖 2 个小队，每小队由 3 名军官、47 名不同级别的士兵组成。

1940 年 6 月 23 日深夜，由托德少校指挥的第 11 独立中队所属的 120 名队员，突然袭击了法国北部多佛尔海峡沿岸的布伦和贝尔克两个城市，打响了“哥曼德”成立后的首次战斗。接着，“哥曼德”部队于同年 7 月 14 日又打响了第二次战斗，袭击了位于法国瑟堡以西、英吉利海峡内的格思济岛。在此以后，“哥曼德”部队转战意大利、法国，在敌人后方设立了据点。他们还在比利时、荷兰，神出鬼没、出其不意地对敌发起进攻，立下了无数战功。

在同一时期，英国于1941年7月在埃及成立了名叫特别航空勤务的特种部队。这支部队当时由苏格兰近卫团的斯大里格中校等6名年轻精悍的军官和60名士兵组成。他们的主要任务是积极开展游击战，干扰纳粹德国的后方。他们在北非、地中海一带，仅以少数兵力对德军的港口、机场、物资弹药仓库和交通运输线展开了频繁的、不间断的袭击，使德军终日惶惶不安。1942年10月，英军成立了第1特种空勤团，1944年1月又成立了特种空勤旅，辖5个特种空勤团。

他们携带轻装备从空中悄悄地降落在敌人后方，在没有坦克和重火器支援的情况下，与优势敌人作战，不到一年半的时间就取得了惊人的显赫战果，成功地炸毁了德国空军的250架飞机和数十个弹药仓库。从而，他们以“红色恶魔”的称号威震四方。

第二次世界大战期间，英国还组建了其他一些特种部队，如“沙漠鼠”特种部队、“亲迪队”、“空降哥曼德”部队等。其中，“沙漠鼠”部队在非洲沙漠上神出鬼没地活动达3年之久。由于沙漠上缺乏水源，他们终年不刮胡子，满脸的胡须成了其队员的特征。“亲迪队”成立于1943年。当时，温盖特准将把第77步兵旅分成7个队，每队编400名官兵，配100头骡马，并仿效传说中的宝塔的守护者——狮子和大猩猩的名字，取名为“亲迪队”。这一年，“亲迪队”在缅北对日军发起了两次进攻。他们长期活跃在森林中，神出鬼没地打击敌人，使日军大伤脑筋。

“哥曼德”部队在二战最后几年里，从西西里到缅甸，从诺曼底登陆到横越莱茵河作战，他们几乎无所不在。他们那种视死如归、英勇顽强的作战方式和战斗精神，不仅在当时赢得了世人的敬佩，也成为战后世界各国精锐部队，尤其是特种部队效仿的楷模。

## 千锤百炼威震四方

第二次世界大战后，英国特种部队发生了很大变化，大多数部队合并到正规部队或被解散。但是，“哥曼德”头上的绿色贝雷帽代表着英军的高效率与勇猛剽悍，手中的武器闪烁着冷酷的寒光。而且重视特种作战的思想，已深深地扎根于英军之中。战后不久，英军特种部队建设就走上了正轨，1950 年成立了第 21 特别空勤团。随后又于 1951 年又成立了第 22 特别空勤团。为了围剿隐蔽在热带丛林里的 8000 名马来西亚游击队员，这两支部队在马来西亚进行了 12 年作战。他们在莽莽林海，在深山峡谷与马来西亚游击队周旋，屡建奇功，出尽了风头。

英特种空勤团结束在马来西亚的作战后，被派到阿拉伯的阿曼作战。他们一到阿曼，就迅速采取行动，将反英起义的部队镇压了下去。此后，英特种部队先后在印度尼西亚的婆罗洲、北也门、阿曼的卢巴托等地作过战，取得了辉煌的胜利。由于“哥曼德”声名远扬，世界许多国家都曾要求帮助他们训练特种部队或协助消灭恐怖分子。从 1983 年开始，英特种部队为阿曼训练了由当地 1000 名士兵组成的特种部队；1977 年德国一家航空公司客机被劫，德国边防军第 9 纵队就是在两名英国“哥曼德”突击队员的协助下成功地解救出被劫持的人质；1982 年在英国伦敦大使馆人质事件中，英空勤团突击小组，以迅雷不及掩耳之势，破窗而入，击毙了暴徒，救出了人质；在同年的马岛战争中，特别空勤团和特别舟艇队参与了作战的全过程，为英军大获全胜立下了赫赫战功。

英国特种部队威震四方，广为人知，其重要原因是他们研制了最新的武器，有十分过硬的技术和本领。新式武器如“特殊爆炸装置”，能从外面炸开飞机机舱的门；“特殊闪光手榴弹”，能发出刺眼的闪光和震耳的轰鸣，使恐怖分子在 6 秒钟内丧失作战能力等等。

特殊部队都是从英军中挑选出来的精英，然后接受异常艰苦的训练。一名特种部队队员通过各种训练，并全部合格后，才被授予特种部队象征的贝雷帽和徽章。因此，每一名英国特种部队队员都能掌握爆破、开锁、敌后破袭、徒手格斗、攀山越野、滑雪、潜水、无线电通讯和跳伞等技能，能在建筑物及火车、飞机等交通工具中解救人质，能完成各种条件下的作战。

英国特种部队平时的着装跟普通的英军部队没有多大区别，只是头上戴绿色或褐色贝雷帽，身佩短剑。作战时则着迷彩服。在反恐怖作战时，队员着全身漆黑的服装，头戴灰色钢盔，穿黑色防弹衣。

## 世界一流威名远扬

陆军特别空勤团部队

陆军特别空勤团部队由第 21、22 和 23 三个团构成，每个团 600 人至 700 人不等。其中第 21 和第 23 团属国防义勇军。这支部队是英国最有名的特种部队，他们主要担负对付反政府活动以及从事谍报活动等任务，其基地设在伦敦西面的赫里福德。为对付恐怖分子，英国将其部分部队部署在伦敦的希思罗机场。队员的平均年龄为 25 岁左右。他们士气高昂，徽章上有"勇者必胜"的字样。

海军特种突击旅及旅直特种巡逻队

英国海军陆战队有 3 个"哥曼德"特种突击旅，分别为第 40、42 和 45 突击旅。在马岛战争中，专门派出的特别舟艇队就来自海军特种突击旅。

为了提高突击旅的作战（侦察）能力，英军于 90 年代初成立了旅直特种巡逻队。

英军组建旅直特种巡逻队的想法始于 1982 年的英阿马岛战争，正式确定组建是在 1991 年英国参加伊拉克北部军事行动之后。那时，英国海军陆战队根据战区情况需要创建了一支远距离侦察先遣队，前往伊拉克北部的库尔德人地区侦察伊军阵地并为英空军的"美洲虎"攻击机提供激光指示目标，这样旅直特种巡逻队便应运而生了。

新组建的旅直特种巡逻队由 4 个分队组成，每个分队有 6 名士官和 2 名军官。旅直特种巡逻队的职能与已有的海军陆战队海上特勤队并不重叠，海上特勤队主要执行战略性任务，主要活动于海上，而旅直特种巡逻队主要执行战术性特种侦察任务。

"哥曼奇"分队

英国皇家海军陆战队的"哥曼奇"分队是一支高度保密的特种作战部队，直到 1991 年 5 月才首次在苏格兰露面。

"哥曼奇"分队主要负责保护英国核武库。它组建于 1980 年，成员 350 人，由皇家海军陆战队的"哥曼德"第 40、42 和 45 特种突击旅中精心挑选而来。但"哥曼奇”分队并不是“哥曼德”的下属部队。

“哥曼奇”分队的主要任务是保护英国海军的“北极星”级和“三叉戟”级核潜艇及其携带的核弹道导弹。同时，它还负责看管皇家空军的核武器和陆军的“长矛”核导弹弹头以及155毫米M109核炮弹。

“哥曼奇”分队训练十分严格，是目前皇家海军陆战队中仅有的一支24小时处于戒备状态的部队。

## 三、超级黑兵

——神秘的俄罗斯特种部队

俄罗斯特种作战部队的前身是苏联特种作战部队。这是一支数量较多，战斗力较强，历史较悠久和经验较丰富的精锐部队，也是俄武装力量中的“宠儿”。他们在阿富汗作战时，头戴蓝贝雷帽，身穿风衣和蓝横条衬衣，脚蹬皮靴，背短把冲锋枪，腰别匕首。当地人称之为“黑兵”，因为他们脸上涂了黑色伪装油彩。1974年，克格勃还专门建立了对付恐怖活动的“阿尔法”小组。其成员个个身怀绝技。

### 黑幕后的秘密——易帜后的俄罗斯特种作战部队现状

俄特种部队所负任务可分为战略的、战役的和战术的三种类型。这些包括间谍活动、侦察、破坏、暗杀、游击战、切断交通线以及其他秘密性质的活动，旨在削弱敌国的政治军事能力或下一步的军事行动能力。在敌深远后方实施的战略特种任务，旨在削弱敌人进行战争的能力。这类任务显然具有强烈的政治色彩，因为其目的包含打击敌人的士气、制造混乱和破坏民族团结统一。担任此种任务的行动分队，可以从克格勃、空降部队、军事情报部门等分别抽调，也可由这些单位出人组成各种混编分队。

俄陆、海军均编有特种作战部队。陆军各军区有一个特种作战旅，每个合成集团军或坦克集团军都编有一个特种作战连。海军舰队也各自编有特种作战部队。至90年代，俄军约有特种作战部队3.1万至3.8万人。

## 欧洲黑虎——陆军特种部队

陆军特种作战部队隐藏在俄陆军空降部队中。他们身着同空降兵一样的制服，乍看起来，没有任何区别，但与空降兵没有任何关系。他们的任务虽与空降突击部队有些相似，但他们是从飞机上伞降到敌后去活动的。同时，与普通的空降兵也不同，他们没有重型装备，行动则更为隐蔽。

特种作战部队主要用来在敌后进行侦察，暗杀军政要员，摧毁敌人的司令部、指挥所、交通枢纽和核武器等。

特种作战连

每个诸兵种合成集团军或坦克集团军都有一个特种作战连，编制 115 人，其中军官 9 人，准尉 11 人，士兵 95 人。这种连一般在敌后 100 至 500 公里之间的地域内活动；它由一个连部、三个伞兵排、一个通讯排和一个支援排组成。在敌后实施破坏活动时，既可以连为单位，亦可化整为零，最多可以编成 15 个特种作战小组。特种连通信排可以在 1000 公里的距离内与所有的小组建立和保持通信联络。

特种作战连一般是在集团军开始推进的前夜，在敌人的防空部队和其他部队受到最大压力的时候进行空投。随后他们在该集团军的先头部队之前采取行动。

特种作战旅

俄陆军每个方面军均有一个特种作战旅，下辖一个旅部直属连、3 至 4 个伞兵营、一个通信连和一个支援队，编制 1000 至 1300 人。此外，每个方面军所属各个集团军的特种作战连，平时合为一个特种作战营，战时编入特种作战旅内，因此，特种作战旅平时实际上有 4 至 5 个特种作战营。在战时，这个营仍将分为连，回到各自的集团军里面去。

特种作战旅与前述的特种作战连完全一样，在敌后 500 至 1000 公里的地域内活动。旅在执行任务时通常化整为零，每个营最多可以编成 45 个特种作战小组，所以 3 个营最多可以编成 135 个小组，4 个营最多可以编成 180 个小组。但在必要时，一个特种作战旅也可以全部出动对付同一个目标，例如核潜艇基地、军师司令部甚至一个国家的首都。

特种作战旅具有强大的战斗力，它是俄对敌国的重要威胁集团。它使俄国能够灵活地在其本土周边及更远的地区进行各种各样的特种作战。早在 1968 年苏联入侵捷克斯洛伐克期间，特战旅就在布拉格出尽了风头。1979 年，他们在克格勃第 8 局的配合下，在喀布尔采取了行动。在 1995 年攻占车臣总统府的作战中，特战旅再建奇功。

特别值得注意的是特种作战旅的旅部直属连。它既不同于特种作战营，也不同于一般的连，全由职业军人组成，约有 70 至 80 人。该连是特种作战旅的一个重要组成部分，保持着最高战备状态。该连唯一任务是追踪和暗杀敌方军政领导人，因此，它是唯一接触谍报人员的连队。平时，这个连的成员大都隐藏在军区体工队里面，从事拳击、摔跤、空手道、射击、赛跑、滑雪、跳伞等项目的训练。作为体工队的人员，他们可以出国旅行，去访问那些将来需要他们去战斗的地方。

特种作战旅实施特种作战主要是通过空降潜入敌国。其队员个个都是跳伞好手，尤其是特种作战旅旅部连的人员。他们代表前苏联参加跳伞比赛，取得了优异成绩，并保持了多项世界纪录。他们在巴黎、伦敦和罗马都跳过伞，而且从不讳言他们是在俄军队的体育组织里面接受训练的。当慕尼黑、罗马和赫尔辛基的观众们为俄的射击、摔跤和拳击运动员热烈鼓掌时，还都以为这些都是业余选手。其实不然，他们都是职业军人。

除此之外，每个战略司令部都有 1 个从事特种作战的远程侦察团。最精锐的一个团在莫斯科军区。特种团辖 6—7 个破坏连，人员约 700—800 名。该团成员经常出国，打的则是俄参加奥林匹克运动会代表团的旗号。

特种作战部队在作战时，特种部队士兵都携带标准数量的武器：一支“卡拉什尼科夫”式冲锋枪，300 发子弹，一支 P6 型无声手枪，一把匕首，6 枚手榴弹或一具轻型榴弹发射器，以及食品和急救包。每个破坏小组装备一部带有加密和收发装置的 R-350M 型电台。根据实际受领的任务，该小组可能装备 SA-7“箭 -2”型便携式地对空导弹、定向地雷和炸药。特种部队未装备重武器，但在敌后作战时，破坏小组可能夺取敌坦克、装甲输送车或其他车辆，这时，他们甚至可能身穿敌军制服。

## 深海蛟龙——海军特种部队

苏联海军里面有特种作战部队这一事实是绝对高度保密的。但它们是确实存在的。苏军易帜后，俄海军接管了苏联海军的特种作战部队。

俄海军特种作战部队的独立作战单位是特种作战旅。特战旅下辖一个微型潜艇大队，2 至 3 个蛙人大队、一个特种作战大队（伞兵大队）、一个通信中队和一个支援队。它是一支完全能够独立作战的部队，是舰队下面的 1 个独立兵种。为了掩蔽身份，这个旅的成员有时穿海军陆战队的制服，有时又穿别种制服。伞兵穿海军航空兵制服，微型潜艇的艇员穿一般潜艇艇员的制服，其余的人则穿海勤人员、海岸炮兵等人员的制服。

海军的这些特种作战旅，和方面军的特种作战旅一样，也各有一个由专门人员组成的旅部直属连，其主要任务是暗杀敌方军政要员。这些连伪装成为海军体工队。“运动员”们除了擅长射击、拳击、摔跤、赛跑和空手道以外，还擅长划船、游泳和潜水。如原黑海舰队特种作战旅的瓦连京·叶里卡林上尉就曾在墨西哥城的奥运会上获得划船比赛的银牌，当时他并没有掩饰他是俄海军的一名军官，而且是军队中央体育俱乐部的成员。几年后，这个“运动员”以外交官的身份出现在伊斯坦布尔，被土耳其警察当局逮捕，因为他企图收买一个土耳其人为黑海舰队的特种作战旅效劳。

## 超级黑兵的秘密使命——特战部队的运用

在战争中大规模投入特种部队之前，俄军通常先派特种作战小组渗入敌方领土。他们在进入某个国家时，装扮成旅游团、代表团和体育队，或者是海员、飞机乘客和卡车司机。此外，在战争爆发前，特种部队的骨干以技术人员、卫兵、园丁、司机等身份被派往俄驻各国大使馆和领事馆。开战前夕，特种部队以各种借口和掩护身份在中立国集结，战斗打响后渗入敌方领土。

特种部队可用普通的民航飞机进行部署，这样，军用运输机就可以全力支援空降兵作战。

特种部队最复杂的任务是搜索目标。事先已掌握精确位置的目标，将由导弹和飞机予以摧毁。特种部队则负责那些只知道大概位置的目标。在实施搜索时，若与敌遭遇，特种部队通常不与敌纠缠，而是疏散，然后到预定地点集合。一旦发现目标，即与集团军或方面军司令部进行通信联络，报告目标坐标，由导弹或飞机实施打击。尔后，各小组迅速撤离该地区，以免误伤。

在某些情况下，特种部队独自摧毁目标。这些情况包括：无法与指挥基地建立通信联络时；受领的任务是消灭某个目标、某个人或夺取文件时；敌导弹已准备发射时。在最后一种情况下，即使寡不敌众也要发起进攻，哪怕明知是以卵击石也在所不惜。突然袭击即使不成功，可以促使敌军取消或推迟发射，以便重新检查所有的系统和装备。发现导弹已作好发射准备后，一个或几个小组使用狙击枪或榴弹发射器在远处予以摧毁。如果不成功，将从不同方向发起强攻。通常一个小组从一个方向猛烈开火，从而把注意力吸引到自己身上，与此同时，其他小组悄悄地接近目标。

特种部队具有相当的独立性。在敌后时，破坏分队指挥员一般享有独立指挥权。特种部队空降到重要目标的地区后，便独立作战。集团军、方面军甚至更高一级司令部只有在发现了更重要的目标，或者必须让破坏分队撤出某一地区，比如在发起核打击之前，才插手指挥破坏分队的作战行动。

俄一直极力掩盖其特种部队的实力、编成、职能、部署甚至其存在。特种部队多数身穿空降兵制服，虽然他们与空降兵没有关系。空中突击部队也身穿同样的制服。因此，很难区分这三个兵种。而且，俄没有一支特种部队单独驻扎，他们通常与空降兵或空中突击部队同住一个营区。海军特种部队则与海军陆战队部署在一起。特种部队若驻在其他兵种附近，便穿该兵种的服装。特种部队谍报分队部署在导弹基地、劳改营以及核武器贮存设施周围。与其他部队同住一个营区时，特种部队有戒备森严的独立院落，禁止特种部队人员与其他部队的人员接触。

在不同的军区和部队集群，他们被称为“袭击者”；而在西伯利亚军区，他们被称为“猎手”。

为了掩盖特种核心部队的存在，特种旅直属连编为军区、部队集群或舰队体工队。完全由职业兵组成的特种团，则伪装成俄军中央体育俱乐部的运动队。克格勃也采用了同样的手法，其职业破坏人员均属于狄纳莫体育俱乐部。俄的奥林匹克运动队多由来自这两个俱乐部的运动员组成。

## 四、“边防第九旅”

——威猛的德国特种部队

联邦德国从60年代后半期开始，经济复兴取得了世人瞩目的成果。与此同时，恐怖集团也在形成，暴力活动日见猖獗。当时，有人建议效仿英、美国家，设立反恐怖特种部队，以打击国内国际的恐怖活动。但因国人普遍患有特种部队过敏症，此建议因而遭到多数人的反对。德国政府为避复活纳粹之嫌，迟迟未正式组建特种作战部队。

1972年发生在慕尼黑菲尔斯滕菲尔德布鲁克机场上的血腥屠杀，为孕育已久的特种部队注入了一剂催产素。1972年9月，在慕尼黑奥运会期间，巴勒斯坦“黑九月”组织的恐怖分子劫持了9名以色列人质驾机逃跑，巴伐利亚州的警察试图拦截劫持者和人质乘坐的波音飞机，结果发生了惨痛的悲剧，9名人质和4名恐怖分子全部在弹雨中丧生（参见第五章第二节“马失前蹄”）。为吸取教训，有效打击恐怖活动，联邦德国决定采纳一位与以色列特种部队关系密切的反恐怖专家的建议，于1972年创建了一支专门从事反恐怖主义的特别干预部队，于是孕育于母腹数年之久的“边防军第9反恐怖纵队”终于降生了。它的孪生兄弟各州属“机动特种大队”，也同时出世。这支部队除了在国内的行动获得充分授权外，也具备国际特警的外交豁免权，以保护德国在国外人员及资产的安全。

根据分工，边防军第9反恐怖纵队主要对付好斗的犯罪集团，各州的特种大队主要负责监视、缉捕或采取隐蔽的行动来对付单个的作案者。因此，边防军第9反恐怖纵队通常在发生严重的绑架、谋杀、劫持人质、暴力骚扰时和保护国宾以及联邦德国政府首脑和政治家时才动用。派遣出击的命令由内政部长通过“热线”发出。

联邦德国边防军第9反恐怖纵队，又名“边防第九旅”，简称“GSG9”。共有队员约350名，编成多个战斗组。它始终处于临战状态，在人员上、技术上和战术上已全部实现了现代化，战斗力极强，是一支所向披靡、世界闻名的特种部队。

1977年10月13日，联邦德国航空公司第181次班机从西班牙马卡略岛出发，在飞往法兰克福途中，遭4名恐怖分子劫持。机上82名乘客和5名机组人员全部成了恐怖分子的人质。17日，飞机在恐怖分子的挟持下飞抵索马里首都摩加迪沙。恐怖分子为了尽快救出联邦德国监狱中的同伙，扬言若不答应要求便炸掉飞机并杀死全部人质。

联邦德国政府立即组织了营救行动。他们派出的一支由边防军第9反恐怖纵队的61名队员组成的2个突击小组，于17日下午7点30分在夜幕的掩护下，降落在摩加迪沙机场跑道外距恐怖分子约200米的一个沙丘后面。

61名突击队员，在2名英国反恐怖专家的协助下，于18日凌晨2点05分，用定向炸弹炸开了舱门，冲入飞机内，并将闪光炸弹投向驾驶舱。在突如其来的袭击面前，恐怖分子很快被消灭，整个行动仅用了1分46秒。

联邦德国边防军第9反恐怖纵队的这一行动，受到了西欧各国的一致称赞，并一举名扬世界（参见第四章第二节“猛虎出山”）。

## 精兵强将

边防军第9反恐怖纵队与其他国家的特种部队有所不同，它实际上是特种警察部队，在组织上隶属内务部，归内务部长指挥。目前，边防军第9反恐怖纵队，由司令部、4个突击部队和一个专家技术组组成。编制为200人，而目前实际拥有队员300人。其任务主要是在非常时期担任重要人物的保卫、与恐怖分子作战等。成员中大多是具有冷静、沉着性格的中年人。大约每30人为一个战斗组，全队可分为6至10个战斗组。他们驻扎在波恩附近的桑克——奥古丁最现代化的大楼里。

边防军第9反恐怖纵队的队员都是从志愿参加者中招收，择优录取。人员主要来自联邦边防部队或正规警察部队服役一年以上的军人。新队员入队后，要经过22

周的专门训练，其中前13周课程主要着重于法律、武器操作、空手道等基础训练；最后的9周则是针对个人特性做较严格的个人专业技术训练，以及一连串极为严格、艰苦的反恐怖行动测试和考验。

边防军第9反恐怖纵队的队员平时穿黑色制服，戴绿色贝雷帽。根据不同的任务，有时穿防弹背心，防火服，弹簧靴，戴四角防弹帽，以代替贝雷帽。但在某些行动中，穿的则是和空降部队相同的迷彩装。

边防军第9反恐怖纵队携带多种特种装备，如：有一点儿光线即可看得见的微光夜视眼镜、特制手榴弹、微型手枪、催泪弹、微型高灵敏度无线电报话机、特种攀登绳索、强光型鹰眼探照灯，以及可穿透厚30厘米的砖或普通防弹玻璃的高爆子弹等。队员的制式装备主要是德国黑克勒·柯赫公司生产的MP系列9毫米冲锋枪和每支价值3000马克的毛瑟66型精确防卫突击步枪。所携枪支皆装有消音器。

边防军第9反恐怖纵队队员个个身怀突击、搏杀绝技以及百步穿杨的射击技巧，而且具有丰富的战斗经验、非凡的机智、坚忍的耐力和卓越的体能。

到目前为止，这支特种部队仍保持着神秘色彩，每次出动都能对暴徒造成震撼，有“静如处子、动若脱兔、快如捷豹”的美称。

美国特种部队的军官称，边防军第9反恐怖纵队是一个不吝惜使用最优良装备的部队，其高超的行动技巧是其对手无法比拟的，它是所有国家特种部队渴望达到的标杆。

## 五、沙漠之狐

——神奇的以色列特种部队

1994年5月21日，清晨。黎巴嫩，万籁俱寂。

突然，一阵轰鸣声撕破了黎巴嫩山区的寂静。一队从地中海风景名城比布鲁斯飞来的直升机越过黎巴嫩东部山区正向叙利亚前线飞去。在距离叙利亚前线10公里的纳巴堡村附近，40名突击队员迅速地从直升机里鱼贯而出。这些脸上涂着黑色迷彩，身着迷彩服，手持消声武器的“天兵”，在地面谍报人员的接应下，分乘数辆随机运来的四轮越野车，风驰电掣般地向一个由穆斯林民兵控制的村庄急驶而去。在村外的树林里，突击队员悄无声息地下了车，敏捷地向穆斯塔法·迪拉尼的住所猛扑过去。此时，穆斯塔法·迪拉尼正沉浸在甜美的睡梦中。当他还没反应过来，即被抓获。

这仅是以色列特种部队众多突击作战中的一个片断。

以色列采取这次突袭活动，是想用迪拉尼交换阿拉德上尉和其他 6 名被黎巴嫩游击队关押的以军士兵。原来，迪拉尼化名阿布·阿里，是黎巴嫩“真主党”的头目。以色列政府认为，是他将 1986 年被俘的以军飞行员罗恩·阿拉德上尉交给了伊朗革命卫队，并换取了 30 万美元。

以色列一直将特种战视为达到军事和政治目的的重要作战方式。其特种部队规模虽小，但编制精干，训练有素，装备精良。队员均由经过严格训练的士兵和青年军官组成，个个武艺超群。他们既有小分队作战的经验，又具备同海、空军协同进行大规模作战的能力。因此，特种部队是以色列国防军的精华。这支部队的信条是，在任何时候、任何地点，以武力行动维护以色列的国家利益。

同以军常规作战单位（旅）不同，以色列特种部队的最大独立战斗单位是大队。一般情况下，每个这样的大队由司令部、3 个作战中队、若干技术小组（爆破小组、专用汽车小组、维修组、情报分析组、潜水小组）及通讯、训练、战勤保障和直升机中队组成。整个以军特种部队由上述若干突击大队组成。

实际上，以色列国防军的特种部队分为三种类型。一是侦察部队，编制上类似于美国陆军第 75 突击团，和平时期隶属于地区司令部，配属各营、旅级单位，部署在前线、敌后和占领地，实施对敌监视任务；战争时期隶属于师、旅一级作战部队，作为尖刀力量进行情报搜集、侦察，为师、旅部队指引目标，执行敌后突袭等。

二是正规特种作战部队，编制上类似于美国陆军“三角洲”特种作战部队、英国的“特别空勤团”或美海军的“海豹”小分队，主要任务是在总参谋部直接指挥下，在敌我情况不明地区执行侦察、边境观测和反恐怖行动。

三是地区司令部下辖的秘密部队，曾执行对加沙地带和约旦河西岸的监视任务，协同北方司令部的山地部队对北部赫尔蒙山区战略要地进行巡逻。

以色列特种部队是世界最著名的特种部队之一，素有“野小子”的美称。目前，以色列军主要有以下几个特种部队。

梅特卡尔突击队

参加前面所述突击行动的就是梅特卡尔突击队。梅特卡尔突击队，是以色列“沙漠闪电”特种部队中的一支重要突击力量，隶属于以色列总参谋部，是以军总参谋部侦察部队。它组建于1957年，主要担负深入敌后进行情报搜集和反恐怖任务。它的内幕就像浩瀚的阿拉伯沙海一样神奇，一样难以窥测，鲜为人知。然而，它所创下的赫赫战绩却又闻名遐迩。历史跨入90年代后，“沙漠闪电”的一些秘密终于被西方记者揭开了。——1968年，梅特卡尔突击队对贝鲁特国际机场实施报复行动，一举摧毁了13架中东民航飞机；1969年，在埃及后方军事基地，成功地缴获了当时绝密的苏制成套雷达系统；1976年7月，为了营救被扣押的以色列人质，和以军第35伞兵旅的侦察连乘飞机飞越数国领空，成功地突击了乌干达恩德培机场，救出了103名人质……

海军第13突击队

海军第13突击队，组建于1948年。组建后，曾多次参与重大的特种作战行动。如1973年2月21日，突袭了的黎波里和黎巴嫩的巴解游击队基地；1973年4月9日，突袭了位于贝鲁特城市中心的“黑九月”和“法塔赫”的司令部等等。

米斯塔·阿维姆组织突击队

“米斯塔·阿维姆组织”，又称“阿拉伯人组织”，其成员均化装为当地阿拉伯人。在过去一些年里，其下属的“徊里”小组出没于约旦河西岸地区；“萨姆森”则在加沙地带活动。

耶玛姆组织突击队

“耶玛姆组织突击队”，即“国家边境警察人质营救特别部队”，是以色列特别边境秘密警察部队，主要在约旦河西岸地区活动，类似于德国GSG9边境特种警察部队。

耶克伊达特·谢尔戴组织突击队

“耶克伊达特·谢尔戴组织突击队”是以色列空军特别行动飞行部队，类似于美第160特别行动飞行团。

尽管以色列的所有退伍军人都可以在政府帮助下找到工作，但政府往往更优先保证特种部队的退役官兵有一个称心的职位。流水不腐，以色列特种部队深知这一点。它们严格执行军人服役年限，每年都有大批年轻力壮的志愿者进入这支部队，部队亦因此始终保持着高昂的士气。

## 六、山地雄鹰

### ——神勇的法国特种部队

法国特种部队是由分散在各地的不同军种组成的，在军种标识及军衔方面隶属于其原来的军种。在以下几支特种部队中，国家宪兵行动小组是最重要的一支反恐怖力量。

第1海军陆战队伞兵团

该团以巴约纳为基地，负有在非洲大陆进行干预的使命，此外，它还肩负训练非洲国家总统卫队的任务。

第十三“龙骑兵”空降团

该团以迪约兹（摩泽尔省）为基地。它主要的活动地区是欧洲，特别是东欧。它的主要目的是在敌后为法国第一军执行情报搜集和战斗支援任务。

纵深搜索突击队

每个奉命准备投入战斗的伞兵团都有20支这样的突击队。派往战场的第一批士兵都是跳伞高手，他们或通过伞降或通过直升机渗透到敌方领土上，然后隐蔽起来或秘密推进。

海军陆战突击队

海军陆战突击部队包括5支海军陆战突击队，即于贝尔突击队（唯一的蛙人突击队）、特雷佩尔突击队、若贝尔突击队、德潘凡特尼奥突击队和蒙福尔突击队组成。他们主要执行海上或水陆两栖行动，于贝尔突击队则专门负责水下行动。

空军突击队

空军突击队分散驻扎在各重要的空军基地，肩负着保护基地的任务。

国家宪兵行动小组

1972 年慕尼黑奥运会发生的运动员被暗杀事件，以及 1973 年 9 月发生的沙特阿拉伯驻巴黎使馆被恐怖分子占领的事件，促使法国于 1974 年正式建立了反恐怖力量——国家宪兵行动小组（GIGN）。该组隶属于国防部，有很大的独立性。

国家宪兵行动小组是法国宪兵部队中的精锐部队，专门执行特殊任务，主要对付绑架人质或劫持飞机事件，保护受到严重威胁的知名人士的安全，完成反恐怖行动和对付大规模暴力行动等。同时，他们还负责保卫总统的人身安全。

国家宪兵行动小组共有 54 人，平均年龄为 30 多岁，编成一个本部和 4 个小组。每个小组 12 人（小组长 1 人、军犬员 1 人和 2 个各 5 人的分队）。时刻都有一个小组值班。全体人员及其家属均住在巴黎附近的一座最现代化的宪兵营——萨托利兵营，以利于随时行动和确保成员家属的安全。

国家宪兵行动小组所使用的各种交通工具、通信装备通常由其他部队提供，并根据任务需要加强各方面的专业人员。但它也有自己的直升机和一架中型喷气机，以随时出动。在发生人质被扣事件时，它惯用战术是耐心等待，然后在适当时机以一次狙击齐射消灭尽可能多的对手。这种战术于 1976 年 2 月在吉布提得到了运用。当时，有 30 名法国学童被索马里恐怖分子扣押在一辆车内作为人质。10 名宪兵行动小组成员赶往现场，进入狙击位置。指挥官在送给学童们的食品中掺了安眠药，使他们都昏睡过去，从而保证孩子们不会因惊慌，到处乱跑而被误伤。同时又不致引起恐怖分子的怀疑。天黑之后，等了 8 个小时之久的突击队员一次狙击齐射，当场击毙 4 名恐怖分子，第 5 名和第 6 名刚一露头又被击毙。第 7 名恐怖分子藏到车后，进行抵抗，最后这名恐怖分子也中弹身亡。整个战斗中只有一名儿童死亡。

国家宪兵行动小组总共执行任务 250 多次，救出或争取释放人质 450 多人。1979 年 11 月，伊斯兰圣地麦加被疯狂的极端分子占领，当地部队冲击失利，沙特阿拉伯请求法国国家宪兵行动小组副指挥官和两名成员前往协助肃清极端分子。这个法国三人小组从 3000 名沙特士兵中挑选出 90 人，训练他们使用防毒面具和毒气弹。在施放了暂时性神经毒剂后，法国人率领沙特士兵冲进清真寺轻而易举地结束了战斗。1984 年在马利亚纳机场对付一次劫机事件中，他们未动一刀一枪就在马赛拘捕了法国恐怖组织负责人。

国家宪兵行动小组在法国的海外设施或侨民遇到危险时可迅速部署到海外。它还帮助其他国家训练反恐怖人员。除沙特阿拉伯外，其他受援国都是前法国殖民地。

国家宪兵行动小组的成员使用最精巧的技术和最现代化武器，并接受过严格的体能和战斗技能训练，其成员均为多面手——跳伞员、“蛙人”、登山运动员、车辆驾驶员、优秀射手。每人每年要打几千发步枪和手枪子弹。他们还精通徒手格斗、攀绳下降和其他特种作战技能。

外籍兵团

成立于 1831 年的外籍兵团，成员来自各个国家。成员骁勇善战。参见本书第六章的“神秘、迅速、英豪——法国外籍兵团征战纪实”一节。

## 七、军中劲旅

——剽悍的西班牙特种部队

近代特种作战起源于西班牙的说法绝非无稽之谈，英勇的伊比利亚半岛人民利用优越的地理环境和非正规的特种作战手段，取得了反抗罗马人、阿拉伯人和德国人入侵的辉煌胜利，并积累和丰富了特种作战的经验。近期爆发的几场局部战争和地区冲突又为西班牙这种古老的作战样式增添了新的内容，即充分利用和快速部署一支短小精悍的特种作战部队，执行远距离作战任务，应付局部冲突和突发事件。

目前，西班牙三军都有一支经过长期训练、素质优良、技术精湛、武艺高强的特种作战部队，已成为西班牙国防力量中快速反应作战的一支重要力量。

### 陆军特种部队

西班牙陆军于 1956 年开始建立它的现代特种作战部队。首先建立了第 71 特种作战部队和第81特种作战部队。由于实践效果良好，陆军决定为每一个军团建立两个特种作战连，同时在巴利阿里群岛和加那利群岛各建立一个连。1979年，又在这些特种作战连的基础上，从中精选出3个连组成了第1特别行动队。其余的特种作战连又被重新组合，编为6个行动队和3个独立特种作战连。

除了第1特别行动队由3个作战连和一个直属连构成外，其他特别行动队均由两个作战连和一个直属连构成。与其他多数国家的特种部队不同的是，他们吸收应征入伍的士兵作为队员。

陆军特种部队的军官和士兵每批都必须在哈卡军事山地和特种作战学校进行特种作战指挥训练。训练时间为11个月，包括伞降、雪地滑行战斗、射击与爆破、徒手格斗、潜水泅渡和野外生存。毕业后或者成为一名特种部队的战士，或者成为一名教官。

陆军特种部队每年大约要进行120天的野外训练，训练科目包括：体能适应性训练、战术训练、徒手格斗、武器使用、照片判读、识图、爬山、水中搏斗、严寒气候下生存、爆破和通信。

陆军特种部队使用的特殊器材包括：滑雪和攀山设备、水下泳具等。武器装备主要有："利亚马"M-82式手枪、"斯塔"Z-70B冲锋枪、各种类型的突击步枪、轻型和中型机枪，60毫米迫击炮和反坦克枪榴弹发射器。

这支训练有素、装备精良的特种部队，主要用于执行以下特种作战任务：与当地游击队取得联系并协同作战、远距离攻击、搜索或巡逻、对敌战略目标实施秘密攻击、营救人质等。除了特种作战部队，西班牙陆军建制内还编有"空中探险者"特种队，该队成员均来自马德里附近的埃纳雷斯堡空降旅。

## 海军特种部队

西班牙海军特种力量是由海军陆战队的精英组成，其成员分别来自海军舰队和独立团。早在1968年，海军舰队就有了由大约170名志愿人员组成的特种作战部队。该部队军官一律经过哈卡军事山地学校的培训以及海军潜水学校水中搏斗训练和空军伞降学校的伞降训练。而且一般成员一经录用还必须经过两个月的基础训练，其中不合格者将被淘汰。

海军特种部队的主要使命是搜集敌人海滩港口、海岸情报，排除敌水际滩头的障碍物和准备两栖登陆的运载设备，并能在运输机、直升机、水面舰艇或潜水艇中执行作战任务。其主要装备有："绍尔"P230手枪、"斯特林"MK-5冲锋枪（带有消音器）、MG42机枪、AN/POS-4和AN/PVS-5A夜视仪、M16A1狙击步枪、M60机枪、先进的通信设备和EFA自动展开降落伞。

海军陆战队也有其特种安全别动队，受防御和安全部队领导，其使命是保护海上设施。南部、东部和北部三个团以及加那利、马德里独立团都编有一个应急连。这些连队的设立，使得海上联队的编外部队、警察和其他力量具有进行机动防御的核心，并随时准备在海上设施受到威胁或遭敌攻击时投入战斗。在特殊情况下，他们也可成为海区指挥官动用的一支编外安全部队。

防御和安全部队成员都要经过8个月的特殊训练。训练内容包括：武器使用、战术和地图判读、生存技巧和体能适应。这些训练都是同野外或城镇环境中进行的频繁演习结合起来的。其主要装备有："毛瑟"66SP狙击步枪，60毫米和81毫米迫击炮，C-90C/CR反坦克榴弹发射器，"柏加索"装甲车，"尼桑·帕特"MC-4型越野车及安装在车上的M40A1无后坐力炮。

海军还有特种潜水作战部队。该部队自1967年起隶属于海军潜水学校，由指挥、应急和支援分队三部分组成，总人数在50人左右，大多数是职业化专业人员。特种潜水作战部队的主要任务是：沿海侦察和水下破坏时的协同、搜集情报、破坏敌沿岸设施、抢险救灾等。此外，它还承担作战技巧、作战方法的实践和潜水作战部队特殊设备的试验任务，为执行这些任务，行动组成员要接受22周水中格斗和7周支援步兵作战的课程训练，频繁地与其他部队和外国部队联合演习，目标是把自己建成西班牙海军中一支拥有最新技术和装备的现代化部队，能适应航海、夜战、爆破、空袭、潜艇封锁和渗透等多种作战需要以及完成其他水下作战任务的需要。

## 空军特种作战部队

西班牙空军掌握有伞降工程和军事空运支援两支空中介入部队。

伞降工程中队负责保障空军行动的先期地面作战。共有 100 人左右，其中大约半数为职业航空兵，另一半为志愿应征者。有些队员在西班牙或美国经过特种作战、扫雷排障、指示目标、空中支援和射击等多种科目训练，每年平均参加 150 天的演习，并随时准备在紧急情况下执行任务。

伞降工程中队的主要使命是空中渗透，用以标示空投地区和指明突击目标，并担负空域侦察，有时也承担建立陆基观察站、摧毁敌设施和装备的任务。此外，它还负责对所有空军受训飞行员“生存和逃避”课程的教学。1988 年以后，又增加了负责对其他西班牙军人进行“高空低开伞”和“高空高开伞”技巧的训练课程。该中队使用几种型号的固定翼飞机和直升机，其中最著名的是 T-12 空中战车，此机型配备有 HALO/HAHO 行动的特殊供氧设备。

西班牙特技跳伞队和军事空运支援中队都是由伞降工程中队派生而来。军事空运支援中队成立于 1986 年，由大约 100 名伞降工程兵组成，隶属于东部空军总部。所有成员都是职业志愿人员，先经过伞降工程中队 18 个月严格训练之后，他们将在该中队服役 18 个月至 8 年。

军事空运支援中队负责派出 5 至 6 人的行动小组，分别使用于与空降行动相关的各个阶段，如早期，这些小组可能负责准备空袭或空中机动所要投放的货物。后期，他们可能在主力之前行动，标志伞降地区，充当游击队在敌后夺占要地。

这个中队成员的训练科目包括雪地作战演练、水下作战和两栖渗透等。另外，对于货物投放、高空跳伞以及如何使用特种服装和供氧设备等方面也要经过专门训练。伞降工程中队和军事空运支援中队主要装备有：“利亚马”M-82 手枪，CETME 5.56 毫米冲锋枪、C-90C/CR 反坦克枪榴弹发射器，“马尔特”-02 型头盔和“凯夫勒”防弹背心。

海湾战争以后，西班牙政府认为，未来的主要作战样式将是应急作战，对危机作出政治和军事反应的时间将越来越短。因此，决定对特种部队进行改组，以建立一支规模中等的快速反应部队。计划到 1997 年完成组建，届时，建立一支包括一个空降旅、一个轻步兵团和来自外籍军团的一支特种作战部队，可以对各种军事危机迅速作出反应。

# 八、“最后一张王牌”

## ——快捷的印度特种部队

深夜，静悄悄。印度首都新德里的英迪拉·甘地国际机场。忽然间，一颗绿色信号弹腾空而起，划破漆黑的夜空。只见一队身着黑衣，全副武装的蒙面人闪电般地冲向跑道上停放着的一架波音737客机。仅12秒钟，他们便两人一组，从机窗、舱口和驾驶舱门等处进入飞机机舱，以迅雷不及掩耳之势，成功地将舱内3名武装劫机分子当场“击毙”和制服。这是印度号称“最后一张王牌”的特种部队劲旅——国家安全卫队反恐怖营救人质训练的一幕。

印度早在60年代中期就成立了特种作战部队，但一直鲜为人知。近年来，印度军队在国内执行了一系列特种作战任务，并取得了“很大成功”。例如先后实施了代号为“巴杰兰”和“利诺”的特种作战。作战中，最为得力的是陆军特种部队，其成员受过严格的特殊训练。在“巴杰兰”行动中，阿萨姆南部拉基姆普尔附近作战对手的大批秘密武器据点，均是由特种作战部队发现并捣毁的。

进入90年代后，随着军事战略的调整和安全环境的变化，印度对武装部队的任务作了相应调整，国内反恐怖、反暴力特种作战已成为军队的主要任务之一。有一个时期，印度阿萨姆和旁遮普等邦区的治安形势之所以有所好转，印特种部队在这方面发挥了重要作用。

### 陆军特种部队

印陆军特种部队，由第57山地师和伞兵突击队组成，其兵力已超过9000人。

由于印度社会文化背景较复杂，宗教矛盾、种族矛盾突出，57山地师其实又是一个特别防暴师。该师现役部队编制还包括民事分队和心理战分队。熟悉国内的各种社会文化背景，擅长于热带雨林和危险山区作战。

伞兵突击队约2800人，下辖3个伞兵突击团。该队基本上属于快速反应部队，主要任务是进行敌后作战。伞兵突击队轻便灵活，反应迅速，每一次行动都极其准确。

## “黑猫”特种边境部队

印度特种边境部队（SFF）隶属于印度反间谍机构“研究分析局”。这支部队从70年代中期开始接受反劫机和其他反恐怖活动的训练。从1984年开始，这支部队又肩负起了保卫军政要员安全的重任。有的成员还在国外接受过专门的反恐怖训练。

特种边境部队总部设在北方邦的萨尔萨瓦，现有8000人，拥有2架波音-707、几架湾流-IV喷气式飞机和安-32运输机。飞机每天24小时处于高度戒备状态。特种边境部队的队员身穿黑色制服，头戴栗色贝雷帽，俗称“黑猫”部队。他们每天4点起床，训练快速射击、擒拿格斗和驾车护卫等技术。据说，这支部队的成员都是神枪手，个个身手不凡。

## “黑猫”国家安全卫队

印度国家安全卫队（NSG）由印度内政部直接领导，1984年6月开始组建，1986年9月22日宣布正式成立，其编制为特种行动大队和特种突击队，现有3000人。它是一支为对付印度国内各种形式的恐怖主义活动而成立的“联邦应急特种部队”，主要任务是负责保卫国家领导人和外国贵宾的安全同时兼顾反恐怖、缉毒，以及应付各种突发事件。这支部队成立之初曾受训于“黑猫”特种边境部队。国家安全卫队队员也身着黑色制服，不过头上戴的是黑色而不是栗色的贝雷帽。

国家安全卫队在执行反恐怖突击任务时，每5人组成一个小组，4个小组编为一个分队，由一名上尉级军官指挥。平时执行其他任务时，则根据需要，将数目不等的小组组成一支特遣队。小组内每2人结成搭档，训练、执行战斗任务时“形影不离”。

印度国家安全卫队训练基地坐落在距离新德里60公里的哈里亚纳邦的马内沙。基地附近的阿拉瓦利山脉被密林覆盖、沟壑纵横，为训练提供了理想的场所，队员们在这里接受各种反恐怖活动技能训练。

在成立后的最初几年里，印度国家安全卫队在印度各地执行过一些重要任务，如在 1988 年攻占阿姆利则金庙的“黑雷行动”中，该部队打死 30 名恐怖分子，而队员无一人伤亡。

### 海军别动队

印度海军别动队组建于 1986 年 4 月，但从成立之日起，它的一切行动就一直处于极其保密的状态。直到 90 年代初，才向外界披露这支别动队的情况，逐渐地撩开了它神秘的面纱。但其编制、规模等仍是个谜。

别动队的小伙子们喜爱的武器是“卡拉什尼科夫”冲锋枪和德国一种带有光学瞄准具的短枪。不要小看他们腰中的匕首、英国式手榴弹及背后的箭弩。当需要除掉哨兵或出其不意地包围敌人时，这些还是不可替代的武器。有时，别动队依靠他们有力的拳头和东方式擒拿格斗，不费一枪一弹就顺利地结束了战斗。

别动队队员平时少言寡语，但个个专业技能高超。他们可以像鱼一样在水中自由穿梭，可以利用最为现代化的观测、搜寻手段，可以使用一切著名型号及各种用途的武器，能够用直升机、舰船及其他运输工具进入敌后方，并掌握了解救人质、消灭恐怖分子、预防核电站爆炸等任务所需要的多种技能。

## 九、东南亚勇士

——独特的泰国特种部队

泰国是首先建立特种部队的几个亚太国家之一。泰国的特种部队称为特种战争部队，主要由泰国皇家陆军特种部队组成，是一支强悍、目的明确并且训练有素的部队。

泰国 1992 年 1 月正式建立了一个特种作战联合司令部，它负责制定特别作战和非正规作战计划。司令由曾经在陆军特战部队任职的上将级军官担任，副司令由海、陆、空或警察部队的中将级军官担任，参谋长由陆军的少将级军官担任。联合司令部下属有陆军的特战部队和义勇军部队、海军陆战队的几个特别行动队、空军航空工程部队的特别行动队和突击部队、边境巡逻警察部队和特别训练警察部队。

## 反恐怖尖兵——特种女兵团

泰国拥有一支训练严格、手段“极其残酷”的第一旅女子步兵团。这是一支鲜为人知的特种“娘子军”。

特种女兵团的所有女兵都是志愿参加者，年龄为16至25岁。驻扎在泰老边界，专门用来对付恐怖分子及危险分子。女兵训练的地点和方式是绝对保密的，女兵挑选也十分严格，除了要有惊人的胆量和体魄外，还要学会各种杀敌技能。这些女兵并不是五大三粗，如果脱去一身戎装，穿上迷你裙，她们个个都是娇俏的美女。

特种女兵团十分英勇无畏。而这种英勇无畏来自自己的献身精神和“残酷”的训练。首先，她们均属自愿参军，认定能当上女兵是本人的荣幸，也是全家的光荣，连族里和村里人都会感到“脸上增光”。这种强烈的荣誉感使她们甘心情愿地接受部队的严格训练和一切挑战。

其次，泰国对她们的训练可能是世界上最严格乃至“残忍”的。第一，新加入的女兵要接受一次测试，通过为期一周的入伍生存“考验关”。让她们像原始人一样单独在丛林荒野中生活一周，内容包括捕捉蜥蜴，以毛毛虫、野生动植物为食物，并要赤手空拳对付野兽的袭击；睡草丛，席地幕天，行荆棘，跋山涉水……。第二阶段是过“鬼门关”。训练及格后，每个女兵要单独在一个墓地与死去多时的死尸、骷髅骨共度一晚，所谓“昼同处，夜共眠”。由于泰国系佛教国家，人们最怕的就是鬼魂之说。因此这对于生长在佛教之国的绝大多数人是一大难关，对女子尤其如此。接下来是体能、技能训练。每天早上5点起床集合，接着是3个小时的长跑；然后是2个小时打靶；再是拳击训练、徒手格斗、散打、摔跤；还要学习如何用刀手刃敌人……总之，用她们的话说：“生命充满了危险，军营充满了艰辛，但我们充满信心和自豪。”

泰国特种女兵接受训练时，从头到脚配备各式各样的武器，面上涂上保护色。这支女兵队伍是世界上最厉害的狙击手。她们可以单独在森林里生存，能用最快及最有效的方式杀死敌人。同时她们也是使用手枪、利刃和手榴弹的专家，而她们接受训练的第一课，就是要忘记什么叫做“害怕”。

他们要经常面对恐怖，随时有生命危险，是泰国皇家的最厉害的“武器”。但她们每日只有几元的低微薪金，在兵营时禁止与男子结婚，而且泰国规定，女兵“可以自由要求退役”，但令人惊奇的是，没有一个女兵愿当逃兵。

“当她们穿起迷你裙和高跟鞋时，看上去的确是美丽年轻的时髦女郎。但当她们拿起武器，把脸涂黑伪装时，她们则可能是世界上最具有战斗力的部队，甚至连美国的军队（包括男兵）在她们面前也会显得逊色。她们熟练地掌握各种枪械，她们的徒手格斗，她们的实战演习，都表现出她们训练有素，尤其是她们显示出的大无畏精神，令我们十分敬佩。”这就是美国军事专家安德鲁·巴歌逊对泰国特种女兵的评价。泰国国王则称她们是“无畏的泰国女战士”。

## 皇家陆军特种部队

泰国皇家陆军特种部队的历史可以追溯到 1963 年。当时，第 1 别动队空降营进行了改编，并将番号改为第 1 特种部队空降大队。之后，泰国皇家陆军特种部队扩大到 4 个大队。1982 年 7 月，皇家陆军将所有的特种部队合并成一个新的部队——第 1 特种作战师。此外，4 个特种部队大队均已扩为团。新组建的特种部队师归泰国皇家陆军威蒙·旺瓦尼少将指挥，师部设在华富里府的纳莱兵营。这支合并后的特种部队在作战和支援活动的效能方面都已有了很大的提高。除上述部队外，泰国的特种部队还包括一个心理战营，一个空降营、一个远程侦察巡逻连，以及泰国皇家陆军特种战争中心和特种战争学校。

泰国特种部队的任务与其他国家特种部队的任务相似，其中包括在泰国皇家陆军司令部的指挥下在敌后实施非常规战和心理战、城市行动及其他特别行动。泰国特种部队按照特殊的要求编组，以便能与当地居民和少数民族合作，发展地方防御力量。在叛乱的农村边界地区，特种部队的“A”组小分队负责乡村防御部队的组织和训练，并向他们发放武器装备，通过游击战来对付入侵之敌，支援泰国皇家陆军正规部队的作战行动。

陆军特种部队的训练严格而全面。内容包括自救、空降、武器运用和渗透等。自救训练在瓦栖拉隆工兵营进行，在那里，教官训练、指导特种部队的士兵识别可以作为食物、饮用水和药物来源的各种植物，并熟悉它们的用途；讲授简便的野战饮事技术，其中包括利用当地的竹子做食物、燃料和锅盆。识别和对付泰国的各种蛇也是一项重要的自救训练技术。伞降渗透是一项必要的技术。在第 1 师师部的所在地艾拉湾兵营，第 1 气球施放连用一个巨大的氦气球作为跳伞台，从而避免因使用飞机（除非必要时）而付出的昂贵代价。只有雷雨天气或风速大于每小时 20 公里时才停止使用气球。

泰国特种部队还进行使用各种武器的训练，从 12 毫米的滑膛枪到 3.5 英寸的火箭筒。他们还将手足视为有力的武器，对人员进行军事技能训练，泰国皇家陆军特种部队尤其擅长一种根据泰拳编成的军事拳术。为了显示其能，第 1 特种部队团的一个“A”组小分队实施了一次空中突入和战术渗透演习。该小分队应用高空跳下高空开伞技术，用非常灵活的冲压空气伞悄悄地向目标地域降落，最终降落在一个很小的空投场上，每人着陆点之间的距离只有几米，然后进行重新编组。身着黑色特种服装的小分队队员们收好降落伞，并迅速无声地作好战斗准备。

渗透行动在一条布满各种陷阱的丛林小道上展开。陷阱不是模拟或假设的，它们完全可以伤害一个粗心大意的参演人员。渗透人员的任务是发现、识别、排除陷阱，为突击分队开辟通道。除了有竹签的陷阱外，在小分队前进的小道上还设有伪装巧妙的用绊网引发的粗大的尖竹签，另外还有埋有钉满铁钉的木桩的陷阱，以及可以发射单发子弹的陷阱。由于存在真正的危险，小分队认真仔细，井然有序地沿小道前进，探测和检查小路两旁的树叶。从用手势向其他队员指示陷阱的位置和种类，到排除或避开已被发现的陷阱，一切均默默无声地进行。

## 特种心战营

泰国特种心战部队始建于 60 年代。当时，泰国陆军为提高部队整体作战能力。于 1963 年效仿美军建立了一支专职心战部队。开始这支部队规模很小，在实践中，泰军认识到：“世界上任何地区爆发战争，如果仅以武器、实力取胜是十分困难的。采取心战分散敌方精力，涣散敌人士气，对于战胜对方起着重要作用，而且它能收到事半功倍的效果。”于是泰军逐步扩大心战部队编制，目前已编成特种心战营。

泰国心战部队的任务是，平时宣传军队、政府的主张、政策，联络军属和民众，以获取民心；战时则以5至6人的小组为基本单位，向各战区派遣多个心战小组，进入战区活动。通常采用鼓动民众、心战广播和播放音乐三个基本手段完成自己的心战任务。

泰国特种心战营隶属泰军统帅部，由驻华富里兵营的皇家特种作战中心具体指挥，现有120名经过特殊训练的心理战军人。该部队自建立之日起，泰军就不断从国外购进新式通信装备和广播器材，并挑选文化程度高、身体素质好的人员，有针对性地进行各种训练，以适应不断变化的心战对象。自1968年开始，美军第9心战营每年都派人前往泰国，与该部队一起进行训练。泰军介绍当地民俗、地理情况，美军则教授心战方法和经验，并共同进行模拟实战演练。

## 十、东西合璧

——奇特的阿拉伯国家特种部队

美国和苏联为争夺世界霸权，控制阿拉伯地区，一直采取又拉又打的政策，向这些地区的阿拉伯国家浸透。因此，无论从质量上看还是从作战行动的风格上看，许多阿拉伯国家的特种部队的建设和发展或多或少地受到了东西方大国、战略盟友的影响，不知不觉地打上了某些烙印。它们吸取了东西方军事大国特种作战部队的优点，形成自己独特的风格。因此，东西合璧，是阿拉伯国家特种部队编成模式的一大特点。

### 埃及特种作战部队

埃及特种部队是在长期与以色列对峙和战争中发展壮大起来的，它共有7个突击队和1个空降旅。其中777部队是埃及特种部队中的骄子。

在第三次中东战争时，埃军还是照搬苏军的一套，但是一些参加过第二次世界大战的军官，对战时的盟友——英军十分崇拜，尤其器重在利比亚沙漠与德军非洲军团进行激战的沙漠袭击队和以专门破坏地面飞机为主要任务，号称“红色魔鬼”的空降部队。他们仿照这些部队，在埃陆军原有的少量突击队的基础上，组建了埃军的特种部队——突击队。在战时，突击队的主要任务是作为装甲部队和机械化部队的尖兵，使用直升机渗透到敌人背后，占领要地，袭击、骚扰敌人，协助主力部队战斗。第三次中东战争结束时，共编有 10 个大队，其后逐渐增加，第四次中东战争开始前增至 28 个大队。1976 年重新整编，采用灵活的编组方法，已编成 6 个突击群。

第三次中东战争结束后，埃以两军以苏伊士运河为界形成对峙的局面，尤其在 1969 年到 1970 年间双方展开了消耗战，这时埃军的特种部队十分活跃。他们不断地派遣小分队，在以军防御薄弱的地区，乘橡皮舟偷渡运河，破坏以军的设施，并经常与以军巡逻队交锋，每月均进行数次战斗。其中规模较大的是 1969 年 9 月，30 名突击队员搭乘直升机降于西奈半岛以军防线背后，袭击了以军的军事设施，取得重大战果。1970 年 8 月，埃以双方接受了美国的“和平提案”，结束了消耗战。这段时间，仅就突击队作战而言，埃军胜过以军一筹。

1973 年 10 月，第四次中东战争时，埃军突击队再次大显身手。开战的前夜，他们携带着轻武器、反坦克导弹和电台等潜入西奈半岛上以色列的巴列夫防线腹地，在以军阵地背后进行干扰破坏和袭击活动；还派出队员潜水破坏了以军向苏伊士运河喷油的设备，使以军制造人工火障封锁运河的计划落空，保证了 8000 名特工队员的生命安全。开战后，潜入西奈半岛纵深的埃军突击队员每 18 个人编成一个组，共 50 余组，使用便携式“萨格尔”反坦克导弹和 RPC7 反坦克火箭筒伏击了以军为挽回初战颓势而增援的装甲部队，袭击了巴列夫防线要塞的以军炮兵阵地等，为埃军立了大功。然而，在开战第二天的夜里，埃军特种部队强袭以军的加法空军基地时，由于以军掌握制空权，埃军特种部队，包括其最强的第 20 突击队几乎全部覆灭。

埃及 777 特种部队是一支专门用于对付劫机犯的反恐怖部队，按照美国特种部队的训练方式进行训练。1976 年 8 月，埃国内航线上一架波音客机被 3 个青年劫持，在库赛尔着陆时，一名 777 部队的突击队员化装成维修人员，混入机舱，用扳手打倒主犯，其他突击队员一举突入，逮捕了劫持者，成功地营救了机上的全部人质。但在 1989 年，这支部队在塞浦路斯营救人质时，由于贸然行动，与塞军打了起来，造成了人质营救史上的第二大惨案。

### 黎巴嫩特种部队

在黎巴嫩，只要问起哪支部队的战斗力最强，官兵们都会异口同声地回答：特种部队。因为特种部队是黎巴嫩军中的铁拳，其军事素质、武器装备和战斗力冠盖黎巴嫩全军。

特种部队的营地设在离贝鲁特不远的一个险要山区，营地周围三面为悬崖峭壁，是一个十分理想的特种兵生活、训练和出击的营地。特种兵的兵员均选自步兵连队，体格强壮，肌肉发达，反应灵敏，身高均在 1.75 米以上。

特种部队行动时，每人随身携带冲锋枪和自动手枪各 1 支、手榴弹 4 枚以及多功能匕首 1 把。每个班配备反坦克火箭筒 2 具。此外，部队还装备有两栖汽车和轻型装甲车，必要时也可调用直升机。

为能在任何气候条件下和各种环境中执行任务，特种部队要进行水下爆破、使用新式武器、野外生存、潜水、肉搏、准确射击和伪装等方面的训练。训练场设在营区内。在训练场的一端，有一个院落，四周围墙高达 3 米，推开虚掩的大门，乍一看，就像是一处由夜总会、电影院、咖啡厅、银行、商店、民用住宅等组成的闹市区，但只要走近细细一瞧，原来都是模型，几乎达到了以假乱真的程度。身着迷彩服的特种部队士兵在这种模拟的训练场内进行训练，颇有亲临其境的感觉，可提高士兵的快速反应能力，在瞬间分辨出谁是敌人，谁是平民，迅速准确地击毙敌人，又不误伤无辜。

## 十一、无名英豪

——令人叹服的世界其他国家和地区的特种部队

### 以毒攻毒——韩国特种部队

韩国特种部队创建于 1969 年，韩军参考了美军在越南反游击战的作战经验，于 1969 年正式组建了特种部队。

当时，韩军以参加过越战且实战经验丰富的优秀士兵和下士官为主体，成立了两个游击作战旅，并投入了特种训练。不久，这支部队与朝鲜特种部队展开了以牙还牙的特殊作战。韩国军队的实力很强，尤其是越战中派遣的“猛虎师”，就像其名字一样，曾威震越南。因此，由军队的佼佼者组成的特种部队，其战斗力不亚于美国的特种部队。

韩国拥有的特种作战部队数量众多，到 70 年代末，韩国已建立了 7 个特种旅。1982 年后，又增加了两个，建立了 9 个特种旅。这些特种旅主要接受敌后作战训练。训练科目包括特种武器使用、爆破、跳伞及其他许多技能。所有成员均取得佩戴跆拳道黑带的资格，精通武术。韩国特种作战部队按照美国特种作战部队条令进行组织和训练，并与美国特种作战部队保持着密切关系。他们在从事特种作战时，最小作战单位为 9 人特战小组，即 2 名军官，7 名士兵。

平时，他们跟韩国的陆军一样，穿迷彩服，但头戴黑色贝雷帽，挂银色徽章，以作为特种部队的象征。他们使用的武器主要有美式 M-16A1 和 M-60 式机关枪，自产 KA-1 卡宾枪、KA-2 步枪等。在专事反恐怖作战的部队中，还装备了意大利造的 M92F 手枪。为了在雪地作战，也有全是白色的冬用装备。为了使用橡皮艇作战，还备有黑色简易潜水服。

韩国特种部队中从事反恐怖作战的特种部队主要是 707 特种任务营，组建于 1982 年，编制 120 人，分为 6 个小队，其中两个小队专门从事人质营救工作。在第 24 届奥运会期间，该营曾奉命出动，保证奥运会的安全。707 特种任务营主要配备有考尔升自动步枪等。

707 特种任务营曾接受过德国 GSG9 和美国“三角洲”部队、“海豹”突击队的专门训练。全营官兵取得了特种部队考核合格证书，准确地完成了跳伞、凭借绳索上下悬崖峭壁、白刃战、枪械使用、实施爆破等项目的训练。然后再经筛选，进入人质营救小队的官兵，还将继续接受战斗射击、障碍排除、突击战术运用及其他营救人质所需的专项练习。707 特种任务营比韩国其他特种部队更为勇猛。而且该营拥有一套世界上为数不多的最复杂的训练设施。

## 森林眼镜蛇——越南特种部队

越南特种部队又名“特工部队”。

越南特工部队形成于抗法战争时期。当时，为了有效打击法国侵略者，越军专门组织了一些精悍的特工小分队，出没于法军营地，频频袭击敌人指挥机关和其重要的军事设施，搅得法军惶恐不安。1964 年，越军为了进一步发挥特工小分队的作用，将分散于各地的小分队集中起来，创建了第 305 特工师。接着，越南海军于 1966 年组建了第 126 水下特工团。1967 年越军正式成立了特工司令部，并作为一个独立兵种部，负责特工部队的作战和训练。该司令部隶属于越军总部。

特工部队初建时期，力量小、水平低，但随着反帝人民战争的深入，特工部队进一步得到发展。在美越战争中大约有 1.5 万名特工战斗在南方。特别是在西贡，任何有美国人出没的地方都有可能找到他们。他们的武器不十分精致，但他们充分利用地理环境一次次打击对手，就像丛林中的眼镜蛇一般行动诡秘，被外国同行称为“眼镜蛇”特种部队。这支部队的使用范围和作战规模也越来越大，由只能秘密破坏仓库、基地，化装袭扰小股敌人，发展到能攻击较大据点、阵地，消灭以坚固工事为依托或机动行军中的敌连、营级部队；由只能摧毁目标，发展到能在必要时占领目标；由以独立作战为主，发展到能在战术、战役范围内进行合成兵种作战。如在 1968 年的新春攻势中，在攻占西贡、顺化等重要目标的作战中，特工部队攻占梅黑帝仓库、邦美蜀机场，为步兵、装甲兵部队的突袭、穿插创造了条件。总之，在 10 年的抗美战争中，越南特工部队给美伪军首脑机关、重要军事设施和后勤补给系统以沉重的打击，被称为“越南的 B52”。

抗美战争结束后，越南不断扩大和强化特工部队，一度扩大到 13 个特工团和一个空降特工旅，总兵力达 2 万人以上。

目前越南特种部队大约有三个旅，即 113、115 和 198 旅。每个旅配有空降、两栖和越野侦察分队。特工部队分散在野战军的师、团、营、连中。

特工人员主要从陆军部队中挑选。选中的人员被送往位于河内地区的一所特工学校进行特殊训练。在校经过 3 至 6 个月的特工训练后，再分配到特工部队。抗美战争期间，由于特工人员伤亡大，特工学校每年可向部队输送 100 名干部、700 至 1000 名士兵。

## 突袭尖兵——印尼特种部队

印度尼西亚特种部队主要是 81 特遣支队。它是一支营救人质的专职部队，兵力 100 人。该支队完全按德国 GSG9 特种部队框架结构组建，并接受了德国特种部队、英国空军特种部队的系统训练。该队所有成员都取得了合格证书。其武器装备为 P-7 自动手枪、MP5-5 冲锋枪，FN 米尼密折叠式冲锋枪。80 年代初，81 特遣支队在曼谷机场实行了营救被劫持的印尼航班的突击任务，取得了成功。

## 东洋神风——日本特种部队

考研战争史，世界各国的特种部队因国情不同，其建设、发展和使用的情况亦不尽相同。日本的特种部队就有其自身的明显特征。

第二次世界大战时期，日本执行特种作战任务的部队都是根据需要，临时抽调训练有素的部队编成的。在执行任务之前，针对所担负的作战任务，稍加训练即投入战斗。特种作战任务多由伞兵承担。如 1942 年 1 月 11 日，日军横须贺海军特种登陆部队在西里伯斯的万鸦老空降，成功地偷袭了机场，俘虏荷兰守军 1500 名，就是一次成功的特种作战。1944 年 12 月 22 日，日军派出受过高级训练的伞兵“特遣队”，袭击了英军设在菲律宾莱特岛的布劳恩机场，摧毁了机场设施，这又是一次成功的特种作战范例。

现在，日军仍没有明确的特种作战部队编制。这是由于日本宪法的性质决定了自卫队的任务只是专守防卫，在专守防卫范围内进行战争，无须进行非正规战争。

日本虽没有特种部队编制，却拥有可实施特种作战的突击部队。这种突击部队类似于英国海军陆战队。而且日本还有进行特种训练、培训突击队员和指挥官的专职学校。

日本特种部队主要有两支力量。一个是“地面突击队”，一个是“空降突击队”。前者在静冈县的富士陆军学校及特定的部队教导队训练，后者在千叶县习志野的空降兵教导队进行培训。毕业后，前者分配到全国各地部队，后者则配属在千叶县习志野的第 1 空降旅，成为空中尖兵。两者的严格训练，与其他国家特种作战部队并无本质的区别。

## 蓝天骑士——第 1 空降旅

1958 年 6 月，日军将 101 空降大队扩编为第 1 空降旅。该旅隶属于陆上自卫队东部方面队，是自卫队唯一的伞兵部队。

该旅由旅部及旅部连、步兵群、炮兵营、反坦克队、工程队、卫生队、管理连、降落伞维修保养连组成。编制约 1500 人。该旅官兵军事素质良好，体质较强。在士兵中，除少数从新兵教导队选拔的以外，多数是从陆军部队选调来的有半年以上军龄的士兵。与各步兵师的士兵相比，该旅超期服役的老兵多，平均年龄大，军龄长，体质好，训练素质高，部队生活经验多。

该旅的主要任务是：在航空自卫队运输航空团、陆上自卫队第一直升机旅等航空部队的支援下，开赴前线，遂行战术空降，担负深入敌区建立“空降堡”（即控制一个要点），钳制对方，配合进攻；出其不意，向敌军阵地后方实施空降，破坏对方作战线、后勤基地、交通和通信枢纽，捣毁指挥所，瘫痪敌军，推进战斗进程；以小部队降于敌后，开展“游击战”，进行袭扰破坏活动。

## “佩刀”闪亮——澳大利亚特种部队

澳大利亚特种部队始于 1957 年，空军按照英国模式成立了第 1 特种勤务连。当时，英国正在同马来亚游击队作战，陷入了进退维谷的境地，不得不调遣这支部队参加作战。因此，这支部队成立后不久就经过了战斗的洗礼。1960 年，第 1 特种勤务连的部分成员被编入“王室澳大利亚团”，改编为一般的步兵部队。

1964 年，由于形势的需要，这支部队重新独立，并得到大幅度的扩充，正式命名为空军特种勤务团。它驻扎在佩思附近的斯旺伯恩，下辖 3 个“佩刀”特种勤务连。空军特种勤务团成立后不久，其第 1 特种勤务连就被派到文莱，同印度尼西亚正规军进行了作战。不久，第 2 特种勤务连被派往婆罗洲执行作战任务。在越南战争中，该团先后将 3 个特种勤务连派往西贡，参加了对北越的作战。

经过战斗洗礼的这支部队，1979 年奉命成为专门营救人质的特种部队，它归特种部队指挥部调遣，实施攻击时，澳大利亚政府的特派部长可通过设在堪培拉的安全服务协调中心直接指挥该团作战。

空军特种勤务团的成员主要从现役军人的志愿者中选拔，其选拔方式与英国空军特种勤务团一样，而且胸前佩戴的徽章也是一样的。他们头戴绿色贝雷帽，配备勃朗宁手枪、考尔特 LISIM-16 突击步枪，F-88 型 5.56 口径步枪、帕克哈列 82 型狙击步枪及 MP5-39 冲锋枪等武器。

为提高特种作战能力，该团经常和英国、德国、美国的一些高水准部队共同训练。

## “眼镜蛇——奥地利特种部队

“眼镜蛇”特种部队

奥地利“眼镜蛇”特种部队是一支同恐怖分子进行斗争的部队，组建于 1978 年。

“眼镜蛇”部队共有 80 名成员，下设 4 个小队。其总部设在离首都 40 公里的新维也纳城，部队训练中心占地 25 公顷。总部大门上醒目地挂有象征该部队特色的标记——刻着一条眼镜蛇的利剑。该中心被几座 2 层高的小楼和通道围成马蹄形，内部是操场，马蹄口正中是总部办公楼，两侧则是宿舍、旅馆、体育馆和汽车库。楼群中一座鹤立鸡群的 20 米高的塔楼是用于训练的教学楼，四面楼墙各有特点，可以演练各种攻楼方案。参观过这里的英、美、法、俄等国专家都称赞它是世界上最先进的训练中心。

特种部队队员除进行严格的特种作战训练外，还学习战术、心理学、游泳和英语等科目，每月举行一次军事技能比赛。1993 年 6 月在德国举行的西方 14 国特种部队和警察的第 6 届国际比赛中，该部队的各种武器射击、体力、心理素质、意外事件反应能力等，仅次于美国的“德尔塔”特种部队，名列第二。

奥地利“眼镜蛇”特种部队选拔队员非常严格。有资格参选的人必须是年龄在 20 至 35 岁之间的宪兵队工作人员，身高 1.68 米以上，还要经过严格的心理、体力和智能等方面考核。录取者必须同政府签署两年半的服役合同。部队组建以来共选用过 838 名队员，参加过数次解救人质、阻止劫机的行动，队员无一伤亡。“眼镜蛇”特种部队还担负一些秘密任务。如在首都以外保护总统或其他国家领导人，保护来访的外国元首和政府首脑；负责奥地利民航客机往世界热点地区的安全等。

“艾多克”特种部队

为了对日益增多的有组织的刑事犯罪活动进行更加有效的打击，奥地利内政部于 1992 年新组建了一支特种部队，即“艾多克”特种部队。“艾多克”是打击有组织的刑事犯罪部队的简称。这支部队直接归属奥地利刑事警察局领导，可随时到奥地利任何地区执行任务。目前，这支装备精良的部队有 20 名队员，他们都经过严格挑选后才入选的，体魄强壮，训练有素。而且，这支部队目前已与国外的同类部队建立了直接联系。

## 战功卓著——南非特种部队

南非称特种作战部队为侦察突击队。这支部队成员由各军种部队中抽调组成，效率颇高。到目前为止，南非侦察突击队所取得的成就，已使它与美英等国的著名特种部队并驾齐驱，同享盛誉。

南非侦察突击队的任务是高度保密的，而且极端艰苦。虽然有明文规定，只有南非白人才有资格参加，但是已有许多来自英国、美国的优秀人才加盟南非的侦察突击队。目前，侦察突击队只有两个小队。其招收对象仅限于现役部队中的优秀士兵，而且要经过非常严格的测试。在加入侦察突击队之前，每一名申请者都必须充分表现出其坚强的意志、钢铁一般的体质和处变不惊的精神。

南非侦察突击队的队员大多是 20 多岁的小伙子，他们甚得其他部队官兵的敬畏。南非的士兵都认为能够成为一名突击队员是一个人的荣幸，因此，许多士兵一次又一次地申请加入这支南非精锐部队，但绝大多数人都以失败而告终。曾有一次有 700 多名士兵参加突击队的选拔测试，只有 45 人合格。

南非侦察突击队作为核心专业突击队，专门负责潜入敌后搜集情报，然后由敌后返回基地。在他们的整个行动中最重要的是保证不被敌人发现。如果在执行任务时遇到敌人的威胁，他们要机智地运用平时所学的技能去解除这些威胁。如何运用机智，则要看每个人的素质而定，侦察突击队中有四分之三的队员是大学毕业生。

南非侦察突击队员，不仅要具有不凡的身手，而且还须是一个跳伞能手。此外，他们还要接受海上作战训练，包括潜水袭击敌人船只的训练。

他们还要懂得如何独自在旷野中或沙漠里在没有任何援助的情况下，独自求生数月之久。还要学会以下的专业技术：处理炸药、无线电通信、航海、持械搏斗、徒手搏斗及熟练地运用各种枪械。

南非侦察突击队在作战时，他们的队员不仅通力合作，而且知道他身边的任何一个人都像他自己一样的可靠。他们不论面对怎样的敌人，也不论处于多么艰苦的作战环境中，每个人都坚守一个信念，这就是保证每一个人都能脱离险境。即使是有队员负伤或死亡，他们也会尽力将其带回基地，这已经成为南非侦察突击队的传统。

## 反恐怖尖兵——意大利特种部队

意大利特种部队于 1978 年遵照当时内政部长法朗切斯·科西加的指示建立起来的。当时这支“中央安全行动核心”警察部队，共有 170 人，平均年龄 23 岁，最大的不满 30 岁。它的总部是绝对保密的，它专门从事研究应该采取什么行动对付国内和国际恐怖分子的活动。这支特种部队从属于内政部“侦察和特别行动中央办公室”。同年，莫洛总理被暗杀之后，宪兵部队中的“特别干预小组”也合并到这支特种部队。“特别干预小组”有 100 多人，平均年龄 24 岁，其中 55 人是跳伞能手。“特别干预小组”的调动必须得到政府最高当局（总理、内政部长、国防部长）的命令。而当它在行动时直接听命于武装部队司令。基地设在利沃尔诺市附近的阿尔登扎镇。

意大利特种部队虽然建立较迟，但在训练上一点也不比其他国家的特种部队逊色，被誉为西方最精良的特种部队之一。他们十分精通业务，对罪犯只活捉而不处死。这与英国、以色列等国特种部队以杀死敌人为目标的做法很不相同。例如，意大利特种部队于 1982 年初手脚麻利地冲进红色旅关押北约将军多齐尔的房子，仅用 90 秒钟就成功地营救出多齐尔将军，并活捉 4 名恐怖分子。

# Chapter 2

# 独门暗器

——特种部队的神秘装备

由于担负任务的特殊性，各国特种部队的武器装备，大到飞机、舰船、火炮、战车，小到微型手枪、匕首、火柴、鱼钩、鱼线，形形色色，五花八门，无奇不有。但归结起来，主要有轻武器系列、支援武器系列、单兵装具系列等几大类别。近年来，西方主要国家为了应付低强度战争，适应“冷和平”的战略环境，提高特种作战部队的作战能力，专门研制了适合于特种部队行动的新型武器装备，使特种兵器家族得到了迅速发展，特种部队的作战行动变得更具灵活性、突然性和诡秘性。这些装备的共同特点是：重量轻、性能好、功能全、威力大。随着特种作战越来越受到各国的重视，高科技广泛运用于军事领域，特种战场将更加残酷，特种武器装备将进一步推陈出新。

## 一、尖刀利刃

### ——特战轻型武器

特种部队是专门执行特殊任务的部队，常常具有编制灵活、人员精干、装备精良、机动快速、训练有素、战斗力强等特点。通常，特种部队配备有最为先进的步枪和冲锋枪。考虑到从空中直升机沿绳索下滑、从空中运输机直接伞降等情况，为携带方便，步枪往往会选择长度较短的型号。目前，美军特种部队使用M-4SOPMOD卡宾枪，俄军特种部队使用AK-415，德军特种部队使用G-36K。特战队员使用的冲锋枪，长度一般在60厘米以下，便于携带，射程多在100米之内。特种部队还配备能够射击远距离目标，具备高精度、高可靠性的狙击步枪。

## 刀具

意大利“极端武力”匕首

“极端武力”是意大利1997年创立的全新刀具品牌，采用了计算机和手工协作的方式，设计非常精良。包括折刀、伞兵刀和迷彩刀等多个系列，为世界各国军方用刀。其钢材采用欧洲的不锈钢N690，拥有17%的高铬含量，防锈性能超强，通过添加1.5%特殊元素钴，大大强化了钢材的硬度和韧性。所有刀具采用全尺寸刀舌设计方式，刀体钢材由刀尖延伸到刀柄尾端，保证了刀的整体强度。刀柄由热塑橡胶聚合体制成，可与刀身钢材完全分离。刀柄尾端有刀孔绳，钢材外露，可用其进行各种敲击作业。

意大利“极端武力”匕首

装备该武器的意大利陆军第9突袭伞兵团，受意大利国防部特殊作战情报局OSSI的直接管辖，曾经在阿富汗开展各项活动。除第9突袭伞兵团之外，目标截获与侦察部队（意大利陆军第185空降部队）也与“极端武力”公司合作研发刀具，这让“极端武力”刀具公司在欧洲成了最具人气和高可信度的刀具业巨头。极端武力产品的种类繁多，有与意大利陆军第185空降部队共同开发的RAO，以及应意大利特种部队C.O.F.S.（Comando Operativo Forze Speciali）的要求而制作的紧凑型刀具39-09，还有FULCRUM K9、MF2等。

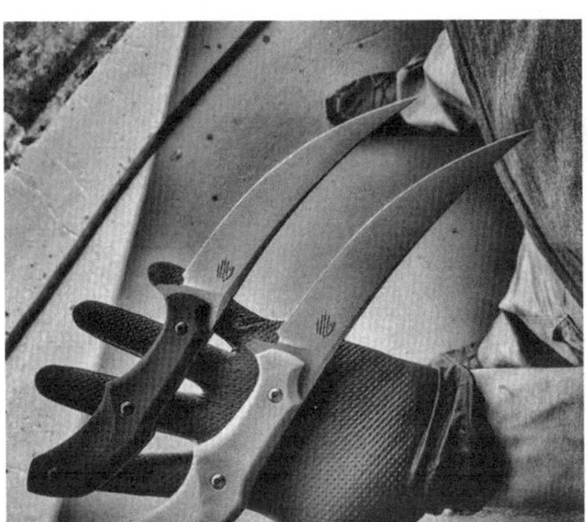

美军特种兵Bastinelli战术匕首

意大利Bastinelli匕首

Bastinelli匕首是由意大利生产的，该品牌刀具使用n690钢材，刀款式设计不错，外形很酷炫，格斗时可以控制对方匕首，特点是刀刃精薄而锋利，去除了很多传统刀具实际用不上的部分，成本不高，非常实用。因而受到了美军特种部队的青睐。

德国 KCB77 刺刀

KCB77 是德国艾克霍恩·索林根公司于 20 世纪 80 年代研制的军用刺刀，除了具有切割和拼刺功能外，还能在野外环境中当作榔头、警棍、撬门及弹药箱工具、地雷探针使用，或在国内治安行动中装在枪口上防止示威者从士兵手中夺枪。KCB77 的刀鞘上有铁丝剪刃口和螺丝刀口，以及快速脱扣，刃口和刀口由塑料套防护，以减少给士兵带来的意外伤害。刺刀的刀身上有锯齿，刺刀的横挡护手处有瓶盖起子，手柄有为防止灰尘进入弹性卡子中的防护套，同时手柄与电绝缘，绝缘电压达到 1000 伏。手柄里还装有电压测量器，其工作范围在 70 至 400 伏之间。当剪断导线时电压测量器的小灯泡会亮。操作者让刀身接触剪断后的导线两端，便知道哪一端仍然带电。刀鞘上有一个旋钮，可以调整拉力，使刀鞘与手柄防护套紧密接合在一起当警棍使用。如果刀刃变钝，可将驻笋插入刀身的扁孔中，然后刀刃与刀鞘贴面配合并按逆时针旋转到位，刀刃便会重新变得锋利。

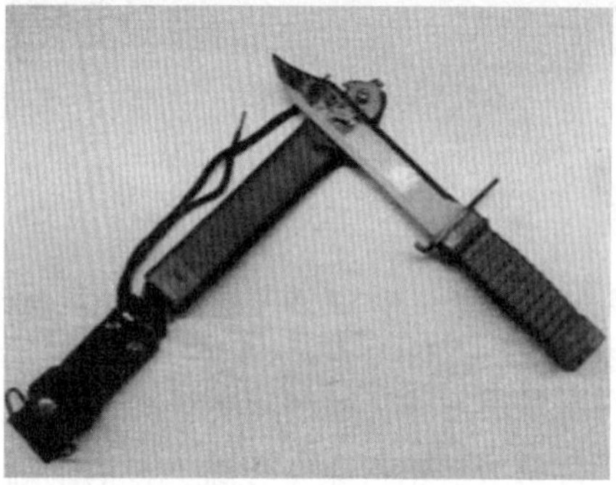

德国 KCB77 刺刀

俄罗斯 NRS 侦察匕首

NRS 侦察匕首的主要特点是在多用途刀具中加入了射击装置。该匕首能够割断直径达 10 毫米的钢线，采用绝缘刀鞘，可用来切割电缆。此外，还可以当螺丝起子。NRS 侦察匕首的手柄中有枪膛和短枪管，可以装入一发 7.62 毫米 SP-4 特制受限活塞子弹（俄罗斯 PSS 微声手枪使用

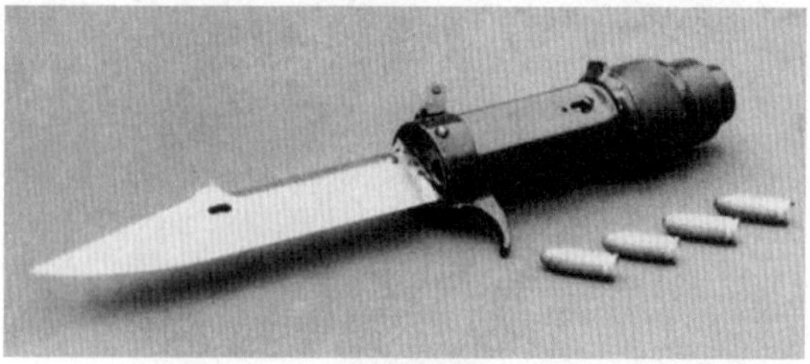

俄罗斯 NRS 侦察匕首

的子弹)。枪口位于匕首手柄的尾部。反过来握住手柄，扣压手柄中的扳机就能发射子弹。横挡护手上的一个缺口充当简化的瞄准装置。滑动的保险栓可以防止意外走火。

英国费尔班——塞克斯匕首

这是二战时期最著名的军用匕首之一，该匕首的设计者是西方公认的现代军用格斗术先驱费尔班和塞克斯。费尔班、塞克斯和美国海军陆战队军官雅顿一起设计出了费尔班——塞克斯匕首。二战爆发后，费尔班和塞克斯受命训练英国突击队的近距离格斗术。由于费尔班——塞克斯匕首在近距离格斗中表现不错，很快便被列为英国突击队的标准装备，包括英国突击队、英国特别空勤团、英国特别行动委员会、美国战略情报局、美国游骑兵在内的多支特种部队和间谍机构先后装备过这款匕首。费尔班——塞克斯匕首有多种型号，在刀身长度、护手和手柄的细节方面略有不同，但基本特征是相同的：刀身轻薄狭窄，逐渐尖细的刀形使得直刺的力量最大限度地集中于刀尖，针形的刀尖锐利异常，几乎不用花多少力气就可以轻易地穿透衣服和肌肤，刺入对手体内深处的内脏要害；两侧开刃，刀身截面略呈钻石形，锋利的刀刃可以干净利落地削断对手的血管，或者割断对手的咽喉；手柄较重，有助于增加直刺的威力。不过，真正致命的并非费尔班——塞克斯匕首本身，而是费尔班和塞克斯等人传授的使用这款匕首的技术。

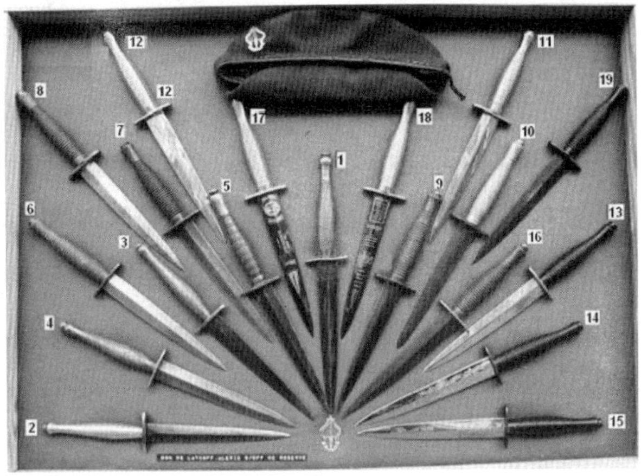

塞克斯匕首

尼泊尔廓尔喀弯刀

廓尔喀人是蒙古人的后裔，是举世公认的最勇武的战士。廓尔喀部落的首领，曾指挥族人，用手中的廓尔喀弯刀征服尼泊尔山谷，成为第一任尼泊尔国王，定都加德满都。廓尔喀弯刀原产于尼泊尔，目前在世界各国的特种部队中颇为流行。

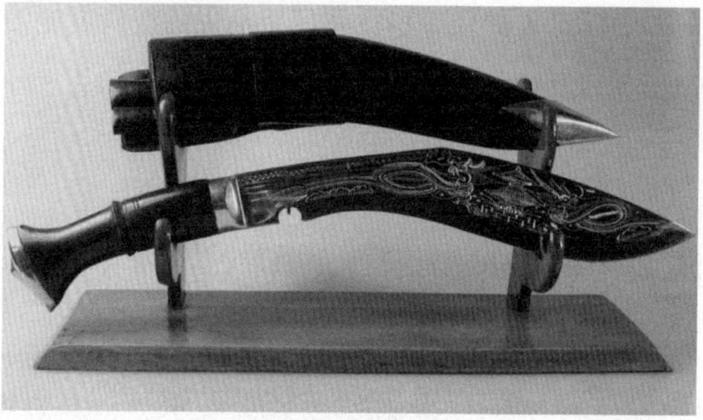

尼泊尔廓尔喀弯刀

而让此刀声名远扬的则是近代隶属英军的尼泊尔廓尔喀步兵团，廓尔喀士兵勇猛彪悍，在两次世界大战中让敌人吃尽苦头，在二战后英国参加的数次战争中也发挥了重要作用。此外，廓尔喀兵团还是英国在各殖民地的重要武装力量，由于其重要性，英军至今仍保留这一建制。廓尔喀弯刀作为尼泊尔的国刀，不仅是尼泊尔文化的代表，更是库尔喀士兵的荣誉象征，获得战功的士兵将被赐予镌刻其名字的廓尔喀弯刀。廓尔喀弯刀特别注重实用性，头重脚轻，前宽后窄，背厚刃薄的刀身状如狗腿，赋予其超凡的劈砍能力。劈砍时，使用者的力量集中在刀的前部，可媲美斧子的杀伤力，非常适合肉搏砍杀和在丛林行进中开路。刀身底部有小小的 V 形凹痕，可以将拔出后的鲜血导引，以免弄脏手柄。廓尔喀弯刀不仅可用于近身格斗，还是优秀的野外求生刀具，适合修理装置、挖洞、磨尖帐篷支柱、切肉、开罐头、解剖猎物等。廓尔喀弯刀完全以手工制成，需要 4 个工人耗费一整天才能完成一把锋刃。

美国斯特赖德刀具

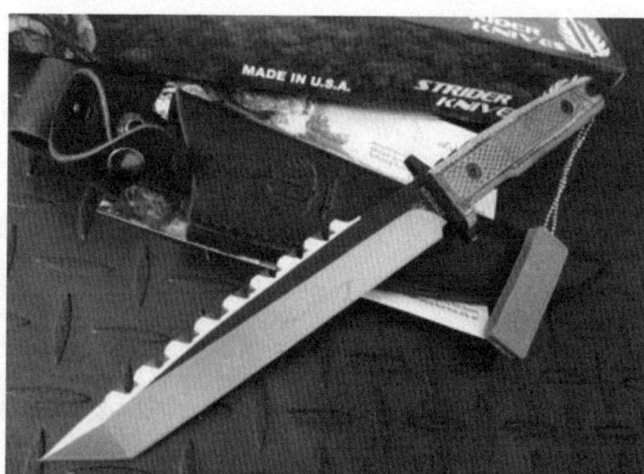


斯特赖德刀具

美国斯特赖德（Strider）刀具公司本是一家私人所有和经营的小公司，致力于设计和制造恶劣自然或战场条件下使用的生存刀具。公司的创办人与经营者是美国军方退役人员，其最初目标是为士兵提供最合理耐用、容易保养的野外用刀。创办人的军方背景使公司能够了解军警方以及狩猎和商业潜水等领域的各种用途需求，因此研制出著名的 Strider BT 工具刀和 Strider MT 格斗刀。Strider 刀具各个型号都能够满足甚至超越这些领域的实际需求，深受用户喜爱。此后，Strides 刀具公司开始尝试在工具刀和格斗刀之间寻求平衡点，最终诞生了 Strider BN 和 Strider BNSS。时至今日，Strider 已是军用刀具中赫赫有名的品牌，其产品被美、英等国的特种部队广泛使用。

多用途匕首

美国一家公司专门为在丛林地区执行任务的特种部队研制出一种名为“丛林大王二号”的多用途匕首。这种匕首锋刃长 14 厘米，刀背有锯齿。刀鞘设计独特，里面装有多种供困难条件下生存的用具，包括指北针、信号反光镜、药瓶、手术刀、胶布、止血带、铅笔、别针、针线包、打火石、磨刀石、鱼钩和鱼线、鱼叉式罐头刀、开瓶刀、螺丝刀等。此外，刀鞘底部还有一把折叠叉，接上乳胶管就成了一把弹弓。

电击匕首

这种刀具的头部采用优质钢材，表面镀铬抛光，做成终端电极，可放出 5 万伏高压，能把敌人、凶手、暴徒当场击晕，使其束手就擒。

多用途刺刀

美国为陆军突击队研制了一种新型多用途刺刀，它除了作为传统的刺刀使用外，还可作为野战匕首、铁丝钳、开瓶器和锯使用。美国陆军原参谋长威克姆上将宣称，这是美国陆军在低技术领域取得的一项技术突破。

## 特种手枪

手枪是特种部队人员随身携带的武器，也是他们一出手就能把敌人打趴下的杀手锏。奥地利的格洛克公司、瑞士的 SIG 公司、美国的史密斯·韦森公司以及意大利的伯莱塔公司，是世界上制造特种手枪最有名的厂家。

3D 金属手枪

2013 年 11 月美国制造了全球首款 3D 金属手枪，并已经成功发射了 50 发子弹，手枪的设计出自经典的 1911 式手枪，使用了现成的弹簧和弹匣，还包括激光烧结和研磨金属等多种技术，用33种不锈钢和合金制成。制作这支手枪的3D打印机价格在50万美元以上。这种瞬间制造手枪技术的实现，为特种作战人员随时维修更换特种手枪提供了无限可能。

3D金属手枪

MEU（SOC）手枪

美军MEU（SOC）手枪是一种气冷式、弹匣供弹、枪管短、行程后坐的半自动手枪，其组件由手工装配，不能互换。武器序列号的最后四个数字分别印在枪管的顶部，套筒部件的右侧等处。这款手枪以军方发配给部队的柯尔特M1911A1政府型手枪作为基础，由美国海军陆战队精确武器工厂生产。经过人工挑选、分解、清理毛刺，然后装上配件，主要包括Videcki公司生产的握把保险、圆形击锤、左右两面皆可由拇指操控的手动保险和更轻的扳机，由Bar-Sto公司生产的经过改进、更高命中率的机械瞄具和精确的比赛等级不锈钢枪管，由威尔逊战斗产品公司生产的Pachmayr橡胶握把和前端的锯齿状防滑纹等。

MEU（SOC）手枪

Mk 23 Mod 0特种作战手枪

Mk 23 Mod 0是由德国HK公司制造的半自动手枪。1991年开始立项研制，1996年5月1日，Mk 23 Mod 0开始正式交付给特种部队，成为继柯尔特M1911A1政府型手枪后第一支11.43毫米口径的军用手枪。Mk 23 Mod 0又被称为Mk 23 Mod SOCOM或者USSCOCOM。Mk 23 Mod 0被定义为一把比赛等级的军用手枪，并且可以在45.72米以内打出51毫米的角分范围，相当于4 MOA。该枪在恶劣的环境中有特别高的耐久性、防水性和耐腐蚀性。它使用一根特制的六边形膛线设计和枪膛镀铬的枪管，用于提高准确性和耐用性。Mk 23 Mod 0有一个设于枪身两边的手动保险和弹匣释放按钮，双手皆可轻松操作。手动保险在大型待击解脱杆的后部，而弹匣释放按钮在扳机护圈的后部，两者都融入了人性化设计，双手大拇指能够直接操作，戴上手套射击时也可轻松上弹。设于左侧的大型待击解脱杆在手动保险的前部，能降低外置式击锤，以便锁上全枪。复进簧中装上了一个后坐力缓冲部件以降低射击时的后坐力，从而提高精度。Mk 23 Mod 0 可加装消音器、镭射瞄准器和其他一些附加部件。Mk 2 3 Mod 0 手枪极端的准确性让不少军人爱不释手。

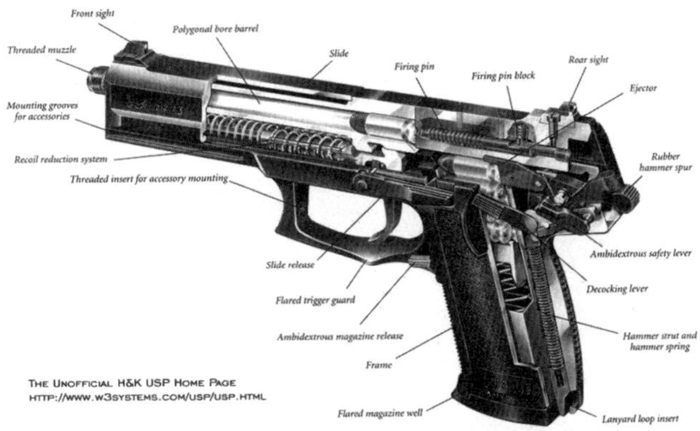


Mk 23 Mod 0 特种作战手枪

瓦尔特 PP/PPK 手枪

该枪由德国卡尔·瓦尔特运动枪有限公司制造，体形小巧、结构简单、动作可靠，被欧洲各国特种部队广泛使用。PP/PPK 手枪采用自由枪机式工作原理，枪管固定，采用外露式击锤，配有机械瞄准具。套筒左右都有保险机柄，套筒座两侧加有塑料制握把护板；弹匣下部有一塑料延伸体，能让射手握得更牢固，两者都使用 7.65 毫米柯尔特自动手枪弹。PP/PPK 手枪的结构极为简单，两枪的零件总数分别是 42 件和 39 件，而其中可以通用的零件为 29 件。1945 年希特勒自杀时使用的就是一支金质 PPK 手枪。二战后，PPK 广为西方各国情报机构采用。此外，许多小说、漫画作者也喜欢让他们笔下的主人公使用 PP 系列手枪，如美国 007 系列电影第 1—18 部的主角詹姆斯·邦德使用的就是瓦尔特 P 系列手枪。

瓦尔特 PP/PPK 手枪

PSS微声手枪

PSS是俄罗斯特种部队使用的一种特别的微声手枪。由苏联中央精密机械工程研究院研制，设计有外露式击锤，可单动也可双动击发。常见微声手枪大多是在枪管前加装消声器，而PSS微声手枪却独辟蹊径，采用了一种独特的7.6242毫米SP-4消声弹，通过阻止火药燃气流出达到消声、消焰的目的。PSS采用常规手枪的自由枪机式自动原理，但结构比较特殊。

PSS微声手枪

PSS的枪管由可活动的弹膛和固定式的线膛组成，弹膛可以后坐8毫米，具有单独的弹膛复进簧。它的枪机复进簧安装在套筒内枪管上方部位。PSS使用的枪弹非常特别，火药和弹头之间有一个活塞，射击时，火药点燃后活塞迅速推动弹头向前运动，但很快活塞被弹壳的肩部挡住，这样噪音和烟雾便被堵在弹壳内，唯一的噪音是弹头飞出枪口后枪的自动操作声。得益于此，PSS发射专用枪弹时，声音强度接近气手枪的水平。这种子弹的有效射程是50米，能够穿透25米范围内的标准钢盔。出厂时，PSS带有一个备用弹匣、一个枪套和一根通条。

H&K P11手枪

这种非同寻常的手枪主要用于水下作战，发射3.9英寸（10厘米）钢镖弹，水下有效射程33英尺至50英尺（10至15米）。美军海豹突击队和英军特别舟艇部队的特种兵在携带常规的手枪之外，一般都会携带一支P11手枪。一旦在水下遭遇敌人，P11手枪就可以大显身手了。

H&K P11手枪

迷你手枪

美国武器制造家塞莫尔·柯尔特发明的口袋左轮手枪，是一件能藏起来的小武器，它的发展催生了一系列更小的新型手枪。这种武器通常都非常小，一般长度都不到15厘米，可以藏在脚踝枪套里，或者塞在口袋里，警察们称之为“备用枪”，或者“最后防线”。短弹是一种迷你左轮手枪，是目前生产的最小手枪，长度仅10厘米，重量100克，它能藏在身体的任何一个部位。

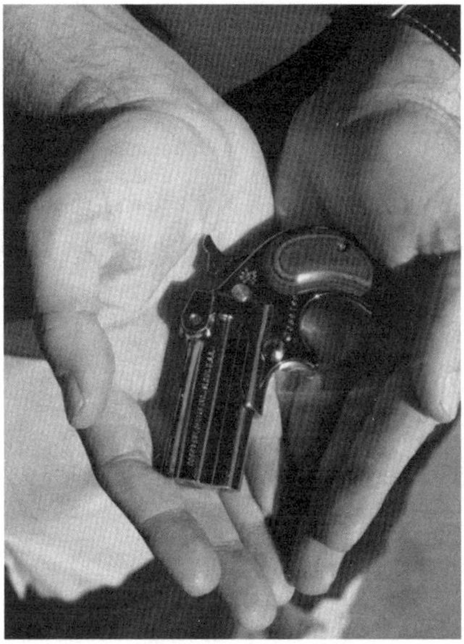

迷你左轮手枪

“格洛克”手枪系列

该系列手枪包括多种型号，均由奥地利的格洛克公司研制，采用流线型设计，是一种十分安全的半塑胶自动手枪，已成为美国特种部队和特警队的必备武器。

格洛克17：该枪1983年进入美国市场，成为十大畅销手枪之首，被美国和北约国家的特种部队广泛采用。格洛克17手枪在设计上采用了合成材料与钢质材料相结合的设计理论，全枪40个零件中，塑制件占了16个。这种手枪的机槽、扳机护弓及枪柄三个部分，利用合成树脂射流成型的方式制成，三部分合为一个聚合体。弹匣、扳机、瞄准装置及推进簧导杆也采用合成树脂为原料。在枪身制作过程中，机槽部分采用了一些钢质材料，如机槽内侧有四个短的金属滑槽，左右各两个。格洛克17虽主要由塑制合成材料制成，但无损其坚固程度，而重量则比钢质等金属手枪减少200至400克。合成材料所具备的弹性，能够吸收震波与扭力，一体成型的机槽承受力远胜过金属制品所能承受的力量，能忍受摄氏200度以上的高温。在经过摄氏零下30度及零上60度的冷热处理后，连续试射1万发子弹，无任何故障。在10万发子弹的试射中，有4万发的精确程度丝毫不差。德国特种部队边防军第九纵队曾用车辆碾压格洛克17，结果是丝毫未损，性能依旧。

“格洛克”手枪

格洛克 17 不仅具备了一般左轮手枪所具备的安全性，而且它的弹匣容量大（17 或 19 发），重量轻、操作简便，为世界各国特种部队、特警部队及总统要员的贴身侍卫们广泛采用。

格洛克 18：外形和格洛克 17 手枪基本相同，只是枪管长 2 厘米，并多出一个射击选择钮。调整这个射击选择钮，可做全自动连续射击，也可做单发至五发点射。它的弹匣有 17、19 和 33 发三种，做全自动射击时的最大理论射速每分钟可达 131 发，配合它的 33 发弹匣使用时，威力相当于一支冲锋枪。由于它短小轻便，易于携带，加上火力强，可当作突击武器使用，因此受到世界各国特种部队的重用，美国霹雳小组特警队也将它视为制式枪种。这种枪是专为特种作战部队设计的手枪，做全自动射击时，使用者必须经过长期训练及具备多年枪械操作经验，才能确保安全及发挥武器的最大效能。

格洛克 19：枪管要比格洛克 17 短 0.8 厘米，总长度则缩短 1.8 厘米，但重量与格洛克 17 完全一样，因而结构更为紧凑。其原理和性能与 17 型和 18 型一样，只是更为轻巧，弹匣分为 15、17、19 和 33 发四种，很受特种部队及特种警察部队的欢迎，甚至受到世界各国黑社会人物的青睐。除了上述三种型号外，该公司还生产了 10 毫米口径的“格洛克”20Auto 式、11.43 毫米口径的“格洛克”21ACP 式、10.16 毫米口径的“格洛克”22S&W 式和“格洛克”23 式微型手枪。各种型号的“格洛克”手枪结构特点基本相同，大部分零件可通用互换。

西格 · 绍尔 P320

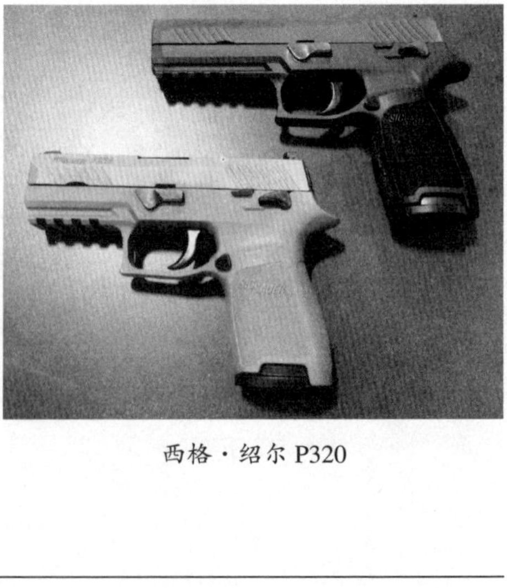

西格 · 绍尔 P320

从 2008 年开始，美国军方为了寻求替换 M9 手枪的新手枪平台，展开了各种询价。2013 年，美国陆军发布意见征集（RFI），向美国轻武器公司提出 MHS 手枪的要求。这份意见征集中提出“对手枪表现提出 50 米精度与散布、终点效应、模块化能力、可靠性和在所有环境下的耐用性。”最终 SIG Sauer P320 一举夺魁，成为美国陆军下一代手枪。SIG Sauer P320是在P250的基础上研制的纯双动半自动手枪，是P250的衍生型。有全尺寸型（Full-Size）、紧凑型（Compact，更紧凑）、携带型（Carry，使用全尺寸握把）和袖珍型（Sub-Compact）。P320主要是继承了P250的底把，包括模块式的击发机座，但套筒是全新设计的，因为P320把回转式击锤改为平移式击针。在设计上是非常彻底的模块化构造，通过内部组件、套筒座模块的更换，可使用9毫米、0.357SIG、0.40S&W、0.45ACP的枪弹。无论是全尺寸型还是便携型，均使用双排盒式弹匣供弹，枪管下部配有M1913型皮卡汀尼导轨用于安装附件。两种型号也可换装含枪管螺纹的枪管，以安装消声器。各个型号的弹匣是与P250的弹匣通用的。P320手枪的各项参数为：口径9*19毫米，扳机力24.5—33牛顿，长183毫米，高134毫米，宽35.5毫米，枪管长99毫米，枪重（不含弹匣）731克，弹匣容量15发，配有SIGLITE夜光瞄准具。

“伯莱塔”手枪系列

备受美国特种部队和治安警察青睐的另一种新型手枪是“伯莱塔”92手枪系列。意大利伯莱塔公司继推出9毫米92F手枪以后，又相继研制了M92G、M92GT、M92D和M92FS等变形枪。无保险卡笋的M92U已被美国印第安纳州警察采用。M92GT装有激光瞄具插座，M92D是双动手枪。M92FS采用单排弹匣供弹，受到美国陆军情报分队、空军特种部队及海军特种部队等部门的重视。

“伯莱塔”手枪

P9S手枪

由德国HK（赫克勒-科赫）公司生产的一种手枪，口径9毫米，全长19.2厘米，枪身长10.2厘米，配用9×19毫米巴拉贝鲁姆手枪弹，空枪重880

P9S手枪

克，可装9发子弹的弹夹重180克，初速为351米每秒，有经验的特种部队队员可在9秒钟内打完一梭子子弹。该枪的特点是小巧玲珑，射速高，装弹快，命中精度在各型手枪中首屈一指。

比利时FN57手枪

比利时FN赫斯塔尔公司为推广SS190弹生产了FN57半自动手枪。该枪经过精心设计，首次在手枪套筒上成功采用钢塑料复合结构，支架用钢板冲压成形，击针室用机械加工，用固定销固定在支架上，外面覆上高强度工程塑料，然后表面再经过特殊处理。因此，既减轻重量，又保证了强度要求。SS190弹由于弹壳直径小、重量轻，因此20发实弹匣的重量，也只相当于9毫米手枪10发弹匣的重量。虽然长度比较大，但FN57的握把比其他发射马格南弹的自动手枪要容易握持。由于枪管较短，FN57发射的SS190弹的初速比P90发射时要低，但仍高达650米每秒（相当于一般突击步枪的枪口初速），有极好的穿透力。在有效射程内，能击穿标准的防弹衣。人们为它起了个绰号“防弹衣终结者”。

FN57 手枪

FN57手枪采用的是枪机延迟式后坐方式，全长20.8厘米，枪管长12.25厘米，弹匣容量20发，枪重618克。新旧两种导轨类型，内藏式击锤。由于套筒尾部完全封闭，看不到击锤，因此光从外表判断，很容易让人误认为平移击针式击发。IOM型和USG型是该枪的两种型号。2006年出现了新的57式手枪及消声器。新的57式手枪，把附件导轨改为皮卡汀尼导轨，这是IOM型。IOM型（Individual Officer Model，官员个人型），是执法机构或军事人员专用装备；而USG型（United States Government，美国政府型），则是供美国的执法部门或平民使用，虽然通用多种5.7毫米弹，但主要配备降低穿透能力的空尖弹或软尖弹。IOM型和USG型在外观上，几乎没有区别。主要识别特征是，IOM型握把侧板上为粒状花纹，USG型为格子状花纹；IOM型扳机护圈维持原来的双弧形状，USG型扳机护圈底部为平直设计；IOM 型弹匣扣很小，而 USG 型较大。另外两种手枪的照门缺口形状，也稍有不同。配备 SS190 弹的 FN57，20 发弹匣的穿透力确实让人望而生畏！

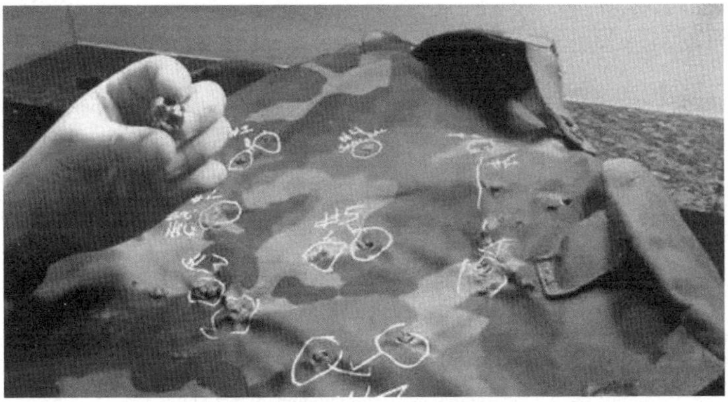

FN57 在有效射程内击穿标准防弹衣

## 狙击步枪

狙击步枪是特种部队实施作战、特别是实施营救作战或执行特殊任务时必不可少的枪械。

L11 5A3 狙击步枪

L115A3 狙击步枪发射 8.6 毫米口径拉普阿弹。有效射程为 3600 英尺（1100 米），弹匣容量为 5 发，该枪配有可折叠两脚架，枪门处装有消音器，可有效降低武器射击时枪门的声音。该狙击步枪的研制是英国狙击系统改进计划内容之一。比同类型武器具有更大的口径和更远的射程，并配有望远式全天候瞄准镜。

L11 5A3 狙击步枪

麦克米兰 TAC-50 远距离狙击步枪

麦克米兰 TAC-50 是一种手动旋转后拉枪机步枪，枪机采用双前闭锁突笋结构设计。发射 12.7 毫米口径弹药，弹匣容量 5 发。为减轻重量，该枪采用了带有刻槽的竞赛级枪管和玻璃纤维枪托。可发射穿甲、燃烧和爆炸弹药，对车辆具有较强的打击能力，只要有一发弹命中发动机，就可令车辆无法行驶。该枪发射的枪弹还能穿透砖墙和混凝土墙。使用 TAC-50 可以很容易地击中远距离目标。TAC-50 是加拿大军方的制式远距离狙击武器，“帕特丽夏公主”轻步兵第 3 营的一名狙击手曾在阿富汗战场使用 TAC-50，两次创下最远狙击记录，分别是 7579 英尺（2310 米）和 7972 英尺（2430 米）。

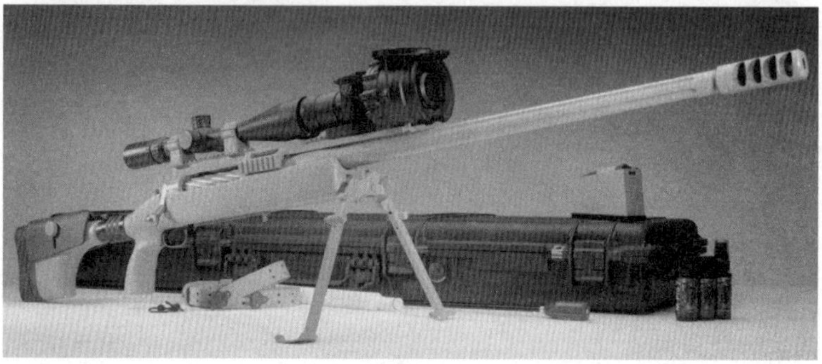

TAC-50 远距离狙击步枪

SCAR 突击步枪

“特种部队战斗突击步枪”（SCAR）是专门为美国特种作战司令部研制的模块化武器系统，分为 5.56 毫米口径的 SCAR-L（轻型）和 7.62 毫米口径的 SCAR-H（重型）两种型号，该系列步枪装备部队使用的主要是 MK17 长枪管型和 MK20 狙击支援型。作为突击步枪使用的 MK17 在中远距离上同样具有精确射击的能力，而 MK20 设计编配于狙击小组中的观察手，辅助狙击手作战。MK17 还有近战型，主要用于对射击精度要求不高的近距离战斗任务。MK17 步枪可加装 MK13 下挂式榴弹发射器，使武器系统具备发射榴弹的功能。MK13 榴弹发射器本身也可安装枪托独立使用。

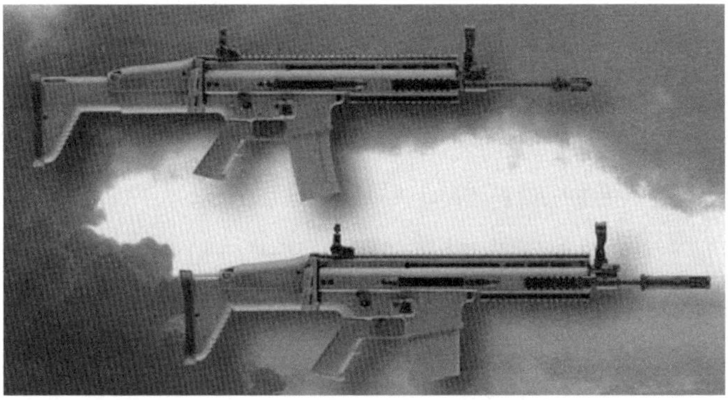

SCAR 突击步枪

M82A1 大口径狙击步枪

巴雷特 M82A1 大口径狙击步枪是当今使用最广泛的大口径狙击步枪之一，几乎占领了 0.50 狙击步枪市场的统治地位。目前至少已装备 30 多个国家的军队或警察部队。M82A1 也被广泛用作民间射击比赛，采用枪管短后坐原理，半自动发射方式。枪管短后座原理是著名枪械设计师勃朗宁开发的，而巴雷特将这种原理改进使之适合作为肩射武器的自动原理。M82A1 狙击步枪自带机械瞄具，也可以安装光学瞄具。原枪配用 10 倍瞄准镜，而美国海军陆战队所用的则是与 M40A1 相同的 10 倍 Unertl 瞄准镜。M82A1 可迅速分解成上机匣、下机匣及枪机框 3 部分。M82A1 狙击步枪的后坐力很小，这就保证了射击时的舒适性及射击精度。M82A1 的可调两脚架与 M60 机枪通用，握把则与 M16A2 步枪通用。在 M82A1 弹匣前方还可以安装巴雷特公司研制的伸缩架座。

M82A1 大口径狙击步枪

M86 狙击步枪

由麦克米兰公司专门为军队、警察和特种部队设计制造，是主要供远距离作战使用的一种步枪。该枪分为 7.82 毫米狙击步枪和 7.62 毫米 300 型狙击步枪两种，前者发射 7.82 毫米“温彻斯特”弹，后者发射 7.62 毫米“斯普林菲尔德”和 7.62 毫米“温彻斯特”弹。7.82 毫米口径的 M86 狙击步枪和瞄准具全重 5.4 公斤，长 1107 毫米，其主要特点：一是枪管加厚，长 610 毫米，枪管与机匣用螺纹连接，枪管与枪托之间有 1 毫米间隙；二是枪托呈黑色，用玻璃纤维制成，重 1.34 公斤，气候适应性强，维护方便，特别适合于特种部队和警察使用；三是装填拉柄在扳机正上方，直接挨着枪托；四是机匣右上方是抛壳口，后顶部螺接有 37 毫米长的导轨，前顶部螺接有 40 毫米长的导轨，每根导轨上开有 2 个安装瞄准镜的凹槽，机匣下侧有弹匣卡槽，前部后坐凸起；五是扳机击发装置由 2 根锁紧销固定在机匣下方；六是安装有光学瞄准镜。7.62 毫米 300 型狙击步枪，全重 5.7 公斤，枪管长 700 毫米，初速 945 米每秒。特制的玻璃纤维枪托配有可调式贴腮板，以便调节射手眼睛与光学瞄准具之间的距离。

M86 狙击步枪

瑞士 Sauer SSG3000 狙击步枪

SSG3000 是 SIG 公司在 1984 年推出的，实际上是德国 Sauer 公司设计和生产的。SSG3000 与 SSG2000 都是旋转后拉式枪机，但 SSG3000 采用的是黑色麦克米伦（McMillan）玻璃纤维枪托，而 SSG2000 则是胡桃木枪托。两支枪在外形上的最大区别是 SSG3000 在枪身两侧有开槽。根据军方和警方的设计要求，SSG3000 是模块式构造，主要的零部件都可以快速更换。与典型的欧洲狙击步枪不同，SSG3000 的瞄准镜架、两脚架安装孔都是采用美国产品的标准规格，因此可以使用不同形式的哈里斯两脚架、Leupold 瞄准镜等流行配件。SSG3000 采用克虏伯（Krupp）生产的优质冷锻碳钢枪管和机匣，有一个可卸弹匣，5 发子弹呈单排排列，而不是双列式。SSG3000 在枪管上固定有一根带子，这条布带主要的作用是防止发热的枪管在瞄准镜前方产生热浪而妨碍射手的精确瞄准，在 SSG2000 和 SG550 Sniper 上都有相同的设计。瞄准镜是变倍式的 3.5-10×40 毫米 Vari-X III 瞄准镜。Sauer SSG3000 步枪有三种不同的枪托类型，分别为欧洲型（Sauer SSG3000 Euro）、二级型（Sauer SSG3000 Level II）和三级型（Sauer SSG3000 Level III）。欧洲型前护木两侧各有 4 个开孔，二级型和三级型的护木差不多，但三级型比二级型稍重 0.5 公斤，而且表面有粗糙式的凹凸防滑纹。

Sauer SSG3000 狙击步枪

德国 G3/SG1 军用狙击步枪

因为狙击手需要一种高命中精度的专门武器，可以在较远距离上对付单个或数个目标。HK 公司在 G3 步枪的基础上开发出专门的狙击步枪 PSG-1。PSG 是德文“Prazisions schützen gewehr”的缩写，意思是精确射击步枪，而 PSG-1 也的确是世界上最精确的半自动步枪，在 300 米的距离上它保证可以把五十发子弹全部打进一个棒球大的圆心。当然，PSG-1 也是最昂贵的，单价约一万美元。PSG-1 的基本结构与 G3 相同，但使用了加厚的重型枪管，所以全枪重量比较大。重枪管主要作用是在射击时依靠枪管自身的重量减小枪管的振动，基于同样目的，枪口部没有安装消焰器、制退器之类的任何枪口装置。但 PSG-1 作为世界上最精确半自动步枪的原因是因为它控制得极其严格的制造公差，所有的零件几乎是完全的结合。出厂试验时，每一支步枪都要在 300 米距离上持续射击 50 发子弹，而弹着点必须散布在直径 8 厘米的范围内。PSG-1 的握把为比赛步枪用的握把，塑料枪托的长度和枪托上的贴腮板高低都可调。PSG-1 的扳机力比 G3 轻得多，采用望远式瞄准镜。可选用两脚架或三脚架支撑射击。HK 公司原配的瞄准镜是 Hendsoldt 6 × 42，但一些用户会另外购买倍数更大的瞄准镜。

德国 G3/SG1 军用狙击步枪

英国李·恩费尔德 AWM/P 狙击步枪

AWP 是“北极战争警察”（Arctic Warfare Police）的缩写，即 AW 的警用型，或称为反恐型。AW 是为军队设计的“绿色”步枪，而 AWP 则是为执法机构和保安部队设计的“黑色”步枪。AWP 有 0.243 温彻斯特和 0.308 温彻斯特（7.62 × 51

AWM 狙击步枪

毫米的商业名称）两种口径。AWP 与 AW 的区别在于采用较长和管壁较厚的重型枪管，该不锈钢枪管长 24 英寸，纵向剖面为截锥形，枪口直径为 0.915 英寸。在枪托底部可安装一个弹簧定位的后脚架，与两脚架共同构成三点支撑，提高瞄准射击时的稳定性。

美国斯太尔 Scout 通用狙击步枪

美国海军陆战队退役的枪械专家杰夫·库珀有一种“通用步枪”（General-Purpose Rifle）构思，在 1983 年定义出“Scout Rifle”通用步枪便于携带、个人操作的武器规格，包括能击倒重量 200 公斤的有生目标，最大长度为 1 米，总重不超过 3 公斤，其他还包括精确、坚固耐用和外形美观等。后来，斯太尔·曼利夏公司推出了一种按照这些标准设计并命名为“Scout”的旋转后拉式枪机步枪。斯太尔 Scout 是一种很轻的精确射击步枪，全枪共 129 个零件，枪管细长，并大量采用新材料，因此重量很轻。枪管长只有 19 英寸，4 条右旋膛线，缠距 12 英寸。枪管壁虽然薄，但采用冷锻制造，非常坚固。枪机的开锁角只有 70°，枪机头有 4 个闭锁突笋，开锁动作平滑迅速。枪机尾部有待击指示器，当处于待击位置时向外伸出，夜间可以用手触摸到。保险滚轮设在枪机尾后方，滚轮上有三个位置，白点在最下方，表示解除保险状态，可以发射；白点在最上方，表示处于保险状态，但可拉动枪机，从弹膛内安全取弹；白点在中间，同时最上方出现白色带，表示此时不仅处于保险状态，而且枪机被锁住。斯太尔 Scout 的枪托由树脂制成，重量很轻。枪托下有容纳备用弹匣的插槽和附件室，枪托前方有整体式两脚架，向下压脚架释放钮就可以打开两脚架。弹匣容量为 5 发，由合成树脂制成，弹匣两侧有卡笋。在机匣顶部有韦弗式瞄准镜座，可以安装各种瞄准镜，枪管上方也有瞄准镜座，因此有多个位置可以安装不同类型的瞄准镜。除了机匣顶部的瞄准镜座外，斯太尔 Scout 还

美国斯太尔 Scout 通用狙击步枪

装有机械瞄准具，其刀形准星可修正方向和高度。

美国 Tango 51 狙击步枪

Tango 51 是 Tac Ops 公司以雷明登 700 为基础开发的狙击步枪，采用 Tac Ops 制造的比赛枪管，有 18 英寸和 24 英寸两种长度，枪托为麦克米兰玻璃纤维枪托，枪托表面有防滑纹。Tango 51 采用哈里斯公司（Harris）两脚架，配有消声器，重量较轻。Tac Ops 公司宣称通过先进的生产工艺和严格的质量控制手段，确保每一支 Tango 51 都具有极高的精度。洛杉矶郡治安官辖下的特别执法署对 Tango 51 进行了严酷的测试，证实 Tango 51 的确是一支优秀的狙击步枪，完全可以满足特警队的战术需要。

美国 Tango 51 狙击步枪

德国 Blaser R93 狙击步枪

R93 狙击步枪是德国 Blaser 公司生产 R93 系列猎枪的战术型，是 SIG 公司代理

德国 Blaser R93 狙击步枪

的一种产品。Blaser R93 是一种相当优秀的单动猎枪，有多种型号，而 R93 Tactical 是以其聚合物材料枪身型号 LRS-2 改进的，适合用作军用或警用狙击步枪。

俄军 SVD 狙击步枪

苏联军队在 1963 年选中了由德拉贡诺夫设计的狙击步枪代替莫辛-纳甘狙击步枪，英文为 SVD（Snayperskaya Vinyovka Dragunov），通过进一步的改进后，在 1967 年开始装备部队。除俄军外，埃及、南斯拉夫、罗马尼亚等国家的军队也采用和生产 SVD。SVD 改进型采用新的玻璃纤维复合材料枪托和护木，以及新弹匣，在弹匣入口前方有安装两脚架的螺纹孔。SVD 实际上是 AK47 突击步枪的放大版，但发射机构更简单。发射 7.62 × 54 毫米突缘弹，威力比 AK47 配用的 7.62 × 39 毫米 M43 弹大得多，枪机机头重新设计以承受高压。只能单发射击，击发和发射机构比较简单，主要零件是击锤、单发杠杆以及靠机框控制的保险阻铁，有单独的击锤簧和扳机簧。为提高精度，SVD 的导气活塞与 AK47 不同，AK47 的活塞与枪机框成一整体，而 SVD 采用短行程活塞的设计，导气活塞单独地位于活塞筒中，在火药燃气压力下向后运动，撞击机框使其后坐，这样可以降低活塞和活塞连杆运动时引起的重心偏移，从而提高射击精度。枪管前端有

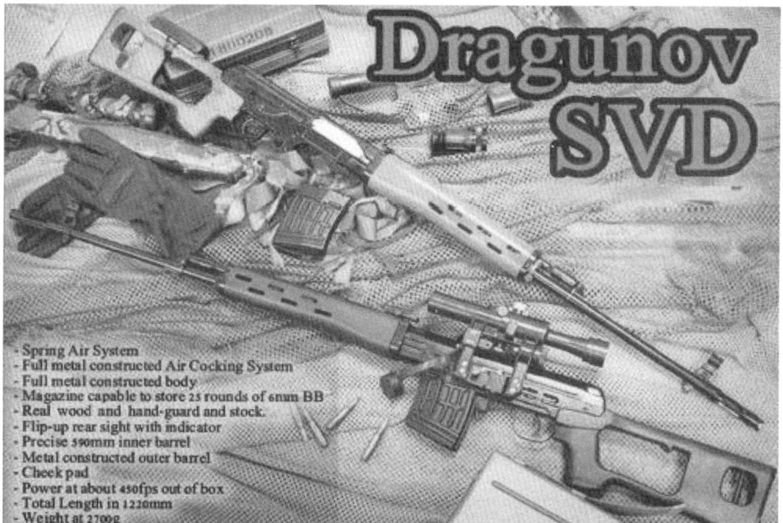


俄军 SVD 狙击步枪

瓣形消焰器，长70毫米，有5个开槽，其中3个位于上部，2个位于底部。这样，从消焰器上部排出的气体比从底部排出的多，实际效果是将枪口下压从而在一定程度上减轻枪口上跳。另外消焰器的前端呈锥状，构成一个斜面，将一部分火药气体挡住并使之向后，以减弱枪的后坐。在准星座下方有一个刺刀座，可安装刺刀。

P50狙击步枪

这是波扎公司生产的一种使用12.7毫米“勃朗宁”机枪弹的导气式大口径半自动步枪。该枪有两种型号，一种是标准型步枪，全长1500毫米，枪管长737毫米，重13.6公斤，采用伸缩式枪托和折叠式两脚架；另一种是卡宾枪型，全长1220毫米，枪管长610毫米，重11.2公斤，安装有前握把，也可加装两脚架。该枪的机匣、枪机框及枪机均用经磷化处理的4130号碳素钢制成。所有铝制件均经过氧化处理，外露件表面均涂有特氟隆，防锈能力强。装填拉柄和保险机构可以左右两侧转换，机匣组件在弹匣槽的后面。P50装有枪口制退器和后坐力缓冲垫，为减轻后座力，制退器上钻有30个排气孔，配有光学瞄准镜。

P50狙击步枪

伽利尔来复枪

此枪由以色列IMI工厂生产，分为ARM型和SAR型两种，精度比AK47高，和M16很接近，是特种部队十分喜爱的突击性特种武器。ARM型来复枪口径为7.62毫米，枪管长45.7厘米，重4.3公斤，配有一只折叠式支架、一把手柄和一只用于固定支架的木制把手。SAR 型的口径为 5.56 毫米，枪管长 33 厘米，重 3.68 公斤，是一种密集型的武器，特别适用于激烈的遭遇战。伽利尔来复枪配套的附件主要有：一个可装 5 发子弹的弹匣，一个清洗包和一套便携式调试工具。这种狙击枪可拆卸成枪管、枪托、瞄准具、枪栓等 4 个部分，将其装在一个普通手提箱内，适于潜入公众场合执行特殊任务。该枪枪托底部可调节长短，使用方便。伽利尔来复枪狙击型为重枪管、两脚架，可安装瞄准镜和可调整长度的枪托。1991 年，以色列国防军正式批准 M16 自动步枪作为制式武器，至此，所有的特种部队和部分常规作战部队弃用伽利尔突击步枪。加利尔突击步枪现今只在以色列国防军的装甲部队、炮兵部队和部分以色列空军的防空部队中使用。

伽利尔来复枪

SA-80 多用途步枪

英国皇家军械厂生产的 SA-80 步枪具备多种用途，只要改变枪件的组配，就可作为步枪、冲锋枪和轻机枪使用。这种枪后坐力很小，精度较高，便于使用。它既可发射杀伤枪榴弹，也可发射精度极高的反坦克枪榴弹。使用穿甲弹，可击穿装甲车辆的前部。射手的左右手均可灵活操作，使“左撇子”士兵也能灵活使用。枪上设有昼夜射击使用的金属瞄准镜座，可安装多种型号瞄准镜，武器的分解、结合十分简单，各种零部件（除枪管外）均可替换。

SA-80 多用途步枪

RSG-12 狙击步枪型霰弹枪

该枪是系塔·亨特公司为满足美国政府和警察的需要而研制的。此枪的最大特点是外表看上去像步枪，枪管内刻有膛线，但实际上发射的是 12 号霰弹而不是步枪弹。该枪枪托用麦克米兰公司的黑色玻璃纤维制作，机匣上装有瞄准镜座，没有机械瞄具。弹膛长 76 毫米，枪重约 5.7 公斤，装有重枪管、枪口制退器和两脚架，弹匣容量 6 发。除了线膛以外，其余性能与滑膛枪一样。

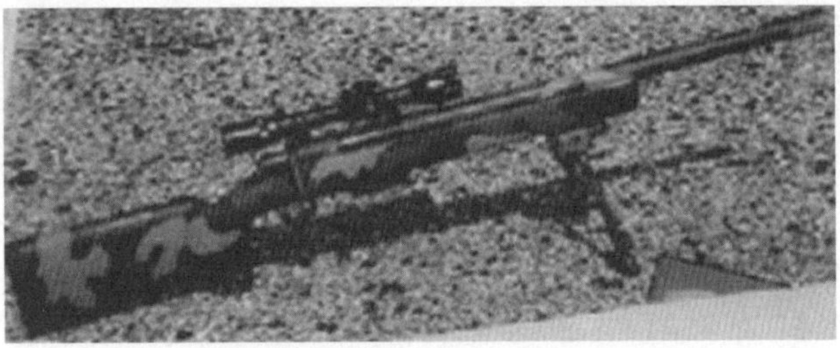

RSG-12 狙击步枪型霰弹枪

SPAS12 霰弹枪

这是意大利专门为特种部队研制的特种自动轻武器。据称，该枪已在意大利、美国、西班牙等国的特种部队和军警中装备使用。这种霰弹枪结构新颖，采用导气式半自动和泵动式非自动两种控制方式，通过按钮可随意实现操作方式转换。火力较猛，每秒发射4枚霰弹，一般射程为60米，在25至40米距离内散布圆直径可达0.6至0.9米。命中率较高，在目标小和目标稍纵即逝的情况下，该枪更能大大提高命中率，亦可减少跳弹伤己之危险。适用面宽，枪口可安装榴弹发射器，最大射程达150米。枪口还可配装一个霰弹散发器，使霰弹产生瞬时扩散效果。使用弹药范围广，如标准实心霰弹、小型霰弹和催泪弹等，可根据需要随时选用，方便可靠。枪托为折叠式，便于单手携带和射击。该枪具有完全保险和弹仓锁扣装置。

SPAS12 霰弹枪

M4 超级 90 霰弹枪

由德国HK公司和意大利贝内利公司联合研制的M4超级90霞弹枪（又叫XM1014枪）凭借其优异的性能，被美军选中为制式霰弹枪。美国国防部一次订购

M4 超级 90 霰弹枪

25000 支。在阿富汗清扫洞穴战斗中美军多批次使用该枪。M4 超级 90 霰弹枪除了采用导气式、自动装填机构以外，大部分结构都来自 M1 和 M3 超级 90 霰弹枪。该枪还增加了两套活塞系统以减小武器后坐力。

SSG-69 式狙击步枪

SSG-69 式狙击步枪，由著名的奥地利斯太尔公司制造，每个弹匣可装 5 至 10 颗子弹，使用 7.62×51 毫米口径大威力子弹，它比一般子弹更重更稳，具有稳定的弹道轨迹，最远射程达 3700 米。该枪外形类似一根钓鱼竿，113 厘米长的枪身几乎比普通步枪“高”出 30%，它所使用的瞄准镜，能够把被瞄准景物的体积放大 6 倍。

SSG-69 式狙击步枪

伊莎波尔步枪

7.62 毫米 FNMAG 型通用机枪是比利时国家兵工厂生产的世界著名机枪之一，于 20 世纪 50 年代初定型，是西方各国装备的主要机枪，是几十个国家军队的制式装备，印度引进后称伊莎波尔 7.62 毫米机枪，用于突击队、伞兵和特种部队作战。全枪长 1260 毫米，枪管长 545 毫米，枪重 10.85 公斤（带两脚架），21.35 公斤（带三脚架），初速 840 米每秒，有效射程 800 米至 1200 米。该枪的枪托为折叠式，配套子弹每粒只有 12 克。战术使用广泛，环境适应性较强，枪管可迅速更换。每次可连射 3 发，后坐力小，命中精度高，操作简单，携带方便、易于保养。

伊莎波尔步枪

耳瞄步枪

耳瞄步枪首先在德国问世，这种步枪的最大特点是没有枪口上方的准星，也没有其他的目力瞄准设备。它是一种蒙上眼睛也能百发百中的武器，精确度比目力瞄准的步枪高得多。这种步枪具备高精度的原因在于它采用了耳瞄新技术，是用耳朵去瞄准目标，而不是用眼睛。耳朵之所以能瞄准目标，是由于这种枪的枪口上安装了红外线瞄准发声装置，目标发出的红外线被瞄准装置接收以后，会转变成声波传进射手的耳朵里，射手一旦听到声音，立即扣动扳机发射便可击中目标。由于耳瞄步枪不靠眼睛瞄准，所以特别适合于夜战及特种作战。

## 冲锋枪

在特种部队使用的单兵特种枪械中，冲锋枪是进行突袭作战的重要装备，是猛烈火力突击的支柱。近年来，市场上出现了不少新品种，如“英格拉姆”冲锋枪系列、“卡利科”冲锋枪系列，还有 MPS 和 HK53 冲锋枪，小型和微型“乌兹”冲锋枪等。

M249 米尼米轻机枪

M249 是一种采用导气式自动方式和气冷式枪管的轻机枪，该枪使用弹链供弹，发射 5.56 毫米口径制式弹药，战斗射速每分钟约 100 发。有效射程 2600 英尺（800 米）。该枪枪托内装有液压缓冲簧，可有效降低射击时的后坐感，提高武器射击精度。该枪具有可折叠两脚架，主要用于卧姿射击。M249 不仅具有较高的射速，便携性也非常突出，由于发射 5.56 毫米弹药，武器弹链的重量也相对较轻。该枪在美军中的名称为 M249 班用自动武器。在英军中的名称为轻机枪（LMG），两种型号都源自比利时 FN 赫斯塔尔公司研制的 FN 米尼米机枪。

M249 米尼米轻机枪

BXP 冲锋枪

BXP 冲锋枪是由南非米切姆公司于 20 世纪 80 年代中期研制生产的，安全系数高、可发射多种枪弹，自 1988 年至今仍在服役。目前 BXP 冲锋枪的生产和销售商为南非的特维洛公司。BXP 冲锋枪的一个特点是配备有各式各样的枪口装置，包括消声器、隔热套、多种枪口补偿器和枪榴弹发射器，能用空包弹发射非致命的防暴弹药或军用的高爆榴弹。BXP 冲锋枪采用向下折叠的由冲压钢制成的枪托。弹匣有 22 发和 32 发两种容量。标准的瞄具为开放式的，能配上其他辅助瞄准装置或激光指示器。BXP 冲锋枪采用自由后坐式操作模式、包络式枪机、开膛待击，能选择射

BXP 冲锋枪

击方式，理论射速达每分钟 1000 发，另外有闭膛待击的民用半自动型。机匣用钢冲压成两部分——上机匣和下机匣。拉机柄位于机匣顶端。BXP 冲锋枪有两手均能操作的保险开关，而快慢机则通过扳机行程控制：一道火时为单发，二道火时为全自动。此外，如果在待击状态下关闭保险，会卡住枪机使之不能复进。

P90 冲锋枪

由比利时枪械制造商 FN 赫斯塔尔公司生产，外形独特、小巧便携，长度只有 50 厘米，重量不到 3 公斤。对防弹装备有高穿透力。P90 能够有限度地同时取代手枪、冲锋枪及短管突击步枪等枪械，它使用的 5.7 毫米小口径高速弹，射击速度很快，不到 4 秒钟能射出全部 50 发子弹。能把后坐力降至低于手枪，而穿透力还能有效击穿手枪不能击穿的物体，甚至可击穿具有四至五级防护能力的防弹背心等个人防护装备。经过特殊设计，这种子弹撞上目标后能继续向前翻滚，在进入软组织 3 到 5 厘米时，子弹前端速度已经减缓，但后面仍在加速，可以对敌人造成极大杀伤。P90 的枪身重心靠近握把，有利单手操作并灵活地改变方向。经过精心设计的抛弹口，可确保各种射击姿势下抛出的弹壳都不会影响射击。水平弹匣使得 P90 的高度大大减小，卧姿射击时可以尽量把身体放低。P90 采用模块化设计，可分为枪机组件、整体式枪托、枪管及瞄具组件、弹匣等部分。P90 共有 69 个零件，其中有 27 个为塑料件。发射机构在整体式枪托中，发射机座、击锤、扳机和整体式枪托均为工程塑料件。枪托内还有附品筒，打开橡胶底板即可取出枪管通条刷头、通条链

P90 冲锋枪

和油布等。P90的野战分解非常容易，经简单训练就可在15秒内完成不完全分解，方便保养和维护。50发容量的弹匣平行于枪管上方，弹匣由半透明的塑料制成，为防止夜间反光，混入了着色材料，呈浅褐色。由于弹匣内的枪弹与枪管轴线垂直，因此弹匣入口部是圆柱形，内部有引导枪弹转向90度的螺旋槽。

MP9冲锋枪

MP9是非常适合室内近距战斗作战的微型冲锋枪，可用于VIP警卫和狭小空间内战斗，同时在车辆和飞机上执行任务时也可作为应急用携带武器。但与使用高价4.5毫米弹的MP7不同，MP9使用的是与一般手枪相同的9×19毫米标准巴拉贝普姆弹，采购便捷，优势明显。以半自动方式工作时，MP9性能稳定，使用也非常方便，最适合近战防身用。MP9虽然是一款冲锋枪，但却拥有不输于手枪的紧凑外观，在市场上的9毫米SMG中它无疑属于最小级别。让使用者感到，似乎就是在手枪上装上了枪托、上部导轨、右侧可拆卸导轨、固定式的垂直小握把等部件。MP9采用的是折叠枪托，可以瞬间从折叠状态变为打开状态，使射击变得更为简单稳定。由于其使用方便，不断被军、警、特种部队所采用。

MP9冲锋枪

G36系列冲锋枪

该系列是举世公认的重量轻且操作性能优异的冲锋枪，秉承了精良的德国制造精神。即使发射20000发子弹以上也无需清洁，枪身寿命极长。作为世界级杰作“G3”突击步枪的续作G36系列，刚开发出来便受到全世界的瞩目，自从1996年被德军选用为制式装备以来至今未变。枪身长 50.8 厘米的全尺寸版为“G36”，枪身长 29.2 厘米的卡宾版为“G36K”，枪身长 22.9 厘米的紧凑版为“G36C”。德军选择配备 3 倍瞄准镜和 1.5 倍反射式瞄准镜（内红点瞄准镜）的枪型，而美国的执法机关则以配备 M1913 皮卡汀尼导轨的枪型为主流。

G36 系列冲锋枪

MP-5 系列冲锋枪

德国制造的 MP-5 系列冲锋枪，因其射速快、精度高、突击性能强而称誉世界枪林，久盛不衰，几乎成了各国特种部队的必备武器。MP-5 冲锋枪自 1960 年问世后，又生产了六种同系列改进型冲锋枪，即 MP-5A2、A3 型，MP-5SD1、SD2、SD3 型，以及 MP-5K 型。其中 MP-5K 型是专门为特种部队和特警队完成特殊任务而设计的。其枪管短，只有 11.5 厘米，全长也只有 32.5 厘米，无枪托，便于隐藏携带，适于巷战。MP-5 冲锋枪特点鲜明，一是设有单射、连射和 3 连射控制结构，可自由选用，同时弹夹有 10 发、15 发和 30 发装三种类型；二是其零部件可与其他枪械互换，可操作性高，耐用性强；二是配件多，可一枪多用，如配有弹夹装填器、22 口径转换器、空包弹发射装置、枪口连接催泪瓦斯弹发射装置以及各种光学瞄准装置等；四是体积小，隐藏性强，消音效果好。

美国联邦调查局出于对后勤供应和作战效能的考虑，又提出为其人质营救分队及战术分队配备 10 毫米口径冲锋枪，发射 10 毫米联邦调查局标准弹。于是，德国 HK 公司对 9 毫米 MP-5 冲锋枪加以改进，生产出了 10 毫米 MP-5 冲锋枪。就外观而言，两种口径的 MP-5 区别不大，尺寸重量相同，但 10 毫米 MP-5 的弹匣槽较宽，采用直弹匣。它与原型枪相比，主要改进之处是：为了承受发射 10 毫米弹产生的较大应力，加强了装填拉柄；为了安装一个能使枪机在射击完最后一发子弹后处于开启状态的装置，改动了机匣；弹匣解脱钮由机匣的右侧移到了扳机护圈前方位置，左、右手均可操作；闭锁装置可以更换，以便发射 10 毫米标准和亚音速弹，枪管上车有螺纹，可以安装消音器；配有枪背带、抛壳器和空仓挂机卡笋等。

MP-5 系列冲锋枪

俄制 APS 水下突击步枪

此枪适用于海上特种部队使用，可以在水下发射，所用子弹很长，像箭一样，杀伤距离在 40 米深的水下为 11 米，5 米深为 30 米，在水面的杀伤距离可达 100 米。该枪携带一个可装 26 发子弹的弹盒。

俄制 APS 水下突击步枪

俄罗斯 ADS 两栖冲锋枪

对俄罗斯特种部队来说，4.5 毫米口径的 SPP-1 水下手枪和 5.66 毫米口径的 APS 水下突击步枪水下射击效果很好，但陆上却效果不佳，50 米以外就已很难命中目标，且杀伤力也急剧下降。水下冲锋枪上岸后的使用寿命甚至从未超过 180 发子弹。蛙人在执行任务时不得不随身携带两套手枪和冲锋枪，既包括 APS 水下突击步枪和 SPP-1 水下手枪，还包括卡拉什尼科夫自动步枪和马卡洛夫手枪，非常不便。这一无法解决的难题被俄罗斯已故杰出射击武器设计师瓦西里·彼得洛维奇·格里亚泽夫（Vasiliy Gryazev）攻克了。2007 年瓦西里完成了 5.45 毫米口径的两栖特种冲锋枪的研制工作，并将其简称为 ADS。水下射击使用的是 5.45 × 39 毫米口径弹药，陆地上也使用相同口径弹药，只需将水下用弹夹换成新的标准卡拉什尼科夫自动步枪所用普通弹夹即可。ADS 冲锋枪还配有适用于 VOG-25 型和 VOG-25P 型榴弹的榴弹发射器，配置中还可以包括战术消音器和各种瞄准器。采用“无托”设计，手枪柄和扳机一起布置于弹夹之前，活动部分则安排在枪托中。弹壳并非从侧面弹出，而是从前面封闭匣里弹出，可减少射击者脸部所受影响并保证无需换件便可从右、左两肩射击，右撇子和左撇子同样方便。气体导管装置中引入了气体调压器，可保证水陆两种模式的轻松切换。

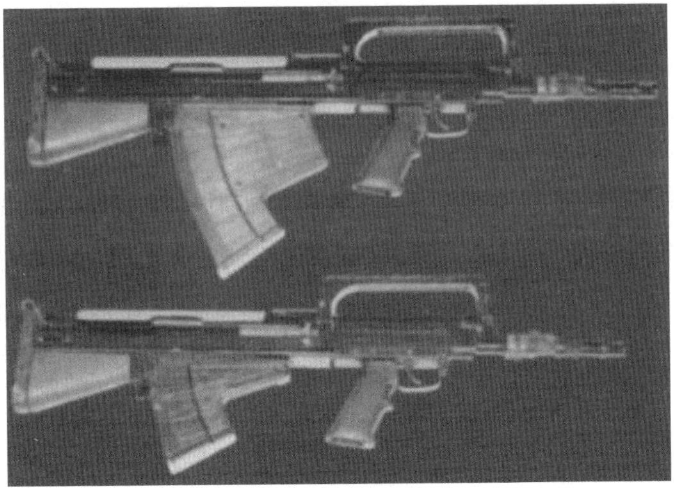

ADS 两栖冲锋枪

俄罗斯 AS“Val”特种突击步枪

AS“Val”特种突击步枪是由俄罗斯中央精密机械工程研究院（TSNIITochMash）的彼德罗·谢尔久科（P.Serdjukov）领导的研究小组在1980年代后期研制的，AS是 Avtomat Spetsialnij 的缩写，即“特种突击步枪”。AS与VSS都是以小型突击步枪的机匣为基础研制的，这两种武器的主要区别是枪托和握把的不同，另外AS突击步枪虽然也可以发射SP-6和PAB-9，但主要是发射便宜的SP-5普通弹。AS和VSS在1980年代后期开始装备部队，被俄罗斯的侦察部队和特种部队广泛采用，但也有一些被车臣分离主义武装使用。

俄罗斯 AS“Val”特种突击步枪

意大利伯莱塔12型冲锋枪

伯莱塔12型冲锋枪与早期的伯莱塔冲锋枪差别极大，这是因为设计师马雷哥尼于1956年退休后，聘请了新设计师萨尔查。它主要使用冲压件制造，并采用“埋入式”或“嵌入式”包络枪机，因此缩短了枪长。有一个前握把，枪托可能由金属管制成，可折叠到右侧，也可能是可拆卸的木制枪托。握把后方有握把保险，必须按下才可打开枪机，进行待击或击发。在握把上方、枪身左侧有按压式保险，按下它可锁住握把保险，使其处于保险位置。弹匣扣位于弹匣槽后方。M12于1961年被意大利军方采用，很多南美洲和非洲国家曾使用该枪。巴西和印度尼西亚获得许可生产。该枪口径 9 毫米，全枪重 3 公斤，弹匣容弹量 40 发，战斗射速 550 发每分，有效射程 200 米。

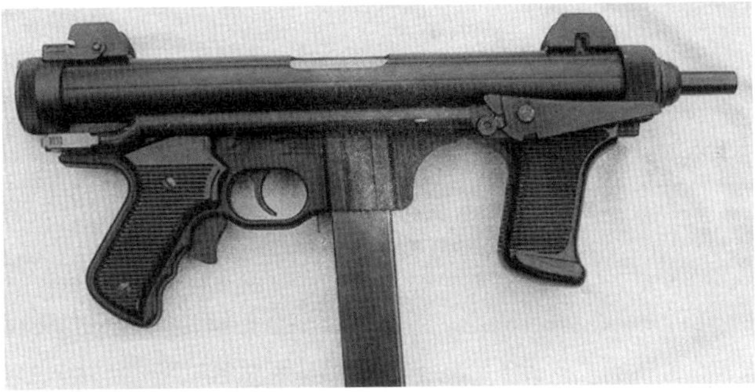

伯莱塔 12 型冲锋枪

# 二、战火铁拳

——特战支援兵器

## 专用飞机

AC-130U“幽灵”特种飞机

该型机是美国空军的特种作战飞机，曾多次在阿富汗战场上空神出鬼没，摧毁了许多地面军事目标，因此，有人把它称为“空中幽灵炮舰”。AC-130U 由美军 C-130H 运输机改装而成。不同的是，左边伸出了 3 门黑黝黝的炮管，全部由电脑控制，分别是 105 毫米的加农炮、40 毫米“博福斯”加农炮和全自动的 GAU-12/U25 毫米“加特林”小口径火炮。这些火炮可以攻击敌方大量地面目标，包括作为作战掩体的建筑群、车辆和人员等。此飞机机身长达 30 米，高 11 米，起飞重量达几十吨。主要用于近距离空中支援，协助空军特种部队、陆军和陆战队的地面作战。作战时，可以一边倾斜在 4000 米的空域盘旋飞行，一边对地面目标进行侧射或者炮击。

AC-130U“幽灵”特种飞机

V-22“鱼鹰”倾转旋翼机

V-22“鱼鹰”倾转旋翼机是由达信贝尔直升机公司与波音公司联合研制的双发倾转旋翼机，是在贝尔301/XV-15的基础上发展而来的，结合了直升机和传统螺旋桨飞机的特点。配备了地形跟踪雷达、前视红外传感器和先进的航电系统，以应对在极端气候条件下的低空作战任务。“鱼鹰”倾转旋翼机共有四种型号：海军陆战队使用的MV-22，海军使用的HV-22，空军的CV-22及SV-22A。空军使用的CV-22作为特种作战飞机，用于取代AC-130H和MC-130E/H型特种飞机以及MH-53J直升机。飞机上有3套驾驶操纵系统，飞机转换形态时，驾驶系统也自动转换。两个短舱头部各装有一副由三片桨叶组成的逆时针旋转的旋翼，桨叶由石墨或玻璃

V-22“鱼鹰”倾转旋翼机

纤维制成，平面形状为梯形，桨叶采用不同于一般直升机的设计，有利于提高前飞和悬停效率。当旋转短舱垂直向上时，便可像直升机一样垂直起飞。当达到一定飞行高度和飞行速度后，旋转式短舱向前转动 90° 到水平位置，该机便像普通固定翼螺旋桨飞机一样向前飞行。在以直升机方式飞行时，操纵系统可改变旋翼上升力的大小和旋翼拉力倾斜的方向，以便使飞机保持或改变飞行状态。就其飞行速度和航程来说，远远超过了 CH-46 直升机。2008 年初 BAE 系统公司在 CV-22 式“鱼鹰”倾转旋翼机上还安装了遥控武器站，可为飞机提供额外防御火力。

AS532“美洲狮”特别改进型直升机

“美洲狮”(Cougar)是欧洲直升机法国公司研制的双发多用途直升机。其旋翼为 4 片全铰接桨叶，尾桨叶也是 4 片，其起落架为液压可收放前三点式，前轮为自定中心双轮，后轮是单轮，并装有双腔油气减振器。AS532 的动力装置为两台透博梅卡公司的“马基拉”1A1 涡轴发动机，单台最大应急功率 1400 千瓦，其进气道口装有格栅，可防止冰、雪及异物等进入。机上可搭载十二名全副武装的士兵，机载装备包括 GPS 设备，用于极端恶劣环境的仪表导航着陆系统，两挺通用机枪以及一套辅助自卫系统——该系统具备来袭导弹预警和红外干扰器。AS532“美洲狮”直升机可针对沙漠和极地环境加装特殊装备，有多达十几种改进型，如军用 MKI 短机身非武装通用型 AS532UC、军用 MKI 长机身非武装通用型 AS532UL、AS532UC 的武装型 AS532AC、AS532UL 的武装型 AS532AL、MKI 短机身海军型

AS532“美洲狮”特别改进型直升机

AS532SC、军用 MKII 非武装通用运输型 AS532U2/A2 等。

“山猫”直升机

“山猫”是英、法合作生产的双发多用途直升机。具有速度快、机动灵活、易于操控的特点。可用于执行战术部队运输、后勤支援、护航、反坦克、搜索和救援、伤员撤退、侦察和指挥等多种任务。海军型还可用于反潜、对水面舰只搜索和攻击、垂直补给等。其 AH.MK5 型成为世界上第一种真正的电传操纵系统的直升机。旋翼系统采用 4 片桨叶半刚性旋翼和 4 片桨叶的尾桨，旋翼桨叶可以互换。通用型和海军型“山猫”的旋翼桨叶可以折叠。海军型的尾斜梁可以人工折叠。机身为普通轻合金半硬壳短舱和尾梁结构。口盖、舱门和整流罩采用玻璃纤维材料。机身前方没有隔层，视野开阔。陆军型着陆装置为不可收放管架滑橇，海军型为不可收放前三点式起落架。座舱可容纳一名驾驶员和十名武装士兵。舱内可载货物 907 公斤，外挂能力为 1360 公斤。旋翼直径 12.80 米，尾桨直径 2.21 米，机长 15.63 米，机高 2.964 米。最大起飞重量 4535 公斤。最大连续巡航速度 259 公里每小时，最大爬升率 15.9 米每秒，悬停高度 3230 米，最大航程 630 公里，最大续航时间 2 小时 57 分，最大转场航程 1342 公里。

“山猫”直升机

“影子 -200”无人机

“全球鹰”、“猎人”和 RQ-173“影子 -200”等无人机都经常用于美军特种作战。其中，“影子 -200”无人机集成了一个新型高级战术通用数据链路设备，具备高实时联通性，支持与多种类的有人或无人智能系统、侦察系统和监视系统互操作。使用 GPS 导航系统，在飞行区域内的定位校射精度在百米以内。无人机有效载荷也较大，“影子 -200”更新了先进的光电及红外传感器任务载荷，其采用的单芯片电荷耦合器件传感器可以在 10 公里的距离上探测典型地面目标并进行识别。此外“搜索者”和“竞技神 -450”无人机上都配备了 FLIM-2055 合成孔径雷达，可在各种气象条件下进行侦察，并能排除人工伪装，生成与照片相近的雷达图像。“全球鹰”、“猎人”和“影子 -200”无人机都安装了合成孔径雷达，可在恶劣气象条件下生成高分辨率图像，搜索敌方地面部队的关键情报和完成作战毁伤评估。无人机大多通过采用小机身结构和复合材料来实现隐身，从而提高战场生存能力。如“影子 -200”体积小，且 90% 采用复合材料制成，具有良好的隐身性能，在距离超过 1.2 公里时就无法用肉眼看到，在 600 米之外就听不到其声音。“大鸦”无人机的机体则采用玻璃纤维增强塑料和芳纶复合材料，雷达和红外特征值极低。雷达采用低副瓣或超低副瓣天线技术，凭借雷达信号波形的复杂性和雷达自适应技术来提高自身的抗干扰能力和战场生存能力。

美军“影子 -200”无人机

MH-6 直升机

美军 MH-6 直升机，时速 250 公里，可乘坐 2 人。该机的特点是噪音低、易操纵、具有夜间监视能力，是美国陆军的王牌直升机。它隶属驻扎在北卡罗来纳州布拉格堡基地的第160特种部队。该部队人称“隐形部队”或“夜司炉”。这种直升机常用于特种作战，多次参加了营救人质战斗。在两伊战争期间曾被派往波斯湾，执行保护海上油轮的特种作战任务，发挥了重要作用。

MH-6 直升机

MH-60 直升机

美军MH-60直升机，是性能比较先进的特种直升机，配有观察地形的装备和雷达，可在各种天气条件下飞行，并能干扰一个面积相当于巴拿马的国家的全部军用通讯和雷达系统。

MH-60 直升机

MH-47E 直升机

MH-47E 是一种多用途直升机，是由美国波音直升机公司在 CH-47D 直升机基础上改进研制成功的，其主要特点有，在驾驶舱中增设了一个由 4 部多功能显示器构成的任务管理系统和一个任务辅助系统，可利用副油箱和空中加油进行远航和快速越海飞行。此外，还增加一个舱内货物装卸系统、机外救援卷扬机、旋翼刹车装置，2 个 12.7 毫米机枪支架和供机载人数使用的 44 个座椅。这种飞机可使特种部队在各种气候、地形条件下实施昼夜低空飞行或远程作战。

MH-47E 直升机

UH-60 中型通用直升机

UH-60 中型通用直升机，美国陆军将其命名为“黑鹰”(Black Hawk)，是由美

UH-60 中型通用直升机

国西科斯基飞行器公司在20世纪70年代为美国陆军设计生产的四旋翼、双发动机、中型通用直升机。UH-60“黑鹰”衍生出了许多型号和版本，彰显了其近乎完美的通用性，例如美国海军陆战队运输直升机“夜鹰”(Night Hawk)、美国空军特种行动机铺路鹰(Pave Hawk)、澳大利亚武装直升机“战斗鹰”(Battle Hawk)、美国海军反潜/运输直升机“海鹰”(Sea Hawk)等。除美国之外还有20多个国家和地区购买了UH-60，这些出口型号一般都称作S-70直升机。UH-60以其至今4500多架的生产量成为世界上生产数量最多的直升机之一，更证明了其设计的优异性。

## 微型舰艇

Mark VI型巡逻艇

Mark VI型紧凑型巡逻艇主要供美国海军战斗蛙人执行高速渗透与撤出任务，用以取代34英尺的“海上方舟”和83英尺Mark V SOC特战艇。通常配备两组轮班艇员，搭乘1个VBSS小队，不低于20人，长85英尺，航速40节，航程600海里，艇艏可搭载MK 38型25毫米机关炮炮塔。重要部位能防7.62毫米枪弹。该艇主要用于特种部队中等距离的战斗行动，并在中低威胁环境下执行有限的濒海巡逻和封锁任务。同时担任母艇任务，能携带2艘充气突击艇。

Mark VI型巡逻艇

ASDS特战潜艇

对于在世界各地执行高难度任务的美国特战队员而言，潜艇是极为重要的运输工具和渗透手段。ASDS潜艇一般装在圆柱形外壳中，挂靠在大型潜艇上，一次可运输16名特战队员，用于执行侦察、渗透、偷袭等任务。ASDS重61吨，长20米，宽2.06米，续航距离232公里。2008年美韩关键“鹞鹰”联合军事演习中，韩美部队利用ASDS微型潜艇，实施了海岸渗透演练。参演兵力包括韩陆军特战司令部、海军UDT/SEAL队员和美军海豹突击队队员。两国特战队员们实施了摧毁朝鲜大规模杀伤性武器、追踪朝鲜权力核心层、在朝鲜后方地区维持治安等科目的演练。俄亥俄号潜艇可搭载2艘ASDS微型潜艇，最多可乘载66名特战队员。

美海军核潜艇搭载的ASDS特战潜艇

CB90特战艇

CB90是美国SAFE造船公司接受海军的委托，与瑞典的Dockstavarve公司签订特许合约而作为内河指挥艇被生产出的小型船舶。原本CB90为铝制，船体全长14.9米，宽3.6米。在沿岸海域和内河运用时，其吃水很浅，最高时速能达到43海里。船体上有6处武器搭载位置，而且还能搭载可遥控操纵的机枪和机炮。采用最新综合船桥系统，可将船舶实时位置坐标、航线设定、气象信息以及船内各部分的情况等分类信息，通过电脑加以控制，并最终汇总显示到船桥内的显示屏上。船体建造结实，可以做到像登陆舟艇那样“冲击”浅滩，还可以执行突击、巡逻、救护等多种任务。美国海军主要用CB90来执行巡逻、突击、特种部队支援任务以及对执行这些任务的小型船只进行指挥和协调。

CB90 特战艇

俄“剪刀鱼”微型潜艇

俄军装备的这种微型潜艇长 28 米，潜航时的最大速度为 6.5 节，活动范围为 1000 海里，编制乘员 6 人。主要用于近海特种作战及反舰作战，艇体由非磁性钛合金制成，机动性能好。水下排水量 390 吨，柴电动力，最大下潜深度 200 米，水下最高航速 6.65 节，自持力 10 昼夜，艇员 9 人。主要武器包括两个水雷布放装备，可携带两枚水雷或两枚鱼雷。号称全球小型潜艇的巅峰之作。这种潜艇曾神秘地到瑞典海域附近活动过，令瑞典海军大伤脑筋。由俄罗斯孔雀石潜艇设计局开发，还有系列小型潜艇，包括 P-130、P-170、“剪刀鱼 -T”、“剪刀鱼 -2”、P-550、P-650E、P-750 等级别及它们的改进型。这些潜艇的排水量在 130 至 1000 吨之间，能下潜 200 至 300 米。它们的巡航距离在 2000 至 4500 海里之间，自持力在 20 至 30 天之间。尽管这些潜艇的体形相对较小，它们却可携带多种武器，包括鱼雷和水雷，同时较大一点的 P-550、P-650E 和 P-750 还可以携带巡航导弹。以标准排水量为 950 吨（加上 AIP 装置模块后为 1000 吨）的 P-750 级潜艇为例，该型艇长 68.4 米，水下航速 16 节，水下持续航行距离 1200 海里，下潜深度 300 米，自持力 30 天，艇员 9 名再加 6 名作战蛙人。武器包括 4 具口径 533 毫米的鱼雷发射管，不仅能发射鱼雷也能发射巡航导弹。该级艇还拥有 8 具口径 400 毫米的反潜鱼雷管，也能利用舷外装置携带 24 枚水雷。此外，该级艇上还能安装 4 具巡航导弹垂直发射管，内装“俱乐部-S”系统的3M-14E导弹，用来打击300公里范围内的近岸目标。在2017马来西亚兰卡威防务展上，俄罗斯展出系列微型智能潜艇，例如P-650E型小型潜艇和“剪刀鱼”微型潜艇。

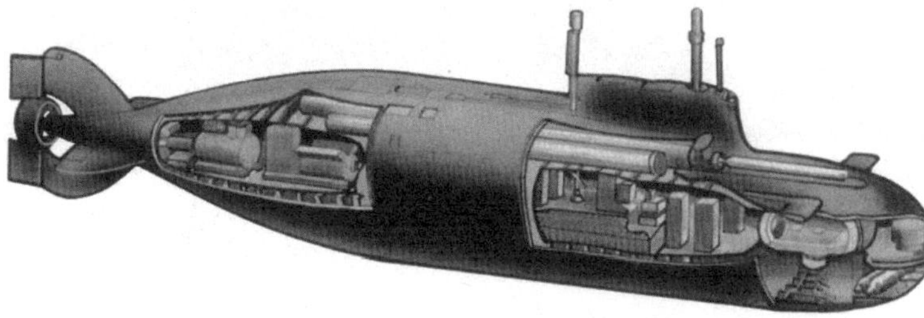

“剪刀鱼”潜艇剖视图，请注意艇上特殊的武器配置方式

俄“剪刀鱼”微型潜艇

美军水下运输器

目前“海豹”突击队采用的水下运输器长16米，艇壳用高强度玻璃钢制造，可以规避磁性水雷的威胁。它用电机提供动力，两名艇员驾驶，可运送8名特种兵。水下运输器可被固定在核潜艇甲板，艇腹部有一个密填舱口与核潜艇上甲板口对接，人员由此出入核潜艇与运输器之间。排水量为50至150吨，本身并不装备武器，有“蛙人助泳器”或“小潜艇”别称。

美军海豹突击队使用的常由“俄亥俄”级 SSGN 搭载施放的水下运输器

### 美军气旋式巡逻艇

全名为远程气旋式海岸巡逻艇。它能续航 2000 海里，最高时速达 35 海里，可以到很远的地点去执行特种任务，总计可搭载 36 人。

### 美军新式微型潜艇

这种小型潜艇可以附着在核潜艇上，偷偷地接近海上目标，发动突然袭击后迅速离开现场。它能承载 12 名海军海豹突击队的特种士兵，下潜深度要比普通潜艇深，速度也要快得多。此外，美海军特种部队现装备有 DSU 微型潜艇和 UUV 无人驾驶微型潜艇。无人驾驶潜艇主要用于执行布设鱼雷和扫雷等危险的特种任务。“海马”微型潜艇由宾夕法尼亚大学的科学家们研制，采用模块化设计，能够在最短的

美军“海马”微型无人驾驶潜艇

时间内根据不同的任务选用不同的组件。活动半径为480公里，其装备的蓄电池足够维持72小时运行。按照美国海军的计划，今后X-Craft双体船将会搭载若干艘“海马”微型潜艇。“海马”微型潜艇的外形非常像一条鱼雷，不过其长度为8.5米，直径约1米，无法通过普通的鱼雷发射管进行发射。有报道指出，美国海军将以其为基础开发一系列类似的微型自动潜水器。新研发的S301微型潜艇，长仅7.6米，重仅13吨，下潜深度超过180米，也可搭载8名乘员。

美国海军LCAC登陆艇

LCAC是美国海军全垫升式气垫登陆艇，主要用于在登陆作战中运送人员和物资突击上陆，于1984年设计完成，是世界上第一艘气垫登陆艇，先后生产了JEFFA和JEFFB两型。随后，通过对这两型艇的试验与改进，美海军以JEFF艇为基础，制定了LCAC气垫登陆艇发展计划，在艇体结构、操纵系统、螺旋桨剥蚀和围裙防飞溅等方面均有改进，具有理想的快速性、通过性和两栖性，不受潮汐、水深、雷区、抗登陆障碍和近岸海底坡度的限制。可在全世界70%以上的海岸线实施登陆作战，将迫使敌人分散兵力，便于在常规登陆艇不易登陆的敌方地带实施登陆。该级艇稍作改装，即可执行扫雷、反潜和导弹攻击等特殊任务。存在不足是没有装甲防护，高强度火力下易损坏，噪音太大，恶劣海洋气象下行动困难。

美国海军LCAC登陆艇

## 特种车辆

“福莱”战车

由美国通用动力公司研制的新型“福莱”战车是一种供特种作战人员使用的多能战车，是一种多用途模块化先进轻型突击车，外形与“悍马”相似，但重量只有“悍马”的四分之一，可由V-22“鱼鹰”、CH-47和CH-53直升机空运，能执行多种任务。适用于全频谱作战，尤其是侦察和其他$C^4$ISR任务。“福莱”突击车长4.5米，宽1.5米，高1.5米，净重为1814.4公斤，最大有效载荷为1587.6公斤，最高行驶速度为136.8公里每小时，最大行程为724公里。配装地形平缓滑柱与精密复杂的减振器，减小了在行驶过程中对车内计算机等电子设备的冲击。车族的其他变型车包括指挥控制车、火力车、救援车、伤员输送车和货运车。美国特种作战司令部和海军陆战队于2013年分别获得了2辆“福莱”突击车样车。

美军“福莱”战车

美军新型金刚特种战车

为了适应伊拉克、阿富汗等特殊作战地形及隐蔽需要，美军向各大厂商采购了新型特种车辆。要求这种车辆能够由第160空中特种作战航空兵团的MH-47“支奴干”直升机运输，运输时可以拆除伪装外壳。这种百变金刚特种车辆是一种非常特别的设计，理念十分先进，当然设计价格也绝对不菲。但这种车辆能否达成实际效果，还需要战场的充分检验。

美军新型金刚特种战车

防地雷车辆

乘坐这种车辆，可以在战场上保护乘坐在“软皮”车辆中的人员免受简易爆炸装置的伤害。防地雷反伏击车（MRAP）主要用于在战场上运送部队，同时车载的通信及计算机系统也可以为作战任务提供有效的支援。特种作战司令部采购的型号还在车辆顶部安装了一种遥控武器平台。射手无需暴露自己，在车内就可以遥控武

美军全地形防地雷反伏击车

器射击。全地形防地雷反伏击车（M-ATV）是美军用来替换现役制式 M1114“悍马”运输车的新型车辆。是一种外形更加紧凑、高机动性、高适应性运输车辆，整车可防御地雷和简易爆炸装置的攻击。TAK-4 型独立悬挂系统确保车辆在各种地形的高通过能力。车上装载一挺 7.62 毫米口径 M240 机枪，也可加装遥控武器站、榴弹发射器或 M2 勃朗宁重机枪。

## 高效弹药

为了适应特种作战的需要，世界各国都在研制和生产特种用途的弹药。

制导子弹

信息化战争条件下，以导弹、制导炸弹为代表的精确化打击已经全面铺开，然而在地面部队的轻武器上，却仍然停留在两点一线的直接瞄准时代。如何让子弹精度更高，甚至像导弹那样在空中转变方向最后精确击中目标，一直成为轻武器设计者的梦想。美国桑迪亚实验室和美国国防部高级研究计划署两家军事研究机构近年来一直在致力于研发首颗制导子弹，实现步枪精准度与射程的革命性提升。这项技术如果公开，任何一位猎人都将拥有狙击手的精准度。

2011 年，美国国防部高级研究计划署（DARPA）研制成功 EXACTO 子弹（the Extreme Accuracy Tasked Ordnance），即“极精准任务武器”的首个演示版，并利用高性能硬件模拟系统实现了概念验证。这种子弹可经过特别设计，内置一个实时的光学引导系统作追踪目标，不受天气、风速、目标动向等因素影响。即使是首次使用该种子弹的新手，也能有效利用子弹的导航系统，成功击中极远射程的移动目标，具备空前的精准度。士兵在发射子弹后，子弹可自行引导射向目标，并能于飞行途中更改轨迹。每颗自导子弹长 4 英寸（10 厘米）。一位站在最大射程处的狙击手将激光打在目标上。子弹上的光学传感器探测到来自激光器的光线，据此确认目标位置。发射之后，子弹内部的促动器将收到光学传感器传来的数据，将子弹导向正确位置。国防生产商蒂莱蒂尼科学与成像公司获得了一份 2500 万美元的合同。该公司需要制造并测试一个完整的系统，其中包括必要的光学瞄准系统、制导子弹、光学制导系统以及传感器等。

虽然 EXACTO 子弹主要是为狙击手量身定做，但也同样可以应用于更大口径的枪械。它所使用的是一个实时制导系统和一套控制软件，这套系统和软件配合使用，可以有效跟踪目标，正确引导子弹的航向。此外，EXACTO 子弹还可以应用于传统的狙击枪以及飞行器、舰船及车辆上的武器系统。2012 年的系列测试中，美国洛克希德·马丁公司桑迪亚国家实验室演示了一颗 4 英寸（约合 10 厘米）长的制导子弹原型的性能。结果显示，借助头部的光学传感器和尾翼的指引，这颗制导子弹可以在飞行中改变方向，并能够精确击中 1 英里（约合 1.6 公里）外的一个目标。传感器发射激光定位远处目标，子弹的“大脑”处理数据，并调整尾翼的角度从而实现改变方向的目标。

2014 年桑迪亚实验室在 12.7 毫米的大口径狙击弹药基础上，研制了一种类似飞镖的激光制导子弹。这种激光制导子弹长 10.16 厘米，适用于 12.7 毫米枪族武器。在弹药发射部分，使用了当今最先进的全天候瞄准技术，能够给“拐弯子弹”提供实时制导，引导其改变弹道击中目标。与 EXACTO 子弹相比，桑迪亚实验室的“拐弯子弹”造价更便宜，更适用于普通士兵而不是狙击手使用，但其只能从滑膛枪发射，又在某种程度上限制了使用范围。不过桑迪亚国家实验室认为给现有步枪加上一个滑膛弹药发射器并不是太复杂的任务。从空中机动方式上看，桑迪亚实验室的智能子弹是通过电磁驱动的微型弹翼来调整方向。通过电磁驱动的弹翼，子弹可以变更弹道，每秒钟校正运动轨迹 30 次。足以在子弹行进过程中调整方向，满足射击精度。而 EXACTO 智能子弹在空中如何转向，仍处于保密之中，让人感觉颇为神秘。桑迪亚的智能子弹和空军使用的激光制导炸弹没有本质的区别，都需要瞄准手将激光瞄准器对准目标，然后通过子弹上的制导装置捕捉目标反射的激光束，来引导子弹攻击。EXACTO 智能子弹据称使用了通过狙击手瞄准装置控制的“遥控制导”系统。与桑迪亚的技术相比，EXACTO 的优势在于没有激光瞄准器对目标的照射，因为这种方式既容易被目标察觉，也容易被干扰。这种遥控制导，有可能需要狙击手和子弹的连续通信装置。另外从人体的反应速度来看，EXACTO 智能子弹不可能射击较近距离的目标，只有使用 12.7 毫米的大口径狙击弹药并且作战距离超过 1800 米射程，才能给射手留下 2 秒以上的遥控时间。

这项子弹制导技术可以解决跟踪高速移动目标的问题，同时还可以提高在更恶劣环境中对更远射程目标的打击精准度。对于一个移动的目标，如乘坐正在加速的汽车的敌人，很难精确打中目标。同时，横风以及伊拉克、阿富汗境内的沙尘环境等因素，也可能对狙击手提出挑战，影响狙击手瞄准目标的能力。万一打击失败，极有可能暴露自身目标，安全风险随之大增。随着美国国防部高级研究计划署的子弹实验和光学瞄准技术逐渐投入使用，狙击手的射程局限将不复存在。它不仅可以射得更远，而且精度大大提高，同时瞄准目标的时间也缩短了五倍。此外，EXACTO 子弹还因为扩大了狙击手的隐蔽位置范围，从而也提高了狙击手自身的安全。使用激光制导子弹时不需要瞄准，只要锁定目标，不论朝哪个方向射击，子弹都将通过激光导航自我修订、调整飞行方向，更快速更准确地命中目标。制导子弹的突出功能是能够打击隐蔽在墙壁、战壕、石头或房屋内的敌人。将制导性能应用于小口径子弹是一个子弹设计技术上的重大突破，为将来在所有口径武器中实现子弹制导提供了可能。此种子弹的优势在于射击距离越长，调整次数越多，命中的精度也就越高。在此技术的支持下，美国一名普通的狙击手能够达到的射程将由 600 米延长至 2000 米。人们甚至认为“狙击手可以下岗了”。

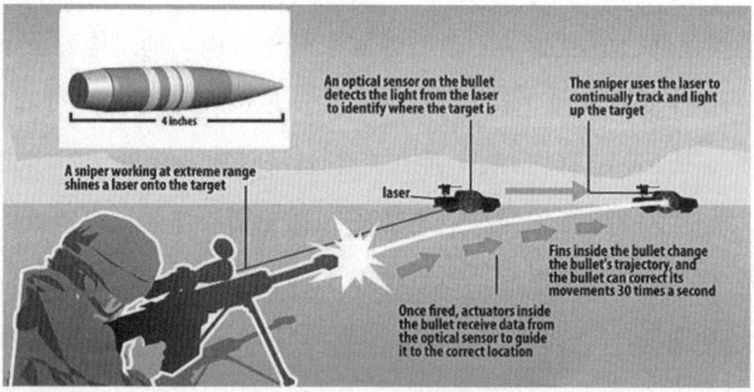


美国 EXACTO 智能子弹

电视侦察弹

这种弹药是将电视摄像机、发射机、降落伞等安装在 155 毫米的子母弹内。当需要了解敌方阵地情况时，就将它发射到敌方阵地上空。母弹爆炸后，降落伞迅速张开，飘浮在空中。电视摄像机挂在降落伞下，对地面进行侦察录像，同时把拍摄到的电视图像不间断地传输到地面接收站的荧光屏上。指挥员可根据直播的电视图像，捕捉目标，也可对录像进行剪辑，进行情报分析。

电视侦察弹

视频侦察弹

这种弹药是一种能够对其飞临过的地形进行扫描并通过发射机把信号传送到地面接收系统的新型弹药。其弹体中装有机械、光学和电子部件，弹体一侧开有一个圆形的观察口。其弹体内的全球定位系统可接收多个定位卫星发射的信号，据此来确定侦察弹自身的坐标位置。这时，地面接收系统可迅速将视频侦察弹的扫描信息与坐标位置进行数字化处理，在地图上标注或在沙盘上塑形。

传感侦察弹

这种弹药主要是利用震动声响传感器窃听战场目标信息。其弹体内装有一个震动声音传感器。它发射到目标区域的地面上时，就可以自动探测不同类型的声响，并将目标的声音信号转换成电信号。它对人的正常说话声的探测距离可达40米，对运动车辆的探测距离为几百米。美国研制成功的一种新型传感侦察弹，其直径约为10毫米，里面装有超高频发射器和微电子仪器，用特制的枪具进行发射，且不发出响声。它可以窃听方圆数十米谈话，觉察各种动静，并将获得的情报迅速发出。

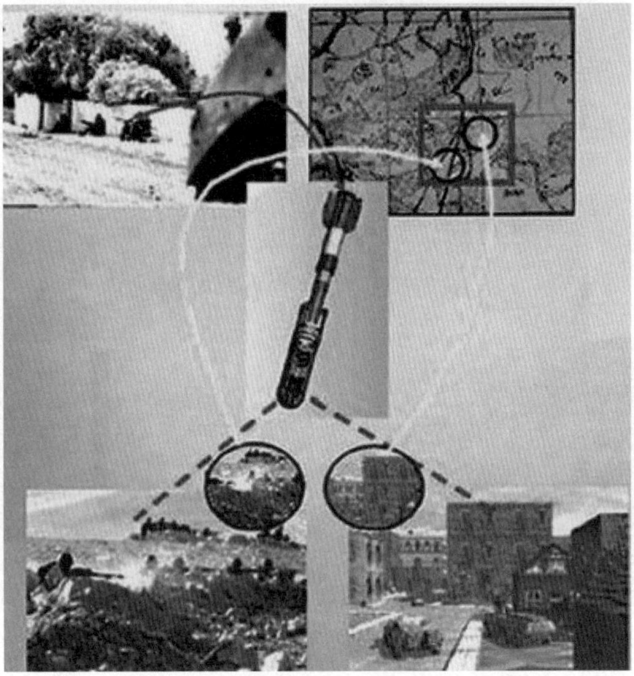

传感侦察弹

红外侦察弹

这种弹药能发出很强的肉眼看不见的红外辐射，有很好的侦察功能。它可以为己方工作在红外波段的光电器材提供辅助光源，扩展其使用范围，提高其夜视能力。与此同时，它自身也能在夜暗情况下准确侦察和监视敌方的活动，并把获得的信息传输回己方指挥部门。

声音干扰弹

这种弹药由信息传感器、文字编排和声音模拟系统组成，专门用以干扰敌方指挥信息的接收。它发射到空中后能接收到敌方人员发出的各种指挥口令，然后将口令内容重新编排，编制出与原口令内容意思相反的口令，以与敌方人员完全相同的声音发送出去，干扰敌方武器射手、车辆驾驶员及飞行员，使其难辨真假，无法正确执行命令。

箔条干扰弹

这种弹药是一种在弹膛内装有大量箔条以干扰雷达回波信号的信息化弹药。它在敌方目标上空，从弹体底部抛出箔条块，释放后裂开。箔条散布成云状并低速降落，对敌方雷达信号产生散射，使其不能正常工作。

通信干扰弹

这种弹药是一种通过释放电磁信号、破坏或切断敌方无线电通信联络、使其通信网络产生混乱的信息化弹药。美国研制成功的 XM867 式 155 毫米通信干扰弹内装有 5 个电子干扰器，已在海湾战争中试验使用，较好地干扰了伊拉克的无线通信网，取得了令人信服的干扰效果。

红外干扰弹

这种弹药通过辐射强大的红外能量，制造一个与所要保护的目标相同的红外辐射源，诱骗敌方红外制导导弹上当受骗。它主要对付敌方全向红外寻的导弹和双色红外制导导弹，属于有源欺骗式红外干扰弹。其他还有烟火型红外干扰弹、复合型红外干扰弹和燃料型红外干扰弹。

后勤补给弹

这种弹药的弹体内不装火药，而是填装后勤物资或急救药物。当战场上部队物资缺乏或士兵受伤而后勤保障人员或医务人员不能靠近时，可发射这种弹药向前线部队投送补给物资或药品。美国研制成功了一种被称为“萨维奇”系统的战场物资补给弹。它可装载前线急需的弹药或医疗物品，以 670 米每秒的速度飞行，在 1 分钟内把物资准确地投送到 40 公里以外的区。

反红外烟幕弹

这种弹药最早由英国的一家公司发明。它使用了与空中爆炸相结合的烟火技术，可在 3 秒钟内形成一道 5 米高的烟幕，造成目视和红外屏蔽，持续 80 秒钟有效对付敌方热成像仪和激光测距仪。

窃听弹

这种弹的外形和普通子弹一样，直径约 10 毫米，是一个具有极高灵敏度的微型电子仪器，里面装有超高频发射器和电池。它可以窃听方圆数十米内的谈话和各种动静，并能把获得的情报迅速地发射回来。这种子弹，具有侦察前进道路上的动静，探听敌人的谈话，以及探查前方有伏兵等效能。特别是两军对峙的战场上，只要能将子弹打进敌指挥机关，就能获取可靠的情报。

救生弹

美国研制成功的这种奇特炸弹，可用于救人。这种救生弹的弹头内装有镇静剂和急救药品，它射入人体后不会损伤人体。如果在战斗中伤员生命危急，而医务人员又难以接近，就可以发射这种子弹进行急救。另外在登山及其他运动中有人员在山顶、谷底发生意外，而一时又难以救助时，也可利用这种子弹来维持生命。

致痒弹

为了维护国内的社会治安，菲律宾军事科学研究发展中心利用从当地的一种野生植物的果实中提取的原料，研制成功一种新型子弹。被这种子弹击中的人员不会死去，但会全身奇痒难受。

催泪弹

这种特殊弹药有袖珍式、爆破弥散式、驱逐扩散式、定向推进式和落地旋转式等几种类型。通常由专门的防暴枪发射或用制式枪及榴弹发射器发射，亦可像手榴弹一样用手投掷，还可以用喷雾器喷射。这种弹发射后，会立即使人大量流泪，眼睛有烧灼感，造成眼睑痉挛、鼻喉发痒、喷嚏咳嗽不止。

毒气弹

毒气弹主要有烟幕毒气弹、防暴毒气弹、催泪瓦斯弹等。这些弹主要使用刺激剂、控暴剂和催泪剂等毒气。当敌人接触到这些化学毒剂及其蒸气时，眼、鼻、喉会感到异常难受。若进入食道，会造成永久性伤害。皮肤接触后有瘙痒和针扎感。一般情况下，能使人丧失活动能力 20 至 30 分钟，有时能使人处于昏迷状态。

噪音弹

德国科学家利用噪声制成了一种噪音炸弹。这种炸弹爆炸时能产生极大的噪音波，可使人们的听觉和中枢神经发生麻痹，造成短时间的昏迷。噪音炸弹用途广泛，特别是在处理劫机、绑架等特殊情况时，更为有效。德国边防军第九反恐怖纵队在处理一起劫机事件中，向机舱内投掷了 5 枚噪音弹，机上人员全部昏迷，劫机事件很快平息，暴徒全部被抓获，而机上乘客和机组人员不久就苏醒了。俄罗斯特种科技研究所研制成功“黎明”强噪音弹。该弹爆炸后会发出高达 172 分贝的巨响。由于人们在正常情况下只能承受约 90 分贝的噪音，因而，172 分贝的巨响足以使歹徒短暂失聪、失明。据称，这种强噪音弹最适用于拯救人质或在闹区追捕匪徒。

灭火弹

灭火弹是由苏联研制成功的。这种灭火炸弹使用非常简便。只要将它投置于熊熊的烈火之中，灭火弹就会立即爆炸。随着爆炸声响，大火就会被扑灭。这是因为灭火弹爆炸的瞬间能释放出大量的二氧化碳，使烈火窒息。这种炸弹体积小、重量轻、携带方便，适用于各种交战地域中的灭火。

催眠弹

由英国研制成功的催眠弹，以软质材料为弹体，爆炸时不会伤人。炸弹内装有高效催眠剂，一枚炸弹足以使十几人在极短的时间内进入睡眠状态，适用于拯救人质等场合。

强光辐射致盲弹

全称为激光致盲弹。用它射击敌人或恐怖分子，能使中弹者当场暂时失明，引起眼底发烧、视网膜破坏、失去视力，但不会造成永久失明。现代高科技战场装备了大量现代光电观瞄探测器材和精确制导兵器，它们使得无论白天还是黑夜，在战场上只要发现目标就能跟踪直至击毁。强光致盲弹能够压制敌前沿战场各类光电观瞄探测器材和控制该器材的战斗人员，使光电器材的光敏元件致盲、失灵、溢出直至烧毁、人眼迷盲，无法正常工作，失去作战能力，使敌观瞄、指挥、控制和通信系统瘫痪。美国研制了几种致盲激光武器，能使敌方士兵眼睛失明。包括安装在 M-16 步枪上的一种激光对抗系统，可施放出一种光波，将 1 公里距离内敌人的视网膜烧坏。还有一种对敌人威胁很大的激光武器“眩光”，可对敌人的皮肤和眼睛产生损伤。

达姆弹

从结构上看，这种子弹唯一的特点就是弹头露出直径一毫米的铅心，与 19 世纪流行的猎杀大型猎物专用的“半被甲”猎枪弹类似。由于弹头部露铅，弹丸侵入肌体后，立即变成蘑菇状，并发生断裂，在很短的时间内将全部能量都传给肌体，形成可怕的爆炸型弹伤。不仅伤口大，而且容易造成肢体断裂，加之铅本身有毒，所以这种子弹的杀伤力很强。除了露铅的枪弹外，弹尖有十字形切口或孔穴的枪弹也会形成爆炸型弹伤。后来，人们把能产生爆炸型弹伤的枪弹统称为“达姆弹”。

失能弹

失能弹内装人员失能剂，发射到敌方阵地上空进行抛撒而发挥作用。人员失能剂主要是指人员失去作战能力的化学失能剂。它与通常的化学武器所使用的化学毒剂有严格的区分。失能剂不能使人员死亡，也不会留下后遗症，但能够造成人员精神障碍、躯体功能失调或使人昏昏入睡，从而使敌方作战人员暂时丧失战斗力。

燃烧弹

燃烧弹主要用于易燃的建筑（房屋、仓库）、装备（各种车辆）和阵地（干草、丛林），以破坏其设施并杀伤其人员。燃烧弹的作用机理是通过弹体内的纵火体（火种）抛落在目标上引起燃烧来实现的。目前世界各国所用燃烧剂基本上有三种：金属燃烧剂，多用于贯穿装甲后，在其内部燃烧；油基燃烧剂，火焰大（长 1 米以上），燃烧时间长，作用效果好；烟火燃烧剂，温度高（2400℃以上），有灼热熔渣，但火焰区小（不足 0.3 米）。这三种燃烧剂也可以混合使用。

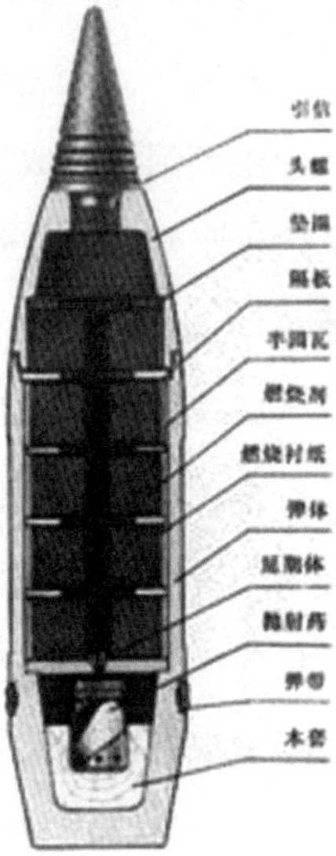

燃烧弹

“标枪”导弹系统

“标枪”反坦克导弹是美军为适应城市作战需要而研制的便携式“发射后不管”的反坦克导弹，主要用于摧毁近距离的敌方坦克、战车和坚固工事。采用顶攻和直接攻击两种模式，对现役主战装甲有较大的毁伤率。采用两级串联战斗部，破甲能力强，配备第二代前视红外侦察装置，有较强夜战能力，可在有限空间发射。目前已大量装备于美军、英军和澳大利亚军队，英军已用其替代“米兰”反坦克导弹系统。美国第 10 特种部队群和澳大利亚特别空勤团（SASR）在伊拉克战争中使用过这种导弹。2003 年 4 月 6 日的伊拉克北部德贝卡山脊地区的战斗中，美国第 10 特种部队群使用“标枪”导弹取得了辉煌的战果，一举摧毁了伊军的两辆坦克和八辆装甲运兵车。FGM“标枪”导弹在发射前锁定目标，并采取攻顶式打击方式，在向下打击前的飞行高度可达 500 英尺（150 米）。该导弹采用了双战斗部，可有效打击主动反应装甲和底层装甲。“发射后不管”的功能设计使“标枪”导弹的使用者可以在发射之后迅速转移阵地，从而有效躲避敌人的报复性火力打击。该导弹的有效射程可达 8200 英尺（2500 米）。

“标枪”反坦克导弹

反工事导弹

英军装备的“反工事导弹”，主要特点是具有极高的便携性，采用了非制导火箭弹。在发射前需要瞄准目标，火箭弹有效射程 1600 英尺（500 米），弹体尾翼在飞出发射筒后借助压装弹簧的力量展开辅助飞行，该火箭弹被设计成在穿透工事后才会爆炸的战斗模式。

爆燃导弹

美军研制出一种全天候空对地爆燃导弹，弹内装有阶梯式烈性炸药和由燃烧材料锆锡合金、软钢按比例配置的预制块，传爆器与导管相接固定在导弹上。该弹主要用来烧毁敌方的重要军事设施。

## 三、智能护甲
### ——特战单兵装具

特战单兵装具是提高士兵战场生存能力的重要防护装备，也是各种轻武器和其他装备的辅助载体。单兵装具主要包括头盔、迷彩服、防弹服、背囊等。

## 头盔

头盔是一种单兵防护装具。在没有火器的冷兵器时代，古代武士的头盔对于刀砍斧劈、枪刺箭射，有显著的防护作用。随着射程和杀伤力大大提高的步枪、手枪等火器的出现，旧式头盔逐渐被淘汰。现代头盔诞生于第一次世界大战初期，用于保护头部，轻便实用，通常抗冲击强度在1000公斤每立方厘米以上，能抵挡各种利器、钝器和枪弹的袭击，是名副其实的人体"首脑"保护神。头盔现已成为战士第二大脑，可以在内部安装一部微型无线电、一个话筒和一副耳机，便于士兵同战友和指挥官联系。头盔上部的雷达装置将报告士兵所处的确切位置，在右眼前方的分子观测器能够显示出武器种类。伊拉克战争中，美国特种部队和精锐的陆军步兵部队装备新的轻型冲击式头盔。较高的帽檐为使用人员提供更宽广的视野，使用者卧倒时仍然能打击目标。头盔按不同用途可分为：防弹头盔、防暴头盔、防噪声头盔、防毒头盔及多用途头盔等。

MICH模块化集成通信头盔

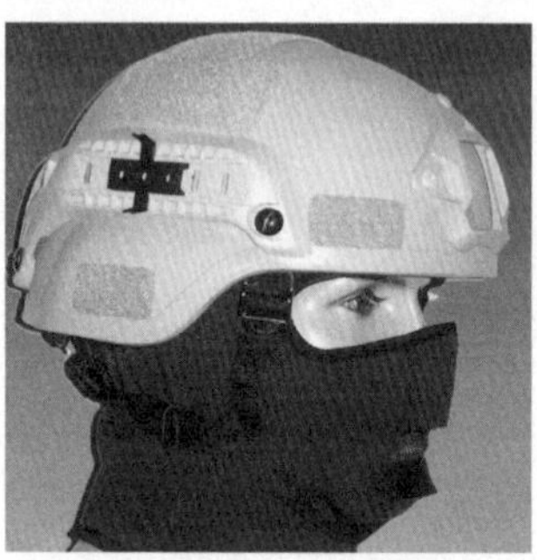

MICH模块化集成通信头盔

这种头盔，是专门针对各国特种部队的特殊需要而设计的。伊拉克战争中，美国特种部队和精锐的陆军步兵部队装备了此型军用头盔，每顶头盔的造价大约是63美元。这种头盔的防震系统拥有一些特殊成分，能增强头盔的耐久性。MICH头盔有6层、7层或8层泡沫衬垫防震系统，可根据士兵的具体要求进行增减或改变。将MICH戴在头上几分钟后，头盔里的衬垫就会变得松软，最后将完全适合士兵的头形。头盔的迷彩盖面是两面用的，可在林地或沙漠中使用。MICH的防轻度撞击能力比陆军和特种部队曾使用的任何头盔都好，是特种部队司令部用来装备摩托和越野车的唯一冲击式头盔。这种头盔能抵抗从任意角度射击、以442米每秒速度飞行的9毫米口径子弹。MICR上用来将防震系统固定到帽壳上的螺栓也是冲击式的。MICR

中安装了高噪音和低噪音两种耳机。头盔配有一个对讲系统。高噪音耳机能缓冲噪音，用于多人相互之间的通信。MICH 的通信模块是利用现行的商业技术来开发的，有针对陆地使用和海上使用的不同型号。头盔的通信系统能与大约 30 个特种部队的特殊通信平台兼容。这些平台包括飞机对讲系统、快艇对讲系统、地面机动车辆对讲系统，还有一些商业和军事的特殊无线电台。目前，MICH 主要装备美军特种部队，将来还有可能装备到美军所有的常规部队。

FAST 头盔

FAST 头盔的设计初衷就是为了满足目前身处战地的士兵们日益增长的一体式头部装备的需求。最重要的是，要保护战地士兵们经常会受到伤害的脑部、眼睛和耳朵，而现在士兵们确实也能够得到比之前更充分的保护。护目镜、防弹防破片头盔、碰撞保护、听力保护全都在士兵自己的装备包里。Ops-Core 公司的通信头盔保障系统设计科学，如头盔带改进配件设计，使用了恰当的几何学原理来稳定一个装载着夜视仪的头盔。Ops-Core 还利用附件导轨连接器在头盔侧边增加一个轻量化的模块装载平台，用来安装其他装置。FAST 头盔可以安放通信耳机或是电子听力保护装置、夜视仪、武器照明、视频摄像头、眼部保护并覆盖一定的面颊、脸部保护并可以加装护罩、防弹面罩、防毒面具、滤波灯、电池组等。FAST 头盔可以有效防止战斗人员头部因碰撞或撞击而产生外伤。

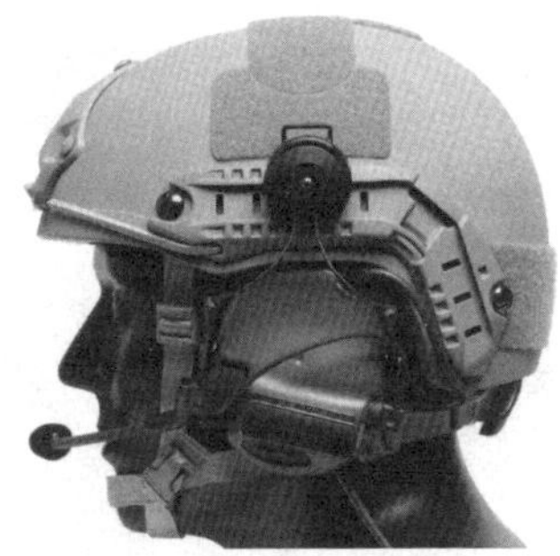

FAST 头盔

SPH-4B 直升机飞行头盔

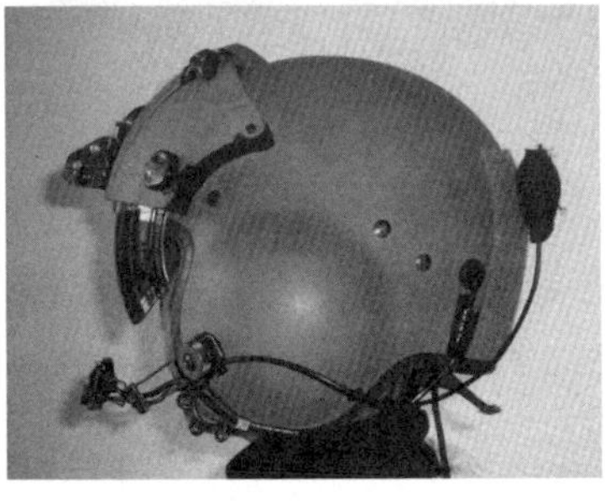

SPH-4B 直升机飞行头盔

SPH-4B 是 GENTEX 公司为美国陆军研制的一款直升机飞行头盔，它可以像现在军民都普遍使用的 COMTAC 战术通信系统一样接受外界声音并过滤杂音，转化、衰减刺激耳膜的巨大爆破音。此外，它的外壳使用轻巧坚固的复合材料，热塑型内衬增加了头盔的舒适程度，聚苯乙烯能量吸收缓冲内衬有效地减小了外部冲击对使用者头部的创伤，枷锁式固定系统使头盔始终保持在一个稳定的状态。HGU-56P 头盔是一款用来取代 SPH-4B 头盔的产品，其头盔挂带系统更人性化，头盔材质更可靠，透气性更好。

LBA 伞兵头盔

英国 LBA 伞兵头盔有格斗型和单兵战术防护型两种，均采用欧洲标准 966 击打吸收系统，系带可以对帽顶、头带进行调整，以保证头部与头盔壳体之间的间隙最优化。

NP 宇航公司伞兵头盔

英国 NP 宇航公司伞兵头盔

该头盔可以防弹，具有能量吸收衬里、边缘树脂密封和突出式遮盖，此外，还设计有用于耳朵及通信设备的防护罩。经过战斗检验，具有采用 Naplas 预成型技术的防弹壳体，有防冲击和破碎的能力，且据称使用寿命没有限制。皮肤接触部位使用天然织物，重量 1.1 公斤，规格有 S、M、L（小、中、大）三种型号。主要用户为英国伞兵部队。

高级防弹战斗头盔

这种头盔一般要能经受住速度为 400 米每秒的 9×16 毫米“巴拉贝鲁”子弹的射击。美国主要有 TAC-200R 型战斗头盔，重 1.71 公斤，周边尺寸为 18.415 至 20.025 厘米。英国主要有布里斯托尔 9 型、17 型和 23 型三种防弹头盔，其重量分别为 0.98 公斤、1.38 公斤和 1.73 公斤。防弹性能达到了在同一点上可承受住两次枪弹的冲击的程度。法国主要有 RE78092 型和 RE78094 型两种防弹头盔，设计合理，功能齐全。该头盔用热塑材料和凯夫拉纤维制成，并装有吸震材料，用松紧扣锁住。耳部留有一小孔可以清楚地听到外部声音，颈部有防炸弹碎片的护

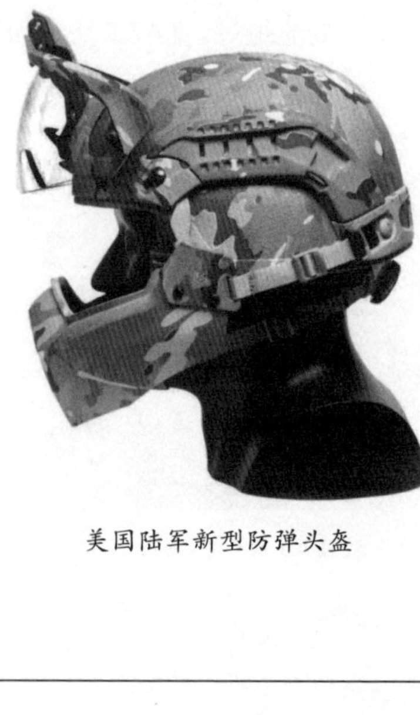

美国陆军新型防弹头盔

颈掩蔽。目前，世界上最先进的头盔不仅重量轻，而且防护面积大，较之钢盔，防护面积增加了25%、防护作用提高了40%，对头、两鬓、耳、后颈部都起到良好的防护作用。使用弹簧钢头带和皮革护额，配有特殊的紧束系统，可以自由调节头带与钢壳间的距离，稳定性和舒适性大大提高。比如新型尼龙军用头盔全重仅1.2公斤，具有极强的防弹能力，能抗射速为380米每秒的1.1克的弹头或弹片，其性能比钢还好。头盔内衬有一层高密度聚乙烯防震泡沫，既防震又舒适。2017年初美国陆军签订了一项新型防弹头盔的合同，这种新型头盔的重量比美军现在装备的头盔要轻，但是依然能够提供相同的防护力，造价高达9800万美元，将在未来5年内批量生产并配发部队。这型头盔与以往最大不同之处在于材料，先前的头盔是以凯夫拉纤维为主要材料，而这款先进头盔又有改变，将使用超高分子量聚乙烯，其重量只有1.14公斤，比凯夫拉头盔更加轻巧。此外还有一种名叫综合头部保护系统的设计构想，外形很像全罩式战斗头盔，加装面罩、护目镜，以及保护下颚的“下巴”，使头部保护更加全面，完整计划将于2020年开始。

防暴头盔

特种部队和特警队用于防范恐怖分子攻击的一种头部防护装备。美国主要有3000型、6000型、9000型和新型防暴头盔四种，均用特殊材料制成，抗冲击强度极大。配有用防弹玻璃制成的面罩，耳部用通风较好的聚乙酸乙烯树醋制成，透明度好，可减轻眼睛疲劳。有黑、棕、褐、深蓝和无光白色数种，并用金箍和银箍表示警阶。直径为16.51至19.3675厘米，重0.9至1.02公斤。德国有PK1375型折叠式带圆形视屏的头盔，其外壳用铝制成。面罩用耐打击的聚碳酸醋制成，透明度好，重225克。法国主要有REF78091型和REF78093型两种有顶和无顶防暴头盔，其头盔壳和面罩是用玻璃纤维加固的聚酯制成，用棉布作衬里，并带有松紧扣皮带。

防噪声头盔

这种头盔是专门为防止警务人员、特种部队在靶场训练时遭受强爆炸声对耳朵的冲击损害而设计的。如法国BE12型防噪声头盔，周边尺寸为54至62厘米，深受用户的喜爱。

防毒头盔及面具

该头盔系统是专门为防止各种催泪剂和毒剂的伤害而设计的，这种头盔一般用柔软的橡皮管连接着过滤器，过滤器内装有活性炭和滤烟纸。头盔上装有护目镜和报话机。较通用的产品有法国 REF817807 型、美国 M67V 型、德国 PK1425 型和日本 TS 型等。

多用途头盔

这种头盔一般用复合化纤材料制成，具有重量轻、抗冲击力强的特点。增加了头颈覆盖面积，有效地提高了防护效果。它不仅能阻挡近距离的步枪子弹和炸弹破片，还能防毒，装在头盔内的风扇和滤毒器，能不时地向佩戴者面部吹足够的净化空气，使其在核辐射、化学反应等条件下无需佩戴防毒面具。这种头盔还装有近距离通信设备和热成像夜视仪，士兵可随时与上级保持联系。多用途头盔不仅是一种防护装备，而且还是一种战斗武器。头盔内装有采用自动发火装置的头盔枪，可以发射无壳弹或激光弹，没有后坐力，射击精度可与步枪媲美。

综合头盔

综合头盔包括抗弹盔壳悬挂装置，一具夜间视频强化图像增强器，可与枪上瞄具配套使用。一双电子耳，可监听到 400 米内敌人对话，并能滤掉爆炸声浪以防止士兵受音波伤害。防护面罩能够防生化核污染和防激光致盲，还包括声音发送器、微型摄像机、视觉听觉呼吸保护装置等。士兵可以通过头盔上的平视显示器来掌握作战信息和战场图像。头盔面罩是一个与背包内微型计算机相连接的单色监视器。头盔和面罩为士兵提供夜视、全球定位系统信息、向资料库查询进行急救指令的方法以及敌军军用车辆和武器种类等各种战时信息。

头盔瞄准具

采用头盔瞄准具的单兵火控系统，是一种新型的火控系统。装在头盔中的带陀螺稳定装置的激光瞄准具、图像增强器和热成像照相机以及一个类似电视的观察屏，由微电脑加以连接。这些装置能在各种气候条件下自动探测与识别几公里外的目标，分清敌我及目标类型，并把这些信息迅速传给士兵，使之在目视发现目标前就做好准备，一旦敌人进入有效射程，就可根据指令信息选择最佳时机，通过头盔上的瞄准镜和扳机进行射击，精度很高。

## 迷彩服

迷彩服是一种利用颜色色块使士兵形体融汇于背景色的伪装性军服。迷彩服伪装技术是利用光学原理，靠图形的设计、色彩的选择和光线的运用，通过军服色彩及表面仿真图案对可见光、强近红外光的反射，来实现一种视觉假象，以此来逃避敌人视线。古代军服使用红色的较多，用来掩盖血迹，减少本方士兵因此而发生的恐慌。最早使用军服颜色进行伪装的是英国陆军侦察队。1929 年，意大利研制出世界上最早的迷彩服，它有棕色、黄色、绿色和黄褐色四种颜色。迷彩服的彩色斑纹和图案都是经过设计师们精心考虑的。这种迷彩服遍布形状不规则的三色斑块，斑块边缘的线条一般不是直线而是曲线，因为自然界中没有方方正正的花草。在右臂上的图案一般不在左臂的相同位置出现，衣领也不是只用同一种颜色。这些斑块可歪曲人体的线条轮廓，其中部分斑块颜色与背景色近似一体，部分斑块又与背景色差别明显，从视觉效果上分割了人体外形，从而达到伪装变形的效果。由于迷彩服对人的肉眼和一些侦视器材的侦视具有比较好的伪装效果，在实战中收到了很好的效果，广受各国重视。后来各国军队纷纷仿效，并对迷彩服的颜色和斑块的形状进行研究改进。当今的军事伪装专家利用现代科技能把人们熟悉物体轮廓和影子消除掉，甚至可以把立体的东西伪装得如同平面，并使它们的颜色与其周围环境统一起来而难以分辨。

迷彩伪装材料，主要有单色保护迷彩和多色变形迷彩。单色保护迷彩能够起到降低目标显著程度的作用，适用于在单调背景中伪装军械和士兵。多色迷彩伪装很早就被用于军服。新型迷彩服采用合成化学纤维制成，并掺进了特殊的化学物质，具有一定的防红外光侦察的伪装效果。美军研制出一种由深、浅两种颜色组成的双重迷彩图案，它利用颜色让人产生错误的视觉，使人难以将被伪装的物体与周围的环境分别开来，从而大大提高了伪装效果。如今，迷彩服由原来的二色、三色发展到四色、五色、六色，由只能防可见光发展到防红外、防雷达等侦视，由单纯的防侦视功能发展到防紫外辐射等，由模仿自然色向变色技术方面努力。由于现代迷彩

外军迷彩服

服这些优点，很多国家的军队都选用把野战服和伪装服合为一体的迷彩服，以提高野外作战的隐蔽效果。作战人员穿着迷彩服，可以减少人体与背景在光学、热红外、微波波段等方面的反射或辐射能量差别，能够隐蔽人体和降低人体的显著性，较好地隐蔽己方的战术企图，降低被敌人火力杀伤的可能性。作战经验证明，穿着迷彩服活动的人员，若迷彩服颜色与背景一致，飞机在100米的高度很难发现目标。

未来迷彩服的发展主要是跟上现代侦视技术的进步，一是采用多色光谱，即在具有防可见光、激光夜视、近红外光学性质的同时，兼有防中远红外、防雷达等多谱伪装效果，并向变色隐形材料发展；二是向多功能发展，既具有伪装功能，又具有防风、防水、防寒、防化学、防核辐射的功能，使迷彩服的应用范围更广、实用价值更高。三是向新技术发展，通过采用涂层和层叠法以及特殊材料，可使服装在不同的环境中，对背景环境的红外辐射和吸收产生敏感反应和适度调节，达到与伪装物环境红外辐射特征一致的效果，使迷彩服与周围环境之间的温度差和散热率差高度相似，即使夜间用灵敏的红外探测器也不易被发现。广泛采用热敏和光敏染料、电化学染料、动态光学迷彩等高新技术，使迷彩服的颜色可以随着背景色彩变化。用电源来调节金属涂层的温度和热辐射强度，使之与所处的环境背景一致，在任何情况下都能根据环境温差变化及时调整军服颜色。满足防微光、可见光、近红外、中红外等宽光谱范围侦视的需要，使士兵能够不被灵敏的热成像仪和雷达发现。

美军“塔罗斯”战术突击轻型作战服

2016年美军研发新型“塔罗斯”（TALOS）战术突击轻型作战服，配备外骨骼和力量辅助装置，头盔采用骨传导技术辅助士兵通信联络，另外特种作战司令部决定采用革命性的电激活液体防弹衣用于 TALOS 作战服，操控者只要将液体防弹衣接通电流或者磁性，防弹衣内的液体会立刻转化为固体，转化时间在毫秒以内。TALOS 作战服的头盔留有单兵夜视仪的接口，LED 电筒，电池模块，以及单兵耳麦等。

美军“塔罗斯”战术突击轻型作战服

美军单兵用机械外骨骼

机械外骨骼或称动力外骨骼（Powered exoskeleton），是一种由钢铁的框架构成并且可让人穿上的机器装置，这个装备可以提供额外能量来供四肢运动。别称：强化服、动力服（Power Suit）、动力装甲等。凭借这套“服装”，人类就可以成为所谓的“铁人”。美军派驻战争区域的士兵必须负担防弹衣、夜视镜和先进无线电等重型且重要的装备，虽然建议设限 23 公斤，但实际负重常常达 40—64 公斤，美军特种兵虽然体能较好，但依然不堪重负。2018 年年底，美国媒体透露，美军正投资数百万美元在实验性外骨骼技术上，这项科技将让士兵更强壮、更有耐力，专家表示这是扩大推动先进装备、造就新一代“超级军人”的一环。这项科技由洛克希德马丁公司（LMT.N）取得加拿大公司 B-TEMIA 许可开发。B-TEMIA 率先研发

美军单兵用机械外骨骼

外骨骼技术，帮助因多发性硬化症与严重关节炎等疾病而行动不便的患者。电池供电的外骨骼穿在裤子上，利用传感器、人工智能和其他技术帮助自然行动。洛马公司研发的HULC单兵外骨骼系统在负重90公斤的情况下，可以4.8公里/小时的速度行走20公里。根据为期两年、单一供应来源的协议，洛克希德马丁公司再次获得美国陆军纳蒂克士兵研究开发暨工程中心提供的690万美元，用于研究和开发名为ONYX的外骨骼，预计每个外骨骼将花费数万美元。一般的单兵外骨骼系统包含6大部件：仿形机械结构装置、智能感应装置、控制系统、通信计算系统、执行机构、能源系统。工作原理一般是系统通过在人体和外骨骼上的传感器感应人的运动信息、力学信息和生理信息。计算机处理各类信息通过预测和感知算法，感知人体姿态、运动趋势和人与外骨骼之间的耦合度，控制系统将这些参数转换为控制参数，令能源系统驱动执行机构作动，实现辅助作用。研发单并外骨骼系统涉及的主要技术为仿生机械制造技术、人机接口技术、随动控制技术、驱动机构技术、能源技术等。除了洛克希德马丁公司产品之外，美军机械外骨骼还有一种是雷神公司（Raytheon）的“XOS 2”。

## 防弹服

防弹衣又称防弹背心或防弹夹克，指防枪弹和炮弹碎片伤害的特种军服。因功能不同，其用途、款式、防弹标准等级、重量、防弹材料、胸围尺寸也不尽相同。但使用目的是相同的，那就是以它“刀枪不入”的硬质防弹装甲片保护身上的要害部位，抵挡住来复枪、匕首、利器、钝器的袭击。目前防弹服的发展趋势是穿着轻巧、实用、防弹性能强、防护面积大、外形美观等。现代战场各种光电侦察器材的广泛使用，往往使士兵处在“光天化日之下”。为了有效提高战场生存能力，军事技术人员还设计了多种防护装备。随时穿在身上，不仅可以防弹片，也可以防毒及红外线，大大降低了因穿戴不及时而遭生化武器“偷袭”的可能性。

IOTV 防弹衣

IOTV（Improved Outer Tactical Vest）是美军新型防弹衣，它是通过可穿着防护装置和插入式护板来提高抗弹力的防弹衣，大大改善了旧式防弹衣对战士身体两侧防护不足的弊端。为了在士兵负伤的情况下能够快速对其进行紧急救治，还增加了可迅速脱掉防弹衣的快速解脱功能。虽然现在防弹衣已经成为士兵必不可少的装备，可是如果在沙漠、热带等高温多湿地带作战，它又会成为士兵的负担。高温不仅会使士兵注意力和战斗力降低，严重时还会让士兵的身体虚脱。出于对这种情况的考虑，美军于 2007 年开始使用通气性、吸湿性、速干性都很好的材料开发一种可以内穿的防弹衣——ACS（Army Combat Shirt）。其特点是 T 恤式样，袖子是战斗服样式，同时为了提高 T 恤胸腹部的透气性，中间部分使用了网布。考虑到将来要把这种设计应用到步兵用战斗单兵装备中，又准备导入环境调节机能、肌体监测系统等技术。

IOTV 防弹衣

龙鳞甲防弹衣

美国尖峰装甲公司推出龙鳞甲（Dragon Skin）防弹衣，由小块的陶瓷防弹瓦和新型的防弹纤维编织成鱼鳞状的防护甲，类似中世纪的鳞甲，其防护能力相当高。“龙鳞甲”即使被7.62毫米标准军用弹在6米距离击中40次都不会被击穿，并且它还可以挡住7.62毫米钢芯穿甲弹。其售价也十分高昂，一整套“龙鳞甲”售价约5000美元，比普通防弹衣高出3到4倍，装备了“龙鳞甲”的士兵将能防护住世界上大部分的步枪和冲锋枪。实验表明，“龙鳞甲”可以防御任何口径、任何种类的步枪以及手枪在5米距离发射的子弹，即使外表锦纶层被射穿，内部也无损坏。就连美军的标准作战手雷，以零距离接触其内部的方式也无法炸开它的锦纶层。

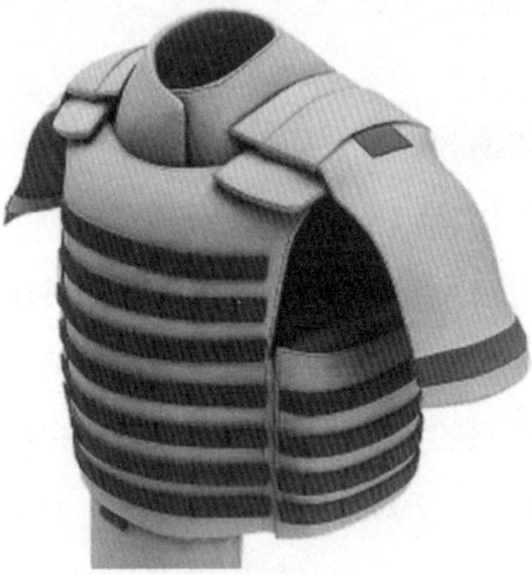

龙鳞甲防弹衣

美军现役防弹服

ST10型标准防弹服，防弹等级为一级，重0.9公斤。防弹板大小12.7×22.9平方厘米，用100%的凯夫拉防弹材料制成。胸围尺寸96.52至132.08厘米，区分超大号、大号、中号、小号、超小号等不同类别。颜色为白、藏青、棕黄和浅黄等色系。BS15型男式防弹T恤，防弹等级为二A级，不装防弹板，重1.39公斤，胸围尺寸与ST10型相同，颜色为白色、藏青色。RC30型男式防弹服，防弹等级为三A级，不装防弹板，重5.76公斤，内料100%凯夫拉，外罩用100%的防水布料制成，胸围尺寸与ST10型防弹衣相同，颜色有藏青、棕黄和黑色。C型防弹衣，防暴部队使用，等级为二级，重6.7公斤，不装防弹板，胸围尺寸与ST10型相同，颜色有绿、藏青等。最近美军用高强度聚乙烯纤维生产的新型防弹衣，其抗穿透力是凯夫拉129防弹衣的10倍。美军还在利用生物工程技术，研制强度和弹性比钢丝还好的仿蜘蛛丝纤维。一旦研制成功，将使防弹衣的防护能力达到一个前所未有的高度。另外根据磁场变化的原理，科学家们正在研制通常状态下柔软舒适，一旦侦测到弹道威胁时立刻强化僵硬的装甲系统。

美军现役防弹服

法国防弹服

法国有 AF1 型防弹衣，可防炸弹碎片，防弹等级为法国一级，重 3 公斤，用纤维材料制成，尺寸可调，蓝色。

头面部防护装备

现役美军头盔中，有些种类对后脑部的防护部分少。为了加强对后脑部位的防护，生产商开发了与头盔配合使用的辅助防护装置——后颈垫，该防护装置可以简单地连接在头盔的带子上。随着肩扛式火箭筒和简易爆破装置、路边炸弹的大量使用，使得士兵面部被弹片、碎石等飞射物击伤的概率增加。由于面部受伤无论从肉体上还是精神上都会有后遗症，所以美军又专门开发了一系列保护面部的防护装置。如防弹面罩是通过在 ACH、LWH、

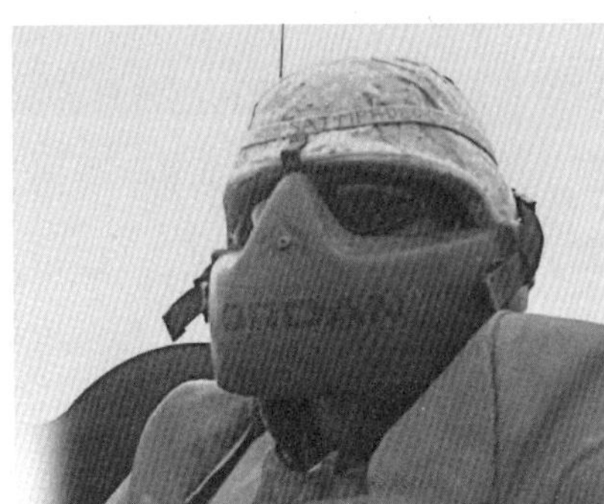

头面部防护装备

PASGT 等头盔上安装“外挂系统”来固定的，使用芳纶纤维合成的树脂材质制作而成，具有很高的防护能力，重量只有 0.4 公斤左右，适合炮兵和车载机枪手使用。

防暴服

通常为连衣裤式，用耐火材料制成，能防汽油瓶和燃烧弹的袭击。它设有多种保护器材，在平息骚乱和暴乱时，能有效地保护全身。

防雷鞋

主要用于跨越雷场和雷区时穿用。这种鞋的外观极像球拍形滑雪鞋，能把人体的重量散开，防止触发地雷。

护耳器

护耳器是一种高技术的隔音护耳装置，内装接收立体声的传声器、放大器和扬声器。它既能隔断外界瞬间特别响的声音，亦可使士兵正常听见外界的声音。护耳器的两个耳套均有各自的开关和电源，并能与戴维斯导线通讯系统连接。护耳器有特殊的使用价值，在对付恐怖分子时，可用巨响类非致命炸弹，在自身不受影响的同时，使暴徒处于昏迷或眩晕状态，可立即将其制服。

## 背囊

背囊就是单兵携行具，用以携带武器弹药、个人物品和应急给养储备品的装备，是人与武器装备有机结合的最基本的载体。背囊通常用皮革、皮革代用品或经过防水处理的纺织材料制成，不怕折叠和挤压。有的背囊在内部装有框架，以便于军人背着时支撑；有的背囊还在肩带、侧带上有固定头盔、土工作业器材、弹匣、衣服、水壶、饭盒及其他装具的附件，并可以在不同的气候条件下使用。最早的背囊是用绳子将装物品的布口袋捆扎起来背在背上，后来人们才逐步将绳子改成背带，将圆口袋改为长方形。在彼得一世建立俄国正规军队时，首次统一采用了形如“直筒口袋”的制式背囊。目前世界通用的背囊，是美国 1972 年定型的、能适应各种气候条件的肩腰吊带式单兵携行具。这种背囊配有“口袋”和背架，其规格为 900 × 600 × 300 立方毫米，采用迷彩色尼龙织物。可分层放置帐篷、器材、雨衣、军服、个人物品及食品等，底部一层用以存放睡觉用品。大口袋上还左二右一设置了三个小口袋，右边可插入两发 81 毫米迫击炮弹。空背囊重 3.8 公斤，可盛放 60 公斤的物品。

美军背囊

为适应现代战争的需要，世界各国都在不断地对单兵携行具进行改进，以期更符合人体生理特性。今后背囊将会有以下特点：一是轻便适体，减少人体负荷，重点追求受力分配的均匀，携行舒适。各国军队的携行具正由肩腰吊带式向背心式发展，因为背心式携行具能更好地把各种战斗装备和生活用品集中到一个完整的结构系统内，使重力均匀地分布在人体的肩部、腰部和背部，不易和身体分离。二是组合方便，机动性能好。新型携行具大多把战斗装备和生活用品分别装在两个分系统内，行军状态两者紧密结合，进入战斗状态可迅速分解，抛掉生活用品部分。三是增大携行量，提高单兵作战能力。现代作战弹药消耗量大，防护性装具多，背囊携行能力必须尽量提高。比如现在美军的 M1972 携行具除可携带正常生活物资外，还可同时携行 420 发子弹和 8 枚手榴弹。此外，在现代化侦视器材的监控下，背囊还必须有隐蔽伪装功能。未来的背囊将会作为一个非常合体而且功能强大的系统供给士兵使用，使其在未来作战中发挥更大作用。

## 四、科技之剑

### ——未来特战武器

近年来，一些发达国家以特种作战力量为开端，相继推行“士兵现代化计划”，大力开发未来士兵综合作战系统。如美国制定了“21 世纪地面勇士”计划，英国推出了“未来野战军人系统”计划，法国开发了“未来士兵系统”等。未来的特战队员再也不是只装备传统的枪支和手榴弹，而是拥有一体化、系统化的单兵数字化装备，从而使特种作战依托高科技之剑呈现出全新面貌。

## 通联系统

特战队员依托先进的通联系统可以对作战现场拍摄图像，实时报告战场态势（敌我位置、火力配置、障碍物等）；进行战场识别、文件处理、全球定位系统的定位和导航，引导后方支援武器的精确射击；判断声源方位和距离，滤掉爆炸噪声，减少噪声侵害；还可监测士兵身体状况。在激烈角逐的战场上，特战队员可通过头盔护目镜上的显示屏将战场态势一览无遗。将控测器、计算机和电台集于一体，将进行敌我识别应答装置、各单兵计算机互联成网络，从而可提高战场保障能力，特战队员之间、上下级之间随时保持联系，还能横向与战车、火炮、直升机等进行语音、数据、图像通信，引导它们精确射击。

士兵战场通信系统

未来士兵将以信息技术为纽带实现系统集成，肩背一台计算机和先进的多媒体系统组件，军服皮带上将装备专用鼠标。使单兵武器、头盔、计算机、无线电台、防护装备等构成一个完整的有机整体。这样计算机和通信等技术装备将成为士兵佩戴在腰、背、肩和头部的一般性装备，进而使士兵作战能力得到有效提高。这些装备将使士兵与陆军装备的一些最先进的指挥、控制和通信系统直接联系起来。此外，士兵还会配备一个背包与接线系统，其他子系统则可插在这个系统上，包括一个无线电台。如英国的“未来士兵技术系统”采用了主体系统和装在武器上的控制元件相结合的方法，士兵操纵按钮可以获取头盔显示系统上的影像；控制个人无线电上的对讲钮，给出一个无声的无线电信号。通过控制按钮便可以集观察、搜索、通信、定位等功能为一体，从而大大提高了士兵迅速反应能力。此外，荷兰皇家陆军机械化步兵系统、加拿大士兵联合项目以及美国陆地勇士项目均从不同角度体现出系统集成这一特性。特战队员配置的数字化装备能及时告诉士兵自己的位置，以及帮助士兵判定敌人方位，使队员对战场形势有准确的了解，提高反应速度，在敌方作出反应前给其以快、准、狠的打击，进而控制战场的主动权。美国的陆地勇士项目已引入五项成功技术：综合导向技术、系统声音控制、战斗鉴定、可升级的士兵无线电和长寿命电源。其中的无线电 / 计算机子系统，不仅可使士兵与指挥官及同伴进行联系，确定方位，还可以处理激光测距仪和数字罗盘输入的数字及全球定位系统接收器所确定的操作者的位置数据。另外，综合导向设备将自身传感器数据与全球定位系统相连，克服了全球定位系统的某些缺陷，诸如建筑物、蔬菜大棚、阳光的反射和无线电干扰等使信号丢失的情况。

特战队员装备先进的单兵计算机和数字化通信设备，士兵个人之间可利用分布式网络进行通话和数字通信，并通过单信道地面和机载无线电系统同战术 $C^3I$ 系统相连接，为指挥员提供翔实的第一手战场资料；还可以将信息传递给友邻部队，使各参战要素实时共享信息，为合理分配目标、协同一致打击敌人提供有力的支持。美军现已研制出的数字化军服把先进的传感、计算机、通信系统和化学防护装置融合在一起。对装备多种先进装置的特战队员来说，不仅热成像仪、激光瞄准器等装置使得武器变得更加“聪明”，远距离听力装置有利于对战场态势作出正确判断，GPS 接收机能够提供准确的三维空间定位，还可与其他武器系统配合使用，并随时向后方申请战斗和勤务支援。数字化通信设备具有在单位时间内信息容量大、传输距离远、抗干扰能力强、保密性能好等特点。同时，单兵计算机能为士兵及时提供图文并茂的敌我双方战场信息和情报资料，从而大大提高敌我识别能力，有效降低误伤。

美国陆地勇士系统

可穿戴计算机

通用动力公司开发的Itronix GD300可穿戴计算机，及其战术地面报告软件和配套使用的AN/PRC-154单兵无线电台，能实现特种作战人员的班组内通信。GD300计算机重248.8克，运行“安卓”操作系统，性能类似于智能电话，外形小巧、重量轻且功耗低，能通过网关与蜂窝电话、卫星、特高频和甚高频无线电台，以及连接互联网的膝上电脑等各种基于IP地址的设备建立广域连接。此外，在没有基础通信设施或设施遭到破坏的地区，多台计算机之间能够自动组建局域网络。美军对已部署到美国陆军第75骑兵中队的GD300计算机进行了作战评估，士兵可用其在电子地图上进行标记并观察态势感知信息，发送文本信息和态势报告。军方总体上对GD300计算机非常满意，但对电池寿命和一些细微的配置管理提出了改进建议。美军还在研究如何采用有线方式连接智能电话与哈里斯公司的AN/PRC-1176无线电台，发挥类似于定位报告系统的功能，数据可通过战术网络从地面作战人员传输给作战指挥中心。

GD300可穿戴计算机

平板电脑

2013年12月，美国国防部与DRS战术系统公司签订了一份价值4860万美元的合同，内容是改进车载联合平台平板电脑。联合平台平板电脑采用10.4英寸夜视显示屏、嵌入式反电子欺骗模块、GPS芯片、1.2GHz M级处理器；采用可更换硬盘驱动器；有911紧急报警按钮，能够将紧急态势直接发送给指控中心。

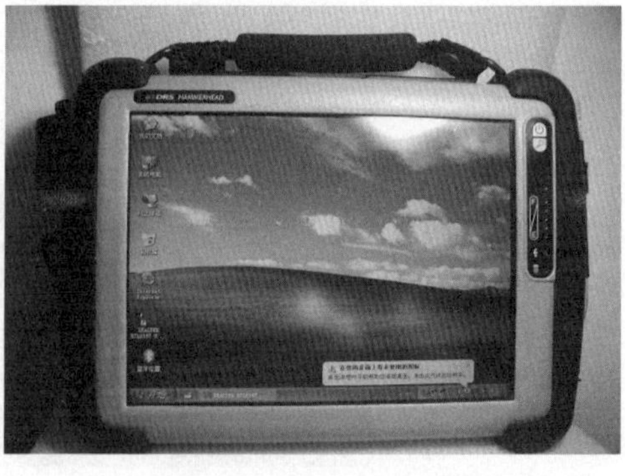

DRS联合平台平板电脑

联合平台平板电脑可以作为特种部队车辆平台内所有 $C^4ISR$ 系统之间的通用控制与监控接口，可以遥控传感器和地雷，并显示火控数据，其最大特点是能够适应各种操作环境，支持全频谱作战。除特种部队外，美国海军陆战队、空中战术和前进引导员以及常规陆军部队都应用了这种平板电脑。根据美国陆军基于 GPS 卫星的移动跟踪系统后勤项目的要求，DRS 战术系统公司将向美军交付 25000 部联合平台平板电脑、系留站和外围设备。联合平台平板电脑在安装 Intel 公司的 i7 处理器后，性能将进一步增强。

俄罗斯“武士”信息化单兵装备

俄罗斯最新的“武士”(Ратник)单兵作战系统从 2014 年开始装备部队，俄罗斯国防部宣布共计装备 25 万套。俄军南部军区北高加索的部队使用了 1000 套这种“武士”系统。武士系统拥有现代化的防护、通信、武器和弹药，可以在极端天气条件和暗夜条件下发挥作用。“武士”系统的基本配置是头盔与护甲（海军型号的护甲则集成了浮力背心），战斗跳伞装具，和具备主动听力保护装置的头戴式耳麦，防弹护目镜，护膝和护肘，武器方面则视兵种需要配置榴弹发射器、机枪、狙击枪和相关弹药，还有战斗刀、昼夜情报系统、昼夜瞄准系统、综合望远镜、光学与热成像瞄准镜和其他装备。“武士”系统总计有 59 件装备，并依照侦察兵、司机或其他特殊战斗岗位有所改变。各装备按照防护、毁伤、救生、能源、侦察、指挥控制、通信分为多个子系统，具有全地形迷彩包装，并提供多功能刀，警示灯，钟表，夏季与冬季双面迷彩背包，独立供热源，突击背包，个人饮水过滤器，步兵铲，防毒面具，放射性、化学武器指示器，特殊医疗设备和防化服。该系统支持语音和视频通信，并且具备 GLONASS 导航系统，班长可以在他的书本大小的单兵电脑上看到本班各个士兵所在位置，并且

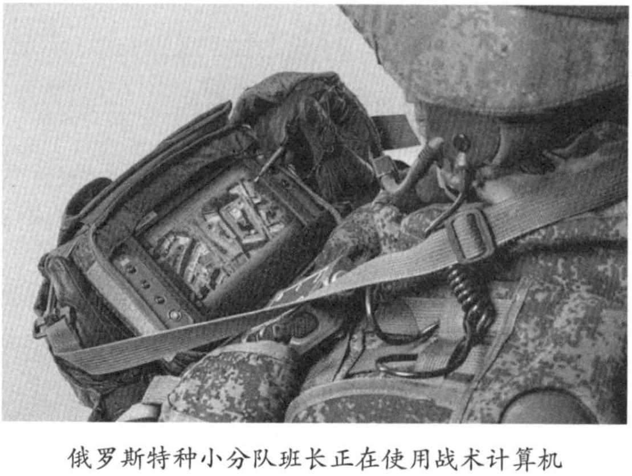

俄罗斯特种小分队班长正在使用战术计算机

可以通过该系统下达指令，或者将视频与照片上传给上级指挥部门。每一名士兵都配备了他们的战术电脑，但是比班长的要小，大约是手机大小。

## 神奇枪炮

冲锋手枪

2015 年参与打击 IS（Islamic State，伊斯兰国）的俄罗斯苏-24 战斗轰炸机被土耳其击落，一名飞行员在跳伞着陆后遭到地面武装分子枪击阵亡。为了应对跳伞落地后不得不开枪自卫的情况，俄罗斯决定为俄飞行员配备自卫武器。这款最强大的自卫武器就是纵横驰骋超过半个世纪的斯捷奇金冲锋手枪。该枪是在 1948 年由位于图拉的中央设计研究局工程师伊戈尔·斯捷奇金设计的。这种冲锋手枪在 1951 年与马卡洛夫 PM 手枪一起被苏联军队采用，被命名为斯捷奇金自动手枪，由于它与冲锋枪相似，也称为斯捷奇金冲锋枪。该型手枪拥有 APS 和 APB 两个类型，APB 于 20 世纪 70 年代后研制，比 APS 枪管稍微延长，并在枪口部位刻有螺纹，便于外接快卸式消声器。全钢结构，全长 225 毫米，接驳枪套后全长 554 毫米，高度 152 毫米，枪管长 140 毫米，瞄准基线长 185 毫米，空枪重 1.02 公斤，装满枪弹后重 1.22 公斤，装上枪套后重 1.78 公斤，连发的理论射速可达到 6000750 发每分，单发的射速 40090 发每分，最大有效射程 200 米。斯捷奇金冲锋手枪问世半个多世纪以来，在阿富汗战场、车臣及此次在叙利亚打击 IS 战场上得到广泛运用，屡建奇功。普京总统在视察新成立的俄军参谋部情报总局时，用斯捷奇金冲锋手枪打出了非常不错的成绩。

斯捷奇金冲锋手枪

液体发射药枪

液体发射药枪是由美国研制的，其最突出的特点是弹丸初速比普通子弹大得多。这种枪使用专门弹丸，其初始速度可达 1500 米每秒，比一般的弹丸初速高近一倍。弹丸装在带弹性齿的弹丸座上，弹丸上有液体发射药导孔。为了防止烯气从弹丸和枪膛壁间漏出，弹丸上有闭气环。弹丸座上有拉壳钩可将弹丸从枪膛内拉出，用弹匣供给弹丸。液体燃料室通过分配阀、导管、防逆阀将燃料送进燃烧室。步枪是通过枪管开侧孔的导气原理实现自动射击的。

SD88 休克手枪

这是法国推出的一种新型、性能独特的特种手枪。人被该枪击中后，除身体有些青肿外，没有伤口，但人很快休克，从而丧失抵抗能力。该枪重 600 克，可发射 4 种不同子弹，一是 6 克重的橡皮子弹，它能在 3 至 35 米内把人击倒。二是橡皮霰弹，它能在 30 至 80 米内使中弹者立即失去反抗能力。三是 CS 催泪弹，它能击穿 80 米远的玻璃窗和 30 米远的汽车玻璃。四是颜料子弹，它可在铁皮、木材、纺织品上留下洗不掉的痕迹。由于 SD88 手枪能使人休克，故已成为劫机者的克星，在营救人质行动中亦可发挥重要作用。

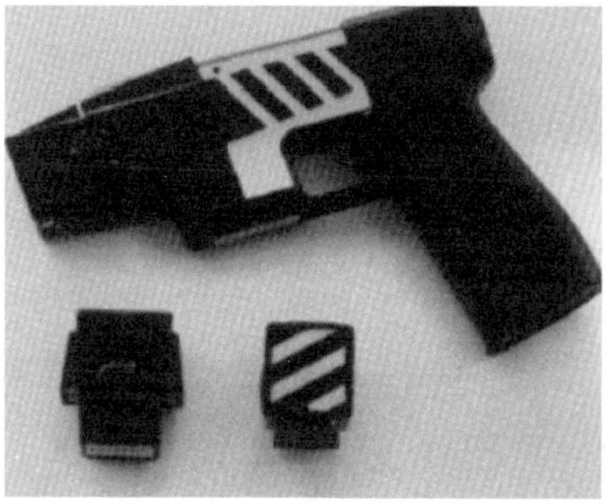

休克手枪

无声、无烟、无光迫击炮

比利时研制成功了一种 52 毫米无声、无烟、无光的迫击炮。这种迫击炮因射击时不会暴露发射阵地，因此十分适合于侦察分队和特种作战分队使用。这种炮共有两种型号，一种是带两脚架的常规型，全重 6 公斤，射程 140 至 700 米；另一种是突击型，开脚架，全重仅有 3.6 公斤，射程 200 至 700 米。主要使用杀伤弹、照明弹和烟幕弹。炮弹的后半部是空的，内装一个轻合金制的薄壁圆筒，上部由密闭塞密封，密闭塞内装推进剂，下端是敞开的。密闭塞在轻合金圆筒内起类似活塞的作用。在迫击炮的身管底部固定有一

比利时 NR8113A1 式迫击炮

发射长杆，长杆上端装有击针。发射时，炮弹顺着迫击炮管向下运动，这时长杆就伸入炮弹的轻合金管中，密闭塞撞击，点燃推进剂，轻合金管内产生的气体压力，迫使密闭塞内向弹底运动，而伸入合金管中的发射长杆又紧顶着，不让它向下运动。因此，炮弹只能向炮口冲去。这样，当发射长杆的顶部从弹的后半部脱出来时，由于炮膛内轻合金管的末端有凸缘，密闭塞就被卡住而不能再向后运动了，这样噪音、烟雾、火光和热量都被封闭在轻合金管内，故发射就看不见烟火，听不见炮声，炮管也不会发热了。

## 特效武器

电击手套

其外表与普通手套相似，不同之处在于其掌心处装有三个纽扣电池，电池装在手腕处，接触或擒拿敌人、凶犯时，电极一通，可使对方全身肌肉产生痉挛，同时发出一种连续不断的震荡，迅速传遍敌人全身，使之难受异常，痛苦不堪，无力反抗。

MX-5 精神错乱型手榴弹

美国布鲁克斯烟火器材公司推出一种 NIX-5 精神错乱型手榴弹。它由飞脱杠杆点火器和内含烟火剂的塑料弹体组成，兼有防水密封结构。投射后，从弹内抛射出一束小烟火弹，再经 1.5 秒的延期时间后，即发出强烈闪电和震耳的爆声，足以使对方产生暂时神志慌乱和迷失方向，但不造成伤害。据称，该弹是这家公司与英国秘密保安部队联合研制的，目前已在一些国家特种部队中装备使用。

眩晕型声光手榴弹

英国哈利和韦勒有限公司生产一种 H&W 系列眩晕手榴弹，使用电引信，弹药在散布后 1 秒钟爆炸。其爆炸发出的轰鸣声和强烈的闪光，使近处或建筑物内的人产生眩晕效应，迷失方向。该弹体长 134 毫米，直径 51 毫米，重 301 克。

闪光巨响刺激型枪榴弹

这种弹具有闪光、巨响和刺激三种功能。光亮度达 100 万烛光，能使敌人暂时眼盲几个小时。巨响度为 184dB，可引起敌人暂时耳聋、神经错乱，甚至丧失活动能力或陷入昏迷状态。

## 实用利器

### 单兵飞行器

2009年，德国ESG公司研制出一种“格里芬”（神话中的狮鹫）单兵飞行器。安装一种类似蝙蝠式的翅膀，武器及装具放置在翅膀空间内。这种飞行器主要用于配备伞兵，滑翔距离可达200公里。德国特种部队以及GSG9反恐部队都对这种新型装备表示出了浓厚兴趣。

德国ESG公司生产的特种部队用单兵飞行器实际使用情况

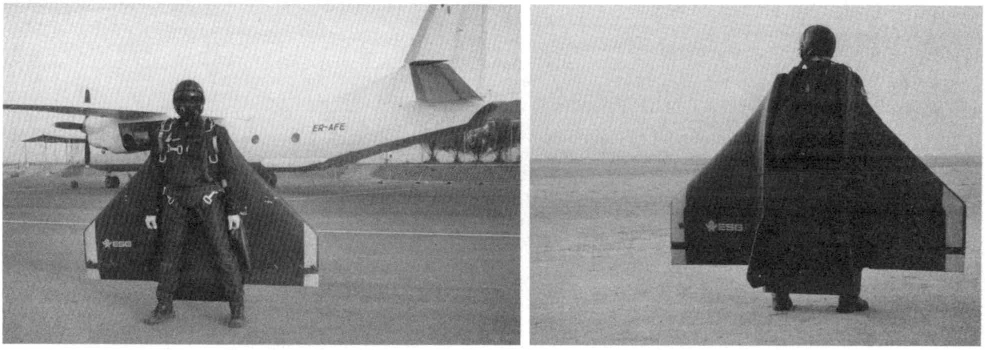


德国ESG公司生产的特种部队用单兵飞行器正面及背面

### 美军XM153通用武器遥控站

美军在伊拉克和阿富汗战场使用轻型装甲车执行任务时，车顶的机枪射手常被敌方狙击手攻击，前线急需实现目标观察瞄准和射击自动化的武器。美军“2008年度十大顶尖陆军装备”名单中，应需而生的XM153通用武器遥控站位列榜首。这种遥控站是在第一代通用武器遥控站XM101基础上的第二代升级版，采用模块化结构设计，可更换多种枪械（M24-5.56毫米轻型机枪、M240-7.62毫米中型机枪、M2-12.7毫米重型机枪、MK19自动榴弹发射器等），可自由安装在多种军用车辆或其他平台上，可装载大量弹药（500发12.7毫米枪弹、96发40毫米榴弹，或者2000发7.62毫米枪弹）。这种类似于无人炮塔的装备，依托全电驱动系统，可在水平360度和俯仰−20度到60度之间自由转动。为达到最佳效果，将武器系统和火控系统进行分离设计，武器系统包括各种不同口径的机枪和弹药箱；而火控系统包括各种观瞄设备、驱动设备、火控计算机、显示器、操作手柄等。观瞄系统包括昼间使用的27倍变焦摄像头和夜间使用的18倍变焦第二代红外热成像仪，还有一个激光测距仪。该遥控站的最大监视距离为5公里，最大识别距离为2公里。这种武器的使用方法是，通过外置摄像头观察锁定目标，用激光测距仪测定目标距离，火控计算机自动计算弹道参数，射手根据屏幕信息可直接进行射击。车辆行进中，双向稳定器利用光纤陀螺将信息传回系统，即便车辆颠簸也不影响系统对目标的持续锁定，射击精度高达98%以上。射击时，该系统还可同时搜寻其他目标，为射手

美军XM153通用武器遥控站外置部分

美军 XM153 通用武器遥控站观瞄系统

提供早期预警。此类武器的使用，大大降低了美军战场的伤亡率，甚至可以说是美军特种部队最值得信赖的伙伴。

美军模块化睡眠系统（MSS）

MSS 生产商是 tennier industries inc，该系统包括一个巡逻睡袋、一个中低温睡袋、一个外罩和一个压缩包。睡袋配上保暖内衣，可以支持零下 40 度时 4 小时睡

美军模块化睡眠系统（MSS）

眠。MSS 最大不足是它的重量，全套系统重 16 磅。一般情况下，没有必要三个睡袋都背出去，可以根据不同的天气携带不同的组件。

夜视设备

埃克斯利斯公司的增强型夜视镜是一种紧凑型夜视护目镜，采用了传感器融合技术，具有红外热成像和图像增强功能，装备于美军特种部队和其他陆军部队。该公司还研发了 i-Aware 夜视模块，能够实现夜视镜与指挥系统之间的战场信息交换，接收无人机的实时视频信息，显示地图信息和照片。美国国防部士兵项目执行办公室表示，AN/PSQ-20 增强型夜视镜是一种具备红外成像能力的夜视镜，能够更完美地发现隐藏的人员和设备，穿透烟雾或沙尘探测目标，借助热传感器为作战人员提供有效的全天候观察能力。士兵机动传感器项目办公室也在进行各种武器瞄准具研究，包括将制式 M4 步枪瞄准具连接改良后的增强型夜视镜。

目前美国陆军配备最先进的夜视装备是 AN/PVS-14 型单筒夜视镜，分辨率为 1.3 圈 / 弧度，重 0.4 公斤，观察距离为 150 米，视场为 400° ± 20°。既可戴到头上用单眼观察，也可手持观察或安装到步枪上。还可作为手持观察设备，也可置于轻武器瞄准杆上作为步枪的瞄准具使用，其独特的防水设计使其可以在 20 米深水下使用。这种夜视镜把一个三代图像增强管、一个人眼安全激光测距机和一个数字罗盘集成为手持式轻型夜视设备。这些系统把目标范围显示在目镜显示器上，并有一个 RS-232 数据接口，可将范围、方位、俯仰数据传送给计算机，计算机确定目标范围后提供给火控系统。AN/PVS-17 微型夜视瞄准具被美国特种作战部队和海军陆战队选用。“夜星”双筒夜视镜为特种部队选用，能用于白天或黑夜。目前，微光夜视设备已经从第一代发展到第四代，扩大了步兵和驾驶员使用图像增强器的范围，能在云遮星光、黄昏和拂晓等各种光照条件下有效工作。未来先进夜视仪可进

单兵头盔配备的融合技术夜视仪

行多种图像触合，为军队提供在战术态势方面的优势。

穿墙雷达

以色列公司 CamTech 生产的 Xaver 400 和 Xaver 800 穿墙探测雷达，能够探测各种固定和移动目标，包括隐藏在墙壁或障碍物后的人员。上述两型雷达已经装备美国、英国和其他国家的特种部队，目的是保护战术突击队员和其他特种作战人员的安全，提高了信息收集、反恐、营救人质、缉毒和执行其他城市环境作战任务的能力。Xaver400 穿墙成像系统通过雷达清晰描绘室内 3D 场景，保护人的站位。三维成像能有效帮助反恐指挥官定制决策，减少伤亡的危险，能实时提供室内动态，包括人员位置、数量、变化，单人可携带使用。

以色列 XAVER400 穿墙雷达

迷你型无人侦察机

20 世纪 90 年代，美国空军开发出小型无人驾驶飞行器。如今，士兵们有了更小型的无人侦察机。新一代无人侦察机背后的精英团队来自南加州的空气环境科技公司，他们正在制作的三种小型无人侦察机，每种都有不同的功能：全环境能力型（AECV）"美洲狮"侦察机是三种飞机中最大的一个，两翼跨度 2.4 米，重约 6 公斤。它的飞行时间达到两小时，在需要长时间持续侦察某一区域时使用。"美洲狮"侦察机配有一个机械旋转的摄像机，可以锁定目标，进行持续监控。可在地面或水面以近似垂直的方式起降，该机拍摄的图片清晰

美军 RQ-11A"渡鸦"迷你型无人侦察机

度极高，并具有图像追踪和图像稳定功能。无论飞行器在飞行过程中怎样颠簸，摄像头都能保持对目标区域的正常拍摄。美洲狮具有优良的便携性能，即使是单人操作，也可以从地面或船艇上起飞。装有能够精确导航定位的GPS系统，整机可通过地面控制站来进行遥控；“大乌鸦”侦察机是目前世界上出产数量最多的无人侦察机，它比“美洲狮”侦察机更具隐蔽性，但只能在空中飞行90分钟。“黄蜂”侦察机只有遥控飞机玩具的大小，重量大约450克，能连续飞行45分钟，可以装进背包，只要往空中一扔，就能飞走。电动马达非常安静，从地面不易发现，最适合搜寻敌人的狙击手。为确保无人侦察机足够坚固，研发人员使用了凯夫拉材料。这些小型无人侦察机被设计成一遇到撞击就自动拆散，保证飞机上的部件不会被摔坏，士兵只需把它们重新组装起来便可继续使用。

迷你装甲车

在美国缅因州沃特伯勒市的豪伊兄弟科技公司，麦克和吉奥夫两兄弟正在制造高科技装甲车。他们制造了一种“獾式迷你装甲车”，是单人驾驶的全地形车辆，体积很小，宽度只有80厘米，具体极强的机动性。獾式迷你装甲车的装甲板能抵挡大口径弹药，12.7毫米的子弹只对其装甲造成轻微伤害，然后就被弹开，而

獾式迷你装甲车

AK47 步枪也只能在上面留下一个弹痕。此外，獾式迷你装甲车还能抵挡小型炸弹的袭击。突然攻入大厦是獾式迷你装甲车的特长，它可以穿透煤渣砌成的墙、钢筋加固的墙。当遇到紧急情况，需要立即进入时，獾式迷你装甲车不必四处找门，可以马上穿墙而入。

弱爆器

由英国特种部队的米格·格拉感发明，它是将化学性液体藏于一个密封塑质长方形容器内，容器底部中央向内凹陷。把它置于炸弹或可疑物体上，如炸弹爆炸，会使弱爆器内的液体化学剂气化，从而抑制 90% 的火球及碎片扩散，减轻伤亡。弱爆器重 17 公斤，适用于各种金属外壳炸弹。

炫目强光电筒

该装备利用特制电弧光源，发光强度为 14200 烛光，射出的平行强光束达 200 米远。照射人眼，可使受光者眩晕或短时失明，使凶手或暴徒失去反抗能力。

反装甲火箭筒

这种火箭筒是单兵一次性使用的反装甲攻坚武器。其主要特点是：重量轻、携行方便，步兵可携行数具；操纵使用容易，射手无需长时间培训；威力大，目前火箭弹破甲厚度为 400 毫米，破甲能力最高达 700 毫米以上，命中目标后伴有致盲强光和燃烧作用；采用无坐力炮原理发射，射击位置不易暴露；可根据目标性质，选择破甲弹和两用弹，破甲弹主要用于摧毁装甲目标，两用弹主要用于摧毁坚固工事。

高效驱虫剂

美国相关部门为特种部队专门研制了一种可直接喷洒在军服上的高效驱虫剂，帮助特种部队人员在丛林、沼泽等蚊虫多的地方作战。此种喷雾驱虫剂喷在军服上，可使军人在数月内免遭害虫侵扰，而且军服即使洗涤过数次也不会降低驱虫效果。

野战生存包

美军特种部队的野战生存包在不到 3 立方分米的空间里，浓缩了特战队员野战生存所必需的刀、锯、手电筒、打火机、绳子、急救药等几十种装备，重量不到 2 公斤，放在水里还可以浮在水面上。其中多用途生存刀除了具有刀、锯的功能外，还能剥电线覆皮、划玻璃、起钉子、做扳手，甚至当斧头。使用时手指穿过四个洞，在持握生存工具的同时，还不耽搁开枪射击、格斗、抓握绳子等动作。

野战帐篷

美国陆军特种部队生存训练用的野战帐篷分为热带型、温带型、寒带型等几种类型，寒带型的帐篷使用最新型的防寒面料制成，重量轻、体积小、防寒性好，便于携带，架设和撤收只要几分钟的时间，即使在零下30度的极地地区使用也不成问题，很多攀登珠穆朗玛峰的登山运动员都选用此型装备。

美军基地里的野战帐篷

# Chapter 3

# 百炼成钢

——特种部队的魔鬼训练

特种兵之所以被称为“特种”，是因为他们必须有与普通作战人员不同之处，这表现在拥有坚强的个性、不怕牺牲和勇敢战斗的精神、超凡的毅力与耐久力、出众的战斗技艺。这一切，都需要经年累月的艰苦训练才能铸造。为了完成多种特殊作战目的，应付各种突发事件，特种部队的训练极其严格和艰苦。从突破极限的单兵体能训练到极具特战色彩的单兵技能训练，再到神秘莫测的心理素质训练以及精打制敌的战术训练，其中很多训练内容，令人望而生畏，难怪人们常说特种作战人员的训练是“魔鬼式的”。只有不间断地训练，才能练就一支战斗力过硬的队伍，才能在战场上挽救无数士兵的生命。

## 一、突破极限

——单兵体能训练

特种作战人员为了能在特殊的地形、季节、气候等恶劣条件下作战，同时能在困境、逆境、险境、绝境等环境中求得生存，必须在体力、耐力和智力上进行严格的训练，培养为完成任务所必需的耐受能力和非凡毅力。体能素质是特种作战部队所应具备的基本素质之一，也是战斗力的重要组成部分，只有确保体能训练的难度、强度，才能适应激烈、危险、残酷战场环境的需要。世界各国特种部队都高度重视体能训练。在素质要求、训练内容、训练方法、训练法则方面都有明确的标准，科学合理的体能训练，不仅提高特战队员的体能素质，更能锻炼他们的毅力。

### 综合全面的素质要求

特种兵需要超出常人的体能素质，主要包括为五种：力量素质、速度素质、柔韧素质、耐力素质、灵敏素质。通过力量，特别是爆发力，控制身体的加速或减速；通过速度控制身体移动、躲闪、变换方向的快慢；通过耐力，维持人体持续运动的能力；通过柔韧保证力量、速度的充分发挥等等。以格斗中的躲闪能力为例，特战队员的躲闪能力必须通过动作来体现，而躲闪的快慢就表现了灵敏度的高低，但完成躲闪动作是以速度、力量、柔韧等素质为基础的，反应判断的快慢决定相应躲闪动作的快慢，速度力量又决定了反应动作的快慢，而柔韧素质对速度、力量的发挥也有着很大的影响。这些素质的综合运用能力，是特种兵体能素质的目标指向。

力量素质是特战队员掌握各种战技术动作的必要条件

特战队员进行各种战技术训练时都需要特殊的肌肉力量，这些肌肉的力量是通过专门的训练而获得的。英军特种部队在训练中强调，特战队员的力量素质要有一定速度和柔韧性。特战队员在进行战术、技术训练时，大多数战术动作是在快节奏下或爆发用力的情况下完成的。负重情况下进行的行动、冲击、攀爬等在战斗中是不可避免的，而特战队员的力量素质在很大程度上决定了这些行动的效率和质量。

美军官兵力量练习

速度素质对特战队员整体体能素质有重要的影响

特战队员在战场上所做的各种战、技术动作，大多要求快速准确地完成，良好的速度素质有助于特战队员更好地掌握合理而有效的运动技巧。进行速度训练，不仅能增强人体的快速运动能力，而且能提高人体中枢神经过程灵活性及兴奋与抑制转换能力，提高人体三磷酸腺苷和磷酸肌酸等高能磷酸化物的储存量，改善代谢过程。速度素质训练的内容主要有反应速度训练、动作速度训练、位移速度训练。特战队员反应速度的快慢，取决于其感知能力、对信号的选择性分析以及肌肉应答收缩的速度等几个方面。利用信号刺激是提高反应速度的基本方法，通过模拟战场上突然出现的枪、炮弹的呼啸声、爆炸声以及各种闪光等现象，训练特战队员及时作出反应。特战队员在完成战术、技术动作时，快、准、猛、狠四大要求中，快是排在第一位的。如格斗中要快速出击，既要击中对手，又要防止被对手击中，要求特战队员必须具备快速反应能力和极为敏捷的动作速度。

美国特种部队速度训练

柔韧素质是特战队员正确完成战技术动作的基础

柔韧素质直接反映着队员关节活动幅度的大小以及连接关节的韧带、肌腱、肌肉、皮肤及其他组织的弹性和伸展能力。随着柔韧素质的改善，人体各运动器官内部的阻力将会减小，使动作完成得更加轻松、省力、协调，从而能够延长肌体工作时间，表现为耐力的提高等方面。另外，当人体关节运动的最大幅度及肌肉、韧带伸展的最大可能均超过完成战术动作的需要时，可明显减轻运动器官在训练与作战中的负担，从而降低运动创伤的发生。通过柔韧训练还可使动作更加协调、迅速、有力。正确的柔韧性练习，对于保障特战队员顺利完成单兵战、技术动作具有重要作用。相对而言，泰国、韩国等东方国家的特种部队比英美等西方国家的特种部队要更加注重柔韧素质的训练。

美军官兵柔韧素质练习

耐力素质是特战队员体能素质的重要指标

在长距离行军、武装越野、武装泅渡中，身体的耐力具有十分重要的意义。从生理的角度看，加强耐力训练，可以改善特战队员的呼吸、血液循环系统的功能，提高肌体能量物质的储备量，从而提高肌体抗疲劳能力的发展。抗疲劳能力越强，特战队员持久作战的能力就越强。耐力训练没有捷径，最科学的方法就是进行长时间、远距离、大运动量的训练。特种部队的耐力训练分为速跑、长跑、耐力跑和拉练等训练方式，不仅要训练跑步的距离，同时还要增加地形的强度和身体的负重。选择训练场地时，通常找一条地形有起伏变化和挑战性的山路，尽可能有草地、沙地、碎石和公路等不同的地面。在训练中一般都有负重，而且需要尽可能跑远一些。长途跋涉的疲惫拉练训练包括背负 36 公斤的装备步行 60 公里。

美军耐力素质训练

灵敏素质是特战队员其他体能素质的综合表现

在各种突然变换的条件下，特战队员能否快速、协调、敏捷、准确地完成动作及改变身体的空间位置和运动方向，能否适应外部环境的变化，直接反映他们运动技能、神经反应和各种体能素质的实际水平。特战队员在战斗中通常面临近战、夜

美军官兵格斗训练

战，战场空间狭小，运动、观察射击不便等情况，要求特战队员边搜索边前进，迅速、灵活、机智、果断地处置战场情况，及时做到先敌开火、卧倒、滚进等战斗动作。在时空急剧变化的条件下，能迅速表现出对情况的准确判断、灵活反应、快速敏捷的反应速度、高度的自我操作能力以及迅速改变身体方向或身体部位运动方向的能力，是特战队员灵敏素质训练的重要目标。

## 非同寻常的训练内容

任何国家的特种部队，体能素质几乎都是基本要求。要想当上特种兵，首先面对的就是体能这一关。没有人天生就是特种兵，他们所拥有的一切超常能力，除去先天因素外，绝大部分都是通过严格而近于苛刻的训练所获得的。虽然不同种类的特种兵体能训练的内容不尽相同，但目的只有一个：磨炼自己，使自己能在战场上战胜对手，成功地完成任务。体能训练的内容主要为军事体育项目和特殊的心理训练项目，世界各国特种部队的体能训练基础项目通常分为田径、球类、游泳、体操和越障等方面。看似都是寻常项目，然而，特种兵在这些寻常项目上却有着不同寻常的要求，其严格程度近于残酷，而特种兵不可能有其他选择，能做的只有咬紧牙关承受下来，因为退缩就意味着被淘汰。

韩国特种部队冬季训练

### 田径训练

特种部队的田径训练项目主要是指跑步。在大多数特种部队里，跑步都是作为培养身体耐力的主要项目。这些训练包括清晨拉练、屋内穿靴跑、不负重跑、负重跑（背上圆木或抬担架）、障碍跑等。在进攻课程训练里，还需要携带步枪或者军需物品及全套设备负重跑。现代特种兵的装备非常先进，往往配有柔软的防水皮革做的长筒靴，还有从现代跑鞋技术中演变而来的混合乙烯——乙酸乙烯共聚物和聚氨酯的鞋子。特种兵能够进行更灵活的脚步运动，大大降低脚、腿以及背部受伤害的可能性。特种兵需要适应穿着这种鞋进行长途跋涉，最好的办法就是进行连续的跑步训练。为了达到训练目的，特种兵在跑步上花费的时间比所跑的距离更为重要。美国海军“海豹”突击队按照循序渐进和劳逸结合的原则安排跑步计划。

**美国“海豹突击队”推荐的跑步计划**

| | 周 | 周一 | 周二 | 周三 | 周四 | 周五 | 周六 |
|---|---|---|---|---|---|---|---|
| 第一阶段 | 第 1 周 | 3 公里 | — | 3 公里 | — | 3 公里 | — |
| | 第 2 周 | 3 公里 | — | 3 公里 | — | 3 公里 | — |
| | 第 3 周 | — | — | — | — | — | — |
| | 第 4 周 | 5 公里 | — | 5 公里 | — | 5 公里 | — |
| | 第 5 周 | 3 公里 | 5 公里 | — | 6 公里 | 3 公里 | — |
| | 第 6 周 | 3 公里 | 5 公里 | — | 6 公里 | 3 公里 | — |
| | 第 7 周 | 6 公里 | 6 公里 | — | 8 公里 | 5 公里 | — |
| | 第 8 周 | 6 公里 | 6 公里 | — | 8 公里 | 5 公里 | — |
| | 第 9 周 | 6 公里 | 6 公里 | — | 8 公里 | 5 公里 | — |
| 第二阶段 | 第 1 周 | 5 公里 | 8 公里 | — | 6 公里 | 8 公里 | 3 公里 |
| | 第 2 周 | 5 公里 | 8 公里 | — | 6 公里 | 8 公里 | 3 公里 |
| | 第 3 周 | 6 公里 | 8 公里 | — | 10 公里 | 6 公里 | 5 公里 |
| | 第 4 周 | 6 公里 | 8 公里 | — | 10 公里 | 6 公里 | 5 公里 |
| | 第 5 周 | 8 公里 | 8 公里 | — | 10 公里 | 6 公里 | 6 公里 |
| | 第 6 周 | 8 公里 | 10 公里 | — | 10 公里 | 10 公里 | 6 公里 |
| | 第 7 周 | 10 公里 | 10 公里 | — | 10 公里 | 10 公里 | 10 公里 |

### 球类训练

球类活动中的跑、跳、投等多种身体运动形式，有利于发展速度、灵敏、柔韧、力量和耐力等体能素质。而且，球类活动还能增强特种兵体能训练的趣味性，促进特种兵体能达标。特种部队选择的球类活动有许多种，篮球、足球、排球和羽毛球等，大多根据本国实际情况而定。

### 游泳训练

在发展全面肌肉方面，游泳可以和跑步相媲美。游泳时身体可以浮在水中，减少跑步者经常遇到的伤害和损伤。游泳锻炼后身体恢复的速度也要快于跑步锻炼后的恢复速度。作为跑步的一种替代运动，游泳经常被纳入特种部队的体能训练计划中。美军“海豹”突击队专门安排历时八周的水下技能训练，重点是水下求生、水下游泳、水下呼吸器的使用、修理损坏的设备等技能。“海豹”突击队使用的水下呼吸器主要有普通水下呼吸器和闭路再循环水下呼吸器两种，后者是一个闭塞的呼吸系统，在人呼吸时不会产生气泡，因此隐蔽性更好。学员还要接受潜水生理学等各方面的知识，并能够在各种危急情况下进行恰当的处理与化解，如设备故障和氮中毒等。为了强化学员的水下求生技能，教官往往会让他们跳入一个很深的水池，再让事先隐藏在水底的人突然将学员身上的设备弄掉，并将呼吸器打上结。这种情况下，学员要安全返回水面，就必须先整理好设备，并将呼吸器上的结解开。整个

“海豹”突击队水下求生训练

过程不得借助呼吸器，通常需要 1 至 4 分钟才能完成。在水池内接受了基本技能训练后，学员会被带到海上进行实地训练。学员要在冰冷的海里连续游上 9 公里，并且要面对惊人的海浪。

体操训练

体操是一种徒手或借助器械进行各种身体操练的运动项目，特种部队的体操训练项目主要包括引体向上、仰卧起坐、俯卧撑、曲臂伸、腹肌屈伸和弓箭步等，这些都是军事体能训练中的基本训练。引体向上是自身力量克服自身重力的悬垂力量练习，堪称最基本的锻炼背部的方法，重点锻炼斜方肌、背阔肌和肱二头肌。仰卧起坐的主要作用是增强腹部肌肉的力量，既可增进腹部肌肉的弹性，也可以收到保护背部和改善体态的效果。俯卧撑则主要锻炼上肢、腰部及腹部的肌肉，尤其是胸肌。以俄罗斯“阿尔法”特种部队为例，每名队员都能连续做 200 个俯卧撑，而“阿尔法”新兵选拔时的最低标准为单杠连续引体向上 17 次，然后做俯卧撑 40 次，仰卧起坐 70 次，之后再进行其他测试。

美军三角洲特种部队在进行俯卧撑训练

越障训练

越障训练是特种部队的传统训练项目，指的是穿过各种障碍物的军事训练。通过训练，可以使特种兵提高速度、耐力、协调、灵敏等身体素质，培养勇敢顽强、坚忍不拔的意志品质，为战时迅速通过各种人工和天然障碍打下良好的基础。一些特种部队会在越障训练中将士兵分成两人一组，并令他们抱着沉重的圆木翻越传统的障碍场。这样的训练既锻炼了士兵的体能，又提高了协同配合的能力。

美军“海豹突击队”应征者在卡罗拉多海军两栖基地接受原木训练

## 挑战极限的训练方法

特种作战部队超出常人的作战能力不是与生俱来的，必须通过挑战极限的训练方法才能获得。挑战极限的训练方法，就是在特战队员身体、心理和装备所能承受的极限值附近进行训练，使训练者的体能、技能和心理承受能力达到最大能级的训练和强化。“你永远不知道之后一分钟会发生什么，最轻松的一天是昨天”是特种部队训练营里的名言。实践证明，极限训练的上限“域值”越充足，心理承受能力越强，越能在险象环生、错综复杂的战场上发挥出人与武器结合的最佳作战效能。执行特种作战任务常常要付出超常的体力，并承受极度的精神压力。因此，特种部队要求其队员有强健的体魄、坚强的毅力和良好的心理素质，要求思维敏捷、反应迅速，能承受长时间的紧张状态，能适应气候、气温的急剧变化。特种部队专业分工多，所担负的任务种类繁杂，因此要求掌握多种专业技能。特战部队的指挥官清楚地认识到，部队在待命和部署期间，几乎没有足够的时间纠正训练中存在的缺陷，他们要努力确保部队在待命之前作好准备，完成必训科目的训练，并在随后继续改进与任务有关的特定训练。在进行与任务有关的临战性训练时，指挥官要使必训科目的熟练程度保持在“优秀区”内，在这个范围内的特种部队具有良好的作战状态，能够高效地执行战时必训科目表所规定的各种任务。

美军海豹突击队严酷的地鼠训练

美国特种部队的极限训练

美军特种部队的体能训练分三个阶段：一是基础训练，内容为田径、球类、游泳、体操、越障；二是技能技巧训练，内容有拳击、摔跤、刺杀、登山、滑雪、武装泅渡等；三是冒险训练，如攀登、跳伞、滑翔、飞车、悬崖跳水等。美军新兵进行完 9 个星期的“地狱般”训练，才有资格参加基础训练，9 个星期的前期训练，包括每天凌晨 4 时起床，每周最少进行 3 次两英里跑，1 分钟内完成 47 个仰卧起坐等。特战队员要在背负 100 多磅装具，在有敌情背景下徒步行军 100 余英里立即投入战斗。从专业兵种划分来看，美军的各类特种部队的体能训练要求有所区别。美国陆军特战队员必须掌握的专业技能就达五六十种，要求熟练掌握可能任务区的语言，了解异国文化及风俗民情，熟练操作和维修本国及各国的现行武器装备，能驾驶各型军用车辆及坦克和直升机，掌握水下、丛林、雪地、沙漠和核生化条件下的生存与作战技能及卫生救护本领。美军海豹突击队学员在持续 7 周的体能调节训练中，必须不断进行基本体能运动，包括长跑、游泳、潜水、障碍跑、沙滩翻滚、划艇和水中求生等，完成这些练习所需的时间必须不断减少。学员要在冰冷的水中浸泡，直到冻僵为止，任务转换时还要扛着沉重的橡皮艇奔跑。

美军特种部队海浪冲击训练

体能调节阶段中的第4周是让人闻之色变的“地狱周”——132小时不间断的体能极限训练。从星期天日落时开始，到第二周星期五的最后一刻，学员们将连续训练五天五夜，每天进餐四次，限制在5分钟内，整个“地狱周”中仅有3至4小时睡眠时间。在此期间，学员们将不间断地完成跑步、游泳、越障、划艇等项目，并在泥沼、沙滩等恶劣环境中进行登陆并建立滩头阵地。受训者必须跟随汽车进行超越个人体能极限的长距离越野跑，以测试他们的生理和心理的耐力。训练中，许多学员的大脑因为缺乏睡眠而昏昏沉沉，教官偶尔会故意遗漏某个命令的一部分，以测试哪些学员在认真聆听。通过测试的学员往往能稍稍降低执行任务的难度，并获得休息一会儿的奖励。最后是“环球大巡航”的橡皮艇航程训练，即6至8人一组扛着橡皮艇从基地跑到两公里外的沼泽地，再下水经诺福克港区划向查沙毕克湾的指定地点，接着顺着水流划向圣地亚哥的滩头，最后扛起橡皮艇从沙滩跑回基地。整个过程总共有16海里的航程加上5公里左右的路程，最重要的是，他们不会在风平浪静的时候出海。

“地狱周”之后还有一项艰苦的训练——“水中防沉溺训练”（Drown-proofing），学员们两人为一组，将对方的双脚绑紧，再将双手绑在身后，被绑者在得到命令后必须跳入数米深的水池，然后完成下列动作：上下摆动5次后漂浮5分钟、前游100米后上下摆动2次、前后翻转几次、游到水池底部并用牙齿叼住某种物品，返

美军在布拉格堡训练基地接受传统的泥浆障碍训练

回到水面并再上下摆动 5 次。水下技能训练之后，是历时 10 周的陆战训练。其中前 5 周为理论及基础课程，接下来的 4 周会进行各种技巧的综合训练和实习，最后 1 周则要完成各项演练任务。这个阶段的训练内容主要包括情报搜集、远距离侦察和巡逻、爆破、武器操作、徒手肉搏、车辆驾驶、绳索攀降、直升机渗透及撤退、夜间战斗、应对狙击手攻击、潜入建筑以及清理滩头等技巧。基本水中爆破训练完成后，大部分学员已经被淘汰，剩下来的精英人员将在佐治亚州本宁堡的陆军空降学校进行为期 3 周的基础跳伞训练。学员要先后进行 5 次跳伞实训，其中 3 次在白天进行，1 次在昏暗状态进行，还有 1 次需要携带战斗装备进行。海豹突击队的训

海豹突击队训练场“Mr.Bell”钟下的帽子代表退出的人数

练现场专门设有一口被称为“Mr.Bell”的钟，受不了严酷训练的学员只要敲三下便可退出训练。

英国特种部队的极限训练

英国皇家陆军“特别空勤团”（SAS）是英军特种部队中的“王牌”，采用的也大多是挑战极限的训练方法，甚至曾有多名士兵在测试训练中累死。来自空降团、陆军等部队的志愿者，一般都事先经过兵器、地形学、航海、伪装、部队管理等知识的学习，掌握侦察、巡逻、伏击和反伏击等攻防战术，以及直升机驾驶等技能，必须具备心灵调适、肉体耐力、自律能力等素质。要求应试者打脚蹼历时3小时长游10公里，结束时受训者的体力几乎消耗殆尽，但上岸换衣服之后还要进行25公里的长跑，头上是太阳的炙烤，脚下是晒得滚烫的石子，没有营养和补给，靠特战队员顽强意志支撑两条腿在下意识控制下进行机械运动。负重训练中，应试者必须全副武装向指定目标越野行进，随着路程的增加，负重也逐步增加。行进中，应试者需要使用地图和指北针判定方位，地图的折缝必须按照原有的样子折叠好，以免暴露路线和目的地。除此以外，还有泥地匍匐前进，以及要求应试者把身体浸到一个不仅有泥浆，而且还有大量令人作呕的腐烂动物内脏的水沟里。应试者被派往一个陌生的荒野上，向地图的预定集合点行进。途中可能会因为穿越沼泽和看错地图而多跑冤枉路。大多数正常体力的人最多能坚持走8至12小时，而应试者必须在20小时内最少在山区走65公里。经过如此漫长的长距离行军之后，大多数人会疲惫不堪。为期3周的生存训练中，应试者需要学习在荒野中就地取食以维持生存，包括采食蘑菇和海藻、布设陷阱猎捕小动物以及捕鱼等，需要在面临其他部队搜捕的情况下在野外坚持数昼夜。除了野外生存，他们在这一阶段还将经历被俘后的“审讯”，包括用布套蒙头数小时，以及用一种难以名状的噪声刺激其感觉器官等精神折磨，还有人被戴上手铐，在脏水中待上8个小时。被蒙住头的特战队员常常以为他们马上就要遭到军犬的猛烈撕咬。而且还可能会听到隔壁房间里的鞭打声、呻吟声和呕吐声。这种考验使已经精疲力竭的应试者能够最大程度地忍受肉体和精神上的折磨和痛苦。通常来说，经过两次高强度的训练就可以将不合格的人淘汰掉。为期3周的射击训练中，每个队员至少要发射1500发子弹。队员冲进由数名武装人员占据的房间内，使用手枪在18米之内射击，且每个靶标必须要被两发子弹命中才算被击毙，而且绝对不能误伤人质。特别空勤团常备部队的4个连中，每个连都有4个不同专业的排，他们要训练包括高空自由跳伞、操舟技术、乘潜艇实施两栖作战、攀登山崖和冰坡、军用车辆驾驶、使用经纬仪和卫星导航、沙漠机动作战、沙漠地区判定方位、冬季作战训练、语言和射击爆破训练等特别科目。

英国皇家陆军“特别空勤团”在训练

韩国特种部队的极限训练

韩国特种部队在经历14周的“魔鬼训练”、1周的“地狱周”训练、1周的“死里逃生”训练后，还要经过8周的“脱胎换骨”训练，要求连续走8天9夜，强行军400公里，同时在冰天雪地里经受各种训练和考验。每年冬训，韩国新兵都光着上身，扛着大旗，高喊口号在冰天雪地里奔跑，凿开冰窟窿，跳进冰水中训练。“地狱周”、“魔鬼月”、“野战生存周”等每一个训练科目都是对人身心极限的挑战。这些训练方法，看似练体能，但实际上百分之九十考验的是心理。因为队员坚持不下去时首先放弃的往往是他的信念，而非身体。意大利海军突击队在进行海上训练时，要求参训队员在61分钟内游完2000米；在2小时38分钟内，穿上潜水服和脚蹼，水下潜游6000米，同时借助罗盘确定方位，方向偏差不能超过15度，距离偏差不能超过1000米。委内瑞拉猎人学校“国际猎人班”基础训练长达4

至 7 周，每天训练 17 小时以上。参训队员们每天都是在极度寒冷、饥饿和疲劳条件下进行训练，还要忍受教练的怒骂、侮辱、惩罚甚至拳脚，他们只能用无时无刻的口号声激励自己。

韩国特种部队雪中赤膊训练

## 即时淘汰的训练法则

特种部队的训练一般都实行即时淘汰的训练法则，从招募到退役的整个过程中，淘汰率高达 90%。体能训练一向被认为是各种战术训练、技术训练的基础，且通常在军事训练中作为相对独立的基础训练阶段而存在。超强度的体力测验，仅需两次就可以将不合格的人尽早淘汰。对特种兵来说，别无选择，必须接受严格程度近于残酷的体能训练，只有咬紧牙关承受，退缩意味着被淘汰。各国特种部队要定期对队员进行训练考核，考核的标准定位较高，不达标的人员加大训练强度，必须在规定的时限内完成二次考核，否则将调离岗位，甚至退回原单位。

美国特种部队的即时淘汰训练

美军特种部队队员经过严格考核被录取之后，将在特种部队学院进行正规、严格的培训，时间为半年至 1 年，培训期间淘汰率最高达 77%，平均合格率仅为 50%。美军规定特种兵每天至少有一个小时在部队中接受体能训练。军官虽不需要每天参加集体的体能训练，但是如果疏于锻炼，连续两次体能测试不合格，其晋升资格将直接被取消。美国特种部队“绿色贝雷帽”部队的训练基地——约翰·F.肯尼迪特种作战中心的训练要求极其严格，受训学员须具备强健的体魄、顽强的意志、强烈的自主意识和吃苦耐劳的品格。在训练过程中，现役部队推荐的学员均要参加12英里武装越野行军。他们负重45磅，在复杂的地形条件下，用3个小时走完全程，超过一分钟，就会被淘汰。美军“海豹”突击队选拔标准比较严格，首先必须通过严格的身体筛选测试，在12.5分钟或更短时间内游完约500米，然后休息10分钟。在两分钟内做42个俯卧撑，然后休息两分钟。在两分钟内做50个仰卧起坐，然后休息两分钟。做6个引体向上，然后休息10分钟。穿长筒靴和长裤在11.5分钟内跑完2400米。身体筛选测试通过以后，志愿者才算取得了参加选拔训练的资格。参与选拔者将进行历时50周左右的专项训练，其中包括28周的基本水中爆破训练、3周的基础跳伞训练和19周的“海豹”突击队资格训练。基本水中爆破训练包括为期3周的训导课程，以及分成三个阶段的训练项目（7周体能调节、8周水下技能训练、10周陆战训练）。整个训练过程都在位于加利福尼亚州科罗拉多的海军两栖基地进行，该阶段的淘汰率高达70%。体能调节阶段，主要分为体能训练、障碍训练、地狱周和水中侦察训练四个部分。由于训练强度大，学员受伤是家常便饭，医务人员几乎是寸步不离训练场。

美国“绿色贝雷帽”特种部队在训练

美军“三角洲”部队在体能训练中，要求在25秒内后退爬行35米，每分钟完成仰卧起坐37次，每分钟完成俯卧撑33个，24秒内通过所设障碍，16分钟内完成2000米长跑，全副武装泅渡100米，在规定时间内进行18公里急行军，在24小时内，仅依靠一个罗盘和一张地图，在荒无人烟地区单独行军74公里。

美军“三角洲”部队准备进行泅渡考核

各国特种部队的即时淘汰训练

以色列特种部队应征者首先要接受严格的体检、心理测试和背景调查。在入伍后的一周内，部队还要对其入伍动机、个人爱好、有何特长等进行考察。新兵能够通过这一阶段考核的比例为10%至20%。通过后还将接受20至24个月的基础训练和特种训练，规定时间内达不到标准就会被淘汰，最后经考试合格后方可在特种部队服役。韩国陆军特种部队第707特种任务营的候选队员必须接受为期10天的考核筛选，其淘汰率高达90%。印度海军陆战特种部队的训练十分严格，分两部分实施。第一部分是在科钦潜水员训练学校接受潜水训练。队员每天的训练内容包括：跑步12公里，浮游3至4公里，潜游7至8公里，400米徒步泥泞冲刺训练。训练考核合格的队员将获得一枚潜水证章。这期间受训者淘汰近50%，留下的也还不能算合格，因为一旦在以后的训练科目考试中不及格，将随时被淘汰。意大利海军特种部队水下行动突击队队员的选拔过程持续54周。经过将近一年的残酷的体能和心理训练后，只有5%至15%的队员能够留下。

以色列特种部队在训练

日本自卫队突击队综合训练中，教官向2至3名突击队员组成的小队发出“潜入敌后”的命令后，给每个小组发放标有目的地的地图，并要求他们用3天3夜的时间到达目的地。在每个队员面前，有着各种各样的困难和障碍。有原始森林、悬崖、湖泊，粮食只有一袋面包，装备只有匕首等。队员必须不断地与各种困难斗争。历时9周的基本体能和伏击、爆破、生存等战术训练结束后，未被淘汰的队员将成为光荣的突击队员。

日本陆上自卫队突击队在训练中

# 二、全能战士

## ——个人技能训练

日益残酷的现代战争，要求每名特战队员对战场和相关技能的掌握必须特别熟练。因此，特战队员在通过体能和共同课目训练的基础上，必须进行严格的专业技能学习和训练。百步穿杨的射击本领、一招制敌的格斗技术、顽强的野外生存能力、一专多能的超强素质，都是对特战队员的基本要求。但它们并不是特战队员天生的，而是通过艰苦卓绝的训练和从一次次的实战中磨炼出来的。

### 百步穿杨的射击本领

特种部队在执行作战任务时可能面临严酷的作战环境和超强的作战对手，交锋中能否对敌人一枪命中，直接关系到特种兵的生命安全，所以射击的命中率特别重要。要想在与敌人交锋中一招制敌，平时的射击训练是至关重要的。特种作战队员经常采取近战、夜战等作战方式，面对敌人时，必须快速反应、果断处置、先敌开火，以快速猛烈的火力将其消灭。射击作为特战队员赖以生存的基本功和拿手戏，在要求和标准上比一般的兵种要严得多，为达到“百步穿杨”的战果，射击训练一直都是特种部队作战技能训练的重要组成部分，训练时间长、内容多，且自成体系。

射击训练的要求

特战队员的射击训练常常要求长时间持续而不间断。如以色列特种作战部队的射击训练通常要持续 12 小时以上，从早上 8 点钟一直训练到晚上 23 点钟，中间只有半小时的午饭时间，睡眠仅 6 个小时。为了保持较高的训练效率，教官在训练中不断增加趣味性和刺激性，队员们必须充分利用每一分钟，不停重复空枪练习和实弹射击的动作。训练时要求动静结合，练习精度瞄准时，队员要能够趴在地上 10 小时不动，练习应用射击时，特战队员要在全副武装跑 10 公里越野后立刻进入射击状态。在教官强大的督导压力下，特战队员的操枪动作和射击水平得到迅速提升。

特种训练有三种基本的射击方式。**第一种是快速反应射击，**基本动作要领是能在瞬间找到目标并迅速朝大致方向射击，适合于对付 15 米之内的目标。要保证在接敌时仍能精确射击，平时训练中不仅要注意战术动作，更要注意战场心理。进攻队员在突出掩体开始行动前，要规划进攻路线，保证在多段突击中途火力间歇时不会暴露于敌火力之下。进攻速度通常为慢跑速度，即每分钟 100 至 120 步。

**第二种是瞄准射击，**动作要领是在射击间隙恢复头脑的清醒，随时让枪支保持在待发状态，以便以最快速度变换姿势，适用 15 米之外的目标。400 米以上的特种射击通常主要由狙击手来完成，狙击手一周内往往要练习射击几千次，着重是 400 至 600 米以上的射击，包括向静止目标、移动目标射击。美国“三角洲”特种部队狙击手必须在 548 米的距离达到 100% 的命中率，在 914 米则达到 90% 的命中率。依靠精准的射击能力，特种作战部队中的狙击手常执行暗杀任务，出其不意地把敌人将领干掉，使敌军陷于群龙无首的混乱状态。狙击手神出鬼没、杀人于弹指之间，将敌人的战斗意志力打击得荡然无存。狙击手还可经由隐秘的追踪、骚扰敌军营队，拖延或阻止敌军的前进行动，协助同伴争取足够的时间从战场上撤退，也为部队负责侦察及搜集情报。在战场上，狙击手必须一击毙命，同时又不暴露自己。因此，必须学会伪装和隐藏，狙击手执行任务时经常在手和脸上涂抹伪装膏，穿着迷彩服、衣服上捆扎树叶、枪械外表裹以粗麻布或类似材料。狙击手还要对一些松散或容易滑动的物品进行固定，以确保射击装备箱里的物品在移动时不会发生碰撞或发出声音。一名出色的狙击手要具备过人的判断力、绝对的耐心，以及善于适应各种各样的艰苦环境，更要为任务失败的后果做好一切准备。

**还有一种是特殊环境下射击，**由于特种部队往往需要在海洋、沙漠、沼泽、雪地或热带雨林等恶劣环境下作战。以针对海洋、湖泊和江河等作战环境而进行的水下射击训练为例，特种兵在训练时要求潜至水下 10 米，使用水下步枪对 9 米外目标进行射击。水下暗流很急，往往会影响射击。特种兵不能憋气，否则身体会上浮起来。还包括夜间射击，由于夜间目标形象在进入人眼时与水平视角间有一个差角，有经验的士兵知道应该打低一些，掌握夜间射击习惯是在特种训练阶段养成的。

美军特种部队手枪射击训练

特种部队的射击训练常常是与技战术训练有机结合在一起的，合理地运用战术动作和手段，可以充分发挥队员射击技术的优势，在运动接敌、房间和运输工具突入、搜索等战术行动中取得较好战果。以色列特种部队就善于将全副武装的长跑、快速奔跑、攀登等训练与特种射击紧密结合。例如先进行长途行军 50 公里训练，再进行 100 米冲刺，之后立即进行带战术背景的实弹射击训练。通过这种训练模式能带给队员与实战极其相似的快速心跳、紧张心情、复杂环境和短暂反应时间。在提高身体素质的同时，更锻炼了射击的实战性。针对特战队员的射击考核通常会融入到一个战术行动中去，如在综合性突入房间训练中考核队员的射击和战技术水平。特种作战部队采用循序渐进的分阶段射击训练法。在射击训练的基础阶段要扎实进行射击理论的学习。理论学习的目的是打牢训练基础、提升训练水平。美国特种部队在大约 6 周的特种射击训练课内，有五分之一时间用于学习理论，主要进行战术课、弹道学、射击技术、弹药和特殊装备等课程的学习，还对特种射击的内涵、射击的基本要领、班组和分队射击的基本方法等进行理论讲解、多媒体演示和小组研究讨论等。在射击训练的初级阶段则强调射击精度。特种射击要求又快又准，快是对射击过程的要求，准是对射击结果的判断，快和准是特种射击的两个必备条件。与步兵部队整体扇形作战方式不同，特种部队士兵总是以小分队形式在敌后执行任务，在战斗中每个人都要精准射击并保证每一发子弹都不能浪费，才能在战斗中以一当十，圆满完成任务。俄罗斯特种兵要求在 30 米距离外，5 秒钟内必须百分之百地击中 8 个目标。为了适应在狭小空间作战，队员要在 5 至 6 米见方的空间内反复摸爬滚打，不间断地以各种战斗姿势准确射击、快速换弹夹，并且能够迅速排除所遇到的各种艰难险阻。英国皇家特种部队武器使用原则指出："在扣扳机之前瞄准目标，除非是进行地毯式扫射，否则不要朝某个方向射击。"法国宪兵干预队在进行射击训练时，要求在 5 秒钟内用马格南转轮手枪击中 25 米距离外的 6 个目标，使用装有消声器的 7.62 毫米 FR-F1 狙击步枪对 200 米以外的目标进行射击，命中率不能低于 93%，夜间使用装有微光瞄准镜的步枪，在 250 米远的距离上，要能击中一枚硬币。以色列"269"特种部队在进行实弹训练时，要求狙击手在 1 秒钟内要完成从出枪到射击命中的全过程，所有队员在跑动中的射击命中率在 85% 以上。德国边防第 9 大队在进行射击训练时，要求在 300 米的距离上直接命中直径只有 28 毫米的一枚硬币。特种部队根据训练阶段的不同，逐渐提高射击精度。除正常的精度射靶外，罐头盒、酒瓶、鸡蛋等都是特战队员射击技术的试验品。

在特种射击训练的提高阶段重点强调射击速度。特战队员要先敌发现目标、先敌抢占有利地形、先敌开火，并迅速躲避敌人的射击。射击速度训练要求队员搜索目标快、发现敌人快、出枪动作快、瞄准击发快。以色列特种部队在训练时，教官要求队员只要一拿到枪就必须精神饱满、意志坚定、斗志昂扬，随时准备战斗，完成动作要做到快、准、狠，在对手还没有反应过来的时候，就以准确而猛烈的火力将敌消灭。要求任何一名特战队员从接触枪支到出枪、上膛、瞄准、击发、命中目标一整套动作的完成时间必须在 1.5 秒内完成。为此，特战队员们要反复练习手枪从拔枪到出枪、上膛、击发，冲锋枪从出枪到上膛、快速射出数发子弹、更换弹夹的过程，有时一天要练上千遍，还要经常进行从分解到连贯、从单个动作到班组动作的竞赛。通过训练让准备到击发的时间逐步缩短，最后会变成一种不用刻意瞄准而能进行射击的本能反应，并能达到 90% 以上的命中率。特战队员还要进行夜间射击训练，以便在受到强光照射之后可以尽快适应周边环境，迅速搜索并向黑暗中的目标射击。

美军特种部队在运动中进行射击训练

特种射击训练的高级阶段和综合模式

特种射击训练的高级阶段强调实战性。在实战性训练中，特战队员必须穿防弹衣、戴头盔进行训练，以体现全副战斗着装后搜索、接敌、据枪、瞄准、击发与平时的不同点，让队员在近似实战的战场环境中进行训练。训练时，目标出现的时机、方向、性质都不确定，完全需要射手自己去发现、判断和射击。当特战队员的个人射击技能达到较高水平后，要进行小组和分队射击训练。要求队员在射击中互相掩护、相互支援、相互配合，共同发扬不同武器的火力优点，达到消灭敌人的目的。美军“三角洲”特种部队的房间清理练习就是一种实战性很强的训练。在一个根据需要设置成机舱、旅馆、咖啡馆等不同场景的模拟房屋中，队员根据不同的任务，使用不同的武器，着不同的服装，体验不同情况下执行任务的感觉。房间里摆放着与任务现场一样的设施，以及脸上贴着真实恐怖分子照片的人体模型。特战队员必须从突入房间开始，在最短的时间内找到准确目标进行射击。在班组战术射击训练中，特战队员要主动思考怎么打，射击时机如何把握，怎么样才能识别混在人质中的敌人等。英国皇家特种部队小组训练时要求，不能在一个射击位置停留过久，因为那样会吸引敌人的火力；选择目标时要挑选敌人的军官，以破坏敌人的指挥和纪律，对敌射击时不要只打一两发，要连续射击，直到其倒下。以色列特种部队在组织射击训练时先让射手完成全速奔跑、攀爬、快速接近等战术动作，再迅速进入一个随时都可能改变敌情的射击室里进行实弹射击。经过“空对地”攻击训练的突击队员，要从各自的战斗位置上，向打开的机舱门外进行无依托射击，命中率不得低于85%。在训练过程中，还要融合更换弹夹和换枪射击以及处理枪支的各种技巧，不断提高射击时处置各类突发情况的能力。射击训练全过程还要注重心理素质训练，一个优秀的射手，过硬的射击技术只是其成功的一半，只有把过硬的射击技术与过硬的心理素质有机结合，才算一名合格的特种射手。实弹射击中，教官有时会在射击者旁边大喊大叫，还会拍拍射击者的身体，有时会在射击者旁边安上炸点，用突然爆炸的方式给队员制造紧张的气氛和压力，以增强队员的心理承受能力和抗干扰能力。委内瑞拉特种部队射击训练时，前有炸点后有敌火，通过布设贴近实战的逼真环境尽力增强队员的心理素质。

驻阿富汗美军在风沙环境中进行射击训练

特种部队射击训练有三种综合模式：

**一是“靶场式”射击训练与“战场式”射击训练相结合。**各国特种部队基础射击训练通常都在靶场实施，利于特战队员打好坚实的基础。战场式射击训练是指结合战技术训练，模拟实战背景，在陌生的战场环境下，把特战队员的战术训练与射击训练合二为一，从而达到提高实战能力的目的。战场式射击训练强调场地设置真、情况处置活、射击要求高，力求把射击场和战场最大可能结合起来。以军特种部队的靶场是由废旧轮胎中心填上土叠成的房屋、街区等，顶部用防弹玻璃覆盖。这种结构，既能进行射击训练又能进行战术训练，不仅安全，而且教官可随时观察并纠正队员的射击和战术动作。在靶场射击训练中，通过射击者的环数、发数、射击时间等考核来检验射击基本技能。在战场式训练中主要通过人人对抗、人机对抗等考核方式来检验训练效果。

**二是实弹射击与模拟射击训练相结合。**实弹射击是提高射击水平最直接的方法，但也存在着危险性大、组织复杂、保障要求高等特点。现代模拟技术可以虚拟出真实的战场环境，使特战队员有一种身临其境的感觉，高精度投影仪投出的经电脑合成的战场环境和潜在的敌人，经过声、光、电、磁、热和传感器综合的战场环境，使人有一种身临其境的感觉。只要发现敌人就可以进行实弹射击，同时也受到虚拟敌人的还击，敌人被击中时也会像真人一样发出痛苦的声音、流血然后倒下。如果射击者被击中，身上的传感器也会提醒受伤部位。

**三是“单一性”射击和“多样式”射击训练相结合。**单一性射击与多样式射击训练有机结合，不仅培养射手准确的枪法，同时还可以培养射手良好的心理素质、过硬的战术素养、强健的体魄、敏锐的洞察力、机智的判断力和快速灵活的反应能力。只有从实战需要出发，紧密结合班组战术、野战生存等科目设置射击训练，将多种技能训练与射击训练有机结合在一起，才能最后锤炼成为一名优秀的特战神枪手。

## 一招制敌的格斗技术

特种部队无论敌后作战还是反恐作战，经常执行破坏、暗杀扰乱等任务，面临的都是强敌，若不能一招制敌反而留给敌人以还手机会和大声呼救可能，就会导致秘密行动的失败或被敌控制。所以，各国特种部队都强调在近距格斗中要一招制敌，即在一个动作或一个组合动作内快速给敌人造成尽可能大的伤害，同时使自己尽量少受攻击。特种部队格斗技术，是指特战队员在近战中徒手或使用匕首等制式、简便器具实施的，以击毙、捕捉敌人或使敌人失去反抗能力为主要目的的技术，是特种部队在多年训练和作战实践中总结出来的实用搏击方法。特种部队格斗术要求快、准、猛、狠，必须用最简单的攻击动作，在最短时间内将敌制服，达到将对手击毙、捕捉之目的，并保证自身安全。

各国特种部队对格斗技术的重视

格斗技术是各国特种部队训练的重要科目之一。美军特种部队认为，进行格斗训练的目的就是学会如何在最短的时间内，以最快的速度、最凶狠的力度、最实用的方法杀死、致伤或捕捉敌人，使其失去反抗能力。实战格斗直接关系到你死我活，没有丝毫侥幸而言，必须出手迅速，一招制敌。美军精选了一些能在几分钟内就能学会，而且在许多实践中有效使用过的简单、易学、实用的制敌动作，并花费大量的时间、精力重点练习。为做到简洁、明快、实用、管用，美国特种部队在训练之初就让特战队员明白对方的哪些部位是自己要攻击的目标，怎样才能尽量击打、踢踹、砍击对手要害部位，给对手以尽可能大的伤害等，以增强训练效果。为了在战时一招毙敌，外军在平时的训练中经常训练特战队员攻击敌人最致命的部位，专练毒招、狠招、绝招和夺命招。美国特种部队格斗教材指出，头部、太阳神经丛等四个敏感区域都是人体的弱点，特别是头部和颈部，一旦受到重击，可造

美军进行格斗技术训练

成失血、昏迷甚至致命，对鼻子、太阳穴、腭部颈动脉、食管、颈椎等部位的打击都可致命，太阳神经丛和腹腔神经丛区域的肾部、腹股沟等都是易致命的区域。意大利和法国的特种部队搏击训练占总训练课时的五分之一，韩国和以色列特种部队的搏斗术训练内容更多一些。美国特种部队的电子沙袋用来测出特战队员击打的速度、力度、密度，从而对格斗训练的效果进行科学的评定。英国特种部队进行摸哨偷袭考核时用橡皮人充当假想敌，特战队员要用真刀实刺，教官通过对橡皮人伤口距要害部位的准确度、深度和队员行动的速度、协调程度和动作的隐蔽性来进行综合成绩判定。俄罗斯阿尔法特种部队吸收合气道中的摔法和擒拿法作为空手夺白刃的技法，从跆拳道中吸取长踢和直击的技法，从柔道中吸收捉拿等手法。特种部队受训人员被要求不能墨守成规，拘泥于书本上所学到的东西，要实打实地与敌格斗。

格斗训练的四个阶段

外军特种部队的格斗技术训练通常分成四个阶段：

**一是格斗理论学习阶段。**在进行格斗训练的初期，有意识地培养和灌输特战队员对格斗内涵的科学理解，了解格斗训练的内容、目的、作用、原则、训练力法等，增强训练的目的性。学习可以有效地运用身体的武器，敌人身体可攻击的要害部位之分布，用何种方式打击最理想，击打后会出现什么效果等等。美国特种部队格斗训练的第一节课是解剖学，通过了解人体构造，熟悉人体的生理构造和致命弱点，从而通过准确无误的一击置敌于死地。

**二是格斗技术学习阶段。**在各项素质提高的同时，主要学习基本的格斗技术，如拳法、腿法、肘法、膝法、跌法、摔法、擒拿等，让特战队员打下良好的格斗基础。在这一阶段，特战队员会反复练习一些经典的制敌动作。制服敌人的同时还要学习掌握保持好自身平衡，学习训练如何倒地和滚爬，练习灵敏快速地躲闪和格挡敌人的进攻，防止被敌命中要害。训练中特战队员不仅要学习用拳攻击对手，还要学习用变化多端的掌和指攻击对手。直拳、勾拳、底掌推击、手刀砍击等攻击手法都是特战队员应该掌握的基本攻击方法。特战队员要练习使用顶肘、砸肘、挑肘、横肘等不同的肘法在实战中进攻。攻击敌人的同时要用躲、闪、格等方法尽可能地避免被敌人的肘击命中要害。在训练中要练习用前冲膝、上冲膝、斜侧膝击等不同膝击法，对敌腿部、裆部、腹部、胸部、面部等身体多种目标进行攻击，其撞击速度快、力度大，能起到一击定输赢的效果。双腿格斗术也是特战队员在格斗中经常使用的极具杀伤力的武器。特战队员利用腿击时的力臂长、动能大的特点，对中远距离的敌人实施攻击。在胶着混战中，特战队员可以使用绞颈与关节扣锁的攻击方法，只需往敌人关节处稍加用力，就可以使对手关节处于非正常生理活动范围，产生一种不可忍受的疼痛，或者造成硬性损伤。还可使用扼喉锁颈的战术进行格斗，被扼者会在10秒钟内失去知觉，1分钟内可导致窒息而死。格斗中要尽量避免被敌扭住，一旦被扭住也不要慌张，可采用踩踏脚背、踢击胫骨、肘击软组织及狠折敌手指等手段，达到解脱目的。

**三是综合技能练习阶段。**进行实战对抗、擒拿与反擒拿、捆绑和押带等技术的综合训练，培养特战队员实战能力，强化特战队员在各种复杂环境下的进攻与反击能力，培养良好的作战意识。

**四是模拟实战训练阶段。**根据实战情形，选择室内、野外、丛林等环境，通过预先设置各种敌情，进行突袭，使特战队员具有类似实战的训练经历，提高受训者的制敌水平和实际应变能力。训练中追求实战性，主要是训练环境的构设尽可能贴近实战。如在进行夺刀自卫训练时，把训练用的橡胶刀临时改为真正的匕首来进行训练，从而使特战队员获得信心和力量，在实战中面对真刀实枪时才不会肌肉紧张和动作走样。穿着战时衣服进行训练，体验战斗着装对身体运动的限制。故意让队员经过一天急行军后，在极其疲惫、饥饿的情况下，与特意安排的实力高出很多的老队员或职业拳手进行实战对抗，队员的取胜概率几乎是零，但比赛不以赛场上的输赢定胜负，而是以队员的意志品质坚定与否、能否面对困难、决不放弃、敢于胜利为标准，以此来考核和锤炼特战队员的心理素质。韩国特种部队让队员在火葬场过夜，在漆黑的夜晚近距离观察并触摸尸体，或挨着尸体睡觉，以增强他们的勇气和力量。通过种种方式，尽最大可能缩小训练与实战之间的差别。特战队员与敌搏斗不可能总在松软的草坪、平整的地面和擂台上进行，山地、港口、城市甚至在飞机上都可能是特战队员格斗的场所，加强特定环境下和特殊地形下的格斗训练，熟悉环境和地形有利条件尽量保护自己免受敌人的攻击，也是特种部队格斗训练的法宝之一。针对特种部队可能遂行的反恐、营救、敌后破袭等不同作战任务，加大在交通工具、闹市区、山地、水中等特定环境下的格斗训练。由于在飞机、火车和公共汽车等狭小空间难以施展较大幅度的动作，特战队员进攻的同时可以利用座椅等有利条件进行躲避，同时对敌头部、颈部进行猛击。特战队员在水中与敌进行格斗时，宜采用抓、咬、锁等技法，重点攻击敌人头部、颈部等要害部位。采用的方法多为拳击和揪发，要严防敌人潜水掏裆、抱腿。最佳方法是从后面锁住敌颈，然后强压敌入水，致敌呛水窒息，难以反抗。如对面相搏，可先向敌面部打水，使其视线受阻，然后上前施招攻击。如被敌抓住头部，可使用插眼、口咬等手段解脱。特种部队还十分注重山地、城市街区、夜间等特定条件下的格斗训练，通过训练不断增强特战队员在复杂条件下的格斗能力。

美国海军进行贴近实战的徒手夺刀训练

具有各自特色的各国格斗技术

各国特种部队在格斗技术训练中都十分注重汲取本国和本民族传统搏击术的精华，形成具有自己特色的格斗技术。如俄罗斯特种部队的“桑勃”训练，苏联克格勃所属特种部队格斗训练教材中指出，格斗应通过手指、拳头、膝盖，或通过任何可找到的武器，如绳子、石头等来打倒敌人，其应用场合通常为夜战、丛林行动和在掩体中执行任务等。俄语中“桑勃”是“徒手格斗”的意思，增加欧洲摔跤、中国武术等元素。特种部队“击打式桑勃”训练，踢、打、摔、拿兼施，是一种凶悍的、可以决定一个人生死的格斗技艺。泰国特种部队在“泰拳”训练时经常踢打树木以致脚上鲜血淋漓，沙包上也沾满了血迹，不但练就了无坚不摧的攻击力，而且也练就了特战队员的坚强意志和勇猛无比的战斗精神。泰国特种部队训练时以适应山岳丛林地实战格斗为目的，使用头顶、摔打、撕扯、拳腿肘组合攻击、摔打拿缠一体攻击等实战性较强的格斗方法，手法极为凶狠残忍，实战性、攻击性和致命性较强。法兰西民族有一种独特的格斗技术“法式拳术”，又叫“法国踢击术”或“法国腿拳道”。法国特种部队在苦练“法式拳术”的基础上，又融入日本柔道、韩国跆拳道、中国功夫的精华。蛇的攻击速度是每小时 13 英里，敏捷拳击手的攻击速度是每小时 25 英里，法军特种部队则强调，法式拳手的踢腿速度为至少每小时 30 英里。以色列特种部队的“克拉玛什依”格斗术训练，是一种相当强悍、实用、凶狠的格斗技术体系，融入柔道技术优势弥补地面格斗上的缺陷，吸收空手道技术长处弥补长距离格斗上的不足。训练中还紧密结合体能训练、战术训练和毅力训练，使格斗训练的难度与强度不断提高。美国“海豹”突击队格斗技术训练，以李小龙凌厉拳脚著称的“截拳道”训练为主，同时辅以极为凶悍的号称两分钟内制服对手，以凶狠擒摔与擒锁为特征的“格雷西柔术”。强调“为了战胜对手，应不惜一切手段全力以赴。格斗，就是折断或打碎对手的头骨与骨头，将其生命操于自己手中”。

特种部队的应用格斗训练

应用格斗训练是在掌握基本格斗训练技术后进行的具有实战目的的格斗训练。特种部队应用格斗训练通常分为摆脱围攻、倒地后的混战、反擒拿、与持刀敌人格斗、与持枪敌人格斗、摸哨等，以及各种环境下的适应性训练：

一是摆脱围攻。负有特殊使命的特战队员在执行敌后特种侦察作战任务时一旦暴露，就会陷入多个敌人的共同攻击，所以特种部队在格斗训练时要特别注重摆脱围攻格斗训练。当被围攻时，首先应判明情况，主要包括对手的数量及个体的强弱、是否用武器进攻、进攻的角度与距离、周围的环境、逃跑的路线、首次打击的对象。其次应坚持速战速决摆脱纠缠的原则，施用快速有效的格斗技术，攻击重点集中于敌人的眼睛、咽喉和裆部等要害部位，尽量使用重拳重腿，力争一击制敌。对付多名敌人时，可首先攻击距离较近的敌人，而后采取各个击破的战术，同时尽可能地寻求支援并快打快撤，不要恋战。

韩国女子特战队员进行格斗训练

二是倒地后的混战。美国司法部的数据显示，在过去二十年里，大部分徒手格斗都是倒地后才结束的，在所有街巷出现的格斗中 75% 结束于地面，90% 的恐怖分子是在地面被擒获的，有些特战队员甚至有意将恐怖分子摁倒在地面去实施控制和抓捕。强强相遇难分胜负的格斗，倒地后是整个格斗的生死攸关阶段，倒地后的特战队员不得不放弃迅捷的灵动性、闪躲能力、各种攻击技巧等关键战术优势。训练中，特战队员要合理实施扼掐和勒绞等技术，尽量攻击敌人眼睛、脖颈、裆部等要害部位，快捷凶狠地给敌人身体造成最大伤害。同时，可尽量利用场地上的临时武器，如用沙子撒向敌人的眼睛，用石头砸敌人的头部或拿着敌人的头撞向坚硬的地面等。

驻韩美军徒手格斗训练

三是反擒拿战术。主要有五种：

第一种是摆脱扼喉。喉咙是人体要害部位，如遭受打击或卡扼，可使人猝死。摆脱扼喉可以分为站立摆脱和倒地摆脱。站立摆脱包括担臂下踏摆脱法，被敌人从背后锁住喉部时，可用左手或左肘猛击敌人裆部或心脏，并乘敌人护裆之际，用双手迅速抓住敌人右臂猛力拧转，将敌人制服。最后可再对其头部狠踩一脚，使其彻底丧失战斗力。还有拳击膝顶摆脱法，从正面被敌人卡住喉咙并被推到墙边时，可侧身用右臂下砸敌人双臂，以减轻敌人卡喉的力量。然后在右手回收的同时猛击敌人太阳穴，将其打昏，接着可将敌人拖至墙边，并用左膝快速撞击其肋骨，将其肋骨撞断并用双臂抱住敌人两腿，将敌人重重摔在地上，随后补上足以致命的一脚。倒地摆脱包括指戳接拳击摆脱法，当被敌人骑在身上被双手卡住喉部时，可把自己的双手插到敌人的肘关节中间，然后用力外撑。此时，敌人必然集中全力于双手，并使身体前倾，此时可用右手攻击敌人眼睛，并乘敌人受到攻击而松劲时，再用右手一记重拳将其打翻在地。还有别头击裆摆脱法，当被敌压于身下喉部被卡时，可用双手迅速拧住敌人双腕，用以减轻敌人卡喉的力量，同时速抬右脚从前侧猛踹敌人下巴，将其向后蹬倒。然后再翻身坐起，并用右肘狠砸其裆部，将其击毙。

第二种是摆脱扭臂，在格斗中，要害部位或关节，特别是手臂被敌人控制后，必须迅速解脱，才能变被动为主动。特种兵在格斗中经常用到的摆脱扭臂方法有侧滚接肘击摆脱法，被敌人从背后突然制住右臂时，可借助敌人的劲力，使身体向右侧滚动，以迫使敌人失去身体平衡。最后，可将左肘狠狠砸向敌人头部或面部，将其砸伤或击毙。还有侧踹接旋踢腿摆脱法，被敌人反锁住右臂时，可用侧踹腿迅速攻击敌人身体中盘要害，然后不待对手闪避或反击，再在落下右脚的同时，用一记强劲有力的左旋踢腿重创对手，将其击昏或击倒在地。

第三种是摆脱抱腰，抱腰可分为前抱腰、后抱腰及侧抱腰，破解方法主要有击肋、踩脚面、顶头、肘击等几种。如连续肘击摆脱法，当被敌人由后抱住腰部时，应迅速向左转体，并用左肘猛击敌人头部，以迫使其松手，在用左手控制其臂的同时，将右肘砸向敌面部，将其击昏或击倒在地。为了能够重创敌人，可用左肘连续打击敌人头部。砸敌人面部要连贯、凶狠，必要时可跃起向下肘击，以增强打击效果。还有肘击接背摔摆脱法，当被敌人由后连臂抱住时，可在起脚猛踩敌人脚背的同时，迅速抬高双肘并前伸与肩平。接着身体略向右转，并以右肘猛击敌人肋部，以迫使敌人松抱。然后用右手抓住敌人右肘上方部位，左手则抓住敌人右手腕将其从头背后摔下，将其制服或击毙。

第四种是摆脱抓发，被敌人由前方用右手抓拉头发时，应迅速用左手按压其手背，将其手固定于头上，随即用右手迅速按制其手腕，紧接着用左手掌猛力顶压其

美军擒拿与反擒拿格斗训练

右手腕外侧，同时后撤右腿向右后转体以助两手之力，使对手手腕受制或损伤。被敌人由后方用右手抓自己头发时，应迅速向右后转身并用两手将其右手抓握并固定在头上。随即将头稍下沉，同时两手将对手的手腕外翻至手心朝上，随之迅猛抬头，两手猛力向上折其腕，迫使对手因腕部被制而就擒。

第五种是摆脱揪衣，当敌人一手揪住衣服，一手挥拳攻击时，可迅速用右手格挡敌人左手，同时用左手插向敌人眼睛，以化解敌人的攻击，然后再顺势以右手重拳猛击其面部，最后可用一记侧踹腿将敌人肋骨踢断。还可再抬起右脚并用脚跟狠踩敌人面部，给敌人以致命打击。

四是对付持刀的敌人。特种部队把对付持刀的敌人作为格斗训练的精华，要求特战队员的首要任务是解除刀具对自己的威胁或控制刀具，把握好与持刀对手的距离，采用向前进攻、向后退缩和侧面进攻的战术，争取尽量在刀尖能达到的半径外与敌周旋。特战队员要适时直线后移或后侧移位退缩，避开敌人的刺劈范围，使敌人因攻击幅度过大让防守变得容易。与持刀敌人格斗时，侧外移是一种积极防御的动作，不但能闪开敌人的攻击，减少受伤的机会，还可以为反击对手创造良好的条件。美国“海豹”突击队对付反手持刀之敌的技术要求是：屈膝、低身（不要低

美军向日军传授对付持刀敌人的格斗技巧

头），同时抬高右臂，以右前臂或手腕阻住对手插入，左手挡抓对方持刀手腕。右腕用力压迫对方的右腕或右前臂，将对方持刀腕扭转至己方左侧，下移右手，同左手一道握住对方持刀手腕，两手拇指这时都位于对方手背的中心，手指围握住对方手掌，向左扭或向下外侧转动对方手腕，使其丢掉刀械。多种情况下，这种反击会造成对方腕部骨折或错位。

五是对付持枪敌人。要求把对持枪者的防卫停留在威胁阶段，不能使敌人有射击的机会，防卫的重点在于敌人开枪之前就对其发动进攻。俄罗斯特种部队对付持枪敌人的技术要求是，以最快的速度使对方脱枪。特战队员在实战中一旦被敌人用枪逼住，可以假装举手投降，使敌人麻痹大意，认为你已经屈服。然后将双手放到一个有利于夺枪的好位置，格斗中首先要突然用力闪电般地抓住对力枪口，将其拉向体侧，使枪口射界离开身体，另一只手猛击敌手腕，使其脱械，或紧紧抓住持枪手腕使其无法活动。当持枪者不让特战队员靠近时，应采用拖延战术与敌对峙，可先流露出面对持枪者的惊恐，举起双手向其求饶，可假装受伤、生病、痛苦或饥饿状来松懈敌人的警惕性，或以上厕所等要求来掩饰自己的目的，伺机将其制服。在恐怖分子右手持枪由正面挟持特种兵，其枪口指向特种兵胸口或头部，命令特种兵举起双手的情况下，特种兵应假意顺从，缓慢举起双手，但要刻意将肘尖放低，趁其不备，身体猛然向右拧转，左臂屈肘，随转体自左向右快速摆动，以手肘磕打敌人持枪右手的手背和腕部，令其右手臂水平位移，以改变其手枪射界。同时迅速伸出右手，自下而上抓握住敌人手枪枪管，用力向上掰拧，同时左手握拳，自上而下猛然砸击敌人右手手腕。双手交错用力，左拳下砸敌人手腕的同时，右手瞬间发力夺其武器。碰到恐怖分子右手持枪在身后用枪口抵住后背时，特种兵应缓慢举起双手，并将肘尖放低，趁对手不备，身体猛然向右拧转，同时右臂屈肘，随转体向右后方快速摆动，以小臂和肘尖外侧为用力点磕击敌人持枪右手手背，令其右手臂向左侧水平位移，及时闪开其手枪火力射界。紧接着右手向下、向右移动，自敌人右臂下方绕过，再向上、向左绕至对方右肘肘窝下方，右臂屈肘，右手用力向下按压其肘窝部位，以右手臂缠住其持枪手臂，用肘窝夹别住敌人右手腕部，令敌人右手挫伤，手枪松脱。

日本自卫队突击队进行针对持枪敌人的格斗训练

六是摸哨训练。摸哨就是以隐蔽方式消灭敌方哨兵的实战技巧，以便从背后向敌人发起突然袭击，保证任务的顺利完成。在实战中，摸哨技巧根据实战情形可分为徒手技法与持械技法。其中，持械技法就是借助武器进行有效攻击的方法，主要有七种。堵口制敌法：在特种部队格斗术中，由于战地情报任务的需要，需要在擒拿敌人的同时，将手巾或布条使劲塞堵俘虏的嘴巴，也可用乱草代替，或在俘虏嘴里塞一根木棒，强迫其咬住，然后用鞋带绕其颈后捆扎在木棒两头，防止俘虏挣脱喊叫。掰盔制敌法：当从背后接近敌人时，突然用右手抓住敌钢盔的前帽檐，同时用左手抵住敌后颈。然后右手用力向上、向后拽，左手臂则猛向前推，利用其钢盔风带将其绞杀。如敌钢盔没有风带，可迅速用钢盔重击其头顶，将其击昏或击毙。勒脖制敌法：当从背后悄悄接近敌人时，可将手中的铁丝（电线、绳索）拉开，然后将左小臂置于敌颈后部，而右手则在敌头上方转动，把绳子从右向左将敌咽喉部位勒住。将敌脖颈套住后，两手可猛力向相反的方向用力拉动，使敌在几秒钟内昏迷或死亡。刺刀柄制敌法：当从背后接近敌人时，可用刺刀柄作为钝器去敲砸敌脑勺部位，将其击昏或击倒在地。石块制敌法：在无任何武器的条件下从背后接近敌人时，可用任意一种物件做武器，如挖战壕用的工具或石头、木棒等，并用这些东西去猛烈攻击敌头部要害处，使敌迅速毙命。枪托制敌法：持枪从背后接近敌人时，先用枪托重击敌头部或脊柱，使敌在无声音的状态下迅速昏迷或死亡。接近敌人时要隐蔽、突然、迅速，攻击头部或者后心时连贯有力，制敌于瞬间。刺刀制敌法：从前面接近敌人时，可用步枪上的枪刺猛刺敌心脏或肾部，使敌来不及呼叫便迅速毙命。接近敌人时要突然，刺刀攻击要准确、迅速，一击必杀。

美军海豹突击队训练利用绳索捆绑敌人的技能

## 自讨苦吃的生存训练

特种部队大多数在敌后执行特殊任务，无固定后方和连续保障，面临着复杂、残酷的战场生存环境，需在极度缺少物资保障和后勤支援的环境中完成任务。通过野外生存的训练，可以大大提高队员的生存能力。野外生存，是指在食宿无着、环境恶劣的敌后或者生疏的荒野丛林、孤岛求得生存的行动，是特种部队保存自己、完成作战任务的基本战斗技能之一。该训练的目的是使特战队员在深山老林、荒原沙漠、冰天雪地等各种险境条件下，或在孤立无援的危难时刻，掌握生存战斗的方法。各国特种部队都十分重视这种训练方法，经常以“自讨苦吃”的方式，不断拓展训练内容，加大训练强度，提高特战队员生存技能。特种部队野外生存训练通常分为室内理论教学、野外适应训练和综合演练等阶段。

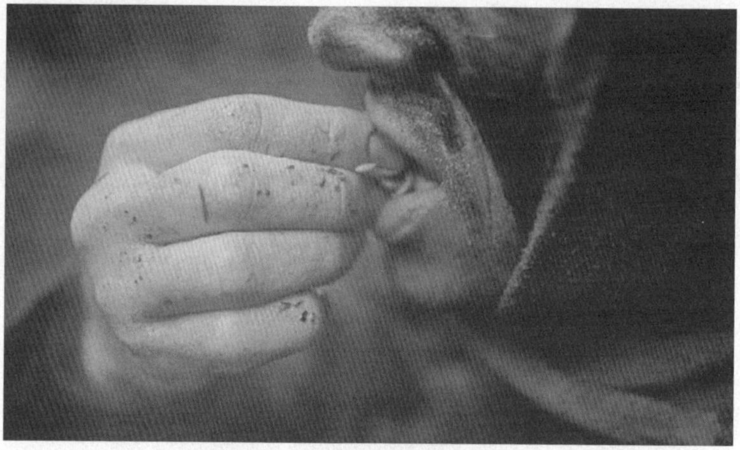

波兰特种兵在野外生存训练中生吃虫子

室内教学阶段

讲授广泛的生存知识，目的是使学员学习野外生存理论知识并消除恐惧心理。主要内容有：野外吃、住、行、自救等方面的理论知识；判定方位、迷途处置的方法；学会动物的捕获处理方法和植物的识别与采集；汲水、净水、节水、防脱水的方法；露营、帐篷搭设、搭窝棚、防雨防虫方法；穿衣，衣帽鞋袜的正确搭配、穿着、保管以及编织防寒蔽体衣物的方法；对核、化、生武器的防护，利用自然或人工条件伪装的知识等。

野外适应性训练阶段

主要是在室内理论教学的基础上，结合战术训练、体能训练、意志训练等训练内容进行生存训练，在提高野战技能的同时，提高特战队员的作战技能和战斗意志，包括走、吃、藏、救等科目。

“走”训练的前提是“一切导航设备都失灵或电源用尽”，不借助任何先进导航设备，利用地形图和指北针等传统工具，甚至只能利用自然界的普遍特征来判定方向。判定方位时可利用太阳、月亮和星星，以及青苔通常长在石头的北方、秋季果树朝南的一面枝叶茂密、果实朝南一面先染色、积雪先融化的一面朝南、佛教的庙宇一般坐北朝南、清真寺门朝向东方等常识。丛林中行进训练时，要求穿好靴子，扎紧裤口、袖口和领口，防止毒蛇袭击和蚊虫叮咬。

“吃”的训练分为捕猎、采摘、找水、生火做饭等部分。捕猎训练，当野外食品断绝时，必须学会利用就便器材猎捕野生动物，利用针、骨头等做成鱼钩钓鱼。猎捕动物要从学习掌握动物生活规律开始。“五观一闻法”寻找动物效果十分明显，“五观”即观察动物足迹、观察动物排泄物、观察动物啃食的信号、观察动物洞穴、观察地面上的土堆，“闻”即闻动物遗留下来的味道，通过“五观一闻法”，可以帮助特战队员成功发现生活在周围的一些动物。掌握了动物的活动规律后，便可因地制宜捕猎。野战生存禁止用枪射杀动物，主要是制作捕兽卡、竹筒、陷阱等就便器材和使用压猎、套猎的方法。抓蛇捕鱼、捕捞贝类和海上浮游生物也是特战队员必不可少的生存技能。

采摘植物时，学员们在教官的带领下到实地识别动植物，如果是熟悉和已知的植物可放心食用，如果是未知的植物，一般白色或黄色浆果类植物均有毒性，有一半的红色浆果类植物可以食用，而蓝色或黑色浆果类植物几乎均可食用。可以用“看、闻、拭、尝”四个步骤来辨别。看即观察食物外表，如腐烂变质或长有粉红色、紫色或是黑色的尖刺，则不能食用，颜色或形状怪异，也不要轻易食用。植物表皮划伤后流出乳白色汁液或很浓的浆状物，也不宜食用。闻，植物有令人恶心的苦杏仁或者是桃树皮等难闻的味道，不能食用。拭，即将植物汁液涂在手背上，如有不适，不能食用。尝，每次只品尝植物的一小部分，如果 3 分钟后没有异样的感觉，再将它放在舌尖上，保持 15 分钟，如果没有反应再将它放到舌根上，保持 15 分钟，如果仍然没有异常反应，可将其嚼碎，没有异常感觉时可吞食小量入肚，耐心观察 8 小时，如一切正常方可正常食用。

找水训练非常关键，人不吃饭可生存 30 天，人不喝水只能生存 7 天。队员们在行动中无论喉咙多干，都不能大口大口地喝水。水进入口中要含一段时间再咽下去。如果所带的水很少的话，就只能沾沾嘴唇而已。在明确不能保证供应的行动中，最初 24 小时要努力做到不饮水。在温暖气候中一个人每天至少要喝 2.5 升的水。即使体力活动十分有限，也仍然需要通过一定方式来补充液体的损失。人的液体损失途径主要有尿液、汗液、粪便、皮肤扩散、肺部蒸发等。人体失水 10% 时就会感到意识模糊。在受热、运动、受冻、高空环境、烧伤、生病时，需要的水分更多。特种部队寻找水源训练主要有寻找天然水源、利用天气收集雨水、淡化海水、利用动植物收集雨水、净化水源等几个方法。寻找天然水源主要是靠看、听、闻的方法。看即观察草木、鸟、兽、虫等来寻找各个地区的浅表地下水；听即听山溪、瀑布、水鸟或者青蛙的声音；闻即嗅空气中的潮湿味以及刮风带来的泥土腥味。学习利用天气情况收集雨、露、冰雪水，也是特种部队获取水源的重要途径之一。在没有水源的情况下，很多植物可以直接解渴。淡化海水是特种部队岛屿野战生存时取水的重要方法。有的国家特种部队在野外生存中甚至还要求进行喝尿训练，如有可能就自制容器对尿液进行简单过滤，条件不允许时直接饮用自己的尿液对人体也是无害的。野外生存时所采集的饮用水源得不到有效保证时，要进行鉴别并净化后方可饮用，将饮水消毒片按一定比例放到水中即可，也可采用制作过滤装置、加热等方法净化水质。无水源情况下，也可利用简便方法获取少量的水或利用一些植物解渴，利用太阳能蒸馏器是一种非常好的制水方法。

特种部队取火做饭训练，主要有放大镜取火、弹药取火、手电筒取火、打火石取火、钻木取火等多种方法，在寒带可以用冰块加工成凸透镜聚焦取火。特战队员要学习建造各种无烟炉灶去做饭、取暖、烘干衣服。

“藏”，合理隐藏自己是特战队员在敌后生存下去的基础。现代战场上，人员的活动不仅容易被光学侦察发现，而且极易被敌人的雷达侦察和红外侦察发现。美军装备 AN/TPS-33 地面活动目标侦察雷达，对卧姿人员在 3000 米内才能发现，而对行走的人员在 6500 米处可发现，对跑步的步兵班远在 14 公里处就能发现。AN/TAS-6 热视仪的侦察距离可达到 3000 米。单兵在战场上的行动要做到隐蔽。必须熟知敌军跟踪和搜索方法，训练怎样以混淆、欺骗的手段将敌人引入歧途，达到反跟踪、反搜索、躲避敌人追踪的目的。采取伪装措施，使自己的隐蔽之地与周围环境融为一体。比如通过松软路段时，可踩着别人脚印前进，或尽量避开能留下脚印的泥土而走草地。频繁改变行进路线和前进方向，以规避迷惑敌人。特种部队执行敌后侦察作战任务，为充分休息以保存体能，需要搭建不同的临时性营地或长期性营地。选择露营地时，应综合考虑敌情、地形、天气、水源和进出道路等条件，选择便于隐蔽的地方，既要防风防雨、防山洪，又要防落石和雪崩。简易庇身场所，就是架设自身携带的帐篷或使用雨衣、帆布、降落伞等就便器材搭建的简易临时营地。可充分利用悬崖、斜坡等有利地形，或大树、倒下的树干、树根、大石块、天然凹坑等物搭建简易庇身所，长期庇身场所，若执行潜伏等作战任务，特战队员需要有一个相对固定和隐蔽的长期庇身场所，以确保作战能力的持续，利用山洞、岩缝、废弃的房屋等，并加以隐蔽伪装。

头顶插满树叶进行伪装训练的美军特种狙击手

“救”，特种部队执行敌后侦察作战任务时，无医疗卫生保障，生存环境恶劣，必须依靠自己的力量来医治各种疾病，处理许多意想不到的困难。因此，特战队员要懂得如何处理各种创伤和疾病并及时进行自救和互救。特战队员还要学习使用小白菊、香蕾、黄皮叶、蕾香、玉叶金花等治疗发烧、感冒；使用夏枯草、车前草、九里香等止血；使用大蒜、小米草、百里香、玄参等抗菌；使用水生薄荷、香树脂等治疗肠胃疾病。还应学会伤口止血与包扎、给骨折伤员制作吊带与绷带、搬运伤员等等。围绕海上自救问题，还设置了海上生存、救生器材使用、信记号使用、晕船、溺水、落水后因强风而被伞拖拽时的解脱方法等内容。特种兵必须尽可能保护自己不受天气、酷热、严寒或湿度的伤害。同时，还要能够获得饮用水和食物。热带生存，特种兵必须了解气候、地形、植物和动物的生长情况，知道如何克服存在的危险，还要保持求生意志。极地生存比在温暖环境中困难得多，除获得生活基本所需——食物、水、避身所之外，还必须有足够的衣服保暖，以及求生的意志。旱区生存，主要涉及的地形有山地沙漠、多岩石的高原、沙丘、盐沼、深裂地形等，这种环境下获得水、食物、避身所困难，且身体运动和地面导航不易，隐蔽和掩护受到极大限制。特种兵必须考虑降雨少、烈日酷暑、温差大、植物稀少、地表矿物含量高、沙暴、海市蜃楼等各种环境要素，理解身体活动与大气温度、水量消耗之间的关系。

美军战场互救训练

综合训练阶段

主要是设置一定的战术背景，把野外生存训练与战术训练、体能训练等内容结合起来。特战队员会被投入到孤立无援的生存地域，进行带战术背景的、考核式的生存训练。训练期间，除非发生有生命危险的紧急情况，一般不与其通联。

美军特种部队野战生存训练程序为先室内学习理论知识，后在营区进行基础内容训练，在进行不少于4昼夜以上的野战生存适应性训练后，按照战斗全过程进行野战生存综合训练。所有训练内容都是按照实战标准，把生存训练置于战术背景下，携带战斗装具，采取跨昼夜连续实施的方式进行。特种作战中心的求生训练中，学员要学会使用指南针、挖掘掩体、埋设陷阱并记录自己的经历。特种作战中心专门开设了非常规作战科目：“求生、逃避、抗拒和脱逃”必修训练课程。包括

美军特种兵野外生存训练中生吃昆虫

单人的技能和小分队集体活动的技能，躲避敌人搜捕，以及在被捕情况下如何求生存，如何抗拒并利用敌人，从敌人那里搜集情报等。整个不利条件下的生存训练分为三个级别进行培训。第一级是基本的求生课程。第二级是中级课程，训练现役和后备役的特种作战部队，包括陆军特种部队、海军陆战队侦察部队、别动队、空军救援部队等。第三级是训练那些在敌对环境下易遭俘获的风险大的文职和军职人员。前两级训练学员在陆地和海上的求生存办法，是在野地寻找可充饥的东西，学会使用地图和指南针、昼夜航行术，超越各种自然障碍，通过或绕过敌阵地，躲避敌对力量，与友军或己方部队建立联系等。第三级学员被关押在模拟战俘营的监狱里，内有隔离单间牢房、审讯室、训导室和蛇腹形铁丝网等设施。审讯情况用录像带录下，事后进行研究评论，使学员了解在审讯过程中哪些地方出了破绽。经过 26 天场地训练之后，还要进行 8 天的实战训练。这期间，学员被空投到北卡罗来纳州的山地大森林里。在没有补给的情况下，要穿过 40 公里地形复杂、环境恶劣的山地，队员只能捕蛇抓兽充饥，采掘植物根茎解渴，同时还要克服各种陷阱和障碍，防备警戒巡逻分队的追捕和假想敌的袭击，凡是完不成野战生存任务的或被假想敌俘虏的，就要被淘汰。美国空军特种部队的野外生存训练是在位于华盛顿州的卡尼克苏国家森林公园的空军生存学校进行，要求学员从朽木中抠红蚂蚁吃，5 分钟之内喝 4 公升水，是为了饮水缺乏时，发现水源要尽可能多地补充水分，以维持生存并尽量减少饥饿感。

美军在丛林中训练生火

英国特种部队经常训练在森林及荒漠中的求生及战斗本领，如辨别可食用的菌类或野菜，诱捕毒蛇、野兽等，并学会辨识方位，伪装、隐藏自己等基本手段。随后，志愿者将接受一星期的野战演练。他们要在天上有直升机搜寻，地上有“敌方”部队围剿的情况下展开“敌后”活动，如果一旦有人“被俘”，他就必须运用其所学到的反审讯技能应付“敌人”的种种心理恐吓、肉体折磨及欺骗、利诱等考验。每年 3 月至 9 月特种部队成员都要在布鲁尼的英军丛林训练学校进行为期 3 至 6 周的丛林生存训练。特种作战学员的野外生存训练从早上 7 点到晚上 10 点 30 分，内容包括心理训练、打绳结训练、利用绳索从塔顶下降、毒蛇识别训练、求生心理与生理训练、有毒和可食植物识别训练以及求生技能训练等。在最后的综合训练中，特战队员要在体力和精力消耗很大的情况下，不带地图、食品和饮用水进入生疏的热带丛林，向指定目标行进。假想敌装备有警犬、汽车、直升机和夜视侦察器材等等先进装备，在“敌人”两个步兵连前堵后追的围剿下，特战队员只能靠猎捕动物和采食野菜充饥，熬过七八个日日夜夜。凡是疏于戒备当俘虏的，就会被判定为该训练科目不合格。英军特别空勤团（SAS）“野战生存周”训练，一周内不发一粒粮食、一粒盐，背负 30 多公斤重的装备，在深山老林中完成 200 多公里的行军，并将攀登、渗透、侦察、射击、战术等训练内容贯穿其间，白天无饭吃、晚上无觉睡，晴天骄阳晒，雨天浑身湿，获取食物以猎捕动物、钓鱼、采食海藻和蘑菇为主。训练既挑战了特战队员的生理极限、体能极限和忍饥挨饿极限，又锻炼了特战队员的体能、技能和战斗意志。

英国特种兵野战训练

俄罗斯特种兵在生存和耐力训练阶段，必须学会在渺无人烟的荒野里就地取食，要识别各种可供食用的植物、菌类，学会使用陷阱和器械捕捉猎物。另外，受训者还要在前有堵截、后有追兵的情况下，巧妙地隐蔽自己。持续一周的高度紧张状态中侥幸“大难不死”的受训者，还要被单独派往一个偏僻荒凉且完全陌生的地方，在那里被一个陌生人交给下一地点的参考地图，要求参训者必须按地图所标示的方向和位置连续不断地行进一周。饿了不仅要自己采集野果充饥，还要保证在茂密的原始森林中保持正确方向，否则不

俄罗斯特种部队野外生存训练

仅无法到达规定的位置，还有可能迷失方向永远走不出来。

南非特战旅的一项野外生存训练科目，是在一个指南针的帮助下，自行前往 38 公里外的集结地点，行军途中他们得不到任何食物。到达集结地点后，每名队员会得到 12 块饼干，其中 8 块还是被汽油污染过的。凭借这些微不足道的食物，他们要在丛林中生存 5 天，还要随时应付各种危险突发情况。委内瑞拉特种部队要接受连续 8 天 7 夜的野战生存训练，前 3 天没有任何食物，训练场地选在荒无人烟的崇山峻岭里，每天还要完成行军、战术对抗等训练科目，队员仅以野果、草根、虫蛇等能寻找到的食物充饥，第 4 天开始每个 5 人小组发一条 3 至 4 两重的小鱼，锻炼特战队员的抗饥饿能力。

## 一专多能的超强素质

特种部队需要掌握的多项技能

特种部队专业分工多，所担负的任务种类繁杂，因此要求其队员必须具备一专多能的超强素质，以便随时都能应付各种突发情况。特种部队的训练是全方位的，主要有战斗技能训练、机动技能训练、渗透技术训练、侦察技能训练、心理战技能与心理对策训练以及领导技能训练等。在经过基础的共同训练后，根据每个人不同的性格、体能、技能和原有专业的特长，选送到相应的训练基地和学校进行专业培训。培训合格后回到特种部队服役，与其他士兵进行合成训练，从而提高整体战斗力。一名特种兵不仅要学会射击、格斗、刺杀和爆破技术，学会照相、窃听、通信、泅渡、滑雪、攀登和跳伞技术，学会警戒、侦察、搜索、捕俘、营救等技能，还要掌握疾病防治、野外生存等许多知识。

美军特种兵虽然大量使用 GPS 定位却依然进行传统地图训练

特种队员必须掌握很多特种专业技

能。地图判读是必备技能之一。在训练中，特战队员经常要去袭击那些地形不熟的地方，执行任务前交给他们的只有一张地图和一个指南针。夜间训练时除地图和指南针外，还要学会利用星星、月亮辨别方位。实际行动中还要根据地图上标出的距离及障碍物来分配体力。

爆破是最大限度发挥突击队威力的重要手段。在突袭攻击中，最常用的手段便是爆破。因此，爆破成为突击队员需要掌握的另一基本技能。指挥部、车辆、桥梁、道路等目标都是攻击的对象。训练首先从木质结构的爆破开始，随后是混凝土，最后是钢铁的爆破。根据爆破物品的不同，火药的分量、装填的地方、点火的时间都不相同，牢牢掌握了这些知识，队员才向成功迈进了一步。

为适应复杂地形的需要，突击队员不仅要学会驾驶侦察用橡皮艇，还要学会运用作战服的上衣、斗篷、树枝、空水桶等辅助工具进行游泳泅渡和水下渗透训练。特种部队要进行扎实的侦察技能训练，主要包括观察、潜伏、窃听、捕俘、审俘、照相、录像、测绘等多种获取情报的手段，以及密码通信联络等传递情报的技能。侦察技能训练中，要尽量选择与预定作战地区相似的复杂环境，突出野战训练、夜间训练、智能训练，加强侦察与反侦察、干扰与反干扰科目训练。特战队员除了实施间接的颠覆、破坏、情报搜集和脱险行动外，还进行游击战和其他低能见度、隐蔽或秘密的直接进攻性行动。还包括占领、摧毁和损坏特定的目标，切断重要的交通线或破坏其他目标体系，捕获、救援或护送特定的人员或物资等。他们不论在任何环境下，都能够进行空降、潜水，以及山地战、丛林战、沙漠战、滑雪战和游击战。侦察技术训练方面，特种队员要掌握各种侦察器材，学会观察、潜听、窃听、审俘、照相、摄像、测绘等各种情报获取技术，以及密码通信联络等多种情报传递手段。特种部队可执行战略、战役和战术级的特种侦察任务，获取特定地区的有关气象、水文或地理特征的资料。特种侦察包括目标搜索、地区评估和查明打

美军越野摩托沙漠快速侦察训练

美军“绿色贝雷帽”部队在北卡罗来纳州布拉格堡进行暗夜跳伞训练

击效果。特种部队可执行一系列反恐怖行动，如抢救人质、从恐怖组织手中夺回敏感物资、抓捕或击毙恐怖组织的首脑、袭击恐怖分子的永久性基地等。

渗透敌后进行侦察的方式分为空中、海上和陆上三种，空中潜入主要靠伞降或直升机机降，通过高空跳伞、低空开伞的方式，隐蔽地接近敌人；海上潜入主要有潜艇、潜水器、橡皮舟、冲锋舟以及“蛙人”等方式；陆上潜入强调充分利用地形等自然条件，如密林、高山和秘道等。其中，空中潜入是最常用的渗透方式。特战队员的跳伞训练包括基础跳伞、携实装跳伞和实战应用跳伞等内容，一般都要结合“缺氧训练”、戴氧气罩以及携带武器适应性训练。基础跳伞训练阶段所跳伞型与一般空降部队所跳圆伞相同。下降速度相对较慢，对操作技术要求低，安全性较高，经过地面和跳伞塔基础训练后即可实跳。基础跳伞是应用跳伞和实装跳伞的基础，具备较丰富的基础跳圆伞经验的人才能进行第二阶段跳翼伞训练。翼伞比普通的圆伞阻风面积小，下落速度较快，可操作性强，相对圆伞有一定的风险性，是特种部队经常选用的一种伞降方式。特战队员们的职业技能水平在整个服役期间都在不断完善，随时根据任务需要，进行高空跳伞、登山、狙击、布雷、爆破、航空摄像、防止被俘、被俘后逃跑、医学救护常识和其他技能的训练。队员从高空跳出机舱后，先不立即开伞，而是等降到低空时才打开，然后朝着地面一个硬币大小的目标降落。美军特种部队把高级伞降训练称为军事空降训练，主要任务是携实装跳伞训练、使用充气伞进行高跳低开和高跳高开训练。携实装跳伞即携带作战时所必需的武器装备和个人携行物品进行的跳伞训练，通常在具备了一定的伞降基础后才实施。直升机机降训练，主要是训练绕绳下降和使用快绳系统训练。还可利用直升机搭载橡皮艇进行空投和撤回的训练。

特种队员的专业训练

特种队员的专业训练主要涉及四种专业技能：

武器专业，特种部队由于所担负任务的特殊性，其武器装备从普通的轻武器到高级电子通信设备、武装直升机、导弹巡逻艇甚至潜艇应有尽有，为适应千变万化的战场环境，特战队员必须尽可能多地掌握使用东、西方和第三世界生产的各种新、旧武器，还要学会操作和制造自制的武器。轻武器主要有各式手枪、滑膛枪、机枪、狙击步枪、无后坐力炮、微声冲锋枪、炫目手榴弹、反坦克枪榴弹、轻型迫击炮和定向地雷等。重武器则包括装甲战斗车、武装直升机、运输直升机、各种战斗和运输舰船以及潜艇。还包括五花八门的专用装备和高级电子设备，如滑雪、登山和潜水装具，地（水）面定位导航设备、卫星通信设备、夜视与红外侦察设备、遥控侦察飞机等。对特战队员来说，没必要成为使用各种武器的专家，他们只需要掌握安装、使用和维护那些世界上最常见武器的技能，以便在战场条件下能够迅速学会使用原本不熟悉的武器。特种队员对手中武器百分之百熟悉，有助于实现一击制敌的效果，人枪合一是特战队员射击时的最高境界。每个队员都要能闭着眼睛进行枪械分解结合，以便随时处置射击中出现的各种故障。随时主动检查自己的武器状态，将出枪、上膛、瞄准、射击、排除故障等动作训练成一种本能反应。对抗中队员要随时把枪保持在待发状态，随机变换姿势，瞬间找到目标并迅速开枪射击。

工程专业，既训练建造，也训练破坏。他们开设有 8 个星期的实际破坏课程，重点是制造和使用炸药和地雷，包括排除和设置地雷场，以及对建筑物、桥梁和水下目标进行定向爆破。除军事工程外，还要学习民用工程，建造房屋、掩蔽部等。通信专业，要掌握各种通信手段。他们学习的科目包括快速莫尔斯电码、密码学以及安装和保养通信设备。

美军在布拉格堡的高级武器应用训练

卫生专业，事先要接受 8 个星期的卫生训练，然后用 6 个星期的时间学习看病、治病以及必要的卫生技术，最后用7个星期的时间在医院进行在职训练和在高级卫生训练学校学习。目的是把特种部队的卫生兵培养成多面手和“万能博士”。

除此之外，特种部队学校还有为军士举办的情报课程，包括非常规战术、审俘、照相和检查指纹，还有特种作战技术、游击战和敌后战术、心理战、反恐怖、危机管理等。除此之外，还包括水下战斗以及在丛林、雪地、海洋、沙漠和核生化条件下的生存与作战、卫生救护技能等。外语训练是特种部队专业训练中的重要内容，要求特种部队队员掌握至少两到三门外语和主要作战对象的政治、经济、军事和社会情况，了解种族、风俗、禁忌、宗教信仰、文化差异以及其他可能对执行任务产生影响的因素。

熟练掌握多种武器的“多面手”

打造身怀绝技、骁勇善战的特战“多面手”和“超级战士”，是每个国家特种部队都极力追求的目标。如美国陆军特种部队要求队员不仅要掌握半自动步枪、滑膛枪、机枪、手枪、106毫米无后坐力炮、特种枪等80余种武器，还要学会使用前苏联的武器装备，以便在战场上缴获敌方武器后能立即操作。美军特战队员在进行实弹考核时必须在规定时间内完成15种武器的射击。在布拉格堡基地进行的历时二十四周的学习中，新队员将学习航程计划、战术、间接瞄准、武器放列动作、综合武器射击等项目。在掌握了射击和操作技能后，还要进行分解结合和一般故障排除训练。在“特种部队高级城市作战”战术训练中，特战队员使用的武器以M4A1突击步枪为主、M9型手枪为辅，在0到50米之间进行单个目标和多处目标立姿、侧身、卧姿等多个姿势的射击训练。目标分为迎面、侧面、运动等类型，还有人质混杂在射击目标中，更增加了射击的难度。在为期三周的实弹训练中，36名参训队员需要消耗5.56毫米和9毫米子弹75000发，橡皮子弹15000发。特种部队狙击手射击训练中每人每天要消耗200至300发子弹。通过大量消耗子弹，可以培养队员良好的技战术和心理素质，消除射击时的恐惧感和紧张情绪。特种部队队员还要求熟练掌握可能任务区的语言及文化风俗，熟练操作和维修本国及各国的现行武器装备，能驾驶各型军用车辆及坦克和直升机。

美军狙击手训练

俄罗斯阿尔法部队的每名战士都配备有两件或三件武器，甚至更多，包括马卡洛夫式手枪、微型冲锋枪、火箭筒、狙击步枪等。经过基础训练之后，俄罗斯特种兵还必须接受自控力和反诱惑的考验。这既是人的思维与情感、理智与本能的较量，又是真正成为一名合格特种兵战士的最后一关。参训者一般被要求单独或几人一组，带任何武器徒步到都市一家喧闹的歌舞厅取回一些资料。在舞厅迎接他们的是精心挑选出来的俄罗斯女郎，在这些经过特殊训练、极具风情的漂亮姑娘的百般挑逗和引诱下，能够不“失身”才算过关。这要求特战队员具有超出常人的自控能力，相当一批人就是因为陷在温柔乡里出不来而遭淘汰。所有关卡通过后，就可以成为一名神圣和光荣的特种兵战士，得到来之不易的蓝色贝雷帽。

俄罗斯阿尔法部队的狙击训练

韩国特种兵冬季训练

韩国陆军特种部队队员在选拔期间就要学习跳伞、直升机机降、山地作战、武术、轻武器的使用等技能。一旦入选，每个队员还要学习射击、排雷、突击战术、潜水和各种其他技能。所有韩国特种部队成员必须达到跆拳道黑带的水准或掌握同等水平的格斗技艺，队员每天训练格斗术的时间不少于 4 小时，约占总训练课时的三分之一。巴基斯坦特战队员通常具备战斗、野外生存与防护、渗透、侦察谍报以及心理对策等技能。其中，战斗技能训练是为了使每名队员能够熟练掌握本国军队以及外国军队的各种武器装备，如各种枪械、手榴弹、枪榴弹、小口径火炮和反坦克武器的使用，以及掌握巷战、夜战、搜捕、脱险逃生等技能；野外生存与防护技能训练是使所有队员掌握在深山老林、荒原沙漠、冰天雪地环境中或是断水绝粮条件下生存的方法；渗透技能训练包括跳伞、坠降、潜水、攀登、滑雪、穿越雷区、通过封锁区以及识图辨向等；侦察谍报技能的训练主要包括学习掌握潜伏侦听、捕俘、照相、测绘等各种获取情报的方法、手段以及利用现代通讯设备进行情报传送的技能。南非特种作战旅的战斗技能训练中，要进行搜索、追踪、爆破、各种武器使用、徒手格斗、急救、非常规作战、丛林战、游击战、通信、空中协作、水下定位、障碍物排除、城市和野外战术、破坏技能等科目的训练。

# 三、灵魂对决

## ——心理素质训练

自古以来，所有的战争都是在两条战线上进行的，一条是有形的拼杀，另一条是看不见的心理较量，而且心理上的较量总是先于战场上的拼杀，所谓心先胜而后战胜。随着以信息技术为核心的高新技术在军事领域的广泛应用，战斗的突然性、残酷性大幅度提高。特种作战大都是独立完成任务，战场环境险恶，危险性大，经常碰到难以预料的困难和复杂局面。无论是敌后作战还是反恐维稳作战，都面临着巨大的心理压力。作为一名优秀的特战队员，不光要有高超的技战术能力，还应具备相当过硬的心理素质。要胆大心细、灵活多变，在稳定、镇静的心理基础上展现出勇猛的气势和灵活快速的反应能力。

特战队员在复杂的实战环境中，容易产生紧张、恐惧、悲观和消沉等不良心理状态。除了需要洞察力和判断力等基本能力之外，特种兵更需要临危不惧、处乱不惊的心理素质。良好的心理素质，可以使人不惧畏难、冲锋陷阵、顽强勇敢、充满斗志；不良的心理则容易使人怕苦怕累、惧死畏敌，导致斗志衰退、意志动摇、厌战逃避等消极心理倾向。有针对性的心理训练可以提高军人对各种刺激的耐受力，降低中枢神经系统过于强烈的反应程度，保持机体适度敏感性和各种正常反应能力与思维能力，在战斗中表现出勇敢、顽强、坚韧、果断、机智、灵活的战斗品质。特种作战双方的技术装备优劣对比是客观的，是无法改变的定量，但特战队员的智慧、意志、信念、勇敢精神以及人与武器装备的结合程度，却是一个未知的、富有巨大潜能的变量，这种潜能的“开发”靠的就是心理素质训练。

### 把恐惧化为勇气

#### 以勇气征服恐惧

伟大的诗人歌德指出了勇敢对人生的巨大意义：“你若失去了财产——你失去了一点，你若失去了荣誉——你丢掉了许多，你若失去了勇敢——你就把一切都失掉了。”

恐惧心理是指生命遇到危险或回忆、想象、预感危险时所产生的一种担惊受怕的情绪。80% 至 90% 参加战争的人都有明显的恐惧表现。美军许多精神病专家和心理学家认为，在遭到大规模杀伤和破坏性袭击的军人中，有 10% 至 20% 的人员产生战斗心理异常反应。据俄军估计，在未来战争中，精神伤员的发病率将为 10%，美军估计为 10% 至 25%。只有四分之一的士兵在战场上真的开火，另外的四分之三中，一部分是出于宗教因素而对杀戮感到厌恶，但更多的人却是因为震惊而不知所措。二战中一个师团的许多士兵承认，他们当时恐惧得没完没了地呕吐，真正能集中精力用自己的武器向敌人射击的人仅占 15% 左右，剩下的人往往被吓得呆若木鸡，只知道紧紧地握着武器。甚至 10% 的士兵尿了裤子，只有大约 2% 的士兵是真正的战争狂热者，但他们中也有人被战斗的紧张气氛逼疯。

恐惧的初级阶段是害怕，害怕是一种安全自我保护机制，对一个行动进行判断时，或在采取有可能威胁生命的行动前，要仔细地考虑害怕的情绪。害怕产生的生理反应有助于我们集中精力或者帮助我们从敌人手中逃脱出来。如中国古代大将韩信运用“背水列阵”兵家之大忌来激励战士，抓住士兵恐惧、求生心理，反而取得胜利。害怕的程度加深之后就会转向恐惧，恐惧对人的影响是巨大的，轻则使人失去正常的思维、表达和自我控制能力，重则导致精神崩溃、行为失常，甚至完全丧失战斗力。如果恐惧成为一种习惯或者一种强迫时，它就会麻痹甚至影响人的健康。战争中士兵的恐惧源于缺乏教育，缺乏经验，缺乏对死亡是战争必须付出的代价的理解。通过“系统脱敏法”训练，可以逐渐消除队员对某种特别事物的恐惧感，其训练步骤是，把能够引起畏惧的具体刺激按由弱到强顺序排列，先让畏惧者接受弱

美军士兵养毒蛇以克服恐惧感

度刺激，逐渐适应后再增加刺激度，直到畏惧者勇气大增为止。多接受贴近实战的训练和战争的磨炼，也有助于消除或者减弱对战斗的恐惧；高度赞颂牺牲者的功绩也会减少恐惧；而军事领袖对士兵有效的激励和教育，也有助于恐惧程度减轻。驱逐恐惧，更多的是靠加强自己的意志锻炼，关键时刻保持镇静并鼓起勇气面对现实。如果让恐惧持续占据心灵，士兵们最终就会被击垮。引导得力，也可以把特战队员对失败的恐惧、对玷污荣誉的恐惧化为勇气，从而压倒一切敌人。狭路相逢勇者胜，为确保在残酷激烈的对抗中取得胜利，每名特战队员都必须善于把恐惧化为勇气。

勇气是指面对恐惧时能够予以克服的情绪，是由于害怕结果而退缩或是不想继续前进时，自觉克服困难并忽略身体劳累或精神困苦的本能。如果在一个方向上，人不能鼓起勇气克服恐惧的话，那么在另一个方向上，恐惧就会影响人的决定，人会愈发怯懦无法采取任何行动。因此人需要突破恐惧的包围圈，意志坚决地充分发挥自己的潜能。证明勇气的最好办法，是采取确定的、深思熟虑的行动。因此，承担困难的责任经常与平静联系在一起。气馁是勇气的最大敌人，气馁会让人认为自己所做的一切都太晚或陷入困境，或认为别人可能会做得更好。此时，应该再次整理行动计划，镇静地实施计划，驳斥来自内部或外部的令人气馁的声音，逐渐地找

外军士兵在烈火中进行训练以锻炼心理素质

回自信，继续向前行动。勇敢的人不代表那些不知道害怕和恐惧的人，而代表那些学会面对和克服恐惧的人。实验表明，同样的危险刺激因素重复 2 到 3 次，可使 96% 的士兵大大减弱畏惧心理，而人在艰险恶劣条件下的耐受力、生存力和自制力，经过适应性训练会有更惊人的提高。化恐惧为勇气，不是几个训练科目或一段时间的强化就可以实现的，必须要经过一个长期不间断的训练过程。在某些环境中，如果人们有过克服恐惧的经历，那么在以后类似的环境中，即便仍会感到恐惧与害怕，也会有战胜困难、克服恐惧的勇气和信心。

各国特种部队的心理训练

外军特种部队教官在心理训练中对队员极其严厉，要求十分苛刻。他们有意用脏话辱骂学员，想尽办法折磨学员，不切实际地给学员提要求，惩罚学员则无所不用其极。这些非人的待遇正是磨炼学员意志最好的试金石，意志薄弱、心理承受能力差的人是无法接受这种考验的。经过长时间的训练，他们的感觉变得迟钝，任何侮辱性的语言都能坦然面对，练就了过硬的心理基础，从而沉着面对复杂的战场环境。在外军的应用爆破心理训练科目中，受训者围着一个挖好的深坑，教官把点着的炸药包交给特战队员，让他们轮流传递，不到最后一刻不准扔进坑里。看着呲呲冒烟的导火索一点一点地在传递中燃烧，特战队员心理极度紧张。但经过这种传递训练后，特战队员对战场爆破就缺少了一丝恐惧。苛刻的心理训练为的是达到锻炼特战队员意志品质和提高环境适应能力的目的。教官除了运用给“战俘”蒙面、令其丧失时间概念等一些常规的方法外，还会采取很多富有创意的手段，比如剥光衣服进行羞辱，随意践踏人格尊严；长时间不让睡觉，用刺骨的冷水浇灌；用针刺脚

美军训练爆破破门时披防爆毯防御碎片

心；把人赶进臭水沟里当“猪秽”；命令队员用舌头“擦”靴子；把人单独关在黑屋子里一周只给吃喝，看不到阳光也不知道天数；特种兵头戴着防毒面具躺在坑中，其他人向其身上埋土。很多科目由于危险系数很大，队员在训练前必须签下“生死状”。使用这种方式进行强化心理训练，目的是提高特战队员的心理稳定性，以便在训练及实战中更好地执行任务。

美军特种部队为了提高队员的心理适应能力，让受训者独处一间只有一桌一椅一台电视的狭小陋室，队员必须连续 4 小时不间断地观看血腥、恐怖的战场画面。一开始受训者可能有不适、恶心等症状，但后来会慢慢地感到麻木和反应迟钝，甚至习以为常，从而对各种战场环境的心理适应能力也慢慢增强。美军遭曝光的虐囚事件中那些折磨、羞辱犯人的手段并非驻伊美军普通士兵的突发奇想，而是美英特种部队长期“摸索”出来的“对抗审讯训练”科目的翻版，很多科目是美军特种部队战斗意志和心理训练的重要内容。法国特种部队宪兵干预队在实弹对射中，两名队员穿上防弹背心、护颈、头盔、面罩等全套防弹装具，然后相互射击对方防弹背心上的规定标志，使队员能够从训练中亲自感受用实弹射击真人和被实弹击中后所受到的冲击和震撼，增强对各种复杂战场环境的适应能力。英国特种部队训练中让受训者在一个水深半米左右的战壕中手脚并用地爬行。由于水中掺和了人畜粪便、腐烂的动物内脏等物质而臭气熏天，能在这个战壕中来回爬几趟而不呕吐需要相当

美军在血腥训练屋中训练以提高战场适应能力

俄罗斯阿尔法特战队员双人对射锻炼应变能力

的定力，并且这种臭味会使受训者在此后几天的训练中浑身都散发着一股令人作呕的味道。这样训练的目的是提高特战队员的心理承受力。

俄罗斯特种兵在基础训练阶段，不仅要身背重物穿越茫茫的原始森林和泥泞的沼泽地，还要经受各种花样翻新的考验。队员们要单独在充满大量腐烂尸体、水蛇、尖桩和陷阱的泥水中匍匐前进。在这种极度恐怖的环境中，队员们稍不留心，不是被蛇咬伤，就是掉进预先精心设计好的陷阱中被擒获，从而失去继续参训的资格。至于那些刚走到半路就被吓昏过去的少数人，更是早早就被淘汰出局。还有一项称为“魔鬼测试”的考核，队员必须在遭遇实弹、实爆的情况下通过考核区域和建筑物才能过关。俄空降兵特种部队更是在训练中采用了更加危险的逆向实弹射击，这种“实弹心理训练”使特种兵对战场环境有切身的体验，对其心理素质更是严峻的考验。俄罗斯的反审讯训练别出心裁，受训队员在极其疲劳和精神高度紧张的情况下，冷不防被一个黑色大布袋蒙住，双手被紧紧绑住，随即扔进一间密闭的地下室里。地下室里瞬间响起高达 200 分贝以上的噪声。一般人都会头脑发晕、四肢麻木，甚至各种器官也会暂时失去正常功能。大约 20 分钟后，受训者在黑暗中走出地下室，然后通过一条阴森森的长过道，被推进一辆大闷罐车里，行驶 5 分钟后，像扔木头一样从车上被扔下来，然后被戴上手铐和脚镣，扔在带冰碴儿的脏水沟里。仍然被黑布蒙着头的受训者在脏水沟里冻得浑身发紫后，才被送进一间特别的模拟审讯室。在这间特别审讯室里，充满了各种由电子模拟器发出的鞭打声、呕吐声和呻吟声，十分逼真。在这种强烈刺激下接受审讯，确实需要有超人的毅力才能通过。一名上尉军官对当初的恐怖情景记忆犹新，他向人们这样形容说：“刚进入审讯室，我什么也看不见。有几个彪形大汉把我按倒在冰凉的土地上，扒光蒙在头上的黑罩儿和身上所有的遮羞物。突然，强烈的聚光灯照在全身的各个隐秘部位。在强光的照射下，你根本睁不开眼，分不清站在你面前的是人还是鬼。这时，你会明显地感受到自尊心已被撕得粉碎，赤身露体地站着，几乎毫无意识地、不断机械地回答着扬声器里传出来的提问，至今想起来仍然是心有余悸。”

泰国特种战争研究中心专门设有一个野生动物园。园内养有蛇、鳄鱼、乌龟等爬行动物 20 多种，各种鸟类 67 种，大象、老虎、狮子等哺乳动物 42 种。训练时将队员用吊车送进放有成千条毒蛇的蛇池中，让队员运用所学的技能制服来袭的毒蛇，闯过 200 米的蛇阵。在委内瑞拉海军特种部队训练营里，心理训练一直贯穿整个训练的始终。整个课程设置有“地狱周”、“野外生存”、“虐俘”等一系列考验心理承受能力的科目，同时在高强度的训练中穿插着不让睡觉、实施各种体罚和人格侮辱等训练方法，使队员的神经始终保持高度紧张的状态。即使是在队员通过全部科目顺利毕业后，还要定期接受心理测试和心理训练，时刻在心理上保持警惕和战

韩国特种部队在污泥中展开训练

备状态。“瓦斯训练”和现场观看尸体解剖并与尸体“握手”，是委内瑞拉特种部队的必修课，因为执行任务中随时可能遭遇催泪瓦斯或血腥场面的发生。

## 意志可创造奇迹

特种部队意志的表现

意志是人自觉地确定目的，根据目的支配和调节行动，克服困难，力求实现预定目的的心理过程。意志不是生来就有的，它是靠后天训练学习而获得的。特种部队严格残酷的教育训练和特战队员在自我磨炼中逐步培养起来的斗志、忍辱、耐力、顽强、韧性等坚不可摧的精神力量，都是特战队员意志坚定的表现。意志可以锻炼勇气，勇气能够帮助我们增强信心，创造奇迹。

特战队员必须具有钢铁般的意志，在战斗中既要沉着冷静、坚决果断，又要审时度势、随机应变，敢于孤胆奋战，并根据既定方案，主动完成战斗任务。军人意志的坚毅性主要表现在以下几点：一是顽强。即在战斗中敢于、勇于、善于承受强大的压力和打击，并靠自己的意志力量使敌人屈服。二是坚定。即在任何情况下都不为艰难所阻，使信念坚定不移，行动始终如一，无所畏惧地实现既定目标。三是坚持。即能在较长时间内，为实现目的坚持不懈，百折不挠地去努力奋斗。四是果断。善于当机立断，克服优柔寡断，不待对手有所反应，就迅速果断地采取行动。果断并非武断，不是明知错误也不改正，而是要善于随机应变。在执行既定方案时，应根据变化了的形势，审时度势，调整策略。五是独立。独立性强的

美军特种兵在泥潭中训练

士兵，在行动中能独立根据环境和条件制定相应的行动目标，既不易受外界的影响而改变自己的计划，也不拒绝一切有益的建议。六是理智。炮火纷飞的战场上，战友的鲜血、同志的伤亡，敌人的残忍与猖狂以及敌人心理战宣传的欺骗、诱惑等，都会给军人以程度不同的刺激，因此军人必须用理智控制自己的感情，约束自己的行动。

台湾特种兵攀岩训练

如何培养特种部队的意志

培养特战队员钢铁般的意志，需要多措并举。一是树立志存高远的目标。帮助队员调动心理潜能，培养观察敏锐、记忆持久、思维深刻、想象丰富的素质，为理想的实现勤奋耕耘，锲而不舍。二是保持脚踏实地的作风。日常小事是锻炼意志的基本途径。坚持、抵抗诱惑、克服胆怯等意志品质，都是在军人日常学习、训练和生活中逐步培养的。三是难易适度的训练模式。为特战队员设置一些主客观条件允许并需要一定的意志努力才能克服的困难，以坚决的态度克服再进行总结，直至获得成功。四是坚持体育锻炼，保持队员身心健康的同时磨炼他们的意志。五是榜样激励，把伟大人物、英雄模范及先进典型作为特战队员学习和模仿的榜样，用以激励和鞭策他们。一个特种兵即便拥有最好的军事技能，但是碰到凶悍、强壮的敌人就害怕、退缩，那也是必败无疑的。特种部队通过心理训练培养队员“天不怕，地不怕，就是拳王也敢打”的必胜信心。经过一天急行军后，在极其疲惫、饥饿的情况下，还能在教官的要求下，与特意安排的实力高出很多的老队员或职业拳手进行实战对抗，队员的取胜概率虽然极小，但比赛不以输赢定胜负，而以队员的意志品质坚定与否，能否面对困难、决不放弃、敢于胜利为标准，以此来锤炼特战队员的心理素质。

挪威特种兵通过对打训练磨炼士兵意志

外军通过残虐特种兵锻炼士兵的意志力

特种部队所有的训练无一不是为信心和忍耐力这两种品质打基础。坚定的信心体现为在劳累、坏天气或其他艰难的情况下依然能点燃激情、继续前进。顽强的忍耐力意味着尽管事情看起来很糟也要继续保持斗志，忍受恶劣自然条件，连续作战超越体力极限。积极的思考和身体应该相互协调，身体越是强健，精神越能自律，也能适应整天辛苦劳作。情况恶化时，身体和精神都能够为忍耐做充足的准备。积极的思考能够消除犹豫和疑虑，使人坚持更长时间。思维高度清晰时，身体状况才能表现得最好，为任何机会做好准备。

各国特种部队的意志体现

海湾战争中美军特种部队深入伊军阵地纵深 80 至 500 公里没有暴露。美军训练中常派特战队员孤身前往深山老林执行任务，林中到处都是毒蚂蚁、蝎子、蜈蚣以及北美剧毒眼镜蛇，还有饿狼、豹子、老虎等野兽。队员唯有靠意志才能生存下来并完成任务。俄军特种部队越野跑训练时，要求背负几十公斤装备，在复杂地形狂奔十几公里，其间穿过长距离障碍区，或翻越水上障碍，蹚过腐臭的齐腰深的泥沼，或是头戴防毒面具加速穿过“污染区”。随后要越过各种各样的特别障碍区，其中包括危险四伏的布雷区、方向难辨的浓烟区、炙热难熬的烈火区。半空中还有轮胎在浓烟和热火之中摆来摆去，不时向特种兵的头上、腿上、胳膊和躯干上撞去。在十几公里艰难历程中，队员还要不时地匍匐或跳跃前进，以避开考官们真枪实弹的射击。同时，在整个越野过程中，一个特别小组始终向他们身上倒泥倒水，甚至向他们的脚下投掷爆炸物。没有坚强意志的人是不可能坚持下来的。俄特种部队中的秘密谍报人员在进行战斗训练考核时常被空投到渺无人烟的地区，离集合地点有几百至几千公里之遥。考核内容是在没有补给品和运输手段的情况下高速运动。经过长途行军到达目的地后，紧接着还要进行耐力训练，负重连续行进 15 小时以上。按照俄罗斯医学专家的试验，人在极度疲劳和饥饿的情况下，最多只能坚持走 8 至 12 小时。而所有参训的特战队员们，合格的最低标准为 15 小时，差一分一秒也不能过关。以色列特种部队的基础训练素以“地狱磨炼”著称，包括徒手格斗、野战生存能力、登山、长跑、武装泅渡、射击训练等。在长达一公里的范围内，设置了千奇百怪的 100 多种障碍：峭陡的崖壁、矮墙、断壕、石壁、桥梁、雷区、洞穴、火网、深涧、沼泽、小溪、火力封锁区、铁丝网、防空地带、尸体区……几乎囊括了战场上可能遇到的所有障碍和险情。通过一次这样的障碍，就足以把士兵折腾得精疲力竭。以色列特种部队的官兵们要一日数次通过充满危险的障碍场，这是一种对智慧、意志、灵活反应、身体素质，救生能力以及体力极限的近乎摧毁性的训练。一位外国军事记者对此写道："人类对未来战争的想象力，在这里得到了充分的施展，训练的设计者对战争的残酷性已不抱任何幻想。这里，是由千难万险构成的通向战争的魔区。"

以色列士兵沙漠徒步行军训练

日本自卫队突击队训练

日本自卫队突击队训练营地有号称“魔鬼之路”的训练设施，在200米的通道上有低铁丝网，随后是土堆、平衡木、蛇形铁丝网、之字形原木、栅栏、立柱铁丝网、树篱、水沟等，队员们必须在规定的时间内通过所有障碍。训练营地还设有悬空索道，两个高6米、相隔15米的铁塔之间有两根绳索相连，上下绳之间的距离是2米。突击队员们要手扶上面的绳子脚踩下面的绳子，从铁塔的一端走到另一端，目的就是锻炼突击队员的胆量。

英国和阿根廷的马岛战争中，英军特战队员能够背负50公斤物品，在沼泽地和严寒条件下长途行军，在瓢泼大雨和伸手不见五指的暗夜，开展特种侦察作战活动。有的特种作战小组能在敌阵地附近潜伏20多天不被敌方发觉。前英国特别空勤团成员克里斯·瑞恩曾作为“八人小组”的一员被派往伊拉克执行敌后侦察任务。由于被伊军发现并围剿，与“八人小组”的其他成员失去联系。在没有水、没有补给的情况下，他孤身一人，徒步穿越300公里的沙漠，回到部队。他在回忆录中描述：“如果有人告诉我，在没有食物，没有足够的水和衣物，不能正常睡眠，也找不到休息地方的情况下，我可以在敌占区连续7晚步行近300公里，我肯定不会相信。但当我必须这样做时，我成功了。除了处于顶峰的体能状态外，各种

外军磨炼特种兵意志的训练

美军特种兵在各种特殊环境中训练

技能、坚毅、斗志，以及皇家特种部队训练给予我的内在动力帮助下，我成功了。”正是特战队员勇敢顽强的战斗意志成为他们不断战胜敌人和一切困难的法宝。

特战队员常常面临最严酷的生存环境，在濒临绝境时只有顽强的意志才能帮助他们战胜恐惧、厌倦、绝望和孤独，意志越坚定，生还的概率就越高。坚定意志来源于良好的心理素质、健康的体魄、扎实的训练和丰富的知识等诸多因素。身处困境之时，应时刻提醒自己保持坚定的求生意志。在这种意志的支撑下，受困者要积极想办法自救和求救，保存体力，等待救援。先冷静下来，分析困境，筹划求生的计划；然后分析危险的因素，采取应对办法，设法与外界取得联系以寻求帮助；利用自己的生存必需品进行自救，精细地筹划求生的计划，并勇敢付诸实施。一系列心理训练研究表明，特战队员经过残酷的心理承受能力训练之后，面对危险时往往能够自觉地调节心理紧张程度，通过保持适度紧张状态，克服困难，顺利完成任务。

## 让压力变成自信

未来信息化战争中，高技术、高威力、高杀伤武器装备被广泛使用，全天候、全天时、立体化的战场厮杀使战场环境复杂恶劣，战斗异常残酷。敌后特种作战的战场环境只会更加恶劣，如亲密战友被炸得支离破碎，受伤的战友像动物一样挣扎

美军“三角洲”特种部队沙滩攀爬训练

呻吟得不到及时医治，震耳欲聋的爆炸掀起剧烈的热浪和冲击波等等，这种撕心裂肺的感受对特战队员心理的冲击和震动是巨大的。如果特战队员对此种战斗压力缺乏足够的心理承受能力，就会产生一系列消极反应，甚至会导致心理崩溃而丧失战斗力。为了有效地执行任务，特战队员必须在战斗中尽快地学会将战斗压力转化为自信的方法。

心理压力的表现和症状

适度的心理压力表现为注意力集中、思维敏捷、情绪的适度唤起，在中枢神经、内分泌系统和免疫系统等方面，产生心率加快、心肌收缩力增强、血压升高、各种激素分泌增加等现象。有助于提高机体对外界刺激的感受和适应能力。但过度的心理压力，会使人自我评价过低、自信心减弱，表现出消极被动，无所适从。还会使人产生抑郁、烦躁、焦虑、愤怒、沮丧等负面情绪，口干、腹泻、呕吐、头痛、口吃、健忘等不良反应。

战争心理压力过大导致的症状主要有几种：一是焦虑，是一种持续的，令人不安的紧张心理状态，会严重影响人的睡眠以及思考和控制自己行为的能力，常常表现为烦恼、神经质、胆怯等。二是好斗，是一种无法控制的好斗情绪。这种情绪不仅针对敌人，而且还针对其周围的人和无生命的物体。三是冷漠，受战争惊吓的士

2014 年美军胡德堡基地枪击案嫌犯为曾患创伤后应激障碍的士兵伊万·洛佩斯

兵常幻想从精神上脱离外部世界，对其周围的任何事件或情况一概不感兴趣。四是腹泻，特别是在部队集合或战斗进程中，士兵常会丧失控制肠胃和膀胱肌的能力，出现小便失禁、腹泻或尿频等症状。五是紧张，战争压力反应使受害者身体变得滞呆、木讷，甚至在强制作用下四肢也不能移动。六是抑郁，受害者常常伴有慢性抑郁症，特别是产生强烈的自责和悲观厌世感。七是厌食，受害者对食品、饮料缺乏兴趣，没有胃口，体重下降，容易生病。八是疲劳，受害者在战争中常常表现出疲劳的神情，即使充分休息后也是如此。九是失忆，在剧烈压力下，即使刚刚下达过命令，战斗者也无法记住命令的内容。十是情绪波动，受害者常会发生从极度抑郁到莫名其妙自鸣得意的变化。十一是恶心，即使危险已经过去，士兵也还会一阵阵地感到恶心、呕吐。十二是憎恨自己，士兵常觉得自己毫无价值，在与别人比较时，常常贬低自己。十三是讲话障碍，受害者常会在与人交流时出现毛病，发音含糊不清，语言越来越晦涩难懂。十四是发抖，从手开始发生颤抖，甚至会进一步遍及全身。十五是逃避现实，受害者可能会退缩到一个角落，要么宁愿不接触外界事物，要么沉浸在自己想象或幻觉的世界中。

压力在真实战场中的体现

现代武器准确度惊人，破坏力罕见，即使阵地后方也变得危险可怕，几乎没有一片地方让士兵感到安全。无法休息、光线昏暗、长期作战疲惫不堪、气候恶劣、无暇吃饭、远离同伴等恶劣的作战环境也给士兵造成了极大压力。常使人体备用能量消耗殆尽，作战能力丧失。通过对 20 世纪几场战争的深入研究发现，连续两天作战的部队里心理受伤的士兵人数平均高达四分之一，而且作战时间每增加一天，这种比例就会显著升高。在第二次世界大战中的突尼斯卡塞林和法伊德要隘战役中，美国陆军平均每个师因战斗压力过大而导致 1600 名士兵丧失战斗力。越南战争中，美军发现士兵作战时，背负着异乎寻常、令人不安的压力。他们经历了痛苦的埋伏战，要瞬间从极度的乏味到突然的暴力行动，很快又平静如初，只留下伤残者的恐惧和死者的尸体。这种压力长期积累下来，会让战士身心极度疲惫，作为应对，美军的大多数军事行动持续时间很短，通常几天就结束，疲惫的战士可以很快回到基地，洗热水澡、吃牛排、烧土豆和看电影等，对缓解战争压力产生了一定的效果。不过，战争心理问题不是短时就可以疏解的，直到现在，美国国内仍有大部分越南战争时期的老兵在忍受着战后综合征的折磨。这种战后综合征，主要是心理障碍，原因是战后心理失调、长期慢性紧张、疲劳、寂寞、睡眠经常被打断、睡眠不足、急剧心跳、恶心腹泻等，在日常服役中表现出漫不经心、散漫的样子，经常

伊拉克战争中美军部分士兵因战争综合征而自杀

发起挑衅行为，容易发怒。这与他们对前途感到迷茫的心态也有关系，他们不知道将会在何时以什么样的方式结束自己的战斗使命，同时还面对着当地人民的仇视。除此之外，还有死亡恐惧症、战斗紧张症、自杀分裂症、凶神恶煞症、虐待战俘症等许多因战争压力导致的、现代医学难以治愈的病痛长期折磨着美军官兵。

1973 年中东战争中，以色列的伤亡人数中 30% 为精神病患者。俄罗斯车臣反恐怖作战后，很多参战人员患有神经性失眠或者严重的神经官能症。1991 年“沙漠风暴行动”中很多战士因心理紧张而表现出无精打采、焦躁不安、惊慌、沮丧甚至疯狂等症状，患病者轻则失去战斗力，重则无法正常生活。伊拉克战争爆发后，驻伊美军非战斗死亡中的自杀率从 11% 上升至约 15%。约有 400 名驻伊美军士兵因心理压力问题被遣送回国。美军把心态健康提升到了保证部队战斗力的高度，一次性抽调 200 多名心理学家、心理医生和精神病专家，组成了 10 个医疗小组，分赴战地前沿，帮助战士减轻心理负担。即便如此，5 月 1 日大规模军事行动结束后，仍有 50% 以上的驻伊美军士兵呈现出战后精神紧张、疲劳乃至精神分裂的症状。2003 年 12 月，有 600 多名美军士兵因为心理问题而被提前疏散回国，另外，至少有 22 名美军士兵自杀。厄瓜多尔特种部队为了锻炼特战队员的心理承受能力，把受训者送到医院的外科病房生活几天，天天接触严重伤残人员，闻到死尸散发出的怪味。使用人的尸体进行解剖训练，了解人体器官构造情况，增强队员对死亡的适

外军特种部队用实弹射击增加训练中的实战氛围

应性。可见，没有遇敌不慌、临危不惧、独处不寂和勇敢坚定、沉着冷静的良好心理素质，根本无法应对复杂的战场环境，再精湛的战、技术也发挥不了作用。

针对心理压力的训练

特种部队的活动几乎都是在最易诱发战争压力的条件下进行的，深入敌后孤军奋战，缺少足够的支援保障，有较大的死亡和失败的风险。身体不堪重负、睡眠不足也是家常便饭。但特种部队战争压力反应现象远少于普通部队，这缘于他们平时严格的训练和贴近实战的战争考验。

通过模拟实战环境进行训练可以大大提高特种兵对战场压力的承受能力。训练中要把战场上可能遇到的各种困难、压力都尽可能考虑进去，并结合实战性综合演练或考核进行。美军“海豹”突击队队员要连续进行为期六天不间断的训练，中间每天最多仅能休息 4 个小时，主要进行沙滩体能、游泳、抬舟等内容的训练，所有训练都是在硝烟弥漫的模拟战场中进行，有时连休息和吃饭都是在臭气熏天的齐腰深烂泥中进行。所有训练是结合为期 25 周的三个阶段淘汰性强化训练进行的，残酷训练的同时，随时面临被淘汰的压力。战术训练中设置大量具有危险性、破坏性、残酷性、复杂性的环境，如在实爆、实弹射击的危险环境中穿越规定的考核战术区域，进入建筑或通过铁丝网等。

特种兵在实战中很可能在劣势或负伤条件下躲避、逃脱对方的追捕，甚至被俘以后又要接受对方的种种折磨。因此，不进行有针对性的训练就难以完全适应这种战场压力。对应的强化训练通常都在“抵抗俘虏营训练实验室”中进行，实际上是一个模拟战俘营，里面有哨兵、瞭望塔、电网栏杆、行刑室等。训练中教官要不断

美军构设贴近实战的训练环境以提高官兵的信心

外军反审讯训练

对特战队员施加心理压力，比如对“被俘的特种兵”进行各种辱骂与人身人格侮辱，让他们当众大小便，给他们吃腐烂变质有臭味的东西，甚至剥夺他们数夜睡眠的权利等。最残酷的方法是把特种队员埋在一个木桶内，全身都倒满木屑等垃圾，直到他们感到头晕呼吸困难。经过仿真战俘营的折磨后，特种队员更加不愿当俘虏，而是宁愿与对方拼斗到底。

特种部队严格的队员选拔程序和过硬的心理训练，使特种兵具备遇敌不慌、临危不惧、勇敢坚定、沉着冷静的良好心理素质，能正确对待和化解战场压力，具备较强的战场适应和连续作战能力。特战队员可以在几小时内甚至是几秒钟内由挑衅性的战斗巡逻突然过渡到向民众分发食品，也就是说特战队员必须具备迅速由执行战斗任务向执行非战斗任务转换的心理素质。近在咫尺的针对平民的犯罪活动发生时，特战队员必须保持克制，未经允许不能参加实际战斗。

特战队员在战场上不惧任何压力而表现出的超级自信建立在多方面基础之上。他们相信自己的决策技能。当部队的领导牺牲或不能参加战斗时，凭借充分的决策训练，其他人员均可立即接替其职位。特战队员对使用武器有充分信心。英国特种航空部队和美国海军陆战队、“海豹”突击队的训练都要求新兵熟练掌握全球军队使用的各种重要兵器，完整掌握部队的各种工具。信心还来自队友的支持。队友间

美军海豹突击队通过队友间共用一具氧气瓶训练相互间的信任度

的充分信任能转换成战斗动力，这种动力源于不让同伴失望、不辜负团体的荣誉和愿望。通常情况下，治疗“战争压力反应”有三原则：让患病战士远离前线，充分休息；一日发现病状，立即治疗；治疗的最终目的是使战士恢复战斗力，重返前线。通过战争考验建立信心，心怀爱护集体的动力，加之好的领导，与未受过训练的人相比，这样的战士成为精神疾病患者的概率几乎可以忽略不计。

## 特战场上我为王

特种部队的军事训练具有战训一致、极限训练、一专多能等独到之处，铸就了特战神兵的钢筋铁骨。特种部队是执行政治任务的武装集团，对国家、对民族无限忠诚。他们还具备忠于职守的职业态度、顽强不屈的必胜信念和不怕牺牲的战斗精神，在战场上常常显示出一种舍我其谁的霸气。

对战局的充分把控能力

特种部队的训练由过去的适应作战向牵引作战转变，变训练场为未来新的作战样式的实验场，从而实现“兵怎么练，仗就怎么打”，平时按作战需要练兵，战时按练兵模式打仗，使训练最大限度地与实战紧密结合。特战兵通过对敌展开攻心夺志的心理战行动，形成心理上的绝对优势，从而让战局完全按照己方意图发展。基本战法主要有：宣传造势，扰乱人心。通过新闻媒体宣传、计算机网络宣传、印刷

俄军反恐精英阿尔法部队

品宣传、实物宣传和战场宣传等途径，打击敌人作战士气，鼓舞己方战斗精神。海湾战争中，美军特种部队“海湾之声”广播每天用阿拉伯语播音18个小时，70%的俘虏承认是受到心理战宣传的影响而决定投降的。通过制造恐怖气氛、利用恐惧心理对敌实施恐吓战术；制造和发送威慑信息，通过举行大规模演习、展示高技术装备、大规模兵力调动等方法宣扬实力，给敌军心理施加影响并改变其心态，造成心理上的恐惧和不安，使其失去心理平衡，被迫服从；暗示诱导，争取人心；利用媒体等手段，以间接、含蓄的方式传播某些信息以达到攻心目的；通过非真实或伪装的欺骗手段，造成敌人的错觉，使敌人在情报判断、制定方案、实施指挥时犯错误，从而达到不战而胜或以少胜多的战法；利用重金收买敌军将领，使其变节。伊拉克战争中，美军中央总部司令弗兰克斯承认，美军特种部队用美元收买了大量的伊拉克高级军官，收到了意想不到的效果。

### 协调默契的团队合作

虽然特战队员个个都身手不凡，但执行任务时，特种部队更加强调的是团队协作。特种部队以小分队形式执行任务时，需要尽可能发挥每一个人、每一个小组所拥有的能力，配合上要求达到心灵相通的境地，而且必须忠实守信，相信自己、相信队友。通过涵盖基础技能和专业技能内容的竞赛可以增强特种作战部队团体凝聚力。如美陆军特种作战部队进行的“优秀突击手”竞赛，比军事五项赛的强度和竞争性更大，强调的是小组协作能力。最后通过实战化的军事演练来形成整体战斗威力。各国特种部队参与军演的次数和规模逐年增加，有自身内部的演习，也有多国联合军演，重在演练特种部队在实战中的协调能力。

在伦纳德伍德堡的“工兵竞赛”中美国陆军参赛者在合力拖动“悍马”军车

坚定无比的忠诚意志

战场上千钧一发之际，战斗人员的精神状态对战斗成败所起的作用远大于他手中的武器。美国陆军特种部队的信条是：“我将保持头脑的清醒、警惕和身体的强健，因为没有它们我无以回报祖国。我将不会令我的祖国失望。我不会给我自己和

美军绿色贝雷帽特种部队训练间隙

部队抹黑丢脸。我将保证我自己、我的武器和我的装备处于最佳状态，不负特种部队队员的称号。”美国特战队员深知职业的危险性，强调无论何时何地都要为美国利益而战。西方国家的特种部队往往借助随军牧师的力量，将“神”的意志巧妙转化为国家意志，在给予官兵精神抚慰的同时，解决官兵“为谁而战”和“为何而战”等战争伦理问题。适当的荣誉激励和足够的物质待遇，是各国特种部队激发官兵责任感、使命感和维护士气的重要手段。

无视一切困难的必胜信念

特战队员必须正视危险，敢打必胜。即使对手身高体壮、技艺高超，也不怯场怕敌、精神紧张，始终保持必胜的信心和旺盛的攻击意念，发挥最大潜能。外国特种部队修炼培养队员的自信精神，其要旨就是将生死置之度外，在士气上绝对压倒对方。在格斗开始前，要像野兽般紧盯对手双眼，这时特战队员眼中要射出一种慑人的力量来，令对方胆战心惊，精神受到很大的威胁，同时给自己打气鼓劲，增强信心和力量。此时胆怯、厌战、急躁等不良情绪就会烟消云散。通过调节自我压力，建立自信心，培养特战队员对危机和恐惧的承受能力，把这种大无畏的精神变成一种习惯，根植于内心深处。要使特战队员深知：“我们不轻敌，但敌人远没有我们想象的那样强大”。

朝鲜特种兵

# 四、精确制敌

——战术能力训练

特种部队的战术灵活多样，核心是获得战术优势。特种部队战术训练是由特种部队组织的对单兵、小组、分队或部队进行的战斗原则、战斗技能和战斗方法的训练，是融基础训练与应用训练为一体的综合性训练。目的是培养特战队员掌握战斗技能和指挥官的组织指挥与协调能力，提高战术思想水平和特种部队战斗能力。一切技术和基础训练都是为战术训练服务的，战术训练是特种部队训练的高级阶段，是形成特种作战能力的关键因素。其中最重要的便是智勇果敢的指挥决策、精打制敌的战术设计、刺向要塞的训练模式和真打实抗的对抗演练。

## 智勇果敢的指挥决策

指挥决策，是特种部队指挥员及其指挥机关在指挥所属部队执行特种作战行动以及其他军事行动的过程中，为确定行动目标和行动方法而进行的一系列筹划、优选和决策活动。战术训练中的指挥决策训练也被称为定下战术决心训练，是军事艺术与军事科学的有机结合。战斗中定下战术决心对指挥官和参谋军官的素质和能力要求较高，不经过平时系统、周密的定下战术决心训练是不可能具有战时定下战术决心能力的。特战队员与敌接战时，要在最短时间，以最大火力造成敌人最大伤害，才能取得最后胜利。除了特种兵的素质、装备与战斗意志外，智勇果敢的指挥决策是非常必要的。从作战的角度来区分，定下决心的整个智力过程可分为分析任务、战场情报准备、策划支援保障、制定行动方案、定下战术决心等步骤。

### 全面准确地分析任务意图

一是分析上级任务和意图，接到上级作战命令或作战计划后，特种作战指挥员要组织相关人员研究任务，分析上级意图。根据不同级别和权限，特种部队司令部参谋军官应通过联络官或协同设备同上级作战司令部参谋机构或战区联合指挥机构建立直接关系，围绕战斗任务，持续不断地了解最新情况，同时在各自负责的领域中开始进行分析。分析的内容包括任务目的和指挥官的意图、作战空间的情况、任务的限制条件、可用的兵力、完成任务需要承担的风险、完成任务的时间等。二是分析作战地域的敌情、地形、气象情况，分析敌情的重点是掌握作战目标的兵力部署、行动时间、地点、作战能力、行动规律、作战样式、可能得到的支援和加强等。分析作战目标时除了当前态势，还要预见其可能的发展变化。分析作战地域地形情况时，要考虑战场内在结构，评估战场地域内主要地物、交通运输网和居民地可能提供的机会和限制，分析作战地域内的视界与射界、掩蔽与隐蔽、障碍等关键地形条件，确定便于选择渗透与撤退的机动路线。分析气象条件时要评估气象给作战双方带来的有利和不利的影响。三是分析目标情况，就是对预定的作战目标进行详细研究，以确定它们的军事价值、攻击优先顺序、作战范围以及达到特定目的需要的致命性或非致命性武器等。分析研究目标时，可把目标分成目标系统、子系统、复合体、重点部位、致命攻击点或节点组成，形成关键性、可行性、复原力、弱点、效果与可辨认性等各方面的数据。各级指挥官和司令部对目标分析的重点各不相同，有战略、战役和战术各层次之分。以破袭一个电厂目标为例，战略分析人员可能会在众多的系统中选择电力系统为瘫痪目标，以破坏敌方社会经济稳定性；战役层次的分析人员会说明攻击哪个特定电厂对敌方全部电力系统稳定造成的伤

2017 年 3 月韩美“秃鹫”联合演习在两国国防部长商谈后开始

害更大；战术分析人员则确定攻击某特定涡轮或锅炉会导致目标电厂的瘫痪。四是分析自身实际情况，主要从作战需要和实际情况出发，分析参战特种部队的训练水平，联合作战中可能得到的配属和支援，武器和技术装备的数量、质量、保障条件及生存能力等情况。包括本级编组及下级部队、配属和支援分队的人事、后勤、民事状况，部队的位置、指挥控制效能、机动程度等情况。五是形成指挥官的指示，如果在准备过程中情况发生变化，指示的内容要作相应修改。指挥官的指示主要包括时间计划、总体意图、风险评估、指挥限制、对敌军行动的考虑等内容。

多维贯通的战场情报准备

一是对作战地域和关切地域情况进行评估，作战地域由作训军官指定，而关切地域则由情报军官和作训军官根据指挥官的指示共同确定。二是分析研究地形情况，执行侦察任务的部队重点研究预定目标附近的地形掩蔽与隐蔽情况，执行破袭任务的部队重点研究能秘密接敌和撤退的道路和障碍情况。除了分析地形的起伏、河流的分布、通行能力、障碍物，还包括人口密度、交通运输设施和物资资源等因素。三是研究气象因素，制作日照资料表、12 至 72 小时气象预报、长期气象预报及研究资料等。四是敌情判断，主要包括对作战地域敌人的配置、力量组成和实力

驻阿富汗法国空军“雪鸮”无人机提供大量情报保障

三方面进行分析研究。研究已查明的敌部队配置，包括侦察作战目标的配置及其支援部队和战斗勤务部队的配置。参考上级敌情通报，综合出目标之敌以及可能影响特种部队完成任务的其他敌方部队的战斗序列，特别是敌电子战、特种作战和反特种作战力量情况。五是敌情综合分析，经过地形、气象和敌情等情况分析研究后，综合作战理论透明图、障碍物分布图以及战斗序列表形成情况透明图，标明敌方部队配置、己方行动路线、射击和通信等重要情况。

着眼长远的筹划支援保障

通常先于作战行动展开，并贯穿特种作战的全程。特种部队在战术训练中可以按照情报支援、后勤支援、信息支援、公共事务支援、空中支援、火力支援等逐项进行训练。一是情报支援，实时、周详、适用、全源融合的情报在识别相关目标、制定行动方案、计划与实施中是至关重要的。特种作战使命的战略性质，要求情报信息支援更加详细、精确，通常需要连接国家和战区情报资源接口，以便获取全源情报支援。二是后勤支援，在制定周密作战计划时，根据不同任务需求，确定通过军种支援、战区支援、非标准支援、特有支援、东道国支援中的一种或多种方式，提供实时可靠的后勤支援保障。三是卫勤支援，特种部队卫勤支援的特点是结构简单，卫勤人员有限而医疗技能强，根据战场实际情况可申请战区医疗服务支援资源或东道国医疗支援。四是指挥、控制、通信与计算机系统支援，安全可靠、互通互联、轻便灵活的指挥、控制、通信与计算机系统，能确保支援全球范围内任何时间、任何地点的各种特种作战行动。五是公共事务支援，在作战计划阶段就应制定透彻而准确的公共事务指南，向国内民众精确反映特种作战任务与目的，与全面心理战和民事军事行动相一致，与战略、战役、战术方面的作战保密要求相一致。六是法律支援，国际法、国内法、条约条款、政治协议、武装冲突法和交战规则都可能影响特种作战任务的计划和实施，相关部门必须为特种作战部队参与的行动提供足够的法律依据。七是战斗行动照相支援，战斗照相队为支援特种部队，专门配置夜视和具备数码图片传输能力的特殊装备。战斗照相产生的图像和视频资料，用于向盟国和国内公众乃至敌人展示本国作战的真实性质，以对抗敌人图片、图像所传播的虚假信息。八是空中支援，根据不同任务需要，特种部队可以得到终端攻击

俄罗斯特种兵比武中的战场医疗急救科目

控制人员、战术空中控制组、空中支援作战中心等支援。九是空间支援，为特种部队提供精确导航或地理定位、全球通信，全球范围内情报搜集、监视预警、气象支援、地理空间支援图像和目标图像等，以及阻止敌方使用空间的能力。十是气象水文支援，利于特种部队在掌握大气、气象和海洋条件的基础上，更好地从正面利用天气和气象条件，减少对作战行动的不利影响。十一是地理信息和勤务支援，可为特种作战部队提供实时、完整和精确的战场信息，帮助判定己方和敌方行动方案，制定部署特种部队和关键武器系统的计划。十二是火力支援，必要时，特种部队需要远程陆基联合火力支援，要确保火力支援提供者与纵深部署的特种部队之间通信的兼容性和相互协同。

科学严谨地制定行动方案

首先是细致而有针对性地根据作战样式、作战规模、作战企图制定行动方案。行动方案通常包括作战目的、类型、时间、地点、方法等要素。特种部队强调制定行动方案时，要在依靠个人知识和经验的基础上，对情况作出创造性的判断，发挥想象力和创造力，制定出打破常规的几套行动方案备选，尽量避免制定传统保守和人人熟悉的行动方案。以实现作战意图为总体目标，分阶段、按步骤将总体目标转化成每一个作战阶段的具体行动目标，然后围绕每一阶段的具体行动目标内容设计

外军利用网络化指挥系统进行兵棋推演

并拟制行动方案。其次是科学快速地分析行动方案，找出并排除其责任范围内有明显不足的方案，向指挥官推荐最佳行动方案。分析行动方案要高效、科学、量化，通常采用兵棋推演和研究比较等方法。兵棋推演就是依据作战双方的实力与配置、敌方兵力兵器和可能的行动方案，通过开放型、封闭型和现地型模式，有意识地显现一场战斗的过程，动态化地预见一场战斗中对方的反应和反抗，以便检验和评估各种行动方案。

坚决果断地定下作战决心

定下决心是一个复杂的运筹决策过程，需要指挥官精心思考、掌握关键、科学决断。得悉指挥官的决心后，参谋人员着手准备计划或命令来实现选定的行动方案。在实施计划的过程中，指挥官和参谋人员对作战行动实施监控，通过各种行动与命令适应不断变化的战场态势。一是决心与建议，建议是参谋人员向指挥官进行关于作战计划的简要报告，同时指出每一个方案的有利因素与不利因素。决心是对指挥官的意图、总体计划及作战支援的简明阐述。指挥官依据自身的经验及其参谋人员的建议和自己的判断定下决心。二是计划与命令，计划和命令通常由态势、任务、战斗实施、勤务支援、指挥与通信等五部分组成。作战计划和命令应做到清

俄罗斯特种兵针对藏匿复杂建筑物之敌进行的战术训练

楚、完整、简洁、主动、明确、及时。三是执行和监控，下达命令后，指挥官应对部队的战斗准备和命令的执行进行监督，周密地定下战术决心能为指挥人员发起实际战斗行动时进行有效快速的调整提供良好的基础。

## 精确制敌的战术设计

战术，是指导战斗的方法。设计，是在正式做某项工作之前，根据一定的要求预先制定方法。战术设计，就是在正式作战之前，根据一定要求预先制定战斗的方法。战术设计是从适应未来作战向设计未来作战转变，并牵引战术训练和部队建设向更高层次发展。外军特种部队把战术设计训练作为指挥官、参谋军官和司令机关战术训练的高级阶段，作为创新战法、提高指挥官谋划能力、指挥控制能力的重要手段，拓展思维空间、提高创新能力的重要途径。

### 战术设计的分类

特种部队的战术设计训练一般分为宏观战术设计训练和微观战术设计训练两种。一是宏观战术设计，是从宏观和理论的角度，对未来特种部队预计对手、战场环境、力量构成、作战方式进行一种科学的预测和构想，是作战理论的重要组成部分，是牵引特种部队长远发展、力量手段建设、装备研发等发展方向的纲领性理论。美军非常强调对未来作战的设计和研究，《2010年联合构想》、《2020年联合构想》等纲领性文件，是特种部队战术设计的主要依据。二是微观战术设计，是对具体的战斗活动进行研究和设计，是对战术力量使用、战法应用等环节进行的谋划设计。目的是通过对战术手段、战术行动的谋划设计，使作战进程和作战结果按照自己的预期进行，最终实现克敌制胜的作战意图。通过专家的反复论证、实践和改进，特种兵的技战术动作不断走向成熟，越来越精确、利索、实用，技战术动作可以精确到每个单兵的具体行动，分队战术细化到整体行动的每一个细小环节。

俄罗斯在车臣建有国际特种兵训练中心，占地面积有几十公顷，设立很多部门，功能广泛，可培训各种军事特训专家，还可进行科研活动，以及针对陆海空多个领域特种兵进行培训。训练中心内建有潜水中心，配备10米深人工湖和5米风洞。乌克兰国家安全特种部队在基洛夫格勒有一座现代化的特种兵训练中心，专门进行特殊条件下特种兵自我保护和反审讯能力训练。这里汇集了世界各主要国家的地形地貌和主要城镇，街道名称完全相同，甚至连风土人情、方言土语都一模一样，完全可以以假乱真。一个名叫波波洛夫的士兵就是因为在“美国唐人街”上不小心冒了一句俄语而受到上司的严厉制裁，并被扣发全部训练补贴。以色列特

坐落于车臣首府格罗兹尼的俄罗斯国际特种兵训练中心

种部队特种侦察班乘车攻击时的战斗动作规范，对乘车时每个人的编号、位置、任务、携带武器种类，与敌遭遇时车上的战斗方法，处于不同位置的人员据枪射击要领，下车战斗时信记号，下车顺序及掩护方法，火力范围的区分，突击时的队形及指挥要领等均有明确的规定和精细的动作要领。实战中，指挥官只需一两个口令或手势，就可指挥所有人员完成全套战斗动作。以色列特种作战学校设计的狙击手在山地条件下的坐姿射击动作，适应南黎巴嫩边境地区作战需要，实战性、实用性很强。仅 1997 年 11 月至 1998 年 2 月间，以军特种狙击手就击毙真主党武装指挥官 50 余人。

战术设计的原则

一是训战结合，战术设计训练的目的是提高特战队员的作战指挥能力，所以必须从实战出发，与实战需要相吻合。要根据所担负的作战任务进行有针对性的战术设计训练，要根据作战对手的情况加强战术训练的针对性，要熟悉未来作战的地形条件。二是着眼全局，从特种部队的力量使用、打击目标和作战规模来看，虽然都是战术层次的行动，但其达成的却是战略目的，作战成败直接牵涉国家的政治、外交。因此，要与其他作战行动和战略战役行动相互配合，并使作战行动和保障行动

美军 101 空降师士兵在阿富汗昆纳尔省与塔利班武装交火中注重战术配合

协调一致。三是思变创新，特种部队战术设计中，要不断创新战法，以出敌不意的手段，达成预期作战目的。要把战术训练的方法、内容、场地、手段和器材等进行整合创新，从而提高战术设计的质量。要更新作战观念，在作战手段、战法运用上大胆创新。四是多案选优，特种部队在进行战术设计训练时通常根据上级的设想意图和具体的战场情况，谋划设计多种作战方案，并预期可能的行动结果，运用科学的评估方法评选出最佳作战方案。五是科学合理，现代战争是体系与体系的对抗，构成作战活动的要素多、涉及面广，各作战要素、单元或系统互为行动前提，必须从系统整体上用科学的方法统筹谋划作战行动，在充分发挥各作战要素、单元或系统作用的同时，从着力提高整体作战效能入手进行整体谋划。

战术设计的程序

一是确定作战目的。作战目的是进行战术设计的前提条件，是指作战活动所要达到的预期结果。它决定着战场环境的选择、作战力量的使用、作战行动的方法。作战目的可分为总体作战目的和具体作战目的。总体作战目的的依据就是国家利益的需要、政治外交斗争的需要、战略战役全局的需要等。具体作战目的是作战活动所要达成的最终目标，可具体表述为歼敌的规模与数量、扼守的空间与时间、摧毁的目标与效果、夺占高地与地区等。特种部队装备先进、训练有素、远程机动能力和突击能力强，通过战术行动即能达成国家战略目的，成为许多战略决策者控制作战规模、实现有限作战目的的重要手段。二是选择作战时间。特种部队作战时间的选择从战略上要配合国家政治外交斗争的需要和战役全局需要，从战术上要选择敌人认为不可能的时间，取得出其不意的作战效果。选择作战时间要进行科学的分析和论证，选择能够给自己行动带来便利的时机条件，尤其是敌人认为不适于作战行动而防备松懈的时候，以便达成突然行动的效果。三是确定作战地点。特种作战要力争突然，尽量选择在敌人认为不可能的地点展开行动。不同的作战目的对地点的选择有不同的要求。有时候作战地点的选择是被动的，如人质所在位置就是营救作战的地点。四是选定作战目标。选择与确定需要重点打击的敌方目标以及优先顺序，以便合理使用军事资源，采取最有效的打击手段，达成预期作战目的。美军特种部队按照目标提名、目标确认、情报收集的顺序，从关键性、可行性、复原力、弱点、效果与可辨认性等几个要素来选定作战目标。五是筹划作战力量。进行作战力量的筹划设计时，通常需要打破军兵种界线，量化评估作战能力需求。统筹考虑包括特种部队在内的攻击力量和保障力量，确定各种力量的多少以及不同力量模块的配比，保证设计的力量结构适合实现作战目的的需要，获取最大的作战效益。六是设计基本战法。基本战法是作战力量行动的基本方式，对达成作战目的起主导作用，是通过对作战目的、作战对象、作战力量、作战时空等基本要素的深入分析和研究而确定的。确定基本战法必须符合上级意图、战略战役实际情况和本级任务实际，针对敌人作战和行动方法，有利于作战时空的利用，适应特种部队武器装备和作战能力的需要。七是设计具体行动。具体行动是指围绕作战目标的实现，对特种作战行动进行筹划，形成各种行动之间的无缝链接，发挥出最大的整体作战效能。八是编组作战力量。适应信息化战争特点，根据确定的特种作战打击目标和基本战法，对各种作战力量单元进行编组区分和科学设计，并赋予其具体任务指标的过程。俄军特种部队在作战实践中，与装甲团、直升机团等部分队进行联合混编，采取适合独立作战的机动群、奔袭群、侦察搜索群、侦察突击群、突击抓捕群等群队式编组方式，适应了特种作战快速、高效的需要。

俄罗斯特种兵依托直升机索降
进行突袭恐怖分子战术训练

战术设计的内容

一是特种侦察行动，指的是特种部队深入敌后，运用目视观察或其他方法对敌进行直接的监视，以获取、证实有关敌军战斗实力、作战意图和行动等情报而进行的侦察活动。主要方法是预先潜入，从空中、地面或海上秘密渗透，进入敌后进行窃听、照相、捕俘或混入当地群众探听消息。特种侦察行动的主要战法有：全面搜索，重点侦察；人机结合，精确侦察；查打结合，以查为主。二是引导打击行动，是特种部队对所查明的敌军重要目标，在难以采取地面接近破袭时，采用暗号、无线电通联、激光指示、明确目标方位等方法，为己方空中及地面远程打击火力和地面攻击部队提供末端制导、毁伤程度及转移等方面的作战协助。近几场局部战争中，美英联军的特种部队使用全球定位系统、激光指示器、信标或其他手段，实施终端攻击控制和终端制导操作，有效引导打击重要目标，在空中轰炸和巡航导弹打击等攻击行动中都发挥了极其重要的作用。特种部队敌后引导打击的战法有许多种：精确定位，数据引导；激光照射，末端引导；信号指示，目标引导；以打示位，火力引导；持续监控，跟踪引导；多法并举，综合引导。三是袭击作战行动，是指在联合作战中，使用特种部队袭击敌重要目标及要害部位的作战行动，是以少制多、以奇制胜的有效行动。对于摧毁敌重要战略、战役目标，破坏敌作战体系、动摇敌军心意志、加速作战进程等具有重要作用。组织实施时要积极创造和捕捉战机，正确选择袭击目标。尽量利用夜暗、不良天候和有利地形，迅速隐蔽接敌，突然攻击，速战、速决、速撤。特种部队袭击作战通常有多种战法：空地联合，立体攻击；向心突破，聚能攻击；施计用谋，巧妙攻击；打节断链，机动攻击。四是夺控要点行动，是特种部队夺取并控制对作战全局有重要价值或影响的目标的作战行动，重在夺取与控制敌军政首脑机关、交通枢纽等其他部队难以完成的关键目标，夺控要点行动有多种战法：快速反应，先敌抢占；中心开花，重点夺取；多维突击，立体夺控；秘密接敌，奇袭夺控；虚实结合，谋略巧夺；综合运用，夺控一体。五是营救作战行动，包括战场营救和反恐行动中营救。具体战法有多种：隐蔽接敌，袭击营救；预设埋伏，伏击营救；内外策应，合力营救；全面搜索，定点营救。六是搜剿作战行动，是特种部队利用非常规战术和技术，以及对战区的情况熟悉、语言技巧和先进的装备器材等条件，隐蔽快速地进入某特定地区或地点，搜查现实和潜在的敌方兵力、火力、高技术兵器和特定政府、军事人员，并视情况给予袭击或摧毁，集查打于一体的特种战斗样式。主要战法有：设卡设伏，前截后堵；

美军海豹突击队在进行侦察渗透训练

多法搜索、及时发现；跟踪追击，防止逃脱；围剿突击，捕歼结合。

## 刺向要塞的训练模式

特种部队的战术根据各分队所承担的任务而有所不同，各分队的成员必须了解并牢记他们的战术。在人很疲劳或者形势变得很复杂的情况下，平时那些简单可靠的训练内容就能发挥最大价值。刺向要塞的训练模式，可以从战术训练的特点、原则、内容等方面表现出来。

第一，战术训练的特点

一是着眼任务，紧贴实战。外军特种部队注重贴近作战任务组织战术训练，为满足侦察引导、战场营救、要点破袭、信息对抗、心理战等特种作战需要，针对性地设置特定战场环境和选择模拟作战对手，并加强对作战对手的战法运用、训练特点、编制体制、武器装备等方面研究，突出模拟对抗分队的建设。然后，将特战队员置身于敌对环境，面对“真实”作战对手，以双方对抗的形式进行“战斗”，为特战队员在视觉、听觉、触觉等方面生成一个极为逼真的未来实战环境。面对演练中的各种变幻莫测的情况，特战队员必须充分发挥个人能力和素质，依靠团队的力量共同完成艰巨任务。对抗结果将用于评估部队战斗力，以尽可能找到训练与实战的差距。一名从伊拉克战场上回来的特战队员说："在战场上的战术和战法在平时的训练中都经过多次演练，训练中严格的要求、逼真的环境和作战没有太大的区别。"

二是注重技术，战技结合。外军特种部队把战术训练作为整个训练体系的高级阶段，通常在完成各项单兵战技术训练之后进行。在训练中，各特种分队根据性质或专业的不同，在训练内容上有所侧重，一般包括武器专业、工程专业、通信专业、卫生专业、情报专业等。战术训练中通常紧密结合技能训练，把所有学过的技能都穿插其中，不断提高实战技能。

三是看重探索，研练战法。第二次世界大战以来，特种部队凭借精干的编组、优良的装备，特别是灵活的作战方式，频繁地闪现在近代战争和低强度冲突中，执行着一般任务部队不宜执行、不能执行或难以完成的特殊任务。外军特种部队强调在作战中不以强大的兵力和火力取胜，而是坚持以精干的兵力、超强的装备、隐蔽突然的行动，以奇制胜。同时还强调不能在两场战术行动中使用同一种战法，要通过训练探索出特种部队克敌制胜的新战法，为下一次战术行动进行战法储备。

四是战术行动，背景深远。特种部队战术行动往往涉及政治、经济、文化、民族、宗教等一系列战略范畴的问题，直接关系到国家的根本利益。特种作战的目

美军特种兵进行反恐战术演练

的、时间、兵力、规模、强度等只有国家最高当局决策，才能把握全局、抓住战机、掌握主动。特种部队战术行动具有战术行动、战役指挥、战略决策的特点，一个战术行动通常都需得到战役指挥机关，甚至战略指挥机关的批准。对重要目标的夺控，包含着战役指挥机关的作战意图；对敌军政首脑的狙杀，涉及国家战略指挥机构的允许。

五是保障重点，组织严密。特种部队为提高战术训练效益，发挥有限的服务保障功能，必须主动解决训练保障与现实训练要求之间存在的矛盾，以满足训练需求。特种部队战术训练实枪实弹，危险性大，动用装备多，作战距离远，协同单位多，训练的实战性、针对性强，组织复杂，不安全因素多，稍有不慎会造成人员伤亡和装备的损毁。在组织战术训练时要求认真对待、精心筹划、严密组织，做到既不降低训练难度，又有较大的安全保障系数。

第二，战术训练的原则

一是战训一致，是根据战争对战术训练的客观要求，结合战术训练实际而确立的战术训练中的行为规范。把未来战场的战斗要求作为战术训练的标准，进行严格的、近似实战的训练。用作战任务牵引战术训练，紧紧围绕特定的对手、特定的环境、特殊的要求展开。不同的特种部队根据不同的任务进行针对性的战术训练。同一特种部队的战术训练重点也由于历史阶段不同而不尽相同。战术训练中要研究和探讨有效的战法，根据不同的任务建立和完善战法体系，根据不断变化的情况，及时更新战法以适应和贴近未来特种作战的需要。

二是从难从严，“难”是指训练难度大，“严”是指训练要求严。首先是训练难度大，信息化条件下的特种作战，战场情况错综复杂，对部队的机动渗透、指挥协同、作战保障和特战队员的心理承受能力都提出了特殊的要求，只有提高训练强度，才能增强特种部队对战场环境的适应能力和应变能力。进行战术基础训练之后，通常进行全员、全装、全过程、大强度、超常规的体能消耗及心理承受能力的极限训练，以及融战术、技术、体能、心理为一体的多课题实战化训练，使特战队员在近似实战的艰难困苦中经受磨炼。其次是训练要求严，特种部队在战术训练中尽可能逼真地设置近似实战的训练环境，包括与未来战场近似的地形、海域、空

美军海豹突击队进行拟真环境下的夜间战斗训练

域、战场设施、指挥控制条件和复杂的电磁环境等。在训练方式上，尽可能多地组织实兵、实装和实弹战术演练，多组织难度较大的实兵对抗训练。

三是科学高效，根据实际情况和具体训练任务，制定科学的训练计划，注重战

美军贴近实战进行战术训练

术训练内容的连贯性和有序性，科学确定训练内容的先后顺序，按照先战术基础后战术运用，先分阶段训练后整体合练，先单兵后小组，先分队后联合，先军官后士官，先指挥官和指挥机构后部队整体的顺序使训练内容连贯有序。以军特种部队在训练过程中非常强调短时高效。如射击训练的动作训练、空枪练习和实弹射击通常在一个场地内进行，教官讲解完动作要领后就立即进行体会练习，半小时后即进行实弹射击，射击完毕后进行简短讲评和动作纠正，尔后转入第二轮较高级的预习和实弹射击，并不时穿插各种体能、技能辅助训练，训练时间安排十分紧凑。

随着计算机技术的发展运用，还可采用战术训练模拟系统提高训练效能。如美军投资数十亿美元研制虚拟现实模拟系统可最大限度地营造逼真的战场环境，为战术训练提供人造“未来作战环境”，增强“身临其境”和交互式的作用，为训练精良部队提供各种困境、危境、绝境等场景，为特种部队检验新理论、新战法、新武器提供了最佳手段。2002 年 10 月莫斯科人质事件中，俄罗斯反恐特种部队“阿尔法”小组在发起营救人质行动之前，专门运用虚拟现实技术，将莫斯科轴承厂文化宫的设计图转换为三维布局图，“阿尔法”小组特战队员“进入”虚拟的文化宫“摸索”行动路线，“熟悉”战场环境，为解决这次人质事件发挥了举足轻重的作用。使用训练模拟系统，可以在最短的时间内使用，只需最小的物资消耗，就能获取最佳的训练效益。

四是积极创新，根据战争形态、作战样式的深刻变化，积极探索适应特种作战

美军沉浸式模拟仿真训练环境

需要的训练理论体系，用科学实用的战术训练理论体系指导战术训练。依据作战理论变化，在战术训练中积极创新战术训练理论、训练内容和训练方法，使战术训练能够始终适应作战需要并充满生机活力。由20世纪五六十年代的注重战术程序向目前的注重战技结合，由以前训练注重经验到目前的注重创新，由以前的注重单项战术能力到注重快速反应、信息对抗、综合保障、协同指挥综合运用。紧紧依靠高技术训练方法，以训练基地为依托，以模拟仿真为基本手段，以信息网络为基础设施，大胆创新现代化的战术训练方法，不断提高训练质量效益。

第三，战术训练的内容

一是单兵战术训练，是对特战队员的基本技能进行的训练，是特种部队战术训练的基础。主要有单兵战术基本动作、对地形和物体的利用、战术行动的操枪和射击、手语使用、观察与搜索、跟踪与监视、潜伏与伪装等内容。战术基本动作包括作战中对枪支的携带和使用，作战情况下的卧倒、运动、射击和起身等动作。特种部队的战术基本动作讲究隐蔽、迅速、准确、勇猛、利索。战术训练期间，要求特战队员枪不离手，随时准备射击，培养人枪合一的境界。战术基本动作还包括战场上的运动姿势与方法，未被敌发现时以秘密接近为主，被敌发现后以快速迅猛的运

美军海豹突击队单兵战术训练

动方法为主。在敌后运动要立足于秘密接敌，行进中要随时注意敌情和地形并作好战斗准备，利用夜暗等条件，保持安静，隐蔽行军。一旦被敌发现应立刻变被动为主动，对敌进行火力压制，强行通过。潜入敌战区时，可以伪装成对方的军人或者当地民众，使用敌国的语言，隐藏于敌后方，获取情报，袭敌要害。

二是小组战术训练，小组是特种部队基本的战斗单元，通常由 3 至 12 人编成。小组内部分工精细、弹性灵活，根据不同的任务小组可编不同人数，通过训练达到亲密无间、协调一致、互相信任、分工合作的目的。如英国皇家特种部队的巡逻搜索小组通常由 4 人编成，行进中每人察看一个方向，形成 360 度的火力覆盖范围，其中前方右侧的背负无线电台和机关枪，负责引导和道路的选定，右后侧是组长，负责实施指挥。俄军特种任务旅下辖的特种任务小组由 5 至 10 人左右编成。2008 年俄罗斯与格鲁吉亚的冲突中，俄军特种任务小组通常由 1 至 2 名军官、2 名爆破手、1 至 4 名侦察员、1 名通信员和 1 名医务员组成。特战小组具有短小精悍、行动灵活、独立作战、作战任务多元、时效性较强的特点。在伊拉克战争中担负预警雷达破袭任务的美军“绿色贝雷帽”作战组仅 3 人。在 2006 年以黎冲突中，以色列“野小子”特种作战分队 5 人为一组，成功破袭了黎巴嫩真主党多处火箭发射阵地。小组战术训练，通常分为组织准备、运动接敌、实施侦察、撤离交战区域等四个环节来实施，重点是达成小组动作的默契和协调一致。小组中的每个人都有固定的分工，甚至左开门的动作和右开门的动作及中开门的动作都不一样，需要小组全体成员进行反复研练，才能达到熟练和默契的程度。美军特种部队的“特种部队高级城市作战”小组训练中，根据不同的任务分为 2 至 4 人的小组，训练中通常从排雷破障进入建筑物开始，消灭建筑物中的敌人，清理房间，到摧毁建筑物并退出战斗，都是按照作战过程进行的训练。被称为“毁灭之屋”的训练场地是一座凝重、无窗、外表朴实的长方形建筑物，走廊两边的房屋各不相同，有的房间布局像超市，有的房间像火车车厢或飞机机舱。当特战队员沿走廊搜索每个房间时，会遇到不同的挑战。训练以组为单位，方法是从建筑物的一头走到另一头，清理每个恐怖分子的房间，同时解救人质。训练和实战几乎一样。手榴弹横空飞过，碎片纷飞，封闭的空间里，冲锋枪发出震耳欲聋的声音，爆炸产生的硝烟令人窒息，老特战队员扮演的人质和假想敌让训练强度比实战还高。通过恐怖之屋训练的特战队员会取得很快的进步，能掌握正确的攻击程序、个人战术技能，特别是反恐技能得到进一步强化。房间里的摄像机会全过程记录队员的表现，供训后回放，让队员们看到自己在训练中的失误，以便下一次训练改进。作战小组通常还应具备能同时执行多项任务的能力。伊拉克战争中，美军一支特种分队 6 名成员都有突出专长，分别是炸药专家、通信专家、石油专家、心理专家、气象专家和沙漠专家，在一个月内先后执行了破袭军营、引导打击、策反高官、保护石油设施等十余项任务。俄军“阿尔法”特种部队要求每个小组同时拥有狙击、爆破、登山、潜水、情报分析和谈判等专业能力，能深入敌境执行多元任务。

三是分队战术训练，通常是指特种部队营以下分队组织的战术训练。相对于个人和小组战术训练，分队战术训练的组织程序更为系统和复杂，通常分为制定计划和作战准备、输送和渗透、侦察作战实施、撤离作战地域等几项内容。在战术训练中指挥官和司令部门主要训练制定计划和作战准备，分队主要组织侦察作战训练。在接到上级命令后，根据任务的特殊要求、紧急性和机密性及敌人的规模和实力，挑选并组成分队去执行任务。分队战术训练紧紧围绕非常规战、特种侦察、直接行动、反恐怖行动、内卫和辅助行动等类型展开。具体内容有各种战斗类型的战术、

美军小组训练中的相互协同

美军海豹突击队分队战术训练

技术与程序训练；与各种战斗类型有联系的行动训练等。战术联合训练是特种部队根据作战进程组织的全过程、全要素的战术训练。空地协同训练是指突击队员利用直升机进行的训练。如果对直升机的性能没有充分了解，就不能达到百分之百地发挥直升机作战效能的目的，也无法诱导直升机着陆和潜入目标地区。

接触当面之敌，判断己方可以吃掉敌方时，可以实施单边侧翼包围法。组建两个火力组，指挥官下达命令后，第二火力组开始行动，在指定位置进行主攻、助攻、佯攻或战场情势观察回报，第一火力组留在原位置，担任硬攻等任务。以三个火力扇面，从目标区的三个方向包围时，指挥官、通信兵、侦察兵以及火力组组员，4 人混编为第三组，其他人员则分成第一火力组和第二火力组。三个火力扇面的火力需均等。第一火力组在两翼各派出 1 人，但留守的人要故意示弱，两翼的人员则尽量潜行；第二火力组则只需补上 2 人到两翼的位置，而剩余的人则以直线垂直排于第一组后方；第三火力组向两旁埋伏。第一组人员先绕到目标后方，配合第二组补位人员发动强、猛、狠的攻击，使敌人想从第一火力组位置强力突围，而该组一定要故意让其突围成功，此时第二火力组与第三火力组都按兵不动。在所有敌人赶到第二、三火力组的 Y 字底部，各组同时发动攻击，同一时间内歼灭敌军，完成伏击。

第四，战术训练的方法

一是理论学习，这是特种部队战术训练的基础，通常在战术训练的第一阶段进行，主要分为战术理论学习、特种作战战例研究、敌情研究等内容。战术理论学习重点是围绕本级战术课题学习有关理论，学习战术运用原则、程序和组织协同的方法等。特种作战战例的研究是指挥官重要的考核内容之一。敌情研究主要是根据自己的使命任务开展对作战对象的研究。

二是实兵训练，是特种部队战术训练的主要形式。通常按照单兵到小组到分队再到部队的顺序由低至高逐级实施训练，有时也以高一级部队的实兵训练带动低一级部队的训练。特种部队组以上的分队战术训练通常按照一个战术行动的全过程分为分阶段训练、重点训练、连贯训练等环节。分阶段训练是战术训练的基础阶段，占本级战术训练时间的 50% 左右。重点训练就是围绕对战斗胜利影响较大的战斗重点和难点进行多次重复训练，以便尽快提高作战能力。连贯训练是将同一战术课题按作战进程连贯起来进行战术训练的方法，用来增强训练的系统性和完整性。

三是演研战法，是特种部队战术训练的核心。非战争时期最接近实战的战法主要来源于战术训练和演习等实践活动。战术演练为战法研究提供了实践的舞台，战法研究又指导战术演练向正确的方向和更高层次发展。

四是对抗训练，分为以练技术为主的单兵技术对抗和以练组织指挥、战法协同为主的分队战术对抗。特种部队在战术训练中坚持以实战需求为牵引，设置真实复杂的战场环境，模拟强敌进行战术对抗训练。选择代表性对抗课题、重难点对抗内

美军特种部队训练中研练战法

容、阶梯性训练方式。在训练中检验并创新战法，注重训法与战法相结合。

五是综合演练，通常由上级组织或协助组织实施，是战术训练的高级形式。是将各训练课题有机结合起来，按照作战进程实施的高难度、实战化的战术训练。综合演练要突出检验性、应用性和考核性，尽可能把作战过程和要素全部体现，要在战术连贯作业训练的基础上使整个部队的作战能力有所提高，全面锻炼部队行军、作战、侦察、生存能力。

第五，战术训练的环境

一是野外作战环境，特战队员采用的主要队形有：**基本前进队形，**是排成直线前进，第一员向正前方瞄准，其余后方队员持枪朝左右方警戒，后方队员枪口瞄准线不可对着前方队员，也不可将枪口置于前方队员耳边防止误伤。**战斗前进队形，**队员以交错排列方式前进。前三名队员朝前方瞄准，第二三名队员分别位于第一名队员的左后、右后方的交错位置，两名队员瞄准线平行不重叠，其余后方队员持枪朝左右方警戒。**防卫前进队形，**此队形适合在撤退或护卫任务中使用，队形与战斗队形相同，唯最后一人朝后方出枪瞄准，并由倒数第二位队员拉引最后一员后退。**纵队进攻队形，**此种队形与基本的纵列行进队形相似，第一名队员持枪向前方瞄准，最后一名队员警戒后方情况，中间的队员交错向左、右方向形成交叉警戒。**横队进攻队形，**所有队员按照一定间距排成一排，集中目标范围向前推进。打击迅

美军特种部队训练单纵队行进

速，成功率高，一般在明确解敌人情况和友军支援情况下采用。**伞形队形，**主要用于野外行进时的警戒，队伍分成两部分，每个部分形成一个梯队，两个梯队在行进的方向上一前一后保持一定的重叠，行进时防御警戒任务主要由前面一个梯队担任，前面一个梯队的每个队员负责前方一定范围的防御任务。**钻石队形，**一般在夜间平坦地区行进时使用，每个队员根据自己的位置对不同方向进行警戒，应注意队员间的适当距离。**箭头队形，**与钻石队形基本相同，队伍中的机枪手被安排在队伍最容易发动攻击的一边，行动过程中应注意侧面防护。

根据不同战场环境采取相应战术队形：**热带雨林中，采用单纵队、双纵队与单箭、双箭队形，**茂盛植物会造成能见度小于 1 米，道路辨识与开进相当困难，队员间的距离通常为 3 到 5 米之间。每位队员都应了解行进路程，并事先约定数个集合点，若遭袭立即以小组为单位散开，以最大火力、最短时间脱离交战区后再依约定时间至指定地点会合。**丘陵丛林中，采用基本战斗队形，**要随时注意身旁的掩蔽与隐蔽，不能行走于丘陵边界线，身上服装与周遭地形尽可能相近，多利用山坳、背阳面与河谷行进。**雪地或冰川地形中，采用直行纵队、斜行纵队或水平纵队，**以每人间隔 5 米以上做线式移动，彼此之间互相支援。队员间绑上系留绳以防范队友失足。注意低温状态下弹药的效用，防范雪层与冰川爆裂。**沙漠或滩岸地形中，采用水平与垂直的单路纵队，**考虑地质、服装、水资源、方向定位、昼夜温差等因素的

美军特种部队在海洋环境中进行战术训练

影响。当两军对峙正面交锋时，在火力与弹幕压制的同时进驻有利的战术位置，再以自身火力掩护队友继续前进，如此交叉掩护前进，直到战场情况达成可控制的状况为止。**沼泽或流沙地区中，采用两路纵队，**以快速位移的运动战术平行前进。

二是室内作战环境，特战队员在清理室内等狭小空间时，通常采用 2 至 4 人一组的作战队形。进入房间前，特种兵往往以两人一组分立于门的两侧，先往房间内投掷一颗手榴弹或者闪光弹，爆炸后，由离门口近的一名队员迅速推开门，同时另一名队员对房间内显示出的空间进行警戒，在门被完全打开后，两名队员迅速冲进房间内。进入房间时，处在门左边的队员应该进入房间内右侧的区域，处在门右边的队员应该进入房间左侧的区域，并迅速扫视房间内的剩余空间、死角等。进入 L 形门道时，由两名队员首先在 L 形门道前站好有利位置，A 队员隐蔽在 L 形门道靠近转角的墙后，B 队员处在远离转角的墙边，B 队员一边缓慢沿着墙壁向前移动，一边瞄准转角内出现的区域，准备随时开火，同时 A 队员根据 B 队员的移动，沿着墙壁缓慢向前移动。当 B 队员移动到最大可控制转角范围的时候，B 队员停止移动并示意 A 队员停止移动，此时 A 队员跪姿对转角保持警戒，然后示意 B 队员准备完毕，B 队员准备好后发出一声口令或者一个手势，两人同时采取行动进入 L 型门道的转角清除门道。进入 T 形门道，两名队员在通道里各自站一边，靠墙缓慢

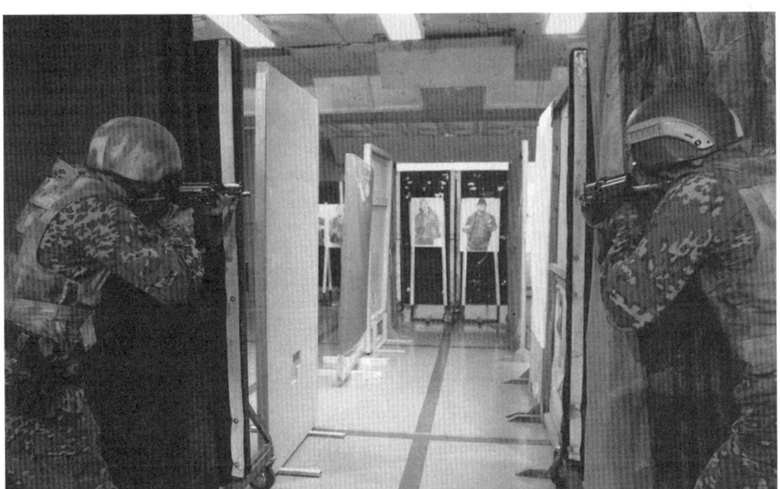

俄罗斯特种兵在室内狭窄环境使用 AKS-74U 短突击步枪战术演练

前进，在前进中时刻对房间内出现的区域进行瞄准，发现目标立即攻击，当移动到门道口时，两名队员同时停下，其中一名队员示意准备完毕，另一名队员发出攻击信号，然后两名队员同时进入房间。进入房间后，两名队员迅速朝各自所在一边的方向转动，分别对房间的左右两边进行清理。

## 真枪实弹的作战演练

### 尽可能贴近实战的训练

特战队员参加真正的战争时，会产生与平时训练完全不一样的感受，即便平时训练不紧张的队员在实战中也会感到不同程度的紧张。适度的紧张会使人精神抖擞，过度紧张则会让队员出现思维混乱、不知所措、动作变形等情况。因此，特种部队平时的训练就必须尽可能贴近实战。特种作战行动牵涉要素多、斗争激烈、情况复杂、危险性强，决定了特种部队的训练必须采取真打实抗的演练方式，从多环节、多侧面、多条件创设的苦与累、难与险、急与变的背景下，科学地加大训练密度与训练频度，达到提高特战队员技能、体能、战术和心理承受“域值”的目的，锤炼其超强素质。在利用假想敌进行对抗性训练时，要求假想敌完全按照敌方现行的作战理论、战役战术和武器装备进行带实战背景的对抗，包括战斗支援和保障人

美军特种部队在实弹射击声伴随中训练

员也一样要进行贴近实战的训练。训练中要尽可能把实战中可能出现的情况融入训练中，如情报不准、通信不畅、硝烟弥漫、噪声刺耳，特别是核化生环境、指挥官牺牲、恶劣天气和给养极度短缺等特殊情况。严格、逼真以及在智力和体力上具有挑战性的训练可以调动和激发部队的积极性，培养领导者和士兵的能力，树立他们在战场上的信心。即使在没有上级命令的情况下，也能够利用现有资源，寻找并抓住各种战机完成上级赋予的任务，从而培养和训练出富有想象力、适应性强的特种部队指挥员和特战队员。

特种部队的模拟演练

特种部队受领侦察作战任务或明确作战地域、作战目标后，通常抓紧时间，选择相似的地形、地物和环境，在近似实战的环境里进行模拟演练。指挥官和参战队员通过实战演练熟悉作战方案和战法，牢记每个人在战斗中的位置、任务、动作，熟悉作战技能，检验并发现作战方案中存在的问题，磨合作战的每一个细节，研究可能遇到的复杂情况，制定出切实可行的对策，把实战中可能遇到的风险降低到可控范围和最低程度。美军特种部队在组织对抗性训练时，将队员编组空投到深山密林之中，与扮演假想敌的部队实施对抗作战，进行渗透与反渗透、侦察与反侦察、破袭与反破袭等科目的训练。俄军“栗色贝雷帽”特种部队在格斗技能考核时，需

美军特种兵在雪地中进行训练

进行 12 分钟的徒手格斗。在这 12 分钟里，他们将分 4 轮，按照每轮 3 分钟，同 4 位对手展开徒手格斗。这 4 位对手不但精力充沛，而且全部是“栗色贝雷帽”的佼佼者。格斗中没有更多的禁忌，打掉牙齿、弄折肋骨、鼻青脸肿都是正常现象。以色列特种部队各个专用训练场地都进行了逼真的环境营造，如狙击手射击场地形复杂、地势起伏，完全是模拟黎巴嫩边境山地地形设计。城市反恐怖训练中心的每栋楼房，都与中东地区现有的建筑民房相类似，室内设置门窗、家具、楼梯、电源、下水道等，与实地无异。对抗演练中特战队员被分成红蓝双方，依据教官想定、设置的战场情况，在模拟的地形中进行作战演练。红蓝双方不了解对方的任何情况，所有组织指挥和战斗动作均由双方自行完成，凡被对方击中的即告伤亡，由己方队员自行判定并组织调整战斗部署和自救互救，演练的结果完全取决于双方的组织指挥和技战术水平。

高强度的反复训练

高强度的反复训练是保持训练水平和提高战斗力的最佳途径。特种部队必须“为保持技战术熟练程度而训练”。经过训练达到要求的熟练程度后，指挥官必须制定单兵和集体的巩固强化训练计划，特别是对涉及战斗力的关键科目进行复训，利用较少的训练时间和最少的训练次数，使个人和集体的训练水平始终保持在最佳状态，能够高效执行战时必训科目表所规定的各种任务。一位美海军特种作战部队指挥官说过：“我们 99% 的时间都在演习训练或准备，只有 1% 的时间是真正在战斗。”特种作战的高强度对抗训练在作战环境、实战氛围和心理状态等方面都十分逼真，不论是现场指挥官还是突击队员都有身临其境之感，对于锻炼提高特战队员实战应用和战场适应能力十分有效。为了造就真实的环境，特种训练中通常以饥饿、缺乏睡眠、持续的压力和使人精疲力竭的自然环境，来模拟战斗的紧张状态。训练中强调协作精神，许多科目都是两人一组进行，同伴准备好之前自己不能单独行动。越战时期，美军在组织营救北越山西战俘营行动之前，特种部队在美军埃格林基地秘密设置了北越山西战俘营的模拟营地，进行模拟训练，其中机降演练达 150 次，训练多是在夜间，训练科日包括夜间着陆、袭击和营救等，并组织了直升机撤离训练，训练持续时间长达半年之久。第五次中东战争期间，以色列为了打击

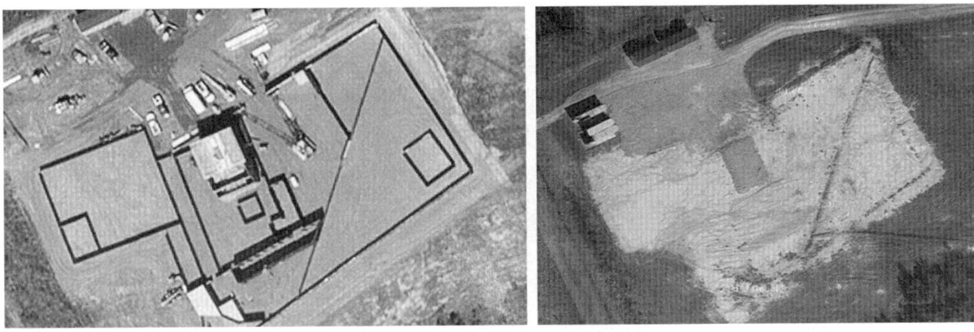

卫星照片暴露北卡罗来纳州美军行动结束后摧毁的击毙本拉登训练设施

让以军吃尽苦头的埃军远程对空警戒雷达，决定使用特种部队偷袭埃军雷达站，并争取运回一部完整的雷达供工业部门研究。为了确保行动成功，特种部队在埃德鲁空军基地仿造埃及的雷达站，建起了一个模拟雷达阵地，多次进行模拟演练。特战队员根据分工，有人专门对付担任警戒的埃军防卫部队，有人则配合电子技术专家对雷达的关键部位进行拆卸，有人负责把雷达部件搬上直升机，有人负责在机上对部件进行归类登记和固定。通过临战演练，特种部队对作战计划中几处与作战实际不符的地方进行了修改完善。由于模拟训练充分，在实战中整个作战行动不到20分钟就顺利完成。2011年美军海豹突击六队在北卡罗来纳州专门搭建的一比一模型中，经过多次反复战术演练，将击毙本拉登的整个流程按照实战标准不断完善，为最终用时42分钟成功越境击毙本拉登奠定了扎实的基础。

### 最逼真的对抗训练：野外对抗训练演习

在各种对抗训练中，野外对抗训练演习是最逼真的一种，是全面综合运用总体力量的一种演习。使用战斗、战斗支援和战斗勤务支援部队综合实施参谋训练、生存训练和诸军兵种合成训练，提供演练进攻作战与防御作战的训练机会，还可纳入电子战和核化生等战术科目。通过战斗教练、班组教练、带情况的训练演习和其他各种训练来加强单兵课目和集体课目的综合演练。通常在演习开始前72小时内，演习的计划人员还将进行领导层训练，包括演习的目的与范围、训练目标、演习区的有利条件与限制因素、参演单位、敌情、假想敌编制、交战原则、通信计划、调理员职责、伤亡与损失估计、调理员记录与报告、情报演练作业、情况交流、调理

阿富汗特种兵反恐实战演练

员通信检查等内容。演习结束时，立即召集所有演习人员和领导人员进行讲评，以便从演习中获得最大的训练效益。训练演习中的情况设置不能生搬硬套，完成各种作战动作的时间、地点等不能一刀切，要根据实战情况和部队的作战能力来确定。演习的环境上，要造成紧张、逼真的战场气氛，使参演者在近似实战的条件下经受全面的锻炼；演习的内容上，要针对作战对象的作战思想、作战手段，以及特种部队担负的作战任务合理设置课题；情况的设置上，坚持训练节奏贴近实际作战节奏，打破按部就班的演练模式，着眼战场情况可能的发展变化，设置随机多变的演练情况，锻炼提高部队战场适应能力；演习时间上，要昼夜连贯实施，组织部队进行满负荷、超极限训练。

# Chapter 4

# 闪电出击

——特种部队营救人质的成功之作

# 一、令人叫绝的“大力神”突袭

——以色列特种部队夜袭恩德培

## 祸从天降　空中客车被劫持
## 投鼠忌器　总理拉宾两为难

1976 年 6 月 27 日，星期日。

一架 A-300“空中客车”型喷气式大型民航飞机，在湛蓝如海的天空中飘游着，宛如一叶扁舟。银白色的机身舒展着双翅，带着红色条纹的尾翼向后高高翘起，在午后的阳光里熠熠生辉。伴随着发动机和谐的旋律，飞机翱翔在亚平宁半岛的上空。

“这是法兰西航空公司 F139 次航班，正从希腊飞往巴黎。法航祝各位旅途愉快！”机舱舱壁内的扬声器传出了空中小姐用英、法、希伯来语连续广播的柔美声音。

法航 F139 航班是往返于特拉维夫——雅典——巴黎的固定航班。凌晨，从以色列特拉维夫东南 10 公里的本·古里安机场起飞后，经过三小时飞行，在雅典着陆小憩，再次起飞飞往巴黎。飞机在雅典着陆时，有 59 名乘客下了飞机，另有 56 名乘客登机。就在机场扬声器最后一遍催促旅客登机时，有 4 名（3 男 1 女）旅客匆匆来到了检查处。其中，女乘客名叫布丽吉特·库尔曼。因为时间的关系，检验官没有更多地对他们进行盘查。

刚刚用过午餐的旅客们，靠在宽松舒适的航空椅上，透过舷窗，从 1 万米的高度俯视着机身下面波涛叠翠的海面和蜿蜒曲折的海岸线。

“2000多年前，这里曾孕育了辉煌的迈锡尼文化。”坐在舷窗边的美籍犹太学者爱波斯坦轻声地赞叹着。

“到了巴黎你会感慨更多的！”他身旁的女友埃丽娜说。这个身材修长，婀娜健美的姑娘此刻依偎着他。白嫩的脖颈，高耸的乳房，从裙子中裸露出的光滑大腿，已经牵动了周围几个阿拉伯商人贪婪的目光。

20分钟后，“空中客车”已经可以窥视爱琴海蓝色的胸膛了。

从雅典登机的女乘客拉开了她的旅行包，这是一位体态优美的雅利安姑娘，一头秀发如同一匹瀑布，不夹不束一直倾泻到腰间，一副至死无悔的装束。

她身边的一位犹太老妇人随便向她的旅行包送去一瞥。30多年前在纳粹德国扇起的那场法西斯狂飙中，数百万被视为“劣等民族”的犹太人，惨死于希特勒党徒之手。这位老妇人便是他们当中的一名幸存者，在她的手腕上至今还留着在纳粹集中营烙下的编号。这悲惨的往事至今使犹太人记忆犹新。突然，老妇人的眼神凝固了，随即脸色泛白，头一偏，颓然倒在座椅上昏了过去。

库尔曼从旅行包里提出的是一枝乌黑铮亮的瑞典产欣达式冲锋枪。

此时，F139次航班在自动驾驶仪操纵下，改入平飞。机长巴科松了一口气。他拿起电话，要后舱空中小姐给他和旁边的副驾驶送两杯咖啡来。

“砰！”的一声枪响，驾驶舱门被打开了。巴科回头一看，突然，脸色变了。他捅了一下副驾驶，手有些颤抖。

“你们……”。

副驾驶是个年轻人，刚一回头便一声惊呼。

一支柯尔特式自动手枪从后面顶住了巴科的头。“降低高度。航向130度，转飞利比亚班加西机场！”

低沉恐怖的命令如同枪管一样冰冷。至此，巴科和F139次航班已经别无选择。而希腊的航空交通管制官对此情况竟毫无查觉。

特拉维夫南100公里。贝尔巴希空军基地建立在一块沙漠绿地中，鲜为人知的以色列空军紧急作战指挥中心就设在这里。

在距地面300米的地下作战室里，中央控制中心光线暗淡。正面墙上，是正在显示地中海沿岸及其附近海域上空飞行区域的巨大荧光屏，屏幕上每隔数秒钟，就切换一次显示区域。各种形状的彩色图形、符号、数字令人眼花缭乱，闪烁不停的绿点表示正在飞行的飞机，弯曲的白线则代表空中管制区和雷达扫描区的分界线标志。

硕大的荧光屏下面，并列着一排雷达监视器，它分秒不差地显示着该地区每架飞机的经纬度。所有测得的数据，都将在另一侧的计算机中心予以复核。在那里，两架美国 IBM 公司生产的高速计算机，以每秒数千万次的速度“验证”着每一架飞机的航线和高度。

突然，标号为“F139”的一个绿点从显示屏幕上消失了，监视器的红灯和计算机蜂鸣器同时发出声光信号。

年轻的操纵兵心里一惊，随即转动旋钮，把显示器增益开关扭到极限，希望那个熟悉的绿点再次出现。

“坏了！”他的大脑神经立刻出现了不祥的预感。

“法航 F139 次航班在雅典以南上空突然失踪！”他马上向值班军官报告。

“查明情况！”值班军官命令。

操纵兵按下计算机终端打印机开关，“IBM”计算机在瞬间便送出一组数据：F139 次航班，法航 A-300 型飞机，从特拉维夫经雅典至巴黎；巡航时速 800 公里，平飞高度 8000 米，载有 245 名乘客和 12 名机组成员。

“立即报告空军司令部，通报内阁交通运输部以及以色列航空公司！”值班军官又一次命令。几秒钟后，巴科的耳机里响起了以色列导航中心空中管制官急切的英语呼叫：

“F139、F139，这里是特拉维夫导航中心，请速报告你的位置！请速报告……”

巴科在一名劫机者押送下，来到客舱时，他简直不敢相信自己的眼睛：舷窗窗帘全被拉上，只靠几盏壁灯照明。昏暗的灯光透过混浊的空气，映在失魂落魄、精疲力竭的旅客身上，一个个人不人，鬼不鬼。

空调被关上了，没有一丝风。空气中弥散着各种令人作呕的恶臭，他的五脏六腑开始翻滚。“不要东张西望，快回驾驶舱！”押送他的劫机者猛地在巴科背上推了一掌。

地上肮脏得没法下脚，大人的呕吐物和小孩的屎尿全都搅和在了一起，厕所已被关闭，便急的人只好就地解决。

“上帝！上帝！我随你去耶路撒冷！”被吓晕的那个犹太老妇人在冥冥中念念有词。

“给我住嘴！”库尔曼一个耳光打过去，老妇人脸上多了五道指痕。

“哈哈！我们到了耶路撒冷，耶和华端出香果，佳肴……”她要疯了，强烈的刺激摧毁了她的神经。

那位犹太学者的脸色苍白，他的心脏病两次发作，多亏了随身携带的急救药和女友的照顾，刚才女友也因不堪折磨而呕吐了。他濒于崩溃的神经突然冒出一个古怪的念头：下次心脏病发作时，干脆把急救药免了。

1976 年 6 月 27 日上午，以色列总理府正在举行着一个例行的星期天内阁会议。突然，一位总理军事助手匆匆走进会议室，神色紧张地将一份刚收到的情报递给了拉宾总理。

那份情报说，一架从特拉维夫飞往巴黎的法航 F139 次航班在雅典重新起飞时被武装分子劫持，机上有以色列人。听到这个消息，部长们面面相觑，不知如何是好。人们最关心的问题是飞机上有多少以色列公民，恐怖分子要把飞机劫到什么地方去，要对他们怎么办。

那架法国的“空中客车”穿过地中海来到北非上空，利比亚勉强同意了劫机者的要求，让飞机降落加油，飞机降落到了班加西机场上；但劫机者的面目、飞行终点和要求还不清楚。

拉宾迅速组成了一个处理劫机事件的应急班子。

拉宾上台后恐怖组织采取了“以人质换同志”的新策略，即用劫持到的以色列人质去交换它们被关押在世界各国监狱里的成员，以色列政府对此十分头痛。凭直觉，他认为这次劫机行动是那位在耶路撒冷受过足够多教育的瓦迪亚·哈达德博士策划的。

瓦迪亚·哈达德的总部设在伊拉克首都巴格达。他并不是一个单枪匹马与以色列周旋的夜行大侠。他的组织与联邦德国的巴德尔——麦因堆夫集团、北爱尔兰共和军和日本的赤军等恐怖组织有着密切的合作关系。

以色列曾为此下令对易受攻击的目标，尤其是飞机和机场采取“软贝雷帽”防范措施。伪装成乘客的保安人员多次挫败了恐怖分子劫持以色列飞机的企图，他们都身怀出枪快和首发命中率高的绝技。

但法国等外国航空公司拒绝了以色列采取的这种保安措施，它们声称过分地盘查乘客和不顾后果地动武会断送这条航线。以色列当局对此无可奈何，而恐怖组织则看到了可乘之机，这一次劫持正是发生在法航的班机上。

以色列公众不能容忍对被扣人质置之不理的态度，就是埋葬在异国他乡的死者遗骸也必须弄回来，即使是用那些被俘的间谍或将军换回以军阵亡士兵的尸体也在所不惜。因为以色列是一个“被抛弃的民族”，它的立国原则是：被抛弃的民族绝不再抛弃本民族的任何一个人。

拉宾在这种问题上历来都持强硬立场，力主用武力解决问题，他认为与恐怖分子谈判只能导致越来越多的被动后果。因此，在国内一出现劫机事件，他马上就派训练有素的突击队去“解决”问题。如果事情出在友好国家，以色列通常会敦促那个国家仿效以色列的方式，以武力解决，如果事情发生在不友好国家，第一选择方案通常是派突击队去强行制服劫机者，在绝无动武可能的情况下才考虑与劫机分子进行谈判。

摩萨德又送来了最新信息：被劫持的那架飞机上有一名叫特里沙·海曼的临产的孕妇，有早产的危险。在机上人员的劝说下，劫机者在班加西释放了这位孕妇。目前孕妇已从利比亚送到了伦敦。据海曼夫人说，劫机者为了防止地面人员营救，将伪装成枣罐头的爆炸物安放在飞机的入口处。飞机加油后已从利比亚的班加西起飞了，但方向不明。

“它会飞到哪个国家呢？”拉宾皱着眉头猛吸了一口烟。去索马里吗？这很有可能，因为索马里当局是欢迎哈达德的，并允许他们在该国设立基地。但那意味着摩加迪沙机场上会发生一场血战，最后的结果很可能是以色列突击队与机场守卫军尸横遍地，而那架飞机则在巨大的爆炸声中熊熊燃烧起来。

拉宾闭上了眼睛，太阳穴在怦怦地跳动着。随后又传来了新的消息：劫机者在喀土穆上空要求降落，但遭到了苏丹当局的坚决拒绝。拉宾摆手示意叫应急班子的成员们回家去休息，但是人们似乎没有看见他的手势。以色列电台的播音员不断地播送有关这架飞机的最新消息，全体以色列人的心都揪紧了。

这时，法航 F139 次航班已经进入乌干达恩德培上空，被维多利亚湖三面环绕的恩德培半岛从空中看去就像一个从乌干达本土割下来的金皇冠。

A-300“空中客车”掠过波平如镜的维多利亚湖，平稳地降落在被红色沙质岩包围着的恩德培机场宽阔的跑道上，缓缓地向停机坪滑去。

劫机者们雀跃欢呼。

次日凌晨 4 点，摩萨德送来了确切的情报，飞机已经降落到乌干达首都的恩德培国际机场上。拉宾最初心头滑过一丝轻松感，他认为乌干达的独裁者阿明可能会同情被劫持的以色列人质的，因为他本人毕竟在以色列受过军事训练，总不至于把以色列的热情接待忘得一干二净吧！

但事实证明他完全错了。那位有着很长一串头衔的陆军元帅，埃迪·阿明·达达博士早把以色列人的友情抛在脑后了，他后来还宣布要全力支持劫机分子。这使问题复杂了。

6 月 29 日下午 2 点，劫机分子通过乌干达电台播发了一份声明。要求有关国家立即释放 53 名他们的“自由战士”来换取人质。最后期限是 7 月 1 日下午 2 点，只有 48 小时。这 53 名他们的同志分别被关押在 5 个国家：其中以色列有 40 名、联邦德国有 6 名，肯尼亚有 5 名、瑞士与法国各有 1 名。劫机者还提出，关押在以色列的 40 人要用法国的飞机送到恩德培机场，其他人犯由所在国提供运输工具。

拉宾在当天下午 5 点召开了应急班子会议研究对策。并要求助手通知总参谋长莫塔·古尔参加。他要求古尔尽快拿出行动方案来。但古尔直到 7 月 1 日早上还拿不出方案。

时不待人，7 月 1 日下午 2 点最后期限就要到了，人命关天。拉宾急了，提议与劫机分子进行谈判。

由于事关重大，又有人不同意谈判，于是拉宾要求内阁部长们投票决定这个问题。结果全体一致同意用在押的恐怖分子交换人质。拉宾感谢大家的支持，同时强调军队要继续做好武力营救的准备。

劫机的事情出在法国的飞机上，法国政府承担了力促人质安全获释的责任。7 月 1 日上午 10 点，以色列外交部同意通过法国与劫机者谈判。

与此同时，以色列政府的最高科学顾问，心理学家德洛尔博士分析了阿明的性格、心理，并预测其行动，以寻找争取释放人质、拖延时间的途径。

根据德洛尔的建议，总参谋部找来了原以色列军事顾问团团长、退役的陆军上校巴洛克。请他以老朋友的身份给阿明打电话，在电话中巴洛克高度赞扬了阿明在毛里求斯召开的非洲统一机构会议上作为议长的丰功伟绩，并强调他在解决劫机事件上的无可替代的责任。

这个消息传到坎帕拉后，恐怖分子欣喜若狂，他们深为自己能把以色列逼得走投无路而感到自豪。

## 大发慈悲　劫机者宽限时日<br>临战练兵　犹太人争分夺秒

在这 100 名被释放的人质中，包括了那位第一个发现劫机迹象的犹太老妇人。因为从她的瑞典护照上看不出她是犹太人，所以就被释放了。她提供的情况表明，劫机者把犹太人集中在另一个房间里，以色列若不屈服，就要将他们全部处死。“一想到 32 年前在集中营里发生过的悲剧又要重演，我就不寒而栗。”老妇人的话瞬间便传遍了全国，把以色列国民的心紧紧地连在了一起。

当拉宾得知恐怖分子又给了以色列 72 小时考虑时间后，眼睛一亮，拍手叫好。他立即要求军方加速制定新的营救方案。

时间一小时一小时地过去了。在拉宾的催促下，以色列的各种应变机构都开足了马力运转起来。

摩萨德很快通过西方情报机构搞清楚，这次劫机行动是欧洲最著名的恐怖组织头目卡洛斯与哈达德博士共同策划的。他们这次行动的目的之一是要向各合作组织和部下证明自己是说话算数的，即凡是在行动中被捕的组织成员一定会被营救出来，这对下属效忠组织和甘愿为他们卖命起着重要的作用。

这次劫机者提出的释放名单上就有日本赤军分子冈本。他是1972年5月在特拉维夫机场一口气杀死杀伤100多名旅客的3个敢死队员中的唯一幸存者。日本赤军组织已多次向哈达德博士要这个人。

恐怖分子释放148名人质犯了个大错误，西方情报部门从他们口中了解到不少情况。一些被释放人质还自愿接受摩萨德推荐的“朦胧询问法”，被询问的人在昏睡之前的下意识中回答问题是最清晰准确的。所有的信息被迅速输入电脑，屏幕上便出现了一个个恐怖分子的相貌。最难得的是一个大胆的人质趁着混乱偷拍了一张照片，它使以色列更清楚对手的情况了。

7月2日上午10点，古尔匆匆来到总理府，他交给拉宾一份代号为“大力神计划”的武力营救方案。拉宾迅速地浏览了一下内容便拍板定案了。随后吩咐古尔照这个计划抓紧准备。

这个计划的核心内容是派一支以色列突击队乘飞机在恩德培机场着陆，随后对关押人质的候机大楼发动突袭，救出人质后一同乘坐飞机撤离乌干达。在此之前，曾设想以直升机夜间着陆及伞兵部队空降突袭等方案，但因速度慢，缺乏突然性和无法迅速撤出等原因，而未被采纳。最后决定乘运输机强行着陆。

这个计划说说容易执行起来很困难，任何一个中间环节出了岔子，整个计划就会以惨败而告终。

可能出差错的有两个问题。一个是中途降落加油问题，二是恐怖分子有可能把候机楼设置成为一个埋葬以色列突击队及人质的陷阱。从以色列飞往恩德培机场的最短距离是4000公里，穿越非洲腹地的长途飞行可能会遭到地面炮火射击的危险暂且不计，更现实的问题是飞机在往返途中必须加一次油，而这个油如何加呢？在赎罪日战争之后，整个黑非洲都是反对以色列的。

第二个问题更棘手，即如何保证突击队能出其不意地抵达恩德培机场以及如何使得恐怖分子来不及屠杀人质。

拉宾重新点上了一支烟猛吸了一口，考验他的时刻到了。他明白，这是一场赌博式的冒险。

他不由地想起1972年9月发生在联邦德国慕尼黑的惨案。在阿拉伯恐怖分子扣押了11名以色列运动员作为释放同伙的人质后，梅厄政府与联邦德国当局共同制定了周密的武力营救计划。但这个计划由于德国神枪手第一枪没击中目标而彻底破产了，11名运动员倒在了血泊里。谁会保证这次行动不出这种岔子呢？万一100多名以色列平民又死在恐怖分子枪口之下，他怎么向国人交待呢？

一截长长的烟灰悄然地落在桌面上，他惊醒过来，用抹布把桌子重新擦干净。不能再犹豫不决了。他轻轻用拳头击了一下桌面，干！要让恐怖分子领教一下他的铁拳。

政客们忙碌，军人们更忙碌。震耳的集合号在"野小子"特种作战部队营地吹响。号音尚未消失，全体官兵已在操场上整队肃立。"百里挑一，才能以一当十"，年仅38岁的伞兵司令肖姆将军从数千名官兵中挑选出了150名最精悍的成员组成了突击队。此刻，他背着手臂，叉开双腿站在阅兵台上，台下是与他姿势完全相同的150名突击队员。

巴顿式立姿——以色列特种部队操典规定的标准立姿。

"在任何时候，以任何方式，在世界任何地区维护以色列的国家利益"是以色列特种作战部队的信条。为此，这支部队的训练完全超出了常人的想象。

以色列领土不足3万平方公里，地形复杂，堪称"地球模型"。与埃及接壤的内格夫是沙漠，靠近约旦的富列湖附近是沼泽，约旦河两岸，是植被茂密的热带森林，而紧挨其侧的贝尔蒙山顶则终年积雪，塞费拉是典型的地中海气候，土地肥沃。可一旦由此向西，翻过一片高地，来到死海沿岸就会发现：那是一片除了昆虫之外，没有任何生物的不毛之地。

就在这块几乎包容了全世界所有地形特点的环境中，以色列特种部队年复一年，默默地进行着旨在给任何潜在之敌致命一击的实战演练。现在机会终于来了。

为了提高成功的系数，必须进行实地训练。

肖姆的老上司，情报局长霍菲打来电话，说他可以给肖姆一点帮助。肖姆按照他的指点来到了一处废旧的空军基地。

在荒凉的沙漠中，一座土木结构的大型机场赫然出现在眼前，就像是阿拉伯神灯唤来的宫殿。看得出这是模型，但却与真正的恩德培机场完全一致。

原来霍菲找来了曾经承包建设恩德培机场大楼的索耐尔博内公司的工程师，他们根据原有的设计图，参考美国卫星拍摄的照片和被释放人质的证词，制作了一座恩德培机场候机楼的实物模型。

“好好看看吧！这就是你们将去的恩德培机场，连一级台阶都不少！”霍菲在一旁不无得意地说。

摩萨德的特工在此之前化装成商人，分乘两架以色列航班抵达与乌干达毗邻的肯尼亚。夜间，即由陆路秘密地潜入乌干达。他们伪装成机场清洁工，用隐藏在拖把中的相机把所有的建筑照了个遍。据侦察，另有 6 名恐怖分子从索马里赶到了乌干达，加入劫机者的行列，恐怖分子共有 10 人。扣押人质的地点是恩德培机场旧候机大楼的顶层，第二层是乌干达士兵，10 名恐怖分子分散在顶层、二层及底层的候机厅内。

火热的太阳烘烤着地面。即将万里远征的以色列反恐怖特种突击队正在进行最后的战前演练。

在声嘶力竭的呐喊中冲锋、卧倒、射击、爆破、擒拿，头戴红色贝雷帽的士兵们，全都像发了疯一样不知疲倦地反复冲杀着。肖姆站在吉普车上皱着眉头一次次地看着秒表，嘴里不停地叫喊着：“快！再快一点！不行，重来！”

没有命令，停止进攻就是犯罪。冲锋的时候，任何一丝迟疑都意味着耻辱。哪怕前面是刀山火海，也只能拼着头颅死命一击。

摩萨德的特工们不厌其烦地让突击队员们记牢恐怖分子的长相和守卫的位置。他们还用粉笔标出了从机场跑道到候机大楼突击点的最短距离。

为了保证突击部队降落时的隐蔽性，飞机在着陆时要尽量降低发动机的噪音；滑行距离要限制到最低限度；救出人质后要立即起飞撤离；如果跑道不能使用必须在跑道以外着陆。

为此，4 架 C-130 运输机进行了强化起降训练。70 吨重，有 4 个涡轮发动机的 C-130 机卸下了全部副翼，使用辅助喷气发动机。4 部发动机开到最高速后猛地松开制动，飞机像鸟一样直插天空。

飞机掠过沙漠的夜空，一会急加速，一会急减速，又从高空俯冲下来，强行着陆。一连串战斗机的高难度惊险动作使人难以相信这是运输机。经过强化训练，最后飞机只滑行 210 米即可停下。

突击队的最后一次演习是在 7 月 2 日夜间进行的。古尔在观察了这次演习之后，3 日早晨走进了总理办公室向拉宾报告："观看了演习后，我建议内阁批准这个计划。"

总理宽大的黑色办公桌上，摆着由古尔起草的那份"大力神计划"的文件。扉页上的"AAA"是以色列最高机密的标志。即使在内阁，这种密级的文件也只有总理和几名核心内阁成员可以阅看。他手中的笔似有千斤之重，他在稍稍犹豫之后下定了最后的决心。

"大力神计划"正本的扉页上多了一行希伯来文字。那是拉宾的亲笔签名。

当他把这一纸千斤的计划还给古尔时，神情变得严肃而深沉："突击队指挥官是谁？"

古尔双脚立正："总指挥由伞兵司令肖姆担任，突击队指挥官是乔那桑・内特雅鲁中校。"

"我要去营地接见他们，就现在。"

一小时后，拉宾的座车驶进了"野小子"特种作战部队的营地。肖姆将军和内特雅鲁中校率队在营区门口列队恭候。

拉宾与全体军官分手后，来到肖姆面前。"我想问一句，这次行动会不会失败？"

"失败不属于以色列！"肖姆立正高声回答。

"有一点我要重复一下。"古尔说："全部作战行动必须在 4 日凌晨 2 点 30 分前结束。那时英国航空公司的伦敦——毛里求斯航班'子爵'号将在恩德培机场降落，以色列不想惹恼大英帝国。"

"还有什么训示？"肖姆问。

拉宾和古尔交换了一下眼色，"以色列的荣誉在此一战！"

古尔命令突击队待命出发。

阿明总统有一辆心爱的黑色奔驰轿车。现在，在基地的机库中也有一辆和那辆一模一样的奔驰车。在机库里一名预备役女兵——一位电视台的化妆师正一边看着阿明的照片，一边为一名体型和阿明总统差不多的士兵化妆。内特雅鲁中校和他的神枪手部下们也在接受化妆。

4 架 C-130 机并排停在基地跑道的一端，歇翼待命。装载着 106 毫米无后坐力炮的吉普车、装甲运兵车、反坦克导弹、重机枪、黑色奔驰车都装上了飞机。

连接亚非两洲的西奈半岛，是一个切割的石灰质高原。在它的南部，是花岗岩和变质岩交错形成的卡特里纳山。高原东部又以极大落差陡降到亚喀巴湾。这是一个干旱的世界，战略重地沙姆赫就位于这里的最南端。此刻，它又变成了以色列的"君士坦丁堡"，以色列突击队十字军式的远征将从这里出发。

空前的远征！横跨大洋的远征。4000 公里的空中距离密布着 10 余个敌对国家，突击队却要从这布满荆棘的险途神不知鬼不觉地穿越，其艰难程度可以想象，又不可思议。

事后一位以色列高级参谋军官对别人说："当时，参谋部已经开始制定应急军事计划了。因为从理论上讲，一支数百人的突击队及运输机群，要从这么多敌对国家的领空穿过，而不被发现的可能性不到百分之一。"

的确，由于高科技在军事领域的革命性进展，分毫不差的精密雷达，连空中一片金属屑都不会逃过，何况一个庞大的军用机群。

在现代战争中，任何一次"超国界行动"如果没有钢铁的翅膀都是难以想象的。为了支援这次"大力神计划"，以色列空军出动了其最精锐的部队：4 架 C-130"大力神"军用运输机、8 架 F-4E 鬼怪式战斗机、2 架波音 707 远程运输机。

指挥序列：

总指挥官：特种作战部队司令肖姆准将。

突击队指挥官："野小子"特种作战团团长内特雅鲁中校。

"大力神计划"参战部队编成和任务：

突击队 150 人（主要由"野小子"特种作战部队和部分"摩萨德"特工组成）。

C-130 一号机：袭击恩德培机场候机楼，消灭劫机的恐怖分子，夺回人质。

C-130 二号机：压制机场乌干达守军，抢运人质和伤员。

C-130 三号机：摧毁机场停机坪上的乌干达军用飞机，破坏机场设施。

C-130 四号机：停留在肯尼亚内罗毕机场，作为袭击部队与特拉维夫作战指挥中心联络中转机，并视情支援。

支援作战的“波音 707”的任务：

波音 707 一号机：为指挥机。

波音 707 二号机：载有医务人员 33 名和两间设备齐全的手术间，随时准备医治伤员。

## 月黑风高　野小子闪击机场<br>五雷轰顶　乌干达损兵折将

热浪在空中翻滚。烈日的暴晒使机场跑道上升腾起一层迷雾。午后，全体以色列突击队在沙姆沙伊赫登机完毕，待命出发。

“我觉得他们是去送死。”一位空军地勤人员后来回忆起当时的心情时这样说。那天下午，他站在机翼下，默默地注视着突击队员那一张张涂满迷彩的面孔。“为他们祈祷吧！”他在心里暗暗说。

太阳正缓缓地向红海海面落下。它仿佛被埃及金字塔的尖顶刺破了，天际一片血红，飞机渐渐溶入血红的晚霞之中。“他们全被鲜血吞没了”。沙姆沙伊赫塔台的一位飞行管制官说。

狭长的红海，被两块神秘而荒凉的沙漠拥抱着。西边是埃及，东边是沙特阿拉伯。阿拉伯世界的势力范围，从这里直到波斯湾和阿拉伯海，长达数千公里。他们每一分钟都用警惕的眼睛组成了无数张网。

在 8 架战斗机的掩护下，整个机群穿过了阿拉伯的对空警戒区进入公海。4 架喷上伪装色彩的 C-130 大力神运输机在云层上空飞行着，驾驶员已切断了一切无线电通讯联系。在它们之前是一架波音 707 客机，它是这次行动的前沿指挥部。

3 日晚上，拉宾与阿隆给以色列驻法国大使打了长途电话，他们指示大使努力与有关方面进行谈判，要不惜一切代价使人质安全获释，多出一些赎金也不要紧。

这次电话打得时间很长，以色列大使很奇怪为什么总理和外长对着话筒高声叫喊，就好像他们认为自己耳朵有毛病似的。打完电话后拉宾与阿隆相视一笑，他们知道这次通话已被窃听，恐怖分子会得到以色列愿意付更多赎金的信息的。

机群在红海最窄处的德曼海峡猛然右转，以超低空突防方式，纵贯吉布提领空，取道埃塞俄比亚，进入肯尼亚空域。担任指挥和救护任务的两架波音707降低高度，在肯尼亚内罗毕埃姆巴卡军用机场降落。

与以色列一直保持着良好关系的肯尼亚政府事后说，由于以色列是世界民航组织成员国，故按国际法惯例，肯尼亚政府不能拒绝其民航机在内罗毕机场紧急降落的请求。

“检查装备！”机群刚刚进入乌干达领空，内特雅鲁便发出了命令，沉寂多时的机舱顿时忙碌起来。包括他本人在内，150名突击队员对全部作战装备进行了最后检查。

66型毛瑟枪（一种装有消音管的高精度步枪）、SGI突击步枪（专门配备狙击手，带光学瞄准镜的连发步枪）、乌兹2型冲锋枪、红外线微光夜视仪、高爆碎甲手雷、军用匕首、“陶”式反坦克导弹、38毫米火箭筒。以色列突击队使用的武器堪称世界一流。

最后，各突击分队军官又挨个检查了每个士兵身穿的凯夫勒防弹背心，这种由芳香族聚氨酯纤维制造的防弹服的防弹能力五倍于同等重量的钢甲。

当晚10点40分，突击机群接近了恩德培机场雷达控制区。“摩萨德”安插在机场附近的特工用预定频率接通了盘旋于乌干达维多利亚湖上空的波音707指挥机：“机场一切正常。”

经过7个多小时的飞行，以色列突击机群按计划，在10点45分抵达恩德培机场上空。远远望去，整个机场灯火通明，毫无戒备迹象。

机舱里铃声大作。“战斗警报！”全体突击队员持枪一跃而起。

扩音器响了：“我们现在恩德培机场上空，准备强行着陆。”

停放在飞机后舱中的所有车辆随即发动起来，浓烈的汽油味立刻充斥了整个机舱，轰鸣声响成一片。

4架飞机分为两组降落。一、二号机在旧跑道上降落，三、四号机在新跑道上降落。着陆时间被安排在两次正常的航班之间。驾驶员用纯正的曼彻斯特口音镇静地回答了机场指挥塔的询问，他声称自己的飞机出了点小故障，需要降落检修一下。

机场指挥员同意了降落，他的话音中没有流露出半点惊奇和怀疑。“大力神”在主跑道上滑行着慢慢减速。为了防止被机场探照灯照到，缩短冲锋距离，内特雅鲁命令飞机继续滑行，驶出跑道，尽量向扣押人质的机场旧候机楼靠近。

后舱门打开了，像母鸡下蛋似地从飞机肚子里滑出了一支车队。打头的是一辆英式“兰德·罗维尔”吉普车，车上是几个荷枪实弹的黑人彪形大汉，个个都是一副凶神恶煞般的模样。跟在吉普车后面的是一辆豪华型防弹的黑色奔驰轿车，里面坐着乌干达人望而生畏的元首“阿明”。

车队在机场上绕了半个圈子，向旧候机楼驶来，守卫大楼的乌干达士兵见车队驶近，赶忙把举起的枪放了下来，随即立正敬礼。但他们还没有闹清是怎么回事，便在“卟卟卟”一阵短促的响声中倒下了。脸上涂着黑油彩，手持装了消音器冲锋枪的“卫士”们迅速地抢占好位置，并分出七八个人簇拥着“阿明”向大厅里走去。

这时，第二架“大力神”已在跑道上滑行了，它的任务是控制新候机大楼，必要时开辟另一条后撤路线。其他两架“大力神”也相继着陆。此刻驾驶员们听到的已是以色列口音的英语了，摩萨德的特工们已控制了机场指挥系统。

突击队分为四个突击分队。第一突击分队35人，突击旧候机大楼，解救人质；第二突击分队36人，负责压制乌干达守军，同时伺机夺取法航的A-300空中客车。第三突击分队30人，负责攻击恩德培机场的军用停机坪。停放在机场的乌干达军用飞机，对返航的以色列机群威胁很大，必须将其全部摧毁在地面。第四突击分队为预备队，有两项任务：一是随时准备增援第一突击分队，二是在通往机场的道路上设伏，准备阻击乌干达援军。

1976年7月3日晚，星期六。乌干达恩德培机场内灯火辉煌，平静如常。晚上

10 点 40 分，机场旧候机楼内灯光昏暗，被阿拉伯恐怖分子劫持到这里的人质惊恐万分地迎来了第六个难以入眠的夜晚。

劫持他们的恐怖分子昨天就向他们宣布：如果以色列当局在最后期限，仍不接受他们的条件，他们就将每隔 4 小时处决一名人质，直到以色列政府就范，或是将人质斩尽杀绝！

这天下午 5 点，乌干达总统阿明身着雪白的总统礼服，乘一辆黑色“奔驰”轿车来到机场。他对人质们说：为了拯救他们的性命，我已经想尽了办法。至于能否在最后期限内解决危机，就看以色列政府的了。说完他洋洋得意地走了。

在过去的 72 小时中，由于劫机事件，乌干达这个非洲小国，竟成了世界舆论关注的中心。在刚刚结束的非洲统一组织首脑会议上，阿明出尽了风头。

此刻，劫机分子伯泽和布丽吉特在候机大厅门前警戒，另一个恐怖分子加贝尔则带着一名巴勒斯坦“敢死队”成员，在人质中流动巡视，一个头缠阿拉伯头巾的巴勒斯坦青年手持苏式冲锋枪，守候在候机大厅的北侧。

随着最后期限的临近，这里的气氛紧张到了极点。疲惫不堪的人质们东倒西歪地躺在长凳和沙发上，自从昨天听到那个五雷击顶的消息后，许多精神崩溃的人就再也没有力气爬起来了，那神情就像在当年纳粹集中营大屠杀的前夜。

11 点 50 分，内特雅鲁率先突入候机大厅一楼。在他后面狂飙似地紧跟着 35 名突击队员。大厅里的 4 名恐怖分子在 45 秒钟之内就被全部撂倒了。虽然灯光很暗，但队员们奔跑如飞，以色列沙漠中的无数次战前演练极大地帮助了他们。

二楼里的战斗也没用多长时间，因为不少乌干达的士兵已醉得失去了战斗力。二楼爆起的枪声使扣押人质的三楼里的恐怖分子猛醒过来。布丽吉特第一个跳了起来。她一切都明白了。事已至此，只有毁灭一切，包括自己！

“准备战斗！”她喊了一声，纤细的手指对着门口扣紧了“欣达”冲锋枪的扳机。另外几个劫机分子也从枪声中得知大事不妙，他们自知难逃一死，纷纷拿起武器，准备作最后的抵抗。

恐怖分子抢先开了火，蜂拥而入的突击队员只有采取强攻了。内特雅鲁一边投出了震荡手榴弹，一边用希伯来语高喊“卧倒！”不容置疑的喊声响彻了整个大厅，并立刻产生了巨大的回响。顷刻间，所有的以色列人质都听懂了这只有他们才能明白的命令，赶紧趴在地上。

一幅奇特的画面出现了。夹杂在人质群中的劫机恐怖分子和10余名乌干达守军顿时像海潮退尽后的礁石，裸露在以色列突击队员的枪口前，莫明其妙地变成了他们的靶子。

没有任何一丝迟疑，36支乌兹2型冲锋枪以极高的射速，喷吐出火舌，绵密的火网立刻吞没了一切。

## 灰白的脑浆，殷红的鲜血四溅飞迸<br>劫机者和乌干达守军在弹雨中痉挛

候机大厅里，四壁密布弹孔粘满血迹，火药的硝烟几乎要使人窒息。终于有一名恐怖分子从晕眩状态恢复过来，他在身中数弹的情况下咬着牙向着身边的人质扫了一梭子……

几秒钟后，大厅里暴涨起呻吟与哭喊的狂潮。

这里的战斗顺利结束。劫机分子和乌干达守军全部被打死，突击队员无一伤亡，只有两名人质中弹负伤。射击停止后，突击队员立刻把受伤的人质抬出大厅，运往二号机紧急抢救。

事后据乌干达人统计，在这些被打死的人身上，总共出现了近千个弹孔，平均每个人身中数十弹。

战斗的结果表明，奇袭作战对于没有准备的一方，只意味着两个字："杀戮"。

高爆手雷的巨响和火箭弹的轰鸣声从外面传来，另外几个突击分队也相继大打出手。停放在停机坪上的乌干达军用飞机已是一片火海。

"陶"式导弹在这里，又一次像在西奈半岛坦克战中一样大显身手。它那能在瞬间高速贯穿坦克的巨大侵彻力，毫不费力地便穿透了排列整齐的一队队米格式飞机银灰色的机体。乌干达空军的精锐力量就这样在猛烈的爆炸声和冲天的烈焰中不复存在了。

进攻空军指挥塔台的战斗进行得却不顺利。顽强的乌干达守军在经过一阵慌乱

之后，调整部署，在来自指挥塔的猛烈侧射火力掩护下，驻守机场的乌军开始了有组织的反击。

苏式冲锋枪射出的绿色曳光弹、火箭弹和平射的四管高射机枪，在突击分队前进的道路上交织成弹幕，压得他们抬不起头来。

在这关键时刻，内特雅鲁把人质全部送上飞机后，率队赶来支援。在他的指挥下，反坦克导弹和火箭弹一次齐射就打哑了乌军的几个重要火力点。正在集团冲锋的乌军步兵，失去了火力的掩护正待后撤，刚好遇上以色列突击队转移火力，几十支冲锋枪像狂风一样射出的子弹，立刻使成群的乌干达士兵扑倒在机场坚硬的混凝土跑道上。

兴奋已极的内特雅鲁同他身边的几名突击队员，平端起冲锋枪，冲上跑道，迎面扫射正在四散溃逃的乌干达士兵。

突然，塔台上一处乌军火力点复活了。大口径的机枪从侧后击中了内特雅鲁，他大喊一声，倒了下去。

就在他倒地的同时，第一架满载人质的大力神飞机正急切地腾空而去。从突击队着陆到返航的第一架飞机起飞总计只用了 30 分钟。

热浪从尚未完全关严的飞机后舱门卷入，舱内挤满了救出的人质、法国机组人员和战斗中死伤的人员。脱险后的惊喜之情溢于言表，一些老人和妇女禁不住哭泣起来。

指挥官阵亡的消息立刻在以色列突击队中引起了空前的愤怒。狂怒的以色列士兵在装甲车的掩护下，不顾一切地冲向塔台。两名士兵甚至把载有无后坐力炮的吉普车开到距塔台仅数十米处，进行射击。

在猛烈的炮火攻击下，高大的塔台在浓烟中寂静下来，怒不可遏的以色列士兵乘势冲进去，捣毁了所有的设施。

在以色列国防军总参谋部，值班参谋正紧张地关注着这次突袭行动的结果。一个小时前，盘旋在坎帕拉南边维多利亚湖上空的波音 707 指挥机已经发回了“突袭成功”的第一份电报。

4 日 2 点 06 分，运载人质的第一架 C-130 二号机率先在肯尼亚内罗毕机场着陆，不一会，指挥机波音 707 一号机也跟着着陆。30 分钟内，C-130 三号、四号和一号机也相继安全着陆。轻伤员立刻被送到了早已做好一切准备的波音 707 二号机上进行救治，重伤员被紧急送往肯尼亚的肯亚塔国立医院进行抢救。从第一架飞机降落到最后一架起飞，一共用了 42 分钟。

这次行动以方死了 4 人，其中 3 人是人质，唯一阵亡的突击队成员是突击队指挥官内特雅鲁中校。他是以军中公认的最优秀和最有前途的军官。军士赫尔士科背上中了一枪，最后成了一个偏瘫的残废。另有一名以色列人多拉·布劳契也死了。战斗发生时他因病正住在乌干达的医院里，事后，恼羞成怒的阿明叫人把他拖到花园里枪毙了。

4 日凌晨 2 点，阿明正在昏睡。宽大的席梦思软床上，躺着他和两个妖艳肥硕的白种女人。这个拥有上百名“妃子”的“博士”一向以“淫魔”著称。

为了解决人质问题，阿明提前结束了非洲统一组织每年一次的例会，从毛里求斯赶回国内。彻夜的纵欲加上旅途劳累，此刻，他正鼾声如雷。

一阵急促的电话铃响把睡意正浓的总统从梦中惊醒。电话是原以色列驻乌干达军事顾问团团长退役上校巴洛克打来的。劈头就是一句“承蒙关照，非常感谢!”当阿明莫明其妙地问：“这是什么意思”时，电话已被挂断。

由于机场所有的电话线路均被“摩萨德”切断，此时阿明还被蒙在鼓里。他迷迷糊糊地放下电话，摇着粗壮的躯体扑向寝床，两个白种女人裸露着的肥嫩胴体又唤起了他的欲火。

就在这时，贴身侍卫官神色惊慌地闯了进来。

恼怒已极的阿明正待发作。“以色列突击队袭击恩德培机场，守军和机场设施损失惨重!”这突如其来的消息犹如五雷轰顶，阿明顿时呆若木鸡。

大梦方醒的阿明立刻亲自率领他的装甲卫队，隆隆地驶进了已是一片残垣断壁的恩德培机场。他们刚好赶上为以色列人送行。最后一架 C-130 大力神飞机高唱着，从机场上空掠过，向南飞去。

当天下午 5 点，阿明接通了特拉维夫的电话，他抗议以色列突击队对乌干达机场的军队的“野蛮袭击”。但是谁都明白，抗议是徒劳的。

4日上午10点，由肯尼亚返航的以色列机群编队进入以色列领空。这之前，以色列绝大多数人已从凌晨3点的特别广播中得知了人质获救的消息。

当满载着胜利的大力神机群临近时，被激动的播音员们鼓动起来的以色列人高兴得发了狂。全国各地响彻了犹太教士拉比在节日时才吹奏的羊角号声，各种满载人群的车辆向古里安机场疾驶而去，人们要热烈地欢迎获释的人质和凯旋而归的突击队员。

几架以色列鬼怪式战斗机呼啸着掠过机场上空，在滚雷般的马达声中4个小黑点出现在天际，拉宾的眼睛里突然涌出了一层激动的泪水。

他掏出手绢拭去了眼角的泪花，他为自己如此激动的心情而感到惊奇。在赶往沙姆沙伊赫机场的路途上，他看到人们像他一样含着泪花在大街上载歌载舞。一位满脸白胡子，头顶镶有银丝白纱巾的老拉比鼓着腮帮子使劲地吹着羊角号。

这是人们发自内心的欢乐，欣喜之中夹杂着骄傲，而这种万民欢庆的场面以色列已有9年没出现过了。自从赎罪日战争之后这个国家就像生了一场大病似的无精打采，人们久久不能从战争的创伤中恢复过来。他们不再相信以色列国防军可以保护自己。而现在，拉比们高昂的羊角号声驱散了人们心头的阴霾，政府用铁拳回击了恐怖主义的恐吓，以军官兵们重新抬起了头。全体犹太人仿佛都在一夜之间唤醒了自己的民族自豪感。

# 二、猛虎出山

——狂徒命断摩城

## 预感不祥　空姐忐忑登飞机<br>目瞪口呆　乘客目睹皇冠劫

1977年10月13日中午，一架联邦德国汉莎航空公司的波音737客机停在地中海西班牙马略卡岛的帕尔马机场的跑道上。候机大楼内，旅客们陆陆续续地在服务台前办理着登机手续。根据飞行时刻表，本次飞往联邦德国法兰克福的181次航班

“皇冠”号飞机预定15点10分抵达目的地。

有两个男人和伴随他们的两个黑发女人，直到机场广播最后一次招呼汉莎181次航班的乘客登机前不久，才在办理登机手续处出示了他们的飞机票。后来的事情表明，他们是故意赶在这个最后时刻来的。目的是逃避机场警察的详细检查，以便蒙混过关。

他们穿着随意而整洁的假日服装。就外表而言，他们与其他旅客没有任何区别，只是他们的手提包显得比其他乘客的要重得多。

在护照检验处，他们出示了三份伊朗护照和一份荷兰护照。从护照上看，两个女人的名字是佐拉雅·安扎吕和沙娜·戈朗，两个男人的名字是雷察·阿巴钗和约翰纳斯·盖杜。

护照检查官在护照上没有发现什么可疑之处，便急促地点了点头，祝愿这4位旅客“一路平安”。

其他的旅客谁也没有去注意这4个姗姗来迟者，只有在机舱内问候登机旅客的3位空中小姐对两个男子中的一个引起了注意，因为此人穿了一身入时的绿色夏令西服，没有扎领带，显得引人注目。

她们在机舱厨房内悄声议论起他：“坐在左排后座上的那个人像个可疑分子，坐在他身边的那位戴着银项链的乌发姑娘，不知道是不是他的女朋友？”

时针刚过13点，“皇冠”号飞机载着86名乘客、5名机组人员，从跑道上腾空而起，飞向一碧如洗的蔚蓝色天空，把阳光璀璨的岛屿甩在身后。

37岁的机长于根尔·舒曼和比他小两岁的副驾驶莫尔根·菲托尔又驶上了归国的航途。对于他们俩来说，驾驶这种飞机，实在是驾轻就熟、极为平常的事了。他们在来汉莎航空公司工作前，就在联邦国防军获得了第一流的飞行经验。他们对这架共有103个座位的小飞机的技术数据了如指掌。这种飞机每小时耗油2640公升，在加足油的情况下，最多可以连续飞行300分钟。

飞机正在飞近法国南部城市里埃拉附近上空。

突然，机舱后部骚动起来，声音很响。附近的乘客全部都转过身去。

最后一分钟才登机的两个男子和他们的女伴从座位上忽地一跃而起，大叫大嚷地穿过通道，径直朝前舱奔去。他们横冲直撞，全然不顾其他旅客，猛地掀开头等舱的门帘，冲了进去。

驾驶舱的门猛地打开了。正在指挥飞行的副驾驶菲托尔——按照命令，在这个航程中，他的同事任执行机长——吃惊地转身一看，只见一支手枪的枪口正对着舒曼的脑袋。

菲托尔还没来得及采取什么行动，肋骨就被重重地踢了一脚，把他从座椅上踢了下来。那两个男人站在驾驶舱内用英语和德语大声吼道："滚出去，你们被劫持了！"

"把手举起来！"劫持者先是用英语，尔后又用德语命令道。

菲托尔只得俯首听命，两只手交叉在脑后，一阵拳打脚踢把他从两个女人身边，赶进了头等舱。两个女人大叫大嚷地挥舞着打开了保险盖的手榴弹。

此间，一个劫机分子始终在监视着机长舒曼。

对这种场面，作为航空公司的飞行员，他们是有所准备的。但事到临头，这两位素来沉默寡言的汉子几分钟后才回过神来，明白了这里所发生的一切。

事情来得如此突然，机舱内的乘客都吓得目瞪口呆。这时机舱的门帘又被拉到边上。乘客目睹了驾驶舱里的一切，先是惊异，继而震惊，最后则呆若木鸡了。

15 点 30 分，米兰飞机安全中心报告："汉莎" 181 次航班在厄尔巴岛附近空域离开了马略卡——法兰克福的航线，飞机正向罗马方向飞去。

普通舱内的乘客谁都没有离开自己的座位，没有讲一句话。乘客们吓得魂飞魄散，愣怔怔地望着中间通道。头等舱的旅客被两个女人和一个男人驱赶着，双手抱着后脑勺的菲托尔，也跌跌撞撞地走向机舱后门，就像一群牲口似地被圈在了一起。

手枪正对着他们。两个女人中有一个用打开了保险盖的手榴弹威胁他们。她把手榴弹举在头上，让飞机上的每一个人都能看得见。她那变了形的脸显示出憎恨的心理和果断的神情。

这突如其来的场面把大家吓懵了。直到守在驾驶舱里监视机长舒曼的那个劫机分子头目用机内话筒向大家讲话的时候，大家才完全明白是怎么一回事：

“女士们、先生们，”劫机分子的头目用英语在麦克风里说“我们不是恐怖分子，我们是自由战士，我们要求释放关押在德意志联邦共和国和土耳其监牢里的战友。”接着他又恫吓说：要是这个要求得不到满足，将会发生的事情用不着他来说，其同伙们手里的武器会告诉所有的乘客。

劫机者按照计划，完全控制了飞机和机上的人员，并将手枪一直对着站在后舱里的空中小姐和菲托尔。他们又从惊恐的旅客中找出了两名妇女，令她们将旅客用餐的空杯、空盘撤走，送入机内厨房。

接着那个为首的劫机分子用那种结结巴巴的英语命令道：“把你们的护照和证件统统丢在过道里！”他还威胁道“你们要老老实实，不准隐瞒什么。我们会对你们从上到下进行搜查的。必要时，就把你们的裤子剥下来。要是在谁身上发现了什么，可别怪我们不客气。”

又有两名妇女被迫去做恐怖分子的助手。她们弯着身子，穿过通道跪下去，把散落在地上的护照和证件收起来。她们竭力控制着自己颤抖的手，就像木偶似地任人摆布。

接着，手提包又被集中起来，搬进了头等舱。

## 孤雁无巢　暴徒一如丧家犬<br>视死如归　舒曼鲜血祭蓝天

15 点 15 分，汉莎航空公司的“皇冠”号飞机出人意料地降落在意大利罗马国际机场。

飞机着陆 1 小时后，德国内政部长麦霍夫接到了意大利同行的电话报告，此刻他正在为施密特总理预定当天晚上召开的核心小组会议作准备。尽管此时他对这次劫机的背景还一无所知，但他还是在电话中恳求意大利当局千万不要让飞机再度起飞，无论如何要挡住它。

10 分钟后，米兰飞行安全中心又转来了恐怖分子用夹着阿拉伯音的英语通话。这位恐怖分子自称“瓦尔特·马拉姆上尉”。

"我们已经控制了德国汉莎航空公司的飞机，我代表行动小组要求释放关押在德国监狱里的战友。我们反对世界上的帝国主义组织。"

麦霍夫在结束与劫机分子通话后，再次敦促意大利政府"在任何情况下都不要让被劫持的飞机起飞"。可是就在这次通话后十多分钟，罗马向波恩通报："汉莎181次班机未经准许，强行起飞了"。半小时后，波恩被告知飞机向塞浦路斯方向飞去。

19点内政部派专机送联邦刑事侦察局的专家赶往塞浦路斯。与此同时，德国外交部得到了塞浦路斯的允诺，如果飞机在塞浦路斯降落，他们将阻止它再次起飞。1分钟后，"皇冠"号就在塞浦路斯的拉维卡机场降落了。

劫机分子通过无线电要求提供10吨燃油，并让他们再次起飞。而塞浦路斯当局为等待联邦侦察局专家的飞机，迟迟不给飞机加油。劫机分子似乎察觉到了他们的企图，尖着嗓子大叫大嚷："赶快给飞机加油，否则就把飞机炸掉！"

这可不是闹着玩的。机场马上给飞机加了油。而德国内务部的专机还在赶往塞浦路斯的路上。

22点50分，"皇冠"号再次起飞，飞往贝鲁特。但贝鲁特机场拒绝了"皇冠"号降落的请求。飞机从贝鲁特折向大马士革，这里同样没有准许"皇冠"号降落。飞机只好转飞巴格达，但巴格达也拒绝其着陆。接下来"皇冠"号在科威特机场再次受阻。被劫持的飞机像只失去了巢的孤鸟，只好一直在天空中徘徊。

机长舒曼面对劫机分子的手枪，虽然神经紧张得快要绷断了，但他还是不断地强制自己去思索：怎么才能既避免引起劫机分子的猜疑，又能给地面站报告更多的情况。

他终于成功地避开了劫机者的耳目，在地中海上空，和后面不远的一架飞机联系上了。他用德语告诉对方驾驶舱内的同行说："劫机者共有4个人，两男两女，带有手枪和手榴弹。"他并不知道对方有没有听懂他的报告。

事实上，这些宝贵的情况很快就转到了德国。

当飞机降落在巴林机场时，已是次日凌晨1点54分，新的一天已经过去了近两个小时了。劫机分子用手枪逼着乘客把所有的百叶窗都关上，谁也不知道飞机现在停在哪里。

在巴林机场，飞机只停了1小时40分，加上油后，飞机再次起飞。朝着迪拜方向飞去。4点45分飞机到达迪拜机场上空时，机场已经根据国家总统的命令关闭了。

在迪拜机场的指挥塔里，望远镜直指天空。人们看到了正在他们头顶上盘旋的“皇冠”号的方位灯；下面，在机场的跑道上正停着阻止降落的几辆消防车。

“我的燃料只够维持10分钟了。再不让降落我们就完了！”话筒里传来了舒曼告急的声音。指挥塔仍不作任何答复。

“我们降落了！”波音737越来越近，最多再有5分钟就要着陆。指挥塔上的负责人不顾总统的严厉命令，吩咐几辆消防车马上开走，以免发生可怕的灾难。

5点51分，飞机在迪拜机场的跑道上慢慢停止了滑动。消防车立刻朝飞机驶去。

“谁也不许靠近飞机，否则我们就开枪！”

消防车像表示敬意似地在离飞机不太远的地方停了下来。

他们只让“一个负责人”来谈判。

指挥塔答复说：“负责人马上就到。”

星期五早晨，德国的《法兰克福汇报》收到了迪拜办事处转来的电报。

这是一封劫机者和红军派指挥部致德国联邦政府的公开信。

致联邦德国政府总理的最后通牒

从帕尔马飞往法兰克福的汉莎181次航班内的乘客和机组人员完全处于我们的控制之下。旅客和机组人员的生死存亡以及汉斯·马丁·施莱尔的生命完全取决于您是否愿意满足我们的下述要求：

1. 从联邦德国监狱里释放下列红军派的战友：安德雷阿斯·巴德、古德隆恩司林、扬·卡尔·拉斯普、维雷那·贝克，并发给每人10万马克。

2. 从伊斯坦布尔监狱中释放两名巴勒斯坦的战友：马迪和胡赛因。

3. 按附加规定，交付我们1500万马克。

4. 请与下述任何一个国家商定接收从监狱里释放出的战友：

越南民主主义共和国；索马里共和国；也门民主主义人民共和国。

5. 由您提供飞机送他们前往目的地。飞机必需经过伊斯坦布尔，接收在那里获释的两名巴勒斯坦战友。我们的要求已经通知了土耳其政府。所有获释的战友必须在星期日，即 1977 年 10 月 16 日 8 点以前到达他们的目的地。要求的两笔款项也须在此期间内交付。

6. 如果全体战友没有获释并没有到达他们的目的地，如果没有按照要求在指定的时间内交付款项，将立即处死汉斯·马丁·施莱尔先生以及 181 次航班上的全体乘客和机组人员。

7. 如果实现了我们的要求，全体人质都将予以释放。

8. 我们不再和您联络，这是我们之间的最后一次接触。任何误解或者上述战友及交付赎金上发生什么差错，均由您负责。

9. 如果您企图拖延或搞欺骗的话，则最后通牒即告终结，并立即处死汉斯·马丁·施莱尔和机上的全体乘客及机组人员。

S·A·W·I·O

1977 年 10 月 13 日

波恩的政治家们还从来没有像本星期五那样意见一致过。作出的决断是艰巨的：如果联邦政府屈服于恐怖分子的要挟，也许能拯救飞机上的人质以及企业主联合会主席的生命。但是以往的经验告诉人们，被释放的恐怖分子不久又会潜回国内，制造更为可怕的事件。在此之前，基督教民主联盟的政治家洛伦茨被绑架。为了营救他，政府释放了恐怖分子，并用飞机将他们送到了也门。在那以前，他们还只是恐怖事件的胁从犯，但后来他们潜回国后，变本加厉地行凶报复。最后施密特总理在反对党的支持下，决定对恐怖分子的最后通牒不予理睬，即使牺牲人质也在所不惜。

与此同时，德国政府又派出了联邦军特种部队的反恐怖武装人员。

在远离波恩 4000 公里的“皇冠”号机舱内，迟迟得不到回音的恐怖分子兽性大发。也许是舒曼冷静沉思的性格触怒了马姆特，他强迫舒曼跪在机舱的通道里，用手枪柄朝他的脸上猛打。一些女人和孩子们吓哭了。

就在离“皇冠”号几百米远的地方，在联邦德国内务部派来的专机舱内，联邦刑事侦查局的专家和特种部队的指挥官正在俯身研究着机场的平面图。袭击“皇冠”号的计划提出来又被否定了，他们周密思考，反复权衡利弊。阿联酋国防部长也参加了讨论，他坚决不同意武力强攻，主张天黑之后设计智取。

夜幕降临了。飞机上的电压太低了，连无线电都无法使用。马拉姆用枪逼着舒曼呼喊机场给飞机配电。

不一会，一辆汽车闪着耀眼的灯光从跑道直向飞机开来，快到飞机跟前才停了下来。两名穿着工作服的“机械师”跳了下来，机长舒曼用英语喊道：“我们飞机上的电压只有 24 伏了，你们得上来一下！”机械师正要登机，马拉姆猛地拔出了手枪，拦住他们，声音嘶哑地喊道：“不许上来！”

两个穿工作服的人又驱车离去。一会飞机旁出现了一辆配电车。工人们在“皇冠”号外边给飞机配电。车的尾部挂着一辆平板车。机上的人把装着废物的口袋从飞机上递了出来。工人们一边装着垃圾，一边打量着飞机。不过，他们尽量避免引起恐怖分子的猜疑。因为，在这种时候，只要有一点破绽，他们就会立即开枪。眼看着无机可乘，化妆成机场工作人员的突击队员们只好撤离了。

在机场大厅里，突击队员们仔细地检查从“皇冠”号上卸下的垃圾。除了纸盒和空瓶子外，还发现了 4 盒未开封的香烟和 4 张签有舒曼名字的登机牌。人们明白，他是想用这种方法通知外界，机上只有 4 名暴徒。

机场后面，德国边防军反恐怖第九纵队的突击队员和迪拜的士兵正在海湾航空公司的一架波音 737 型客机上，反复进行模拟突击训练。两名化装成人质家属的伦敦反恐怖专家小组的特工人员也赶到迪拜，加入了突击队的行列。

随着旭日的升起，最后期限越来越近，死神的阴影笼罩着每一个人的心头。机场指挥塔里突然传来了马拉姆迫不急待的喊叫声：

“立刻把地面的配电车给我调开，给你们 20 分钟的时间。不然，我就枪毙一名乘客。”

“怎么回事?”阿联酋国防部长守在指挥塔上，一夜未眠。

“我们要起飞。”

德国大使汉斯·约阿希姆·诺伊曼一听急了，他一把抓过话筒叫道:“离最后期限还有一个多小时，你们为什么要飞走?”

驾驶舱里传来了回答:“最后通牒是由我单独决定的。我们要起飞，马上把配电车调走!”

机场的两名工作人员只好开走了配电车。

“你们的飞行目标是哪里?”话筒传来了指挥塔的询问。

劫机者大声地回答:“这你们管不着。”

大使最后用一种几乎是央求的语气对着话筒说:“请你们保护飞机上乘客的安全。”

马拉姆没有回答。喇叭里只听到飞机隆隆的马达声。汉莎181次航班又直刺蓝天，变得越来越小。站在指挥塔上的人透过望远镜也只能看到一个小小的亮点。

在此危难时刻，四面八方都伸出了援助的手。在波恩，外国国王、总统、独裁者和酋长表示愿意提供援助的信函已成堆。80岁的罗马教皇保罗六世甚至自告奋勇，愿意作为人质去替换乘客。从内罗毕也传来报告说，医院已腾空了100张床位，随时可供使用。

飞机先是朝阿曼飞去，受阻后又折向南也门的利扬机场。可是那里也不能降落，因为跑道已用汽车封锁了。飞机在空中绕了一圈又飞往亚丁。

亚丁机场上载重汽车和装甲车开上了跑道，以阻止飞机的降落。

“皇冠”号在机场上空不停地盘旋，恐怖分子马拉姆的脸都涨成了猪肝色。他抓过话筒狂叫道:“清除跑道!我们的燃料用完了。”

随后他又气急败坏地说:“非降不可，否则我们就炸机。”

“皇冠”号迫降在跑道旁边。飞机猛地跳了一下，铝制的机身震颤不已，像是要散架了似的。机舱里乒的一声，掉下了一块顶板。只见飞机周围白雾缭绕。

烟雾?是飞机着火了吗?

窗外，白雾慢慢地消失了。那是刚才飞机迫降时，一下子腾空而起的沙尘。

“我们降落在一个沙坑里了，如果不出去检查一下飞机就别想再飞了。”

舒曼终于说服了劫机者，他被允许爬到了飞机的外面。他一边用手电照着飞机的机腹，一边四下张望。看到远处观察他的士兵，他把手卷成个喇叭形，大声地喊道：“我是机长舒曼，我要跟德国的代表说话。”南也门的士兵对他的呼喊毫无反应。他又放开喉咙试了试，还是没有动静。于是舒曼朝着士兵走了过去。

没走几步马拉姆就发现了，他命令道：“回来！要不我就立即炸毁飞机。”说着就抓起了手榴弹，准备扔进机舱。机长只好转回身，耷着双肩返回了机舱。

发了狂的马拉姆带着因憎恨而变了形的面孔对乘客说：“机长想逃跑，对你们弃之不顾。必须处死他。”

他用枪逼着舒曼跪在头等舱的门帘前，用枪口顶着他的头。

“你想出卖我们吗？知道自己的罪过吗？”马拉姆咆哮着。

“我无罪。”舒曼终于从牙缝里挤出了这最后的一句话。

“砰”的一声枪响了。舒曼的身体倒向了一边，鲜血染红了他身下的地毯。

劫机分子把舒曼的尸体搬到了通道上，想要杀一儆百。机舱里闷热难当，汗臭和尿臭中混杂着血腥味。

直到午夜时分才来了一辆加油车给飞机加上了油。10 月 17 日深夜 1 点，副驾驶员于尔根·菲托尔又被逼着坐在了驾驶舱的位子上。

发动机吼叫起来。“皇冠”号慢慢地爬上混凝土跑道。士兵们也让开了。宽大的机轮在细沙上打了几次滑，好容易才飞了起来。

## 破釜沉舟　马拉姆狗急跳墙<br>欲擒故纵　德特使急中生智

飞机向着科威特飞去，在途中又转向索马里。4 点 35 分，“皇冠”号载着乘客 86 名，4 名机组人员，1 名尸体，在索马里摩加迪沙机场上静静降落。劫持者立即通过机场又发出了一份最后通牒：至星期一当地时间 17 点，如果恐怖分子的战友尚未从德国监狱里释放出来，他们就要将飞机的全体乘客及机组人员统统炸毁。

与周围的寂静恰恰相反，机内和指挥塔的气氛十分紧张。

劫机分子在下达最后通牒后，他们又用枪逼着一个男人，将舒曼的尸体从紧急出口的滑梯上推出机外。裹着尸体的毯子浸透了血，地板上留下了一道红色的血迹。

机场上军用卡车运来了众多的索马里士兵，他们远远地将飞机团团包围了起来。一辆救护车驶至飞机后部，运走了机长舒曼的尸体。

新的最后期限只剩下几个小时了。大部分乘客都做好了死的准备。他们再也不忍心看到赤手空拳的同伴惨遭毒打的场面。发了狂的劫机分子现在已经不再把人拉到头等舱的门帘后面，而是当着大家的面毒打。人们觉得只有死才能摆脱这种痛苦。

最后的时刻就要到了。马拉姆狞笑着从行李包里翻出了炸药，拿在手里挥舞着说："注意听着，我们就要炸毁一切了，什么都不留下。一声巨响我们大家全完蛋。"另一个女劫机者耸耸肩说："我已经死过多次了，快活得很。我一点也不怕。"

这时，索马里的警察部长通过无线电再次向劫机者提出交换条件，说："只要释放人质，由索马里负责劫机者的安全。"

可是马拉姆只是嘲讽地付之一笑。

就在最后期限到来的前一刻，马拉姆同意将最后期限延长 30 分钟。为了答谢索马里的好意，他再给 30 分钟时间，让机场上所有的车辆撤离现场。

离死亡还有 30 分钟。

德国特使韦施纳夫斯基的衬衣早就湿透了。这位素来镇静的人第一次感到了神经紧张。

他必须赢得时间！他还必须说服劫机者，再次延长最后期限。他急中生智，拿起话筒编了个谎：

"请您听着，我刚刚获悉，几分钟后，将有一名联邦政府的全权代表抵达这里，他要向您传达一项非常重要的通知。"

恐怖分子未作回答。看到这种情形，一直犹豫不定的索马里总统巴尔将军终于同意，允许载着联邦军特种部队的专机在摩加迪沙降落。

载着突击队员的远程飞机在红海之滨吉布提上空已经盘旋多时了。飞机是当天中午从北约设在希腊克里特岛上的空军基地起飞的。这时油箱里的油已经所剩无几，飞行员正迫不急待地等着降落的命令。

机舱里坐着60名士兵，他们的年龄在25—40岁之间。他们的表情与其说是紧张，不如说是无聊。他们盼望尽早着陆，迎接战斗。这些此刻身着便装的士兵是德国反恐怖斗争中的精华。他们直接接受内政部长的领导，只有在发生凶杀、抢劫、扣押人质和其他紧急情况下，经内政部长同意才能使用这支力量。

为了这次行动，除动用了德国最先进的反恐怖武器装备外，英国还送来了最新研制的“炫目炸弹”。这种炸弹在爆炸时发出的强光可达50千瓦，并发出振聋发聩的响声，可使人在十秒钟内全身瘫痪，双目失明。炸弹只有15厘米长，用一种软质材料制成。爆炸时软质材料化为灰烬，没有任何碎片。

指挥这次行动的是波恩的警察局长乌利希·韦格纳。他是一个沉默寡言的人，他最恨的事情是说大话。他先在警察局服役，1958年从北约防务学院毕业后转入国防军，后出任内政部长根舍的边防事务副官。

他决计要拖到天黑。只有等到天黑之后，反恐怖突击队才能行动。他让人通知“皇冠”号上的恐怖分子：11名巴德-曼因霍夫集团的罪犯已获释。他们正在来索马里的途中。

为了使恐怖分子确信不疑，韦施纳夫斯基还提供了附有飞行时间和航线的飞行图。恐怖分子在机内依据资料进行查实：飞机将于今夜降落。

再过几分钟最后通牒的时间就到了。在汉莎181次航班的机舱里，恐怖分子们正在作最后的准备。机舱里弥漫着浓烈的酒精气味。人们坐在洒满烧酒的椅子上，犹如坐在火药桶上。在头等舱内，暴徒们正忙着把雷管安在炸药上。大多数乘客闭起了眼睛，不愿意看到这令人毛骨悚然的爆炸准备工作。

突然，飞机加强舱里传出了马拉姆发狂的吼声：“胜利了！我们胜利啦！我们不死了，我们死不了啦！”

他兴奋得直拍大腿，跳起舞来。他又拍拍乘客的肩，叫道：“我的孩子们，你们得救了！”他见乘客们还呆若木鸡，毫无反应，又冲着他们喊道：“你们的政府已经让步，我们的战友将从监狱里释放出来，他们午夜就到。到那时候，你们就自由了。”

捆绑的绳子已经一一松开。但是男男女女们还呆呆地坐在那里。因为他们不敢相信，死亡已经过去。好一阵子他们才反应过来，自己就要自由了。人们从椅子上一跃而起，相互拥抱、亲吻——激动、兴奋的眼泪夺眶而出。

机上的恐怖分子放松了对人质的看管，允许人们在飞机上自由活动，让人们舒展一下早已麻木了的肢体。他们已经同意将最后期限延长到深夜 3 点 30 分。

为了稳住机上的恐怖分子，机场指挥塔定时呼叫“皇冠”号，向他们报告其战友们的最新情况，要他们再忍耐一会儿。

此刻，乌利希·韦格纳根据“行动区域侦察”，已经确定了反恐怖作战行动程序：

1. 由索马里军队封锁整个行动区域；

2. 反恐怖突击分队出击；

3. 由一名通讯官率领一支联络部队配合行动指挥组；

4. 由行动指挥组和索马里军队采取措施，分散机上恐怖分子的注意力；

5. 袭击飞机；

6. 疏散人员；

7. 返回汇合地点。

17 点 30 分，载着联邦军反恐怖特种部队士兵的远程喷气式飞机在“皇冠”号后面 2000 多米远的地方着陆了。飞机停在一座沙丘的后面。“皇冠”号上谁也没有发现这一情况，就连飞机隆隆的引擎声也没有引起劫机者的猜疑。

与此同时，荷枪实弹的索马里士兵把机场封锁得水泄不通。摩加迪沙的机场大楼成了战地医院，医务人员正在等待行动。每个人都在用不同的方法克制着自己越来越强烈的不安情绪。

22 点，德国反恐怖突击队员穿上了防弹衣，开始执行最后一道命令。指挥官韦格纳要求他们最后再熟悉一下机场的地形。行动的每一个步骤甚至每一个角度都经过千百次的演练，直到这些手持武器的突击队员相互配合得就像一架精密仪器那样协调。

尽管如此，冒险性还是很大的。一旦他们向“皇冠”号发起突击，机舱里的人将面临怎样的局面？在决定性的那几秒钟内，恐怖分子置身何处？怎样才能使恐怖分子丧失战斗力而又不伤害机上的乘客。机场指挥塔内，行动指挥组正在作最后的讨论。人们试图确定：在袭击飞机前的一刹那间，劫机者在干什么？他们会呆在什么地方？但是许多情况是事先根本无法预测的。

23 点 50 分，通往波恩的电话接通了，韦施纳夫斯基向联邦总理报告：“我们已经准备就绪，10 分钟后开始行动。”

侦察分队首先接近“皇冠”号。他们无声无息，就像一只只灵巧的猎豹，在经过一天曝晒之后的地面上匍匐前进。不一会儿他们就爬上了坚硬的飞机跑道。“皇冠”号就停在眼前。他们屏住气爬到机腹下和翼下，架起了高灵敏度的窃听器。在他们头顶上没有任何动静。4 名劫机分子似乎没有一人发现他们已接近飞机。

30 分钟后，侦察分队第一次向指挥组报告：“皇冠”号上毫无动静，恐怖分子在驾驶舱内活动。到现在一切都十分顺利。

突击分队出发了，只见一串黑影跃上跑道，朝着飞机猛扑过去。现在关键是要使恐怖分子全都集中到驾驶舱，并把他们的注意力引向窗外，只要坚持几秒钟的时间，突击队员就能袭击并控制飞机。

## 智勇双全　突击队强攻皇冠<br>玩火自焚　劫机者命断机舱

23 点 50 分，索马里士兵们点燃了事先架在“皇冠”号前方并浇上了汽油的干柴。顿时大火冲天而起，火光映入飞机驾驶舱。马拉姆和他的女同伙一下子跳了起来，隔着窗户向外张望。到底有人中计了。

“上！”乌利希·韦格纳一声令下，第一个扶着梯子跃上了机翼。突击队员 4 人一组闪电般地冲到机翼上面的紧急出口处。他们在出口处装上了定向磁性炸药。使用这种特制的炸药可以保证机门的碎片飞到机体外面，而不伤害机舱内的乘客。

18 日凌晨零点 05 分，“轰隆”一声巨响，两个机门被炸飞，“快卧倒！”随着一声呐喊，两枚炫目炸弹投进了机舱。眩目的白光把恐怖分子弄懵了。突击队员们一拥而入，对着驾驶舱猛烈扫射。

突击队员射击的角度事先都经过准确的计算。一名女劫机者未及转过身来就被乱枪打死。知道中计的马拉姆拿着枪冲向舱门，手里的枪没来得及扣动扳机就已身中数弹。马拉姆倒下去的地方正是他先前开枪打死机长舒曼的地方。

马拉姆在身负重伤的情况下还拉开了一枚手榴弹扔进了机舱。但因伤势太重，力不从心，手榴弹滚到近处的一个空椅子下爆炸，没有造成大的人员伤亡。另一个女劫机者躲在厕所里半掩着门负隅顽抗。在盲目的射击中，她打中了一名突击队员的脖子。

事情发生得如此突然，就连“皇冠”号上的86名人质也不明白，突然降临在他们头上的是什么。耀眼的闪光使他们眼前一片漆黑，震耳欲聋的爆炸声使他们从椅子上跳了起来。一时间他们不知所措，不知道冲上飞机的人就是他们的救星。直到听见有人用德语喊“快！从这儿出去！”人们才跌跌撞撞地朝着紧急出口跑去。

空中小姐迪尔曼当时蜷着双腿躺在一个座椅上睡着了，当恐怖分子的手榴弹在她附近爆炸时，她才醒了过来。她睡眼惺忪地望着周围的一派惨象，受了伤的恐怖分子和全副武装的突击队员。她想从紧急出口逃出去，可是这时她才注意到自己的一条腿麻木了，不听使唤了。是手榴弹把她炸伤了。

一名突击队员伸手将她抱到了门外的担架上。当那个突击队员两支强壮有力的胳膊抱起她时，她已经失去了知觉。

所有的人质都被转移到附近的一个沙坑里。人们一直担心飞机随时都会被炸飞。因为恐怖分子安放在飞机里的炸药一触到火就会爆炸。然而飞机里毫无动静。

凌晨零点零7分，全部行动结束了，整个突击作战只用了1分46秒。“皇冠”号铝制的外壳百孔千疮，驾驶舱正面的玻璃被打得粉碎，鲜血染红了座椅和地板。起落架前面躺着三具血肉模糊的恐怖分子的尸体。

玩火者必自焚！这4名恐怖分子的狂妄，对他们来说，换来的却是三死一伤的结果。

被营救出来的人们当天就乘一架波音707专机踏上了飞往法兰克福的归途。特种部队的60名勇士们也同机返回。从马略卡岛的帕尔马到法兰克福，本来只用135

分钟的航程他们却用了 5 天时间才到达。在他们的身后留下的是一条几千公里之遥的，充满了恐怖、惊吓和苦难的航线；是一段令他们不堪回首的痛苦经历。

而对于联邦军反恐怖特种部队的突击队员们来说，这只是他们一次日常的行动。等待在他们前面的将是一场场新的战斗。

## 三、空中伏恶虎

——美国特种部队空中伏击恐怖分子

### 血溅游船

1985 年 10 月 3 日，意大利“阿基利·劳罗”号游船，在船长费拉多·德罗萨的率领下，载着 31 名乘员，755 名游客，离开意大利北部的热那亚港，开始了漫长的地中海之游。这艘游船 1947 年建造，船体呈青白色，全长 196 米，宽 20 米，重 23629 吨。这次航行预定 11 天，将先后经过意大利的那不勒斯和锡拉库扎、埃及的亚历山大和塞得港、以色列的阿什林德、塞浦路斯的利马索尔、希腊的罗德和比雷埃夫斯、意大利的卡普里岛，最后回到出发港热那亚。

天空万里无云，碧蓝如洗；海面细浪粼粼，微风拂面。游客们离开喧嚣纷杂的城市，摆脱平时工作生活的紧张，抛开一切忧愁烦恼，尽情地在广袤无垠的大海上徜徉。游船上的生活是十分惬意的。白天，他们有的玩乒乓球或甲板高尔夫球，有的在游泳池畅游或在池边聊天；晚上，有的参加宴会，饱享口福，有的观赏节目，跳舞取乐。人们简直忘却了一切。

游客当中，有一伙趣味相投的朋友来自纽约和北部新泽西州，年龄均在 60 至 70 岁之间。其中，有一位女士叫玛里琳，家住曼哈顿。在她的倡议下，这次老年旅行才得以成行。玛里琳的丈夫利昂·克里霍弗身体有病，曾两次患脑溢血，这次是坐着轮椅前来旅游的。10 月 6 日，玛里琳在同伴的一片祝贺声中，在船上别有趣味地度过了自己的生日。那天，他们跳舞一直持续到深夜，玩得开心极了。

“阿基利·劳罗”号游船航行一路顺利，在经过那不勒斯、锡拉库扎后，7 日上午 7 点 30 分安全驶抵亚历山大港。进港后，有 606 名游客离船，前往参观金字塔和逛开罗城，作一日之游。

上午 11 点，游船载着 180 名乘员和游客驶离亚历山大港，开往苏伊士运河北口的塞得港。离船参观的人，约定在参观结束之后由陆地直接到塞得港，晚上在那里登船。

玛里琳因丈夫行动不便，与他留在了船上。一位来自新泽西州的斯普林范尔德的米尔德里德霍迪斯女士，本打算与丈夫同去旅游，但临行前改变了主意，也留在了船上。当然，她们决不会料到因此而踏上了充满恐惧的旅程。

游船离开亚历山大港后，在晴空万里的地中海上静静地航行，似乎一切都很顺利。但事实上，在游船离开热那亚港的那一刻起，船上就已潜伏着可怕的危机——4 名巴勒斯坦人的恐怖分子已偷偷地登上了这艘游船。然而，却无人知晓，只是在事后，“阿基利·劳罗”号上的一位女服务员回忆说，她曾经询问过这 4 名可疑人的国籍，结果他们回答说是挪威人。4 名可疑分子未引起人们的警觉。

7 日下午 3 点，即游船离开亚历山大港后大约 4 小时左右，两个拿着机枪和手榴弹的人，突然登上船桥，用扩音器大声喊道：“这艘游船已被我们劫持，所有乘客到餐厅集合！不从者后果自负。”

顿时，船内一片混乱。

这时，恐怖分子在船上开枪示警，恐怖的气氛立即笼罩着游船。一位乘客叫苦不迭：“我们会被杀掉的，这下可完了。”

游客怀着惴惴不安的心情被迫向餐厅集中。

在餐厅里，一名恐怖分子高举着手榴弹，摆出就要引爆的架势；另一名恐怖分子则威胁道：“把手放到脑后，不要乱动，否则就立即开枪。”

4 名恐怖分子控制游客后，把美国人和英国人同其他国家的乘客分开，并在他们身旁放置了汽油罐，叫喊：“我们的冤家对头是美、英帝国主义者。”并说：“如果不答应我们的要求，就全部杀掉船上的美国人和英国人。”

站在船桥上的一名恐怖分子，把枪口对准了船长，另一名恐怖分子威胁船长把船开往叙利亚的塔尔图斯港。

船只在塞得港北面30海里的海面上航行，船长用无线电呼叫埃及港湾当局，并报告船只已被恐怖分子劫持。

这些恐怖分子自称是巴勒斯坦解放阵线的成员。他们要求释放关押在以色列的51名游击队员。并扬言："如果要求得不到满足，就枪杀游客，炸毁游船。"

登岸参观的606名乘客，在陆地上度过了愉快的一天后，7日傍晚返回塞得港等待上船。游船晚点，又不知确切的抵达时间，乘客们等得厌倦了，便返回开罗，住进了"康科德宾馆"。

时至深夜，岸上的游客才得知游船遭劫。没有更多的消息，没有更详细的情况，船上乘客生死未卜，大家都对船上游客的安危焦虑万分。

在游船上，恐怖分子气焰愈发嚣张，乘客们更加惊慌不安。尽管有些乘客曾试图反击，但无奈暴徒们装备精良，无从下手。

船终于靠近了叙利亚的塔尔图斯港，恐怖分子向叙利亚当局要求在港口停靠，但对方迟迟不作答复。转而他们又向驻大马士革的美国大使和意大利大使提出请求，要求以释放关押在以色列的51名同胞为条件进行谈判。但也没马上得到答复。

劫船恐怖分子与有关当局处于相持状态。

但是，严重的事态，终于在8日发生了。

中午12点30分，船上出现了令人毛骨悚然的可怕情形。恐怖分子开始穷凶极恶地恐吓乘客，说："如果得不到答复，立即采取重大步骤。"12点32分，一名恐怖分子狂吼："不能等了，把刚才定下的下午4点的期限改在1点。"接着，12点58分又威胁说："不能再等了，第一名乘客要在1点杀掉，国籍和名字以后通知。"

1点刚过，恐怖分子为了炫耀他们的认真和残忍，杀害了一名美国籍的人质利昂。并叫嚷："通知塔尔图斯的叙利亚当局，第二名人质是米尔德里德小姐。"

叙利亚政府仍没有回音。1点26分，一名恐怖分子又喊："谈判进展如何？如没有进展，就杀第2名乘客，我们并不缺少可杀的乘客。"

但是，叙利亚最终拒绝了"阿基利·劳罗"号进入其领海，塞浦路斯也同样如此，没有哪个政府愿意被卷进这种事件。

恐怖分子的尝试没有取得成功。10月8日下午7点，游船起锚离开叙利亚海面，又驶向塞得港。船在黑暗中静静地航行着。自称奥曼的恐怖分子头目，也许是害怕营救，要求船长通知在海上航行的船只和空中飞行的飞机不要接近游船，否则将炸毁、击落一切靠近“阿基利·劳罗”号游船的目标。船长明白恐怖分子的意思，为了船上乘员和游客的安全，于是立即关照各方不要贸然行动，并对各个有可能参加救援活动的方面通报说：“我们都很安全，不久将获释，不要为了救援而靠近游船。”

经过一夜的航行，“阿基利·劳罗”号于9日上午6点，出现在塞得港外15海里的海面上。

## 了犹未了

事件发生后，埃及、巴勒斯坦各组织等有关国家为寻求政治解决开展了积极的外交努力。埃及、巴勒斯坦解放组织和巴勒斯坦解放阵线的代表同恐怖分子在船上进行了商谈。“你们如果主动投降，埃及政府将保证你们的人身安全，并帮你们逃往国外。”4名恐怖分子听从了代表们的意见，在黄昏前5点改乘一艘拖轮登陆，向埃及当局投降。后来，他们偷偷离开埃及，并在30小时后出现在西西里岛。而在此之前，一直没有在公共场所露面。

事件发生后，曾喧嚣一时，但能在短时间内并以牺牲一人代价获得解决，确实是不幸中的万幸。

当初，意大利政府考虑到本国国籍的船只遭劫持的严重性，派出了几艘舰只和数架飞机充当警戒。为了防止“阿基利·劳罗”号进入塞浦路斯港，又向阿克罗蒂里的英国空军基地派去了4架直升机，以救出被劫人员。克拉克西总理为了同阿拉法特协商，也打算飞往突尼斯。

美国第六舰队匆匆忙忙让旗舰“科罗纳多”号从那不勒斯附近急速驶向出事海域。事实上美国研究过营救乘客的作战之后，在“阿基利·劳罗”号8日离开叙利亚领海时，美军已决定派遣反恐怖部队“三角洲”突击队和海军特种作战部队“海豹”突击队。如果同恐怖分子的谈判没有取得进展，将预定在9日夜实施营救作战。

“三角洲”突击队是美国尚未正式公布过的秘密反恐怖特种部队，创建于1980年。在此之前，尚未被正式动用过。

“海豹”突击队是由空降兵和蛙人组成的，是海上作战用的特种部队。

据说，如果进行营救，首先进行直升机突袭，然后在船上实施空降。为了支援这次作战，在地中海的航母“萨拉托加”号、驱逐舰“斯科特”号也在待命出击。美国为了监视“阿基利·劳罗”号，又出动了U-2高空侦察机和直升机。尽管美国已做了充分的准备，但未等出击，恐怖分子就投降了，因而未能实施营救作战。

12日，“阿基利·劳罗”号游船在接受埃及政府的搜查后，中止了旅行，返回意大利。

至此，以地中海为舞台的第一次劫船事件似乎已经解决。然而，对美国来说，事件并非就此结束，而且美、埃结下了微妙芥蒂。

美国有一套被称为“闸板”的世界性反恐怖电子计算机网络，发生恐怖时，可以随时搜集情报。就在恐怖分子要求释放巴勒斯坦游击队员，威胁如不答应就炸死乘客和炸毁游船的时候，在美国，白宫、国务院、国防部、中央情报局和国家保密局已经掌握事件的梗概。

国务院为了调查乘坐“阿基利·劳罗”号的美国人的人数和安全状况，立即成立了危机处理中心。前不久，为处理墨西哥地震而设置的专用线也转换用来询问乘客们的安全状况。

但是，事件发生以来，一向获取情报迅速、准确的美国，仍在为情报纷繁而又不确切大伤脑筋。

在纽约，利昂的两个孩子——莉萨和伊尔萨由于不知道父母的安危，几天以来一直是茶饭不思，夜不成寐，不断地向美国国务院打听消息。当国务院8日中午告知他们的双亲和其他乘客都平安无事时，两人高兴得跳了起来，并和亲戚朋友一起喝起了香槟酒。然而，数小时后，美国国务院负责人得知有一名美国人在游船上被害，并用电话告知莉萨和伊尔萨，说他们父亲生死不明，二人立刻由喜转忧。他们确切知道其父亲已死的消息，还是在10日清晨，从其母亲打来的电话里得知的。当时，玛里琳因受打击而神志模糊，但还是接通了华盛顿家里的电话。

8 日晚，鉴于美国人被害，美国国务院立即指示驻埃及大使尼古拉斯，要他亲自去“阿基利·劳罗”号游船，弄清楚美国人是否安全。深夜，美国大使会同意大利、奥地利、联邦德国的大使馆人员一起乘汽艇来到了船上。经过一番详细调查之后，得知利昂在叙利亚的塔尔图斯海面上被杀害。美国大使立即用无线电叫通了大使馆，要他们以他的名义同埃及外长通话，说明现场发生的一切，并要求埃及政府对暴徒进行惩罚；同时与华盛顿通话，报告登船调查的结果。

然而，埃及副总理兼外长阿伦斯，在恐怖分子投降后不久举行的记者招待会上说：“4 名恐怖分子全部投降，他们将离开埃及到国外去。他们的投降是不附带任何条件的，人质全部获释。”他压根儿未提人质被害的事。接着，埃及总统穆巴拉克也在电视采访时说：“人质全都平安无事，暴徒离开埃及。”10 日，他又说：“得到美国人被杀害的消息是在暴徒投降几小时之后，此时，暴徒们已逃到国外（暗示在突尼斯的巴勒斯坦解放组织总部），假如在投降时就知道人质被害的事，解决问题的形式就会不同”。

但是，美国的情报当局监听到了埃及与巴勒斯坦解放阵线之间关于处理暴徒的无线电电讯，认为埃及明明知道有一名美国人被害，却答应让他们逃到国外，这是不能接受的。

里根总统 10 日在芝加哥发表讲话说：“已要求阿拉法特引渡恐怖分子。”

以色列的佩雷斯总理在谈到被杀害的美国人是犹太血统时说：“不能允许巴勒斯坦的行动，这是歧视犹太人的新浪潮，”并谴责了埃及支持暴徒出逃，声明保留报复的权利。

美国要求埃及严惩劫持游船的恐怖分子，在处理恐怖分子问题上，美国与埃及之间却结下了微妙的芥蒂。

事实上，4 名恐怖分子是在 10 日深夜乘埃及的波音 737 飞往海外的。

## 欲擒故纵

“阿基利·劳罗”号游船被劫后，美国国防部就开始营救作战研究，并做好了充分的准备，但由于恐怖分子意外投降，营救乘客的计划没能实施，作战的重点转移到了如何逮捕恐怖分子方面。

美国政府从 9 日夜间到 10 日，为了研究阻止“阿基利・劳罗”号上的恐怖分子逃窜，在白宫召集了恐怖对策小组会议。会议主席是总统安全事务助理鲍威尔。

久拖不决的会议在凌晨 8 点（美国东部夏季时间）似乎就要结束了，但白宫却笼罩在一片沉闷的气氛之中。

原来，美国驻埃及大使来电说：穆巴拉克发表了一项声明：“‘阿基利・劳罗’号劫持犯已到国外，我不知道利昂被害，特为死者祈祷。”这条消息使美国已实施的企图缉拿暴徒的计划遭到了挫折。

但是，会议的参加者们并未因此而死心，决定再次彻底核实情报的真伪。20 分钟以后，一个重大的情报被发现了：恐怖分子仍在埃及，而且不久将由空路逃往国外。

原来，穆巴拉克对美国撒了个弥天大谎。

秘密作战的老手、负责同尼加拉瓜反政府组织联系的奥利瓦・诺斯不禁欢欣雀跃。立刻来到总统安全事务助理处，报告：“恐怖分子似乎仍在埃及。”顾问当即指示情报当局，让他们再一次核实此情报。

中央情报局负责恐怖情报的官员艾伦又从头翻开了所有的资料加以研究。一小时以后，艾伦发现暴徒仍在埃及，而且无论是埃及还是 PLO 都还没有决定如何处理暴徒。

在白宫，诺斯中校想出一个危险而又奇特的方案。他问总统安全事务助理：“你知道击落（日本）山本司令官座机的战斗吗？”原来他想起在第二次世界大战中的南太平洋拉包尔前线，在零式战斗机的保护下，前往前线视察的日本海军司令官座机遭到美军 P-38 战斗机的伏击，其座机被击落的那件事。总统安全事务助理鲍威尔回答：“你等一下，民用飞机是不能击落的。”诺斯说：“这当然，但有两个方法。一是让友好国家干（指以色列），另一个就是让其强行着陆。”“那去哪儿呢？”诺斯回答：“西西里岛的西古乃拉基地。”助理马上表示赞成：“好，研究一下看。”

诺斯中校打电话给参谋长联席会议的反恐怖小组负责人莫莱海军中将，报告了自己的想法。

莫莱中将回答说："我考虑一下。"不久，他招呼诺斯说："让第六舰队干。"于是，莫莱、诺斯和对策小组成员立刻在作战室着手研究具体实施方案。就是说，为了在暴徒从埃及乘飞机逃窜时予以拿获，舰载机要在克里特海面上空设伏。

在此以前，美国从未用军用机使民航机强行着陆过，因此是相当冒险的。

作战方案的制定工作正在慎重地进行着。送到作战室来的新情报都要由中央情报局和国家保密局核准。情报不能有一丝一毫的差错。

在国务院，负责政务的助理国务卿阿马克斯特和负责近东方面的助理国务卿也就战争可能造成的政治影响作了估价。

参谋长联席会议研究的结果，向新任议会主席克劳作了报告。克劳主席回答："第六舰队的作战是可能的，应该实施。"

整个上午，美国政府一直掌握着恐怖分子仍在埃及国内的情报，情报当局探听到逃跑用的飞机现仍在开罗东部的阿尔马扎空军基地，待命的飞机是埃及航空公司的波音 737。不但知道飞机的号码，而且还知道机长的姓名。飞行的目的地，似乎是突尼斯。

诺斯中校向鲍威尔主席说明了截击的方法和步骤。

就是说，让地中海上的"萨拉托加"号航母上的 F-14 飞机和 E-2C 预警机起飞，在克里特岛海面拦截暴徒所乘的飞机，并强制其在西西里岛着陆，让从直布罗陀招回的"海豹"特种部队突入该岛。

此时，里根总统正坐着空军一号（总统专机），为讨论税制问题而去了芝加哥。上午 11 点 30 分（当地时间下午 5 点 30 分），诺斯叫通了正跟随着总统的安全保障顾问罗伯特，用秘密通信装置报告了"空中设伏，强制着陆的方案"，并要求得到总统的批准。

里根总统同里甘助理在芝加哥郊外的费尔德的一个面包店刚刚用过午饭。听了罗伯特汇报的作战概要后，里根总统原则表示同意。但决定在弄清危险程度以后再定夺，而保留最后批准权。

罗伯特又接通了鲍威尔的电话，告知他说："总统已经允诺，但想更详细地了解关于飞行员的安全问题，并根据其结果，予以最后批准。"

参谋长联席会议对具体的计划作了进一步的推敲。莫莱中将和诺斯中校通过秘密通信装置再次报告了罗伯特，总统十分满意。

刚才已经谈到，国务院对作战可能造成的政治影响是相当慎重的。在下决心作战时，存在着三个问题。

一是，这将给埃及和阿拉伯激进国家和稳健国家之间造成怎样的影响？二是，美国和埃及之间的关系将会变得怎样？三是，美国在阿拉伯世界中的地位将会变得怎样？

总之，国务院认为缉拿暴徒利大于弊，而且认为还可通过作战而减轻穆巴拉克总统的责任，因而表示赞成。

然而，国防部本身对作战却并不感兴趣，国防部长温伯格、副部长塔夫托两人都持消极态度。

国防部长赴加拿大的渥太华访问途中，在缅因州的巴·哈伯山庄落脚时，给里根总统挂了电话，要求里根考虑同埃及的关系，慎重处理。

为了保证正在制定的作战计划的秘密，军方作了最周密的安排，他们对将成为着陆地点的意大利当局也没有通报此情况。

## 天网恢恢

在当地时间10日下午7点（美国东部夏季时间下午1点，以下同），正在阿尔巴尼亚和希腊附近的亚得里亚海域游弋的航空母舰“萨拉托加”号等25艘舰只已进入了临战状态。

本土的情报局一直在不断地分析着埃及、地中海的情报。

正坐在从芝加哥飞往华盛顿的飞机上的美国总统里根已经知道，暴徒们乘坐的波音737飞机不久将飞离埃及。他知道此次作战存在着许多危险，但最后还是决心不惜一战。不巧，空军一号的秘密通讯装置出了故障，总统不得不公开给国防部长下达命令。

事到如今，国防部长温伯格仍是极其慎重的，他不无消极地说：“对非武装的民航飞机虽然属于恐吓射击，也是不好的。”总统指示说，实施作战时，要注意不要伤害无辜的人们。

对“萨拉托加”号下达最后的命令是在晚上 8 点（下午 2 点）以后。

8 点 15 分，2 架 E-2C 预警机首先起飞，接着 4 架 F-14 战斗机起飞，1 架 EA-6B 电子干扰机也离舰，飞往克里特岛上空的待命空域。但当得知埃及飞机尚未起飞时，战斗机暂时又飞回航空母舰。

晚上 9 点刚过，情报当局获取了暴徒们在 10 分钟前抵达开罗附近的阿尔马扎空军基地的情报。

晚上 10 点 10 分（下午 4 点 10 分），波音 737 飞机起飞升空。暴徒们由埃及政府官员陪同。

正在进行无线监听的 E-2C 机，3 分钟后就捕捉到了这个信息，不久，F-14 战斗机队和支援队又从“萨拉托加”号航空母舰上起飞，包括空中加油机在内的一场大规模空中截击战终于开始了。

飞行部队向克里特岛南部的警戒地点飞去，呈门形阵势，张网等待着从埃及方向来的波音 737。

埃及飞机在起飞后约 45 分钟，飞抵克里特岛以南 155 公里处，高度为 1 万米，速度为 400 海里。它不知不觉之间钻进了 F-14 战斗机布下的网。

F-14 战斗机一开始被熄了灯，在整个座舱处于一片黑暗的情况下，悄悄地从波音机后方靠近，就像狮子追踪猎物似的。机内的人们却浑然不知。

紧接着，F-14 一齐亮了灯，扑向波音 737 机的两翼。

机长似乎终于觉察到自己受到拦截，F-14 也感觉到机组乘务人员和暴徒们的慌乱。波音飞机为了寻求开罗方面的指示，不断地拨着拨号盘，调着频率，但无论如何也不成，只能听到杂音。这是美军对波音飞机实行无线电干扰的结果。

晚上 11 点 30 分（下午 5 点 30 分）E-2C 命令波音机飞往西西里岛，并通告：“如果不服从，即予以击落。”

波音机上，逞凶一时的暴徒们似乎也乖乖就范了。

机长绝望地感到无法摆脱包围，便在美国战斗机的挟持下，飞向了西西里岛。

F-14 机本来被允许在波音机前发射导弹，但他们并没有发射，只进行了包围就大功告成了。

由于是与劫持无关的埃及人驾驶的飞机，而且里根总统强调不要伤及无辜人们的生命，所以波音机才得以避免被击毁的命运。

直到飞机要进入意大利领空的时候，美国才向意大利政府通报了自己的计划。

早一点告知对方，在外交上是比较主动的，但害怕泄露机密而导致作战失败，所以美国政府在最后一刻才通知意大利。

意大利政府一开始就表示了自己的不快，甚至表示出拒绝的反应。管制官员不允许波音飞机飞进意大利，使机长大为难堪。机长思考再三，不得不宣布："燃料用尽，必须紧急着陆。"最后终于得到了着陆的许可权。

11 日零点 10 分（10 日午后 6 点 10 分），飞机终于在西西里岛西古乃拉基地降落。

在陆地上，不久以前从直布罗陀坐 C-141 运输机紧急赶到的约 50 名"海豹"特种部队（由卡尔斯蒂纳海军陆战队少将指挥）和意大利的骑枪队（空降兵部队）正守候在那儿，他们涌进了飞机，逮捕了暴徒，而暴徒也没有进行任何的反抗。

在"海豹"和骑枪队涌进机舱时，发现了意外的收获。原来，他们发现的不仅是劫持"阿基利・劳罗"号、杀害利昂的 4 名暴徒，而且还发现了 PLF 的大人物阿布尔・阿巴斯和其他成员。

这时候，美国方面想用正在待命的 C-141 机，将暴徒押送回国内，但差点和意大利方面发生枪战。最后还是美国作出了让步。

11 日，意大利热那亚司法局为 4 名暴徒准备了一份计划杀人、绑架及非法携带武器爆炸品的嫌疑犯逮捕令，派了两名警官到西古乃拉美国基地予以收容。

在美军基地，在警官的前面，顺道来到西西里岛的 4 名美国人对暴徒进行了辨认。丈夫被害的玛里琳给了暴徒一顿耳光。差点儿被杀害的米尔德说："一点儿不错，是这批暴徒。"在暴徒从屋里走出来的时候，她的丈夫喊道："就是这个人！"至此美国人总算舒了一口气。

## 美、意为如何发落暴徒争执不下

对乘客被杀害的美国和船只被劫的意大利来说，哪一方有犯人管辖权是一个重大的问题。“将他们引渡到美国来，将他们处以死刑”，这是相当一部分美国人的呼声。

舒尔茨国务卿向意大利外长安德列奥蒂通了电话，主张管辖权属于美国，但经过长时间的讨价还价，舒尔茨终于同意意大利外长的要求：“管辖权属于意大利，决不让他们逃到国外。如果有杀人的嫌疑，就马上处理。”美国本想在国内严惩罪犯，但如果意大利答应严惩，也就没有什么不满的了。

阿巴斯在暴徒们劫持了“阿基利·劳罗”号之初，就在贝鲁特，并同他们取得了联系。而且据说劫持行动也是他指挥的。但是，当阿巴斯得知暴徒杀害了人质，就训斥了他们说：“原来的任务完不成了。”他所说的任务就是潜入阿什杜德港，破坏军事设施。

暴徒们开始并不打算劫持船只和杀害乘客，他们隐藏的武器在船上被发现后，就不能再执行原来的计划了。

巴勒斯坦解放阵线在塞浦路斯发表的声明中，也承认劫持船只，并赔礼道歉，说当初的目标是阿什杜德港的军事设施。

11 日晚上，阿巴斯及其他成员，根据意大利当局的指示，乘埃及飞机转移到罗马。

据说，得知这一消息的美国斯蒂纳少将大为恼火，立即乘基地的 T-30 教练机，未经指挥塔的许可，即起飞尾随埃及飞机飞往罗马，且未经许可便强行着陆。

美、意外长虽有约在先，但后来意大利政府的处理并没有令美国政府满意。

美国政府强烈要求引渡阿巴斯，但意大利仍然予以回绝。

12 日，里根总统寄给意大利克拉克西一封紧急信函，指出：“中心人物阿巴斯，有确凿的犯罪证据，”强烈要求引渡。里根认为，“两国缔结了相互支援协定，为了立案审查，意大利当局有义务将阿巴斯引渡给美国。”

但是，就在美国准备逮捕证的时候，阿巴斯穿着埃及航空公司的制服，乘租借的前南斯拉夫的飞机，由罗马飞往贝尔格莱德。这都是在意大利、南斯拉夫、埃及等政府的默认下进行的。

里根总统大为恼火。

阿巴斯在贝尔格莱德逗留两天以后，经南也门的亚丁，回到巴格达。终于躲开了美国的跟踪。

具有讽刺意味的是，尽管在克拉克西的同意下，暴徒们已逃离国外，但西西里岛的西拉克萨检察厅，27 日发出了逮捕阿巴斯的命令，从而使正在组阁的克拉克西处于十分尴尬的境地。

与事件有关的各国动向，使各自的内情和利益公开化，而且各不相同。

意大利的石油大量依赖中东，因而同阿拉伯各国以及 PLO 有密切的关系，所以不能破坏这种关系，意大利必须释放阿巴斯的理由也就在这里。据说，意大利极少受到阿拉伯的恐怖分子破坏也是因为有这样良好的关系所致。

美国则认为阿巴斯是这次事件的罪魁祸首，是经常抓人质以要求释放恐怖分子的惯犯。

恐怖分子开始被收容在当地锡拉库扎监狱，后来又从那儿转移到关押重罪犯的斯波莱托监视。恐怖分子的名字是：阿尔哈桑，19 岁；阿尔毛尔其，23 岁；阿里・阿布达拉，23 岁；以及阿契夫・依布拉希姆。

强行使埃及飞机着陆以及缉拿罪犯成功的消息，美国新闻媒体立即向全国作了报道。因人质被害和恐怖分子逃跑而一度消沉的美国大众一下子又欢腾了起来。他们认为这是进攻格林纳达以来的壮举。

然而，与美国的态度相反，许多阿拉伯国家是持否定态度的。埃及总统穆巴拉克说："美国的作战纯属海盗行径，只能给埃、美关系带来紧张，我受到了伤害。"

在开罗，学生们纷纷涌上街头，烧毁美国国旗，呼喊反美口号。在这种情形下，流传着埃及曾暗中支援过美国的臆测，但美国白宫发言人施皮克斯明确地加以否认。

西欧各国多数持保留态度，没有明确表态。只有英国的撒切尔夫人和以色列外长佩雷斯支持这次作战。

前苏联塔斯社则公开报道："美国对杀害人质的愤怒是可以理解的"，态度竟是异常地温和。这在很大程度上是因为发生过 4 名苏联人在贝鲁特遭到绑架，最后有一人被杀害事件的缘故。

巴解组织阿拉法特在前一周曾说过："PLO 不搞恐怖活动，但对以色列领土的进攻则另当别论。"当事件发生时，立即否认说："恐怖分子与巴解组织没有任何关系。"而且在人质被杀害时，甚至说："暴徒如果被引渡给巴解组织，我们必定要付诸审判。"

## 四、干戈大动暹罗湾

——美海军特种部队营救被扣船员

### 暹罗湾　马亚克斯被扣留
### 华盛顿　五角大楼起杀机

1975 年 5 月 12 日下午 2 点 18 分（华盛顿时间凌晨 3 点 18 分），从香港开往泰国梭桃邑的美国运输船"马亚克斯"号来到距柬埔寨 100 公里的威岛附近海域。"马亚克斯"号运输船是希兰德海运公司的一艘集装箱货船，排水量 10766 吨，长 144 米，速度 15 节。船上有 39 名船员。船长叫查尔斯·米勒，62 岁，具有 38 年的航海经验。

今天，"马亚克斯"号装载着供给驻泰美军基地和美国使馆的约 1000 吨食品和日用品，正在公海的正常航线上静静地驶向梭桃邑。突然，两艘柬埔寨红色高棉的海军炮艇从海上急驶而来，其中一艘向"马亚克斯"号的船首方向开枪、发射火箭弹，命令停船。米勒船长见状，立即命令报务员火速发出了一份紧急求救电报："本船遭柬埔寨海军拦截，被命令停船，看来柬军要登船检查。"同时，船长根据炮艇的命令，下令减慢航行速度，慢慢地停了下来。

船刚停下，手持掷弹筒和苏制 AK-47 式冲锋枪的柬埔寨士兵，携着美式报话机，登上了"马亚克斯"号船。他们共有 40 人左右。都不会说英语，上船后，他们先是用手指指炮艇，然后指指"马亚克斯"号运输船，接着做了一种跟在他们后面的姿势，意思是跟着他们走。米勒船长无可奈何，只好照办，但此时此刻他心里正盼望着美国海、空军收到紧急呼救信号后，能立即前来救援。为了赢得营救时间，“马亚克斯”号故意将速度减慢了一半，慢慢腾腾地跟在炮艇后面。

当晚 8 点，天已大黑，“马亚克斯”号准备在威岛以北停船下锚。柬埔寨兵前来干涉，非要把船带到柬埔寨本土磅逊港。船长米勒佯称航海雷达坏了，不能进行夜间航行为由婉言拒绝。于是，他们在这里过了一夜。

13 日清晨，柬埔寨兵手指海图，命令船长将船开往离柬埔寨本土 48 公里的通岛。船又启航了，但米勒船长今天仍期待着美军援救，照样减慢了速度，慢慢地朝通岛开去。果然，一架美国海军的 P-3 型侦察机在柬埔寨西南约 60 海里处的威岛上空盘旋，不到 10 分钟，该机的电子侦察设施便发现了被红色高棉军队扣押的美国商船“马亚克斯”号。米勒船长对营救充满了希望。

当日下午 1 点 30 分，“马亚克斯”号在通岛下锚。柬埔寨士兵命令船员下船，换乘两只小型渔船（其中一只是被扣留的泰国船），将他们带进了通岛的一个小海湾里。这是岛上的一个要塞，湾内装备着 22 毫米机关炮和火箭发射架，均被热带丛林遮盖着，从空中无法看到。天空中时而有美机出现，但似乎没有发现进入海湾的渔船。

傍晚时分，一名年轻的柬埔寨兵来找米勒船长，问“马亚克斯”号锁着的船舱里是否装有武器、弹药，要求进行检查。为此，船长和轮机长跟着他们到船上去。当他们登上“马亚克斯”号时，夜幕已经降临，周围黑乎乎的。突然，美军投下了几颗照明弹，顿时把周围照得通明。柬埔寨兵惊慌万分，急忙让船员下船，匆匆地带着他们又回到了海湾。路上，米勒船长想给侦察机发个信号，但未能如愿。

晚饭是由被扣留的泰国船员特意给做的。他们过了一个不安之夜，船员们在渔船上听着美军侦察机的轰鸣声，在波涛的颠簸下，彻夜未眠。

14 日清晨 6 点左右，全体船员被迫乘上泰国渔船，在 4 艘炮艇的挟持下，朝柬埔寨本土磅逊港驶去。途中，美机发现了炮艇和渔船，接连上百次地用机枪和火箭朝着渔船的前方 100 米处和船的一侧 75 米处射击，企图令渔船返回通岛。美机看到船不肯返回，又降到低空，从 10 米的高度进行近距离射击，进行威吓。

船员们挥动着白衬衣，试图向美机表示自己的存在和有被炮火击中的危险。泰国的船长也曾几次想把船开回去，但每次都被柬埔寨士兵用枪对着脑壳阻止。

美机终于失去了耐性，投下了催泪弹。船长和船员们睁不开眼，顿时个个泪流满面。尽管如此，船还是继续向前航行。于是，美机又投下了看来是用于驱散游行队伍的药剂。船员中立即有人开始呕吐，也有人皮肤奇痒难受，有3个被火箭弹碎片炸伤，有人昏了过去。但船仍不顾一切地向前航行，美机见无法使船返回，只好无可奈何地离去。米勒船长深感失望。

上午10点左右，渔船进入磅逊港，紧紧停靠在柬埔寨船旁边。船在这里停歇了1个小时后，又被转移到了磅逊港以西25公里的隆岛，在一个有海军设施的码头下了船。那天夜里，39名船员在这个岛上渡过了寂静但又提心吊胆的一夜。

## 美国，华盛顿

5月12日黎明（华盛顿时间，下同），国务院收到了"'马亚克斯'号连同船员被扣留"的电报。但内容含糊，是谁？为何扣留？都没细说。

早晨6点15分（柬埔寨时间12日下午5点15分），基辛格国务卿得知印度支那方面发生了紧急事态。

上午7点，福特总统的安全事务助理斯考克罗夫特中将来到白宫上班时，才得知这一事件。他想，总统很快就要来上班了，没有必要专门向他报告。因此，福特总统得知"马亚克斯"号船被劫，已是上午7点40分了，此时事件发生已过了4个小时。

白宫对柬埔寨海军的行为，作出种种猜测：有人认为这只不过是柬新政府政策之需要；有人认为这是为了丢美国人的面子；有人则认为这是为保卫可能有海底油田的威岛附近海域，及坚持对威岛的主权而采取的强硬措施；还有人认为，柬埔寨是想以该船作为谈判的筹码，索回旧政府军逃亡泰国时带走的武器。不消说，柬埔寨政府是不可能说明扣船理由的。尽管柬埔寨的新闻和宣传大臣符宁通过金边电台说，"'马亚克斯'号为中央情报局进行了间谍活动"，但美国政府和船主均予以否认。

这天中午，福特总统在白宫召开了国家安全委员会会议。参加会议的主要成员有：副总统洛克菲勒、国务卿基辛格、国防部长施莱辛格、中央情报局局长科尔比、空军参谋长琼斯上将、总统助理拉姆斯菲尔德等。当时，参谋长联席会议主席布朗空军上将前往欧洲视察北大西洋公约组织的部队，由空军参谋长琼斯上将代理他的职务。

会议在基辛格国务卿的主持下开始。基辛格主张采取强硬措施。而施莱辛格的意见则是：为了避免过多的介入，应以最小限度的兵力，视对方的态度采取行动。

福特总统同意基辛格的意见。他询问了关于船员及运输船的所在位置，太平洋方向可能使用的兵力及展开这些兵力所需要的时间等情况以后，向国防部长施莱辛格下达了为采取军事行动做好必要准备的指示。

事实上，国防部早已有了准备，并已经向太平洋美军下达了戒备令，命令派遣驻冲绳、菲律宾的海军陆战队，紧急派出太平洋上的第七舰队舰艇。

与此同时，美国积极通过外交途径进行交涉。福特总统指示基辛格国务卿通过中华人民共和国同柬埔寨接触。

下午 1 点 50 分，白宫新闻发言人内森向新闻记者发布了如下消息：美国运输船“马亚克斯”号，在暹罗湾的公海上被柬埔寨海军扣留，现已被带进磅逊港。总统认为这是海盗行为，已指示国务院要求柬埔寨政府立即释放，若不释放，将采取重大行动。

5 月 13 日凌晨 2 点 25 分，斯考克罗夫特中将唤起了福特总统，报告说“马亚克斯”号目前正向柬埔寨本土航行。拂晓时又向总统报告说，船已停泊在离柬埔寨本土 48 公里的通岛。总统感到，“马亚克斯”号一旦进入柬埔寨领海，营救船员将变得更加困难。

是日上午 10 点 30 分，白宫召开了第二次国家安全委员会会议。会议进行了 1 个小时，主要议题是关于确认“马亚克斯”号和船员们的所在位置及实施军事行动问题。

为了赢得国会议员的理解和支持，白宫的工作人员从下午 5 点 53 分开始，花了 5 小时的时间，同议会的 20 多名主要成员进行了紧张的电话协商，最终说服他们支持政府的军事行动。

晚上 8 点 30 分（柬埔寨时间 14 日上午 7 点 30 分）左右，接到侦察机的报告，说有几艘炮艇正向本土行驶，其中一艘上有些人很像西欧人，他们正挥动着白衬衣。美机现正对这些炮艇进行攻击。

福特总统认为，“西欧人”有可能是“马亚克斯”号上的船员，攻击炮艇会误伤他们，而且，该船向本土逃避已无法阻止，遂指示美机停止攻击。

晚上 10 点 40 分，白宫召开了第三次国家安全委员会会议。根据情报推断：部分船员可能被炮艇运到柬本土，但大部分仍留在通岛。因此，总统提议，封锁通岛，防止船员被转移，阻止柬埔寨军队来援，夺回“马亚克斯”号，救出船员。根据总统提议，决定派一支海军陆战队乘直升机在通岛实施机降，占领该岛，救出船员；另派一支陆战队在“马亚克斯”号上机降，夺回该船。在此期间，由战斗轰炸机进行空中支援，同时，为阻止敌人来援，对柬埔寨本土包括机场在内的军事设施进行有限度的轰炸。

5 月 14 日下午 3 点 53 分（柬埔寨时间 15 日凌晨 2 点 53 分），福特总统为了下营救作战的决心，召开了第四次安全委员会会议。4 点 45 分，总统在会上决定：海军陆战队于美国东部时间 15 日拂晓时在通岛机降登陆，夺回“马亚克斯”号，指示国防部立即投入作战。

## 动干戈　山姆大叔调兵遣将<br>保通岛　金边部队顽强抵抗

美国防部得知“马亚克斯”号被扣留的时间，是 5 月 12 日清晨 5 点 12 分（柬埔寨时间下午 4 点 12 分）。上午 7 点 30 分，国防部即命令太平洋美军司令部，出动泰国乌塔堡空军基地的侦察机，侦察“马亚克斯”号位置及对其守卫情况。于是，美海军迅速作出反应，P-3C 侦察机、F-111 战斗轰炸机纷纷赶往出事现场。同时，根据国防部的指示，太平洋上的美第七舰队舰只也进入了戒备状态。

5 月 12 日上午 10 点 19 分，在菲律宾西南方约 160 公里处的驱逐舰“霍尔特”号开始朝作战海域进发。冷藏舰“织女星”号也在其后 120 公里处紧随而来。两舰预定到达柬埔寨海域的时间为 14 日晚 11 点。

12 日下午 3 点 14 分，位于爪哇岛南面、正在朝澳大利亚行驶的航空母舰“珊瑚海”号和3艘驱逐舰，也调转航向朝北行驶，全速向柬埔寨进发，预定到达作战海域的时间，为柬埔寨时间15日下午2点。

与此同时，在中国台湾南部海面上航行的导弹驱逐舰“威尔逊”号，也向柬埔寨海域驶去，预定在柬埔寨时间15日下午2点到达。

13日中午12点10分，国防部命令驻菲律宾的海军陆战队120人开赴乌塔堡；3点12分，又命令驻冲绳的第3海军陆战师所属的水陆两栖部队1100人，调往泰国的乌塔堡基地。

13日下午7点10分，位于菲律宾海域的航空母舰“汉科克”号也接到了全速开往现场的命令，预定在柬埔寨时间16日下午5点到达。

14日，驻关岛战略空军基地的B-52战略轰炸机，奉命准备对柬埔寨本土进行轰炸、进入了1小时待命的作战状态。

临时司令部为了能在14日这一天开始作战，从前一天清晨就开始研究作战计划。与此同时，来自菲律宾苏比克海军基地的陆战队员120人、驻冲绳第3陆战师的1100人，乘C-141运输机相继到达乌塔堡。

在制定作战计划时，第六舰队遇到的一个困难是没有合适的通岛地图。现有的旧地图已不适用，只好期待着空中照片。预定指挥袭击部队的奥斯汀中校，亲自搭乘直升机进行了地形侦察。根据目视及照片判读，发现通岛有三个地方可供数架直升机同时着陆，敌防空阵地集中在北部。

作战司令部在制定计划时，根据已掌握的情况判断，船员已登上通岛，而且仍在岛上；“马亚克斯”号上只有柬埔寨兵。因而决定，在预定使用11架CH-53直升机（每架可搭乘全副武装的突击队员25人）中，以3架配备60名陆战队员夺取“马亚克斯”号；用另外8架配备175人在通岛机降。同时，直升机往返乌塔堡一次，运送250名增援部队。往返一次需4个小时。

鉴于直升机远距机降“马亚克斯”号和通岛很危险，决定首先在“霍尔特”号驱逐舰上降落，然后由“霍尔特”号舰载着直升机逼近“马亚克斯”和通岛。

袭击部队指挥官奥斯汀中校，为了使损失减少到最小程度，并能顺利登陆，提议在直升机着陆前对敌阵地进行空中打击。但司令部认为这会误伤被扣的船员，没有同意。

根据最初的情报，通岛的守备人数为 18 至 20 人。对付他们的袭击部队第一批就有 175 人，从人数对比上看，绰绰有余。但此后中央情报局得到了通岛柬埔寨军兵力的新情报，说该岛守备兵力达 150 至 200 人，装备着 82 毫米迫击炮、75 毫米无后坐力炮、7.62 毫米机枪等武器。5 月 13 日，太平洋军总部也获取了确切情报，守岛部队约有 90 至 100 人，另增加了 10 至 15 名炮兵。

然而，这些情报未能及时送到袭击部队手中。他们从通岛附近海域的柬埔寨舰艇的数量、守岛部队的活动情况，以及防空阵地的配备等独自判断：岛上守军约为 100 人。

13 日晚，美机在执行低空监视任务时，遭到柬舰船和岛上的高射炮火袭击，美机不甘示弱，也开始对通岛进行炮火封锁，切断了该岛与外部的联系。14 日拂晓前，柬军一艘炮艇高速驶离通岛，被空中的美军战术飞机一顿炮火打得调转航向，不慎搁浅。与此同时，另有一艘渔船扯满风帆开出通岛，美机对该船施放了催泪弹警告，但该船不予理会，强行驶向柬埔寨大陆。

14 日全天，美机对通岛周围军事目标进行了袭击，击沉击伤柬军数艘炮艇，并使 4 艘炮艇搁浅。战斗持续到 15 日凌晨，红色高棉仍无释放美国船员的迹象，外交调解无望。于是，美国总统福特终于在 14 日下午 4 点 45 分（柬埔寨时间 15 日凌晨 3 点 45 分下达了“以武力夺回‘马亚克斯’号，并救出囚禁在通岛上的船员”的作战命令。20 分钟以后，又发出了轰炸柬埔寨本土的命令。

通岛，是柬埔寨领海内的一个小岛，呈三角形，位于暹罗湾东北部，距柬大陆约 54 公里，距泰国 150 公里。岛上长满了低矮的热带植物，丛林茂密、岩石遍地。该岛北半部分有较高的山岗，东、西两侧各有一条海滩，相距约 330 米。

15 日凌晨 4 点（柬埔寨时间，下同）载着袭击队员的 11 架 CH-53 直升机，在奥斯汀中校的率领下，飞离乌塔堡基地。根据计划，8 架直升机用于突袭通岛，3 架用于突击“马亚克斯”号。

清晨 6 点 10 分（华盛顿时间 14 日下午 7 点 10 分），乘有 175 名袭击队员的 8 架直升机，在“F-4”战斗轰炸机、“A-6”和“A-7”攻击机的支援下，飞近通岛上空，隆隆的飞机马达声震撼着海面。在进入突击的位置后，8 架直升机从两个方向直扑通岛。

这天的暹罗湾，天气格外晴朗，风和日丽，蔚蓝的天空中偶尔飘浮着几朵淡淡的白云；在温暖的阳光下，平静的海面上偶尔出现一些轻轻翻滚的白浪。

此时此刻，袭击部队对和平解决仍抱有一线希望，随行带来了 3 名会讲柬埔寨语的士兵。但事与愿违，柬埔寨守军拒不低头，唯一的希望完全破灭了，强攻成了唯一营救人质的办法。8 架直升机立即扑向东西两个海滩。

在西海滩，地面的防空炮火比想象的激烈得多。奥斯汀中校驾驶的 CH-53 直升机飞在最前面，抵达预定着陆场后，直升机开始悬停，巨大的旋翼卷起的狂风将下方热带丛林刮得呼呼作响。奥斯汀操纵直升机徐徐下降着陆。柬埔寨的防空炮火十分激烈。当后舱门打开，25 名海军陆战队员蜂拥而出时，从四面八方突然飞出无数子弹、火箭弹和迫击炮弹。直升机遭如此突然打击，机身遍体伤痕。奥斯汀待士兵下完赶忙驾机升空时，发现一台发动机已被打坏，飞机只好单发推进逃离，摇摇晃晃地飞了 1000 米左右，这台发动机也出现故障，飞机一头扎进大海，机组人员纷纷爬出机舱逃生。

欧勒梅上尉驾驶 CH-53 直升机一直紧随奥斯汀直升机之后，他见势不妙，急忙拉起直升机飞向外海。这时，另外两架直升机也逼近西海岸，见奥斯汀战机坠海，随即调转机头前往救援，经过一番努力，将奥斯汀等 3 名幸存者救起，另一名机组人员失踪。

欧勒梅上尉驾驶的直升机在空中盘旋一周后，再次进入西海滩，遭到地面高射机枪、步兵武器的猛烈射击，上尉灵活地操纵飞机作迂回飞行，超低空接近第一架直升机着陆点，在距地面 6 米高度上悬停，海军陆战队员们从机舱内纷纷跳出。不幸，悬停的战机被数发大口径机枪子弹击中，漏油严重，上尉勉强驾机起飞。燃料漏光后，他迫降在柬埔寨大陆，机组人员当了俘虏。

营救奥斯汀的两架直升机再次向西海滩发起冲击，陆战队员们将自动步枪伸出窗口，从空中向地面开火，分散在丛林中的红色高棉部队使用各种武器射出的子弹、炮弹、火箭弹骤雨般地向直升机扑来，一名机枪射手当即饮弹身亡。

拉基中尉驾驶的直升机突破防线，率先降落，30 名陆战队员涌出机舱。这时，一发 40 毫米火箭弹挟着火光飞来，将机舱门炸掉，由于士兵全部下完，这枚致命的火箭弹仅击伤一名机组人员。另一架直升机见难以突破柬军防线，扭头逃跑。拉基中尉费了好大劲才将这架负伤的直升机拉起。这架机身穿有 75 个弹孔的直升机，竟奇迹般地返回了美军前进基地。

在突击西海滩的同时，两架满载美军士兵的 CH-53 直升机飞到了东海滩上空。此时，预定着陆场风平浪静，两架直升机放心大胆地降低高度，当离地面约数十米时，密密丛林中突然窜出数条火舌，同时迫击炮弹也流星似地射向空中。顿时两机同时中弹，一架直升机竟被一发 82 毫米迫击炮炮弹削掉尾桨，驾驶员立即采取措施迫降成功，机组人员和 21 名陆战队员冲出机舱钻进密林。另一架直升机却被一枚 40 毫米火箭弹击中，机身燃起大火，格尔森少校努力操纵起火的飞机企图脱离柬军设置的火力网，慌乱间，一发 60 毫米迫击炮弹钻进座舱爆炸，副驾驶员被炸死，格尔森多处负伤，但他还是坚持将飞机飞到海边迫降。机内的美军发狂般地从熊熊燃烧的飞机里冲出来，由齐腰深的海水中向岸上奔去，怎料柬军赶上来，用一阵密集的弹雨射向落水的美军，雨点般的子弹在海面上乱飞，打得登岸的美军抱头鼠窜，边开枪边向外海逃去。

这时，美军的 4 架 A-7 攻击机闻讯赶到，将装有数百发菠萝弹的子母炸弹投向柬军，在阵阵火光中，柬军纷纷倒地。但未登上陆地的突击队员无法上岸，只得游向海中，处境十分危险。恰在这时，美军导弹驱逐舰“威尔逊”号正向通岛东海岸方向驶来，在距岛 1000 米处的海面上，发现 3 组人影正在波浪中游动，遂放下舢板，救起了 13 名飞行员和突击队员，另有 13 名阵亡。

## 避实就虚　突击队强行着陆<br>得不偿失　陆战队仓皇撤离

岛上的战斗异常激烈。

袭击部队根据东海滩火力强于西海滩的情况，立即避实就虚，将进攻的重点转移到西海滩上来。A-7 攻击机打头阵，用一排排炸弹进行火力突袭，不多时，3 架满载士兵的 CH-53 直升机飞了过来。飞在最前面的一架遭到地面柬军高射机枪的密集火射击，右油箱和尾部中弹，驾驶员见无法顺利着落，果断返回。后两架并排突入，数挺机载机枪一齐向地面狂扫，一度曾压制住了柬军火力，然而当他们准备着陆时，从稍远处射来了 10 多发迫击炮弹，炸得着陆场硝烟弥漫、弹片横飞。两架直升机快速拉起，调头向远处飞去。

10 多分钟后，这两架直升机再度突入。这次美军改变了战术，一架在预定着陆场以南的一块砂石地上降落，使 28 名陆战队员安全着陆；另一架从稍北处低空进入，该机遭到柬军高射火炮的射击，机身被穿了许多窟窿，但驾驶员还是成功地使陆战队员安全着陆，然后摇摇摆摆地飞离了通岛。

在后来的 1 小时内，未着陆的另一架直升机曾几次试图在西海滩着陆，但是柬军的步兵轻武器和迫击炮打得极猛，往往不等飞机靠近，地面上便枪炮齐发。已着陆的美国海军陆战队员组织了几次冲锋，都被隐蔽在丛林中的红色高棉部队打退。最后见难以安全着陆，只得载着陆战队员返回前进基地。

至此，先后有 109 名突击队员登上了通岛，另外还有 5 名机组人员。但这些美军被柬军分割在东、西两个海滩附近的树林中。由于增援部队 4 小时后才能赶到，登陆队员又未占领有利地形，处境十分危急。

在通岛机降作战的同一时刻，夺回和救援“马亚克斯”号船及船员的行动亦在紧张地进行。突击队员 48 人及爆炸物处理队员 12 人，乘 3 架 CH-53 直升机飞到“霍尔特”号驱逐舰上空。由于“霍尔特”号甲板狭小，直升机无法在舰上着陆，队员们只好沿绳梯下到舰上。

这时，2 架“A-7”攻击机朝“马亚克斯”号投下瓦斯弹，船立即被烟雾笼罩。

“霍尔特”号舰载着突击队员气势汹汹地扑向通岛扣押“马亚克斯”号船的地点。舰离“马亚克斯”号船越来越近，然而，船上却没有任何反应。上午 7 点 25 分，“霍尔特”号靠上“马亚克斯”号，面戴防毒口罩、手持冲锋枪的突击队员纷纷登上舷梯。“霍尔特”号的机关炮一直对着“马亚克斯”号，随时应付不测。

突击队员们持枪跳上甲板。指挥官乌德上尉命令搜查船桥、机舱及主甲板上的船头、船尾。爆炸物处理队从船底到船舱一一作了检查。出乎意料的是，船上没有一个船员，没有一个柬埔寨兵，就连爆炸物也没有，只是有些早已冰凉的剩饭剩汤。“马亚克斯”号原来是艘空船。美军大惑不解。

8点左右，“马亚克斯”号上升起了美国国旗，8点27分，乌德上尉发出了已夺回“马亚克斯”号的电报。

美军扑了空，只得用“霍尔特”号驱逐舰拖着“马亚克斯”号徐徐撤离通岛。

船员到哪里去了呢？

原来，15日早晨6点（华盛顿时间14日下午7点），金边电台就报道了柬埔寨政府已释放“马亚克斯”号船员的消息。早上7点30分，也就是在美军突击通岛的行动进行了约3个小时，突击队员在“马亚克斯”号船内进行搜查，登上通岛的美军遭受炮火打击的时候，被柬埔寨政府释放的“马亚克斯”号船员，正乘坐前一天的那艘泰国渔船从柬埔寨大陆方向驶向通岛。

上午9点，巡逻飞行中的P-3C侦察机发现了一艘像似炮艇的船只正离开柬本土朝通岛方向航行，并立即作了简单报告。为了进行确认，飞机降低高度，从其上空通过，结果发现是一艘渔船，船上30多人正激烈挥动着白旗发送信号，据确认他们就是“马亚克斯”号的船员。

几乎与此同时，临时司令部给“威尔逊”号发出命令：“拦截炮艇，阻止其接近作战海域。”“威尔逊”号立即进入战斗状态，以“Z”字形向前运动，驶向目标。当接近目标时，监视电视的操作员报告说：“目标不是炮艇像是渔船”。恰在这时又收到巡逻机的报告，也证实了这是一艘渔船。当驶到能听见渔船呼喊距离时，舰长罗杰斯中校用扬声器喊道：“你们是‘马亚克斯’号的船员吗？”“全是！”“靠过来，你们得救了！”

这艘泰国渔船悬挂着白旗。美国驱逐舰“威尔逊”号上前拦住该船，并停下来把渔船拴在左舷，让渔船上的“乘客”——“马亚克斯”号全体船员安全登上美舰。

时隔70个小时，39名船员和乘员全部获救。

事实上，柬埔寨人14日晚就打算释放船员，并且一切准备都就绪，或许是美军在通岛的攻势行动使他们改变了主意，柬埔寨人推迟到15日才将他们放回。

为了配合通岛的进攻作战，阻止柬军对通岛实施增援，15 日清晨美军开始对柬埔寨本土实施攻击。上午 7 点 45 分，从航空母舰“珊瑚海”号起飞的舰载机对云壤空军基地实施首轮攻击。攻击机群袭击了跑道、机库、检修场、供油设备，使以“T-28”为主力的柬埔寨空军遭到毁灭性打击，防空阵地被炸得哑然无声。一个半小时后，对云壤空军基地进行了第二轮攻击。接着又隔一个半小时后，对云壤的海军设施及磅逊近郊的军事设施进行了第三轮攻击。经过三轮攻击，先后炸毁了机场、机场上飞机以及破坏了炼油厂、仓库、调车场等。由于轰炸顺利，突袭中没有动用驻关岛的 B-52 战略轰炸机。

船员获释后，美国国防部于 15 日上午 11 点 10 分（华盛顿时间凌晨零点 10 分）发出了“停止作战，全军撤退”的命令。但在通岛，由于柬埔寨军队攻势猛烈，战斗无法停止。而且，由于援军迟迟未到，登岛美军被围困在东西两个海滩，处境十分艰难。

对美军来说，当务之急是如何安全撤出在通岛被围困的部队，悄悄吞下自己栽种的苦果。

上午 11 点 18 分，增援部队终于到来。但是，一架增援的直升机还未降落，就被猛烈的炮火击中，载着增援部队便同另外 2 架一起返回了乌塔堡。

中午时分，美军又调来了 5 架直升机。其中 4 架分两组冒着炮火在西海滩降落成功，舱内涌出大批突击队员，与在此鏖战多时的美军会合。另一架强行突入东海滩，刚要悬停，又遭到地面高射火器的射击，被迫返航。

美军指挥官按捺不住焦急的心情，命令大批舰载机出动，对通岛上的柬军阵地进行“饱和轰炸”，然而，飞行员们唯恐炸着地面的美军，轰炸效果微乎其微。

下午 2 点，4 架 A-7 攻击机低空掠过东海滩上空，抛下数十枚毒气弹，顿时，黄色的烟幕笼罩了密密的丛林。不多时，空中出现了两架 HH-53 直升机，怎料到，烟幕中又飞出柬军道道火舌，飞在前面的一架直升机尾部中弹，两机兜了个圈子又飞回了“珊瑚海”号航空母舰。

黄昏时分，一架美军 OV-10 型侦察机出现在东海滩上空，该机不慌不忙地在空中盘旋，不时地向地面可疑目标发射烟幕火箭。片刻后，8 架 A-7 攻击机和 6 架

F-4战斗飞机赶到，将一排排炸弹投向发烟处。硝烟中，3架大型直升机露出了它们的身影。其中一架在东海滩徐徐降落，没料到丛林中突然冲出七八名红色高棉战士，在距直升机不足20米处投掷手榴弹，空中的两架直升机赶忙飞过来支援，用泼水般的机枪子弹击退柬军。与此同时，一艘美军高速汽艇也开至东海滩附近海面，用多管机枪对准柬军一顿猛射，将柬军火力压制住。于是，东海滩树林中的美军像脱兔似地钻出密林，飞快地爬进了飞机，直升机迅速升空返航。

美军指挥官仍不甘休，命令一架C-130运输机向东海滩投下一枚1.5万磅巨型威力的燃料空气炸弹，在一声山崩地裂般的爆炸声中，东海滩的密林被炸出一块足球场大小的空地。硝烟尚未散去，两架武装直升机又飞抵东海滩检查轰炸效果，一阵暴风雨般的高射机枪弹袭来，其中一架直升机又受重创，拖着烟雾加速逃离了。

夜幕降临在通岛，在这块“死亡陷阱”上，美军在西海滩还有100余人，可用来执行撤退任务的直升机只剩下3架了。

地面的美军以着陆场为中心构筑了简易阵地，与渐渐逼近的柬军进行了激烈的枪战。这时，布里斯中尉驾机飞来，当直升机下降离地面不足5米时，“呼啦”一声，一枚曳着火光的40毫米火箭弹飞来，好险！火箭弹擦着机身飞了过去，驾驶员惊出一身冷汗。好不容易搭载完毕，布里斯驾机成功地飞离通岛，将首批撤退人员送上航空母舰。

帕塞尔上尉驾驶的直升机在战术飞机的掩护下降落西海滩，那些焦头烂额的陆战队员争先恐后地涌了上来，机舱内一下塞进了54人，超载一倍以上。上尉将发动机功率调至最大，飞机吃力地升空。这时地面一阵步兵自动武器子弹飞来，主旋翼上被穿了数个窟窿。上尉沉着地操纵飞机，将这批人员送上“珊瑚海”号。

布劳中尉没那份好福气，他的飞机刚飞至西海滩，便遭到柬军高射机枪和迫击炮的袭击，他只得调头飞远。然而地面美军连连呼唤他返回，布劳只好冒险再闯西海滩。黑暗中，他在离地10多米的高度掠林飞行，终于抵达着陆场，美军士兵从四面八方跑向飞机，柬军的子弹紧随着登机的美军撵来。机载机枪不敢射击，唯恐误射美军，机身被打出10多个弹孔。万幸的是，在海面上来回巡逻的“黑天鹅”号快艇发现柬军机枪阵地，用艇载多管机枪将其摧毁。布劳抓紧时机果断升空撤离。

此时，还有 73 名美军被困在西海滩，柬军利用黑暗开始缩小包围圈，留岛美军处在万分危急之中。紧要关头，AC-130 武装运输机出现了，凭借夜视夜瞄装置，它用准确的炮火向柬军射击，为美军赢得了宝贵的时间。

布劳中尉奉命就近将机内美军送到“霍尔特”号驱逐舰上，然后再次进入西海滩。他借助陆战队员刚架设的快速闪光灯看清着陆场并降落，44 名美军钻进机舱后立即起飞，柬军用阵阵机枪子弹尾追着直升机，机身被击穿 10 多个弹洞，幸未伤着要害。当直升机在“珊瑚海”号降落后，机械师发现，该机的电路系统已基本损坏，无法再次起飞。

通岛上还留有 29 名陆战队员，美军眼下唯一完好的，只剩下布里斯驾驶的直升机了。

黑沉沉的夜空，不时地掠过曳光弹道，布里斯驾机反复飞 3 次方才在着陆场降落，29 名美军全部钻进机舱，机载速射机枪这才发挥作用。舱门刚刚关上，从机身两侧便喷出数条火舌，一串串曳光弹流星般地四散飞去，通红的弹道像一根根鞭子似地抽打着热带丛林。空中的 AC-130 降低高度，以愈来愈猛烈的炮火掩护直升机撤离。但是，丛林中，仍不时地有火光喷出，柬军还在对空射击……

晚上 8 点 55 分（华盛顿时间上午 9 点 55 分），一场艰苦的通岛机降作战终于画上了句号。在这场战斗中，美军共阵亡 15 人，失踪 3 人，受伤 50 人。

## 五、“猎人行动计划”

——英国特种部队解救伊朗驻英使馆人质

### 使馆被占　外交官员沦为人质<br>大使告急　特空队员待命出击

1980 年 4 月 30 日，几名伊朗胡齐斯坦省的民族主义极端分子武装占领了伊朗驻英国大使馆，并扣留其外交人员作为人质。伊朗大使当即将情况通报了英国外交部，请求英国政府予以支援。

占领伊朗大使馆的胡齐斯坦极端的民族主义者打电话给英国广播公司，提出伊朗政府必须给胡齐斯坦省更多的自治权，并立即释放被关在该省监狱的 91 名胡齐斯坦政治犯。他们扬言，如在 24 小时内不满足他们的要求，就杀死手中的 20 多名人质并炸毁这大使馆大楼。

4 月 30 日，平静如常的英国特别空勤团总部突然接到一项紧急命令：做好一切准备，营救被扣在伊朗使馆的人质。这项命令是在几名武装分子占领伊朗驻英国大使馆，并扣留了 20 多名人质后不久发出的。英国外交部接到了伊朗大使馆的求救电话后，英国政府立即召开了紧急内阁会议，决定采取一切必要措施，解决伊朗使馆危机。特别空勤团作为最终的选择，从一开始就得到了待命出击的指示。

英国特别空勤团是英国当局进行反恐怖作战的一支特种部队。

接到命令后，特别空勤团立即与在伊朗大使馆附近负责监视的警察进行联系，并派去一个联络小组观察地形。不久后，特别空勤团队员们围坐在一个伊朗使馆模型的沙盘旁边，进行战术分析研究。

伊朗使馆坐落在伦敦最繁华的肯辛顿区王子门，是一座五层大楼。武装分子占领使馆后不久，伦敦警察立即包围了这座建筑，并对周围街道进行封锁警戒。同时，附近的使馆人员也都撤走了。

伦敦警察厅为了密切注视大楼里的动向，从大楼屋顶的烟囱里放进了窃听器。根据窃听到的情况分析，大部分人质都在大楼的二层和三层的房间里，占领使馆的武装分子有 5 个人。

接到命令的特别空勤团总部就像一部开足了马力的机器，飞速转动起来。事发当天，一个营救计划基本拟就了，20 名队员组成的营救小组也成立了。行动的代号为“猎人行动计划”。但英国当局认为这一行动计划非到万不得已，不付诸实施。他们希望通过谈判解决人质问题。

## 政治谈判　英国政府拖延时间<br>舍生取义　拉巴萨尼从容赴死

英国政府代表通过电话和窗口对话，同这伙武装分子谈判。与此同时，英国外交部拍急电给伊朗政府，转告了武装分子的要求；并表示要尽最大的努力，尽快解决这一事件。

经过多方努力，在24小时内，武装分子先后释放了两名人质，一个是怀孕3个月的伊朗妇女，另一个是患病的英国广播公司记者。

最后期限到了，胡齐斯坦武装分子并没有像他们所威胁的那样，屠杀人质，炸毁使馆。他们提出了进一步的要求：让3个阿拉伯国家驻英使馆的大使出面调解；派一架飞机把他们和人质送出英国。英国政府研究了武装分子的要求，认为让阿拉伯国家驻英大使去调解，有可能产生新的人质，使问题更趋复杂。于是，英国外交部以同其他的阿拉伯国家使馆协商需要时间为由，要求恐怖分子要有耐心。

时间一天天过去，使馆大楼里仍然十分平静，武装分子提出的最后期限一再推迟，谈判仍在继续进行。

这伙胡齐斯坦省的民族极端主义分子为首的名叫托菲格，看来他干这行并不老练。进入使馆后，他对两件事疏忽了。第一件是，他们闯进使馆时第一个抓住的是使馆的警卫人员——英国警察洛克。他们把他关在二楼使馆代办的办公室里，对他没有进行彻底搜查，致使洛克能在贴身的上衣里藏下一支手枪。他原想凭这支枪营救大家，但考虑到寡不敌众，为了避免造成多数人质的伤亡而未动手。第二件是，托菲格对屋子里窃听器发出的嗡嗡响的噪音没有足够重视。他也产生过怀疑，便问被扣押的使馆人员，他们故意编造了一些话来迷惑他，就蒙混过去了。

谈判进行到第6天，即5月5日下午，这伙武装分子的耐心开始消逝了。他们向人质宣布，马上就要执行他们在6天前作出的决定，即每隔半小时枪杀一个人质，直到他们的要求被全部满足为止。

一个25岁的伊朗外交官挺身出来，表示愿作第一个牺牲者。他是使馆的新闻专员，名叫阿巴斯·拉巴萨尼。他向真主作了祈祷，吻别了他的伙伴们，然后写了遗嘱和家信。一个武装分子就带他到楼下去，同事们以同情和赞赏的目光送他离开了房间。几分钟后，从楼下传来三声枪响，拉巴萨尼倒在了血泊之中。武装分子把他的尸体从使馆大门口推了出去。

## 困兽犹斗　武装歹徒滥杀无辜人质
## 制止流血　特空团实施“猎人计划”

武装分子以为这样可以迫使英国政府和伊朗政府答应他们的要求。但他们估计错了，英国政府对恐怖行为的态度是明确和坚决的。内务大臣威廉·怀特洛早已表示，决不让恐怖的讹诈得逞。

为了稳住武装分子的情绪，伦敦警察厅采用了缓兵之计，通过电话告诉武装分子，英国当局准备答应他们的要求。武装分子也盼望通过较稳妥的途径来摆脱他们的困境。可是，他们万万没有想到，这时英国警察和特别空勤团已在这座大楼上下和周围部署了包围圈。

一架警察用来监视的直升机在大楼上空盘旋。特空团队员有的登上屋顶，拴好了往下爬的绳索；有的钻进了大楼地下室；有的拆除了邻近大厦的墙壁。他们的装束很别致，头戴防毒面具，身穿黑色防弹衣，手套和皮靴也都是黑的，一身漆黑，活像潜水员。一切准备就绪，只等一声号令。

武装分子开始杀人，英国当局为了避免人质进一步流血，决定马上实施“猎人行动计划”。

5 日下午 7 点 30 分，命令一下，特空团队员和警察立即行动。两个队员从屋顶顺着绳索滑下来，一踏上二楼阳台，就向屋子里投掷手榴弹。随着手榴弹的爆炸，发出刺眼的闪光和震耳的轰鸣。大楼立刻燃起熊熊烈火，吐出滚滚浓烟。这种手榴弹名叫“晕眩手榴弹”，它并没有杀伤力，但爆炸后几秒钟内可使半径 10 米以内的人完全丧失视力和听觉。特空团队员就利用这个时间，寻找他们所要袭击的目标。

在二楼楼梯口的窗外，一名特空团队员刚顺着绳子下来，还没有落地，就被在楼梯口警戒的武装分子发现了，他便举起冲锋枪隔窗向他瞄准。就在这千钧一发之际，被扣人质英国警察洛克掏出已隐藏 6 天的手枪，向武装分子猛扑过去。就在武装歹徒回身对付洛克的当儿，特空团队员赢得了时间，扳动枪机，子弹穿过了武装分子的胸膛。

被扣在二楼使馆代办办公室的另一个人质是英国广播公司电视台的哈里斯，他担心熊熊的火焰会把他烧死在屋子里，急忙打开窗子，跳上阳台，挥动双手呼救。正在阳台上的特空团队员就把他拉了下来，送到隔壁大楼。

在三楼使馆的电报房里，看守14名男性人质的武装分子，脸长得像孩子一样，名叫聂贾德，人们称他为“童子脸”。一听到玻璃窗被砸碎的声音，他猛然跳起来，打开枪机的保险，疯狂地对着人质开火。但极度的惊慌之中，他一个人也没有打中。守在楼梯口的武装分子听到枪声，立即奔进电报房，也胡乱开枪扫射；一名使馆职员被乱枪打死，使馆代办阿里弗罗茨中弹负伤。这时，特空团队员已冲进房间，武装分子见势不妙，丢下枪支，一面叫着“我们投降！”一面把阿拉伯人的头巾扯了下来，妄图混进人质中间伺机逃跑。

战斗中，特空团队员按各自的任务分工，向武装分子发起总攻击。有的越窗而进，有的破门而入，有的从地下室冲上来，很快向二、三层集中，消灭了仍图顽抗的武装分子。同时，一队武装警察也进入了使馆大楼。

武装分子在强大的攻势面前，早已乱成一团，有的当场殒命，有的还想混迹人质中间。特空团队员高声喊道：“谁是恐怖分子？站出来！”早就恨透恐怖分子的伊朗人质怒目指着两名妄想蒙混过关的武装分子说：“就是他们！”话音刚落，特空团队员的冲锋枪子弹就把他们打成了“筛子”。

特空团队员一边进一步搜索残余的武装分子，一边把大楼里所有的人集中起来，带到楼下。他们用已掌握的资料照片，一一进行核对。结果，“童子脸”聂贾德被辨认出来了。

8点15分，战斗结束。5个武装分子，3人当场被击毙；一人重伤，在送往医院途中死去；一人被捕，而警察和特空团无一伤亡。

一队救护车驶到使馆，男女人质在警察的搀扶下，走出使馆，送往医院。在6天的惊恐生活中，他们个个面色苍白，两目发呆，好似得了一场重病，有的已无法动弹，只得用担架抬进救护车里。

大楼的火也被迅速扑灭了。

一场漂亮的人质营救行动画上了圆满的句号。

## 六、腥风血雨圣诞节

——法国宪兵行动小组冒死救人质

### 迎圣诞　恐怖分子强行劫机
### 救人质　法阿两国各持己见

1994 年 12 月 24 日，西方人的除夕——圣诞节的前一天，阿尔及利亚首都阿尔及尔机场挤满了急着回国度假的西方旅客。他们是赶预定于当地时间上午 11 点 15 分起飞的法航 8969 次航班的乘客。8969 次航班是法国航空公司往返于巴黎与阿尔及尔的定期班机。这是 8969 次航班圣诞节前的最后一次飞行。上午 10 点 45 分，机组人员打开舱门迎接归心似箭的乘客。271 名乘客（其中 40 名法国人）登机后不久，突然上来 4 名自称是机场保安人员的年轻人。他们一上飞机先是装模作样地检查了乘客的护照和身份证，随后突然掏出了两支 AK-47 自动步枪和大口径手枪，并亮出了炸弹和手榴弹，宣布飞机被劫持，同时胁迫空中小姐关闭机舱门。

4 名年仅 20 余岁的武装分子是阿尔及利亚伊斯兰教中的极端组织“伊斯兰武装小组”的成员。领头的名叫阿布杜尔・耶希亚。在被劫持的飞机上 271 名乘客中有两名法国驻阿使馆的工作人员和一名越南商务代表，此外还有 12 名机组人员。控制了飞机后，武装恐怖分子要求阿尔及利亚政府，在格林威治时间 25 日上午 9 点之前，释放被关押在狱中的两位伊斯兰拯救阵线的领导人——主席马达尼和副主席贝尔哈迪吉。

阿尔及利亚政府获悉飞机被劫后立即派出政府高级官员前往机场，通过电话与劫机者谈判，同时阿尔及利亚内务部反劫机精锐部队迅速赶赴机场，将飞机团团围住，并在机场跑道上堆放了石头，以防止飞机强行起飞。经过几次三番地艰苦谈判后，劫机者放弃了要求释放伊斯兰拯救阵线领导人的要求，但他们又提出新要求：离开阿尔及利亚，飞往法国。为了表示他们政治解决危机的诚意，劫机者首先释放了第一批 19 名人质，被释放的绝大多数是阿尔及利亚妇女和儿童。

谈判艰苦地进行着，阿尔及利亚政府总理专门成立了以内务部长谢里夫为首的行动小组负责处理此事。到傍晚时分，恐怖分子又释放了3批人质，总共释放了63名乘客。对于这起反政府的劫机案，阿尔及利亚政府拒绝了劫机者的所有要求，并责令他们无条件投降。由于双方分歧甚大，谈判始终未能达成协议，恐怖分子开始不耐烦了。

劫机者根据护照将乘客区分开，把阿尔及利亚政府工作人员赶到机舱门口。惊慌失措的乘客知道厄运已降临到他们的头上。为了显示他们的决心，劫机者从乘客中拉出了一名阿尔及利亚警察和那位因恐惧过度而精神崩溃，已经丧失理智的越南商务代表，将他们押送到机舱门口枪杀。那位不幸的警察被枪杀前苦苦哀求："别杀我！我结婚了，还有小孩！"劫机者毫不动心地向他头部开了一枪，并把尸体扔下了飞机。随后，劫机者又枪杀了两名人质并将尸体扔进了行李舱里。据机场的警卫人员说，恐怖分子至少已经杀害了7名乘客。

在枪杀人质之后，劫机者为了稳定机上乘客的情绪，对在黑洞洞的枪口下惊恐万状的人质们说："我们不是来对付你们的，我们来此是对付阿尔及利亚政府。"4名伊斯兰武装分子还向妇女们配发面纱遮面，并抓着机上的伊斯兰教徒为他们祈祷。

消息传到巴黎，法国政府立即作出了反应。法国总理巴拉迪尔中止了休假，赶回巴黎与外交部长朱佩紧急商议事态的发展。法国政府经慎重考虑后，命令宪兵行动小组特种突击部队前往与阿尔及利亚相邻的西班牙待命出击。40名宪兵特别行动小组的突击队员旋即登上与被劫飞机型号相同的空中客车，飞往西班牙的马卡略岛。此刻，他们正等待着法国政府与阿尔及利亚政府协商的结果。但是，阿尔及利亚不希望法国插手。法国外长朱佩在巴黎的记者招待会上说："我们已经要求有关部队紧急戒备，以便在阿尔及利亚政府同意时，立即采取行动。"阿尔及利亚内务部长谢里夫告诉记者，阿政府决心在几小时内解决这一危机，让人质在圣诞节前回家与家人团聚。法国方面则指责阿尔及利亚当局只考虑打击劫机犯而对人质、特别是法国人质的生命于不顾。阿尔及利亚则指责法航航班机长不与阿尔及利亚当局合作，使阿政府的营救行动难以实施。

## 视死如归　劫机者决意杀身成仁
## 将计就计　突击队设计聚歼暴徒

在阿尔及尔机场僵持了30多个小时后，法航被劫飞机的机舱门打开了，一名人质的尸体被劫机者扔出机舱。事后经过核实，这名人质是法国驻阿尔及利亚使馆的厨师。法国人质的死亡，使法国总理巴拉迪尔向阿尔及利亚政府施加了更大的外交压力，要求阿当局向劫机者让步，同意飞机前往法国。于是，26日巴黎时间凌晨3点，这架空中客车A300型飞机飞抵法国南部城市马赛。飞机进入法国领空后，法国当局一方面加紧与劫机者进行谈判，另一方面已在马赛马利亚纳机场部署了反恐怖部队“国家宪兵行动小组”，准备进行武装干预。在客机飞抵法国的马赛后，约40名身穿黑色制服、配备特种装备的特种部队人员在马赛机场的柏油路上戒备，准备傍晚时的反恐怖行动。他们行动的精确，分秒不差的严谨，是自1974年成立以来的一贯作风。

下午1点30分，一辆机场舷梯车驶过停机坪停在这架被劫持的空中客车机尾部，两名男子走到飞机机身下，双手举过头顶转了一圈，而后就走开了。不久之后一扇舱门打开，一名机组人员出现，一蒙面黑衣男子站在他后面，待机组人员搬完东西后舱门便关上了。

这是马赛机场向被劫飞机提供食物的一景。劫机者在这之前曾要求机场供应饮用水和水果，并要求提供修理该机洗手间的技师。

从早上开始，劫机者与法国当局进行了直接谈判。法国当局提出释放人质以交换劫机者自身安全的要求。而劫机者则坚持要先飞往巴黎并召开记者招待会，他们还要求机场给飞机加满27吨燃料。

谈判持续了15个小时，劫机者在体力下降的同时，终于发现法国当局在施用拖延战术。他们于是又打死了一名人质，并把尸体抛出机外。劫机者还向法国方面提出，最后飞离马赛的时间为26日下午5点。

劫机者为何要坚持飞往巴黎呢？法国当局苦苦分析他们的动机。根据被释放的人质提供的情况，劫机者视死如归，并拥有许多的炸弹。在副驾驶座椅的后面，始终放置着一枚炸弹。而且从马赛飞往巴黎只需 10 吨燃料。多余的燃料在飞机爆炸时会产生巨大的火灾。种种迹象表明劫机者意图在巴黎上空炸毁飞机，以此震撼整个世界。

巴黎是世界文化名城，当年希特勒入侵巴黎时，也不敢毁坏当地的历史古迹和艺术瑰宝。如果这架装满燃料的飞机冲向巴黎市区，将会给法国、给整个人类造成巨大的灾难。

不能再拖延了，法国政府在搞清了恐怖分子的真实意图之后，决心在劫机分子离开马赛之前解决问题。即使冒险也在所不惜。鉴于恐怖分子将离开马赛的最后时间定在下午 5 点，法国政府在继续加紧与劫机者谈判的同时，命令宪兵突击分队准备随时发起攻击，不能按常规等到凌晨二三点才采取行动。

年轻的劫机者是如何混上飞机的，现在还不得而知，但肯定是个杰作。但现在他们却正在犯着一个致命的错误。他们中了法国人的圈套。

法国是空中客车的制造国，熟知机身结构组成，知道只有在机舱的驾驶舱内才有无线电通讯设备。故此，法国政府提出与劫机者谈判，但又迟迟不肯作出让步，目的就是让恐怖分子急不可耐，乱中出错，尽可能将其全部集中到机头，甚至全都吸引到驾驶舱内，以便集中处理。

事实上，谈判只是解决这次危机的一条途径，但谈判不成，便只好大开杀戒。所以，当 4 个劫机者都挤在驾驶舱内，七嘴八舌地和法国当局讨价还价时，这场血腥的拯救行动，已经悄悄地拉开了序幕。

## 气急败坏　劫机分子枪击指挥塔<br>强行攻击　突击队员冒死救人质

法国电视台对整个营救过程进行了实况转播。法国人在家里，在电视机前接受了一次反恐怖行动的洗礼。这不是好莱坞的惊险片，但肯定比同类惊险片更扣人心弦。

冬季的法国昼短夜长。26 日下午巴黎时间 17 点 01 分，马赛马利亚纳机场已笼罩在朦胧的暮色之中。劫机者发出的最后通牒时间刚过，劫机者在谈判未果的情况下，再也按捺不住性子，又残忍地枪杀了 4 名人质，并将枪杀人质的声音通过无线电传到指挥塔。见法国政府仍不松口，4 名恐怖分子气急败坏地来到了飞机前舱的驾驶室，一齐朝着机场控制塔开火，试图以此来威胁正在机场控制塔与之谈判的法国马赛市警方。

突击部队在确认劫机者都在机头后，立即发起攻击。身穿黑色防弹服，头戴面罩的突击队员迎着劫机者投来的手榴弹和密集的子弹，兵分三路搭乘舷梯车迅速驶至前舱门和后舱门。第一辆靠上了机舱右侧的前舱门，但驾驶舱内的劫机者以手榴弹和子弹阻止突击队员开门。在枪林弹雨间，两名特种部队队员挂彩，从舷梯高处滚下。

再扑上去的特种部队队员从打开了的窗口，把一枚眩光手榴弹扔到了驾驶舱，第一次失了手，榴弹跌落到跑道上；第二次再塞一枚，炫目的强光闪过后，驾驶舱冒出了浓烟。驾轻就熟的突击队员没有使用炸药就迅速打开了飞机右前舱的舱门。就在突击队员发起攻击的同时，客机 48 岁的副机长傅尔德里趁着劫机者与突击队员激烈交火，无暇顾及他的搭档，冒险从十几米高的驾驶舱窗户跳出，在跑道上摔了一跤，然后带着伤，一瘸一拐地逃到安全地方。

几乎就在同一时间，后舱门也给打开，特种部队队员前后包抄，夹击劫机者。另一路突击队员迅速放下了紧急出口的滑梯，大声招呼机上乘客伏在地上，爬向紧急出口处。此时，机头的劫机者执枪向地上的乘客扫射，但被特种部队准确的枪法打了回去。

宪兵特种部队少校法维耶表示，他的队员冲进驾驶舱后，即把 4 名劫机者全部击毙，他形容说："驾驶舱内简直就是人间地狱。"

一名人质在脱险后说，特种部队队员进入机舱，机上乘客都躲到座位下，躲避无眼的子弹，然后听他们的指挥，头都不敢抬起，从充气滑梯逃出，跑到安全的地方。

另一些目击者说，在特种部队的突击拯救行动中，他们听到了猛烈的爆炸声及枪声。法国内政部称，整个行动历时 15 分钟，在交战过程中，共有 9 名特种部队队员、13 名乘客和 2 名机组人员受伤，其中特种部队的 5 名队员伤势严重，一人的手被劫机者的手榴弹炸断。173 名人质获救，4 名劫机犯没来得及引爆炸弹就丧了命。当反劫机行动成功，剩余人质全部获救后，密特朗总统立即在第二天接见了“宪兵快速干预行动小组”的成员，对他们拯救了人质、拯救了法兰西的荣誉表示感谢。

法国国防部长莱奥塔尔也夸奖一举救出了法航班机上 173 名人质的特种部队，执行了建队 20 年以来“最困难的任务”。

法国宪兵快速干预行动小组成立 20 年来，先后拯救的人质超过了 500 人。这次勇救人质，不过是在其累累战功中加上了一笔而已。

## 七、铁拳出击

——印尼特种部队反劫机作战

### 客机被劫

1981 年 3 月 28 日上午 10 点 10 分，印度尼西亚加尔达航空公司飞国内航线的 DC-9206 次班机载着 5 名机组人员和 46 名乘客，从西爪哇的雅加达起飞，经南苏门答腊的巨港，飞往北苏门答腊的棉兰。

飞机起飞后大约过了 20 分钟，当飞机飞临巨港上空时，几名伊斯兰极端分子手持微型冲锋枪、手枪、手榴弹、匕首，突然站了出来，用枪对着乘客和机组人员，宣布劫持了飞机。乘客立刻骚动起来，几个孩子吓得哭出了声。

1980 年 8 月，印度尼西亚曾发生过一起飞机爆炸案。一枚被事先安放在飞机上的烈性炸弹在空中爆炸，飞行中的客机未来得及向地面报告任何情况便坠毁了。由于机上的所有乘客和机组人员全部遇难，这一空中惨案成了一桩无头悬案。当月，一个机场的行李房又发生了爆炸。据说，只要炸弹再晚 30 分钟爆炸，又一起空难就不可避免。事件发生后，印尼交通部制定了非常严格的检查规定，要求乘客在登机前 2 小时到达机场，以接受警方的全面检查。起初很长一段时间，各航空公司都严格遵守这一规定。但因繁琐检查影响了航空公司的载客率，各公司都逐步放松了检查。半年以后，印尼交通部的规定形同虚设，警戒开始松弛。恐怖组织立刻注意到了这个变化，于是劫机犯钻了这个空子，轻而易举地通过了机场的检查。

劫机犯命令机长把飞机开往马来西亚的槟榔屿。飞机在槟榔屿紧急着陆后，马来西亚内务部长加扎利立即赶到了机场。劫机犯要求机场提供食品和一份用英文和印度尼西亚文标注的航空图。马来西亚满足了恐怖分子提出的这些条件。作为报偿，劫机犯释放了一名年迈体弱的老妇人。随后，劫机犯挟持客机飞往泰国的首都曼谷。下午 5 点 20 分，飞机在曼谷郊外的廊曼机场降落，按指挥塔的指示，停在了货场。泰国政府立即派出部队，远远地围着客机，警戒起来。

泰国方面派出了运输部长阿蒙同劫机犯谈判。但劫机犯要求泰国政府首先给客机加油，而后才考虑谈判。加油后由于劫机犯切断了无线电联系，谈判未能继续下去。飞机着陆后，机上冷气中断，机舱内变成蒸气浴室。

印度尼西亚政府派陆军中将（中央情报部长）苏格茂为政府代表，于 28 日晚上到达曼谷。泰国又派西提外长，前往机场协助谈判。

劫机犯提出释放 20 名在押的政治犯的要求，苏哈托总统急于政治解决劫机事件，同意了恐怖分子的条件。但劫机犯得寸进尺，见印尼政府很轻易就答应了他们提出的条件，又追加了 60 名。时间限定在 29 日下午 1 点以前。但是，对于政府来说，要把散布在各地的许多政治犯集中到一起释放，谈何容易？另外，寻找恐怖分子的庇护地也是一个难题。

劫机分子先提出去斯里兰卡寻求政治避难，同时为了携带政治犯一同飞往斯里兰卡首都科伦坡，劫机犯还要求泰国政府安排一架远程大型客机以代替 DC-9 型客机，并配备一名飞机驾驶员。他们威胁说，如不答应上述条件，就炸毁飞机。

29 日上午 11 点 30 分，一家向印度尼西亚石油工业部供应钻井设备的美国公司——米尔切姆股份有限公司驻印度尼西亚办事处职员，英国人洛巴特·温赖特（27 岁），趁劫机犯走进驾驶室的当儿，打开后部太平门跳了出去。劫机分子急忙向他开枪射击，洛巴特·温赖特在腿部中弹的情况下仍坚持着逃到了安全地带。在医院，他挥舞着拳头，大骂劫机分子心狠手辣，惨无人道。温赖特反映“劫机犯有 5 至 6 人，是企图争取伊斯兰国家独立的过激派印度尼西亚人”。

温赖特的逃跑使劫机分子大为恼火，他们威胁乘客说："如果再发生这种事，绝不善罢甘休。"

温赖特的成功逃跑使其他乘客产生了勇气。下午5点，在地面人员给飞机加油的时候，温赖特的同事，美国人卡尔·舒纳达，学着刚才那位英国人的样子，从前门跳机逃跑。不幸的是温赖特的逃跑使劫机犯提高了警惕，他们及时地发现了卡尔的举动，在卡尔跳下飞机之前开了两枪，卡尔中弹后滚落到飞机外面。正在给飞机加油的泰国地勤人员冒着生命危险把卡尔救了出去。他被立即送往空军医院，并做手术取出了背部的子弹。虽然伤势严重，但总算保住了生命。而一名泰国地勤工作人员为了救他也负了伤。

乘客的两次逃跑，使劫机犯十分焦灼，如坐针毡。剩余的乘客也忐忑不安。

从一开始，泰国就抱着和平解决的希望，并就接受劫机犯问题，积极地同斯里兰卡政府接触，但斯里兰卡政府态度非常强硬，一口回绝了劫机分子的避难请求。

29日，泰国政府通知劫机者，印度尼西亚政府同意释放80名政治犯，但斯里兰卡政府拒绝提供政治保护。因此，劫机犯不得不寻找新的去向。最后期限将至，而去向未定，劫机犯只好宣布，将前不久定的答复期限延迟到晚上9点。

为了表示诚意，稳住罪犯，印度尼西亚政府宣布再次派出马布达尼陆军中将为团长的谈判团前往曼谷，与劫机者谈判，要不惜一切代价争取事件的和平解决，但谈判团要在29日深夜方能到达曼谷。劫机分子闻讯后自以为印尼政府已彻底屈服，因而同意待谈判团到达后再定最后期限。

30日拂晓，印度尼西亚谈判团乘DC-10远程客机与特种部队一起到达了曼谷。团长马布达尼中将，当天早晨拜会了普雷姆总理，并磋商对策。结果，决定采取下列方针：不让劫机犯飞往第三国，使其留在廊曼机场，可采取强硬对策。印度尼西亚特种部队归泰国军队指挥；何时突袭，要根据劫机犯的态度和机上的情形而定。就人质的处理问题，泰国政府保留处理的权力，但优先考虑释放外国人质。根据上述方针，双方达成一致意见，决定尽最大力量和平解决事件。到30日上午，谈判仍处于僵持状态，贪得无厌的劫机犯在释放80名政治犯的基础上，又要求印尼政府提供150万美元的现金，并于晚上9点钟送到。

泰国对采用军事手段态度极其慎重，建议通过谈判拖延时间，等到劫机犯疲劳时，再采取行动。印度尼西亚政府通知谈判团，劫机犯要求释放的政治犯中，已有 52 名集结到了雅加达。谈判团立即将这一消息通知了劫机犯。但是，印度尼西亚是否真想释放政治犯，是值得怀疑的。不如说这是便于部队袭击而施放的一颗烟幕弹。

当天下午，因需要补充食品，劫机犯同意 2 名机场人员靠近飞机。2 人把食品送交之后，企图探听人质及飞机状况，但未能如愿。

## 铁拳出击

泰国和印度尼西亚的谈判团，坐镇机场大楼的三楼，同劫机犯用无线电联系。31 日凌晨 1 点 30 分，印度尼西亚的谈判团向劫机犯递交了一份所有在押的 92 名政治犯名单，提议他们从中选出 80 名政治犯。对此，他们只选出了 27 名，其余的 53 名委托当局选定，并且规定，80 名政治犯要在上午 6 点 30 分到达曼谷。

政治犯的名单是印度尼西亚政府用电传送来的。劫机犯再次要求安排飞机和机组人员，并要求同他们一起把政治犯送往指定国，但没说是哪个国家。

在机场上，食品供应公司的职员们，聚集在围墙边，向机场内眺望，被身背机枪（以色列制造）的宪兵驱散。狙击手朝着被劫持的 DC-9 机和谈判团乘坐的 DC-10 散开。

凌晨 2 点 45 分，各种突击准备工作业已就绪。20 名头戴贝雷帽、身穿黑色衣服的特种部队队员，在夜色的掩护下，从三面悄悄逼近了停在 A 货场的 DC-9 客机。首先有数名队员用特制的铝制梯子登上了主翼，撬开两个机门，冲进了机舱。特种部队的轻机枪喷出了火舌，枪声、呐喊声一直传到谈判团所在的大楼内。当时，劫机犯正在机内通道和驾驶室里诵读可兰经，做早上的祈祷。

突击队员的突然出现使劫机犯惊慌失措，有几个劫机犯打开了另一个机门，企图逃走，还有几个开始抵抗。结果 3 人被打死，2 人被打伤，其中 1 名受伤的歹徒死在去医院的路上，另一名最后也因伤势太重，不治而死。

一名突击队员在混战中被劫机歹徒击中负伤，机长被突击队员误伤，其他机组人员和44名乘客安全脱险。2名受伤者被正在机场内待命的救护车送往市内医院，剩余人员被用大型客车收容到了候机大楼。

制服劫机歹徒的突击作战只用了3分钟就告结束。从劫机事件发生，到武装制服歹徒，只用了65个小时。劫机分子的宗教日课都未及做完。这是一次非常成功的奇袭，谈判只不过是为了袭击而打的幌子。

## 八、一无所获的“象牙海岸”行动

——美特种部队突袭山西战俘营

1970年11月21日凌晨1时许，由30余架美军飞机组成的偷袭机群在夜幕的掩护下，于越老边境会合后，如饥虎，似饿狼，疯狂地向越北境内扑去。与此同时，数百架美军战斗机和轰炸机也纷纷从基地、航空母舰上起飞，对越南的港口、码头等海防设施进行佯攻打击，轰轰的爆炸声响成一片，火光映红了北越的海防港，照得如同白昼。越南的注意力果然被这突如其来的狂轰滥炸吸引过去了，完全不知道背后正有一把利剑向他们捅来。凌晨2点左右，偷袭机群到达目标上空，数架HH型直升机，立即像饿鹰捕鸡似地袭向目标。

这是美军在进行有史以来规模最大的空中营救作战——奇袭北越山西战俘收容所。美国营救战俘动如此大的干戈，究竟为什么呢？原来……

### 轰炸北越　飞行员身陷囹圄<br>谋划奇袭　五角大楼费心机

1964年8月，美国以越南巡逻艇袭击其驱逐舰为由，介入越南的内战，开始对越南进行大规模的轰炸，与北越摆开了全面决战的架势。随着战争的不断升级，轰炸越南的规模日见扩大，到1967年底，每天出动轰炸飞机已达300架次。然而，越南进行了坚决的、顽强的抵抗。他们严阵以待，英勇血战。因此，大量的美军飞机被击落，许多飞行员束手就擒。到1970年初，在这场旷日持久的侵越战争中，有数以百计的美军官兵被越南人民军俘获，就连太平洋美军总司令麦凯恩上将的儿子也未能幸免。

美国一贯标榜自由平等，但越南战争对美国人来说，是一场目的不明、旷日持久、埋下苦果的战争。——大量的军用物资流水般地填进了战争的“虎口”，加重了美国人民的负担；青年人不断阵亡，破坏和拆散了多少个幸福美满的家庭；大量的美军被俘，影响着多少家庭，又牵动了多少人的心！美国人民对越南战争越来越失去信心，人们更加关心起俘虏的安危，反战团体及其亲属希望政府出面要求越南释放战俘的呼声亦越来越高。美国国内反对越战的浪潮一浪高过一浪，美国政府承受的压力越来越大。

1970 年 5 月 8 日，由 7.5 万人组成的示威游行队伍高举反对越战的标语牌冲进白宫，要求总统接见。尼克松总统只好亲临林肯纪念堂，向聚会的群众发表讲话，并对群众提出的要求进行了解答。但最后双方达成一致意见的仅有两项，即一是立即进行归还俘虏谈判，二是努力寻找失踪人员。

面对内外交困的局面，尼克松总统只得吞下发动侵略战争的苦果，下令美军为解救战俘采取军事行动。

于是，国防部长莱尔德、太平洋总部司令麦凯恩等人立即研究营救战俘的偷袭计划。为搜集有关战俘被关押情况的情报，美国情报部门四处活动，一方面从来自苏联的逃亡者、北越俘虏以及曾被北越逮捕过的美国战俘那里了解情况，一方面派飞机空中侦察。经过努力，弄清河内附近有几所战俘收容所。

在河内东面，有一座监狱，早在法国占领时代就已经存在。它位于河内工商业者居住区，现在仍继续被作为俘虏收容所使用。在河内西面，则有两个战俘收容所。一个在河内以西 32 公里处，为山西收容所；一个在河内以西 50 公里处，为梅州收容所。从空中照片中得知，山西收容所有美国战俘，而且该收容所近来新建了监视塔和围墙。后经空中侦察进一步发现，收容所内有战俘在院内挂晒洗好的衣服。衣服在地上组成了一个 K 字形，似乎在请示求救。因为 K 字是请示营救的符号。从写在地面上的 K 字可以判断，收容所内有 61 名战俘。此外，侦察中还发现一种符号，据分析认为是有 6 名战俘在计划越狱，并指定了地点，要求营救支援。6 名战俘联名要求在山西西南方 13 公里处的巴比山老挝一侧的山下进行营救。据说他们为帮助收容所寻找做饭用的木炭和柴草，要经常外出，因而在经过实地勘察后选定了地点。

美国情报部门认为飞机侦察获得的情报是准确的。美空军司令部情报部部长多利安塔菲尔少将，对营救6名战俘表现出浓厚的兴趣，马上选定了情报方面的人员组成一个小组，在严格保密的情况下，开始了营救战俘的分析研究。

接着，多利安塔菲尔少将向空军司令部作战计划部的负责作战的爱伦准将做了详细汇报。爱伦准将也极感兴趣，开始做参谋长联席会议的说服工作。5月25日，空军和参谋长联席会议联合召开了一次会议。在会议上，爱伦准将和美空军特种情报部队（第1127部队）的负责人向参谋长联席会议反破坏活动和特种活动顾问室主任布莱克伯恩准将，副主任迈耶陆军上校详细汇报了山西俘虏营的情况，要求立即组织营救6名战俘，并提出了营救计划——组织一支小规模的特种部队和调用数架直升机，让其预先部署在距山西战俘营以西170公里处的老挝一侧边境，然后派特工人员秘密潜入巴比山附近，寻找合适的机会，伺机营救。会议进行了认真的讨论和研究，认为贸然营救会带来一系列的影响。一是对越南的作战，军队只被授权使用非武装飞机对北越进行空中侦察和营救被击落的美飞行员，要实施特种作战，需经总统批准。二是营救的战俘不应当是6名，也不是61名，而是梅州和山西两个战俘营的全部战俘，否则会打草惊蛇，那些未营救出来的战俘也会遭到拷问和更加严格的看管。

会议没有作出决定，但布莱克伯恩准将和爱伦准将一致认为，必须采取某种措施。于是，会议一结束，布莱克伯恩和迈耶同爱伦准将一起，来到五角大楼E栋二层的873号间，拜会了参谋长联席会议主席惠勒，汇报了空军搜集到的情报及其他们的初步计划，并征询了他的意见。惠勒表示支持。

于是，布莱克伯恩和迈耶立即行动。他俩首先到参谋长联席会议第三部部长空军中将沃伊特处汇报有关情况。对布莱克伯恩他们来说，说服负责作战的第三部部长是至关重要的。沃伊特中将开始对布莱克伯恩越过他直接与参谋长联席会议主席商量极不满意，大发雷霆，但听了详细汇报后，也终于表示了同意。

接着，布莱克伯恩和迈耶又来到国防情报局，将随身携带的被命名为“北极圈”的行动计划草案交给了国防情报局长贝奈特陆军中将，倾听他对情况的估计和意见。国防情报局官员说：根据 SR-71 高空战略侦察机拍摄的空中照片分析，以及一个曾在俘虏营当过差的人证实，在山西及梅州两个战俘收容所均有俘虏在押，其中山西战俘收容所里估计有 50 至 100 名美军战俘。

根据情况，参谋长联席会议主张袭击战俘收容所。而且，第一个袭击目标，选择了位于河内以西 32 公里处的山西战俘收容所。据说，那里正好关押着太平洋美军总司令麦凯恩上将的亲生儿子——海军少校飞行员约翰·S. 麦凯恩。

袭击方法有两个，一是在离山西战俘收容所 170 公里老挝境内的美国中央情报局基地，用小型直升机空运小股特种部队，直扑收容所；二是从驻泰美军基地用大型直升机空运较大规模的特种部队，但由于距离远，空中需要加油，且易受天气影响。从实际情况看，山西收容所营院内有一块空地可供小型直升机机降。如果突袭，在北越应战前就可救出俘虏。看来，用第一种方法比较妥当。不管是第一种还是第二种，最为理想的是在一个天晴月明的夜晚行动。而且，为了迷惑敌人，分散其注意力，最好从北部湾派海军飞机同时袭击海防港。经过充分讨论，最后决定分两个阶段进行，即第一阶段在 6 月底前制定出方针大纲和计划概要，第二阶段制定出具体细节实施方案，进行训练，并付诸实施。6 月 5 日，在国防部地下作战室，召开了由国防部长、陆空军参谋长、海军作战部长、参谋长联席会议各部部长参加的军事会议，布莱克伯恩和迈耶第一次将营救战俘的计划向有关作战的首脑们作了报告。经过研讨，军界首脑正式批准研究营救山西战俘收容所美战俘作战的细节。

之后，布莱克伯恩等人又向陆、海、空负责作战的部长们以及中央情报局负责人作了汇报，并成立了由 15 人组成的营救作战计划制定组。这 15 人由 12 名军官（空军 7 人，海军和海军陆战队各 1 人，陆军 3 人）、2 名文官和 1 名陆军军士组成，并由布莱克伯恩领导。6 月 10 日，这个班子在国防情报局集中。他们不分昼夜，没有节假日地进行工作。

7 月 2 日，惠勒上将离任，海军上将穆拉任参谋长联席会议主席。7 月 10 日，穆拉主席主持召开了上任后的第一次参谋长联席会议，研究讨论营救战俘问题。营救计划组介绍了有关情况：山西战俘收容所里的 61 名战俘的姓名已经确认；该收容所位于城镇住宅区东南1.6公里的水田里，在其周围10公里范围内有数个越南军队的驻地，大约有1.2万名驻军，他们获悉突然袭击后立即前来支援至少需10至15分钟；收容所建筑物的配置已经判明，院内只可供小型直升机起降；收容所内约有45名越军守卫。最后计划组建议，作战应从老挝境内的基地出发，实施夜间作战，考虑收容所周围的情况，战斗须在26分钟内结束，要避开雨季，以10月至11月间为宜。

为了物色袭击部队的指挥官和选择合适的训练基地，布莱克伯恩和迈耶两人于7月13日，专程来到了北卡罗来纳州的布雷格堡军营，拜访了空降部队后勤补给处处长西蒙斯陆军上校。这个军营占地约13万英亩，是进行特殊训练的最好场所。

西蒙斯是布莱克伯恩的一位老朋友，毕业于密苏里大学，1941年参加陆军，曾在菲律宾战斗过，并在越南南方、老挝的数次特种颠覆活动中，立下赫赫战功，是一位颇有名气的老牌突击队员。他身材魁梧，五大三粗，尤其是脖子既短又粗，但一看就知道是位精明强干的职业军官。

西蒙斯上校信奉特种作战，对非正规战争特别感兴趣，所以对布莱克伯恩提出的要求欣然应允。这样，布雷格堡成了首选的训练基地。作为训练的候补基地还有佛罗里达州的埃格林空军基地。它的优势是训练场地大，为布雷格堡的3.5倍，而且飞机飞往墨西哥湾上空训练，不受民间飞机的干扰。该基地还是空军特种作战学校的基地，空军特种作战研究所也设置在这里。

布雷克伯恩和迈耶两人回到华盛顿后，立即向参谋长联席会议主席穆拉作了汇报。穆拉作出决定：训练基地还是使用埃格林空军基地，总指挥从空军挑选；西蒙斯上校当副指挥，率领袭击部队；行动部队称为特种作战协同部队；行动代号为“象牙海岸”。

“象牙海岸”奇袭计划正在悄悄出笼。

## 强化训练　突击部队尽全力<br>最后决断　军方人士费周折

空军经过认真挑选，最后选定埃格林空军基地的空军特种部队司令官曼诺尔空军准将，为“象牙海岸”行动的总指挥，并由他负责偷袭行动的具体准备工作；布雷格堡军营的西蒙斯陆军上校担任袭击部队的行动指挥官，由他亲自率队前往偷袭。

曼诺尔准将，曾参加过二次世界大战，在越南多次执行过特种作战任务，有着丰富的战斗经验。他在埃格林空军基地，一直为美国及印度支那各国的学员进行特种作战训练。训练内容主要有后方干扰、安抚居民和丛林作战等。

7 月下旬的一天，曼诺尔和西蒙斯受参谋长联席会议之邀，分别从埃格林空军基地和布雷格堡军营来到华盛顿。布莱克伯恩向他们介绍了袭击山西俘虏收容所的详细计划，并请求合作。两人欣然应允，并根据作战计划，立即像上满发条的钟一样，全身心地投入了制订具体计划的工作。

首先，他们拟定了具体的日程安排：根据自愿的原则在各自的基地招募参战队员；有关参谋人员 8 月 8 日在华盛顿集中，用 5 天时间讨论计划；8 月 20 日前完成训练计划的制定工作，8 月 28 日前完成袭击计划的制定工作；9 月 6 日突击队员开始训练，10 月 6 日训练结束；如一切顺利，突击部队 10 月 10 日前秘密开赴东南亚；10 月 20 日至 25 日间择日突袭战俘营。

这次行动成功与否的关键，取决于有关关押俘虏的情报是否准确。有关俘虏方面的情报，主要来自空中侦察。因此，行动指挥部请求美空军增加 SR-71 侦察机的高空侦察和“水牛·猎人”机的低空侦察频度，严密掌握山西战俘收容所的俘虏动态。此外，行动计划一旦泄漏，就会鸡飞蛋打，所以特别重视保密。

曼诺尔和西蒙斯及计划组人员 8 月 10 日在参谋长联席会议室讨论行动计划。为了让突击队员熟悉当地情况，进行针对性实战训练，有人建议建造一个模仿山西战俘收容所的模拟训练基地。但反谍报人员表示反对。理由是，不仅参加建设的人会知道，建成后一般人也都会看到，不利于保密。而且，苏联“宇宙 355 号”卫星每天在基地上空 130 公里处通过两次，难以躲过它们的眼睛。况且，在墨西哥湾游弋的苏联拖网渔船也在搜集美国的电子情报。训练一旦开始，飞机进行袭击训练，必然被它们发现。但讨论的最终结果，还是决定建设模拟基地。训练选择在夜间或白天苏卫星不在上空出现的时候进行，其余时间，用伪装物将主建筑进行掩盖。同时除主要人员外，对突击队员不公开山西这个地名。会上，迈耶还拿出了一个山西战俘收容所的精小模型。这是由中央情报局精心制作的，非常精巧，上面展现出从黑暗到满月过程的全部月光变化情况，能使人产生袭击时的情景。

受恶劣天气的影响，空中侦察不能提供足够的情报。尽管无人侦察机有一次非常幸运地飞到了山西战俘收容所上空，但不巧的是，正当按动快门的时候，飞机倾斜，拍到的只是地平线。看来，要想得到准确详细的情报，只得寄希望于从老挝潜入越南的秘密特工和秘密打入越南敌对国人员管理事务所的美国间谍。可结果并不理想。

在抓紧搜索情报的同时，突击队的训练于 8 月 20 日开始。

根据空中侦察等手段获取的山西战俘收容所情况资料，曼诺尔和西蒙斯在埃格林基地秘密设置了模拟“战俘营”，其地形、建筑物均按 1 ： 1 的比例与山西战俘收容所大体一致。突击部队对模拟“战俘营”进行了反复的机降演练。训练时间多数在夜间，训练科目包括夜间着陆、袭击、营救等。由于飞机要长途奔袭，直升机在墨西哥湾上空进行复杂的空中操纵训练，进行掠过佐治亚州、田纳西州的崇山峻岭的飞行以及在佛罗里达州的菠萝园上空以树林高度为限的超低空模拟飞行。参加这次行动的 3 架 C-130 运输机也进行了同样的训练。

为了使 C-130 运输机适合于特种作战的需要，对其中两架进行了改装，装备了新型导航装置和红外线识别装置。作战时，经过改装的两架中，一架为行动机群引航，支援 A-1 攻击机突击分队作战，一架随直升机袭击队行动，在山西战俘收容所上空投掷照明弹。未经改装的那架 C-130 机负责空中加油和事故救助任务。

C-130 机的巡逻航速为 460 公里，为了与直升机的速度相一致，将以 200 公里的速度飞行。这个速度仅比失速快 20 公里，所以不能使用自动操纵装置，飞行有较大难度。A-1 攻击机最低必须以 270 公里的航速飞行，在老挝与袭击部队汇合后，以 S 形的线路飞行，以便与直升机的行动速度一致。

由于行动在夜间进行，夜间编队飞行是主要的训练科目。他们不分昼夜地进行紧张艰苦的训练，但仍不知道作战的目的，有人猜测是要进入古巴作战。就这样，他们通过 1017 个飞行小时，共计出动 368 架次的飞行训练，于 9 月中旬终于达到了可以和西蒙斯率领的地面突击队进行协同训练的水平。

曼诺尔和西蒙斯在受领任务后，即从特种部队和空军支援人员中选调了 15 名得力的军官。另挑选了 88 名身怀绝技的美国特种部队士兵，组成地面联合行动部队。9 月 9 日，他们在埃格林基地第 2 训练场开始了艰苦训练。尽管参加队员都是特种部队的尖子，但训练仍从头做起。开始时，早晨进行 1 小时活动，即做 6 遍第一陆军体操，长跑 3 公里，中间可以停歇，尔后逐步增加难度，军操由 6 遍增加到 8 遍，3 公里由慢跑变成快跑，中间不能停歇。早饭后，每天进行 7 小时战斗训练，内容有武器操纵、无线电使用、敌后干扰破坏、巡逻搜索和盘查、野外生存、战地疏散和隐蔽、直升机乘坐和跳伞等科目。同时还要学习了解战场急救、手语等技术。9 月 11 日起进行夜间训练，主要在地面或直升机上进行夜间识别目标和射击训练。

根据计划，地面突击队在行动时分为袭击、警戒和支援 3 个分队。袭击分队取名为“蓝色少年”，由迈德维斯上尉指挥，成员 14 人，任务是乘小型直升机在收容所院内着陆，搜索和营救战俘。警戒分队取名“红色车轮”，由希德纳中校指挥，成员 20 人，乘大型直升机在院外机降，负责警戒和破坏收容所建筑物。支援分队取名“绿色暗礁”，由西蒙斯上校指挥，成员 22 人，也乘大型直升机在院外降落，对前 2 个分队进行支援。各队按照自己的分工，反复进行了夜间突袭、警戒和支援作战的训练。9 月 28 日后，地面行动部队不分昼夜进行了 3 次空地合成模拟实战训练。训练极其紧张、逼真且近似实战。重点进行了空中炮火打击、对人体模型实弹射击等。为提高攻击效果和保证进攻万无一失，还进行了由直升机对收容所监视塔进行袭击的演练。

保密和反泄漏，是这次行动成功与否的关键。在为期 1 个月的训练过程中，103 名预定参加袭击的队员中，只有西蒙斯上校等 4 名指挥官知道内情，其他人都以为要去营救被劫持的使馆人员或向中东、近东、非洲出击呢!

10 月 6 日下午，布莱克伯恩和迈耶专程从华盛顿乘飞机来到训练基地，检查队员的训练成果。当日晚，全体队员进行了最后一次实弹训练，结果令人非常满意。行动部队在短短的一个多月中，其攻击机、直升机飞行员和突击队员们对整个地形、整个战斗程序已记得滚瓜烂熟，相互间的配合已十分默契。

计划如期进行，一切顺利。然而，在收容所院内降落是选用 UH-1 小型直升机还是使用 HH-3 中型直升机一事上，大家意见严重相左。UH-1 机可以在院内着陆，但问题是没有空中加油装置，行动距离受限制，而且最多只能乘坐 10 人，无法容纳 14 名突击队员。而 HH-3 机可以空中加油，但在院内着陆有较大的危险性。最后争执结果，决定使用 HH-3 直升机。但作了最坏的打算，即螺旋桨触及树林等障碍后，就强行着陆。

地面行动部队主要使用手枪和步枪，同时还准备了便携式无线电收发报机，烧毁路障用氧气乙炔切割器，汽油动力链锯，螺栓切割机，刀，防尘眼镜，防护手套，提高射击效果的曳光弹、弹痕显示弹，炸药，轻型反坦克炮，梯子、战俘用的睡衣等。

为了取得太平洋部队的支持，9 月 25 日，布莱克伯恩和曼诺尔两人飞到檀香山，专门拜会了太平洋总部司令麦凯恩海军上将，向他说明了袭击山西战俘收容所的全部内容，并请求他届时派飞机攻击北越海防港，以分散北越的注意力。麦凯恩上将的儿子三年前当了俘虏，据说被关在山西收容所。因此，当麦凯恩得知国防部准备军事营救战俘后，曾要求袭击的目标首选山西收容所，并于 5 月派出他的战略侦察机和战术侦察机，对越南北方的山西战俘营进行了详细的侦察，探明了那里的越军守卫部队部署和火力配置情况。但此时布莱克伯恩带来的山西战俘收容所的俘虏名单中，却没有他儿子的名字。麦凯恩甚感遗憾，但职业军人的使命感不允许他过多的考虑自己的事情，立即答应全力配合布莱克伯恩他们的行动。

美国总统尼克松对此次行动尤为关注，他与国家安全顾问基辛格、国防部长莱尔德多次召开会议审查偷袭计划、研究各种对策，还亲自部署各项准备工作。尼克松曾激昂地表示，“即使希望不大，也得横下一条心去试一试！”

10 月 8 日下午，曼诺尔、西蒙斯两人同布莱克伯恩一起来到白宫，拜访了国家安全事务助理基辛格，请求将行动的时间定在 10 月 20 日至 25 日之间，如果延期，也必须在 11 月的“感恩节”之前。“如果失败了怎么办？”基辛格带着担心的口吻问道。“迄今为止已进行了 170 多次模拟突袭，成绩很理想，成功接近百分之百。”布莱克伯恩很有把握地回答。基辛格表示满意，但认为还要看巴黎会谈的进展情况，同时要顾及海外的影响。

白宫经过慎重考虑，决定延期。这使布莱克伯恩、曼诺尔等人感到担心，生怕错过战机。10 月 19 日，穆拉主席召见布莱克伯恩，对他鼓气，说自己和莱尔德国防部长近期将最后决断。

11 月 1 日，布莱克伯恩、曼诺尔和西蒙斯根据穆拉主席的要求，乘飞机经夏威夷抵南越的西贡。越南派遣军司令艾布拉姆斯陆军上将在那里接待了他们。布莱克伯恩向其汇报了袭击山西战俘收容所的计划，请求支援。尔后，曼诺尔和西蒙斯又乘海军的飞机，来到了正在北部湾游弋的第七舰队第 77 机动部队的旗舰，拜会了机动部队司令巴德萨，请求派海军飞机对海防港进行佯攻。

曼诺尔和西蒙斯留在南越，11 月 14 日乘坐麦凯恩将军的飞机到达泰国。布莱克伯恩回到美国，向穆拉主席汇报了东南亚之行的结果。

11 月 18 日，尼克松总统、基辛格特别助理、莱尔德国防部长、罗杰斯国务卿、赫尔姆斯中央情报局长等军政高层首脑，会聚白宫的椭圆形办公室，就袭击山西战俘收容所进行最后的商讨。穆拉主席利用预先准备好的一份地图做了详细汇报。其要点是：11 月 20 日和 25 日间采取行动；如果这次延期，从月亮盈亏和天气方面考虑，下一次不得不延期到来年 3 月；采取突袭，成功的把握极大。

罗杰斯国务卿在这次会议上第一次听到有关袭击山西战俘收容所的计划，在此之前，他一直被蒙在鼓里，所以感到极大的不快，但也无奈。总统对穆拉的汇报十分满意，但仍担心失败，说："看来，要再讨论一次，尔后再作决断。"同时提议，一旦俘虏安全返回，将邀他们参加"感恩节"。

然而，这天下午，尼克松总统在军方的一再要求下还是下了决断。国防部随即下达了执行"象牙海岸"行动的命令。这样，第二次世界大战后的一场最大规模的营救作战即将拉开序幕。

## 机关算尽　西蒙斯千里出奇兵<br>饿狼扑空　战俘营人去营空

早在总统决断之前，两架 HH-53 大型直升机载着 55 名突击队员，于 11 月 12

日从佛罗里达州出发，飞越烟波浩渺的太平洋，到达越南南方的岘港。全程共飞行了1.48万公里，其中从阿留申群岛至日本三泽，航程2315公里为不着陆飞行。在岘港，突击队稍事休整后，11月18日凌晨3点（华盛顿时间17日下午3点），又秘密地登机前往泰国，驻扎在泰老边境的打卡里美军基地，边训练边待命。

到了打卡里基地后，曼诺尔和西蒙斯才第一次向全体队员宣布了行动内容，但仍没有说明进攻的具体地点，也没有告诉他们现在落脚的地点是何处。

19日凌晨3点30分（华盛顿时间18日下午3点30分），曼诺尔在睡梦中被叫醒，说是总统已经做出决断，命令21日夜行动。

与此同时，太平洋军总部司令麦凯恩将军为确保此次行动万无一失，费尽心机。11月13日，他以越南人民军击落美国RF-4C侦察机为借口，大造美军将进行报复性轰炸的舆论，派出了3艘航空母舰集结在北部湾，张牙舞爪，虚张声势；并命令在突击收容所时派250架战术轰炸机、舰载攻击机出动，对河内近郊及海防、鸿基一带的越军雷达、地空导弹阵地进行狂轰滥炸，将越军防空部队的注意力吸引过来。

19日上午，袭击人员受命进行行动前的各种准备。晚上，中央情报局的情报人员就老挝边境附近的社情作了介绍。接着，队员们听取了有关地面单独行动或掉队时如何发出呼救的示范讲解，领取了小型地图和血液证明书。地图是用丝织的，正面为地图，角上缝有一个极小的磁铁，背面有用音符标读的极为简单的老挝语和越语，诸如“哪里是东？”“请给点水”等生活用语。

准备工作一切顺利。但不巧的是，天公不作美，这天当地的气象状况不太好。一股台风袭击菲律宾后，正向西移；来自中国的一股气流前锋正在南下，它们正好将在21日在河内汇合，恶劣天气可能要持续四五天。根据天气情况，曼诺尔决定在天气恶化前行动，即提前一天进行袭击。

20日上午10点10分，他向北部湾上的巴德萨海军中将通报了他的决定。同时下午3点56分，他又向国防部和太平洋总部作了通报。下午6点，指挥官们进行了战前动员，第一次宣布了袭击山西战俘收容所的计划。

队员们回到宿舍后，为以防万一，各自把要给家属的照片、信件、现金等日常用品全部整理好，做好了一去不复返的思想准备。

20日午夜，明月高悬，是个越南难得的明朗夜空。从打卡里机场、乌隆空军基地及航空母舰等地先后起飞的HH-3、HH-53、A-1、A-7、F-8、C-130等30多架飞机，披着明亮的月光，在老挝上空汇合后，犹如一群饿狼饥虎，向越南扑去。混合机群在老挝境内经康开等地，利用越老边境的复杂地形和越军雷达盲区，以高度不到30米的超低空飞行，从木州以南潜入越南境内，直扑山西。经过3小时的低速飞行，航程550公里，于21日凌晨2点30分，抵达山西上空。4架涂有伪装迷彩、无任何标志的直升机在空中盘旋。机上坐着56名陆军和空军特种作战人员组成的突击队，队员们头戴钢盔、身着尼龙避弹服，连脸上都涂满了伪装油彩，手持各种武器，一个个显得精神饱满，机舱内弥漫着一种临战前的紧张气氛。

此时，美军继先前出动250架飞机之后，又从航空母舰上陆续派出45架舰载攻击机，对越南濒海城市鸿基、海防、河静进行空袭。越军防空部队果然被迷惑，各型雷达、防空导弹、高射炮一齐指向舰载机的来袭方向，从而疏忽了背后超低空窜出来的美军偷袭机群。

凌晨3点左右，3架HH-53大型直升机首先离开编队，分别扑向自己的待机位置，A-1攻击机也开始在待机位置盘旋。此时，袭击海防港口的海军飞机开始投放照明弹，海防港一带的夜空被照得通红。这边的C-130机也投下了照明弹，俘虏收容所上空顿时如同白昼。

HH-3中型直升机抓紧时机在战俘收容所院内着陆。在院内强行降落比预想的更为困难，飞机着陆时严重受损，但队员安全无恙。迈德维斯上尉手提M16A1自动步枪冲出机舱，其他13名突击队员随后涌出，按事先演练好的程序，如狼似虎地一齐冲进了建筑物。

迈德维斯上尉以为警戒分队和支援分队都已顺利着陆。其实，西蒙斯乘坐的第一架HH-53型机降落在收容所南面400米处的一所中学里。这主要是机长布里顿中校认错了目标，犯了袭击前大家再三向他提醒的错误。第二架HH-53型机的机长阿里逊中校及时发现了这一情况，立刻向北掉转机头，向收容所扑去。机内的警戒分队队长希纳德中校当机立断，决定实施第二套方案，即仅由袭击分队和警戒分队34

人实施袭击的“绿色计划”。他们在另一方向顺利着陆后，20 名突击队员分头扑向各自的目标，其动作十分娴熟、敏捷。这时，第三架直升机按行动方案向战俘营中的空场上垂直下降，他们准备装载战俘。该机飞行员见地面毫无动静，不知发生了什么事，一时不慎竟撞在了地面的一棵大树上，直径 23 米的旋翼折断，油箱破裂，机上人员被重重地摔在机内地板上，机身顿时燃烧起来。侥幸的是飞机高度较低，机组人员没命地跳出机舱，并立即开始奋力扑火。

另外两架用于支援和备用的 HH-53 直升机在战俘收容所外围盘旋，准备接应或应付突发事态。10 架 A-1 攻击机则全然不顾地面情况，机械地照方案行事，将一枚枚炸弹、一串串机关炮弹射向战俘营周围的预定目标，打得地面一片火光。

降落在中学里的西蒙斯，发现围墙被铁丝网围着，这是原先情报中未提及的，但他并没有在意，率队员径直冲了进去。直到双方交火，西蒙斯才感到情况不对头。这时，建筑物被汽油引着，燃起了熊熊大火。西蒙斯立即呼来了直升机。布里顿机长此时也发现了自己的错误。他迎着熊熊大火，沉着、大胆、小心地驾驶着直升机安全降了下来。在确认全体队员上了飞机后，迅速起飞向收容所飞去。这时袭击已开始了 8 分钟。事后得知，驻扎在中学里的，不仅有北越军队，而且还有苏联军事人员，在出其不意的打击下，死伤了百余人。

迈德维斯带领突击分队冲进楼房后，一直冲到战俘营中央，只见战俘营内空空荡荡，所有的门窗全部大开着，连个人影也见不着。美军事先曾用 SR-71 侦察机进行了照相侦察，美军在越南境内的 007 号间谍也提供了山西镇确有战俘营的秘密情报，而且关押着不少美国战俘。但是战俘上哪儿去了呢？谜，真是一个谜。

这时，西蒙斯率领的支援分队也正巧赶了过来。他们都感到情况有些不妙，但都不死心，命令队员们四下里散开，分头进行搜索。突击队员们像用梳子梳似地细细探索了每栋建筑物，并找遍了收容所的每个角落，结果依旧一无所获，没有发现一名俘虏。无奈，希纳德中校率领的警戒分队只好对收容所内的重要建筑予以摧毁。

此时，山西战俘收容所附近的越军被 A-1 攻击机有范围的轰炸扫射提醒，开始集结向战俘收容所方向运动，部分榴弹炮、迫击炮也向战俘收容所开了火。为了安全返回，西蒙斯上校果断下令登机撤退。

袭击约 20 分钟后，布里顿中校驾驶的 HH-53 直升机载着 33 名队员和 HH-3 机的 3 名乘员首先起飞升空向老挝飞去。迈德维斯上尉在强行着陆时损坏的 HH-3 直升机上安放了定时炸药。接着，警戒分队乘坐的 HH-53 直升机载着 23 名队员，也升空离去。在空中，各机清点了人数，除有几名受轻伤外，无一人死亡，全部安全撤回。几分钟后，收容所方向传来了爆炸声，HH-3 机已定时爆炸。

行动机群于 21 日清晨安全返回各自的基地。袭击计划进行得十分完满，但遗憾的是，营救俘虏的目的未能达到。

袭击当晚，在五角大楼的国防部地下作战室里，国防部长莱尔德、参谋长联席会议主席穆拉、陆军总参谋长威斯特摩兰、参谋长联席会议事务局长沃伊特、国防情报局长贝奈特等军队高层首脑会聚一堂，收听营救作战的实况。在这个他们极为熟悉的作战室里，不知制定了多少个重要的作战计划，进行了多少次作战指挥，但像今天这样监听作战实况还是第一次。

营救人质的战况实时传来。21 日凌晨 3 点 35 分，报来了山西战俘收容所是座空营的不幸消息。作战室里的将军们先是吃惊不已，面面相觑，接着便纷纷唉声叹气，顿感失望。一直与五角大楼指挥室保持联络的基辛格得知突击队面对的不过是一座空营，不禁仰天长叹。尼克松总统获悉后，立即向国防部长莱尔德打来了电话，对袭击队员表示感谢和慰问，但放下电话机后，立即露出了一丝苦笑。

在作战室里，国防部长莱尔德向各位传达了总统的指示后，垂头丧气地离开了作战室，穆拉主席也默不作声地随即离去。

太平洋总部司令麦凯恩上将得知营救结果后气得浑身打哆嗦，发誓不救出儿子决不收兵。

事后美国人才得知，原来，由于红河上游下了多年罕见的大暴雨，河水猛涨，直涨到距离战俘营西墙只有 14 米。为安全起见，北越早在 7 月 14 日就用汽车把战俘转移到山西镇东 24 公里的另一个战俘营去了。

美国人精心策划的“象牙海岸”行动就这样一无所获。

# Chapter 5

# 惨重的代价

——营救人质行动的夭折

# 一、“蓝光行动”

——救人质折戟沉沙

## 庇护国王　旧恨未消添新仇
## 冲击使馆　外交人员作人质

1979年11月4日清晨，在伊朗首都德黑兰，约4000名崇拜霍梅尼的学生纷纷涌向街头，抗议美国接受巴列维国王。学生们在市内大街上举行示威游行，一路高呼“引渡巴列维！处死巴列维！打倒美国！”等口号。

不久，这支气势雄壮、愤怒无比的游行队伍来到了美国驻伊朗大使馆附近的一条大街上，举行集会。大使馆里的美国海军陆战队和几名武装警察见势不妙，立即分头行动，把住使馆的各个出入口，并全神贯注、神情紧张地在使馆大门口巡逻站岗。

上午10点30分，美国大使馆人员担心的事情终于发生了。约500名愤怒的学生，绕开有美国海军陆战队守卫的大门，突然从使馆的高墙上翻了进去。

学生蜂拥而入，势不可挡，大使馆内的美国海军陆战队员士兵，只得用催泪弹进行抵抗。晚了，一切都晚了。怒不可遏的学生不顾一切，迎着催泪弹，拼命地冲进了大使馆。学生们撕掉了挂在大使馆的美国国旗，挂上了写着“真主伟大”字样的白旗，并在馆内进行演说，态度凶狠，行为粗暴，气势咄咄逼人，但他们并没伤害使馆人员。

学生们将属于馆内的人员，含秘书、武官等外交官53人扣作人质，并给外交官蒙上眼睛，把他们统统集中到正楼附近的建筑物里关了起来。学生们在扣押了美国使馆人质后，很快释放了馆内的几十名伊朗雇员。

此外，正当伊朗学生冲进大使馆的时候，主持使馆工作的临时代办雷恩，恰巧同其他两名外交官在伊朗外交部，于是也被扣作了人质。

学生们占领使馆后，群情激昂，不停地振臂高呼："美国帮助反对伊朗革命的分子！""交还犯罪分子巴列维！我们要对他进行审判！"

当日傍晚，伊朗外交部发表一项声明，措词强硬地谴责了美国："事件反映了伊朗国民的情绪，美国接受巴列维严重伤害了伊朗人民的感情。必须把巴列维国王送回伊朗，否则，美国人质将会受到审讯。"

翌日，伊朗最高领袖霍梅尼声明支持学生的行动，要求美国引渡巴列维国王，同时要求英国引渡正流亡在那儿的巴赫蒂亚尔前首相，并说："美国大使馆是间谍的巢穴，许多罪恶的阴谋都是从这儿产生的。"

美国政府当即向伊朗提出抗议，要求立即无条件释放大使馆人员。卡特总统在人质被扣留的当天，就下令暂时停止向伊朗运送武器零部件；命令司法部驱逐违反移民法的旅居美国的 100 名伊朗学生；宣布停购伊朗石油；冻结伊朗官方在美国约 95 亿美元的资产。

谁知，伊朗不怕压，反而更加强硬。霍梅尼发表了电视讲话，警告美国：只要美国不引渡伊朗国王，其他人质将被扣押起来，受到审讯，有的将被"枪决"。

警告！公开杀人的警告。威胁！毫不留情的威胁。

卡特总统获悉这一声明后，针锋相对，也对伊朗发出了警告：如果伊朗审讯人质，由此产生的一切后果由伊朗负责，并随即命令国防部向波斯湾增派航母编队。伊朗对美国的军事威胁不屑一顾，声称，如果美国动武，就杀掉全部人质。美伊两国在释放人质问题上，针尖对麦芒，互不相让。

## 调兵遣将　决策者运筹帷幄
## 闭门造车　肉食者预种苦果

人质事件发生后，表面上，美国力图通过外交途径争取政治解决人质问题；在暗地里，却着手军事解决的准备。事实上，就在大使馆人员被扣的当天，美参谋长联席会议的“蓝光班”已开始考虑用特种部队来营救人质。美国的目的就是做好软硬两手准备，一俟外交努力失败，就采取军事行动。

11 月 9 日，卡特总统在白宫召集副总统蒙代尔、国家安全事务助理布热津斯基、国防部长布朗、参谋长联席会议主席琼斯等高层首脑，秘密研究营救计划。11 月 23 日，卡特总统再次召集高级军事官员开会，讨论用武力营救人质的计划。当初的计划是，组成一支由直升机队、C-130 机队、突击队组成的联合特遣队，用数架直升机在 C-130 加油机的支援下，长途跋涉，将突击部队空运至大使馆附近，然后乘坐携带的车辆突袭使馆，抢救人质。后计划作了部分修改，即改用当地的伊朗支持者或秘密潜入伊朗的特工人员事先准备好的车辆。

根据这一计划，陆海空军的特种部队迅速成立了联合特遣队，并根据任务开始训练。为了在近似实地的环境下进一步演练，联合特遣部队的主力，秘密转移到美国西部盐湖附近的一个沙漠地带的训练基地进行训练。

但是，具体的营救计划仍在进一步的研究之中。外交努力也仍在继续进行。

转眼到了 1980 年 3 月，有关释放人质的谈判毫无进展。卡特总统不得不考虑实施军事营救作战。4 月 12 日，参谋长联席会议下达命令，要求完成计划制定工作，作好随时实施作战的一切准备。根据要求，联合特遣队希望把实施作战日期定在 4 月 24 日和 25 日这两天。

4 月 15 日，为使营救作战万无一失，国防部召集各级指挥官到五角大楼开会，进行了最后研讨。16 日，参谋长联席会议批准了计划。当晚，卡特总统签署了“同意执行”的命令。

这一计划自始至终是在极其保密的情况下制定的，即使是对参谋长联席会议也是口头汇报，没有提供书面报告。因此，了解这一计划的只有总统卡特、副总统蒙代尔、国家安全事务助理布热津斯基、国防部长布朗、参谋长联席会议主席琼斯等人，白宫内部成员皆一无所知，当然，卡特夫人亦毫不例外。而且，执行这项任务的有关部队也只知道各自的任务，不了解整个意图。殊不知，正是因为过于考虑计划的隐匿性，作战意图的隐蔽性，计划由联合特遣部队司令部一手制定，没有邀请军内经验丰富的人为顾问，对计划进行特别研究，进行最后推敲，忽略了计划的可行性，因而埋下了营救惨败的种子。

该计划以“蓝光”为代号，使用强硬手段救出全部人质，但以不使美、伊两国产生大规模战争危险为先决条件。因此，以救出人质为前提，营救兵力尽量控制在最小限度。整个行动尽可能不使人产生大规模袭击的感觉，同时尽量不给伊朗方面造成损害。整个作战计划如下：

令第七舰队的核动力航空母舰“尼米兹”号在阿拉伯海的阿曼近海待命；4月24日下午7时30分（当地时间，下同），从舰上起飞8架RH-53D海马直升机，直飞距德黑兰东南320公里处的霍腊散省卡维尔沙漠的沙漠一号集结地——北纬33°05′东经55°48′；从埃及开罗的机场起飞6架C-130型机（其中3架装载“蓝光”营救突击队；3架为直升机运载燃料），绕过阿拉伯半岛，途经阿曼，也飞往沙漠一号集结地。

两路兵力在沙漠一号集结地会合后，立即给RH-53D直升机加油，“蓝光”突击队迅速登机。根据作战要求，飞往二号集结地至少要有6架RH-53D直升机，否则，营救行动将在沙漠一号集结地流产。直升机加完油和突击队登机完毕后，直升机飞往德黑兰，C-130机返回马拉西岛空军基地。直升机飞行约两个半至三个小时，于拂晓前，最好是日出前进入德黑兰，在该市东北部的山岳地带的二号隐蔽地点（位于北纬35°14′东经52°15′处）放下突击队员。飞机随即飞往距此以北约50公里处它们的隐蔽地，在那儿盖上网罩待命。突击队则在几天前安插到德黑兰的两名谍报人员的引导下，步行8公里到达距德黑兰东南约115公里的一个偏僻的旱谷，在那儿隐蔽起来熬过整整一个白天。25日晚，分乘秘密潜入的特工人员和伊朗支持者事先准备好的车辆，在夜幕掩护下悄悄地向大使馆和伊朗外交部进发。

为顺利完成这次行动，袭击大使馆的“蓝光”突击队分成红、白、蓝三个分队。红队由40人组成，负责袭击使馆区的西部，营救被关在工作人员住宅和仓库里的人质，并且制服在汽车和发电厂的警卫人员。蓝队由40人组成，负责袭击使馆区的东部，营救关在副大使住宅和大使住宅禁闭室以及办公楼里的人质。白队由13人组成，负责警戒罗斯福大街，并且负责掩护红、蓝队撤退到足球场。另有一支由13人组成的特遣队负责袭击伊朗外交部，救出那里的人质。

营救突击队于当日晚 11 时至午夜之间，到达大使馆外，用梯子悄悄地翻过使馆区的围墙，跳进使馆区，首先设法切断大使馆与外界联系的一切通讯线路，然后冲进使馆，用催泪瓦斯使学生不能抵抗，同时搜寻人质。

在使馆战斗的同时，特遣队也同时开始行动。他们先是在大楼的外面用云梯爬进三楼的窗户，然后消灭所有的武装人员，救出人质。

在进行上述战斗的同时，一支别动队在德黑兰以南约 65 公里处的曼扎里耶军用辅助基地，即三号地点进行争夺机场的战斗。得手后，他们将一直在那里控制着机场，直至营救部队全部安全撤离为止。

从使馆救出的人质运到大使馆毗邻的一个足球场。此时，直升机飞入该足球场，载上人质，迅速飞往 C-130 机待命的三号地点。从沙漠的一号地点起飞的 C-130 机按汇合时间，赶到三号地点（若提前到达，则开着发动机等候），载上直升机送来的人质、营救突击队员和飞行员立即起飞返回。直升机留在原地。结束时间预定当日午夜 12 时以前。

为了以防万一，美军在航空母舰上准备了 F-4、F-14、A-7 等战斗机，随时准备进行空中掩护。同时，美军还调集了 3 架电子干扰飞机飞到阿曼的马西拉空军基地，以便必要时起飞，干扰伊朗的雷达系统。可以说，计划做到了万无一失的程度。

鉴于夏季来临，气温升高会影响直升机性能；夏天昼长夜短，直升机因夜短有可能飞不到德黑兰，因而 4 月 24 日、25 日前后几天为最佳的突袭时间，如果错过这个时间，行动就不得不推迟到 10 月以后去了。

为营救成功，获取有关人质的情报，是绝对必备的条件。但对联合特遣部队来说，隐匿计划，选择所需机种、架数，解决在沙漠上长时间飞行问题，以及把握行动路线上的气象状况则更为重要。

联合特遣部队由詹姆斯陆军少将任总指挥官；营救突击队由查尔斯·贝克威斯上校指挥，队员 93 名，他们驻扎在北卡罗来纳州布拉格堡，隶属反恐怖特种部队；直升机队由查理·皮特曼指挥，配备 8 架 RH-53D 海马直升机。这些飞机隶属北卡罗来纳州坎普里雄机场。C-130 队由詹姆斯·凯尔空军上校指挥，配备 6 架 C-130

大力型运输机，其中3架是加油机，3架是战斗机。所谓战斗机就是在原型上经过改进，配备了新的导航装置、前方监视红外线装置，并装上了攻击用的机关炮。这些飞机驻扎在佛罗里达州哈尔巴特空军辅助基地，隶属第1特种航空团第8特殊作战中队。

## 临危受命　贝克威斯摩拳擦掌<br>声东击西　山姆大叔暗度陈仓

在卡特总统11月9日在白宫召集高层首脑研究军事营救方案的当天傍晚，正在休假的美军上校查尔斯·贝克威斯突然接到紧急命令，要他火速去五角大楼报到。

贝克威斯上校，年近40岁，长得虎背熊腰，力大如牛。此人是一名专搞秘密行动的行家里手，曾参加美军特种部队中的“三角洲”突击队，执行过无数次惊心动魄的军事行动，1970年11月21日袭击河内山西战俘营就是其中的一次。这次接到命令，他预感到非同寻常，于是马上收拾行装，告别女友，登上了飞往华盛顿的班机。

下飞机后，上校不敢耽搁，匆匆驱车前往五角大楼。那里，美军参谋长联席会议主席琼斯将军正在等着他。

见到贝克威斯上校，将军立即把营救作战计划详详细细地说了一遍。

“将军，这个计划听起来好像是不错。但是，敌人都是傻瓜吗？他们难道不会发现和抗击我们吗？”上校提出的问题十分尖锐。

“贝克威斯上校，你想得不错，我们在计划中已考虑到了这一点。如果伊朗空军出动拦截，我们的‘尼米兹’号航空母舰上将会出动F-4、F-14、A-7等型战斗机和攻击机，全力掩护你们。同时，我们还准备了3架EC-130型电子干扰机进驻阿曼的马西拉空军基地。行动发起后，它们将起飞干扰伊朗的雷达系统，迟滞和破坏伊朗空军的拦截行动。此外，参加行动的C-130运输机也将进行改装，至少有两架会安装机关炮和速射机枪，以对地面提供火力支援。”

在琼斯将军的直接指挥下，营救计划的准备工作在紧锣密鼓地进行。

贝克威斯上校从“三角洲”突击队中精心挑选了一批精兵强将，组成了“蓝光”突击队，然后开赴内华达州和犹他州的沙漠地区，在与伊朗境内地形十分相似的环境下，按照计划进行秘密营救训练。

至1980年1月底，各项军事营救的准备工作已基本就绪，只待卡特总统“一锤定音”了。

几个月来，美国政府向伊朗施加了许多压力。然而，年老体弱的霍梅尼似乎无动于衷，这可急坏了卡特总统。于是，在4月11日，他大笔一挥“4月24日，执行军事营救计划”。琼斯得令后，马上率他的参谋班子进了五角大楼秘密指挥室，并通过无线电向所属有关单位发出进入“一级戒备”的命令。

为了在战术上取得突然性，美军采取了一系列佯动措施。营救前，增加C-130型运输机从美国本土经埃及至波斯湾地区的飞行次数，在此期间把大批营救行动所需的装备器材已秘密地运抵中东某地。4月23日，美军及其北约盟军在大西洋举行演习，使伊朗及其他国家认为C-130运输机的调动是正常的运输活动。

参加营救行动的“尼米兹”号航空母舰搭载RH-53D型直升机于1980年初开往印度洋，为扰乱视听，它们也作出一派准备在波斯湾海域实施扫除水雷的态势，以麻痹伊朗。

一批经过训练的美国情报特工人员按计划陆续渗入伊朗，开始从各方面为袭击美国使馆作策应准备。

营救突击队为突袭伊朗已进行了5个半月的训练，正跃跃欲试等待出发。1980年4月19日至23日，联合特遣部队分别从美国本土和太平洋出发，陆续到达指定的地点。

一个经过高层领导精心策划的神秘计划即将付诸实施，一张营救53名人质的突袭巨网，已在波斯湾上空全面张开，一场集当今最尖端军事技术和装备的秘密战斗即将打响。

一切都策划得天衣无缝。一切都准备得井井有条。

万事俱备，只欠卡特总统的一声令下！

## 千里奔袭　荆棘丛生途中受挫
## 祸不单行　机毁人亡遗恨沙漠

4 月 24 日，正是伊斯兰“安息日”前夜，卡特总统下达了执行军事营救的命令，这次行动由参谋长联席会议主席琼斯将军在五角大楼秘密指挥室直接指挥。“蓝光”行动开始秘密运转，C-130 机编队从陆路出发，RH-53D 直升机编队从海路出发。

这天早晨，准备从陆路出发的“蓝光”突击队员开始了作战的各项准备工作。经过实战模拟训练和精确推算，每个士兵的装备重量不能超过 270 磅，如果超重，那么飞机就不能将“蓝光”突击队运到沙漠一号地区。登机前，所有的武器都进行了轻装、擦拭，刺刀锃亮。登机前，“蓝光”突击队所有队员都换上了执行任务的服装——头戴针织深蓝色海军观察帽，身穿作战服，脚蹬长筒靴。作战服的右肩缝有一面美国国旗，用白胶布盖着。这是行动的一种标记，等到了大使馆后就把它拉掉。所有人都没有戴军衔，因为没有必要。

这天下午，6 架 C-130 运输机，在贝克威斯上校率领下，载着 93 名营救突击队员和 90 名空军支援机组人员，从埃及开罗机场悄悄起飞，呼啸着升上蓝天。队员们坐上飞机后，一种壮士一去不复返的心情油然而生。因为这不是演习，而是真刀真枪地去执行重大使命。忽然，有人高唱起“上帝保佑我们！”其他士兵也都和着唱了起来，声音在机舱里回荡。飞机起飞后，机群避开阿拉伯半岛上空，通过红海、亚丁湾、阿拉伯海，在阿曼空军基地补充了燃料后，向一号地点飞去。

夜幕笼罩着大海。天空月明星稀。

在阿曼湾上空，6 架膀大腰粗的 C-130 运输机，就像 6 只强壮的秃鹫，正在穿云破雾。

飞机一直以 3000 英尺的高度飞行，当进入伊朗西部的恰赫巴哈海岸时，飞行高度降至 400 英尺。飞机穿越几个峡谷后进入了伊朗地面雷达跟踪系统的盲区。但“蓝光”突击队的机群在这个盲区内像个醉汉似的，摇摇晃晃，高高低低，曲曲折折地飞向目标。

C-130 机编队经过长途奔袭，大约在 22 时 30 分，第一架 C-130 机到达塔巴斯附近的一号集合地上空。离降落点还有三公里时，驾驶员按下了遥控钮，实施短距降落。C-130 机沿着陆地飞行一周，然后，选择一条未加工的粗糙道路作为跑道，头朝西地进行降落。降落难度并没有超过平时训练的程度。

这是一个凉爽、晴朗的夜晚，月光铺满大地，几十米外的人清晰可辨。飞机着陆成功，队员们立即顺着后梯涌出机舱，同时赶紧把摩托车搬下飞机。看来一切顺利，贝克威斯沿跑道走去。

忽然，一辆梅赛德斯大客车在附近的道路上急驰，进入了“蓝光”营救突击队的防御地带。于是，贝克威斯队长命令士兵对着车体下方开了枪。客车轮子被击中，“吱”地一声停了下来。突击队员立即围住客车，命令上面的乘客下车。原来客车上载着 45 名以色列游客，大都是老人和小孩，也有几个成年的妇女。他们是为避开白天的酷暑而夜间行车的。为了避免走漏风声，决定暂时扣留这部分游客，用一架 C-130 机先将他们带出伊朗，然后明天夜里再原路送回曼扎里耶。但后来营救飞机出现意外，游客原地释放，这是后话。

营救突击队为顺利解决客车事件刚松了一口气，西边又开过来一辆油罐车。营救行动安全小组的负责人韦德，立即带着一名突击队员骑一辆雅马哈摩托车迎了上去。当油罐车驶近时，那名突击队员开了一枪，并击中了目标。顿时，车上燃起熊熊大火。韦德冲向前去大声呼喊，无人回答。韦德返身又向摩托车跑来。这时，又有一辆小型卡车向燃烧着的油罐车后面开来。突然，那辆被击中的油罐车驾驶员敏捷地跳上了后面的卡车。卡车作了一个猛烈的 U 字形转弯，立刻消失在黑暗中，逃之夭夭。营救突击队断定这是汽油走私者，看来不会去报告路上发生的事情。而且，他们也未必认出 C-130 机群。

其他 5 架 C-130 机先后抵达沙漠一号着落点，除运来了突击队员外，还运来了各种设备以及山地伪装网。伪装网是用来在第二天覆盖直升机的。后来的 5 架 C-130 飞机中，4 架面北朝南地停在跑道上，一架开到了那个粗糙的简易机场上，准备从那儿飞回到马西拉岛去。着陆场上留有一个差不多有两个足球场大小的地方，准备给直升机编队降落的。

美军简直是创造了一个伟大的奇迹！陆路出发的C-130飞机编队于25日零点前全部顺利抵达一号地点。就像跟往常的演习一样，“蓝光”突击队现在只等海马直升机的到来了。

根据计划，直升机加油后，再有30分钟就可到达了。

“蓝光”突击队被分成三个小组。他们带着武器装备，跑来跑去进行乘直升机的准备。由于是天亮前的最后一个集结地，每个人都想方设法轻装。

还有15分钟直升机就要到达。大家都在度日如年似地等待着直升机的到来。

被击中的油罐车仍在燃烧着。

4架停在跑道上的C-130机仍开着引擎，隆隆的马达声震得地动山摇。夜愈来愈凉，有些人已把夹克衫的硬领竖了起来。大家都在焦急地看看远方，又看看表。

15分钟过去了，直升机连影子也没有。

又过了5分钟，直升机还是没有来。大家开始嘀咕起来：“这究竟是怎么回事？”“会不会出事了呢？”

又过了15分钟，按预定时间已经超过了20分钟，可直升机还是没有来。士兵们都在发牢骚，越来越急躁不安，紧紧地盯着直升机飞来的方向。

35分钟过去了！还是没有看见直升机的影子。在德黑兰，5点半就天亮。直升机要是还不来，“蓝光”突击队只能在天亮后到达德黑兰郊外的隐蔽地，这将带来极大的危险性。

“该死的，他们在哪儿？”

原来，从海路出发的8架RH-53D直升机于当日傍晚准时开始行动。晚上7点30分左右，8架RH-53D直升机满载油料，在舰上人员的一片呐喊声中，陆续从阿曼海的“尼米兹”号航空母舰上起飞，也向一号集结地点急速飞去。到一号集结地点的距离约为960公里。飞机进入伊朗时采用编队飞行，为避开雷达跟踪采取低空飞行的方式。

开始似乎一切顺利。但飞行两小时后，直升机群中6号机的螺旋桨故障警告灯突然报警，6号机为查明故障不得不紧急着陆。飞在最后面的8号机见6号机在地面降落，也紧跟着着了陆。经检查发现，螺旋桨连杆的压力已消失，按照规定，应立即放弃飞行。于是，8 号机收容了 6 号机的乘员，抛下 6 号机继续向前飞行。

真是祸不单行。1 小时后，直升机群遇上了一股大小和密度不明的沙尘，好不容易闯过去，接着又遇上一股巨大而浓密的沙尘，而且持续时间长达两个小时。直升机群只好顶着漫天黄沙飞行。由于视野极差，飞行极困难，有的飞行员在云层中、黑暗中，特别稠密的尘沙中，失去了平衡感觉，只能全凭仪器飞行。在这种情况下，5 号机显示航向的陀螺仪又失灵了。鉴于气象条件越来越差，5 号机被迫放弃执行任务，依靠辅助陀螺仪，艰难地飞回了“尼米兹”号航空母舰。

剩下的 6 架直升机顶着沙暴，在“蓝光”突击队的急切盼望中，终于到达了一号集结地点，但均已晚点，其中最后一架飞机到达已是 25 日凌晨 1 点 30 分了，整整迟到了一个半小时。而且 2 号机在到达目的地前，发现油压下降，是勉强飞到一号地的。经检查发现，操纵系统的油泵已经损坏，无法继续飞行。这样，预定的 8 架直升机，一架被遗弃荒原，一架返回母舰，一架无法飞行。还剩下了 5 架，营救计划严重受挫。

按照计划，陆路和海路两支部队在一号地点会合后，93 名突击队员将分乘直升机飞抵德黑兰近郊山区的一个秘密地点，然后从那里乘车，趁黑夜奇袭使馆和外交部，救出全部人质后撤走。但是，现在已经时间推迟，不仅如此，若要继续执行任务，在 1 号地点至少需要 6 架直升机，而现在只有 5 架。于是，指挥官们开会讨论是否中止作战的问题。贝克威斯主张按计划中止行动，而凯尔上校建议继续进行。双方发生争执。最后大家倾向中止作战。25 日凌晨 2 点 10 分，特遣部队指挥官向上司报告了准备中止的意见，上司立即向华盛顿作了报告，卡特总统当即答复，同意中止。

现在的问题是如何顺利撤退了。

然而，撤退颇不顺当。原来，直升机降落后，加油机立即给它们加油。3 号直升机和 4 号直升机都停在路北最远的加油机后面。当时加油机正在给 3 号直升机加油。凌晨 2 点 48 分，加油机因油料不足，准备停止给 3 号直升机加油，滑向隔着公路的另一架飞机。而 4 号机为了让 3 号机加油，黑暗中操作失误，与它前面的 C-130 机相撞，“砰”的一声，一个蓝色的火球直冲向夜空，汽油爆炸了，火焰冲上夜空足有三四百英尺高。顿时，2 架飞机被大火吞噬，直升机上的 3 名队员和 C-130 机上的 5 名队员当即被烧死，另有 5 名烧伤。飞机装载的弹药开始爆炸。

为了减少人员伤亡，唯一可行的办法是马上撤退。由于弹片四处横飞，飞机起飞变得十分困难。而且即将天亮，所剩时间不多，燃料有耗尽的危险，必须将直升机上的人员马上转移到 C-130 机上，并立即起飞。按照当初计划规定，若在一号地点中止行动，直升机要飞回母舰。但目前的情况只好将 5 架直升机遗弃沙漠。为了不让完好的直升机落入伊朗人手中，最理想的是将其全部炸掉。可爆破有可能毁坏跑道，作茧自缚，最后只好作罢。

扣留的客车中的游客被及时释放。

5 架 C-130 飞机开始起动，突击队员和其他人员都爬进了飞机。

那辆油罐车燃烧的火焰渐小，但那架直升机和 C-130 机仍在熊熊地燃烧着。

凌晨 3 点 30 分，“蓝光”突击队员在着陆 4 小时又 56 分钟后，抛下未经任何处理的 8 具尸体、一批机密文件和武器以及 6 架直升机和 1 架 C-130 机，带着惊慌和沮丧的心情，分乘 5 架 C-130 飞机离开了沙漠一号集结地，仓皇逃走。天亮后不久，C-130 机群已远离伊朗，到达阿曼湾。返回路上没有受到伊朗方面的拦截。但这一武装营救人质的行动就这样以失败而告终了。

## 折戟沉沙　卡特总统勇担责任<br>时来运转　营救人质出现转机

美国东部夏季时间 24 日下午 5 点（下同），3 架直升机发生故障的消息传到了白宫，卡特总统感到失望，但还是同意中止行动。此时撤退，没有什么损失，而且伊朗也未察觉。然而，该日下午 6 点 21 分传来了不幸的消息，C-130 机和直升机相撞，造成重大伤亡，这使白宫官员十分惊愕。

25 日 1 点，政府第一次向外界报道美军在伊朗进行了军事营救人质的行动，并且已告失败。白宫的官员则忙着向议员和各盟国政府通报了有关作战的情况，一直忙碌到深夜。上午 7 点，卡特总统表情严肃，通过电视出现在国民的面前，通报了如下消息：

“为了营救被伊朗扣留的53名人质。进行了极其秘密的军事行动。由于直升机的技术故障，不得不放弃营救。撤退时，在伊朗边境的沙漠地带，直升机与运输机发生相撞，8人不幸遇难。作战是人道的。没有与伊朗发生战斗。……实施作战和中止行动的命令，均是由我下达的。我负全部责任。”

美国国民大为失望。但在随后进行的舆论调查中，绝大部分人员支持军事营救人质的行动，只是一部分人担心人质会因此而被加害，还有一部分人认为人质的获释将变得更加困难。

与此相反，反对营救行动的总统最高顾问万斯国务卿请求辞职。国会的领袖们颇不满意，抱怨总统事先没有与国会协商。

各盟国的反应也很冷淡。因为先前美国曾要求盟国响应对伊朗进行实施经济制裁和其他制裁，正当盟国需要相互依赖的时候，美国却事先不打招呼采取危险的军事行动，这是不讲信义的行为。为此，美国白宫受到了盟国的谴责。

伊朗外长戈特布扎德指责美国说：“美国的行动是野蛮的强盗行为，是对伊朗的战争行为。”霍梅尼和占领大使馆的学生强烈表示，如果再进行军事行动，就不能保证人质的生命安全。后来，伊朗为了阻止美国再来营救人质，将人质分散到全国各个秘密地点，从而使美国营救人质彻底无望。但伊朗没有加害人质，并声明无条件送还美国士兵的尸体。不久，遗弃沙漠的8具尸体被送到了美国大使馆。

正当美国对解决人质问题一筹莫展之时，形势出现了转机。原来，在美国对伊朗实施制裁后，西欧各国和日本也对伊朗进行了制裁，使伊朗经济遭受重大损失。与此同时，伊朗和伊拉克的关系日趋紧张，边境冲突不断升级。1980年7月27日，伊朗国王巴列维在开罗病逝，使伊朗扣押人质的一个重要理由不复存在。于是，霍梅尼于当年9月12日提出了释放美国人质的4个条件，即由美国交还伊朗前国王巴列维的财产；取消一切对伊朗的财政要求；保证不对伊朗进行政治和军事干涉；解除冻结伊朗在美国银行资产的命令。

1980年9月22日两伊战争爆发后，加快了人质事件解决的进程。伊朗为对付伊拉克，急需资金和得到武器援助。11月2日，伊朗议会通过了霍梅尼的4项人质释放条件。次日，霍梅尼要求学生把52名人质交给伊朗政府，并由阿尔及利亚负责人质的照料事务，美国立即派遣一个秘密使团前往伊朗进行谈判。被伊朗扣押的53名人质，有1人因病于1980年7月11日释放外，其余52人，在阿尔及利亚的斡旋下，美、伊双方最后达成协议，于1981年1月19日全部释放。持续444天之久的人质问题，最终以政治解决而告终。1月20日，一架阿尔及利亚飞机载着人质离开了德黑兰途经阿尔及利亚回国。

## 二、马失前蹄

——人质殒命慕尼黑

### 祸起萧墙　运动员无辜作人质
### 与虎谋皮　勃兰特极力促和解

1972年9月5日，联邦德国慕尼黑市郊的奥运村迎来了又一个宁静的早晨。从8月24日开始的第20届奥运会，日程已经过半，各项赛事顺利而又热闹地进行。上万名来自各国的选手和官员及几十万名观众，使往日平静的城市处于高度的兴奋之中。

一直喧闹到深夜的慕尼黑终于平静了下来。凌晨4点30分，兴奋了一天的人们此刻都在沉睡，黎明前的奥运村显得格外宁静。突然，几个身着工作服、手提工具袋的人偷偷地越过了2米高的奥运村围墙，神不知鬼不觉地潜入了奥林匹克村。睡梦中的人们当然不会知道，他们的工具袋里装着的不是一般的工具，而是机枪和手榴弹。

这几个人没有丝毫的迟疑，径直来到了距围墙只有90米的库诺利大街31号楼前。楼房的大门没有上锁，他们一路畅通无阻地上了2楼。楼上住着来自以色列的代表团。

一阵急促的敲门声惊醒了睡梦中的以色列运动员。他们做梦也没有想到，这是死亡之神的叩门声。从此，他们便开始了一天漫长的死亡之旅。

为了抹去纳粹德国1936年举行的第11届奥林匹克运动会留下的政治阴影，树立新的政治形象，联邦德国经过不懈的努力争取到了第20届奥林匹克运动会的主办权。为了弘扬奥林匹克精神，大会始终刻意渲染着一种没有任何敌意的自由而热烈的气氛。但是善良的人们没有想到，恐怖分子正是利用了人们这种善良的愿望。

这几名恐怖分子是有备而来的。前一天，一名恐怖分子潜入奥林匹克村，对31号楼的内部情况及以色列运动员住宿情况作了全面的了解。此外，他们还收买了一名曾经在建筑奥林匹克村时当过建筑师的人参加了这次恐怖行动。怪不得，他们潜入奥运村是如此轻车熟路，行动自如。

4点55分，以色列籍的举重裁判员约赛夫·格特普洛因特、运动员约瑟夫·洛马诺、教练莫希焕·瓦英格首先被激烈的敲门声惊醒。犹太人特有的警惕性使他们马上意识到可能是恐怖分子袭击。为了通知同伴和别的选手，瓦英格大声疾呼："有恐怖分子，快逃啊！"

"哒哒哒……"机枪声淹没了他的呼喊声，一串子弹使刚刚当了3个星期爸爸的瓦英格倒在了血泊之中，并把他送进了另一个世界。洛马诺身负重伤，最后死在了医院里。格特普洛因特想去救助洛马诺，结果未及逃走，被恐怖分子绑了起来。

举重教练丘宾亚·索考夫斯基住在同一层楼的另一个房间，他是这起恐怖事件中的幸存者。他回忆说，当听到敲门声和令人恐怖的喊叫声时，他立刻意识到他们遭到了阿拉伯恐怖分子的袭击，紧接着又听到了快逃的呼喊声，他便夺门而出，逃脱了厄运。

就在丘宾亚·索考夫斯基刚刚逃出31号楼，恐怖分子便封锁了2楼的楼道。他们搜查了二楼所有的房间，行动迅速而利落。赤手空拳的选手们毫无招架之力，9名未及逃走的以色列运动员被集中到了一起，成了人质。他们将9名人质的手反绑起来，堵住嘴巴，串成了一串推倒在地上。

接下来，恐怖分子给奥委会总部打电话，声称自己是巴勒斯坦游击队，现有9名以色列运动员在他们的手中作为人质。他们要求以色列政府立即释放关押的200名巴勒斯坦游击队战士，并保证他们自己从慕尼黑安全地撤往一个阿拉伯国家。作为释放以色列人质的第一步，要求以色列首先把被俘的200名巴勒斯坦游击队员送往除安曼和贝鲁特以外的其他阿拉伯国家的首都，待他们证实以色列已经履行上述条件之后，再就有关人质的释放和自己的出路进行谈判。

答复的期限是上午 9 点，并且威胁说，如果到时不答应他们所提出的条件，就一个一个地处死人质，直到以色列答应为止。后经多方努力，最后期限一再推迟，从上午 9 点，推迟到中午 12 点，又推迟到下午 3 点、5 点，但谈判毫无进展。奥运会的实况通过电视和广播向全世界转播。事件发生后，联邦德国警察封锁了奥运村，记者们被堵在门外。但是，还是有几名记者、播音员和摄像师躲过警卫人员的视线，钻进了奥运村的楼房里。

美国 ABC 电视台的记者也钻到了以色列选手的宿舍对面的一座楼房里，他们一直跟踪报道事态的发展，直到人质和恐怖分子撤离宿舍为止。在世界上许多人只能收听广播，了解事件的发展情况的时候，美国 ABC 电视台的观众却能够亲眼目睹恐怖分子活动的真实情况。

事后证实，这几个恐怖分子是属于阿拉伯激进的“黑九月”的一个派别。关于“黑九月”，人们并不陌生。1967 年 10 月，第四次中东战争后，失去了最后一片土地的巴勒斯坦难民和失去了营地的巴勒斯坦游击队员，潮水般地涌进了约旦。得到苏联等社会主义国家援助的巴勒斯坦游击队，在约旦国内不断壮大，同时与约旦军队的冲突也随着巴勒斯坦游击队力量的强大而不断升级。1970 年 9 月，约旦国王侯赛因下令动用飞机、大炮对境内的巴勒斯坦激进派进行全力围剿。在进行了殊死的抵抗之后，他们被迫撤离了约旦，前往利比亚避难。

为了牢记这血海深仇，他们用与约旦交战的月份“黑色的九月”作为该组织的名称。当年年底，这个组织的几个成员在开罗的塞拉顿宾馆门前枪杀了约旦首相达尔，并举行了残忍的吸血仪式，震惊了整个世界。

联邦德国作为第 20 届奥运会的东道主为了寻求事件的政治解决而进行了不懈的努力。

慕尼黑警察局长舒拉帕，以及奥运村村长托雷格首先同恐怖分子进行了谈判。接着是慕尼黑市长、巴伐利亚州内政部长、联邦德国内政部长等人也相继赶到出事地点，同恐怖分子的头目进行了谈判。当天下午，勃兰特总理也从波恩乘专机赶到慕尼黑，他提出，由联邦德国支付一笔赎金，并保证恐怖分子的人身安全，政治解决这一事件。但勃兰特的努力因恐怖分子的断然拒绝而告失败。

在与恐怖分子的谈判失败后，勃兰特又请求阿拉伯各国首脑给予帮助，尤其是期待阿拉伯世界的领袖埃及总统安比尔·萨达特从中调停。多次打电话，可他偏偏不在，没能马上取得联系。接电话的总理西德基冷淡地说了声他作不了主，就挂断了电话。勃兰特愤怒地指责西德基没有诚意。

在获悉发生了恐怖事件的以色列耶路撒冷，内阁成员聚集在国会大厅里，忐忑不安地收听着转播的实况。国防部长达扬一个人独自坐在另一张桌前，眺望着窗外的天空，陷入了沉思。梅厄总理用悲伤的颤抖的声音说："太遗憾了，我不得不传达一条令人心碎的消息。"她宣布了被绑架的以色列运动员的名单。

被绑架的以色列选手出生于多个不同的国家。26 岁的巴加出生在美国的俄亥俄州，是一名律师，一年前移居以色列，刚刚成为一名举重运动员。33 岁的罗曼出生在利比亚，他已经被杀害了。击剑教练安得莱苏比兹阿和举重裁判员加特夫洛因特是从罗马尼亚移居以色列的。

最年轻的马克·斯莱伊宾今年才 18 岁。他是 3 个月前刚刚从苏联移居以色列的。马克的爷爷回忆说："我孙子曾说过，一块回以色列吧！我的祖国是以色列，我要为以色列的荣誉而拼搏。"

以色列政府从一开始就不准备答应恐怖分子提出的释放巴勒斯坦游击队员的条件。他们担心向恐怖主义屈服只能招致更多的恐怖事件。

## 玉石俱焚　人质殒命慕尼黑<br>以血还血　他杀报复无已时

联邦德国在与恐怖分子进行谈判的同时，还在进行着军事解决的准备。上午 7 点 30 分，300 多名身着迷彩服的边防军警备队员被派往奥运村担任警戒。经过选拔的狙击手占领了以色列运动员宿舍对面的一座楼房，准备狙击恐怖分子，并且配置了坦克、装甲车、救护车。

固守着 31 号楼的恐怖分子保持着高度的警惕，他们不时地出现在窗口，观察着外面的动静。

尽管已有两名运动员被杀害，但联邦德国当局并没有放弃争取政治解决的努力。为了避免引起更大的骚乱和恐慌，国际奥委会经研究决定，正在进行中的比赛照常进行，其他项目的比赛则视情况另行决定。

与此同时，身穿防弹背心的10名特种部队的突击队员悄悄地潜入了31号楼的地下室，等待着出击的命令。

联邦德国公众和国际舆论都强烈要求当局首先营救出9名人质。但是，在以色列不答应释放被俘的巴勒斯坦游击队员的情况下，联邦德国也很难找到一个政治解决的办法。

在经过艰苦的协商之后，联邦德国和以色列最后终于制定了四个解决方案。第一个方案是强攻。即在与恐怖分子谈判的同时，由特种作战部队组成的突击队，突然发起攻击，冲进楼房。或者派突击队从屋顶上突然冲进去，解救人质。但因为恐怖分子手持机枪，还有手榴弹，而人质又被像佛珠似地串在一起，这一方案十分危险。

第二个方案是向恐怖分子提供一架直升机，放他们同人质一起逃走，在他们离开31号楼向停在广场的直升机走去的时候，派多名狙击手同时向恐怖分子开火，消灭恐怖分子，救出人质。

第三个方案是，同意恐怖分子乘坐直升机离开慕尼黑，派突击队员扮成直升机乘员，在直升机上干掉恐怖分子，救出人质。

第四个方案是，用直升机把恐怖分子和人质送往机场，向他们提供一架客机，允许他们离开德国。在恐怖分子和人质从直升机向客机走去的路上，狙击恐怖分子。经过反复讨论，最后决定采用第三个方案。

与恐怖分子的谈判进行了很长一段时间，直到下午8点30分才告结束。恐怖分子同意乘飞机离开慕尼黑。晚上10点，9名人质被蒙着眼睛带上了一辆拉着窗帘的墨绿色客车，同恐怖分子一起，通过地下通道，向停放在中央广场的3架直升机开去。

由于联邦德国当局别有所图，所以把他们送到了郊外约25公里的弗尤尔斯坦福埃尔特布鲁克空军基地，在那里一架汉莎航空公司的波音727客机在等待着他们。

联邦德国当局希望神经处于高度紧张状态的恐怖分子犯下一个哪怕是小小的错误，以使突击队员有机可乘。但是令人遗憾的是恐怖分子镇定自若，倒是联邦德国当局忙中出错，犯下了无法弥补的错误。

一名恐怖分子头目头带白色呢帽，鼻梁上架着一副大墨镜，显得精明强干。他仔细地检查了每一架直升机，而后让4名人质和4名恐怖分子上了第一架直升机，另外5名人质和包括他在内的4名恐怖分子上了第二架直升机。第三架直升机由联邦德国官员和警察乘坐。

这时联邦德国当局才明白恐怖分子竟是8个人，因而大吃一惊。在此之前，他们认定恐怖分子的人数最多不超过5人。因此，他们在空军基地只布置了5名狙击队员。这不仅要求狙击手的射击准确无误，而且在恐怖分子动手之前至少要有3名突击队员干掉两个恐怖分子。这需要非凡的射击技术和运气。

当直升机发出轰鸣声，飞越闪着可怖白色灯光的空旷的体育场时，传来了附近运动员的欢呼声。

事实上，这些运动员谁也没有料到，这竟是他们的同伴们迈向地狱之门的第一步。

搭载着人质、恐怖分子和有关人员的3架直升机，到达佛尤尔斯坦福埃尔特布鲁克空军基地时，已是晚上10点30分了。第二架直升机刚一着陆，又再次升空，恐怖分子在直升机上对周围的情况进行了认真的观察，在确信没有埋伏后才降落在距指挥塔35米处的跑道上。

这时5名狙击队员在指挥塔内严阵以待，他们已经得到了在直升机和波音727飞机之间150米的地段内，狙击恐怖分子的命令。射击所需要的亮度是没有任何问题的。上级指示说，在所有的恐怖分子进入狙击圈，并得到命令时即可开枪。

晚上10点35分，两名恐怖分子检查了波音727飞机，正在返回直升机途中，另两名恐怖分子以飞行员为掩护，向波音727飞机走去。4名恐怖分子暴露在地面上。不知是突击队员没有得到恐怖分子准确人数的情报，还是怕失去这最后的战机，5名狙击手同时开了火。两名恐怖分子被打死，一名受重伤，另一名恐怖分子一面射击一面逃回了直升机。

残存的恐怖分子立刻向人质开了火，同时向指挥塔射击抵抗。不知是突击队员接到了停止射击的命令，还是什么别的原因，他们停了火。随后恐怖分子也停止了射击。机场上一片寂静，令人毛骨悚然的寂静。大约过了一个小时，直升机上又传来了枪声，接着是爆炸声，一架直升机燃起了熊熊的大火，一名恐怖分子自杀身亡。直到零点 45 分，突击队员才登上了剩下的一架直升机，3 名恐怖分子投降当了俘虏。

验尸结果表明，有 4 名人质是被恐怖分子开枪打死的，另有 5 人被活活烧死在直升机上。

就在第一次交火结束后不久，晚上 11 点慕尼黑传来了 8 名恐怖分子全部被击毙，人质获救的报道。慕尼黑市民欣喜若狂。

耶路撒冷的人们也通过广播得到了“事件顺利解决，人质安然无恙”的消息。

梅厄总理转着圈地为聚集在一起的内阁成员斟着白兰地酒，并按犹太民族的传统干了杯，庆贺以色列人质平安无事。

但是时隔不久联邦德国当局就发现来自慕尼黑警察局的第一份报告完全是误报。

恼怒不已的联邦德国政府一面下令调查事件的真相，一面通过奥委会组委会新闻局长翰斯·克拉因发表谈话称：“当初对事情的估计过于乐观了。”其实，此时他已经知道了在基地发生的悲剧。指挥塔的朋友早就告诉他：“双方正在激烈交火，已经无法进入别的房间。机场上死了很多人。”

9 月 6 日凌晨 3 点，巴伐利亚州内务部长用沉痛的声音宣布了令人悲伤的消息：突击队营救人质的行动失败，5 名恐怖分子被打死，3 名被俘，1 名飞行员、1 名突击队员和 9 名人质死亡。

恐怖分子的暴行并没有吓倒全世界热爱和平的人们。就在 6 日早晨召开的国际奥委会理事会上，布朗迪主席说：“如果此时中止比赛，正好达到了恐怖分子的目的，决不能让他们的阴谋得逞。”

6 日上午 10 点，组委会在体育场为被杀害的以色列运动员举行了追悼仪式。8

万多人怀着沉痛的心情参加了追悼仪式。大会的气氛开始庄严肃穆，最后变得隆重而热烈。身穿运动衣，头戴运动帽的以色列运动员坐在最前列，一旁还放着 11 把空椅子。布朗迪主席高声强调："野蛮的恐怖主义行径破坏了本届奥运会的气氛。但是它吓不倒热爱和平的人民，奥运会的精神是不允许践踏的。"最后当他宣布运动会继续进行时，观众们立刻欢呼起来。

阿拉伯国家的代表团抵制了这次追悼仪式。比赛于 6 日下午 4 点 50 分重新开始。尽管恐怖事件使比赛日程推迟了一天，但奥运会很快又恢复了先前那种热烈的气氛。

9 月 11 日，对以色列来说噩梦般的慕尼黑奥林匹克大会终于结束了。奥委会本想把闭幕式搞得简朴而肃穆，但充满青春活力的运动员们还是又笑又跳，十分热闹。只有主席台上挂着的那面以色列国旗上的大卫之星，在白色底布上显得更加幽蓝，表示着它的寂寥。

以色列代表团连同 11 名运动员的尸体 7 日上午 8 点乘埃尔·阿尔航空公司的专机从慕尼黑起飞，回到了以色列。在特拉维夫机场，死者的亲属和众多的群众悲痛欲绝地等在那里。

死者的亲属、亲戚、朋友流着泪向用国旗覆盖着的灵柩献上一束束鲜花。其他运动员跟在灵柩的后面。

事后的调查证明，在空军基地草率行动导致营救行动的失败，奥运村警卫工作的漏洞以及情报失误等问题上德、以两国都有一定的责任。

关于以武力营救人质的预案，是由两国协商确定的。以色列也认为，在政治解决归于失败的情况下，以武力营救人质是唯一的选择。但是不可否认的是，营救作战的惨痛后果的直接原因在于狙击手人员不足和战机把握不当，临阵行事草率。

但据说，联邦德国突击队员开枪时，有两名以色列反恐怖行动专家在场，尽管开枪的命令是由联邦德国军官下达的，但谁又能一口否定这两名专家也应对这一悲剧承担一定的责任呢？

关于奥运村的安全警卫工作，有一种看法认为，在恐怖组织针对以色列的活动十分猖獗的情况下，联邦德国作为东道主应当事先对以色列代表团进行特别保护。

以色列外交部发言人也在私下说：“如果联邦德国提出进行特别保护的话，我们肯定是会接受的。”但联邦德国当局对此却颇有微词，据联邦德国的知情人透露，以色列人曾表示代表团的安全事宜由他们自己安排，不需要其他的特别措施。

在慕尼黑，7 日晚检察厅以绑架和杀害 11 名以色列运动员的罪名对 3 名生存的恐怖分子提起了诉讼。

## 三、跨国行动
——埃及特种部队兵败塞浦路斯

### 劫人质胁政府<br>暴徒逃离塞境

1978 年 2 月 18 日，亚非人民团结组织代表大会在塞浦路斯岛巴科西亚的希尔顿饭店会议大厅召开。这个组织是 1975 年 12 月在第一次亚非国民议会上成立的，总部设在埃及开罗。此次大会的宗旨是促进亚洲、非洲各国的经济、社会、福利、文化、教育等方面的合作，加强各国间的团结。会议得到亚非各国的积极响应，共有 70 多个国家的代表参加了大会。会议刚刚开始，两名武装的游击队成员突然冲进了希尔顿饭店。不等惊慌失措的保安人员回过神来，两名恐怖分子已经闯进了会议大厅，冲上主席台开枪打死了正在主持会议的秘书长犹塞夫·埃尔·塞巴伊，随后又抓了数十名出席会议的代表扣作人质，关进了饭店的餐厅。

被枪杀的塞巴伊秘书长 60 多岁，原是埃及的陆军军官，退役后担任埃及“金字塔”报的董事长。他与埃及总统萨达特交往甚密，在政治上也属温和派，曾多次在《金字塔报》上发表文章，主张与以色列和解，反对巴勒斯坦解放阵线的过激行为。他的所作所为触怒了阿拉伯解放阵线的激进派，他们决不能容忍、也决不允许，在阿拉伯世界出现亲以色列的声音。

恐怖分子在行动得手后，以人质的生命安全要挟政府，提出要求离开塞浦路斯，前往科威特。出于保护人质安全的考虑，塞浦路斯政府被迫同意了他们的要求。当天下午，恐怖分子胁持着人质乘车去了拉纳卡机场。为了行动方便，恐怖分子只留下了阿布·莫伊扎尔等 2 名巴勒斯坦领导人、4 名埃及人、2 名叙利亚人、1 名索马里人、1 名苏丹人和 1 名摩洛哥人作为人质，其他人全部释放。后来，运送恐怖分子和人质的 DC-8 型客机上的 4 名机组人员也沦为人质。这样，共有 15 人被恐怖分子劫持。傍晚时分，飞机离开拉纳卡机场，向科威特方向飞去。

就在载着人质和恐怖分子的 DC-8 客机起飞之后不久，塞浦路斯总统基普里亚努给埃及总统萨达特打了电话，一再叮嘱埃及不要单独采取军事行动。基普里亚努的担心不是没有原因的。近一段时间以来，埃及在外交上采取了同以色列和解的政策，受到阿拉伯各国，特别是利比亚、伊拉克等阿拉伯强硬派的反对。埃及对此不屑一顾，始终坚持其独立的外交立场，尤其是在 1977 年的 11 月，萨达特总统访问耶路撒冷后，埃及的和解立场更趋坚定，甚至不惜与利比亚等国断绝外交关系。前不久肯尼亚政府将埃及一架向索马里运送弹药的军用运输机迫降在内罗毕，埃及立刻作出强烈反应，当即扣留了两架降落在开罗机场的肯尼亚民航班机作为报复。最后，还是肯尼亚政府作出让步，首先释放了埃及的军用飞机，才使事态得以缓解。

## 反恐怖报血恨
## 奇兵不请自到

大会秘书长犹塞夫·埃尔·塞巴伊被刺身亡的消息传到埃及后，立刻在开罗引起了强烈的反响。因为塞巴伊早在从军时就是萨达特总统的密友，更为重要的是他还是总统推行埃以和解政策的主要支持者和重要的执行人。他曾作为重要的随行人员，陪同萨达特出访耶路撒冷，随后又作为总统特使历访欧美各国，拉开了埃以关系史上新的一幕。更令埃及人愤怒的是刺杀行动选择在埃及的传统节日——先知穆罕默德的诞辰纪念日。

萨达特得知塞巴伊被杀的消息时正在出席侯赛因清真寺举行穆罕默德诞辰纪念仪式。他非常沉痛地说："塞巴伊和我就像亲兄弟一样，我们一定要为他报仇！暗杀吓不倒渴望和平的埃及人民，什么都改变不了埃以和平谈判的进程。"

尽管有塞浦路斯总统的电话叮嘱，埃及政府还是于 2 月 19 日作出决定，派出自己的特种作战部队，前往 DC-8 客机降落的机场，追捕罪犯，救出人质。

打完电话后，基普里亚努总统在亲巴勒斯坦的社会党领导人利萨里季斯的陪同下来到了机场。利萨里季斯这位社会党领导人曾有过被扣作人质的经历，所以这次基普里亚努总统选择他为政府代表与恐怖分子谈判。

发生在希尔顿的恐怖事件传到了巴勒斯坦解放组织总部，当阿拉法特获悉他的战友阿布·莫伊扎尔被扣作了人质，便立即责令下属参照德国边防军第九纵队空袭摩加迪沙、营救人质的作战经验，组织了一支由 12 名敢死队员组成的突击分队，并制定了夺回人质的作战计划。准备在飞机离开拉纳卡机场之前，出其不意地突袭恐怖分子，夺回人质。

塞浦路斯政府当即同意了巴勒斯坦解放组织的要求，因为塞浦路斯岛经济萧条，为了发展国家经济，塞浦路斯极力维护着与大多数阿拉伯国家的良好关系。允许巴勒斯坦解放组织为贸易和武器运输自由出入塞浦路斯。而且基普里亚努总统的亲信社会党领导人利萨里季斯是一位阿拉伯强硬派的支持者。

突击队当晚便赶到了拉纳卡机场。但是，由于恐怖分子的飞机在突击队赶到之前离开了拉纳卡，巴解的突击作战未能实施。

恐怖分子在科威特降落的请求遭到断然拒绝后，DC-8 客机便开始在空中漫无目的地飞行，成了无处着落的空中流浪儿。在恐怖分子的威逼下，机长先后请示在利比亚的的黎波里、希腊的雅典、南也门的亚丁等几个机场着陆，但均遭拒绝。19 日早晨，在燃料将尽的情况下，飞机终于在非洲东部濒临亚丁湾的吉布提机场着陆。但此地也不许他们久留，飞机不得不在加油后再次起飞，恐怖分子要求到阿尔及利亚的阿尔及尔或再飞利比亚，均遭拒绝。不得已，飞机只好又返回塞浦路斯，于下午 5 点 50 分再次降落在拉纳卡机场。

当 DC-8 客机离开吉布提机场时，埃及收到了一份从塞浦路斯发来的关于 DC-8 客机去向的情报。约 60 人的特种作战部队乘坐埃及空军的一架 C-130 运输机出发，在 DC-8 客机着陆后 40 分钟，于下午 6 点 30 分，降落在拉纳卡机场。

埃及特种部队为追杀恐怖分子，不顾国境边界的限制，不请自到。

## 救人质劫暴徒
## 机场兵戎相见

这时，DC-8客机的机长萨姆·梅林格，看了看坐在一边的副驾驶说："出麻烦了，既然情报部长来了，看架势军队也来了。"

当机场指挥塔把一架埃及军用运输机在机场降落的情况报告给基普里亚努时，这位总统大发雷霆。虽然萨达特曾在电话中表示过不惜采取军事手段，解决问题，但埃及人不请自到的做法大大地刺伤了他的自尊。他立即叫来了埃及驻塞浦路斯大使哈桑·沙舒，他拍着桌子吼道："这是一个独立的主权国家，如果未经允许而采取军事行动，你要负完全的责任，请你立即把军队打发回去！"

埃及军用运输机的降落一度使塞浦路斯政府非常紧张。机场立刻布置了身着便装的塞浦路斯士兵和警察，巴勒斯坦派来的突击分队也加入了他们的行列。机场上戒备森严。

尽管采取了必要的防范措施，但塞浦路斯政府认为，埃及军队在这种时候不可能真的动武，因为谁都知道，基普里亚努总统等政府最高领导人正在通过机场的无线电同罪犯谈判。

恐怖分子希望逃到东欧去，要求塞浦路斯政府为他们准备护照并提供现金。由于利萨里季斯从中斡旋，塞浦路斯政府同意了恐怖分子的要求。但是由于埃及军用运输机的到来，耽搁了护照的发放。利萨里季斯转告恐怖分子说："护照已经到手。"恐怖分子这才放了心。一名罪犯将举着的手榴弹收了起来，并扔到了座席上方的行李架上。

此刻，在埃及军用运输机上，指挥官纳比尔·舒克利少将正密切地注视着塞浦路斯政府的动向。当他听到了利萨里季斯同罪犯之间的谈话后，认为只要塞浦路斯政府向劫机犯发放了护照，就等于释放了恐怖分子。于是他决定孤注一掷，坚决实施突击作战。

晚上7点30分，C-130飞机的后门被悄悄地打开了，载着数名突击队员的迷彩吉普车徐徐地滑下了飞机，吉普车的后面60名队员弓身弯腰紧紧地跟着。

停机坪的另一端，整齐地排列着阿拉伯式装甲车、运兵车、卡车等，塞浦路斯军队正在原地待命。埃及突击队悄无声息地靠近了DC-8飞机，不知什么原因，塞浦路斯守军对发生在他们眼皮底下的突击行动竟毫无觉察。

当埃及突击队登上DC-8客机的扶梯，向机门开火时，塞浦路斯守军才大梦初醒，冲着埃及突击队开了火。指挥塔内的狙击手也向埃及军队开枪射击。埃及突击队一心对付恐怖分子，根本没有想到背后会被捅了一刀，受到塞浦路斯守军的攻击。遭到突然袭击的埃及突击队员一个接一个地倒在了血泊之中，其余的突击队员顾不上客机内的人质和恐怖分子，立即组织火力还击。埃塞双方用冲锋枪、机枪对射着，顿时机场上子弹横飞，火光四射，像是在放烟火。被劫持到飞机上的人质和机组人员个个失魂落魄，躲在座位下面不敢露面。交火持续了50分钟。当射击停止时，几名埃及突击队员趁机冲进了DC-8客机的机舱，惊慌万状的恐怖分子摇着白手帕，嘴里喊着“不要打了，不要打了，我们投降！”遂走出了机舱。一名埃及士兵把罪犯领到了机场大楼，交给了警察。警察对罪犯进行了搜查，并没收了武器。

随后，埃及突击队与塞浦路斯守军再度交火。埃及的C-130运输机被塞浦路斯守军的反坦克火箭弹击中起火。埃及突击队员又转移到停在旁边的一架塞浦路斯航空公司的BAC-111型机上，继续同塞浦路斯大兵交战。在机场大楼内，谈判双方政府官员以及等待在一边的记者们面对眼前的激战一筹莫展。

最后交战以埃及突击队的投降而告结束。15名人质被悉数救出，恐怖分子也无一伤亡，倒是埃及突击队死伤15人，塞浦路斯守军也有数人伤亡。

## 埃指责塞反驳<br>罪犯从轻发落

交战结束后不久，埃及副总统穆巴拉克给塞浦路斯总统基普里亚努打来了电话，强烈要求把2名罪犯引渡到埃及接受审判，要求立即送还扣押的埃及士兵，并警告说如不答应，将断绝两国的外交关系。

基普里亚努总统同意送还埃及士兵，但拒绝了埃及引渡罪犯的要求，坚持在塞浦路斯审判罪犯。接着，基普利亚努总统召来了埃及驻塞浦路斯武官斯雷曼，说他参与了这次事件，要求他立即离开塞浦路斯。

20 日，埃及特种作战部队的士兵和 15 具尸体回到了埃及。埃及全体内阁成员到机场迎接他们归来。开罗的群众也对归来的士兵给予了热烈的欢迎。在欢迎宴会上，萨达特总统赞扬士兵们的勇敢精神和他们所取得的胜利，并指责说："塞浦路斯应该为流血负责。"但是激愤的群情难以平静，人们责问萨达特总统："是不是我们失败了？"并高喊"萨达特，报仇！萨达特，报仇！"

当晚埃及政府召开紧急会议，决定召回驻塞浦路斯的外交官和商务参赞，同时要求塞浦路斯撤回其驻埃及的外交官。22 日，埃及外交部正式召见了塞浦路斯驻开罗大使，通知他马上关闭大使馆和伊斯梅利亚领事馆，要求塞外交使团立即离开埃及。另外埃及外交部长还通告了内阁会议的决定："拒绝承认基普里亚努是塞浦路斯的合法总统。"

基普里亚努则作出了不同的反应。他首先声明："这次悲剧的责任，全在埃及。"他谴责"埃及的介入，侵犯了塞浦路斯的主权"。但就埃及同塞浦路斯断交一事，他说："我理解萨达特总统对作战结果的不满。但为了改善同埃及的关系，我将作出最大努力。"但他同时确认，塞浦路斯没有同意埃及采取军事行动，营救人质，也无意把罪犯引渡到埃及。

对于恐怖分子的审判使得塞浦路斯政府左右为难。罪犯一个是约旦人萨米尔·莫哈默德·卡特尔，另一个是科威特人加德·侯赛因·阿穆德·阿尔阿利。惩罚重了，有可能失去阿拉伯强硬派的朋友，如果释放或是过轻，同埃及的关系又难以改善。经过再三权衡，最后只好象征性地判了 8 天拘禁。

## 四、代价惨重的反劫机突袭

——卢卡机场大惨案

### 劫机发生在爱琴海上空

1985 年 11 月 23 日晚，天高月明，微风轻拂。

希腊首都雅典机场。

一部分来自不同国家的旅客，在惜别亲朋好友或在希腊度完美好旅游假期后，正在秩序井然地登上一架即将飞往开罗的大型客机，准备前往埃及旅游、访问、工作或返回故土。这架波音 737 客机是埃及航空公司的 648 次航班。时针指向晚上 8 点，波音 737 客机从希腊首都雅典机场准时起飞升空，呼啸着向埃及方向飞去。

客机机长为哈尼·加拉尔。机中有乘客 91 人，机组成员 6 人。乘客当中，埃及 34 人，菲律宾 21 人，希腊 17 人，美国 3 人。此外，还有法国人、加拿大人、澳大利亚人、以色列人、摩洛哥人等。

飞机飞行一切正常。20 分钟后，飞机飞抵爱琴海米洛斯岛上空，空中小姐开始为每个乘客分发报纸、杂志。正在这时，坐在前部的一位穿戴十分考究的阿拉伯男子突然从座席上站了起来，迅速从衣袋里掏出手枪，对准了正在服务的空中小姐。几乎在同一时刻，在后部座席上也突然站起一名男子，高举着手榴弹大喊："不要乱动，举起手来！我们已劫持飞机了。"两个人的神经似乎都相当紧张。

80 年代以来，以飞机为目标进行的劫机事件时有发生，暴徒凶残的行为早已为人们所知。因此，乘客们霎时间吓得面如土色，一个个都把身子缩在座位上，不敢乱动，不敢吱声。劫机犯趁机收缴了每个人的护照，并按不同的国籍，让他们坐在指定的座位上，然后一个一个地对他们进行检查，确认是否有人携带着武器。

这伙劫机犯自称是"埃及革命"组织的成员。

十多分钟后，一名一直不露声色、并躲过搜查、混在乘客当中的公安人员，悄悄地掏出手枪，忽然站了起来，朝一个劫机犯开了枪，但未能击中。该劫机犯立即应战，其他劫机犯赶来支援，公安人员倒了下去，两名乘客负伤。

刚才短暂的交火，把机体击穿了一个洞，气压急剧下降。大家呼吸困难，每个人都用上了氧气口罩。同时，机长立即采取措施，降低了飞行高度，并用广播告诉乘客："大家请注意，劫机者已答应不再加害你们，请你们保持冷静！"

劫机犯控制飞机后，命令机长立即飞往利比亚或突尼斯，但均遭到两国拒绝。飞机在空中没有目标地飞行了近 2 个小时后，因燃料不足，机长决定降落在地中海马耳他岛瓦莱塔的卢卡机场。但是，卢卡机场指挥塔拒绝让其降落，并立即关掉了机场的导航灯光。此时飞机油料已尽，机长无可奈何，只好冒险摸黑紧急降落。真是万幸！飞机安全着陆。

飞机着陆后，劫机犯把那位公安人员的尸体从飞机上抛到了跑道上，并允许把两名负伤的乘客送往瓦莱塔医院。然后，劫机犯要求指挥塔给飞机加油，并扬言如不答应要求，将每隔 1 个小时杀死一名乘客，直到给飞机加油为止。但是，指挥塔拒绝了这个要求。劫机犯虽然要求给飞机加油，但自始至终没有透露他们要去的地方。

机场漆黑一团，气氛紧张。加拉尔机长趁劫机犯离开驾驶室的机会，简要地向指挥塔报告了机上的情况，并说："出入口的门是反锁着的，从外面打不开。"

648 航班在卢卡机场强行着陆后，马耳他政府十分重视。总理博尼蒂等政府高级官员亲赴机场，坐镇指挥塔，开始同劫机犯谈判，以图和平解决这次事端。另外，埃及、美国和利比亚等国的大使，以及巴勒斯坦解放组织（PLO）的代表也前来协助。马耳他政府的方针很明确：只要劫机犯释放全部人质，就答应加油。

双方在对峙着。劫机犯为了能马上给飞机加油，作了些让步，同意释放一部分人质。于是，深夜时分，他们释放了包括空中小姐在内的 13 名妇女。可是，马耳他政府坚持要求释放全部人质，才答应加油。

## 屠戮发生在波音 737 飞机上

劫机犯恼羞成怒。24 日凌晨，疯狂的劫机犯开始了屠杀行动。一名劫机犯高声喊了起来："哪两个是以色列人？"随后，他们先把一位刚满 20 岁的以色列年轻女子塔马尔·阿尔茨叫了出来。阿尔茨还以为是要释放她，并没有感到害怕。可劫机犯把她拉到出入口后，就用枪对准她的头，扣动了扳机。子弹从她左耳边擦过。惊吓之余，她连滚带爬地逃下了扶梯。但劫机犯继续向她开枪，击中了她的腿部，终因流血过多而死亡。随后，第二个以色列年轻女子尼兹安·梅德尔斯松也被叫了出来。她 23 岁，是阿尔茨的好朋友。这一次，劫机犯绑住她的双手，向其背部连开数枪。梅德尔斯松背部被击穿，当即身亡。乘客们见状，个个吓得掉了魂似的，不知如何是好。

紧接着，杀红了眼的劫机犯又点了3个美国人的名字。他们是28岁的帕特利克·贝克、30岁的杰基·布拉格、38岁的斯克雷德·洛盖坎浦。贝克算是幸运，子弹掠过他的头发，他躺下装死，然后趁劫机犯不注意，滚下了扶梯，得以逃跑，幸免一死。布拉格却没有如此幸运，被子弹击中头部，身受重伤。洛盖坎浦也很倒霉，负了致命伤。不过，比起两位以色列年轻女子来，他们还算是幸运的，总算保住了性命。

机舱里弥漫着紧张恐怖的气氛，乘客们害怕的心提到了嗓子眼。与紧张害怕的乘客们相反，劫机犯却洋洋得意，轻松如常。劫机犯头目还哼着小曲，胡乱踏着舞步，在过道里来回转悠，简直如同疯子一般。

面对劫机犯疯狂的残暴行为，马耳他政府心急如焚，束手无策，但仍坚持不给加油，耐着性子等待着。马耳他政府感到一筹莫展的是，不明白这些恐怖分子劫机到底是为了什么目的。以往的劫机事件，劫机犯总是要求释放关押在狱中的同伙，或者有其他政治目的。奇怪的是，这些劫机犯却一直没有透露他们的劫机目的。

希腊雅典机场，被指责为警备松弛的机场。因为很多劫机犯都是从这里登上飞机的。如同年6月14日发生的劫持美国TWA机事件，劫机犯也是从雅典机场登机的。事件发生后，为了阻止劫机犯登机，机场成倍地增加了警卫人员，同时引进了金属探测器、X光检查器等先进检查装备，对乘客的检查更加严格。而且，各大航空公司也实行单独检查。这一系列改进措施，通过了美国联邦航空管理委员会进行的检查，他们认为这完全达到了安全的标准。为此，美国政府于7月份解除了限制美国人到这个方向旅行的禁令。

确实，机场严格的安全措施起到了明显的作用，至少短期内是这样的。11月8日，一名身藏枪支和手榴弹的阿拉伯人在通过检查时被发现，遭到警方的逮捕，避免了空中劫机的发生。

尽管如此，15天后的23日，恐怖分子还是在这个机场上混上了飞机，再一次验证了希腊雅典机场是一个令人担心、恐怖分子有机可乘的地方。

与劫机者的谈判已进行了10个小时，但仍无进展。

为营救人质，埃及特种部队于24日下午，乘两架C-130机到达卢卡机场。嗅觉灵敏的劫机犯们似乎觉察到了这一情况，他们立即警告机场指挥塔，说：“如果部队向飞机突袭，我们就与乘客同归于尽，炸掉飞机。”

飞机上究竟有多少劫机犯呢？他们携带有什么武器，是哪个组织的成员？这对于营救突击是非常重要的。据被释放的一名埃及妇女说：劫机犯带有机关枪、手榴弹，人数是 3 个人。而机长报告说，总共为 6 人，人数相差正好一倍。谁对谁错一时难以弄清。

从他们说的语言看，劫机犯除了讲英语外，还讲带着叙利亚、黎巴嫩、巴基斯坦调的阿拉伯语。因而可以肯定，他们都是阿拉伯人。

在阿拉伯国家当中，埃及是唯一和以色列恢复邦交的国家。劫机犯指责埃及与以色列和好，这说明劫机犯是反穆巴拉克体制和美国的一伙人。

## 惨案发生在卢卡机场

埃及 C-130 飞机降落在卢卡机场后，从飞机上首先下来了 5 名埃及士兵，悄悄地靠近了被劫持的客机，担任警戒。

这次前来参加营救作战的埃及特种部队，共 25 人，由阿蒂亚少将率领。这是一支埃及引以为豪的王牌部队，专门用来对付恐怖分子。他们曾经在美国接受过特种训练，其装备精良，战斗力不亚于美军特种部队。它的番号是“战斗 777 部队”。据说，这支部队里还有 3 名美国同行作技术顾问。

除了埃及派出特种部队外，美国为了防止利比亚的干扰，专门从第六舰队航空母舰“珊瑚海”号上起飞了 E-2C 预警机和 FA-18 攻击机，进入了警戒位置。

在 737 客机内，劫机犯知道机场上来了军队，为了逃离机场，他们再三要求机长起飞，但机长坚决予以回绝。这时，劫机犯又耐不住了，开始不断地殴打着乘客，惨叫声不绝于耳。这些情况都被指挥塔监听到了。机长认为，现在看来，解决手段除了突袭之外，别无良策，他要求指挥塔不要再犹豫了。

自到卢卡机场后，埃及特种部队指挥官阿蒂亚少将一直在寻找着突袭飞机的时机。这时，他知道了机内的情况后，认为劫机犯已杀害了不少人质，这是些十分凶残的暴徒，什么事都能干得出来，现在再也不能坐视劫机犯杀害仍在进行抵抗的机长了。于是，少将果断地决定，立即实施营救作战。

24 日晚上 8 点 20 分，埃及特种部队开始突袭波音 737 客机。由于 737 客机机长事先向机场指挥塔通报了有关飞机出入口的门被反锁着的情报，特种部队决定从后面的货舱发起进攻。特种部队为了迷惑劫机犯，顺利突进客机，施放了烟幕弹，并在烟幕的掩护下靠近了飞机的货物装卸口。飞机内，一名劫机犯正用手枪对准机长的头，命令他立即起飞。机长勇敢顽强，视死如归，迅速拿起紧急逃出时用的手斧，把这名劫机犯劈倒在地。就在此时，在一旁的副机长发现显示货舱门被打开的信号灯在闪亮，急忙打开驾驶室的窗户，把软索梯垂了下去，以便突袭部队登机使用。

这时，劫机犯发觉后舱有动静，知道营救部队已经开始突袭飞机，惊恐万分。他们狗急跳墙，准备以乘客作掩护，与营救部队殊死抵抗。说时迟，那时快，在这千钧一发之际，突袭部队炸开了货物装卸口，冲进了机舱，一边投掷烟幕弹，一边用自动步枪扫射。霎时间，机舱内硝烟滚滚，枪声大作，火光乱窜。

正在机场待命的警车、消防车、救护车，也一起驶向了波音 737 客机。劫机犯知道特种部队冲了上来后，疯狂地向乘客中间投了 3 枚手榴弹，乘客一个接着一个倒在了血泊中。

冲上飞机的埃及特种部队士兵向劫机犯猛烈开火。但机内一片烟雾，目标不明确，盲目滥击，导致大量的乘客伤亡。可悲的是，有几名乘客在机场探照灯的照射中，跳出机外，慌忙夺路逃命，却被埃及士兵误认为是劫机犯，而向他们的后背开了枪，顿时发出了凄惨的哀鸣声。

此时飞机也着了火。大火熊熊燃烧，有不少乘客被困在飞机内，逃不出来。

为了抢救受伤的乘客，马耳他政府将正在休班的医生、护士全部招到国立医院，并暂时封锁了机场至医院的通道，供救护车专用。由于埃及特种部队的狂扫滥射，由救护车运送的幸存者只有 20 人，50 多人已经死亡。根据后来的公布结果，在飞机上被劫机犯杀害的人质只有 3 人，而在枪战中死亡了 57 人，负伤者 34 人。这是迄今为止反劫机作战伤亡最多的一次，是营救人质作战空前的大惨案。

## 谁之过莫衷一是

特种部队士兵不分青红皂白胡乱射击，造成了惨重的伤亡。对此，阿蒂亚少将辩解说："我的部下总共只打了 6 发手枪子弹。"他认为有那么多的人伤亡，主要是烟幕窒息而死。但具有讽刺意味的是，验尸结果表明，大部分乘客是饮弹而亡。

劫机犯有一名负伤，突袭作战结束后，他被立即收容在瓦莱塔的医院里。这名负伤的劫机犯名叫奥马尔·马尔兹基，20 岁，持突尼斯护照。

埃及政府强烈要求马耳他政府引渡罪犯，但是，马耳他政府以保护主权为由，拒绝了埃及政府的要求，并于 12 月 4 日发表一项声明说，同埃及政府之间没有引渡罪犯的协定，所以要在本国进行审判。接着，政府发言人又说："这次劫机的罪犯是 3 名巴勒斯坦人。"

12 月 6 日，马耳他政府进一步公布说，唯一幸存的劫机犯马尔兹基说，他是黎巴嫩出生的巴勒斯坦人，真名叫阿里·莱萨克，是年 22 岁，希望去利比亚。据他说，劫机犯共有 3 人，另外 2 个持摩洛哥护照，头目在和埃及公安人员搏斗中死亡。有关劫机犯的人数说法不一，前后矛盾，究竟几人，不得而知。

这架被劫持的波音 737 机，在同年 10 月份发生的"阿基利·劳罗"号被劫事件中，曾载着 4 名暴徒飞离开罗，企图帮助他们逃离，在途中遭到美军 F-111 战斗机拦截，被迫降在西西里岛。这回它改头换面，被涂成红黄白三色，写着 SU-AYK 字样。但在一个半月之内，这架飞机竟两次遇到了麻烦。

对埃及来说，真是祸不单行。10 月在埃及近海刚刚发生了"阿基利·劳罗"号被劫事件，这次又被卷入了地中海事件。为处理这次事件，埃及总统穆巴拉克于劫机的第二天，即 24 日早晨，就召开了紧急内阁会议。会后，埃及外长说："埃及政府反对包括劫机在内的一切恐怖活动。痛斥这种影响中东和平的行为。"这次会议决定为解救人质派遣特种部队，这是继 1978 年 2 月发生杀害塞巴伊事件以来的第一次。

对于埃及派遣特种部队，马耳他政府表示了默认。

为了配合营救作战，埃及政府 24 日下午宣布靠近利比亚边境西部地区处于紧急状态，封锁了连接首都开罗与西南100公里处的法尤姆市之间的交通干线。25日，埃及政府又向开罗西北500公里处的通往利比亚的要塞马特鲁派遣部队，布置了警戒。埃及同利比亚本来就不和。不和的根本原因是埃及保护了流亡在埃及的反卡扎菲派的利比亚人，所以利比亚每每伺机报复，常常挑起恐怖活动。这次劫机犯一开始就要求飞往利比亚，故埃及怀疑这次事件与利比亚有牵连。为此，埃及政府于25日发表声明说："这次事件是由从巴勒斯坦解放组织分离出来的巴勒斯坦人组织干的，它受到以支持恐怖活动而闻名天下的某个阿拉伯国家的支援。"尽管埃及没有指名道姓，却在暗中谴责了利比亚。

利比亚政府否认参与了这次事件，并批评埃及进行强袭作战，认为"埃及的行动是带来大量杀戮的愚蠢行动"。并强烈谴责埃及向国境线增兵。

蒙受灾难的马耳他政府25日也发表声明称："对在这次事件中埃及政府采取的解决手段深感失望。同时，也决不能忘记劫机犯威胁杀害乘客的残暴行为。"既谴责了劫机犯的行为，也批评了特种部队的强硬作战。

纽约的美国阿拉伯关系委员会会长迈佛迪博士，24日也就埃及的强硬作战说："发生在卢卡机场上的大惨案，对我来说是一个很大的冲击，我感到恐怖。穆巴拉克总统轻率决定的结果，使他丢了丑。"同时他强调说："人质的生命要比惩罚劫机犯更为重要。强硬作战是基于以色列式的哲理，我们是绝对不能允许的。"

与此相反，以色列外交部发表声明说："为阻止恐怖活动威胁的扩大，应该采取一切手段。"从而赞扬了埃及特种部队，并对作战给予了高度评价。

美国国务院对不幸死亡的60名乘客表示沉痛的哀悼，认为"恐怖活动造成这样大的牺牲，太令人痛心了。"据说，埃及政府在实施作战前，曾请求美国给予支援。美国也决定派遣特种部队——"三角洲"突击队。但由于马耳他政府不允许美机着陆，埃及特种部队只好单独实施作战。

世界各国对这次埃及采取强硬行动褒贬不一，但埃及特种部队突袭计划的不成熟，指挥不当是显而易见的。他们的轻率，他们的盲目，在某种意义上说，是造成血洗卢卡机场的一个重要原因。然而，对暴徒、对凶狠的恐怖分子决不能妥协，不能手软，否则，在这个世界上，就将永无安宁之日。

# 五、血溅卡拉奇

——潘纳姆 73 次班机被劫惨案

## 一封匿名信

1986 年 8 月 28 日，英国的《星期日泰晤士报》收到了一封匿名信，称一个恐怖组织将在近期劫持巴基斯坦的民航飞机。虽是一个未经证实的情报，但考虑到事关乘客的安全，《星期日泰晤士报》还是通过外交途径，将这一消息通知了巴基斯坦政府。出于对本国经济利益的考虑，巴基斯坦没有公布这一消息，只是通知了各航空公司加强防范，并加强了对各大机场的安全保卫工作。

就在第二天，1986 年 8 月 29 日，3 名持巴林护照的巴勒斯坦人，搭乘黎巴嫩航空公司的班机进入巴基斯坦。另一名巴勒斯坦旅行者从巴林入境，以安马尔的名字住进了卡拉奇市内的一家一流宾馆里。在那里，他与另外 3 名巴勒斯坦人似乎是不期而遇。共同的语言拉近了他们的距离，他们与其他的旅行者一样，早出晚归，没有人发现他们有什么异常。9 月 4 日晚上 9 点左右他们一起结账，离开了宾馆。

宾馆的服务人员不可能知道他们这一周来的行踪。他们并没有像一般的游客那样去观赏卡拉奇的名胜古迹，而是忙着与巴基斯坦境内的阿布·尼达尔的恐怖集团成员联系。一周后，神通广大的尼达尔恐怖集团打通了关节，搞来了一辆警车、两套警备队员的服装和两套机场机械师的工作服。

9 月 4 日晚，两名身穿工作服的阿拉伯人偷偷混入了卡拉奇机场，没有任何人注意到机场里多了两名陌生的机械师。黎明时分，一辆外表同警车一样颜色的大篷车向机场开过来，没有受到任何盘查，畅行无阻地携带着武器进入了戒备森严的卡拉奇机场，两伙人在跑道上汇合，一齐奔向一架停在跑道尽头的飞机。

## 梦断舱门

1986 年 9 月 5 日凌晨，从孟买飞往纽约的印度潘纳姆航空公司 73 次航班的波音 747 客机在巴基斯坦卡拉奇机场降落，准备在短暂的停留之后飞往它的第二站——联邦德国的法兰克福。机上共有从孟买登机的 416 名乘客，13 名机组人员。当时，该机正在机场作起飞前的准备，乘客们正在登机。

上午 6 点 05 分，4 名伪装成机场保卫和工作人员的阿拉伯人驱车靠近飞机。然后跟在旅客后面，一边朝天空鸣枪威胁，一边驱赶着地面的乘客，急促地爬上扶梯，冲进机舱内。

他们首先把所有的乘客由前面的头等舱，赶到空着的后部。接着命令空中小姐关上门，然后又对乘客吼道："坐着别动，把手举到脑后，谁动就打死谁！"

此时，机舱内的乘客约半数是印度人，另外还有 84 名巴基斯坦人，44 名美国人，16 名意大利人，15 名英国人，其余的是联邦德国人等。

3 名飞机驾驶员发觉飞机被劫，立刻反锁上驾驶室的门，从天棚的出口逃到机外，然后顺着绳索滑到地面，又慌忙地逃到机场大楼。

实际上，驾驶员们的这个行动是他们想到的一个对策，其目的是在地面遭到劫持时，将罪犯困在飞机内。这也是最近被载入乘务员手册中的第一个成功的实例。

劫机犯发觉驾驶员从飞机中逃脱出去，飞机已无法起飞了。一个劫机犯气急败坏地随手抓住一位空中小姐的头发，狂叫着："我们劫持了飞机，把驾驶员交出来！"并再次开枪威胁。

惶恐不安的劫机犯挑出一名叫拉吉夫的美国人，将他拖到机舱门口，不顾他的苦苦哀求，对准他的头就是一枪，鲜血立刻喷涌而出，染红了通道的地毯和周围的座位。劫机的暴徒将他抛下了机舱，就像是扔下了一个沙袋。被抛下的乘客马上被机场工作人员送进了卡拉奇医院，但因是近距离击中头部，几小时后，即告死亡。

拉吉夫被杀害在乘客中引起了骚动，乘客们都吓掉了魂。一名劫机犯对乘客说："我们的目标不是普通的乘客，我们从不滥杀无辜，但如果谁反抗我们就不得不打死谁！"过了好长一段时间，乘客们才慢慢恢复了平静。

漫长的一天开始了，劫机犯要求机场当局在日落前将驾驶员送回。

事件发生后，巴基斯坦政府在指挥塔成立了一个应急小组，由巴基斯坦空军退役中将、民航局局长米尔扎担任同劫机犯交涉的对策小组的负责人。他们试图通过无线电同劫机犯交涉。但由于驾驶员不在机内，无线电联络无法进行。应急小组只好使用麦克风用英语向劫机犯们喊话，劫机犯们毫无反应。应急小组估计暴徒们不懂英语，遂改用生硬的阿拉伯语喊话，总算成功了。2 个小时后，沙特阿拉伯的航空公司的一位翻译赶到了机场，和劫机犯的联络终于顺利地建立。

原来，劫机犯要求机场在下午 7 点以前把驾驶员送到飞机上，他们的目的地是塞浦路斯的拉纳卡机场。劫机的暴徒们扬言，如果机场不按他们的要求行事，就要一个一个地杀死乘客，最后炸毁飞机。

劫机犯飞往塞浦路斯，目的是为了营救 1985 年 9 月在塞浦路斯的一艘游艇上，因杀害 3 名以色列游客而被塞浦路斯警方逮捕的 2 名巴勒斯坦人；一名英国爱尔兰军恐怖分子和一名因非法携带武器被捕的黎巴嫩人。

巴基斯坦政府立即将劫机者的要求通知了塞浦路斯政府，但塞浦路斯政府一口回绝了恐怖分子的要求。为了避免激怒劫机犯，巴方没有将塞浦路斯的决定转告他们，而是说："刚才的那些驾驶员因轮换不再登机，潘纳姆正从欧洲叫来换班的驾驶员，请再等片刻。"

实际上，那几名逃出的驾驶员并非预定要轮换，此刻他们就在机场。对策小组和潘纳姆是为了争取时间。

劫机犯们无可奈何，只好爽快地接受了要求，将限定时间推迟到晚上 11 点。

巴基斯坦为了预防暴徒狗急跳墙，准备了几十辆救护车，并让卡拉奇市内的所有医生和护士在医院待命。

下午 4 点左右，潘纳姆通知劫机犯说，新驾驶员将在夜里很晚的时候才能到达。劫机犯们尽管非常不满，也只好接受，把最终期限又延到晚上 12 点。

## 血溅卡拉奇

巴基斯坦政府早就决定，如果劫机事件久拖不决，就派出特种部队实施武力营救。特种防暴部队在机场对面集合待命，同时要求美军前来支援。

美国立即作出反应，美海军第六舰队结束了在地中海的训练回到意大利的那不勒斯港。"福莱斯特"号航空母舰接到开赴地中海中部的命令。5 日下午 8 点 30 分，

“福莱斯特”号率领大约 10 艘驱逐舰启航离港。

美国估计被劫持的潘纳姆航空公司的波音 747 班机将飞抵塞浦路斯，因而加强了在地中海的警戒。此外，美国认为利比亚有可能是这次劫机案的幕后策划者，决定一旦查明利比亚参与了这次事件，将再次袭击利比亚。利比亚似乎看出了美国人的心思，马上通过国家广播电台发表了一项声明说：“利比亚坚决反对恐怖活动，没以任何形式参与该事件。”

事实上，美国从 4 月袭击利比亚以来，第六舰队始终在地中海保持 2 艘航空母舰，“肯尼迪”号也接到了警戒命令。

发生劫机事件的消息传来后，美国国防部考虑派“三角洲”突击队到巴基斯坦去。联合特种作战局的反恐怖小组立刻被动员起来，在制定方案的同时，驻扎在北卡罗来纳州布拉格堡的该部队也接到了待命出击的指示。

行动的最后命令要取得国家安全保障会议特别行动小组（HLG）的批准。会议的组成人员中，血气方刚的军人只有一人，他遭到了保守的文官们的反对，会议僵持不下。他们认为：“如果此刻派特种作战部队前往巴基斯坦，无疑是给正在同劫机犯谈判的巴基斯坦政府的和平努力泼了冷水。巴基斯坦有可能因有美国的支持而放弃和平的努力。另外美国离巴基斯坦也太远。”但军方的劝说工作终于奏效，最后派遣方案被批准。

随着时间的推移，劫机分子们似乎觉察到，巴基斯坦政府在有意地拖延时间，他们意识到等待他们的可能是一场血战，因而加强了戒备。他们将乘客集中到自己的周围，组成一道人墙，并不时地窥视着窗外的动静。

他们冲着指挥塔高声叫喊：“飞机上已装上炸药，谁也不许靠近，谁靠近就杀死谁。我们绝不自杀。”

夜幕降临，供机内照明和空调用电的发电机燃料很快就要耗尽。就在此刻，隐蔽在照明塔和行李搬运车里的巴基斯坦陆军特种部队队员，正悄悄地接近离飞机仅 30 米远的一个燃料贮藏所。由于担心队员们暴露，卡拉奇机场关掉了所有照明。晚上 8 点左右开始，机舱内开始闷热起来，灯光也开始变暗，人们像被关进了一个蒸汽浴室。与此同时，劫机者突然中止了同巴基斯坦当局的无线电联系，不管怎么呼叫也不回话。

晚上 8 点 30 分，发电机停止发电，开始自动启用蓄电池，机内灯光昏暗。由于劫机者关闭了所有舱门，一整天过后，机舱内处于缺氧状态，空气混浊不堪，臭气冲天，人们开始意识蒙眬、昏昏欲睡起来。劫机犯把机组人员和乘客集中到了机舱中央。

机内灯光开始昏暗的时候，卡拉奇机场人员曾拿着喊话筒跑到飞机跑道中央，劝告劫机犯们使用机外发电机，以免陷入危机。但他的话并没有传到劫机犯那儿。

事发后约 16 个小时，即晚上 9 点 55 分，灯光完全熄灭，机舱内突然一片漆黑。劫机犯们并不知道发电机迟早要停止发电。对策小组曾试图将这个情况通知劫机犯，但没能成功。

劫机犯们把灯光熄灭当成营救作战开始的信号，他们一边叫喊着："圣战，圣战开始啦，我们要成为殉教者啦！"一边向着手无寸铁的乘客扔出手榴弹，开枪射击。原来是一片宁静的机舱内，乘客一个接一个地中弹倒毙，立刻化为血的地狱。机舱被硝烟所笼罩，爆炸声起，血肉横飞，枪声伴着人们绝望的惨叫声充斥了机舱的每一个角落。

有的乘客伏在地板上，大部分乘客都在寻找逃命的出口。住在华盛顿州的梅尔哈恩 · 理查德 · 梅尔哈特终于爬到了一个紧急出口处，死命地撬开了通向主翼的舱门。

许多乘客竞相从紧急出口用滑槽逃脱，滑下飞机，有几个人直接从机翼上跳下来。扎菲尔汗在从飞机上跳下时，摔断了手腕。达勒尔 · 帕依帕虽然苦苦哀求："救救我。"但劫机犯们并没有停止射击。黑暗中，他们不分青红皂白地乱射一气。

飞机外面，警笛刺耳，车灯照着飞机，机场一片混乱，恰如一场大屠杀。

远远地包围着 747 客机，寻找突击机会的特种部队，被这突如其来的屠杀场面搞懵了。在机舱内枪声响起后好长一段时间，才靠近了飞机。但面对从机舱门一拥而出的乘客和到处横飞的子弹，他们一时间竟不知如何是好。既没有去抢救受伤的乘客，也没有架起梯子冲上去，只是注视着飞机干着急。劫机犯们开始把火力转向特种部队。不知道是担心误伤乘客和机组人员，还是考虑到自己的伤亡，特种部队迟迟没有采取行动。

几分钟后，激烈的枪声渐渐平息，以后每间隔一段时间方能听到枪声。机场上的死伤者被陆续用救护车送往医院。

不久，机舱内又传来枪声和爆炸声，可以看到乘客们从飞机上出逃的迹象。据米尔扎说，枪声响起后过了 15 分钟时，由于汗·辛德州长的决断，特种部队才冲进了飞机。但那时枪声已经停息，而且是在乘客们或是倒地或是逃出机外以后的事了。

冲进机舱的突击队员没开一枪就抓获了两名束手就擒的劫机犯。其中一名是在黑暗中他们自己误伤的恐怖分子头目。另外 2 个暴徒混在乘客中，企图趁乱逃跑，被乘客识破遭到一顿痛打之后，被交给了警方。

开始时，有情报说劫机犯是 5 个人，最终查明是 4 个人，全部被逮捕。

整个劫机事件就这样在一场血腥的屠杀之后结束了。机舱内到处是血，通道上，座椅下横七竖八地躺着呻吟的伤员和无声无息的尸体。抢救的人员简直无处下脚。事后查明在这场屠杀中有 16 人当场死亡，近百名乘客和机组人员负伤，而且约一半人是重伤。到 9 月 11 日，又有 6 人因伤势过重，死在了医院。据验尸部门的人说，有 10 人是被子弹打死的，7 人是被手榴弹炸死的，4 人是逃出机外时被摔死的。死亡者中有一半是印度人，有 2 名美国人，余者是巴基斯坦人和墨西哥人。

劫机犯们之所以不分青红皂白地滥杀无辜，是他们觉察到巴基斯坦当局要采取强硬手段，加之突然停电造成的黑暗，使他们感到末日的来临。绝望之中，他们便不顾一切地大开杀戒。

第二天，巴基斯坦军事当局正式出面，否认了在前一天的劫机事件中，突击部队行动迟疑，造成乘客大量伤亡的说法。声明说，特种部队在枪响几分钟内就靠近了飞机，并开始了营救。

但 9 月 7 日，当幸存的联邦德国乘客在法兰克福接受记者采访时，许多人都证实："劫机犯胡乱射击后过了好长一段时间，机内机外没有出现穿军装的人。"

此次劫机惨案虽造成乘客的惨重伤亡，但从当时罪犯不顾一切地疯狂射击的情形和特种作战部队无所作为的情形来看，伤亡并不算多。

## 噩梦并没有结束

在整个事件期间，美国支持巴基斯坦政府，并为其提供了必要的情报和人力支援。但是，由于国家安全保障会议特别行动小组的决策过程耗费了太多的宝贵时间，“三角洲”突击队到达现场时，事件已告结束。卡拉奇机场惨案是过去一年中“三角洲”突击队错失的第三次事件。三次恐怖事件中，“三角洲”突击队都没能及时赶赴现场。这次又失去了出击的机会。

鉴于“三角洲”突击队屡次贻误战机，美国认为，主要是由于派遣过于耗费时间造成的。美国提议在劫机事件的多发区域事先布置海外分遣队，但这个意见遭到了预定驻留国的反对，而没能实现。甚至连最需要的中东和印度次大陆都没能配备。在联邦德国的斯图加特曾部署了一支部队，不知为什么这次没有前来参加救援。

事件发生后，美国为了支持查明劫机犯的背景，又派了调查组到巴基斯坦。巴基斯坦与美国组成了联合调查组，对这一惨案进行调查。一个自称“利比亚革命小组”的组织，打电话给塞浦路斯通讯社，声称这是他们干的。但利比亚领导人卡扎菲谈到这次事件时说：“劫机事件是最恐怖的，是应该忌讳的行为，利比亚没有参与这次事件。”

9月9日，调查终于有了结果。美国国防部长温伯格宣布，他们掌握了确凿的证据，证明这一惨案的背后有阿布·尼达尔领导的巴勒斯坦游击队的激进派。谁也不会忘记，1985年12月阿布·尼达尔领导的恐怖集团在罗马和维也纳同时搞过与此次事件一样的袭击活动。时隔仅一天，这伙丧心病狂的恐怖分子又袭击了土耳其伊斯坦布尔的一个犹太教堂。当时，虔诚的教徒们正要开始诵读摩西圣经（犹太教经典），伪装成旅游者的2名阿拉伯恐怖分子突然开枪，打死了21人。

尽管乘客伤亡惨重，美国还是对巴基斯坦的做法予以肯定。美国总统里根在国会赞扬巴基斯坦政府“采取了大胆而果敢的行动，结束了一场噩梦”。但对众多的乘客和他们的家庭来说，这场卡拉奇的噩梦并没有结束。

# Chapter 6 奇兵行动

——特种部队的特殊作战

# 一、复仇大追杀

——“死神”追杀“黑九月”

## 玉石俱焚　犹太人殒命奥运村
## 以血还血　“死神”索命黑九月

1972年9月5日，激进的巴勒斯坦解放组织“黑九月”的恐怖主义分子，在慕尼黑的奥林匹克运动村枪杀了2名以色列运动员，并绑架了另外9人。在后来的营救过程中，恐怖分子杀死了所有的人质，炸毁了飞机。结果是玉石俱焚，悲剧横生。

一天后，以色列代表团带着悲伤和恐惧返回特拉维夫。当日，以色列为死难者举行了国葬。9月8日，死难者墓地新土未干，以色列复仇的利剑就已高高扬起。当天，以色列空军的战斗轰炸机呼啸着冲进了“黑九月”的保护国利比亚的腹地，接连轰炸了10余处游击队营地和海军基地。在17分钟的狂轰滥炸中有60多人命归黄泉。

群情激愤的以色列人并没有就此罢手。好斗的以色列女强人——果尔达·梅厄总理正式宣布：“从现在起以色列的勇士们将进行一场消灭杀人成性的恐怖分子的战斗。不管这些人在什么地方，以色列都将无情地消灭他们，决不手软！”

为了完成这一特殊的使命，以色列情报局局长茨维·扎米尔在“摩萨德”特工和以色列特种作战部队中挑选志愿人员，组成了一支“死神突击队”。这支部队被分解成几个行动小组，分赴世界各地，寻找慕尼黑奥运会大屠杀的元凶和其他暴力行动的罪魁祸首，并把他们一一干掉。他们的目标是要彻底铲除“黑九月”，打击激进的阿拉伯恐怖组织。

这支行踪神秘、作风迅猛凶残的“死神突击队”从此开始了当今世界规模最大、持续时间最长、同时也是最残酷的秘密追杀。突然有一天一名阿拉伯人在罗马或巴黎暴尸街头，或是在寓所里被人打死。接着在当地报纸和电视中就出现耸人听闻的爆炸性标题并引起舆论的轰动。这种地下战争偶尔就像气泡一样浮出水面，露出蛛丝马迹。

1985 年夏季的一天，阿尔及利亚的安纳巴港风平浪静。巴勒斯坦解放组织的一支小型舰队正锚泊在港内。天黑以后，港湾外漆黑的海面上，突然浮起两个“蛙人”。他们身着黑色潜水服，头戴潜水面具，背着氧气筒，神不知鬼不觉地朝着巴解组织的两艘炮艇潜去。20 分钟后，安纳巴港突然被两声猛烈的爆炸震动，红光起处，只见两艘炮艇冒着冲天的烈焰，双双沉入海底。漆黑的大海包容了一切，几分钟后，海面上就恢复了先前的宁静。

第二天，当地的阿尔及利亚报纸便在头版显著的位置报告了这一消息，标题是《安纳巴港湾的幽灵》。

以命抵命，恩怨分明。以色列的阿拉伯对手决非无用之辈，他们很快以自己的方式作出了反应。

不久后的又一个晚上，塞浦路斯的拉纳卡机场灯火辉煌。乘坐夜间航班的 3 名以色列特工人员经过海关检查后，步出候机大楼，登上了一辆早已等候多时的“奔驰”轿车疾驶而去。这时，躲在黑暗中的另一辆“凯迪拉克”防弹汽车也紧急发动，跟在后面穷追不舍。在市郊的一个三岔路口，“凯迪拉克”加大油门超了“奔驰”，接着一个急刹车，横在“奔驰”的前面。

说时迟，那时快。两名头戴面具的青年男子像闪电一样从车内窜了出来，端起两支微型冲锋枪，对着“奔驰”车就是一阵平扫。车内的 3 名以色列特工和驾车司机猝不及防，全部当场毙命。警车闻讯赶到现场时，“凯迪拉克”和它的主人早已消失在茫茫的夜幕之中。

发生在夜间的凶杀案立刻使这个平静的岛国沸沸扬扬。分属于希腊和土耳其族的各家报纸竞相报道，一时间，《午夜谋杀》《市郊快车道血案》《三个神秘的死者》

等血腥的标题充斥了塞浦路斯报纸。

这种冤冤相报的搏杀从它诞生之日起就充满了血腥味，它旷日持久、难分胜负。富有经验的各国保安机关决不会轻易将自己卷进去，他们知道这些偶然出现的死者只不过是一场更大阴谋的部分牺牲品。

但是，这一切都丝毫没有能够动摇扎米尔复仇的决心。以色列的决策者们一贯相信，对暴力的唯一有效手段是暴力。他们认为，暴力是一切恐怖主义分子的通用语言，与恐怖分子对话只有用他们所能够理解的语言，那就是暴力。他们从不回避在暴力斗争中的牺牲，认为只要有暴力活动存在就会有牺牲。只有以暴力对抗暴力，才有可能把因暴力活动带来的牺牲减少到最小的程度。以色列军事当局所关心的，是如何在最短的时间内，给恐怖分子以最沉重的打击。只是在这个基础上，他们才会考虑，怎样使部下的伤亡降到最低水平。

事实上，扎米尔将军的行动是非常成功的。散逃在世界各地的恐怖分子一个个地被找了出来，他们的结局殊途同归，有的死于爆炸，有的死于“中毒”，或死于“车祸”，还有的则神不知鬼不觉地神秘“失踪”了。

“死神突击队”的特别行动小组由若干名“摩萨德”特工和“野小子”特种作战部队的神枪手组成。他们在以色列境外，按照提供的线索，毫不留情地消灭那些最狡猾的敌人。他们的信条是：“姑息纵容任何一个恐怖主义分子都是对善良人们的犯罪。”

梅厄夫人总是很关心以色列特种作战部队成员的安全。她担心这些人在复仇心理的驱使下会去冒险拼命。她直率地说：“在追杀阿拉伯恐怖分子的战斗中，我们必须设法减少自己的伤亡。以色列是个小国，它对自己每个男人的使用都要精打细算。”

为了保证以最小的损失换取最大的胜利，她要求每一次行动的准备工作都要万无一失。

慕尼黑惨案发生后不久，“摩萨德”明察暗访，获悉驻在巴黎的布迪亚和哈姆沙里是这一惨案的主要责任者。他们二人立即被列上了“摩萨德”的黑名单。原来出生在阿尔及利亚的布迪亚和他的助手哈姆沙里指挥着一个以巴黎为中心的国际恐怖组织网。袭击慕尼黑奥运村的巴勒斯坦恐怖分子就是在他俩帮助下秘密渗透到联邦德国的。

慕尼黑事件发生后，布迪亚和哈姆沙里就知道灾难将临头。以色列政府的警告更让他们心惊肉跳。他们太了解“摩萨德”了，几十年明争暗斗的经验告诉他们，这次以色列决不会善罢甘休！很快，他们就发现自己受到了监视。从那一刻起，十几名彪形大汉的保镖便日夜不离左右，甚至连他们同情妇鬼混时，门外始终都有贴身警卫保护。他们自以为，纵然是“摩萨德”也无孔不入，怎奈他们的保卫措施无懈可击。

慕尼黑奥运会闭幕不到两个月，以色列“死神突击队”的使者便扣开了哈姆沙里的地狱之门。

“死神突击队”的特别行动小组侦察到哈姆沙里的住宅之后，见其防护措施十分严密，便用先进的无线电干扰装置，对哈姆沙里的外线电话进行干扰，使之无法正常通话。在他要求电话局为其检修时，一个受过良好专业技能训练的“摩萨德”特工，化装成电话局的技师，按响了哈姆沙里的门铃，声称来为他检修电话。

“技师”卸开电话机，折腾了一阵后又装好，说是修好了。哈姆沙里做梦也没有想到，这个面容慈祥的“技师”，给自己电话里装的竟是一颗可塑炸弹。

这种炸弹是英国在第二次世界大战中研制成功的，曾在纳粹占领下的欧洲，为突击队打击德寇广泛使用。50 年代以后，各国谍报机关和世界恐怖组织也对它产生了浓厚的兴趣。

这种烈性炸药具有很好的可塑性，根据需要可以把它塑成烟灰缸、花瓶甚至衣箱等任何形状的物品。被安放到哈姆沙里电话机里的，就是这样一种微型的可塑定时炸弹。

十几分钟后，哈姆沙里和情妇从洗澡间出来。就在这时，炸弹爆炸了。他连同他的法国情妇，在巨大的爆炸声中被气浪抛向空中，当他们再次落回地面时，残破的尸体已经无法辨认了。

没有多久，布迪亚也碰上了厄运。

自从哈姆沙里被炸后，布迪亚对电话特别留神。然而，“智者千虑，必有一失”——他没有意识到在他的汽车里暗藏的杀机。

一天，当他驾车飞驰时，汽车在巴黎枫丹白露大街上爆炸了。他的一条血淋淋的腿吊在车门外，数千名惊恐的行人站在街道两侧人行横道隔墙里亲眼目睹了这血腥的一幕。

在布迪亚被杀前不久，他曾亲手干掉了一名叫鲁克·科恩的以色列特工。科恩装扮成一个巴勒斯坦事业的热情支持者，成功地打进了在巴黎的阿拉伯恐怖分子组织。当他奉命进一步搜集布迪亚的详细情报时，一招不慎，引起了布迪亚手下的怀疑。

布迪亚暗中查明了科恩的真实身份后，为了避免“摩萨德”复仇，要了一个花招，他先派人把科恩引到西班牙的马德里，然后用无声手枪把科恩杀死在大街上。

“黑九月”的顽强抵抗丝毫没有阻止以色列“死神突击队”的复仇，相反，追杀变得更加严密，无情。

又一个遭到报复的恐怖分子是阿巴德·谢尔。他也是策划慕尼黑事件的主要领导人之一。此刻，他正在为组织另一次恐怖活动而四处奔波。

一天，一个以色列行动小组寻迹来到了塞浦路斯，跟踪到了他下榻的奥林匹克饭店。趁阿巴德·谢尔去二楼餐厅吃饭的时候，一名突击队员用万能钥匙打开了他的房间。

很快，一枚和炸死哈姆沙里一样的可塑炸弹被装进了阿巴德·谢尔卧室的电话里。所不同的是，这次不是定时引信，而是一种更为精致的瞬间引信，也就是说，只要有人拿起电话，瞬间引信就会引爆可塑炸药，从而引起猛烈的爆炸。

接下来的事变得简单了。一位突击队员从外面给饭店打来个电话，要求与阿巴德·谢尔通话。接线员很快就把电话接通了。

当酒足饭饱的阿巴德·谢尔刚刚从餐厅返回房间，就在他取下电话话筒的那一瞬间，听到了电话局女职员在事后所说的“某种奇怪的声音”。可是永远也没有人知道他听到了什么，因为随后的一声巨响，他的身子被炸成了碎片，并抛到了窗外。据说，整个房间都被毁坏了。

接下来被从“摩萨德”的黑名单上划掉的，是住在罗马的阿拉伯诗人兹米特——一位被邻居称为“和蔼可亲，彬彬有礼”的大学教授。但是，“摩萨德”掌握的情况却证明兹米特是“黑九月”组织在意大利的头子。就是这位“彬彬有礼”的教授曾在幕后策划，并参与了震惊世界的罗马惨案。在那场惨案中，兹米特把“黑九月”用重金雇佣的日本“赤军派”分子从德国转送到罗马机场，致使100多名虔诚的以色列朝圣者惨死在恐怖的枪口之下。

奥运会闭幕3个月后的一天，一队游客来到罗马机场。他们中有一位以色列籍的漂亮姑娘。在检查护照时，她兴奋地对机场工作人员说，她很高兴第一次踏上这座“不朽之城”。

几天后的一个傍晚，她坐在一辆菲亚特汽车里，开车的是她的“男友”。车子在距诗人兹米特住宅不远的街口停了下来，她的头温柔地靠在“男友”的肩上，在任何人眼里，他们都是一对热恋中的情人。

兹米特并不知道，今天晚上在他的家门外边，还有这样一对正在车里调情的男女。当时他正在同他的崇拜者——一位非常美貌的意大利电影演员待在家里。

女演员用富有情感的声调朗读着诗人的新作，兹米特则在这迷人的气氛中，微闭着双目，任思绪和灵感在脑海中驰骋。

午夜过后，女演员要回去了。恋恋不舍的兹米特吻别了情人，一直把她送到街口停车场她的汽车上，目送她离开。

就在他准备返回住宅时，两个黑影从暗处跳了出来，紧紧地跟上了他。在距兹米特3米左右的地方，装有消音器的手枪响了，“卟”的一声，兹米特的头上挨了一枪，顿时脑浆迸出，他只哼了一声便倒在了路旁。

事情干完后，暗杀者跳上了那辆菲亚特汽车，车里的那位以色列姑娘已经用小型录像机，把刚才发生的一切都拍了下来。几秒钟后，汽车无影无踪。

两天后，罗马警方在一个被弃置的旧汽车库里找到了这辆车，被事先用高压水枪冲洗过的车内，已经没有任何痕迹。

客观地说，“摩萨德”在与“黑九月”的较量中也不是事事顺手的。为了最终摧毁“黑九月”，以色列人派出特工冒险打进“黑九月”内部卧底。其中有一位名叫克哈德·卡诺的叙利亚籍犹太人根据“摩萨德”的指令，改名换姓装扮成穆斯林，混入了“黑九月”的一个外围组织。

几年过后，他开始赢得了阿拉伯人的信任，“摩萨德”也认为他“卧底成功”。就在这时，一个由叙利亚保安机关海外协调部门派出的视察组来到了罗马，在查阅这个组织成员的个人档案时，视察组的一位官员认出了克哈德·卡诺。当他们发现，这个早在几年前已经引起叙利亚警察当局注意，然后又不见踪影的犹太人已经摇身一变，钻进了自己的国外情报组织后，先是大吃一惊，接着又暗自庆幸。

没几天，人们就在卡诺的房间里，找到了他那弹孔密布的尸体。

吃了哑巴亏的“摩萨德”有口难言，只好眼睁睁地看着罗马警方把卡诺按“无名尸体”送进了火葬场。

实际上，精明的罗马警察心里明白，这起谋杀是有国际背景的。既然斗阵的双方都不愿声张，罗马方面也就“难得糊涂”了。

一天，在奥地利首都郊外一座别墅的停车房里，几名阿拉伯人整天都在摆弄着一辆汽车的发动机和底盘。这几个阿拉伯青年的奇怪举动，引起了距他们不远处的另一座别墅的主人——一位富有的犹太商人巴里·托西尼的注意。他把这一切都向“摩萨德”驻奥地利的情报站作了报告。

当天下午，一个“摩萨德”小组就来到了这里，在他们中间，还有一位汽车专家。

深夜，以色列人潜入了那辆被阿拉伯人“修理”了几天的汽车，经过足足20分钟的检查，汽车专家发现，这些阿拉伯人正准备往汽车里安放炸弹。以色列人判断，这些阿拉伯恐怖分子是在准备对以色列设在维也纳的犹太人移民转运站采取冒险行动。

第二天，以色列特工人员躲在巴里·托西尼别墅的楼顶，用望远镜监视200米外的那几个阿拉伯“修理工”。他们惊喜地发现，在那几个人当中，有两个人同慕尼黑事件有牵连，并且都列入了“摩萨德”的黑名单。

又是一个月黑风高的夜晚，两名以色列“死神突击队”的成员又来到了几天前他们曾光顾过的那辆汽车旁，十几分钟后，一切就绪，以色列人扬长而去。

第二天上午9点多钟，一名阿拉伯男子坐进了汽车，开始试车。不一会，另外几名“修理工”也从别墅里走出，围着汽车比比画画。这时，在距他们不远的另一辆汽车里，一只犹太人的手带着复仇的愤怒按动了遥控电钮。

一声猛烈的爆炸把汽车彻底翻了个儿，车子在冲天的烈焰中顿时烧成了一堆歪七扭八的废铁。5名阿拉伯人的尸体残骸散落在直径100米的树林中，鲜血淋淋的残肢断臂挂满了树枝。

## 如坐针毡　恐怖分子惶惶难终日<br>穷追猛打　犹太铁拳铮铮无不及

现在，每一个人都闻到了风声。凡是和慕尼黑奥运会杀害以色列运动员有牵连的恐怖分子都惶惶不可终日。于是，那些被“挂了号”但还仍然活着的恐怖分子纷纷龟缩到了老巢——贝鲁特。

“死神突击队”的利爪终于伸向了“黑九月”的大本营。

1983年4月的一天，一位名叫吉尔伯特·兰伯特的比利时商人来到了贝鲁特机场。豪华的桑德饭店里，他为自己和他形影不离的女秘书莫尼克·布伦租了两个高级套间。与此同时，一个从罗马来的实业家迪特尔·冯·阿尔特诺德也下榻到了桑德饭店，“碰巧”成了他们的邻居。

第二天，贝鲁特机场又来了3名游客模样的实业家，他们分别来自巴黎和英国的利物浦。

没有谁能看出他们是犹太人。他们的护照全是正式的，讲的又都是英语、法语或德语。白天，他们和每一个初到贝鲁特的游客一样，在市内各处名胜古迹参观游览，没有任何与众不同的地方。

他们还各自租了一辆高级轿车用于商务洽谈。在饭店服务人员眼里，完全是一副大实业家的派头。

然而，夜幕降临后，他们的活动便有些异常了。他们总是把车子开到一幢神秘的大楼周围转来转去，然后把车子停下来，似乎要从这楼里弄出点什么秘密来。

一连几天都是如此。吉尔伯特·兰伯特和他那位迷人的女秘书莫尼克·布伦把车停在大楼外，然后紧紧地拥抱在一起，像是一个老而又不安分的富商，正在勾引一个初涉爱河的妙龄女郎。

当行人对这对偷情的男女送来异样的目光时，另外几位“实业家”正在紧张地行动，他们尽可能地靠近大楼，为的是仔细观察进出大楼的通道和内部结构。

几天下来，“实业家”们如愿以偿，大楼内的结构情况甚至还有防卫体系，全被他们一一掌握了。

4 月 10 日晚，两艘以色列快艇驶离本土海法港，扑向茫茫的夜海。快艇上，载有一支“死神突击队”的奇袭分队。

次日零点 57 分，快艇悄悄潜入黎巴嫩海域，通过“实业家”们设在海滩上的灯光信号，奇袭分队泅渡上岸，分乘几辆轿车，径直扑向聚集恐怖分子的那幢神秘的大楼。

车队按预定的时间到达了目的地。训练有素的突击队员无声无息地摸向大楼警卫。一道寒光闪过，正在打盹的警卫喉咙上喷出一股鲜血，仅几秒钟，就一命呜呼了。

黑暗中一身戎装的莫尼克·布伦带领着一队突击队员，直扑“黑九月”组织最高领导人穆罕默德·优素福·纳贾尔的房间。

突击队员在她的指点下，冲向一个扣着铁门的房间，对着锁孔一阵猛扫。

为首的士兵猛地一脚踢开了大门，几个人旋风一般冲进室内。这时，一丝不挂的纳贾尔正和一个漂亮的女恐怖分子躺在卧室的席梦思床上。

没有丝毫的迟疑，突击队员人到枪响，这对男女当场被打得浑身窟窿。

另一间套房里，睡梦中的“黑九月”组织的首席军事指挥官卡迈勒·阿德万被激烈的枪声惊醒。他急忙从枕下摸出手枪，一翻身躲进了床下，对着正在破门的以色列突击队员开了火。慌乱中，他连开了 3 枪都未能击中目标，而自己却在一阵急促的扫射中饮弹身亡。

就这样，又有 3 名慕尼黑事件的组织者从“摩萨德”的黑名单上消失了。

被枪声惊动的恐怖分子，知道大祸临头。困兽犹斗，纷纷抓起武器对着黑暗放枪，企图阻止以色列突击队的进攻。

兵力上处于劣势的以色列人暂时停止了射击，他们从恐怖分子的火力分布中发现，对手已大部分集中到大楼西侧时，两名“摩萨德”特工掏出随身携带的 K409 型反恐怖手雷，投进了恐怖分子的据点。

K409 型反恐怖手雷是韩国生产的一种不伤人体，但却能使人产生精神错乱，暂时失去活动能力的新式防暴武器。这种呈桶状的手雷投出之后，外壳先炸裂，内置的 7 个爆炸机构立刻散开，在 4 秒钟内接连爆炸，在产生震耳欲聋的巨响的同时，发出 7 万烛光的强烈闪光，破坏人的视网膜和神经中枢，使人处于昏迷状态。

几声巨响过后，K409 的效果出现了，绝大多数恐怖分子瘫倒在地，失去了抵抗能力。

趁此机会，几名突击队员从一辆汽车里取出了 400 公斤烈性炸药，堆放在大楼的中厅，两名工兵迅速装好电力起爆装置。

另几名突击队员正汗流满面，气喘吁吁地往汽车上抬几个大箱子，那里边，装的全是从恐怖分子头目房间里弄到的绝密文件。

一切就绪，分队指挥官下令立即撤退。然后，他对站在身边的等候命令的两名工兵一挥手。

一声崩天裂地的巨响过后，八层大楼像积木一样倒塌下来，躺在楼里的几十名恐怖分子全部丧生。

黎明前，无一伤亡的以色列奇袭分队乘快艇安全抵达海法港。

这次行动对“黑九月”来说是一次致命的打击。对以色列来说，那些缴获的文件更为重要，那里面有恐怖组织的情报员、间谍和联系人的名单，还有一些涉及他们未来计划的材料。

此后的几个星期，以色列的“死神突击队”趁热打铁，顺藤摸瓜，与慕尼黑事件有牵连的恐怖分子一个个接连落网。

## 二、“巴比伦行动”

——伊拉克核设施遭“外科手术式打击”

### 势不两立　伊拉克欲求核装备
### 你死我活　以色列策划“巴比伦”

1981年6月8日，星期日。初夏时节，天空晴朗。

耶路撒冷，全城洒满着金光灿烂的阳光。佩雷茨·斯摩棱斯金，美丽的林荫大道。总理府第，贝京闭目仰坐在沙发里。下午，正在慢慢地过去。

突然，贝京睁开双眼，喊叫秘书进屋来，下达了一条命令：内阁全体成员下午5时到他官邸开会。秘书径直走向电话，立即通知各位部长前来赴会。没有说明为何突然发出这一邀请。

部长们先后到齐，陆续在图书室中坐定，一面喝茶，一面等待贝京。不一会儿，贝京从大厅旁的私人书斋里走出来，神情严肃，面色严峻。他冷冷地扫视了一下屋子，然后表情严肃地告诉部长们：以色列的8架F-16战斗机在6架F-15战斗机的掩护下，此时正向伊拉克飞去，目的是袭击巴格达郊外的奥西拉克核反应堆。

这一天是以色列的议会日。

当以色列国家电视台的摄像机，对准了正在议会讲坛上发言的贝京总理时，以色列千家万户的电视屏幕上，同时出现了这位“独眼总理”的近景特写。对于这位曾任以色列国防部长的现总理，大多数以色列国民持的是一种复杂的心理。作为极端的利库德集团党魁，贝京一向以好战著称，连年战争和惨重伤亡使他招致了许多责难和诅咒，但整个以色列却在他的带领下，一次次化险为夷。

但今日此刻，就在他正慷慨陈词的同时，在相距1000公里以外的底格里斯河畔，另一座历史名城里，一个身着将军制服的魁伟男子正在记者们闪烁不停的闪光灯前，发表措辞激昂的谈话。

他是以色列的死敌之一——伊拉克共和国总统萨达姆·侯赛因。

他憎恨以色列。这种憎恨首先来源于共同的阿拉伯意识。为了这，与以色列并无边界接壤的伊拉克，在1973年的第四次中东战争中，派出了两个最精锐的坦克师，赴叙利亚参战，在戈兰高地，叙伊联军同以色列装甲部队打得天昏地暗，并一度攻入距以色列本土仅数公里之遥的约旦河阿里桥以东地区。

为了抗衡以色列的核军备，伊拉克20年如一日，锲而不舍地推行本国的核计划。按照这个雄心勃勃的计划，伊拉克将建成若干个重水型核反应堆。

任何一个稍有核物理知识的人都知道，拥有核反应堆，就能生产出装配核武器所需要的放射性核原料。

尽管以色列“摩萨德”特工1979年曾在法国苏美尔炸毁过一套伊拉克核设备，但萨达姆总统矢志不移，反而更加坚定了建立核军备的决心。

他坚信：只要有美元，一切梦想都将变为现实。

“阿拉伯民族不会永远软弱，他们将在适当的时机，一劳永逸地回击犹太侵略者！”

这是一种暗示。第二次世界大战末期，刚刚拥有原子弹的美国总统罗斯福，也曾这样警告过纳粹德国。

曾几何时，核爆炸的轰鸣成为这个世界上最强硬的一种外交语言。

以色列当然听懂了伊拉克政府的弦外之音。

“为了以色列的安全和犹太人的生存权利，必须彻底摧毁伊拉克的核设施。”

在几天后举行的一次讨论是否对伊拉克核反应堆进行“外科手术”式打击的内阁会议上，贝京用一种几乎是不容置疑的口吻最后拍板。

这个强悍的以色列人，性格的许多地方酷似他的伊拉克对手。

内阁会上决定的行动，名为“巴比伦行动”。据说，贝京早在1980年10月，就开始与以色列空军司令艾弗里将军和情报头目萨古伊少将研究组织这次行动。他们亲自挑选了20余名精干的飞行员来执行这次任务。指挥官是一位上校，在前三次中东战争中曾三次驾机对阿拉伯人作战过。这些飞行员被选来从事贝京认为最神圣的使命——对以色列的一个最不共戴天的敌人伊拉克总统萨达姆·侯赛因进行一次袭击，以沉重打击他核武装的野心。

会后，一队防弹轿车沿着耶路撒冷旧城曲折蜿回的街道驶向郊外。在靠近“死海”的一处沙漠林荫中，随着一扇重达30吨的钢甲防爆门的开启，汽车驶入了一个恍如《一千零一夜》中的“阿里巴巴山洞”。一个金碧辉煌的地下世界赫然呈现在眼前。

这里是以色列绝密的军事情报中心，全部设施均隐蔽在距地面40米的洞穴中。

以色列空军司令艾弗里、以军总参谋部情报部长萨古伊先后从车内钻出，从第三辆汽车中下来的是“摩萨德”局长霍菲。

由值班军官领路，艾弗里和霍菲一行来到了中央控制大厅。

这里装有一套世界上最先进的全球定位和网络通信系统，坐在操纵台前的转椅上，就能通过以色列自己发射的卫星——“地平线”号观察整个世界。由人造卫星、地面预警雷达、电子侦察飞机、遥感传送器构成的电子监测网用一束束看不见的电波束，紧紧裹住了地球的每一个角落，就好像地球被“浓缩”后放在了这里。

指挥台正面墙上，数个彩色大屏幕显示器（CRT）正同时显示着世界各“敏感地区”的军事态势图。通过与美国间谍卫星的定时传输系统并机联网，这里可以调看、复制由美国卫星上高分辨率摄像机拍摄的地球上任何地方的高清晰度照片。

霍菲的眼光，落到了屏幕上出现的一个白色建筑群的中央，这是正在建设中的伊拉克奥西拉克核反应堆工程。

值班军官的手指向一个半地下建筑物，操纵机器的技术人员立刻将这一画面放大。随后，按动打字键盘，一行希伯来文字出现在屏幕下侧：

“反应堆堆体厂房。”

霍菲这时才抬起头，他的目光，恰巧同艾弗里的目光碰到一起，他们相对而视，艾弗里则意味深长地笑了笑。

从这一刻起，伊拉克核反应堆就气数将尽了。

事实上，为了在紧张的空袭行动中及时发现目标，以色列早在一年前就对目标地区进行了红外线侦察。1980年9月，以色列又借两伊战乱浑水摸鱼，从西奈的埃齐翁空军基地派出无标记的飞机对实地进行了几次秘密的侦察飞行，从而找到了目标的准确位置和识别目标的可靠依据。

为了万无一失，飞行突击队进行了严格的训练。在训练之初，以色列驾驶员长时间地在约旦和沙特阿拉伯沙漠上空进行实战飞行，以便培养他们的耐力和刺探沙特和约旦雷达防区中的“盲点”。在沙漠上空进行远距离飞行，无论从体力或技术上说，要求都是十分严格的。在沙漠上空作实地飞行，还能使以色列人有可能找到一条不被美国空军的机载预警与控制系统的电子眼和电子耳发现的、能平安到达巴格达的路线。自从两伊战争爆发以来，美国的3架预警飞机一直在波斯湾附近巡逻。

同时，以色列飞行员在本国空域安全范围内，作一些困难的、密集队形的飞行训练。目的是设计一种飞行队形，使以色列人能够在从敌对国家上空飞到巴格达的650英里的飞行期间迷惑敌国的防空官员。有些飞机要在低空单飞，另外一些飞机要在高空飞行。还有一些飞机作集群飞行。在敌人雷达荧屏上，这些密集的机群将产生一个像一架商业班机显示的大亮点，而不是越来越接近的军用飞机显示的小小的警号点。

在训练的最后阶段，驾驶员使用在内格夫沙漠按伊拉克核反应堆的大小比例建造的水泥模型，进行轰炸演习。以色列人担心，直接落在奥西拉克反应堆上的炸弹可能从工厂弹跳开，仅造成小小的损伤。因此，除了练习俯冲扔炸弹外驾驶员还练习低空飞行，以平直弹道投炸弹，使炸弹能穿透工厂墙壁，在里面引爆——把反应堆的圆顶炸开，把里面所有东西都炸个底朝天。

以色列特工组织“摩萨德”曾预计，这座反应堆最早将在7月1日运转。贝京原预定4月底进行袭击，只是由于报界报道，前国防部长埃泽尔·魏茨曼对他的朋友讲，总理在“准备一次选举前的冒险行动”而作罢。后来又确定5月10日为第二个执行日期，但是工党领袖佩雷斯得知这一消息而给贝京迅速写了封“绝密”信之后，也取消了。佩雷斯劝告他“不要干这种事”，理由是“摩萨德”的情报“不真实”，此外，这次袭击将使以色列陷于孤立。

其实，贝京也想到了这些。他十分矛盾，处于一种令人头痛的困境。如果在6月30日以色列大选前取消这次行动，人们也许会指责他为想再次当选而玩弄哗众取宠的把戏；如果他等到选举之后实施，就有可能为时过晚；如果伊拉克的反应堆在运行中被炸，巴格达可能受到放射性碎片污染，酿成不堪设想的后果，这将使以色列威信扫地，贝京自己成为千古罪人。此外，贝京还担心，佩雷斯一旦成为下届总理，他绝对没有胆量下令进行袭击，而自己又决不能容忍以色列生活在伊拉克核恐怖之中。

所以贝京这次下定决心，最终确定了执行“巴比伦行动”的时间。

但是，为了获得伊拉克核反应堆的精确坐标位置和发动袭击所必需的激光制导炸弹，以色列人像往常一样，要求他们的庇护神——美利坚合众国提供支持。

“最重要的是争取得到美方的支持和协助”，这是贝京对以色列访美特使交待的最后一句话。多少年来，以色列每逢决定重大事件都要先通报美国。

作为在中东地区美国意志的体现者，以色列在这一地区的所有行动，几乎都得到了美国的全力支持。

但这一次却例外了。

信息很快反馈回来：美国不同意以色列利用美国的情报和技术，去做刺激伊拉克情绪的事情。毕竟，伊拉克拥有巨大的石油资源，且控制着国际战略通道——波斯湾。

美国总统的一位国际事务助理对以色列特使说：美国支持以色列对直接危害其生存的敌方目标，实行有限度的打击并乐于提供这方面的帮助。但是，伊拉克的核反应堆目前尚未运转，即便是该反应堆投入运转并开始生产核燃料，数年内，亦不影响该地区的军备均势，故美国政府目前无意改变既定的对伊政策。

资源是一种最好的防卫。

伊拉克在地理概念上是个小国，但在石油世界里，它却是个“大国”。其石油产量早在70年代，就步入了世界前10名之列，最大的买主之一就是美国。为了这珍贵的“工业血液”，也为了美利坚数以亿计的汽车轮子，美国不想轻易得罪阿拉伯产油国中的任何一个。

70年代初的那场震惊世界的石油禁运——一想到这，美国政府中的决策人物们便不寒而栗。

“官方渠道”堵死了。

但“摩萨德”毕竟是“摩萨德”，他们找到了多年合作共事的老朋友——CAI（美国中央情报局）。经过反复考虑，美国中央情报局私下向以色列提供了一卷只有20克重的缩微胶卷。

胶卷立刻被送回了“摩萨德”总部技术处理中心。这是一卷有关伊拉克核反应堆内部设施的绝密照片，经特殊处理后放大在拷贝上，清楚地显示了伊拉克核反应堆的各种关键设备、安装分布位置及其经纬坐标。

20克重的胶卷使以色列——伊拉克的军事天平出现了倾斜。“知己知彼”，所有主动权都落到了以色列人手里。

“美国人够朋友”，惊喜万分的技术人员立即把整理完毕的资料送到霍菲办公室。

霍菲正在办公室伏案疾书。这位1974年上任的“摩萨德”局长历来以严肃、冷酷著称。他的前一个职务是以色列“军中之花”第101伞兵突击旅副旅长，他的直接上司阿里尔·沙龙——以色列的“巴顿将军”曾任该旅旅长。

霍菲把101伞兵突击旅的战斗作风全部移植到了“摩萨德”，这个凶猛无情的组织变得更加凶狠可怖了。

“摩萨德”局长的亲笔签字使这些绝密情报以最快的速度传向各有关部门。

三天后，一个与伊拉克奥西拉克核反应堆一模一样的同比例模型，在以色列与埃及接壤的内格夫沙漠出现了。

第五天下午，以色列空军轰炸机群便对“目标”进行了第一次“轰炸”。

地球上罕见的外科手术式打击开始运作。

在埃齐翁空军基地，以色列飞行员整装待发。在外面跑道上，停放着14架世界上最先进的美制飞机。参加这次行动的攻击机群由6架F-15战斗机和8架F-16战斗轰炸机组成。每架F-16机装载两颗2000磅重的炸弹，总共有16吨TNT。F-15的任务是为其他飞机进行作战护航。为了掩人耳目，这14架飞机均涂着伪装色，在其垂直尾翼上，全都漆成了某阿拉伯国家的军徽。

8日下午3点，这些飞机已完全做好了起飞的准备，一字排列在跑道尽头。F-16飞机的机翼下载着两颗以色列造的炸弹和一排响尾蛇导弹；F-15机身下载有麻雀式导弹，机翼下有响尾蛇导弹和油箱。

以色列与伊拉克之间隔着叙利亚、约旦和沙特阿拉伯，路程遥远，沿途都有防空雷达，而且反应堆就在伊拉克首都巴格达东南约 17 公里的地方，有很强的防空力量保护，包括苏制萨姆 -6 对空导弹。为了穿越这些敌对国家而不被其发现，以色列费尽了心机。

这 14 架由美国援助的世界最先进飞机，是即将开始的“巴比伦行动”的主角，它所具有的全天候远距离奔袭攻击能力，促使以色列下决心对伊拉克核反应堆设施，进行一次地球上罕见的“外科手术式打击”。

天边的夕阳精疲力竭，正企盼着早点回到群山背后去安息。黑夜正迫不及待地拉开它的大幕。在这个不安宁的世界上，夜幕一旦拉下，魔鬼就可能降临。

## 晴天霹雳　核设施灰飞烟灭
## 事后换将　伊拉克亡羊补牢

耶路撒冷时间下午 4 点，以色列各海、空军基地，各战区司令部，“摩萨德”驻海外各情报站，以及担任奇袭任务的空军第 2 飞行大队，同时接到了空军司令艾弗里将军的命令。

6 架 F-15 战斗机机腹下，总推力为 20 吨的两台 F100-PW-100 型发动机立刻怒吼起来。紧接着，8 架 F-16 战斗轰炸机发动机也发出了震耳欲聋的巨大轰鸣，强烈的尾喷气流顿时吹得沙飞石走。

“啪！啪！啪！”三发红色信号弹在塔台上空腾起，这时，带队机长巴哈里上校的耳机中，传来了塔台指挥官“起飞”的命令。

外挂导弹和副油箱，担任战斗掩护的 F-15 战斗机起飞了。

载着激光制导穿甲爆破弹的 F-16 战斗轰炸机起飞了。

电子战王国的“千里眼”E-2C 预警飞机，早已升空待命。

飞行员驾机进入了万里碧空。它们稍稍向东作弧形飞行，然后将飞过约旦和沙特阿拉伯，直扑伊拉克大沙漠。预定单程飞行时间为 90 分钟。这将是一次十分紧张、充满不测的飞行。

太热了。

跑道上升腾起一片热雾，飞机轮胎似乎在熔化，黏糊糊地升不起来。满载高辛烷航空油的大型空中加油机 KC-10A，仿如一头负重的老牛，4 台功率强劲的发动机吃力地咆哮着，直到跑道尽头，飞机才腾空升向蓝天。

机群在空中绕场一周，编队完毕后，转舵向西北方向飞去。

这是一只钢铁长臂，它几乎囊括了人类军事科技的全部最新成果。此刻它正以每小时 1000 公里以上的速度，朝幼发拉底河和底格里斯河之间的那块低地扑过去。这一次，“大卫长臂”要砸烂的目标是伊拉克首都巴格达以南 17 公里处的奥西拉克核反应堆。

以色列总参谋部军令处对所有军事行动都有备案，但此时值班军官对面计算机屏幕上，莹绿色的字符显示却是：“军事演习。代号‘巴比伦行动’。”

战争的机器已经开始运转，但却被装上了“消音器”。极善此道的以色列人知道：唯有隐蔽性最大的突袭，才能获得最大的成功。尤其是这种“高技术、低强度”的“外科手术”战争，突然性能够最大限度地利用先发制人所具有的优势。

战争，对于有准备的一方，在很大程度上只是一场演习的重复，但对毫无准备的另一方，却绝对意味着巨大的灾难。

按照霍菲的要求，早已潜入伊拉克的“摩萨德”特工，从巴格达发来了“一切正常”的密码电报。在那个至今仍不为人知的隐秘制高点上，通过一架联邦德国“蔡司”公司的大倍率望远镜，奥西拉克核反应堆里的一切，全都被“摩萨德”一览无遗。

除此之外，一个精干的特别爆破小组正秘密向那里靠近，万一飞机轰炸未能彻底摧毁反应堆，那么，剩下的“活”将由他们乘乱进行。

天上，地下，一张密不透风的巨网已经织好，奥西拉克核反应堆在劫难逃。

机群悄无声息地飞向预定目标。

为了不被地面防空雷达发现，以色列飞机在行动中选取了沿雷达盲区飞行的航线。首先，行动机群爬上 8000 米的高空后，从把沙特阿拉伯与埃及西奈半岛自然分开的亚喀巴湾最北端，沿着约旦和沙特阿拉伯的边界，经恰卡勒——木道瓦拉——哈拉尔阿马尔一线，循着预定迂回航线向东北方向飞去，并在飞行途中不断变换飞行高度，然后，在进入伊拉克领空后，沿着雷达盲区低空飞行。

带队长机巴哈里瞥了一眼舱外，几朵晚霞正向后掠去，机翼下方就是西奈半岛的尽头。这地方他太熟悉了，那深黄色的沙漠，既是当年法老们生息过的地方，也是他——一个参加过3次阿以战争的老兵搏击过的战地。至今，在他的左臂胛骨里，还有一颗埃及高射机枪子弹的弹头。如今这里钻塔林立，在这看似荒瘠的沙漠下面，涌动的可都是无价的石油啊。正是为了争夺这块土地，犹太人与阿拉伯人在这里已经厮杀了三分之一个世纪。

由于实行全航程无线电静默，耳机里，只有在机群左侧2万米上空飞行的电子干扰机发出的“咝咝”电流声。再往后，这架E-2C“鹰眼”式预警飞机，就将与机群脱离，沿以色列——约旦边境作往返巡逻飞行。从它那功率强大的电子吊舱中发出的有源干扰信号，将会使叙利亚和约旦所有的苏制警戒雷达出现“迟钝”。这样，在他们的雷达扫描器上，由这14架飞机密集编队所产生的反射波投影，仅相当于一块带电的高空积雨云。

但是，飞在最后的一架F-15飞机还是在亚喀巴湾东被约旦的马安雷达站发现，该机驾驶员以瞒天过海之术，通过无线电用娴熟的阿拉伯语回答说是商用飞机，骗过了约旦人。

飞机在折转约旦——沙特边境“Z”字形最西端的卡夫镇上空时，耳机中传来了一阵阵频率极高的快速发报声响，在无线电杂波“噼啪”的干扰中宛如一汪清泉。按照预先的规定，这是基地指挥部给他们的最后一次暗号，告诉他们：在伊拉克方向，一切未见异常。

巴哈里心中的一块石头落下了。下面的事，就是应付沙特空中警戒区值勤官的查询。他知道，在沙特由美国引进的最新式雷达监测系统面前，一切干扰都是无效的。

很快，在国际通用的应答频道上，出现了沙特空中管制官的英语询问。很显然，沙特警戒雷达已经发现了这个机群。

“约旦空军，例行训练。”巴哈里用流畅的英语回答。沙特空中管制官信以为真了，沙约两国素来交好，军机偶入国境是常有之事。

巴哈里在确认沙特阿拉伯已经不再注意他们这批“约旦空军”之后，用“黄沙丘”这句暗语，向总部发回了表示飞行顺利的密语电报，以色列空军总部将从这短短的几个字中，了解突击编队的飞行情况。

尾随的 KC-10A 加油机左翼下，出现了一个小小的红色信号。这是加油机悬垂着的加油管上方的红色指示灯。为了保持静默空中加油，只能由事先约定的灯光信号进行联系。在能见度大大降低的暮霭中，只有一丝蹒跚于天边的太阳发出的微弱阳光，高速战斗机驾驶员完全凭借练就的高超技术，完成了别人白天都感到困难的动作。

6 点 10 分，突击机群飞临伊拉克领空。巴哈里上校驾机飞在编队最前方，只见他一推操纵杆，紧随其后的另外 13 架飞机骤然降低高度，进入伊拉克雷达“盲区”。

从这时开始，为了保持袭击的最大突然性和防备遍布伊拉克的苏制“萨姆”导弹，以色列机群又一次采取了它惯用的低空突防战术。

这样，以色列飞机便像幽灵一样神不知鬼不觉地窜到了目标区上空。

空袭，将从 60 米左右的“树梢”高度开始。

厄运降落到了伊拉克头上。

下午 6 点 30 分，千里奔袭的以色列轰炸机机群飞抵目标上空——巴格达东南 22 公里。伊拉克反应堆的三面由一道“U”字形的土墙保护着，周围架设着高射炮和地对空导弹。从空中望去，整个奥西拉克核反应堆工厂像一具凝固的塑像，在落日余晖映照下，白色的建筑群呈现出对比强烈的高反差。以色列飞行员们惊喜万分，触摸投弹按钮的手指开始发痒。飞机由低空爬高到约 600 米，其高度刚刚使它们能够在进行轰炸之前在命中区上空列好队形。

按照袭击方案，担任攻击任务的 8 架 F-16 战斗轰炸机迅速爬升，转舵由西向东，用俯冲姿态进入目标区投弹轰炸。采取这种方法是经过认真考虑的。此时，飞机自西向东背向阳光发动攻击，天空仍有足够的亮度，视野清晰，可以准确投弹，保证命中精度。而驻守厂区的伊拉克防空高炮部队，对从太阳方向飞来的敌机却只能迎着阳光射击，准确性必然大打折扣。

待轰炸结束，降临的夜幕将笼罩巴格达，暮色可成为以机摆脱伊拉克截击机群的最好屏障。

机关算尽！自然因素被犹太人利用到了无以复加的地步。

攻击机群先上升到600米高度并确认目标。然后，巴哈里驾驶的F-16飞机首先发起攻击，向伊拉克核反应堆投下了两枚炸弹。这两枚高爆激光制导炸弹，从距反应堆堆体550米的空中径直落下后，由重力加速度产生的巨大动能，使炸弹垂直贯穿了敷在反应堆堆体顶层、厚达数米的防爆水泥隔层——反应堆防护罩，引起了反应堆主体内部猛烈爆炸。

紧随其后的另外5架F-16战斗轰炸机，依次飞过带队长机的中心投弹点，共投下了14枚998公斤重的炸弹，扩大了对反应堆核心部位的破坏效果。还有两架F-16战斗轰炸机则担负拍摄攻击全过程的任务。

这时，伊拉克防空火炮开始还击。苏制6管速射高炮的串串火舌，在空中交织成数道弹幕，硝烟和横飞的弹片充斥半个天空，但丝毫未伤及以色列飞机。倒是附近居民门窗的玻璃全部被震碎，人们像往常躲避伊朗飞机空袭一样，纷纷惊恐地躲进防空掩体。

完成第一波攻击的以色列机群，此刻又绕回了背向阳光的西方。附近伊拉克空军机场正在开晚饭，在这种情况下，他们的截击机群升空至少要20分钟，于是，巴哈里下定决心，把担任警戒掩护的另外6架F-15战斗机也投入轰炸编队。

一声令下，6架F-15战斗机从5000米高度冲向地面，加入了第二波攻击。

呼啸而来的以色列轰炸机全部打开了加力装置，雷爆般的轰鸣震撼着大地。F-15战斗机接近目标后，把前方右侧挂有防空伪装网“凸”形建筑套入瞄准具光环。飞行员们在投弹按钮上使劲按了一下，悬挂在机翼下的250磅的“白星眼”激光炸弹沿激光波纷纷向目标飞去。

摧毁核反应堆主体之后，以色列机群按预先分工，开始从不同角度，对反应堆附属设施进行破坏性轰炸。随着一阵猛烈的爆炸声响，一架超低空飞行的F-16战斗轰炸机用火箭助推侵彻炸弹击中核反应堆体另一侧，埋在地下6米深处的核废料存贮罐被击中，巨大的烟柱立刻冲天而起，浓烟席卷烈焰，火柱高达数百米。

14 架以色列飞机在奥西拉克核反应堆上空横跃翻飞，如入无人之境。内格夫沙漠的数百次演练大大地帮助了他们。

当以色列飞机把 16 吨炸弹倾泻完后，伊拉克奥西拉克核反应堆已经荡然无存。

行动似乎一切都天衣无缝，攻击获得了圆满成功。

6 点 45 分，空袭的以色列机群踏上了返航的归程，它们身后，夜幕开始降临。为了加速和安全返航，以色列人选择了一条更高、更直接的路线——沿着约旦国土中心线上空飞行。约旦人并没有想拦击以色列飞机。下午 7 点，在它们起飞后差不多 3 个小时后，所有飞机在特拉维夫和贝尔谢巴之间的一座军用机场安全着陆。

一切才刚刚开始，但又似乎一切就此结束。

在高爆炸弹的成千上万块金属颗粒冲击下，伊拉克核反应堆的“心脏”部位：生产铀 238 的反应堆机房已成一片废墟。

巨大的粒子射线屏蔽罩被撕成几块，歪七扭八地躺在残垣断壁之中，安放巨型计算机的中央控制室房倒屋塌，千疮百孔，缕缕黑烟随着晚风四散飘游。

一位在轰炸现场不远处目睹了这一切的法国核物理专家，在他的《援建日记》最后一页写道：这次爆炸的精确性令人难以置信。炸弹几乎一米不差地落到了反应堆，顶盖被掀掉，辅助设施损毁严重，反应堆完全报废。从以色列现场的录像看，反应堆堆芯四分五裂，散落在冷却池中，炸弹一直深入到地下 4 米的一座秘密的钚再处理工厂中。

这就是结局——

光天化日下偷袭了伊拉克即将建成的“塔姆兹”1 号核反应堆。从飞机起飞到袭击结束，总共用了不到 3 个小时，然而伊拉克苦心经营达 5 年之久，价值数亿美元的反应堆，却在 3 分钟时间里变成了一堆废墟。据美国专家估计，即使法国人愿意帮忙的话，要修复这座反应堆，至少要一年半的时间。此外，因为攻击时间选在星期天，在这家核反应堆工厂工作的 150 名法国技师和 50 名意大利技师，没有一人死亡，也没有受伤。

这就是震惊世界的“巴比伦行动”。以色列在光天化日之下，袭击这样一个目标居然能够如愿以偿，自己却无一损失，可谓是一个奇迹。

三天后，在一片晦暗气氛中，法国援建团由巴格达登机回国。

临行前，援建顾问团团长，一位著名的法国核设备公司执行总裁，与伊拉克总统侍从室主任通了一次电话："……重建反应堆需要5亿以上的美元和大约5年左右的时间，如果伊拉克政府能够确保安全的话。"总裁挂断了电话。

6月8日早晨，一沓照片送到了以色列总理贝京的办公室，这是昨天空袭行动的效果检查，刚刚由美国最尖端的KH-11卫星定时传输系统发来的。

照片表明，造价数亿美元的伊拉克核反应堆的全部选定目标均被彻底摧毁。

"整个行动是成功的。""摩萨德"局长霍菲不动声色地说。

贝京站了起来，他拍着站在身旁的艾弗里将军肩膀说："'巴比伦行动'向世界表明，以色列决不允许一个怀有敌意的阿拉伯世界拥有原子弹！"

在以色列军队庆祝"巨大胜利"的同时，巴格达又有什么反应呢？

巴格达执政的伊拉克复兴社会党总部会议室里，弥漫着浓烈的阿拉伯烟草气味。政府首脑们正愤怒地向军队提出质问。

"我们的飞机、导弹干什么去了？""情报部门是干什么的！"

败军之将，不可言勇。将军们个个垂头丧气，无言以对。

一个月后，伊拉克总统撤换了伊拉克军事情报局全部负责人，改组了这个系统。

## 三、报仇雪恨

### ——战机万里大奔袭

### 挥利剑　美军突袭举世震惊<br>闹翻脸　两国交恶由来已久

利比亚首都的黎波里地处撒哈拉大沙漠北部边缘，位于地中海南岸。1986年4月15日深夜，的黎波里街灯闪烁，万籁俱寂，全城市民都沉浸在宁静的甜梦之中，全然不知灾难即将来临。凌晨2时许，突然一阵刺耳的飞机轰鸣声划破寂静的夜空，由远及近，惊醒了熟睡中的人们。接着，震耳欲聋的爆炸声四起，的黎波里全城都好像在颤抖，漆黑的夜空中接连冒出冲天的火光，四处浓烟升腾、弥漫，恐怖的气氛顿时笼罩了全城。当人们终于明白这不是真主的惩罚，而是美国发动的一场偷袭时，入侵飞机已逃之夭夭，不知了去向。空袭只持续了30分钟。在的黎波里遭受空袭的同时，利比亚第二大城市也遭到了同样的厄运。

1986年4月14日，美国东部标准时间晚上9点，美国总统里根在白宫的椭圆形办公室里，向全国发表电视讲话，宣布：美军轰炸了利比亚的黎波里及班加西郊外的恐怖分子中心和机场等五个军事目标，取得了很大成果。这是对利比亚狂人——卡扎菲对美国的恐怖行为的报复。总统又进而宣称："我们只是做了应该做的事，如果需要，我们将再次进行。"接着，国防部长温伯格介绍，这次空袭共出动了160多架飞机，其中包括从英国基地起飞的18架F-111战斗轰炸机，28架KC-10、KC-135空中加油机，5架专为干扰利比亚雷达站的EF-111电子战飞机。此外，还包括从停留在利比亚附近海面上的两艘美国航空母舰"珊瑚海"号和"亚美利加"号上起飞的26架A-6、A-7、A-18型舰载飞机和24架护航机。另有18艘美国舰艇在地中海海面上游弋，为这次空袭行动进行监视。从英国基地起飞的F-111等飞机在绕过法国上空后，长途跋涉直飞利比亚。其中1架F-111飞机和2名乘员下落不明。温伯格有意回避了飞机是否被击落的事实。美国国防部同时承认，这是自越南战争以来，美国海空军进行的最大一次军事行动。

利比亚借题发挥，极力渲染平民伤亡的惨状，强烈地谴责了美国的"强盗行径"。

美国的这一举动不仅对国际社会，而且对美国人民也是一个冲击，所以，立即引得国际舆论沸沸扬扬。

美国为什么要冒天下之大不韪，对一个北非小国如此大动干戈？

其实，"冰冻三尺，非一日之寒"。美国和利比亚关系的恶化由来已久。早在1969年9月1日，卡扎菲领导"自由军官组织"推翻伊德里斯王朝上台后，利比亚新政权就于次年收回了美国在利比亚的惠勒斯空军基地，1972年又进而废除了前国王与美国签订的 9 项军事、经济技术合作等协定，两国关系也由大使级降为代办级。卡扎菲称美国是阿拉伯国家的“头号敌人”。1974 年，美国宣布中止交付利比亚订购的军用运输机。其后，美利关系一直没有缓和的迹象。

1979 年，利比亚为了支持伊朗扣留美国人质事件，反对美国，纵容示威者焚烧了美国驻利比亚代办处。当时美国总统卡特关闭了美国驻利比亚代办处，美利对抗全面升级。里根上台后，对利比亚采取了更加强硬的政策，卡扎菲成了美国经常谴责的对象。

1981 年 8 月 18 日，美国第六舰队军舰闯入了利比亚宣布为“死亡线”的北纬 32 度 30 分以南的锡德拉湾，引诱利比亚飞机出动，由此以“自卫”为借口，进行军事报复。利比亚果然中计，当即派出作战飞机向美舰出击。美军趁机击落了利比亚两架苏制米格 23 战斗机。美利之间的敌视状态终于升级为直接军事对抗。此后，美国不断制定“惩罚”卡扎菲的一些新方案，并为寻机付诸实施，美军先后 8 次进入死亡境界线——锡德拉湾。

利比亚视美国为帝国主义，美国谴责利比亚为恐怖分子集团。两国在锡德拉湾相互敌视，剑拔弩张。

1981 年 11 月，有消息称利比亚派出“暗杀小组”到美国，图谋杀害里根总统、布什副总统及其他高级官员。为此，美国加强了保安措施。12 月 11 日，华盛顿限制使用美国护照前往利比亚。

1983 年 6 月，美国海军在利比亚沿海举行军事演习，美国喷气式飞机撵走了两架正在接近美国航空母舰“艾森豪威尔”号的利比亚米格 -23 战斗机。

在美利两国交恶日益加深期间，卡扎菲有意识地加强与苏联的关系，1985 年专程访问了苏联，得到了苏制萨姆 -5 型防空导弹。这些导弹被部署在锡德拉和班加西两地。同时，利比亚还获得了一些无人驾驶快艇。这种快艇装满炸药，可以高速向美国军舰等目标驶去。因此，美国声称上述武器对在地中海活动的美国第六舰队构成了严重的威胁，一再表示要予以摧毁。

1985 年 11 月在爱琴海上空发生的埃及航空公司客机被劫造成 60 多人死亡的重大惨案，以及同年 12 月在罗马和维也纳发生的 20 名旅客被害等恐怖事件，美国断定利比亚是事件的幕后策划者。因而，1986 年 1 月 7 日，里根总统签署了一项命令，对利比亚实行经济制裁，冻结利比亚政府在美国的资产，断绝同利比亚的经济往来，并要求在利比亚的美国公民于 2 月 1 日前撤回国内或离开利比亚。同时，以航空母舰“萨拉托加”号和“珊瑚海”号为骨干的地中海第六舰队开始在利比亚近海游弋，向利比亚施加军事压力。

## 施小计　山姆叔策划“燎原火”<br>初交手　卡扎菲领教屠牛刀

1986 年初，里根政府开始考虑对利比亚采取有限的军事行动，对利比亚的恐怖主义行径进行报复。最初的方案是由北约拉肯希思基地的作战部门提出的，对的黎波里的突袭计划由 6 架 F-111 轰炸机进行。但是，此事后来被泄漏出去。于是美国又考虑实施“摧毁敌方防空设施”的计划：动用 70 架从锡德拉湾巡逻的两艘航空母舰上起飞的战斗机。如果在年初采取这一行动，动用一艘航空母舰就足够了。但利比亚在的黎波里部署了苏制远程导弹发射装置，美国担心，如果那艘航空母舰的舰载飞机被萨姆 -5 导弹击中，整个袭击计划就会告吹。所以，美国最高当局决定动用两艘航空母舰。

空袭训练进行了 3 个多月。在这一期间，美国政府一直对采取空袭行动的时机犹豫不决。停在北约拉肯希思基地的 F-111 轰炸机队人员定期训练。由于这种演习实际上是针对利比亚的空袭行动，以致一些美国军官担心苏联人会猜出美国的意图并向卡扎菲通报。

空袭行动的准备工作正在紧锣密鼓地进行之时，美国第六舰队也开始活动。在利比亚海面采取的“第一阶段行动”始于 1986 年 1 月 26 日。在这之前，卡扎菲在锡德拉湾担任巡逻任务的一艘巡逻舰上说，对胆敢越过从锡德拉以北到北纬 32 度 30 分这条线的任何人来说，都意味着死亡。实际上，美国第六舰队在空袭行动的第一阶段和第二阶段丝毫没有想越过这条“死亡线”。

空袭行动的第一阶段为期 4 天，两艘航空母舰：“珊瑚海”号和“萨拉托加”号以及它们的护卫舰只被限制在“死亡线”以外活动，没有“越轨行为”。但从 2

月 12 日到 15 日第二阶段，美国的飞机开始进入“死亡线”。利比亚人立即作出反应。据“珊瑚海”号航空母舰上得到的情况表明，利比亚空军“倾巢出动”，双方飞机有 160 次“会面”。美国飞行员们认为，他们随时可以置对方于死地，完全可以向对方的米格 25 飞机开火。米格 25 虽是最好的苏制战斗机之一，但它们有致命的弱点，因为它们的发动机噪音大，“响尾蛇”式导弹在 15 公里之外就能发现并击落它们。此外，在米格 25 战斗机上的飞行员实际上看不到其背后的情景，很容易遭到对方从背后攻击。美国的一位军官叙述当时的情景说：“利比亚的飞行员有时甚至缩在驾驶舱内，不敢抬头。”

面对美国接二连三的大规模军事演习和咄咄逼人的武力威胁，卡扎菲也毫不示弱，与美国针锋相对。1 月下旬，利比亚海陆空三军进入一级战备。卡扎菲说：如果他的国家遭到袭击，利比亚就准备袭击美国在欧洲各地的军事基地。3 月 14 日在的黎波里成立了“国际革命军”，号召“全世界向美帝国主义开战”。

1986 年 3 月 14 日，里根亲自主持了国家安全委员会议。会上总统国家安全事务助理波因德克斯特提出了代号为“草原烈火”的作战计划。计划包括 3 个行动方案：（1）如果利比亚对美国作有限攻击，美方无损失，美国就只攻击利比亚舰艇和萨姆 -5 型防空导弹基地；（2）如美军在交战中有伤亡，美将轰炸利比亚重要军事目标；（3）如利比亚对美第六舰队发动大规模进攻，美国就轰炸利比亚的工业设施。随后，美国参谋长联席会议主席克劳海军上将谈了实施这一作战计划的具体设想。会议进行了 1 小时。里根最后拍板：“好，让我们干吧。”

会后，美国国防部长温伯格立即秘密前往伦敦，召见第六舰队司令凯尔索中将，向其详细介绍了“草原烈火”作战计划，口授了里根总统决定，任命凯尔索为作战总指挥，并指示他可根据作战方案机动灵活处置有关作战事宜。凯尔索领命后，迅速返回地中海，召开高级指挥官紧急会议，进行临战动员，并命令“珊瑚海”号和“萨拉托加”号两支航空母舰编队向锡德拉湾方向前进。根据作战方案中拟定的袭击目标，航空母舰编队的舰载飞机在航行中进行了数次模拟演练。同时，3 月 10 日从美国本土出发的“亚美利加”号航空母舰编队的 11 艘舰只奉命全速开往地中海。军事行动已迫在眉睫。

3 月 21 日，“亚美利加”号航空母舰编队驶入地中海预定的位置，与“珊瑚海”号和“萨拉托加”号两支航空母舰编队汇合，集结在锡德拉湾以北海域，进入临战状态。此刻的第六舰队拥有 3 艘航母，27 艘护航舰只，舰载机数量达到 240 多架，达到第二次世界大战以来的最大规模。一切准备就绪后，美国即宣布于 22 日晚开始“军事演习”。

当夜幕降临华盛顿时，里根、温伯格、克劳将军和波因德克斯特等军政要员正在一家俱乐部参加晚宴。那时，预定的行动时间已过，但战报迟迟未到。过了一会儿，波因德克斯特溜出去往白宫打电话，询问事态发展。返回后他向里根耳语：“一切平静，因气候恶劣，他们推迟了行动。”

23 日下午，天气转晴，海上风平浪静，凯尔索总算下达了演习正式开始的命令，美舰载飞机一接到命令便立即进入了“死亡线”。24 日下午 1 点，美“提康德罗加”号导弹巡洋舰等 3 艘军舰也驶入“死亡线”以南的锡德拉湾海域。

24 日下午，温伯格正准备主持每天的例行情况汇报会，突然接到克劳上将从国防部国家指挥中心打来的电话。电话告称：当地时间 14 点左右，两架 F-14 战斗机直冲到离锡德拉湾 90 公里的利比亚海岸上空，利比亚发射了两枚萨姆 -5 型导弹，但是它们受到美国电子侦察机上电子干扰器的干扰，没能击中目标。克劳还报告说，美国还截获了利比亚空军司令的一份电报。电报称：“只要对利比亚的侵略行径不停止，我们将摧毁航空母舰。”

数小时后，利比亚两架米格 -25 飞机向美国航空母舰编队集结的海域飞去，但是它们仅在锡德拉湾上空盘旋了一会儿，然后返回了基地。接着，利比亚又发射了 3 枚萨姆 -5 型导弹和 1 枚萨姆 -2 型导弹。但直到这时，美方还未采取直接军事行动。

第六舰队的反应使白宫和五角大楼的官员们迷惑不解，“凯尔索司令为何迟迟不下达还击命令?”“他究竟在等什么呢?”波因德克斯特也显得十分烦躁。

凯尔索自有打算。24 日晚 9 时许，当一艘利比亚导弹快艇靠近美舰 40 海里时，等待多时的凯尔索立即下达了攻击命令。两架 A-6 攻击机从“亚美利加”号平台上呼啸而起，与此同时，又发射了数枚“鱼叉”式反舰导弹，一举将利比亚导弹快艇击沉。接着，根据监测到的萨姆-5型导弹阵地的雷达频率，两架A-7攻击机从“萨拉托加”号平台上起飞，向锡德拉湾的萨姆-5型导弹基地发射了“哈姆”反雷达导弹，摧毁了导弹阵地的制导雷达和天线。

利比亚迅速换上了新雷达。美军在监测到新雷达的频率后，又再次出动飞机，发射“哈姆”反雷达导弹予以摧毁。

25日凌晨，美“约克城”号导弹巡洋舰和A-6攻击机又先后击沉了利比亚导弹巡逻艇两艘，重创一艘。在战斗中，美军飞机没有进入利比亚领空，攻击由A-6在距利比亚海岸65公里的海上进行，以避免不必要的损失。

3月26日，美军发表声明："只要利比亚不再采取新的敌对行动，美军将在预定的4月1日前提前结束作战演习"。接着，在第二天便匆匆撤离了锡德拉湾。

利比亚空军则扬言要攻击美国的航空母舰，但为了避免招致进一步的打击，同时不给美国进攻空军基地以口实，没有采取任何行动。

美国在军事上的得手，使美朝野一些人士感到重重地出了口气，不禁有些洋洋自得。然而，美国的炮舰政策却深深地激怒了利比亚，举国上下反美情绪高涨。3月29日，卡扎菲再次强调："利比亚将用鲜血、生命和它拥有的一切来维护锡德拉湾的主权。"的黎波里的电台呼吁："阿拉伯国家的英雄们，让你的导弹和自杀小组去袭击美国的目标吧！"

美国此举也激起那些同情、支持利比亚的组织更加仇视美国，国际上矛头主要针对美国人的恐怖活动在升级。这对美国是一个不小的打击。美国期待通过施加压力使卡扎菲屈服，同时，又担心他会命令遍布在美国及世界的恐怖分子进行恐怖活动，因而加强了对海外的美国建筑物、设施和海军基地以及海军要人的警戒。

## 图报复　利比亚开展恐怖战<br>遭横祸　无辜人血染歌舞厅

美中央情报局称：利比亚的工作人员，企图爆炸美国在海外的至少35处设施，它们是：美大使馆、总领事馆、企业的事务所、那波里的第六舰队司令部、军官宿舍以及俱乐部等。

居住在巴黎、日内瓦、贝尔格莱德、罗马和柏林以及马德里的利比亚工作人员，已接到准备实施计划的指令。

驻黎巴嫩的利比亚陆军工作人员接到暗杀美国驻贝鲁特大使馆官员的指令。

卡扎菲正在招募欧洲和巴勒斯坦的恐怖分子，进行恐怖活动，以逃避国际社会的指责。电话恐吓、爆炸预告，频繁的心理战使华盛顿陷入极度的不安。卡扎菲的恐怖预言终于开始兑现了。

1986 年 4 月 2 日，一架银灰色的波音 727 客机越过爱奥尼亚海，飞向雅典。这是美国环球航空公司的 840 次航班，机上载有 121 人和 426 公斤货物。

下午 2 点 20 分，驾驶员彼得森把飞机的飞行高度从 8000 米逐步降到 3350 米。机舱扩音器里，传来了航空小姐甜美的声音："再过 12 分钟，飞机就要在雅典机场降落，请大家系上安全带。"

2 点 24 分，飞机刚要进入希腊大陆，突然一声巨响，一枚炸弹把右侧机身炸开了一个两米见方的大洞。坐在第 10 排的 4 个人顿时被巨大的气浪抛出舱外，他们是美国人艾伯特·斯蒂诺，美籍希腊人基米特拉·斯蒂里亚诺波罗，他的女儿玛丽娅以及出生才几个月的小外孙女。机舱内血肉横飞，一片烟雾。

技术娴熟的驾驶员彼得森果断地加大发动机的推力，以抵销由于空气涌入机舱而产生的阻力。飞机带着创伤，艰难地向雅典机场飞去。2 点 34 分，飞机终于降落在雅典机场的跑道上，迫降成功。

事后，一个"阿拉伯革命"组织声称，这是它们干的。

根据美国、希腊专家的联合调查，爆炸的是一枚烈性塑胶炸弹，被人放置在第 10 排第 6 号座椅底下。"头号嫌疑犯"是一位自称曼苏尔的 30 岁妇女。她持约旦护照，前一天刚从贝鲁特飞到开罗，搭上了这趟班机。她最后一个登机，坐的恰是 10 排 6 号，上机后她始终把折叠茶几架着，很可能是为了掩护在座位下做手脚。飞机到雅典仅几小时，她又搭乘另一架班机飞回了贝鲁特。

意大利警方接着宣布，曼苏尔是位挂了号的著名恐怖分子，是个爆破专家，真名叫阿米娜·森贝萨基。

840 次航班被炸两天以后，在欧洲又发生了一起针对美国人的恐怖事件。

4月5日，尽管已经时过午夜，西柏林的拉贝勒迪斯科舞厅仍然挤满了人，其中不少是美国大兵。当时，美国驻西柏林的军队有6000人，这个舞厅是他们休息时最喜欢去的地方。他们喜欢那醇香的美酒，悦耳的歌声，热情的服务，幽雅的氛围，漂亮的姑娘……这一天，他们是来参加跳舞比赛的。

凌晨1点49分，一声可怕的巨响淹没了疯狂的舞曲。一颗炸弹在卖酒柜台的一端爆炸，舞厅的墙壁、地板、天花板被炸烂，到处是炸断了的手臂和腿。数百人叫喊着挤出大厅，情景惨不忍睹。

一名美国士兵和一位土耳其妇女当场被炸死。230人受伤，其中有几十名美国士兵。

事件发生后，有两个组织分别给新闻机构打电话，都声明是它们干的。一个是“阿拉伯解放阵线”，一个是“西德红军派的霍尔格·迈因斯突击队”。这两个组织宣称，他们采取行动是对美国袭击利比亚的报复。

接二连三的爆炸声震惊了西方政界。4月10日，欧洲共同体12国外长在荷兰的海牙聚会。由于担心殃及本国的城市、设施和国民，欧洲共同体各成员国全部到会。会议集中讨论了利比亚外交官参与舞厅爆炸案问题。讨论进行得非常认真，开创了迅速克服国际危机的先例。最后商定：减少利比亚外交官员人数，限制其活动，对持有利比亚国籍者严格实行签证。会议最后发表的声明，以从未有过的强烈措辞谴责利比亚支援了恐怖活动。但没有达到英国所强烈要求的宣布关闭大使馆的程度。问题的解决远不像开会那样简单。

## 水落石出　政府决意惩罚<br>投鼠忌器　军方费尽思量

接连两起恐怖事件的发生，使美国对卡扎菲更加恨之入骨。里根在记者招待会上表示，对于美国人面临的越来越多的威胁，他不会等闲视之。里根声称只要掌握了利比亚插手这些事的确凿证据，美国就要对利比亚采取进一步打击行动。

4月7日，美国驻原联邦德国大使理查德·伯特说，有“非常明显的证据证明利比亚参与了”西柏林舞厅爆炸事件。

美国中央情报局也很快透露，美国截获了西柏林舞厅爆炸前后利比亚与其东柏林人民办事处之间的所有来往电报。据中央情报局称，3月底，的黎波里指示其驻东柏林人民办事处“执行一项秘密计划”。4月4日人民办事处复电的黎波里：“行动即将开始。”西柏林舞厅发生爆炸后数小时，人民办事处又电告的黎波里，“已执行了计划。”翌日，的黎波里又通电其他驻外办事处，“要以东柏林人民办事处为榜样”。

一时间，在西欧各国盛传，卡扎菲是一个反复无常而又危险的人物。他服用兴奋剂提高自己的意识，并开专机到自己情人那里去等等，行动异常怪异，言语支离破碎。

在舆论准备的同时，美国参谋长联席会议还做好了采取军事行动的准备，一份进一步攻击利比亚的计划出台了。

4月6日，里根总统结束了在加利福尼亚的复活节休假，回到华盛顿。9日批准了参谋长联席会议制定的攻击利比亚的行动方案。

这期间，白宫一直严密注视着卡扎菲的言行，期待着他在美国采取进一步的军事手段之前改变政策，然而他却毫无表示。事实使他们逐渐认识到不采取军事行动，不足以解决问题。

在美国，关于是否应把卡扎菲视为恐怖活动的主谋，也有不同意见。他公开为恐怖分子提供财政援助、供应武器和训练，谴责美国为帝国主义，并曾公开扬言要袭击美国人，但从1983年、1984年在黎巴嫩240人被炸事件来看，人们普遍认为，这一连串的恐怖活动很有可能是由伊朗和伊拉克策划的。虽如此，但在里根的眼里卡扎菲难辞其咎。

对利比亚采取军事行动，需具备以下两个条件：首先，担负攻击利比亚的军事设施的美国第六舰队需部署在一个安全而又便利的海域；其次，为了利用英国作轰炸机起飞的基地，要征得撒切尔首相的同意。

另外，总统要求充分注意飞行员的安全，并注意不要直接伤害利比亚平民。

为了落实这一计划，里根把截获到的证据分别通报了西欧各国和苏联政府。同时同意军方在袭击中使用驻英国基地的美军F-111轰炸机和飞越法国领空的要求。

为了同欧洲各国进行秘密协商，里根派联合国大使沃尔特为特使，首先访问英国，尔后又访问了西德、法国和意大利，强调卡扎菲参与了舞厅爆炸案，呼吁盟国支持美国的军事行动，同美国一起对利比亚采取经济和政治制裁行动。包括关闭利比亚驻这些国家的办事处或大使馆，驱逐“利用外交官身份从事与外交官身份不符的活动”的利比亚外交官。

但是，大多数欧洲盟国都对美国的建议采取了慎重的态度，尽管它们都反对恐怖活动，但大多数都不支持对利比亚进行军事袭击。美国的游说“收效甚微”。

从地理上说，北约离利比亚最近的国家是南欧的意大利和西班牙，意大利的美军基地离的黎波里只有 300 公里，美国在西班牙有一个海军基地和 3 个空军基地，但这两个国家都拒绝美国利用这些基地攻击利比亚。

在锡德拉湾战斗中，意大利的战斗机曾升空警戒，但庆幸的是，没有同利比亚发生任何冲突。意大利靠近利比亚，而且西西里岛上有北大西洋公约组织的基地，因此，克拉克西总理担心被卷入军事行动中去，受到利比亚飞机的攻击，而且认为这种事靠军事行动是解决不了问题的，因而态度十分消极。

4 月 12 日，正值周末，沃尔特风尘仆仆赶到伦敦唐宁街 10 号首相官邸。撒切尔夫人在听取了美国的计划后，起先表示保留意见，但最后还是答应了美国的要求，同意 F-111 从英国起飞。不过，撒切尔首相主张，应该遵守联合国宪章第 5 条，她强调军事行动是为了自卫，而不是为了报复。沃尔特仅用 1 天时间便顺利地完成了对英国的游说重任。

但在法国，沃尔特的游说碰了壁。密特朗总统就空中突袭提议，要干就大干，“不要像针刺似地扎一下就完事”。同时，密特朗又明白无误地表示：不能使用法国领空。

当时，副总统布什正在访问沙特等中东国家，国防部长温伯格正在文莱和菲律宾等亚洲国家，他们虽然都收到总统的通报，但访问却仍照计划进行。

13 日，虽然是星期天，但包括副总统布什、总统安全顾问麦克法兰在内的白宫成员们照常上班开会，确定了行动计划。

14 日凌晨，里根总统终于最后批准了行动方案。并由国防部长温伯格通过参谋长联席会议传达给下属的司令部及其部队。作战的名称是：“迪亚罗峡谷”。批准下达后的那天，总统和平时没有什么不同，只是未出席原定要参加的晚餐会。

这一天，里根在与白宫毗邻的一座旧建筑物里，同议会领导人举行了长达两小时的会谈。他解释说，美军飞机正在进攻利比亚的途中，如果议会强烈反对，也可以停止进攻，但终于取得了议会的认可。据说里根当时的态度显得异常的平静。

在此之前，美国参谋长联席会议召开特别会议，商定袭击目标。选择何地作为袭击的目标呢？美国驻欧空军司令的助手劳森将军建议袭击 5 个目标，其中 3 个目标位于的黎波里（巴卜·阿齐齐耶军营、机场的军用部分和用于训练蛙人的海军基地），两个目标位于班加西（民众国军营和军用机场）。对于美国空军飞行员来说，巴卜·阿齐齐耶军营是一个最难袭击的目标，因为它位于一个人口密集区的中心，周围有许多空防设施。而且，这是利比亚的神经中枢。它周围有数米高的围墙，有苏制坦克守卫，还部署有地对空导弹。在这个军营内，有卡扎菲的指挥部、卫队住房、他的妻子索菲娅和 7 个孩子的住房、他接待来访者的帐篷。但是，如果真想击毙卡扎菲，就只有攻击这个军营。

参谋长联席会议认为，巴卜·阿齐齐耶军营是必须攻击的目标之一。但在空军方面提出的袭击目标单上，这一目标被排在第 37 位，对这一目标的研究不如对其他目标的研究那么深入。所以参谋长联席会议主席克劳上将提醒总统说，必须将袭击时间由原计划的 4 月 12 日推迟到 4 月 15 日凌晨 2 点。

指挥袭击行动的美国军官们事后说，他们并没想通过轰炸卡扎菲的指挥部炸死卡扎菲。他们说：“我们只想赢得一分，谈不上想置卡扎菲于死地的问题，因为这并不是我们的目的。但是，如果卡扎菲被炸死，我们也不会感到不高兴。”如果袭击行动的目的是炸死卡扎菲，那么袭击的目标就会是他的帐篷，但美国人并没有以他的帐篷作为袭击的目标。此外，众所周知，卡扎菲有一个习惯：决不在同一地点连续住两夜，因此没有任何人能预计到 4 月 15 日凌晨 2 点卡扎菲在何处。

美国国家安全委员会成员，在“伊朗门”事件后一举出名的奥利维尔·诺思中校曾向危机小组提出了一个建议：要求英国圣公会牧师特里·韦特在袭击的前夕去同卡扎菲谈判，“希望”卡扎菲为释放被扣押在黎巴嫩的西方人质出力。有关专家事先在韦特的身上安放一个先进的微型电子仪器，通过这个仪器可以确定卡扎菲在会见韦特时的地方。牧师特里·韦特可以同卡扎菲磨时间，以使卡扎菲决定在会晤地点过夜。当然，这样做，决不能让韦特自己充当诱饵。但这一建议有几个明显的漏洞：首先，韦特自己无法确定会晤的日期和时间；其次，这是一个暗杀阴谋，违反美国的法律；此外，最重要的是韦特身上的电子仪器可能被发现，这会给他带来麻烦甚至生命危险。因此，这一建议立即被危机小组的其他成员否定了。

## 动干戈　美军万里调兵<br>遭突袭　利军仓促应战

4月9日，里根再次主持召开国家安全委员会会议，决定施行“草原烈火”作战的第二方案。克劳将军认为，仅靠第六舰队的兵力是不够的，必须加强火力。对此，可有两个选择：一是动用美国本土的B-52轰炸机；二是动用美部署在英国的F-111进行远程奔袭，与第六舰队协同完成空袭任务。

当天，克劳将军和北约盟军总司令罗杰斯详细研究了对利比亚实行海、空联合作战的具体方案，并组成一个行动小组。

4月10日，美国命令“珊瑚海”号航空母舰编队暂停返回本土，原地待命。11日，在地中海中部的“珊瑚海”号、“萨拉托加”号两个航空母舰编队奉命进入戒备状态；紧急增派10架KC-10加油机飞往美国驻英国基地待命，美驻英空军联队的F-111飞机也以演习为名迅速完成了挂弹和加油等准备工作，待命出发。

面对美国的军事威胁，利比亚宣布“决不被它吓倒”，表示要同美抗衡到底。4月9日，卡扎菲把10名记者请到一个掩体中，这个掩体离他办公的帐篷30米，戒备森严。

当记者们到达时，20名利比亚高级军官刚刚开完会，向卡扎菲告别。身穿绿军装、头戴黑色贝雷帽的卡扎菲对记者说：“我们刚刚制定了一些军事计划，以对付美国对我们的最新威胁。”“如果美国侵略我们，我们就用更高一级的暴力行为来袭击美国在世界各地的军事和非军事目标。”

11日，卡扎菲又宣布：“对利比亚的威胁，不仅来自美国，也来自北大西洋公约组织，目的是要袭击我们的国家和孩子。因此从今天起，所有南部欧洲城市都毫无例外地被包括在利比亚的反击计划之内。”

利比亚只有5.8万人的军队，535架作战飞机，4000辆坦克和几个导弹基地。当时利比亚一位高级官员说，如果我们遭美国的侵犯，利比亚将毫不犹豫地征召志愿人员进行抵抗。

苏联很快开辟了一条通往利比亚的空中走廊，向利比亚补充武器，苏联的插手，使局势更加复杂化了。

4月14日是华盛顿最富戏剧性的一天。美国参议院外交委员会主席卢加尔早在12日就透露说，白宫将于14日举行会议，就惩罚利比亚作出决定。然而14日这一天，竟无人知晓白宫是否举行了会议。白宫要求国会领导人既不要证实也不要否认出席了白宫会议。据说里根总统傍晚还出席了由共和党议员拉克萨尔特举行的晚宴，晚上9点才回到白宫办公室。一直被蒙在鼓里的新闻界直到最后才知道事情的真相。

美国东部标准时间4月14日，里根主持了临战前的国家安全委员会会议。鉴于利比亚军队夜间作战能力较弱，夜间攻击有利于防止美机被击落，会议将攻击定在夜间进行，攻击开始的时间为当地时间15日凌晨2点，美国东部时间14日晚上7点。目标选择了利比亚首都的黎波里、东部城市班加西近郊的5个地方，如果可能，就攻击卡扎菲上校的住宅，争取杀掉他。由于担心殃及普通平民，被认为是袭击罗马、维也纳机场主谋的阿布·尼德尔事务所以及的黎波里的利比亚情报机关总部都从目标中剔掉了。

利比亚时间14日晚上7点30分，28架KC-10和KC-135飞机先于战斗轰炸机从伦敦以西100公里处的费尔福特空军基地和米尔顿霍尔空军基地起飞，24架F-111战斗轰炸机从伦敦东北110公里处的莱肯希斯空军基地，5架EF-111电子干扰机从伦敦西北95公里处的惠福特空军基地同时起飞。

目的地是远在5200公里处的大洋彼岸，中途预定加油4次。24架F-111飞机当中，有6架是预备飞机，在确认所需的18架飞机处于正常状态后，6架飞机，按计划从比斯开湾上空第一加油点返回基地，一架电子干扰机也一起返回。

18 架 F-111 和 4 架 EF-111 机在空中保持 6000 米的高度，向利比亚的方向飞去。

英国的莱肯希斯基地，美军在第二次世界大战中曾使用过。在 1948 年至 1949 年的柏林空运作战中，由于苏联封锁了通向西柏林的陆路运输线，美国使用大量运输机在长达 11 个月的时间内向西柏林市民运送所需物资，莱肯希斯是值得纪念的重要基地。米尔顿霍尔则是美国第 3 空军司令部所在地。

战斗轰炸机队绕了一个大圈，穿过南欧洲海、取道大西洋南下，并越过直布罗陀海峡进入地中海，一路上没有穿越任何国家的领空。由于法国拒绝飞机通过自己的领空，战斗轰炸机队不得不将 3000 公里的直线距离再延长 2200 公里，并在空中加油 4 次，往返飞行 14 个小时之多。

F-111 战斗轰炸机队飞近利比亚上空的时候，地中海中部航空母舰上的舰载机也离舰起飞。

15 日零点 45 分至 1 点 15 分，航空母舰“萨拉托加”号有 6 架 A-6 攻击机和 6 架 A-7 轻攻击机离舰起飞。零点 20 分至 1 点 20 分，航空母舰“珊瑚海”号有 8 架 A-6 和 6 架 F-18A 攻击机离舰起飞。

在飞行过程中，每个飞行员一边飞行一边随时检查电子系统，看是否有异常情况。一旦电子系统出现异常迹象，飞行员就必须驾机返航。在这次飞行中，先后有 6 架 F-111 轰炸机因电子系统发生故障被迫返回基地。

F-111 轰炸机，是在越南战争中曾使用过的双座战斗轰炸机，装备着自动地形跟踪雷达，可以避开地面障碍物，使飞机保持在超低空至 2 万米之间飞行，并且可以超音速飞行，最适合低空下的夜间准确目标轰炸。

A-6 是双座攻击机，A-7 是单座轻型攻击机，F-18A 是战斗机改造型的单座攻击机。

另一方面，在美国采取军事行动以前，利比亚政府已考虑到美国的攻击已经迫在眉睫，并做好了战斗准备，许多医院已采取 24 小时工作制，储备了大量的血浆，以备应急之需，增设了一部分临时病房，另外在重要的地点部署了移动式地对空导弹和雷达。

美军曾驻扎过的惠拉斯空军基地，为了减少受损程度，将地面上的飞机分散到各处。这些准备，是在谴责欧洲共同体不久前决定削减利比亚驻欧外交官并限制他们的行动的同时进行的。

不过，利比亚拥有的500多架苏制和法制军用飞机，并没有从海岸沿线的基地转移到腹地，也没有征召预备役人员。

美国监听了利比亚军队的无线电通信，听到雷达兵正在报告雷达屏幕上发现机影，但似乎没有想到是美国要进行攻击。在攻击前几小时，卡扎菲上校自己在回答意大利记者的采访时也说："美国不会来攻击。"

凌晨1点54分，在主要攻击编队F-111、A-6实施攻击前，12架A-6、A-7舰载攻击机在3架EF-111电子干扰机和数架EA-6B电子侦察机配合下，首先向利比亚的萨姆-5导弹阵地进行了第一波超低空攻击，发射了40余枚"百舌鸟"和"哈姆"式反雷达导弹。顿时，位于的黎波里和班加西的5个雷达站阵地一片火海。首次攻击即基本摧毁了雷达阵地。

EF-111机在海岸上空盘旋，对利比亚雷达继续实施大功率电子干扰和迷惑。

攻击编队在突入目标之前，先在海洋上空检查了机器，确认机器运转正常后，立即从高空俯冲下来，贴着海面，以150米超低空飞行，开始袭向5个军事目标。

2点左右，F-111战斗轰炸机和A-6攻击机开始发动第二次超低空攻击。12架A-6攻击机队飞往东部班加西，袭击了米格23起降的贝尼纳空军基地，以及卡扎菲的备用指挥所班加西民众国军营。8架F-111机飞向的黎波里，在意大利属地兰佩杜萨岛上的美军信号塔的引导下，袭击了训练恐怖分子的西迪比拉尔训练中心以及卡扎菲司令部所在地阿齐齐耶陆军军营。接着，5架F-111机轰炸了的黎波里军用机场和贝尼纳军用机场。

攻击只用了短短的11分钟就结束了。这期间，阿齐齐耶军营老式的苏制ZSU-23高射炮拼命应战，地对空导弹的反击一直坚持到最后，但利比亚空军飞机却没出现。

2点13分，已经确认所有的海军飞机都离开利比亚领土，来到海面上空的集结空域。2点46分，"珊瑚海"号上起飞的攻击机和2点53分"萨拉托加"号上起飞的攻击机均安全返舰。舰队乘务员兴高采烈地迎接了他们，飞行员得意扬扬地说：

"踢飞了利比亚的屁股。"

然而，参加袭击的飞机是否全部安全返回，难以立即查清。2点15分，下达了搜索队待命的命令，准备寻找可能失踪的人员。

3点14分，在返回途中第一次加油的时候，终于查明有一架飞机失踪。搜索持续到17日仍未能发现失踪的飞机。参谋长联席会议主席克劳说："有可能被利比亚的防空炮火击落。"但后来证实，飞机坠落在利比亚近海海面上。

飞行员费尔南德上尉（波多黎各人）和保尔·劳伦斯上尉（旧金山人）被认定已经阵亡。费尔南德是一位虔诚的天主教徒；劳伦斯上尉是旧金山大学毕业的优等生。两人都已结婚，各有一子。

另一架F-111，因发动机负伤过热，飞不到英国，不得不在西班牙罗塔空军基地紧急着陆。飞机和飞行员都安然无恙，经修理后又回到英国。

这次袭击，美军使用的是225公斤和900公斤的激光制导炸弹和集束炸弹，共倾泻了100余吨，击毁和重创利比亚飞机14架，破坏军用机场两个，军营两个，击毁雷达站5座，造成百余人伤亡，其中卡扎菲的刚满一岁半的养女哈恩娜被炸死，两个儿子受伤。卡扎菲本人因轰炸时不在军营的两层楼官邸里，幸免于难。

16日，五角大楼发言人西姆斯把这次空袭誉为"美国军事史上空前的、接近完美无缺的"的一次军事行动，他说："这次军事行动，在远离基地和十分困难的情况下，进行得尽善尽美，取得了圆满的成果。"所谓"空前"主要是指：第一次在实战中使用了一些80年代的先进武器，包括有远航能力的经过改进的F-111战斗轰炸机，EF-111电子干扰机和哈姆反雷达激光制导导弹；第一次成功地运用了F-111远程轰炸战术；第一次单枪匹马地对一个远离美国的地中海国家实行大规模海空作战。第二次世界大战后，无论是在朝鲜战争、越南战争或者更小的局部战争中，美国主要是打代理人战争，帮别人打，同别人一道打，这次却是地地道道的单干。

但是，这次袭击行动的结果实际上并没有像美国人所预期的那么"壮观"。在负责轰炸巴卜·阿齐齐耶军营的9架F-111轰炸机中，只有一架完全摧毁了预定的目标。在班加西，只有10%的炸弹命中了预定的目标，美方损失了一架F-111飞机，另一架 F-111 飞机受伤后迫降在西班牙，其余的返回了英国基地和航空母舰。利比亚则宣布，利方击落了 3 架美机，驾驶员跳伞后被当地群众打死。

在参加这次行动的 18 架 F-111 机和 A-6 机中，直接参与进攻的，前者是 13 架，后者是 12 架。就是说，有 5 架 F-111 和 2 架 A-6 因事前的机械故障而脱离攻击编队。

为了避免国际舆论的指责，美军严令飞行员，只有在确信各种机器运转完全正常并不会危及平民时，才可参加攻击行动。他们严格遵守了这条规定。美机上的相当一部分机器，看来并没有正常运转。

美国通过侦察卫星以及侦察机搜集了有关成果的情报。结果判定，当初瞄准的 5 个目标中，有 4 处中弹较多，给予了相当大的打击。而西迪 · 比拉尔中心受损害较轻。

五角大楼 16 日拿出了袭击的机场、军事设施的侦察照片及录像带进行了战果说明，至少摧毁了 4 架米格 -25 战斗机，8 架 M-8 直升机、5 架 L-76 运输机，炸毁 3 座机库。

早在这之前，传播媒体就将万里之外的残酷的战争场面展现在人们的面前。4 月 14 日夜晚，许多美国人正在陶醉于黄金时间的电视节目。突然电视上出现轰炸的黎波里的镜头：喷气式飞机在城市上空盘旋，轰炸使房屋毁坏，黑暗之中，烈火熊熊。这个镜头是由美国的电视记者向全美实况转播的。在轰炸的时候，他被封锁在旅馆的房间里，他是从窗口和阳台上拍摄这些镜头的，遗憾的是没有声音。

ABC、CBS、NBC、CNN（电缆新闻网络）各广播电台保持了通往纽约电话线路的畅通，并通过电话整整一个夜晚都播放了这个广播节目。有时在背后传来爆炸声，美国听众仿佛是在听一个古代的广播故事，如痴如醉。在广播新闻的时候，各电视台还播放了第二次世界大战中被轰炸的伦敦的惨状以及反映越南战争悲惨场面的节目。利比亚政府并没有试图干涉这种广播，他们只是不允许美国人离开旅馆一步。

MBC 的记者在当地时间凌晨 2 点以后，一边俯视着港湾，一边大声地报道："的黎波里正在受到飞机的袭击。可以看到美国飞机在空中盘旋，到处都在发生爆炸。远处传来对空射击的声音，袭击目标并不固定。现在，正好有一架飞机冲过来，飞过港湾的上空……”

ABC 的记者报道：“在大约 20 分钟的袭击时间里，有相当数量的火炮在射击，不断传来巨大的轰鸣声。可以看到发射了导弹。没有美机被击落的迹象。黑暗之中，常常有曳光弹划过夜空，但看不到飞机的影子。”

NBS 的节目制作人，为了捕捉各处的发射和爆炸声，将电话的受话器伸到了窗外。

CNN 的记者在 2 点 15 分开始广播，他说道：“炸弹落下，火焰升腾。部队来到旅馆外面，拉开了架势，却不知道他们究竟要干什么。噢，就在刚才，他们已经离去！”

就在他们报道旅馆前北侧的情景时，在南方，在遥远的彼岸，也是烈火熊熊，浓烟直冲云霄。

## 失亲人　利比亚痛诉美军暴行<br>讨血债　阿拉伯频生恐怖案件

在攻击的黎波里的目标中，有一座天线高耸的通讯设施。利比亚时间凌晨 2 点左右，突然炸弹落下，响起巨大的爆炸声。通信设施的玻璃被震得粉碎，但天线却完好无损。的黎波里的宾·阿什亚地区是上流宅邸聚集的地方，这里的许多房屋都遭到了破坏。法国大使馆受损最大，澳大利亚、罗马尼亚、日本和瑞士驻利大使馆官邸都遭到炸弹的袭击，却没有人员伤亡。

在很长一段时间内，的黎波里的夜空被投下的炸弹和发射的导弹染红了半个天空，仿佛在燃放烟花爆竹，可以看到在浓烟升腾的天空，导弹拖着长长的尾巴直插夜空。

的黎波里市当局和市民的反应是迟钝的。开始时，街道上一直是灯火辉煌，袭击开始 15 分钟后，街灯才总算熄灭。即使在袭击最激烈的时候，城市也静得不可思议，还有车辆在港湾附近的街道上穿行。

到凌晨 5 点，市内再次传来爆炸声，像是高射炮在盲目地开炮。

许多伤员被抬到医院接受治疗，但死伤人数一时不明。攻击后不久，利比亚广播电台开始播放雄壮的进行曲，间或还夹杂着口号。广播电台愤怒地叫嚷：“野蛮的美国佬今天凌晨疯狂地袭击了革命领袖卡扎菲上校的宅邸，使几名家属受伤。”又说：“有 3 架美机被击落，驾驶员被市民杀死”，但这一切都无法证实。

在利比亚，有几家外资公司的雇员，被革命委员会转移到一个陆军基地，并强迫他们修补被破坏的设施——工人住宅。他们是两家联邦德国公司和一家瑞典公司。专门从事石油生产的西科迪勒拉等美国公司却没有接到任何指示。

尽管里根总统曾劝告他的国民离开利比亚，也许是害怕失去自己的财产吧，仍有几百名美国人留了下来。

一位名叫阿尔蒂奈利的意大利主教和 3 名外国牧师及一名修女遭到革命委员会逮捕，并被带到班加西的一座别墅接受调查。但具体细节却不得而知。

受到猛烈轰炸的的黎波里市的宾 · 阿什亚地区及阿齐齐耶营房，至少有 15 人死亡，60 人受伤。其中包括卡扎菲女儿哈恩娜和两个儿子。哈恩娜是被卡扎菲宅邸旁边一户人家炸飞的砖石砸伤了头部，抬到医院后死去的。根据伊斯兰教的习惯，哈恩娜在日落前被埋葬。

受伤的两个孩子在小儿科医院接受了治疗，他们受的伤都很重。卡扎菲夫人索菲娅因精神遭受巨大的打击而卧床不起。索菲娅所生的 7 个孩子当中，只有一个女孩。

开始，对于使馆区所受损害，美国解释说是利比亚的地对空导弹或对空炮火落下的碎片造成。但后来在事实面前不得不承认可能是坠落的那架 F-111 机把炸弹投错了目标，或者因搜索用的雷达因烟雾的干扰不能正常工作，而错投了地方。

美军的袭击造成利比亚死亡 39 人，受伤人数超过 100 人。

卡扎菲上校在袭击前就没有露面，在轰炸结束后 24 小时中，卡扎菲不知去向。有人说，他在阿齐齐耶军营的地下司令部避难，也有人说他待在沙漠的防护帐篷里，甚至还流传着他已死亡和逃到国外的消息。

直到第三天，卡扎菲的一名助手才透露了一直去向不明的卡扎菲上校的行踪。原来，空袭时，卡扎菲上校正在一个有空调设备的帐篷里躺着读一本记述越南战争的书，还看了一部描述美国在越南搞恐怖活动的录像。

一直“失踪”的卡扎菲上校4月16日晚上11点，突然在电视屏幕上出现了约20分钟。他谴责了美国和英国，同时对法国没有支持这次袭击表示感谢。他说：“我绝没有发出指令去杀害无辜的人们。我们只是支援革命，我们的目的是在世界各地掀起革命。我可以对里根说：‘你没有必要假装慈悲，为美国平民的安全而刻意保护利比亚平民和孩子，因为利比亚不会袭击美国平民。’”

美国情报当局透露，利比亚的一部分陆军出现了不稳的迹象，在的黎波里以南80公里的塔夫纳军营发生了激烈的战斗。但叛乱被利比亚空军镇压了。而且人们盛传，卡扎菲已不在的黎波里。美国当局有关人士说：“在制定袭击计划时，我们就期待着它能使利比亚军内部的分裂，促使军队暴发对卡扎菲的反抗。”

日本自民党议员柿泽弘治21日曾会见了卡扎菲。据他说，卡扎菲很健康。据柿泽弘治透露，卡扎菲当晚在回答南斯拉夫国家电视台特派记者的采访时，谈到国名，冠以大字，称利比亚为“大社会主义人民利比亚·阿拉伯民众国”。所谓民众国是无政府的国家，即人民的国家的意思，1978年卡扎菲上校就宣布利比亚已成为民众国，自那以后，他自称是“革命领袖”。

就在4月15日傍晚，美国袭击后15个小时，利比亚就向兰佩杜萨岛上的美国海岸警备队的导航设施发射了两枚导弹。兰佩杜萨岛属意大利领土，距利比亚约300公里，位于西西里岛与利比亚本土之间。据利比亚当局说：“发射导弹是对美国空袭的报复，完全破坏了对方的设施。”

据岛上居民说：“导弹好像是从海面7公里处的利比亚海军舰艇上发射的。”意大利飞机立即进行了搜索，但未发现舰影。据说，也许是从利比亚本土发射的苏制“飞毛腿”导弹，只是导弹没有到达岛上。

里根总统在电视讲话中，语调激烈地说：“这次对利比亚的空中袭击，只不过是长期反击恐怖活动的一个小小的片断，如果利比亚自己不停止用于政治目的的恐怖活动，空中袭击将继续下去。选择权在他们！”

包括美国在内的西欧各国认为，利比亚肯定要进行报复。各国驻外使领馆、美军基地都立刻进入高度的警戒状态。果然不久，恐怖活动接踵而来。

4 月 15 日，美国驻苏丹大使馆的通讯专员威廉·卡尔金，在喀土穆驾车行驶时，被击中头部。卡尔金被匆匆忙忙地运到了医院，结果是伤势过重，不治而死。尽管无法证实，但美国怀疑是利比亚支持的恐怖分子干的。

4 月 16 日，几百名苏丹人为抗议袭击利比亚，在美国大使馆门前举行了游行示威，后来被警察驱散。美国害怕事态扩大，匆匆将大部分大使馆人员和家属撤回国内。

4 月 17 日，在黎巴嫩被绑架的两名英国人和一名美国人被枪杀，尸体在贝鲁特近郊被人发现。尸体旁放着一本笔记，上面写着："为抗议英国支援对利比亚的袭击，我们断定他们是间谍，现由阿拉伯突击队处死。"这 3 人是 3 月 28 日被绑架的英国牧师莱·道格拉斯和帕特·费尔德以及一年前失踪的美国人皮德·基尔班。一开始，基尔班被误认为是英国人，18 日才弄清楚他的身份。

总部设在伦敦的全球电视新闻台的约翰·麦卡西 4 月 17 日在赴贝鲁特机场的途中被绑架并被杀害。英国外长杰弗里·豪翌日说："麦卡西是被利比亚人杀死的，我们有确凿的证据。"

4 月 17 日，在伦敦的希思罗机场，一位怀孕的妇女正准备登上飞往以色列的特拉维夫的以色列航空公司波音 747 飞机时，从她的手提包里发现了一枚隐藏的炸弹。据警察透露，炸弹是她的男友，一位名叫内扎·欣达维的阿拉伯人交给这位爱尔兰籍妇女的。男友翌日就被逮捕。据说："如果在飞行中爆炸，后果不堪设想。"

在突尼斯共和国的首都突尼斯市，4 月 17 日，美国大使馆官员住的院内被人扔进了一枚炸弹。炸弹在外交官的车里爆炸，幸好车里没人。

袭击利比亚，给美、利两国人民都留下了一场噩梦。

## 四、"黑鸟行动"

——巴解突击小组夜袭以军军营

### 伞翼机待命出击

巴勒斯坦和以色列两个冤家对头，一直打打杀杀，争争斗斗，没完没了，似无尽头。

以色列人在边境线上构筑了大量的工事，并布重兵把守。巴勒斯坦解放战士为打击以色列，曾多次发起攻击，但均被装备精良的以色列军队击溃，大败而归。特别是 1982 年以来，巴解战士组织了几次重要的军事行动，因被以军提前发现，使得参加袭击的巴解战士遭受了惨重的损失。

在与以色列的战斗中，巴勒斯坦人总是占据下风，胜利的天平总是无情地偏向以色列人。巴勒斯坦人饱尝了失败的痛苦。为了打击以色列人，鼓舞巴勒斯坦军民的士气，增强抗以决心和信心，巴解组织一直在考虑袭击以色列的有效手段。1987 年 8 月，巴解人民解放阵线（简称“人阵”）总部得到了一批先进的伞翼机。这种单人飞行器翼展为 12 米，装有一台 20 马力的摩托车用马达，以其带动一只小型螺旋桨，能在空中连续飞行 3 个多小时，时速可达 60 公里。“人阵”总部接受多次战斗失败的教训后，决定使用这种伞翼机，从空中进入以色列境内实施越境偷袭，快打快撤，速战速决。

于是，“人阵”总部制定了详细的作战计划，并为保证行动的突然、隐蔽，减少不必要的伤亡，他们决定组织短小精悍的突击行动小组，仅由 4 人担任偷袭任务。他们将这次偷袭取名为“黑鸟行动”。

作战计划制定后，挑选突击队员的工作在巴解战士中极其秘密地进行。“人阵”总部经过严格的考核筛选，最后决定由塞耶尔、阿里、拉米和哈桑 4 名巴解战士执行这次“黑鸟行动”的任务，行动组长由塞耶尔担任。

由于是使用伞翼机作战，“人阵”总部专门挑选了小巧灵活的年轻战士。因此，这 4 名队员年龄在 20 岁上下，身材均较矮小。组长塞耶尔身高不足 1.6 米，但军事技术却十分全面，多种武器射击、投弹、爆破、刺杀等样样精通。他最得意的是，擅长使用一支苏制 AK-47 型自动步枪，能在 200 米的距离上，做到弹无虚发，枪枪不落空。

在特殊环境下成长起来的巴解战士，都有一种强烈的责任感和荣誉感。为了祖国的解放，为了创造美好的生存环境，他们愿意献出自己的一切。因此，他们在受领任务后，自觉地接受了严格的军事训练。不久，他们便能十分熟练地操纵动力伞翼机，驾驭它在空中自由翱翔。大家等待的作战日期终于来到了。

## 枪声惊夜空

1987年11月25日晚，乌云遮住了月光，夜色沉沉。晚风不时地阵阵刮来，吹得树叶哗哗作响。行动突击小组按照计划开始了行动。

黎巴嫩南部的黎以边境附近，人们在进行了一天的劳作后，渐渐地进入了梦乡，周围一片寂静。突然，从附近一座小山包的灌木丛中，箭一般地飞出4只黑色的“大鸟”，在似有似无的摩托发动机声中，飞快地向以色列边境线飞去。

伞翼机在气流的影响下，忽高忽低地在神速飞行。不久，4名全副武装的队员，在组长塞耶尔的带领下，身体呈水平状态悬挂在伞翼机下端，全凭摆动身体姿势控制着前进方向，神不知鬼不觉地从空中潜入了以色列境内。

为了偷袭需要，机载摩托发动机全安装了消音器，发动机的声音极小。但是，在万籁俱寂的夜间，其“突突突”的声音仍显得很响。这增加了现场紧张的气氛，好在他们都进行过这样的模拟训练。

21点30分左右，伞翼机群已深入以色列腹地。这时，一辆以色列的巡逻车似乎发现了什么，停下车来用探照灯向空中乱照，好像在搜寻目标。强烈的灯光刺破夜空。好险！车灯险些儿照上了飞在最后面的伞翼机。十分幸运，以色列人未发现情况。但十分警觉的以色列人，并没有麻痹大意，为预防不测，他们要求上级派出两架武装直升机来此处详细侦察。

塞耶尔感到以色列境内戒备很严，担心发生意外，于21点50分，在一片灌木丛生的坡地上率先着陆，另3架伞翼机紧随着他飘落下来。

着陆十分成功。

“快！隐蔽好伞翼机，然后简单收拾一下，带上家伙，跟我来！”塞耶尔发出命令。根据作战计划，他们主要是袭击以军军营，尽可能多地杀伤以军，给以色列造成一定的心理冲击。塞耶尔待队员会合后，立即寻找袭击的目标。他们发现不远处有一座灯光昏暗的村镇，于是，塞耶尔立刻带领其他3名队员十分警觉地向那村镇悄悄地摸去。

塞耶尔、阿里、哈桑3人平端着AK-47型7.62毫米自动步枪，打开枪的保险，走在前头；拉米提着一挺苏制PK卡拉什尼柯夫轻机枪，将长长的弹链挂在枪身外部，紧随其后。当他们刚走出不到50米处时，突然一辆美制吉普车迎面开来，耀眼的灯光直照突击小分队。说时迟，那时快，塞耶尔立即扣动扳机，一串子弹猛射过去，顷刻间将车打翻在路旁边的沟里。开车的以色列军官身中数弹，当即毙命，同车的一名女军人被打成重伤，昏死过去。

枪声惊动了周围以军，顿时，100米开外的以军纳哈尔旅后方指挥支援基地警报大作，灯光四射，手持各种武器的以军纷纷冲出营房，向枪声处寻来。与此同时，两架美制武装直升机，发出隆隆的马达声，也向这边飞来。

处境万分危险，塞耶尔果断地下达战斗命令："拉米用机枪掩护，其他人按计划分头行动，将携带的子弹打完后立即撤出战斗，驾伞翼机返回。"

于是，拉米的机枪愤怒地咆哮起来，长长的火舌窜动着，一颗颗无情的子弹扑向前面晃动着的人影。塞耶尔他们3人边打边往前冲，当他们冲到距军营约50米处时，从3个方向用AK-47自动步枪打开了点射。此时此刻，他们将多年来心中积压的仇恨和复仇的怒火，全部凝聚在枪口上，拼命地扣动着扳机，恨不得把随身携带的150发子弹一下子打出去，将以色列士兵一个个放倒，然后凯旋而归。

以色列士兵突然遭到三个方向的袭击，许多士兵在弹雨中纷纷倒地，一时摸不清有多少敌人向他们发动了攻击，十分惊慌。但一些素质高的士兵已开始进行反击，空中的两架武装直升机也朝三个袭击点开了火，通红的枪口火焰像夜空里舞动的火蛇，在空中高速窜动。

"撤！快撤！拉米继续掩护！"塞耶尔见以军人多势众，立即发出了撤退的命令。

倒霉的是，恰在这时，机枪手拉米被武装直升机击中，一发子弹穿透了他的腹部，黏糊糊的血流了出来，染红了身下的土地。拉米挣扎着坐了起来，他想，自己已身负重伤，不可能驾驶伞翼机返回了，眼下自己唯一能做的，就是为战友提供掩护，在停止呼吸之前，尽可能为战友们多创造一些生还的机会。他咬紧牙关，吃力地换上一链子弹，满腔怒火地向扑过来的以军猛烈扫射。几个以色列士兵应声倒地，其他士兵也趴了下去。

拉米的机枪连续地喷吐着火舌，很快地被空中的两架武装直升机发现。它们从两个方向向拉米猛烈扫射，一阵泼水般的子弹从空中袭来，拉米像是被大黄蜂蜇着似地抽搐了几下。机枪声戛然停止了，拉米壮烈牺牲。但他将以色列军的火力吸引了过来，为战友撤退赢得了宝贵的时间。

塞耶尔带领着哈桑和阿里不顾一切地向停放伞翼机的方向跑去。由于拉米为他们争取了宝贵的时间，使他们得以迅速地撤离到了伞翼机边。塞耶尔首先动作敏捷地发动马达，推着机身向山坡下迅跑，然后纵身一跃钻进吊舱，“黑鸟”成功地升空了。紧接着，哈桑、阿里也先后顺利升空，阵阵轻微的马达声又在夜空中响起。地面的以军发现袭击他们的敌人升空逃跑，一片混乱，有的用探照灯向空中照射，有的举枪向空中开火。不幸，一颗 M16 自动步枪子弹击中了飞行在最后面的阿里。这种 5.56 毫米的美制小口径步枪子弹杀伤力极强，阿里一只手操纵着伞翼机，一只手急忙掏出急救包，用力堵住胸部的伤口。但仍然血流不止。这时，阿里虽感到有些身不由己，却仍然拼尽全力操纵伞翼机向北飞。活着不当以色列的俘虏，死了不作以色列国土上的鬼魂。当伞翼机越过黎以边境线后，他突然眼前一黑，完全失去了知觉。无人驾驶的动力伞翼机一头撞向地面。这里，离边境线仅 400 多米。

紧追不舍的两架以军武装直升机迅速追了上来，用密集的机枪子弹封锁了前来救援的巴解战士的道路。阿里在爆豆般的枪声中孤立无援，终于在黎明时分因失血过多而壮烈牺牲。

为了祖国的解放，为了巴勒斯坦人民的荣誉，阿里流尽了最后一滴血。

塞耶尔和哈桑于当晚 23 时许安全返回基地，受到巴解战士们的热烈欢迎。

“黑色行动”以亡 2 人的代价取得击毙以军 6 人，击伤 7 人的战果。虽然这一胜利是微不足道的，但却使以色列人在军事上和心理上受到近年来最沉重的打击，同时，也大大地鼓舞了巴勒斯坦人民反以斗争的决心和信心。

## 五、血腥的“四一九”运动

——哥伦比亚追杀阿尔瓦罗

### 全力清剿　四一九险遭灭顶之灾
### 按兵不动　待机报复制造大厦血案

1970年哥伦比亚举行了4年一度的总统选举。保守党总统候选人巴斯特拉达仅以4万张选票的微弱优势战胜了当时执政呼声最高的全国公众联盟的总统候选人海梅·贝德曼，登上了总统的宝座。全国公众联盟指责保守党在大选中做了手脚，拒绝承认大选结果。由于全国公众联盟的申诉未能得到国会的支持，加之美英等西方国家对保守党政府的承认，斯巴特拉达成为合法总统。同年4月19日，公众联盟领导人海梅·贝德曼和卡洛斯·托雷多医生等人纠集联盟党内的极端分子，建立了后来令世人生畏的“四一九”运动组织，走上了以武力对抗保守党的道路。1972年，该组织派出一个行动小组，潜入以南美独立之父西蒙·玻利瓦尔命名的博物馆，盗走了玻利瓦尔的长剑，声称要以此剑惩罚邪恶，匡扶正义。从此“四一九”运动开始了它的恐怖活动史。

1980年2月28日，多米尼加共和国驻哥伦比亚大使馆举行招待会，庆祝独立日。“四一九”运动组织得到这个情报后，立即派出了一个行动小组。当晚，由16名敢死队员组成的行动小组乔装打扮，混入了多米尼加大使馆。将前来参加招待会的40多名外交官扣留当作人质，其中包括美国、委内瑞拉等国的大使，世界舆论为之大哗。当时的哥伦比亚总统图尔瓦略断然拒绝同该组织进行谈判，致使恐怖分子占领使馆长达两个月之久。最后在美国斡旋下得以政治解决。此后，哥伦比亚政府加紧了对“四一九”运动的清剿，同时对其同情者进行打击。

由于军警的多次围歼行动，“四一九”运动的力量受到很大打击，仅一年内就有600多名成员丧生，其核心领导人也都死的死、逃的逃，如1984年4月28日，海梅·贝德曼死于一次“飞行事故”；同年8月11日，卡洛斯·托雷多在布卡拉曼加遭人暗害；1985 年 5 月，在与政府军的一次武装冲突中，安东尼奥·那瓦罗在腿部中弹并做了截肢手术后迁居哈瓦那。

为了免遭灭顶之灾，“四一九”运动按兵不动，待机报复。1985 年 11 月 6 日，“四一九”运动的一支由 35 人组成的突击队在光天化日之下，突然武装占领了坐落在市中心广场、离总统府仅 200 米的哥伦比亚国务和司法大厦，包括最高法院院长在内的 230 名司法要人和国务领导人被置于枪口之下，大批国务和司法文件被付之一炬。哥伦比亚政府断然拒绝了“四一九”运动提出的释放所有在押的“四一九”运动恐怖分子的要求，派出军队，出动了大批的坦克和装甲车进行围剿。经 26 小时的激战，35 名恐怖分子全部丧生。包括最高法院大法官在内的 110 名人质全部死于恐怖分子的枪口之下，酿成了本世纪以来哥伦比亚历史上最惨痛的恐怖事件。事件发生后，哥伦比亚总统在电视讲话中声称，政府将采取一切手段镇压恐怖活动和惩办凶手，并命令哥伦比亚情报和保安机构采取行动，不惜一切代价彻底铲除“四一九”运动。

总统一声令下，哥伦比亚的情报网加速运转起来，不久之后，情报部门查明这次流血事件的元凶是“四一九”运动创始人之一、该组织的理论家兼最高军事首脑阿尔瓦罗·法拉第。全国保安及情报机构立即加紧行动，制定了追杀阿尔瓦罗的“讨债行动计划”，发誓要不惜任何代价讨还司法大厦血债。

## 精心策划　巧设陷阱诱歼血案元凶<br>自鸣得意　机关算尽难逃天罗地网

恰在此时，哥伦比亚保安部队在哥第二大城市加里市郊同一伙“四一九”运动组织成员发生了武装冲突，打死近 20 名恐怖分子，并将其余 3 人生俘。经严酷审讯，一名化名“阿利托”的家伙承认自己是“四一九”运动最高领导人的联络员，有机会接近各地领导人。哥情报机构如获至宝，为达到诱歼“四一九”运动领导人阿尔瓦罗·法拉第的目的，他们派人将“阿利托”全家“请”到保安机构的某个基地保护起来，同时也把“阿利托”从监狱送回家中团聚。几天后，在哥伦比亚情报机构的精心安排下，“阿利托”率 3 名“同监”“杀死”了监狱的看守，逃回了

“四一九”运动的一个据点。从此，哥伦比亚情报机关对“四一九”运动领导人的一切行踪都了如指掌，具备了实施“讨债行动计划”的条件。

司法大厦血案发生后，哥伦比亚军警加强了对“四一九”运动各活动地区的军事封锁，并在这些地区实行了军事管制，极大地限制了“四一九”运动各控制区之间的联系。阿尔瓦罗急于想了解其他各活动区的情况，可又不敢冒险使用电台，心情十分焦急。正在此时，“阿利托”领着3名同监的恐怖分子来到这里，称狱中同党帮助他越狱，特来通知阿尔瓦罗，加里地区“四一九”运动领导人约他在波哥大见面，商议准备在加里再搞一次比司法大厦规模更大的行动。尽管阿尔瓦罗对“阿利托”越狱有些猜疑，但拟议中的大规模突袭行动却强烈地吸引了他。14日一早，阿尔瓦罗对基地的工作做了布置后便离开了。与此同时，一封有关他的行踪的密电传到了哥伦比亚情报局。

阿尔瓦罗频繁地更换出租汽车，可他哪里知道，从他离开秘密据点起便一直处在情报机构的监视之下，甚至他还乘坐了一段情报局的出租车，车上的秘密电眼将他的面貌和声音全部录了下来，送到有关部门去做技术鉴定。阿尔瓦罗先是在首都闹市区里闲逛，时而钻进一家商店，时而坐下来喝杯咖啡，以此来断定是否有人盯梢。当他来到一处街口回头朝身后张望时，脸上突然浮现出惊异的神色，接着便转身钻进了一条小胡同。后来据情报部门的估计，阿尔瓦罗可能认出了跟在他身后的某个便衣警察。阿尔瓦罗慌慌张张地来到一幢住宅楼，向守门人打了个招呼便径直奔上了二楼。

二楼上住着作曲家拉乌尔·罗塞罗一家。拉乌尔每天除了在学校讲课外，有时还到当地的某些演出团体去。这天下午4点多，拉乌尔从外面打来电话，告诉妻子他可能要晚些时候回去，让妻子和孩子先吃晚饭。妻子放下电话不久，便听到有人敲门。阿尔瓦罗自称是拉乌尔的朋友，已和拉乌尔约好要在家里见面。妻子从未见过拉乌尔的这位朋友，但还是热情地接待了他，给他端上了咖啡，并同他一块谈论起昨天晚上的一场国内足球赛。将近5点40分时，阿尔瓦罗从临街的窗口看到有两名工人爬到齐窗高的电杆上作业，住宅楼门口的电话亭也有人在修理电话。其实，这几名身着哥伦比亚电话公司工作服的电工都是由情报部门特工乔装的，他们奉命继续监视躲在屋里的阿尔瓦罗。这时，住宅楼已完全被保安部队包围了，反恐怖特种部队也奉命出动，控制了各楼口和楼顶，该地区的所有路口都被封锁了。

5点45分，住宅楼和附近地区街道突然变得一片漆黑。阿尔瓦罗还以为是修电线的工人临时拉掉了电闸，忙从沙发上站起身，准备去窗口看个究竟。几乎就在这时，房门猛地被从外面撞开，几道强烈的光柱同时射向了阿尔瓦罗，还未等他反应过来，一排子弹狠狠地钻进了他的胸膛。

阿尔瓦罗用迟疑的目光盯着眼前突然出现的军警，摇晃了一下便一头栽倒在地上。这位被哥伦比亚情报部门追捕已久、司法大厦血案的策划者和“四一九”运动的最高领导人终于得到了他应有的下场。这次突袭，从断电到击毙阿尔瓦罗，仅用了不到一分钟的时间。

## 六、噩梦八周

### ——美军特种部队败走索马里内幕

这一天晚上，美国纽约的大街上火树银花，曼哈顿上区的黑天鹅舞厅门口人头攒动，有个身材高大的男人挤进了舞厅，他独自走到墙边一张桌子前坐了下来，右手朝服务员打了个弹响。服务员走来，很有礼貌地朝他一鞠躬：“先生，您想要什么？”

“来一杯威士忌！”他没好气地说，看上去情绪很不好。服务员很快送上一杯酒。

琼斯独自啜饮着，没喝上几口，他便大声地骂开了：“这是什么酒？简直跟甜水差不多，真没劲。”他又朝服务员招招手，重新要了一杯威士忌。

一个舞女来到他的面前，他摆了摆手。过了一会儿，又有一个舞女上来搭讪，他“腾”地站起来说：“叫你们别打扰我，你们不听，好，算你们狠，我走！”

他拎着上衣大步走出门，驾车回到家中，一屁股坐在沙发上，拿起电视遥控器，可是，他一个频道一个频道地换过来换过去，却没有选中一个令他满意的节目。他正准备关掉电视，却传来晚间新闻播音员的声音：“各位女士、先生们，白宫新闻发言人惠特曼在今天午后召开了新闻发布会，首次披露中央情报局在索马里的行动：美国的‘恢复希望’计划惨败……”

电视屏幕上还出现一名受伤的名叫迈克·杜兰特的陆军直升机驾驶员在索马里首都摩加迪沙囚禁了11天后被送回美国的画面。琼斯从电视上看到这一情景后，呼吸加快，心跳加速。他觉得自己又站到了那被非洲的烈日炙烤的土地上，仿佛听到了直升机涡轮的哀鸣，嗅到了硝烟弥漫的气味。就在四天前，琼斯也在那个停机坪上走过。加里特·琼斯是美国中央情报局驻摩加迪沙分站站长，他在摩加迪沙的八周不堪回首，那是噩梦般的八周。

## 出师不利

1993年，非洲索马里的内战引起了全世界人民的关注。

索马里位于非洲大陆最东部的索马里半岛上，面积约63万多平方公里，大部分地区属热带沙漠气候，西南部属热带草原气候，终年高温，常年平均气温在28℃。

在非洲，索马里是历史悠久的文明古国，约在公元前1700年就已建国。公元7世纪起，阿拉伯人不断移居于此，并在亚丁湾和印度洋沿岸建立了贸易点和若干个苏丹国。1887年，索北部沦为英国“保护地”，称为“英属索马里”。1925年，索南部沦为意大利殖民地，称“意属索马里”。1941年，英国控制了整个索马里。1960年6月26日索北区独立，7月1日索南区独立，即日南、北两部分合并，成立了索马里共和国。1969年西亚德发动政变上台，成立索马里民主共和国。

索马里贫困落后，民众对政治、经济也无过多要求。因此，这里的民众长期安于现状，政治局势较为平静。

到了20世纪80年代末和90年代初，全球形势没有随着冷战的结束而消弭战事。此时，一向平静似水的索马里，由于连年干旱，饥荒严重，内部矛盾加剧，1991年春天终于爆发了内战。内战使首都摩加迪沙全城大乱，火光冲天，商店大门紧闭，学校停课，交通、邮电中断，国际机场被迫关闭。紧接着，全国十几座城市也发生了暴乱。暴乱的两年中，各派政治势力相互火拼，大鱼吃小鱼，小鱼吃虾米，最后分成两大派别，一派是以临时总统迈赫迪为首，另一派是以身兼三职（联合大会主席、议长、军队参谋长）的艾迪德为首。两派为了争权夺利，战火频起，导致难民如潮，纷纷向邻国涌去。

身材魁梧、体魄强壮的美国参谋长联席会议主席鲍威尔上将，接到驻索马里大使馆送来的暴乱情报，忧心忡忡，他打电话给布什总统说："如今索马里如火山喷发，如果不设法遏制那里的战火，必将孕育出第二个萨达姆，一个萨达姆就搅乱了中东，一旦出现第二个萨达姆，我们美国可能也会受到很大威胁。总统阁下，你看怎么办？是否要派兵镇压？"

电话那头的布什似乎胸有成竹，他安慰说："你不要太焦急，我正同联合国秘书长商量解决此事的最佳办法。你就放心吧，艾迪德不会有好下场的。"

布什连续同联合国秘书长加利秘密会晤了几天，勾画出一幅名为"恢复希望"的蓝图。

1992 年 12 月 9 日，一场代号为"恢复希望"的军事行动打响了。以美军为主，20 多个国家参与组成的多国部队，共计 3.7 万余人，分别从海上、空中、陆地，浩浩荡荡开进了索马里。

为了尽早实现美国的意图，联合国特使——美国人罗伯特·奥克利，在美军特种部队登陆后的 24 小时内，安排索马里敌对两派头目，坐在一起和谈。世界人民从电视的屏幕上，看到迈赫迪与艾迪德握手言欢的画面。

然而，1993 年 2 月 22 日，穆斯林斋月的第一天，艾迪德在摩加迪沙街头发表演说，号召全国民众行动起来，打败美国佬，赶走美国佬！一时间，民众纷纷拿起武器，响应艾迪德的号召，发起了规模巨大的"圣战"。

情况紧急，美军特种部队和多国部队迅速占领街头巷尾的有利地形，并以百十门大炮构成弹幕，猛轰艾迪德部队。炮击三小时，美军和多国部队以为对方被击垮，停止攻击。谁知烟雾散尽后，却不见对方一个踪影。原来艾迪德乘炮击之际，早将部队拉出城外。美军和多国部队一阵白忙，方知上当，可是，他们根本不把艾迪德放在眼里，毫不犹豫追杀到城外。

岂知艾迪德的部队对地形极熟，早就在险要之处设了埋伏，并派了一小股部队作诱敌之饵，美军和多国部队不知是计，一通猛追，落入了艾迪德的陷阱，顿时乱了方寸，纷纷溃退。这一仗时间虽短，但艾迪德战果颇丰，不仅杀伤了一些美军，还缴获了一批武器。

损兵折将的消息传到美国，克林顿立即把中央情报局长请到了白宫，问，是不是还可以采取一些特殊的手段？

情报局长听到克林顿的话，立即心领神会，回答说："总统的意思是要我们派人去暗杀艾迪德？"

克林顿说："是的，时间上要抓紧，最好一个月内完成，不要超过八个星期。"

中情局将任务交给了加里特·琼斯。

琼斯这年43岁，是中情局驻摩加迪沙分站站长，在非洲有非常丰富的活动经验。

中情局局长向琼斯交代任务后，问他有何想法。琼斯拍着胸脯表示："局长放心，我一定会按时完成您交给的任务，我保证四周内将艾迪德干掉。"

琼斯的飞机在摩加迪沙机场降落后，他和助手出了机场，跳上乔纳森派来的车子，一溜烟离开了机场。车快要开进摩加迪沙市区时，突然从路边窜出来七八个彪形大汉，一个个手中都抱着冲锋枪，他们边向琼斯的车子方向跑，边朝车子开枪。琼斯见势不妙，机智地打开车门，往下一滚，这才拣了一条命，他后座上的助手格雷戈理却一命呜呼了。琼斯和其他队员掏出枪拼命还击，双方相持了一阵，乔纳森的部队赶来接应，对方见势不妙，只好四散而逃。琼斯心惊胆颤地来到了特种部队司令部门口。乔纳森握着他的手说："别灰心，你和我一样。不过，失败是成功之母，你们休整几天再行动吧。"

乔纳森安慰他说："军人的道路上总会遇到伏击，千千万万颗子弹不知从何处飞来，打在身上，造成伤口，留下疤痕，而后在那疤痕的纹路上，长出美丽的思想来。"

## 内奸无用

乔纳森很会为别人着想，他觉得琼斯的队伍虽然精悍，但毕竟人数少，武器少，很难在四周甚至八周内完成干掉艾迪德的任务。为保险起见，他上报华盛顿，经批准后，由多国部队为琼斯拨了 5 架直升机和 300 名官兵，协助琼斯完成这次任务。谁知乔纳森好心没有好报，琼斯得到这些援助后，不但不感谢乔纳森，反而认为乔纳森不相信自己的能力，是对自己能力的贬低。可是，既然是华盛顿同意的，他也只好接受这个帮助。

时间紧迫，为在四周内完成暗杀任务，琼斯派出两批人马去侦察艾迪德的行踪。这两批人几经周折，终于探听到艾迪德司令部设在索马里西部的一个村庄内。

琼斯立即率部下扑了过去，谁知艾迪德早已闻到了味道，把自己的营地转移了。

乔纳森知道琼斯行动落空之后，赶过来开导他说："你打过猎吗？"不等回答，他继续说，"我打过几次狼。我们在动物园里看到狼那副尖牙利齿的样子，十分吓人。可是，当人们不怕它，并敢直捣狼穴时，情况就不一样了。狼一见到有人来了，有的急得乱窜，屎尿都出来了；有的缩成一团，互相推搡着，都想往后躲；有的则静静地卧在地下，乜斜着眼儿，等着就擒。"说完了打狼，乔纳森又开始说捉猴，"猴子本来就是兽类的'智多星'吧？捉它可不太容易。可是，猎人们别出心裁，用诱猴醉酒，逗猴打架，引猴入笼等办法，请猴主动入瓮。如此这般，那'智多星'不是乖乖地当了'俘虏'嘛！"

琼斯似乎并没有被他的故事所启发，他说："哎，说这些有何用？艾迪德比狼凶残，比猴子精明。"

乔纳森说："我的意思是说，我们要设法寻找一个扑狼穴、进猴窝的办法来。"

"有什么好办法？"琼斯没好气地问。

"有啊，"乔纳森说，"我特地赶来，就是要送你一台电子监控器，有了它，你就长了千里眼、顺风耳，它可以侦听到艾迪德司令部的无线电联络情况。而你一旦掌握了艾迪德的电台方向，不就可以直扑狼窝，活捉艾迪德吗？"

琼斯一听，觉得这是个好办法，便点点头说："谢谢你！"看样子，他开始领乔纳森的情了。

但是艾迪德早就防到美国人会用这一着了。艾迪德为了防止美国人的监听，自己对外界的一切联络，根本不用无线电，而是用信鸽，或者派人直接联络。因此，乔纳森的高级现代化仪器对琼斯毫无用处。

美国中央情报局得知琼斯行动还没有什么进展，又派来一名行动官员协助琼斯工作。这名行动官员叫康多，是名黑人，从加利福尼亚大学毕业后，曾在美国驻索马里大使馆工作过五年，称得上是非洲通。康多一到索马里，琼斯便问他："你有什么好办法吗？"

康多自信地说："我在接到任务后，设想了多种方案，其中一个方案可以先试一试。"

"你说出来听听。"

"堡垒最容易从内部攻破，"康多说，"我以前认识摩加迪沙北部一个小军阀，他叫叶哈夫基，我们同在加利福尼亚大学学习，现在，他控制着一支500人的队伍，和艾迪德虽不是一派，但两人的关系挺不错，听说艾迪德有时打仗兵力不够时，还会向他借兵。叶哈夫基很够朋友，艾迪德何时要人，何时要枪，只要提出来，他总满口答应。"康多说到这里，取出香烟，点燃之后深深地吸了一口。

"你真的这么了解你的这位同学？你怎么知道他和艾迪德的关系就那么好？你是在说饶舌吧？以此显示你的本事。"琼斯不相信。

"你就放心吧，"康多过了几口烟瘾，继续说，"我打百分之百的包票，这些是真的。所以，我想叶哈夫基非常熟悉艾迪德的行动规律。我们只要将叶哈夫基争取过来，将一根装有窃听器的手杖通过他赠给艾迪德。这样，我们不就可以跟踪到艾迪德的行踪了吗？"

琼斯在束手无策之时，觉得这也是一条良策，便说："那就试试你的这个方案吧。"突然，他想到一个问题，又问："艾迪德此人年龄不大，送给他一个手杖，他会随时带着吗？再说，艾迪德不是个大傻瓜，他不会无缘无故接受叶哈夫基一根手杖的。"

"这你就放心吧，"琼斯想到的，康多也想到了，他用稳操胜券的口吻说，"这可不是一根普通的手杖，而是一支用象牙雕制而成的手杖。更会令艾迪德心动的是，它不仅仅是手杖，而且还是一支无声手枪。艾迪德作为指挥员，他很需要一支手枪来防身。"康多十分有把握地从他的行李箱内取出了那支特制的手杖，递给了琼斯。

琼斯批准了康多的方案，他们用多种方法，终于将叶哈夫基争取了过来。叶哈夫基信誓旦旦，一定将手杖送到艾迪德的手中。

谁知，康多的算盘又打错了。一年前，艾迪德就怕叶哈夫基变节反叛，曾经送给他一位漂亮的“女秘书”。这位女秘书起的作用很大，一方面可以加深艾迪德与叶哈夫基的个人关系，便于利用他。另一方面，女秘书是安插在叶哈夫基身边的“卧底侦探”。叶哈夫基的一切行动全掌握在艾迪德的手中。

女秘书扎尔夫娜，她美丽、灵秀、气质不凡。叶哈夫基第一眼见到她，便被她那朝气蓬勃的青春魅力和自始至终的动人笑容所迷倒。从此，女秘书成了他的情人，叶哈夫基的情报，便源源不断地落在艾迪德手中。

那天，叶哈夫基与琼斯、康多密谈后回到驻地，扎尔夫娜见他的手上多了一根象牙手杖，便多了一个心眼，她温柔地上前挽着叶哈夫基的手臂，轻声地说：“这是谁送给你的宝贝？你年纪轻轻的，要这个干什么？”说罢，就去拿这根手杖，想探个究竟。

叶哈夫基连忙将手杖从右手换到左手上，搪塞说：“朋友送的，我想送给我最好的朋友艾迪德。这可是个宝贝啊，它不但可以作手杖用，还可以作无声手枪用呢！”说罢，他拉着扎尔夫娜坐在自己的大腿上，兴奋地说，“我们发财啦，不久我就带着你到英国、法国、意大利，你高兴吗？”

扎尔夫娜知道这手杖有鬼，当晚就将这个情报发给了艾迪德。

第二天，当叶哈夫基带着手杖来到艾迪德的驻地时，刚进村就被七八个士兵捆了起来，押到艾迪德面前。艾迪德威严地一拍桌子，吓得叶哈夫基一个哆嗦。艾迪德从士兵手中接过那个手杖，命手下仔细检查，终于从里面找出了那个窃听器，艾迪德厉声对叶哈夫基说：“你还有什么话可说？”

叶哈夫基吓得跪地求饶，但已救不了自己的命了。

就这样，琼斯、康多的利用内奸的方案失败了。

## 黑鹰坠落

这天，琼斯扳着手指算算，日子过得真快，不知不觉到索马里已经四周了，回想一个月前在华盛顿拍着胸脯承诺的情景，心里不禁一阵羞愧。来索马里一个月，自己干成了什么？别说活捉艾迪德，就连艾迪德究竟藏身于何处，一直都没搞清……他的心头一阵收缩，在剩下的四周时间内，如果真的一事无成，完不成任务，怎么回去向上司交差？他将自己的顾虑向康多诉说时，康多说："我认为我们的人手是少了一些，这样吧，我们马上向华盛顿报告，就说艾迪德的武装力量已发展到两万人，我们美军特种部队和多国部队由于不习惯沙漠生活，战斗力每况愈下，请求华盛顿增派一批特种兵部队来支援我们。"

琼斯考虑着说："向上面要人就能抓到艾迪德吗？艾迪德此人太诡秘，他行踪不定，我看再多的人也很难抓到他。"

康多说："长官，你是不是太泄气了？人多力量大嘛。如果上面再派一批人来，大家好好动动脑筋，就不愁抓不到艾迪德。"

"那就试试吧。"

8 月 25 日，白宫批准了琼斯求援报告。8 月 26 日，由加里森中校率领的 500 名特种部队队员飞赴索马里。

琼斯把加里森当作救星，将扭转被动局势的希望放在他的身上。加里森刚放下行囊，琼斯便急迫地同他磋商捉拿艾迪德的办法。加里森不屑一顾地说："没问题，此事包在我身上。"他大谈特谈自己在伊拉克如何与萨达姆艰苦作战，然后又说了如何活捉艾迪德的想法。

加里森说："把所有队员放出去侦察，找寻艾迪德的踪迹，只要有 60% 的把握，就集中所有队员迅速出击，扑向一处。"

第二天，琼斯照着加里森的办法行动。一早，他就将所有队员赶出去了，不到中午，就有一名队员气喘吁吁地来报告说，他在摩加迪沙城西的一个村子里，发现了艾迪德的部队在那里训练。他还说艾迪德的司令部也在那个村子里开会。琼斯一听可来了劲，他不能让这个机会错过，便火速命令部队集中。

两小时时间，所有队员集中后，迅速乘坐直升机向城西飞去。只用了 20 分钟，所有队员便顺利降落在那个村子周围。近 800 名队员如猛虎下山，一下子扑进村子，把村里所有人一个不漏地都抓了起来。琼斯接到这个消息，咬着牙说："艾迪德，看你这下往哪里逃！”

琼斯命人速速起草好给华盛顿的报喜电报，然后跑到村子里，他好奇地想看看他昔日的对手，如今的手下败将艾迪德究竟长得什么样。可是，令他大吃一惊的是，那些被抓的人全是联合国派到索马里的救援人员。

过了几天，琼斯终于捞到一根救命稻草，艾迪德手下的两个保镖愿意说出他的藏身之所。在一番讨价还价之后，保镖说，艾迪德的两名高级助手将在一个大院会面，艾迪德也有可能去那里。

当下，琼斯、康多、加里森坐车到多国部队司令部，与乔纳森紧急磋商，决定成立以乔纳森、琼斯为首的指挥中心，由加里森、康多负责第一线作战。这次行动非常成功，突击队员捉住24名索马里人。琼斯立即把这一战果向总部作了汇报。但20分钟后，特种部队指挥中心传来消息：一架“黑鹰”直升机被击落。载着捕获的索马里人的车队被指令火速奔向直升机坠毁地点，参加救援行动。

几分钟后，琼斯接到康多的电话：“又一架直升机掉了下来！”琼斯双手抱头，一声长叹：“又是一场灾难！”事实上，情况比琼斯预想的还要严重，在奔向第一架直升机坠毁地点的途中，车队迷失在摩加迪沙迷宫一样的街道里，每到一个街口都会遭到狙击手的袭击。在第一架“黑鹰”掉下后约90分钟，车队终于回到了机场——他们没能赶到坠毁地点，车队载的50名美国士兵和那24名索马里人已有近一半被击毙或击伤。

与此同时，指挥中心派出另一个车队前去救援在第二个坠毁地点周围的90名士兵，但由于同样遭到猛烈的火力，只好返回。

第二天凌晨1时55分，美军第10山地师的一支部队杀开一条血路，终于与被困部队取得联系。早上7点，救援车队杀回到一个分发救援物资的地点，到这时，已有18名美国人死亡，84人受伤。这是自越战以来美国军队参加的最激烈的地面战斗。

晚上，琼斯向中央情报局发电，汇报当天战斗的情况，并说艾迪德是永远也捉不到了。美军在索马里多待上一天，就多伤亡一批官兵。

早上7点，中央情报局发来电报说：“宣布胜利，撤出战斗！”

琼斯嘀咕说："胜利什么？明明是一场噩梦啊。"

两天之后，琼斯坐着飞机，离开了摩加迪沙，最后一架飞机装的是几大箱美国士兵的骨灰盒。

## 七、屡战不钝的尖刀

### ——俄罗斯阿尔法小组作战纪实

俄罗斯联邦安全局是目前俄罗斯战斗力最强和最精锐的安全机构，在这一机构下面有一支名气很大的反恐怖特种部队，这就是"阿尔法小组"。有人或许一听到小组这个字眼，便会不屑一顾，认为还不就是三四个人组成的吗？能有多大的能耐呢？错了！其实，这个小组并非是人们常说的那种小队伍。之所以称作小组，是因为需要掩人耳目，麻痹敌人。这支部队实际上相当于一个师的建制，凡是其他特种部队拥有的甚至没有的武器，这里都配备齐全。这支部队脱胎于苏联的特种部队，执行的是特殊任务，队员们个个能征善战，人人机动灵活，他们神出鬼没地打击敌人，为俄联邦安全局立下了汗马功劳。前克格勃主席克留奇科夫曾夸奖这支部队说："阿尔法小组神了。它神在骁勇善战，神在屡战屡胜。它是一把永不卷刃的尖刀。"

### 鏖战达鲁拉曼宫

1979 年的 12 月中旬，西北风卷着鹅毛大雪，横扫着阿富汗的喀布尔地区。冰天雪地里，苏阿之间的战争却打得十分火热。

这年 9 月，阿富汗发生了政变，苏联支持下的阿富汗塔拉基政权被推翻，塔拉基在战斗中身亡。总理兼国防部长阿明取而代之，当上了总统，独揽大权，与苏联政府反目为仇，并强烈要求苏联政府撤回驻阿的 3000 余名军事顾问、教官及技术人员。追求霸权的苏联勃列日涅夫政府担心失去对阿富汗的控制，决定对阿富汗采取军事行动，入侵阿富汗，除掉阿明，使阿富汗重新置于苏联政府的控制之下。

经过四个月紧锣密鼓的准备工作后，12 月中旬，苏联开始大规模入侵阿富汗。

27日这天一早，苏军出其不意，出动大型运输机280架次，向阿富汗喀布尔国际机场和巴格兰空军基地空投了5000余名官兵和大量武器装备，尔后分左、中、右三路，向喀布尔市区进攻。阿明控制的政府军遭到苏军猛烈攻击，抵抗不住便被迫撤退。苏联军队紧跟在撤退的阿富汗政府军后面，穷追猛打。政府军被迫退到了达鲁拉曼宫。达鲁拉曼宫地处喀布尔市东南30公里的五角山，阿明就在达鲁拉曼宫指挥战斗。他见苏军已经包围了达鲁拉曼宫，便将驻喀布尔的所有部队向这里调集，形成对苏军的反包围。苏军在阿富汗政府军内外夹击下，慌了手脚，急忙从东南方向杀开一条血路，突出了包围圈。两小时后，苏军增援部队赶到了，形势发生了急转，阿富汗政府军再次被包围。激烈的枪声、爆炸声不绝于耳，阿明见军队损失惨重，急忙将指挥部及一个师的残部、一个炮团、一个特营团及一个步兵营，统统塞进了达鲁拉曼宫，决定与苏军决一死战。

苏军包围了达鲁拉曼宫后，苏联政府发出指令，要求苏军完整地保留住达鲁拉曼宫，不允许用炮和炸药轰炸达鲁拉曼宫。这条规定，给进攻带来了极大的困难。前线指挥员帕夫洛夫斯基仔细地观察四周的地形，发现在达鲁拉曼宫的前面与后面均是一大片开阔地，攻击难度很大，无法使用重武器，很难得手。

双方呈对峙状态，帕夫哈夫斯基将战斗情况电告勃列日涅夫。

电报到达时，勃列日涅夫正在主持一个重要会议。秘书将电报递到他的手中，他低头看罢，沉思片刻，便提起笔，在电报的上方写道："火速用直升机将阿尔法小组送往阿富汗达鲁拉曼宫，参加最后的攻坚战斗。"

阿尔法小组在上校阿鲁也夫的率领下，当天便坐上飞机来到了阿富汗的喀布尔。陆军总司令帕夫洛夫斯基向阿鲁也夫介绍了苏军受阻在达鲁拉曼宫的情况。阿鲁也夫听罢，跑到前沿阵地，拿起望远镜，认真仔细地观察了地形，然后对帕夫洛夫斯基说："这里的地形对我们极为不利，我们必须避开前面的这片开阔地。"

"是的，我们在这片开阔地已经牺牲了许多官兵。"

阿鲁也夫一边观察，一边手指开阔地右边说："你看到了吗？那里有一幢小平房，是阿富汗政府军的唯一小据点，他们就是利用这个小据点，阻止我军的进攻。"

"是的，阿富汗政府军大部分在一楼作战，二楼以上没有部队。"

"对，"阿鲁也夫指指楼顶，果断地说，"那幢顶楼是个平的，我们可以在那儿做文章。我建议从正面佯攻小据点、达鲁拉曼宫，以吸引敌人，然后用直升机将我们小组的成员降落到达鲁拉曼宫的楼顶上。官兵们腰间再系上绳子，从楼顶上滑到窗口，从窗口突进去，我们来个上下结合，内外夹攻，这样，阿富汗的政府军便无处可逃了。"

"很好！"帕夫洛夫斯基很欣赏他的这个方案，兴奋地挥舞着拳头说，"我很赞同你的方案，这一招阿明是万万也想不到的，我们就打他个措手不及！"

按照这个方案，进攻之前为了麻痹阿富汗政府军，苏军撤出了阵地，而且撤到离达鲁拉曼宫很远的地方。阿富汗政府军见苏军撤走了，以为苏军久战疲惫不堪，撤出阵地休整，便麻痹了，认为晚上苏军是不会来进攻的。而且，经过连续作战多日，政府军没有好好饱餐过，也没有好好睡上一觉了。因此，官兵们松了一口气，忙着改善伙食。吃晚饭时，官兵们一边饮着酒，一边吃着菜，有的高兴地跳起了阿富汗民族舞蹈。晚饭后，官兵们放松警惕，一个个钻进了被窝，转眼便进入了梦乡。整幢大楼都安静下来，唯有那高一声低一声的呼噜声此起彼伏。达鲁拉曼宫门口只安排了两个游动哨，一边打着哈欠，一边嘀咕着来回走动。

半夜，天黑得像涂了一层墨。三五步之外便看不清东西了。这时，15 名阿尔法小组成员在瓦西列夫中尉的指挥下，弓着腰疾走，当接近达鲁拉曼宫的小据点时，走在前面的两个士兵乘着两个哨兵不注意，用匕首结果了他们的生命，然后发出预先说好的信号，学起了布谷鸟的叫声。瓦西列夫听到叫声，带着士兵们接近了小据点，他们拿着短枪和匕首，如猛虎般扑进了屋，一边冲，一边高喊着杀声。

这突如其来的喊杀声，将沉睡中的政府军吓呆了。他们来不及穿衣服，更来不及摸枪，在屋内乱窜乱逃。阿尔法小组掏出匕首，一刀一个，结束了他们的生命。

这是一次成功的袭击，也是一次痛快淋漓的白刃战。小据点的响动惊醒了达鲁拉曼宫的官兵，他们不知道发生了什么，以为是苏军与小据点的政府军在激战，就不断用火力支援，时而还冲出一股官兵向小据点增援，他们没有想到，只要一冲出达鲁拉曼宫，就被苏军的交叉火力网击毙。苏军就以进攻小据点为诱饵，将达鲁拉曼宫的官兵的注意力转移到了小据点方向。

后半夜，天空突然升起三颗红色的信号弹，接着，打了近半个小时的照明弹，把天地之间照得透亮。顿时，苏军阵地上枪声大作，阿富汗政府军以为苏军要发起总攻了，把所有兵力集中到一楼。就在这时，几架直升机已悄悄地飞临达鲁拉曼宫的楼顶上空，从直升机上跳下来60名阿尔法小组的官兵，他们个个身手不凡，依仗过人的臂力和高超的攀登技术，把早已备好的绳子拴在自己的腰上，另一头扣在屋顶水箱盖上面的铁杆上，一跳一跳地沿着大楼的墙壁向下滑行。他们只要见到窗口，便踢开窗门跳了进去。因为阿富汗政府军都集中到了一楼，阿尔法小组的官兵们不用一枪一弹便快速占领了二楼以上的阵地。

阿明和官兵们对阿尔法小组的行动毫无所知，一直到一颗颗炸弹在政府军官兵的头顶上炸开，他们纷纷倒在血泊之中时，还不知道是怎么死的。活着的吓得瞪着眼不知所措，阿尔法小组官兵端着枪从楼上冲下来，大门外又是苏军的阵地，政府军官兵进退无路，只得丢枪投降。

枪声停止了，达鲁拉曼宫内尸堆如山，到处是俘虏、丢弃的枪支弹药、行李包裹，一片狼藉。一群群俘虏在苏军的刺刀下走出了达鲁拉曼宫。苏军胜利后，打扫战场，却没有找到阿明。指挥部下令四处寻找，无论如何要找到他，死要见尸，活要见人。阿尔法小组只得返回达鲁拉曼宫搜索。

他们来到一扇紧闭的铁门前，据俘虏交待说，这里是机要室。阿尔法小组的官兵们分析，阿明很可能就藏在这里，他们决定冲进去，抓住阿明。于是，排长伊凡诺夫叫了一声："波波耶夫！"

"到！"随着一声答叫，一个身强力壮的士兵站到了他的面前。波波耶夫是他们小组的大力士，他一顿能吃下十个面包和两只老母鸡，全身的肌肉一块块的，像一个个铁疙瘩。一般的门窗他一脚便可踢开。他听到排长叫他，不用问，便知道了排长的意思。他推开站在旁边的战友，吸了一口气，然后用右臂往大铁门上一撞，铁门被撞开了。波波耶夫冲在前，手举着手榴弹，"刷"地一声拔出了保险针，瞪着大眼睛，用刚刚学会的阿富汗话对着里面喊道："瞧，我手里是什么？谁敢动一动，我马上叫它爆炸，你们还是统统举手投降的好。"

一群阿富汗政府军官兵见铁门被撞开了，早就慌了神，结结巴巴地说："不！

不！我们不敢动……我们听话，向你们投降！”

波波耶夫问道：“谁是阿明？给我站出来！”他的眼睛像雷达一样在人群中搜索。

屋内一阵沉默，没有人吭声。波波耶夫又大声地喊道：“谁是阿明，快站出来！”

仍然一片沉默。

“我知道阿明就在这里，阿明，你如果不出来，我马上引爆手榴弹，大家同归于尽！”波波耶夫不死心，继续严厉地喊着。

政府军官兵都低着头，两腿打抖不说话。波波耶夫急了，上前抓住一个士兵，厉声道：“你说，谁是阿明？”

那个士兵的头低得更低了，全身像筛糠一样。这时，波波耶夫看到旁边的一个士兵似乎用眼睛向他暗示，然后又用嘴巴向他右边歪歪嘴。

波波耶夫明白了，这个士兵右边的胖子一定是阿明。他一个箭步冲到那个胖子面前，用枪紧紧地顶住了他的脑袋，大声地不容置疑地说：“阿明，你快出来，快出来！”

那个被顶着脑袋的胖子，穿一件士兵大衣，扣子还没扣上，哆哆嗦嗦地说：“长官，别开枪，我就是阿明，我就是……”

阿明被捕了，几天以后，他被苏军特遣二旅参谋长巴耶朱夫上校用铁钳般的五根手指活活地卡死在床上。

苏军占领了喀布尔后，接着，又占领了昆都士、坎大哈等重要城市。苏军在攻占了这些城市时，每每遇到难啃的骨头，便请阿尔法小组协助解决。

阿尔法小组首次出国作战，便为苏军立下显赫战功，之后，他们多次出现在战场之上。

## 鲸鱼行动

阿富汗战役结束后，阿尔法小组胜利返回国内。转眼便又到了白雪皑皑的冬季，冰雪封冻的莫斯科显得死气沉沉，没有了喧闹，人们很少出门，到处给人一种阴冷的感觉。这天，阿尔法小组的大校伊凡·亚历克赛维奇奉命来到国家安全委员会接受任务。他走进副主席巴维尔·尼克拉维克的办公室。

巴维尔·尼克拉维克一边请他坐下，一边面色严峻地对他说："大校同志，现在又有一伙强盗向我们挑战了。"他站起来，在屋里踱着步，接着说："这次交给你们的任务难度很大，必须要你亲自率队去执行。"

伊凡·亚历克赛维奇霍然站起，两脚一并："请副主席同志放心，再大的困难我们也能克服，保证完成任务！"伊凡·亚历克赛维奇还不知道这次的任务到底是什么，他瞪着迷茫的双眼望着巴维尔·尼克拉维克。

巴维尔·尼克拉维克向伊凡·亚历克赛维奇招招手，将他叫到地图前，右手在地图上划来划去，这才说到了正题上，他说："是这样的，在一小时前，莫印特地方政府来了一个紧急电话，说有一股强盗从阿富汗境内窜入我们的莫印特，他们抢劫了那里的银行，凶残地杀死了银行人员。莫印特派出近百名警察实行追捕，到现在没有抓到一人。国家安全委员会决定由你指挥阿尔法小组去执行抓捕这伙强盗的任务。"

伊凡·亚历克赛维奇说："副主席同志，这种任务应该给莫印特附近的部队去执行。据我所知，紧靠莫印特东面的巴尔喀什有一个师的部队驻守，莫印特的南面阿拉木图也有一个军的边防部队驻扎。国家安全委员会为什么不叫他们去完成这项任务，而舍近求远叫我们去呢？您知道，这样的寒冬，等我们从莫斯科赶去，这伙强盗还不跑光了吗？"

"不对，不对！"巴维尔·尼克拉维克摇着头说，"我们之所以决定由你们去完成这项任务，是因为你们和其他部队相比，有绝对的优势，"他屈起了手指，一个一个地数了起来，"第一，这股强盗虽然是从阿富汗过来的，他们却不完全是阿富汗人，据说他们中有伊朗人、巴西人、波兰人。可以说，这个强盗组织是个大杂烩的国际性强盗组织。上级要求必须一网打尽，并且尽一切可能将这些人活捉。因为只有抓到了活口，才能知道他们的底细。可是，抓活的并不是一件容易的事，它的难度很大。这伙人个个是神枪手，一般部队是无法完成这个任务的；第二，这样的冰天雪地季节，莫斯科交通很不畅通，莫印特的交通就更别提了。你们这个小组被誉为雪中雄鹰，完全能够克服困难，完成这个艰巨的任务；第三，由于这是一个国际性强盗组织，而我们很多部队官兵不懂外语，无法与这些人对话，你们却能懂欧亚八国语言。所以，只有你们才能完成这个任务。”

“好吧，那就让我们去试试吧。”亚历克赛维奇觉得他说得有道理。

尼克拉维克不满意他的回答，严肃地说：“同志，不是要你们去试试，而是一定要圆满完成任务，要立下军令状。而且，你一定要记住，我们要求你们是生擒活捉，一网打尽，这才是完全的胜利。”

“知道了！”亚历克赛维奇站起身，立正敬礼，大声地说，“副主席同志，我们保证完成任务！”

尼克拉维克这才满意地拍拍亚历克赛维奇的肩膀，说：“对啊，这才是正确的态度嘛！”他交代说，“为了不打草惊蛇，你们先乘飞机到巴尔喀什，然后改为骑马到莫印特。”

亚历克赛维奇返回阿尔法小组基地，向队员们讲清了此次任务的目的和重要性。他们稍作准备后，便出发了。

他们到达巴尔喀什时已是深夜了，稍事休息后，又向莫印特赶去。到莫印特时天已大亮。他们在当地警察局的安排下，住进了莫印特体校，对外称是莫斯科亚历山大体育学院的学生，是来训练的。

莫印特警察局局长格里菲斯接待了他们，并向他们介绍了案情。格里菲斯说：“这是个国际性强盗组织，大约有七八个人，他们来到莫印特后，光银行已抢劫了两次，劫走大量现金，其中还包括200万美元。他们作案速度惊人，一起抢劫大约只需20分钟，而且来无影去无踪，抢劫完毕，消失得无影无踪。不留下一点蛛丝马迹。”

“这伙人真的是这么神秘吗？”亚历克赛维奇问。

“哎，”格里菲斯重重地叹了一口气说，“他们施用奇兵诡道，弄得我们焦头烂额，不知从何下手。”

亚历克赛维奇说：“既然是国际性强盗，就应有着不同的肤色，尤其是头发和眼睛都不是相同的，这是一个破案的线索啊！”

“你不知道，我们莫印特有 50 万人口，这里有不少外宾单位，如学校、宾馆、外国公司，这些地方我们都去过了，没有一点线索。”格里菲斯又叹了一口气，继续说，“现在是冬天，人人都穿着大衣，戴着帽子，戴着口罩，把一张张脸都掩挡得严严实实的，怎么看得清眼睛、肤色？你总不能叫人家一个个把口罩、帽子都摘下来让你查吧？”

亚历克赛维奇觉得他说得也有道理，便不再说什么。他告别了格里菲斯，在返回体校的路上，苦思冥想着如何着手侦破此案。他首先召集队员们开会，会上，他将案情向大家作了介绍，然后，他要求队员们着便衣上街，寻找线索。

阿尔法小组里有个名叫卡特罗夫的少尉，他平素喜欢摆弄照相机，每到一个城市，在工作之余，他总要跑到公园或城市中心标志性建筑物前，拍照留影。这天，他跑了几个商场、宾馆，没有找到什么有价值的线索，便端起照相机到市中心广场拍照。当一卷胶卷还剩下一张时，他觉得该拍的景点都拍过了，一时寻找不到什么适合的地方拍这最后一张。他四处寻找时，迎面走过来一位姑娘，引起了他的关注。他打量这位姑娘，只见她容貌清秀，仪态端庄，在阳光的照耀下格外美丽。卡特罗夫不但还未结婚，到现在还没谈过恋爱。此时此刻，他突然被面前的这位姑娘吸引了，一种莫名的冲动支配着他，他大胆地走上前，对这位姑娘说：“小姐，请您将您美丽的脸蛋抬一点，我要给您照一张相。”

那姑娘还没明白是怎么回事，抬起头望着卡特罗夫，只听“咔嚓”一声，她的倩影已留在了卡特罗夫的胶卷上。姑娘不明白这个小伙子想干什么，看了他一眼，便继续走她的路。卡特罗夫突然想起有人说过这么一句话，姻缘如同战机，如果错过了机会便不会再来，那就会抱憾终生。于是，他便紧紧跟上去，说：“小姐，我已经为您拍了一张照片，请您在明天这个时候到这儿来，我将照片交给您好吗？”

那姑娘淡淡地看了卡特罗夫一眼，拒绝说：“明天我不会上街的，这张照片我也不要了。”

卡特罗夫忙说：“那不要紧，请您告诉我您家住哪儿，我将照片送到您家去。好吗？”

姑娘见他那么热情，不好意思地笑笑说：“我参加了市区西北的教堂的唱诗班，明天中午您如果有时间，就送到那里去吧。”

听说在教堂工作，卡特罗夫突然想到了自己的任务，随口问道：“您们教堂里有外国人吗？”

“有，我们那里有一个波兰的传教士，他是两个月前到我们这里的。我今天上街就是为他到银行存钱的。”话一出口，姑娘突然打住了，并四下看了看，有点后悔自己说得太多了，便说：“这位传教士叫我别告诉别人我替他存钱的事，我请您不要对别人说。”

卡特罗夫点点头，说：“您放心吧，我不会对别人说的。请问小姐叫什么，我明天好去交照片给您。”

“我叫娜莎。”这位娜莎小姐说自己名字的时候，脸红了一下，卡特罗夫的第六感觉是，这位娜莎小姐已经对自己有了好感，他暗暗地告诉自己，机会来了，千万别错过这个机会。

卡特罗夫还起了一丝疑心，这位波兰传教士有点问题，否则，他为什么不自己去存钱？为什么叫娜莎不要告诉别人？会不会与他们阿尔法小组寻找的目标有关？卡特罗夫告别了娜莎，回到体校，将他遇到的情况向亚历克赛维奇作了汇报。

亚历克赛维奇很感兴趣，对卡特罗夫说：“这个传教士可能就是我们侦破案件的突破口，你一定要紧紧地抓住这个机会，利用和娜莎谈恋爱的机会，打入教堂，密切注视这个波兰传教士。”

第二天，卡特罗夫叫了一辆出租车，直驶市区西北第 76 号街与 K 街的拐角处。那儿果真有一座古老、色彩灰暗的教堂。

娜莎已不是卡特罗夫昨天见到的那个红着脸的姑娘了，她很大方地早早站在教堂门口，等候着卡特罗夫的到来。卡特罗夫一出现在她的视线内，她便迎了上去，急切地对卡特罗夫说：“你帮我照的照片呢？快拿出来给我看看，我要看看你的技术如何。”

卡特罗夫从包里取出那张照片，对她说：“娜莎，您长得太美了，您是我见到的世界上最最美丽的姑娘，那么光彩照人，那么让人动心。自从昨天见到您，您的身影便在我的脑海里无法抹去，虽然我们分别只是短短的一天时间，可是，我却像过了十年，那么漫长，那么难熬。”

娜莎被他说得满面通红，脸上就像彩霞一样放着光芒。她的心里就像灌了蜜似地甜蜜蜜的，双手绞在一起，不好意思地低下了头。

“娜莎！”卡特罗夫情不自禁地拉起了娜莎的手。

娜莎心神荡漾，含情脉脉地望着卡特罗夫，两人就这么对视着，久久没有说话。

还是娜莎打破了沉寂，问道：“你已经知道了我的名字和我的工作，可是，我还不知道你叫什么，是做什么工作的。”

“啊呀，你看我只顾了高兴，都忘了告诉您这些。”卡特罗夫说，“我叫卡特罗夫，是一名律师。”这些都是按照亚历克赛维奇的嘱咐说的。

娜莎说：“律师这个职业很好，但是，律师有个特点，就是唯恐天下不乱，在你们的眼里，天下越乱越好，乱了，你们才会有事做。”

卡特罗夫笑笑说：“其实人们对律师的了解太少了，我们当律师的也不容易。”他用戏谑的口吻说，“都以为律师好当，所以，律师就特别多，加上天下又不乱，所以出现了僧多粥少的局面。我这次就是因为没有什么案子可办，就抽空写了一本书，书名暂定为《超前五年，预测案发》，这本书要搜集大量高官以及生意人的收入情况，然后，推算这些人五年之后是否出事。”说到这里，卡特罗夫停了片刻，才继续说，“说出事似乎不妥，说犯罪也不当，总之，我认为这批人迟早要被监察部门盯上立案，那时，我便可大显身手了。”

娜莎说：“你的书与我有什么关系呢？我能为你写书做些什么吗？”

“我正需要您的帮助，”卡特罗夫说，“娜莎，我需要很多素材，需要了解和搜集社会上各种各样的人的情况，你们教堂里也许有我想了解的情况啊。”

“我们这里有什么情况值得您写进书里呢？”娜莎睁着纯洁无瑕的双眼问道。

“有啊，”卡特罗夫很自然地提到了那个波兰传教士，他说，“比如您昨天告诉我你们教堂里的那个波兰传教士我就很感兴趣，他为什么不自己上街存钱而要您去帮他存？他为什么怕别人知道他存钱的事？他的钱是从哪里来的？等等，我都很感兴趣啊。”

“这……”娜莎觉得为难。

“不过，请您放心，我向您保证，我不会将您提供的情况告诉任何人，在写进书中时，也绝不会用他的真名。我只是想了解这些高收入的人的情况，以积累资料。仅仅是如此，请您相信我。”卡特罗夫说得十分诚恳，让娜莎不得不相信他的话。

娜莎考虑了片刻，开口说：“我相信你，我就将我知道的情况告诉你吧。”于是，她开始将她了解的情况一五一十地告诉卡特罗夫。

这个波兰传教士名叫安东尼奥尔，会讲一口流利的俄语，他到这里已经两个月了，对外总喜欢说自己是苏联的索卡尔人，索卡尔离波兰只有 20 公里，为掩人耳目，他还为自己起了个苏联名字，叫杜勃留夫。安东尼奥尔几次托娜莎到银行去存钱，娜莎算了算，说总共大概有 100 万卢布了。

“这么多钱？”

“是啊，我也不知他的钱从哪里来的。”

卡特罗夫问：“他为什么总是要你去存钱呢？他是否找过别的人？”

“他没有找过别人。”娜莎肯定地说，“他对我说，存钱是私人的秘密，他相信我才找我的。而且，他不知道是怎么了解到我的姐姐在银行的外汇处工作的，他还想要我找我姐姐兑换外币。”

卡特罗夫心里暗喜，他更加肯定这个安东尼奥尔有问题了，他又问道：“他不是对外称自己是俄国人吗？你怎么知道他是波兰人？”

娜莎笑了起来，她一下子脸红了，然后小声地说：“他一到教堂就喜欢找我聊天，总是找机会与我接触。”她抬头看了一眼卡特罗夫，继续说，“他就和你一样，一见到我就说我长得漂亮动人，他还多次对我说他非常喜欢我，甚至说过爱我。”娜莎说到这里，打住了话头，两只美丽的大眼睛望着卡特罗夫。卡特罗夫一时不知说什么好，也呆呆地望着她。

娜莎看见卡特罗夫这般模样，不禁又笑了起来，她说：“不过，你与他不同，我相信你是正人君子，他就不算。”

“此话怎讲？”

“他与我初次见面时，就喜欢动手动脚，当时我真的好害怕，见到他就躲。后来，他对我说，‘你放心，我只是见你太美了，太喜欢你了，从今后，我不会伤害你，我们做个普通朋友，互相帮助。’”娜莎说，“开始我还不放心，后来，他果然变了，他和我接触时，总是一本正经的，而且很尊重我。”

“那他是怎么提出要你帮他存钱的呢?”卡特罗夫又问。

“我们渐渐地熟了，他有一次对我说，希望我帮他一个忙，要我帮他存钱换汇，并且对我许愿，给我一定的酬金。”娜莎看了卡特罗夫一眼说，“酬金的数目还不小呢。有一次，他在前面走，我在他的后面他不知道，我听他轻轻地哼着波兰歌曲，我觉得很奇怪，他的波兰歌曲怎么唱得这么好。我便赶上他，吓了他一跳。我问他怎么会唱波兰歌曲的，他四下张望，然后神秘地对我说，他就是波兰人，并嘱咐我不要对任何人说。”

卡特罗夫轻轻地嘘了一口气，然后装着很满意的样子，对娜莎说：“你说的这些素材对我写书简直帮助太大了，谢谢你，谢谢你啊。”他看了看手表，说，“啊呀，只顾说话，时间不早了，我要赶快回去将你说的材料整理出来，我们明天再见吧。”

卡特罗夫告别了娜莎，恨不得一步飞到体校，他三步并作两步跑到了亚历克赛维奇面前，将娜莎告诉他的情况一字不漏地向他作了汇报。

亚历克赛维奇听后，也显得十分激动，他在屋里来回地踱步，思考了许久之后，他召集小组人员开会，在会上，他首先发表自己的看法，他说：“同志们，通过卡特罗夫侦察的情况看，这伙强盗可能就藏在这座教堂内。安东尼奥尔急于想将卢布兑换成美元，表明他们极有可能想离开苏联，安东尼奥尔是重要的嫌疑犯之一。我们一定要牢牢地盯紧他，决不能让这块到嘴的肥肉从我们的嘴边溜掉了。”

队员们听到案子有了突破，都非常激动，一个个跃跃欲试，纷纷要求亚历克赛维奇说出行动方案。

亚历克赛维奇将自己的方案告诉大家，他说：“我们这次行动叫做‘鲸鱼行动’，我们立即对安东尼奥尔和这座教堂采取电子遥控侦察措施。”然后，他对每一个成员都作了具体安排。

散会以后，阿尔法小组人员按照“鲸鱼行动”方案，分头展开，通过与警察局及消防局协商，他们将微型电子遥控侦察器安装在灭火器上，然后由阿尔法小组成员化装成消防队员，根据需要，分别安装在教堂、传教士办公室、宿舍、饭堂内，对所有人员实行24小时监控。另外，还派了一男一女两名阿尔法小组成员，装作恋人，专门跟踪安东尼奥尔。

所有部署都完成后，亚历克赛维奇在自己的卧室内通过观看屏幕，就可以看到教堂内的一切情况。白天，屏幕上没出现什么异常现象，教堂内的人员基本上按照常规活动，很有秩序地做祷告，休息，就餐。安东尼奥尔和其他传教士一样，干着传教士应该做的事。

天黑了，安东尼奥尔便开始自由活动。他独自骑着摩托车上了街，他一会儿在百货公司的门口停下，一会儿又驶到保险公司门外东张西望，然后又在一家银行周围徘徊了好一阵。最后，他到了一家夜总会，搂着女人滑进了舞池，尽情地狂跳。

这天晚上8点左右，屏幕上出现了怪现象，只见有人搬开教堂讲台上的桌子，轻轻撬开一块地板，屏幕上出现了一个方方的黑洞。亚历克赛维奇双眼一眨也不眨地紧紧地盯在屏幕上，一秒钟都不离开。突然，从黑洞里接连爬出七八个人。他们轻手轻脚地到了教堂的院子里，排着队上了一辆等候在那里的面包车。面包车飞快地驶出教堂。

亚历克赛维奇赶紧通知街上的队员注意跟踪。面包车七拐八转地来到了市中心广场，“嘎”地停下了，车刚停稳，车上的人便一个接着一个鱼贯而出，急匆匆地向天鹅大饭店走去。由于走得急，屁股一鼓一鼓的，看得出屁股后面插着武器。他们进了饭店，就像几天没吃饭的饿鬼，大口大口地吃着饭菜，有的一丢下饭碗，就忙着跑到饭店的小卖店里，掏出大把大把的钱购物，还有的跑到了桑拿浴室去洗桑拿，还有几个挽着女人走进了房间。大约过了一个小时，他们就像说好了似的，一个个都出现在饭店门口，人到齐了，他们又坐上了面包车，驶回了教堂。

连续两天的观察，情况都是一样。亚历克赛维奇基本上判定这伙人便是他们所要找的人。安东尼奥尔有公开的身份，而其他人没有，只好躲在地下，白天无法活动，只有到天黑以后才出来活动。安东尼奥尔的任务是负责“踩点”和把抢来的卢布换成美元。至于这伙人为何能藏在教堂内，他们与教堂有何关系，这都要等到抓获以后才能知道。

如何将这伙强盗一网打尽？亚历克赛维奇费尽了心思，琢磨了很久，他设想出一个方案，但又很快地将它推翻。连续四五个方案他都觉得不稳当，他想起了临行前上级领导提出的要求，必须抓活的。所以，他必须设想一个天衣无缝的方案，才能一个不漏地将强盗一网打尽。他反复推敲后，最后定了一个方案，便组织队员开始实施。

这天晚上，地洞里的人依旧上了面包车，车子依旧驶出教堂，向天鹅饭店开去。但是，在离开教堂 10 分钟左右，白面包车的后胎突然被隐蔽在路边的阿尔法小组成员用无声手枪击中，车子发出了难听的急刹车声，胎爆了，车子只好停下来。这时，路边的自来水消防栓也突然爆裂，路面积满了泥水雪水，车里的人想开门下车，但见路上尽是泥泞的积水，便又缩了回去。面包车的驾驶员摇下了玻璃车窗，探头环顾，见不远处停着一辆黄色的面包车，他便下车，踩着泥水朝黄面包车走去。到了跟前，他见黄面包车内没有客人，便要求驾驶员让他车上的人上这辆车。黄面包车的驾驶员满口答应了他的要求。驾驶员朝自己车上的人挥挥手，示意他们到这辆车上来。那些人只好踮着脚朝这边走。上了黄色的面包车后，车子便飞快地开起来。车上的人都没有注意，更没有想到，黄面包车一溜烟将他们带到了警察局。车子停了，车门打开，亚历克赛维奇的手下以迅雷不及掩耳之势扑了上去，匪徒们一个个被戴上了手铐，这时，他们清醒过来却已经来不及了，他们腰上的枪早就被卸掉了。

几乎是同一时间，安东尼奥尔在达妮娅饭店被阿尔法小组的另几个队员抓获。但是，在抓捕安东尼奥尔的过程中，情况却并不那么顺利。

当安东尼奥尔走进达妮娅饭店时，他的姘头玛丽娜正浓妆艳抹地等着他，见他来了，便飞快地跑到他的面前，挽起他的手臂上了楼。一楼至二楼的拐角处装着一面高高的镜子。保持着高度警惕的安东尼奥尔睁着一双警惕的眼睛，观察着四周的一切。他突然从这面镜子里发现了跟在身后的卡特罗夫，他觉得此人有点面熟，但一时又想不起在哪里见过。他便放慢了脚步，一边走一边在脑子里搜索。终于让他想起了几天前在教堂门口，一个男人和娜莎谈得十分融洽，他无法听到他们在谈什么，却看出他们谈得十分投机。他想起了身后紧跟着的这个小伙子就是那个男人，顿时有一种不祥之感，觉得情况很不妙。“必须除掉这人，不管他是不是敌人！”安东尼奥尔这么想，并迅速作出决定。他突然来了一个急转身，从口袋里拿出匕首来，朝卡特罗夫的胸口猛地刺了下去。谁知，卡特罗夫早就防备安东尼奥尔的这一手，来了个急闪身，安东尼奥尔扑了个空，“扑通”一声跌倒在楼梯上。卡特罗夫迅速转身扑在他的身上，两个人都不是等闲之辈，扭打在一起，顺着楼梯向下滚。安东尼奥尔滚到了一楼，手中的匕首并没有松开，他挣脱着，挥舞着手中的匕首，朝卡特罗夫身上乱刺。就在危急之时，在楼下接应的另一名队员飞身赶来，右手一把夺过安东尼奥尔手中的匕首，左手用枪柄狠狠地砸着安东尼奥尔的头部。顿时，安东尼奥尔头部鲜血如注，人也瘫倒在地。卡特罗夫脱开了身，用手铐将安东尼奥尔铐了个结结实实。

那个安东尼奥尔的姘头不知发生了什么事，吓得跑进了舞厅，叫来了一帮地痞流氓围上来要救人。卡特罗夫扬着手中的枪，沉稳而又严厉地喝道：“你们一个个都给我让开，我们正在执行国家安全局的任务。他就是国家安全局通缉的国际大盗，谁敢阻挡，我们的子弹是不认人的！”

这伙地痞流氓吓呆了。卡特罗夫和另一个队员扭着安东尼奥尔，离开了达妮娅饭店，将安东尼奥尔带到了警察局，连同亚历克赛维奇抓获的人连夜突击审问。可是，这伙亡命之徒开始一个个紧闭着嘴巴，就是不开口。警察见他们顽固不化，开始放录像给他们看。这些人一见到录像，顿时傻了眼，以为他们的罪行警察局都已经掌握了，便老老实实地交代了他们在莫印特的犯罪经过。他们共作案四次，由于盗窃的卢布一下子换不成美元，他们只好在莫印特多待了几天，准备尽快兑换成美元后离开。根据他们的口供，警察迅速出击，在教堂的地下室里搜到了匪徒放在那里的巨额卢布。

安东尼奥尔曾在莫斯科做过生意，经营不善亏了本，他一直闷闷不乐，经人介绍，他开始喜欢上《圣经》，在莫斯科教堂做祷告时，认识了主教伊凡诺夫。后来，安东尼奥尔跑到阿富汗，加入了这个国际强盗组织。他们在阿富汗流窜作案半年，因那里连年战争，油水不大，便窜到了苏联边境城市莫印特。安东尼奥尔打听到伊凡诺夫从莫斯科调到了莫印特，便去找他，重金收买了他，然后对他说，他有一帮做生意的朋友到了莫印特，因没有护照不能露面，希望能在他这里找个藏身之处。伊凡诺夫信以为真，答应这伙强盗躲在教堂的地下室内。由于他们手段高明，并且行动诡秘，又有可靠的藏身之处，所以，莫印特的警察无法查到他们的行踪。正当他们得意之时，不想却栽到了阿尔法小组的身上，落得个全军覆没的下场。

## 八、“王牌”新传

### ——德国特种部队作战纪实

提起德国特种部队，人们便自然想起第二次世界大战期间，希特勒以特种部队营救墨索里尼，并以特种部队为开路先锋，以闪电战术，在短短的两年时间内，攻占了比利时、丹麦、挪威、希腊、南斯拉夫等数国。虽然最后的结局，德国在这次战争中是以失败而告终。但是，就特种部队骁勇而言，这支部队在世界上无疑是一支罕见的王牌劲旅。20 世纪 60 年代后期和 70 年代初期，在恐怖组织和恐怖活动崛起和猖獗之际，联邦德国政府为了国家安全，重建了反恐怖、反劫持的特种部队，定名为联邦边防第九旅，又称边防军第九反恐怖纵队。这支部队建立后，为保卫联邦德国的安全取得了显赫的战果，建立了不可磨灭的功勋，备受联邦德国政府首脑的青睐。在两德合并之后，这支部队的实力得到了进一步的加强。

### 营救“汽车大王”

1998 年 5 月 3 日的傍晚，德国法兰克福的“汽车大王”恩科多开完了董事会，走出总部大楼，来到停车场。他的保镖兼驾驶员杰雷一直在此等候他，见他从大楼出来了，便抢先一步为他打开车门。杰雷曾在慕尼黑体育学院当过拳击教练，学过徒手格斗，攀山、越野、潜水样样精通，是体育学院的精英。恩科多百里挑一，以高薪聘请他当自己的保镖兼驾驶员。杰雷跟随恩科多四年以来，鞍前马后，非常忠于职守，为恩科多排除了数十次险情，深得恩科多的赏识和器重。熟悉恩科多的人都称杰雷是恩科多最合身的“防弹衣”。恩科多的女儿卡特兰，还嫁给了杰雷为妻，两个人的关系更亲密了。

恩科多见杰雷打开了车门，朝他挥挥手，指指驾驶座说：“我坐这里吧，我学会开车已经两年多了，一直没机会过把瘾，今天我想自己开车，找个地方去放松一下。”说着，迅速地钻进了汽车，没等杰雷明白是怎么一回事，他已踩着油门上路了。汽车一溜烟飞驰而去，将杰雷抛在了原地，这是杰雷万万没有想到的事，他急得直跺脚。

近日来，恐怖分子在慕尼黑、汉诺威、曼海姆、纽伦堡、法兰克福等城市活动十分猖獗，他们劫车、绑架、抢劫银行，犯下了许多重大刑事案件。杰雷十分担心恩科多的安全。他拦了一辆车，试图追上恩科多，却发现恩科多早已没了踪影。杰雷回到家，一直心神不宁。妻子卡特兰安慰他说：“你放心吧，上帝保佑，父亲今晚是不会出事的。”其实，她的心里也很焦急。

两人忧心忡忡地看了一会儿电视，便解衣上床。已是凌晨4点钟了。恩科多还没有回来，他俩完全没有了睡意，都披衣坐着，束手无策。

“丁零零！”电话铃突然刺耳地响了起来，两人不约而同地对望了一下，不知是凶是吉。卡特兰颤抖着拿起床头的电话，话筒里传来了一个女人粗声粗气的声音：“你是卡特兰吗？我们是‘黑月党’，现在你的父亲在我们的手里——”

“快救我！”电话听筒里传来恩科多的呼喊。

“你们……要……要……干什么？”卡特兰断断续续地问。

“我们要干什么？这你还不明白吗？老实告诉你，我们与恩科多无冤无仇，我们只是想弄几个钱花花！”

这时，杰雷拿过电话，听说对方只是为了钱，悬着的心稍稍放下了，他问对方：“你们要多少钱，请开个价。”

“明天午后两点钟，你们送500万美元到斯图加特的第一百货公司门口电话亭边！不要耍花样！”

“嘟嘟嘟！”对方已挂断了电话。

杰雷夫妇决定报案。

恩科多是怎么落入“黑月党”手中的呢?

恩科多一人独自驾车，在刚刚下过毛毛雨的高速公路上飞驰，完全不知道一张早已布好的网正悄悄地向他张开。

当恩科多正向自己在郊外的别墅开去时，一辆蓝色的小轿车正不远不近地跟着他，那辆车正是“黑月党”的联络员阿贝斯驾驶的，坐在他身边的是“黑月党”的主席古恩娜。古恩娜现年35岁，是S国恐怖组织“黑月党”的主席。她是专门秘密过境来指挥绑架恩科多的。恩科多的车从高速公路拐弯，经过一段小路，在一栋黄色别墅前停下。这是恩科多花重金购置的高级别墅，是他的秘密住所，他没对任何人说起过，包括他的女儿、女婿。所以，杰雷是无法找到这里的。恩科多推开车门，刚走了几步，几个黑影以迅雷不及掩耳之势，从树丛里跳了出来，直扑恩科多。恩科多还没反应过来，身子已被人压住，眼睛被蒙住，嘴巴也被塞进了一团毛巾，他被拖进了停在不远的黑色轿车内。此时，那辆蓝色的小轿车跟了上来，古恩娜从车上跳了下来，走到黑色轿车前，敲敲车窗，对惊魂未定的恩科多说：“恩科多先生，您别紧张，我们要的是钱，而不是您的命。只要您的女儿卡特兰送钱来，我们一手交钱，一手交人，决不食言。现在只得委屈您一下，跟我们到斯图加特走一趟。”说罢，她重新上了那辆蓝色轿车，一黑一蓝两辆轿车飞也似地向斯图加特开去。

法兰克福警察局接到报案后，觉得非常棘手，根据他们以往接触“黑月党”案件的经验，S国“黑月党”作案手段十分凶残、毒辣、隐蔽。要抓住这帮人并非易事，也并非一般警察所能完成。于是，他们报告了国家安全部门。国家安全部门接到报告，监控了全国各城市间的通道，并且在法兰克福和斯图加特两地的交通要道设置了路障，对所有出境人员和车辆进行严格登记盘查。并且命令特种部队第九旅调兵遣将，快速介入此案。

第九旅接到命令后，火速出击。连长伊瓦尔带领手下秘密潜入斯图加特。伊瓦尔有一双机警的大眼睛，是个有名的机灵鬼。他接到命令后，首先认真分析案情，认为“黑月党”作案老到，侦破此案不会一蹴而就。他决定先按照“黑月党”的要求，按时交钱，再见机行事。

他带着官兵们化装后，埋伏在百货公司四周。午后两时，绑架分子并没有出现。伊瓦尔耐心地守候着，又过了半小时，有一个小姑娘突然出现在他们的视线内。这个小姑娘跑到等候在电话亭边的卡特兰面前，交给了卡特兰一封信，转身跑了。

伊瓦尔暗示一名士兵去追小姑娘，卡特兰把信打开，信上写着，交钱时间改在第二天午后两时，地点则改在法兰克福人寿保险公司对面的巷口。这时，那个小姑娘被带来了，伊瓦尔问她，这信是谁交给她的。小姑娘说，她在坐公共汽车到百货公司的路上，一个高个子的男子给她这封信，并给了她五马克作为酬金，她不知道这人是谁，也不知道他去了哪里。

第二天，伊瓦尔按照信上要求，到了法兰克福人寿保险公司附近。他叫卡特兰到约定地点，他带着士兵们埋伏好，等候目标出现。可是，绑架分子仍然没有出现，却让一位老太太送来了一封信。信中又将交钱地点改在东大街的厕所边，时间又推迟到后一天上午的10时。伊瓦尔将老太太带回警察局，准备问情况。谁知这老太太一看进了警察局，吓得大哭起来，将绑架分子给她的钱交给伊瓦尔，说自己什么也不知道。

伊瓦尔安慰老太太，叫她不要害怕，只是问些问题就放她走，并将钱还给了她。老太太这才断断续续地告诉伊瓦尔，给她信的是一个身材不高的女子，瘦瘦的，穿着一条红裙子。

伊瓦尔问她："这个瘦女人多大岁数，有什么特征没有？"

老太太想了一会，回答说："大概30岁左右吧。至于有什么特征……"老太太低头沉思，突然拍着脑门说，"有有有，我发现她的左边眉毛边上长着一颗小痣。"

官兵们议论说，"黑月党"分子太狡猾，明天肯定又会设一个骗局。有的埋怨说："我们老是被他们牵着鼻子走，这样何时才能逮住这些狡猾的'黑月党'分子呢？"

伊瓦尔听了大家的议论，并没有丧失信心，他觉得老太太提供的消息很有价值。这就是"黑月党"的成员中一个女人的长相已经掌握了。尤其是她眉毛边上的痣，一般人是没有的。只要找到了这个女人，就有可能破获此案。他将自己的想法通报了警察局，警察局很快将此人的画像请人画了出来，发给全市所有的警察。宾馆、商场也加派了特种部队和警察，暗暗地严加盘查。

这天傍晚，一个警察报告了一条十分有价值的消息。有人报告在市郊一所废弃的房子里最近来了一伙神秘兮兮的人，其中有一个与通缉令上的女人很相像。警察局和特种部队紧急磋商抓捕方案，伊瓦尔连夜调兵遣将，集中所有兵力封锁了房子的周围地区，只等天一放亮便进行抓捕。

果然不错，这幢两层楼的房子里住着的正是"黑月党"的首脑古恩娜及她的手下。拂晓时，古恩娜将头伸出窗外，想看看今天的天气如何。谁知却吓了她一大跳，四周停满了警车，一队队荷枪实弹的警察端着枪，来回地走动着。她立刻明白发生了什么，赶紧缩回头，将绑架分子们一个个叫醒，他们将手提机枪伸出窗外，随时准备射击。

伊瓦尔在望远镜中看到古恩娜再次将头伸出窗外，便举起了扩音器，大声喊道："只要你们放了恩科多，我们就可以谈判！"

古恩娜听后，觉得人质还在自己的手上，逃生还有希望，回答说："我们可以放了恩科多，但你们必须尽快将500万美元赎金派人送过来，同时，必须为我们提供一架直升机。"古恩娜声称，只给他们两小时时间准备，如果在两小时内得不到答复，他们就杀掉恩科多，大家同归于尽。

伊瓦尔将情况迅速报告给市政府，请市政府派人协助他们。10分钟后，市长派来了秘书，他用扩音器向楼上喊话："只要你们放人，你们提出的要求，我们可以商量解决。"

"少废话！"古恩娜粗粗的嗓门大声地说，"你们赶快把钱送来，赶快派直升机来，否则我们说话算话！"

伊瓦尔要求秘书继续和古恩娜谈判，讨价还价，拖延时间，转移她的注意力。他发现绑匪由于慌乱，并没有把人质带到古恩娜所在的房间。二楼东头的一间房，窗帘一直静悄悄地挂着。恩科多有没有可能在那间房里呢？

怎么办？伊瓦尔决定放手一搏。他让一组队员从房后的树林接近二楼东头的那间房，自己则接过秘书的话筒，继续与古恩娜周旋。耳机里传来队员的报告："已就位！”伊瓦尔一挥手，平时训练有素的队员迅速爬上二楼，踢开那间房门：恩科多正在其中！看守他的歹徒还来不及反应，已被突击队员打死。在其他队员的掩护下，两名队员挟着恩科多迅速进了树林。成功了！人质已安全获救。

古恩娜这回傻了眼。伊瓦尔告诉古恩娜，她已经没有任何条件提什么要求，只有束手就擒，他特别告诫古恩娜手下的人员，不要跟着古恩娜拿生命开玩笑，要给自己一个机会。

房里意见发生了分歧，那些恐怖分子要求古恩娜不要再顽抗了，相机行事。古恩娜见人心不齐，自己已无力回天，只好答应他们的要求。

有个恐怖分子见古恩娜同意了放弃抵抗，便对着窗外高喊：“我们同意投降，请不要开枪！”

恐怖分子丢下了武器，乖乖地一个个举手走了出来。守候在房门口的官兵们迅速上前，将这伙“黑月党”分子戴上了手铐，押上了警车。

案件成功告破，伊瓦尔检查被捕人员，发现古恩娜眉毛边果然有一颗黑痣。

## 追捕巨枭

1999 年夏季，德国制贩假钞势力抬头，大面值的假马克频频在商场、宾馆、车站的售票窗口及出租车中出现。警察局接到民众的举报，查问这些当事人，却都说是在某某地方买东西时店家找零来的，也有的说是单位发薪水时发来的。更有甚者，有的还说是从银行取钱时取来的。银行有关部门将这些收来的假钞放在验钞机上一验，发现其制作工艺非常高，有的假钞验钞机竟然无法识别。为此，警察局和银行联手，派出大批人力，查找假钞的源头。

9 月 5 日，警察局和银行在慕尼黑召开会议，汇总调查情况。德国政府考虑到查找假币案件难度较大，指定特种部队第九旅派人参加了此次会议。

会议进行到一半，主持会议的警方代表卡明德收到一份情报，说抓到了假钞贩子。

在随后的审问中，假钞贩子供出制造假钞的窝点在北海的一个叫“云天”的小岛上。这个贩子还提醒警察局，造假币的窝点内有地堡工事，有各种各样的枪支弹药。

警方开始寻找云天岛的位置。可是，在地图上从左查到右，从上查到下，却怎么也找不到云天岛这个地名。正在这时，有个知情的渔民说，确实有这么个小岛，它是在五年前才露出海面的，因此地图上没有标明。云天岛四周礁石成群，一般航船无法靠近，所以，很少有人登上这个岛。

卡明德立即将这一新情况上报德国政府首脑。德国政府首脑当即命令特种部队第九旅查办此案。

第九旅接到任务后，将侦破此案的任务交给了少校苏莱基。苏莱基分析了情况后，建议先出动飞机，航空拍照，待查明云天岛的具体位置及岛上的房屋建筑及地堡工事情况后，再拟定作战方案。

两天后，飞机航拍结果出来了，他们不仅找到了云天岛，而且弄清楚它就位于赫耳果兰岛以北 3 公里处，小岛面积为 1 平方公里，岛上建有三幢平房，平房的东南西北有五个地堡，有七八个人组成的巡逻队日夜警戒巡逻。

苏莱基根据这些情报，决定由 20 名官兵组成一支突击队，采取夜袭战术，向云天岛发起攻击。

担任夜袭作战任务的 20 名突击队员，都是从特种兵部队中精心挑选出来的优秀官兵，经过半个月的模拟训练和两次实战演习，他们准备出发了。

9 月 21 日深夜，苏莱基指挥 20 名突击队员登上了一条不引人注意的旧渔轮，悄悄地向目的地行驶。当渔轮接近云天岛时，苏莱基不停地用竹竿测量水深情况，当水深只有两米时，他轻声地下达了命令：“隐蔽渔轮，准备战斗！”

突击队员们迅速打开渔轮下层外部的通气孔，海水便哗哗地流进了渔轮，渔轮转眼就下沉了。前面说了，海水只有 2 米深，再者，这只渔轮临时进行了精心的改装，分为上下两层，上层坐人，下层需要时可以引水倒灌。这样只要在战斗结束后，只派人下潜 2 米，再开动排水机，将水排掉，关闭进出水口，渔轮便可浮出海面。所以，这只旧渔轮实际上好像是只“潜水艇”。

突击队离开了“潜水艇”，向云天岛上摸索，走在前面的两名队员向苏莱基报告说：“发现铁丝网，怎么办？”

苏莱基命令："排除障碍，剪掉铁丝网！"

"是！"两名队员掏出钳子、剪刀，将铁丝网剪断，然后，20名突击队员一个跟着一个通过了铁丝网。

没过多久，苏莱基发现了前面的地堡，但却没有发现有哨兵巡逻。他便下达命令："分成五个小组分头行动，炸掉全部地堡！"

行动可以说进行得很顺利，随着一声声巨响，五个地堡均被炸坍。接着，20名队员以迅雷不及掩耳之势，向平房扑去。岛上的人听到爆炸声，吓得从平房里跑出来，想看看究竟发生了什么事，却与冲进来的突击队员撞个正着。

这些制造假钞的犯罪分子还没来得及拿枪，就被突击队员活捉了。突击队员押着犯罪分子，抬着印钞机和还没来得及运走的200多公斤假钞，返回到渔轮上。苏莱基命令犯罪分子排成队，一个一个地登记姓名，接受审讯。18名犯罪分子登记后，苏莱基问其中的一个："你们的头是谁？他在不在这里？"

那个被问的人低下头不回答，其他的罪犯也低下了头。

苏莱基拍着桌子说："你们到底说不说？你们印假钞是犯法的，但是，你们不是主犯，只要你们交出你们的老板，罪行就可以减轻！"

"我说，"有一个矮个子一听说可以减轻罪行，抢着说，"老板叫哈姆，他一听到爆炸声就穿着潜水衣从地洞下面逃走了。"

听说犯罪头子逃走了，苏莱基急得红了眼。他立马带着几个队员登上小岛，押着那个矮个子去寻找地洞，一定要找到那个头目。在那个矮个子带领下，他们终于找到了那个地洞，他们顺着弯弯曲曲的地洞往里走，最后出口处是一块大礁石，礁石下面就是大海，那个印假钞的巨枭哈姆就是从这里逃跑的。

次日，特种部队第九旅参谋长代表总部，接见了突击队员，赞扬他们英勇善战，一举端掉了印假钞的窝点。接见结束时，参谋长对苏莱基说："你们虽然完成了任务，但是，十分遗憾的是让哈姆逃掉了。你要知道，哈姆一日不除，德国的金融业就一天不得安宁。"

苏莱基心里很不是滋味，他说："这是我的工作失职，考虑问题不周全，没想到云天岛上会有地洞，让这个巨枭逃走了。请你下达命令，我一定将这个巨枭抓捕归案！”

参谋长拍拍苏莱基的肩膀说：“不能全怪你，我们对岛上的情况事先也不是完全清楚。不过，我现在是要向你下达命令，命令你带一名助手，担负追捕哈姆的任务，时间最多两个月，你看能完成吗？”

“这……”苏莱基犹豫了一下，因为，他目前对哈姆的情况知之甚少，他怕两个月时间太少，难以完成任务，所以，迟疑了一下。

“怎么？有困难吗？”参谋长问。

“是的，”苏莱基实事求是地说，“我怕两个月时间不够。”

参谋长严肃地说：“我给你两个月时间看起来很短，可是，你知道吗？大量假钞流入社会，对国家的金融界危害极大。更严重的是，哈姆还会重新组织人马制造假钞。你想想看，他有两个月的时间，又会制造出多少假钞？所以，我们抓住他的时间越短越好，越长对国家的危害越大，你懂这个道理吗？”

苏莱基当然明白这个道理，只是他现在一点头绪也没有，无法向参谋长保证。因此，听了参谋长的话，他点点头，接受下这个任务。可是，他的心理压力很大。

如何才能尽早捉住哈姆？苏莱基寝食难安，他和助手弗格森首先在被抓的犯罪分子身上下功夫。他俩不停地提审在押犯，从他们的嘴里知道了很多哈姆的个人情况，长相特征及家庭情况等等，凡是与抓捕哈姆有关的资料，他俩一点都不放过。经过几天的审讯，他俩基本上了解了哈姆的情况，俩人开始研究追捕方案。

哈姆现年 38 岁，中等个子，黑黑的脸上有一双狡诈的眼睛。他人很瘦，头顶有点秃。他嗜烟成性，一天 24 小时，除了睡觉，才会放下香烟。其他时间里，他总爱叼着一支香烟。他的家在迪伦堡的乡下，25 岁以后，他离开家乡到奥洛斯堡当工人，两年后失业，成了无业游民，在慕尼黑，他认识了不少黑社会的人。1995 年以后，他又结识了七八个无业游民，开始从事制造假钞的犯罪活动。他们制造假钞的窝点一开始是设在慕尼黑的一家废旧工厂，不多时，这个旧工厂改为市民广场，哈姆就将窝点迁到了云天岛。

哈姆有个妻子在迪伦堡农村，自从他从事制造假钞后有了钱，就与奥洛斯堡一家夜总会的歌女克劳恩长期姘居。克劳恩傍上了哈姆这个大款爷后，在郊区购置了一幢两层楼的别墅。哈姆隔三岔五地开着车到奥洛斯堡与她幽会。

苏莱基和助手弗格森分析了哈姆的情况，认为此时哈姆已成惊弓之鸟，他不会在一个地方长住，一定会不停地更换住所。

从哪里着手呢？他俩首先考虑到他的老家和姘妇居所去调查了解情况。他们去的第一个地方便是哈姆的老家迪伦堡。

来到迪伦堡后，为了隐蔽身份，他们将所带的东西存放在迪伦堡城内，然后各租一辆自行车，向乡村骑去。不到40分钟，他俩就到了哈姆家的小山村内。哈姆曾经在迪伦堡上过几年中学，苏莱基和弗格森用两个假名字，以老同学名义去探望哈姆。到时见机行事。

两人骑车一路问过去，到了哈姆的家门口，敲开了门。开门的是哈姆的妻子。他俩便和她聊了起来，说他俩和哈姆是老同学，今天正巧路过这里，顺便来看看他。

哈姆的妻子听后，叹了一口气说："你们还提什么哈姆，他都好几年没有回这个家了，我现在也不知道他在哪里。"

从她的口气和表情中，苏莱基和弗格森看不出她是真不知道，还是假不知道哈姆在哪里。

苏莱基当然不甘心就这么离开，便也叹了口气说："唉，我们已经好多年未见面了，前两天我接到父母从加拿大发来的电报，要我到加拿大去继承父业，经营一家大型建筑公司。我想了很久，觉得父母都已经是七八十岁的人了，而我到加拿大后没有什么熟人帮我，那么大的公司，我怎么管得了呢？我先找了他，"他指指弗格森说，"想请他帮我，他又提出最好多找几个好朋友一起去，我就想到了哈姆。如果哈姆知道这件事，我想他一定会答应我的。"

"你是叫哈姆和你一起到加拿大去工作？"哈姆的妻子瞪大了眼睛，显得很吃惊。

"是的，"苏莱基点点头，用肯定的口吻说，"我真心地希望哈姆能帮我这个忙。"

“啊呀，这真是天大的喜事啊！”哈姆的妻子十分激动，“如果哈姆知道天上掉下馅饼来了，他该有多高兴啊！”说罢，她用怀疑的目光盯着苏莱基和弗格森，想看出什么破绽似的，两眼一眨不眨。

苏莱基从她的眼神里判断出她一定知道哈姆在哪里，便沉着地说：“真可惜啊，你也不知道哈姆在哪里，那我只好另外找人了。”他用眼神暗示弗格森说，“很遗憾，我们走吧。”说罢就要起身告辞。

“别急，别急！”哈姆的妻子连忙拉着苏莱基说，“你们先别急着走，我带你们去找哈姆，看他怎么说。”

“太好了！”苏莱基兴奋地大叫一声，他这一声是双关语，哈姆的妻子却听不出来。她稍稍整理了一下衣裳，便匆匆带着苏莱基和弗格森上路了，他们在村子里转来转去，最后来到了村后的一幢房子前站住了。哈姆的妻子说：“这间房子原来是我姐姐家的，她们全家迁到海德堡去了。前天，哈姆回到家，听我说姐姐家的房子空着，便吵着要住到这儿来，说一方面可以为姐姐看房子，一方面住在这里清静。”她说到这里，显得十分不满地说，“真搞不懂，他在外面混了几年不回家，现在回来了，不肯和我住，还说要清静，真不知道他有什么毛病。”

哈姆的妻子说着，用钥匙打开了大门，推门一看，惊得不知说什么。床上没有人，后面的窗户大开着。再向窗外一看，是一片田野。苏莱基和弗格森知情不妙，奔到窗户前一看，只见远处山村的小路上，有一个人骑着一辆摩托车，飞驰而去。哈姆的妻子不知道发生了什么事，瞪大了眼睛问：“怎么回事？他怎么连招呼也不和我打一声就走了呢？”

苏莱基心里骂了一句：“真是个狡猾的狐狸。”表面上却笑了笑说：“哈姆走了，我们赶快去追他，一直追到加拿大。”

两人连忙跨上自行车，跟在摩托车的后面紧追，可是，自行车怎么能追得上摩托车呢？没追多远，他们早就不见了哈姆的影子。

苏莱基和弗格森看到到嘴的鸭子飞掉了，又气又急，却也无可奈何。他们决定去奥洛斯堡等候哈姆。

当他俩驾车赶到奥洛斯堡时，已是黄昏。他们虽然知道克劳恩在夜总会工作，但具体在哪个夜总会，他们却不清楚，因为克劳恩经常更换夜总会。他们只好开车来到一家饭店，先将肚子喂饱再说。他们一边吃饭，一边向老板打听这里有几家夜总会或歌舞厅什么的。恰巧，被问的老板是个歌迷，他如数家珍地一口气报出了几十家夜总会。苏莱基问他："你认识歌女克劳恩吗？"

那老板一听克劳恩的名字，便瞪大了眼睛看着苏莱基，说："你想同她上床？据说她能把成百个棒男人搞得筋疲力尽，你可得当心点！"

苏莱基笑了笑。那老板见他不在乎的样子，继续说："听说她开价很高啊，不是百万富翁你就别做她的梦！"他看了看苏莱基和弗格森，用很不经意的口吻说，"我看你们两个的口袋里只够吃一顿饭的钱，我劝你们趁早死了这条心，别打她的主意了。"

苏莱基笑笑说："你误会了，我们俩是北部汉诺威人，今天在火车上听人说到你们奥洛斯堡有这么一个美女，就想问问而已，如果能一睹她的芳容，那当然更好。我们只是做电脑生意的，没赚到什么大钱，没有那个想法。"

"哦！"老板明白了，他神秘地说，"这个克劳恩啊，据说她长年被一个大款包了，大款叫什么……对对对，那人叫哈姆，他这个人不知道是干什么的，非常有钱。"说到此时，他才告诉苏莱基："你们想见见克劳恩吗？那就到伏尔加河夜总会和维多利亚夜总会去找找看吧。"

苏莱基和弗格森出了饭店，已是万家灯火。他俩先到附近的维多利亚夜总会，买了两张票进去后，里面的灯光幽暗，一对对男女相拥着，不停地扭动着腰臀。苏莱基问坐在一边喝饮料的一位小姐，今晚克劳恩会不会来这里唱歌，那位小姐说不来。两人连忙起身，出了门向伏尔加河夜总会赶。他们照例买了两张票，进了舞厅。他们见舞台上站着一位漂亮动人的小姐，正在嗲声嗲气地唱着歌。苏莱基猜想这人一定是克劳恩，为防万一，便向身边的一个男人打听。谁知却被那人一顿讥讽："你是不是外星人，克劳恩是我们奥洛斯堡的明星，怎么连她都不认识？"

克劳恩在唱歌时，不停地响起阵阵掌声和欢呼声，看得出，追捧她的人很多。

散场了，克劳恩出了门，开着她那辆红色的轿车离开了。但是，她却无法逃离苏莱基的眼睛，苏莱基和弗格森驾着车，若即若离地跟在她后面。20 分钟后，红色轿车开进了一幢法式别墅的车库。苏莱基和弗格森远远地从车上下来，接近别墅，观察周围的地形。只见这幢法式别墅一共有三层，它的围墙并不很高，临街的这面院墙是奶黄色的，大片的常春藤几乎把整片墙都遮挡住了。房顶是铁锈红的，建筑本身是乳白色的。左侧是车库，克劳恩下了车，转身进了别墅。

苏莱基发现别墅内大部分房间都亮着灯，却不知道克劳恩进了哪间房，更重要的是不知道哈姆是否藏在这里。

他俩只好躲在暗处，观察着楼房里的一举一动，终于模糊地觉得克劳恩在三楼中间的房间里走动。他俩瞪大了眼睛观察，突然，苏莱基小声地说："快看，快看，里面有两个人！"

弗格森也看到了，他说："是两个人，你看，还有两点火星在闪动，一定是他们吸烟的火星。"

"哈姆可能会藏在这里！"苏莱基和弗格森商量，现在对别墅的内部情况不明，不可以打草惊蛇，一定要有十拿九稳的把握才可行动。他们决定在附近密切监视，等有机会才下手。

第二天，午后两点钟，别墅的大门突然开了，克劳恩驾车出门了。他俩商量后，决定伪装成灭白蚁的工人，要求到别墅里检查白蚂蚁。佣人开门后，不肯让他俩进去。可是，经不住苏莱基和弗格森的软磨硬缠，只好同意让他俩进去查一查。但是，要求他俩动作要快，如果克劳恩回来发现有陌生人来过，她会发脾气的。

他们扛着"仪器"进了别墅，楼上楼下，一个房间一个房间地跑了几遍，将别墅里的地形摸了个一清二楚。为了不打草惊蛇，苏莱基没有与警方联系。他们等到半夜，开车来到别墅前。弗格森留在车上，担任警戒。苏莱基翻墙入院，来到房前用万能钥匙轻轻地打开了一楼的客厅门，蹑手蹑脚地朝楼上走，到了三楼克劳恩的房门口。他再次取出万能钥匙，试着打开房门，却失败了，他再试，还是打不开。汗水从他的额头上流下来，他急得想再试试，谁知，他手一抖，钥匙"哗啦"一声，掉到了地上。

响声惊动了二楼的佣人，二楼的灯全打开了。苏莱基这下急了，他想到自己此次行动没有与警方联系，万一警察来了，闹出一场误会，那可怎么办？他没有时间再想下去了，箭一般地冲下楼，翻过墙，上了车，然后小声地说："快开车!"

弗格森一踩油门，迅速离开了现场。

第二天克劳恩就不再露面了，苏莱基经过几天的监视，发现她已不在别墅里了。

过了半个月，克劳恩又现身了。当她一走进夜总会，便进入了苏莱基的视线。苏莱基密切监视着克劳恩。散场后，克劳恩驾车来到了一所医院门口。停了车，她匆匆上了住院大楼。苏莱基分析哈姆一定住在这所医院里。

当晚，苏莱基将自己观察到的情况向警方作了报告，并提出了自己的抓捕方案，请求警方协助。

第二天上午，警方封锁了这家医院。

上午9时左右，有三四个医生来到了克劳恩住的病房，其中就有化装成医生的苏莱基和弗格森。他们来到病房，见房间里有两张大床，其中一张床上坐着一个男子，其相貌特征与哈姆相似，手上的香烟发出呛人的烟味。苏莱基很有礼貌地对他说："请你掐灭你的香烟，病房里是不能抽烟的。"

哈姆愣了一下，掐灭了香烟，然后伸出手让苏莱基量血压。就在这一刹那，苏莱基的手铐紧紧地铐住了哈姆的双手。哈姆还想做垂死的挣扎，对苏莱基说："误会了，误会了。"

苏莱基冷笑一声说："我们不会误会你的，哈姆先生，你是制造假钞的巨枭，我们从云天岛一路追踪你，已经找了你很久了。"

"什么？他是制造假钞的巨枭？"克劳恩大吃一惊，她虽然和哈姆在一起，却没有想到自己身边是一个政府通缉的要犯。

哈姆这才低下了沉重的头。

## 九、神秘、迅速、英豪

### ——法国外籍兵团征战纪实

法国特种部队多种多样，其中外籍兵团是个特殊的团体。它的最大特点就是官兵的成员来自世界 136 个国家和地区，是一个完全由外籍人员组成的特殊军队。

外籍兵团最早成立于 1831 年 3 月 10 日，由法国国王路易 · 菲利普签署成立。当时，法国国内政治局势动荡不稳，各派政治力量纷繁复杂，军队内同样是派系林立，你争我夺，各不相让。国王想调一个兵都相当困难。在万般无奈之下，路易 · 菲利普国王决定组建外籍兵团，依靠外国人的力量，打击国内各派政治势力。

外籍兵团自成立以来，已经有 100 多年的历史了。在这 100 多年来，法国发生了翻天覆地的变化，统治者由国王更换为总统，换了一任又一任，政府官员更换了一代又一代，铁打的营盘流水的兵，外籍兵团的官兵走了一茬又一茬，而兵团的特点却始终如一。

外籍兵团拥有八个团。这个兵团严格按照法国政府的规定，不收一个法籍人。可是，不收一个法籍人，不等于兵团内就没有法国人。据统计，兵团内目前的官兵有 40%—50% 是法国人。这是怎么一回事呢？说起来，是这些法国人玩起了“国籍游戏”，他们想要加入外籍兵团，就想了一个办法，那就是必须使自己不是法籍，这好办，他们便办理一个外国护照，出国后，等取得了外国“绿卡”，成了外籍人，就取得了加入外籍兵团的资格。

外籍兵团官兵的薪水比一般特种部队高出 20%，一般士兵服役五年。五年后退役，就可取得法国居留权，之后可以取得公民权及工作权。由于待遇优厚，每年都有近万人来到法国，要求加入外籍兵团。但是，名额是有限的，所以，选拔考试和审查都特别严格。

在许多人眼中，这么一个光怪陆离的外籍兵团，完全是一群流浪汉组成的乌合之众罢了，他们能打仗吗？能！他们不仅能打仗，而且还是一支特别能战斗的部队。因为他们有严格的要求。新兵入伍后的一周内，必须在兵团的旗帜下庄严宣誓，誓词是：忠诚兵团一切，尊崇兵团荣誉和传统，尊敬长官，严守纪律，坚决完成赋予的一切艰苦战斗任务。

宣誓后，连长会给每一个新兵发一本外籍兵团官兵手册，手册的首页上写的是官兵须知。大意是：每个外籍官兵必须做到养成铁的纪律和深厚友谊；既要有勇气还要忠诚；穿着要整洁；言行要谦逊；居室要永保整洁、清新；身体必须始终保持最佳状态；赋予的任务如同圣旨般坚定不移地完成；战斗中，要无七情六欲，但又要尊重战败的俘虏，俘虏受伤或死亡绝不丢弃。最后一条是，在任何艰苦困难情况下，也决不投降，就是粉身碎骨，也要忠于兵团长官。

在这样的管理和教育下，官兵们勇敢威猛，英勇善战，他们创造了一个又一个震撼人心的奇迹。

## 科卢韦齐在哭泣

1978年5月13日，对非洲扎伊尔的科卢韦齐人民来说，这是个极不平常的一天。

夜幕降临之际，白天的暑气还没散去，空气还是那么闷热，科卢韦齐街道的灯一盏接着一盏地亮了起来，民众放下饭碗，匆匆洗刷完毕，纷纷出门，有的去公园散步去了，有的上街购物去了；青年男女们，三三两两地奔向咖啡厅、夜总会，那些戏迷们却奔进了戏院，好戏就要开场了……好一派太平盛世。

人们做梦也没有想到，时钟刚刚敲了九下，很多在外游玩的人还没有回家，科卢韦齐的主要街道上，突然出现了密密麻麻不同肤色的人，他们手持武器，步履匆匆，神色紧张。人们还不知道发生了什么事，突然，天空升起了几颗红色的信号弹。战事就在瞬间爆发了，枪声，爆炸声不绝于耳。科卢韦齐乱成了一锅粥，高层建筑火光冲天，天空弥漫着浓烟，银行、商店被抢掠一空，行人走在街上，随时可能被人枪杀和绑架。

科卢韦齐究竟发生了什么？我们的政府呢？他们怎么不出来说话？我们的警察呢？他们为什么不过问？市民们的头脑里充满了疑问。这时，市长出现了，他在电视屏幕上大声地对民众说："市民们，不要紧张，平静的扎伊尔发生了暴乱事件，暴乱分子攻击了沙巴省。初步查明，这是一起由外国军事顾问发起的暴乱，他带领2000名叛军，发动了暴乱。市民们，他们现在正向我们发起进攻。已经有500多名欧洲专家技术人员、商人被杀死，或遭绑架。市民们，你们不要出门上街，你们要相信我们会制止这起叛乱事件……"

暴乱事件一直延续到第二天上午。不仅没被制止，秩序反而更加混乱，许多房子被烧，尸体遍地可见，流血杀人现象仍在继续，科卢韦齐在哭泣！老百姓们十分气愤，指责政府无能，他们咒骂着，平时对老百姓凶神恶煞的警察呢？平时耀武扬威的军队呢？现在需要他们时，怎么连一个人影都没有了呢？

说起扎伊尔的警察和军队，世界上其他国家对他们是非常陌生的。不知何年何月起，扎伊尔的军队和警察采用的是雇佣制，政府花钱从外国雇佣青年来充当警察和军人。这些被雇的青年多数是英国人、约旦人、巴基斯坦人、埃及人，还有刚果人、利比亚人等。总之，外国人如果想当兵，想当警察，只要花路费到扎伊尔，报个名就行了，不需要其他任何手续。

另外，他们的警察、军队同公务员一样，一律是八小时工作制，下班后脱下制服便不再行使职权，街上发生了天大的事也不用过问。所以，暴乱分子利用了这一点，暴乱发生是必然的，暴乱无人制止也是必然的。

暴乱发生了，人民遭殃，国家动荡，急得扎伊尔总统蒙博托团团转，他的心情和人民一样糟，也同样在咒骂军队和警察。第二天上午，警察和军队该到上班的时间了，可是街上仍然不见一个穿制服的。这是怎么回事呢？原来，这些警察和军队平时很少训练，素质极差，纪律松懈，战斗力不强，现在遇到突发事件，措手不及，该上班时，他们有的藏了起来，有的则浑水摸鱼，和叛乱分子一起，抢劫、杀人，强奸妇女，演了一出警匪合流的丑剧，老百姓不但得不到保护，反而是雪上加霜。

蒙博托觉得国家再这样乱下去，无法收拾局面，自己这个总统将面临下台。怎么办？自己的军队和警察无法指挥，那就向邻国求援，他发出了一封封求援的电报，却没有回音。邻国都抱着事不关己高高挂起的态度，对蒙博托的求援置之不理。情急之下，蒙博托想到了法国的外籍兵团。他曾经在电视中看到法国的外籍兵团的战斗事迹，于是，他将一线希望放在了请外籍兵团出援上，他向法国总统德斯坦发出了紧急求援电。

法国与非洲的扎伊尔相隔万里，平时交往不多。蒙博托与德斯坦也从未见过面。然而，法国总统德斯坦一收到蒙博托的求援急电，还是马上同意给予支援，他打电话给情报局长，要他一定要亲自到外籍兵团去，亲口传达总统指令，迅速飞赴扎伊尔，协助政府平暴除乱！

外籍兵团驻在科西嘉的卡尔维基地。5月17日上午10时许，他们接到命令，稍作准备便整装出发了。因为从法国到扎伊尔无直达航班，更没有军事航线可乘，他们只好先乘临时租来的DC-8民航机，抵达邻国后换乘美国空军的C-141和C-5型运输机，第二天傍晚抵达扎伊尔的首都金沙萨。当即，又乘扎伊尔前来迎接他们的C-130型运输机，于第三天拂晓抵达科卢韦齐上空。他们从法国的科西嘉登机，到最后的目的地科卢韦齐降落，整整48小时未闭过一眼。他们一空降到科卢韦齐，便投入了平暴战斗。

此次出援，带队的是外籍兵团团长多恩，他根据扎伊尔政府官员介绍的情况，迅速拟订了平暴救援方案，他将1500余官兵分成两部，一部平暴，一部救援被暴徒绑架的人质。

担负平暴任务的官兵在多恩团长亲自指挥下，迅速占领了城内的制高点——国立约翰保罗第23中学大楼，分兵攻打科卢韦齐医院、四星级的安巴拉饭店等战略要地。然后，逐步向市中心压缩，缩小包围圈。在巷战中，暴徒们见外籍兵团如狂飙般向他们压来，吓得屁滚尿流，稍作抵抗，便纷纷瓦解。零星的暴徒更是吓得颤抖不已，放下武器，举手投降。暴乱的指挥者有的换上便衣逃跑，有的混在士兵堆里投降，战斗至5月25日，平暴基本结束，大部分暴乱分子被歼灭。

负责救援的外籍兵团官兵在扎伊尔军队的协助下，四处寻找被暴乱分子绑架的人质。他们从商店、宾馆、大学的地下室，解救了3000多欧洲人，500余名当地人。

法国外籍兵团在此次战斗中，共计击毙暴乱分子560名，其余大部被俘。但他们也付出了战死5人，负伤26人的代价。

法国外籍兵团的显赫名声在非洲传扬。

## 小矿山之战

在平暴救援战斗接近尾声时，法国外籍兵团多恩团长接到一位大学老师的报告，说有一小股暴乱分子携枪向刚果河附近逃窜。多恩团长立即命令第二连官兵前往追击。该连连长哈维尔带着全连沿着暴乱分子的踪迹，一口气追出 20 多公里，在一座小矿山附近追上了暴乱分子。这时，夕阳西下，天色暗了下来，小矿山后面是密密的大森林。哈维尔连长考虑到天黑视线不好，小矿山与大森林紧密相连，自己的部队不熟悉地形，贸然进攻，弄不好反而适得其反，无法彻底歼灭这股暴乱分子。因此，他决定等到第二天天亮，再向暴乱分子发起攻击。

当晚，他们住在离小矿山不远的小村子里。小村子中间低凹如碗，错落着 10 余座低矮的土屋，居住着 30 多户贫苦农家。这里的村民十分好客，听说法国人来帮助他们平息暴乱，一个个欢呼雀跃，帮助外籍兵团找房子，生火做饭。由于过度疲劳，外籍兵团官兵安营扎寨之后，很快进入了梦乡，第二天天还未大亮，突然，“啪啪！”两声清脆的枪声，划破了寂静的山谷。哈维尔连长惊醒后，一下子从床上跳下来，跑到村头观察，他发现暴乱分子正端着枪向村子进袭。来了多少人，敌人知道不知道村子里有外籍兵团？哈维尔连长在敌情不明的情况下，决定撤出村子，视情况再说。他正指挥部队从西边向村外撤时，在山岔口又冒出了一股敌人。事后才知道，森林里有一股土匪武装，暴乱分子钻进森林后，与这股土匪勾结在一起，共同对付外籍兵团，妄图将外籍兵团一网打尽。

这时，哈维尔连长发现敌人前后夹攻，几乎无路可走，看来只好硬拼，杀出一条血路突围出去。外籍官兵在他的指挥下，与敌人展开了殊死的搏斗，但是，敌众我寡，敌人在重武器的掩护下，疯狂地向外籍兵团扑来，子弹在外籍兵团官兵的头顶上“嗖嗖”地飞过。敌人越打越猛，哈维尔考虑到硬拼下去损失会很大，决定留二班在原地掩护，大部且战且退朝附近的一座小山杀去，寻找突围机会。

但是，当他们就快到山顶时，却从山顶上雨点般地倾泻下密集的子弹，两个士兵中弹倒下，其余的官兵被阻在半山腰下。哈维尔知道上面还有敌人，情况万分紧急，他果断地作出决定，必须带领兄弟们冲上山去，占领有利地形，于是，他一手紧握手枪，一手挥舞着匕首，大吼一声：“弟兄们，快跟上！”

官兵们一鼓作气，冒着弹雨向山顶冲锋。他们不断地向敌人阵地扔手榴弹，乘着一股股浓烈的硝烟，奋勇前行。在山顶上，他们与敌人展开了肉搏战。有的战士的子弹打光了，就用枪托与敌人干；有的用双手掐住对方的脖子，到死也不松手；

有的用嘴巴咬住敌人的手脚不放，战况十分惨烈。经半小时激战，二连歼灭了这股数倍于他们的敌人。

哈维尔带着官兵，下山回援留在村头的二班时，却不见一个人影，正在他万般焦急之时，西北方向传来几声枪声。哈维尔急忙指挥官兵们："快，快向西北方向追！"

他们追了一阵，发现二班正在追击逃跑的敌人。这股敌人没命地向河边跑，找到了两条渡船，人多船少，敌人为了逃命，一个个争先恐后地向船上挤，有的被挤下了河，在河里拼命地挣扎，正乱成一团，二班的士兵们和哈维尔带的官兵们先后赶到，一阵扫射，敌人大部分被打死，幸存的举着手喊投降。战斗结束时，有一个俘虏对哈维尔说，领导暴乱的一个大头目叫德拉鲁贝，见情况不妙已经向村子里逃去了，他一定躲在村子里，赶快去抓他吧。

哈维尔又带着部队折回村子，挨家挨户地搜。村民们见外籍兵团的人回来了，一起协助他们寻找。一个小姑娘拉着哈维尔，来到东头一家人的牛棚里，将那个头钻在牛草堆里，屁股却露在外面的德拉鲁贝抓获了。

哈维尔回到科卢韦齐，蒙博托总统正在召开庆祝平暴胜利大会。百姓夹道欢迎二连全体官兵，他们到会场后，接受了少年儿童的献花。

## 十、无炮战争

### ——一个英国特种兵的征战自述

说起战争，人们头脑中闪现出的是这样的场面：战场指挥员一声命令，一发发红色信号弹腾空升天，一队队银白色的飞机轰鸣而过，一辆辆坦克、装甲车奔驰向前，一批批步兵紧跟在坦克、装甲车后冲锋陷阵……枪炮声伴着士兵的喊杀声。天空中乌云翻滚，地面上地动山摇，尸骨横飞……是的，常规战争就是人们头脑里的这种现象。可是，特种战争却不是这样。从英国特种部队退役的老兵莫尔，他服役30年所经历的战争却是另一番景象。20世纪80年代，莫尔所在的部队参与了阿富汗战争，他对人们说，他经历的战争中，没有飞机、坦克、装甲车。他们常以小分队形式，神出鬼没地干着破坏任务。他将这些告诉新闻记者，这是一场无炮战争。

## 月光行动

莫尔说，他所在的部队是英国特别航空团。平时，他们专门应付突发事件，战时的任务是：收集情报，秘密渗透，扰乱敌后，破坏军事设施，袭击、绑架、暗杀军事或政治领导人物，进行心理战……

1980年的夏季，莫尔已担任连长。一天，一辆吉普车开进了莫尔所在的A连，车子停下后，从车内走下一位又高又胖的军官，莫尔一看，原来是团长查尔斯来了，他慌忙上前，脚跟“啪”地一声立正，然后敬了个十分标准的军礼：“团长，A连连长莫尔向您报告，有什么任务请吩咐！”

查尔斯还了个礼，神秘地示意他到别处谈。查尔斯在前，莫尔在后，他们来到了操场的拐角处，查尔斯见四周无人，便停住了脚步，从口袋里摸出了一根香烟。莫尔不失时机地掏出了打火机，凑上前去，为团长查尔斯点着了香烟。查尔斯吸了两口，然后向他招招手，示意他靠近一点。查尔斯说：“我现在向你传达总部的命令，从明天起，你们A连要开赴阿富汗作战！”

出国作战，莫尔十分意外，瞪大了眼睛，不明白他们此行的任务。

查尔斯明白他那瞪大的眼睛里是什么意思，不用莫尔开口问，便向他解释说：“阿富汗虽是弹丸之地，却是美苏两国争夺的战略要地，我们英国是与美国同在一辆战车上。你们到阿富汗的任务是专门破坏阿富汗的军事设施，包括工厂、公路、仓库等。”

莫尔似乎明白了一点，但还不全明白，便问：“我们去阿富汗后由谁领导，听谁的指挥，怎么同上面取得联络？”

查尔斯掸掸手中的烟灰，告诉他说：“你急什么？我还没说完嘛。我们在阿富汗南部城市坎大哈设立了一个秘密联络处。你们连坐飞机在距坎大哈西南约110公里的犀牛营降落，你迅速将部队安置好后，单独一人去坎大哈联络处，接受具体任务。”

查尔斯交代完毕后，乘车返回。莫尔便迅速集合全连官兵，将此次行动任务向大家进行传达，令官兵们做好出发前准备。

第二天午后，五架直升机从天而降，载着莫尔的 A 连全体官兵升上了天空，他们先来到英国首都伦敦，然后换乘运输机，直飞阿富汗的犀牛营基地。莫尔下了飞机，左右环顾这陌生的异国他乡，映入眼帘的是满目的疮痍，民生凋敝。

莫尔遵照查尔斯的吩咐，换上便装，独自去坎大哈英国联络处。他来到一个挂着英国驻阿富汗贸易公司坎大哈分公司招牌的地方，这就是联络处。一身商人打扮的联络官杜穆里埃接见了他，向他介绍了阿富汗的动荡局势和美英苏三方在阿富汗的军事力量。最后，他打开地图，向莫尔交代任务。距坎大哈 80 公里的山谷里，有一座苏联帮助阿富汗现政府建立的兵工厂，莫尔 A 连的任务是到这家工厂偷出控制生产线的一个重要电子仪表 T1000 交给联络处并杀死那个仪表操作员。

莫尔有点不明白，为何只取 T1000 仪表，不炸毁兵工厂？那岂不是一劳永逸。莫尔的所有疑问，都会从他那双会说话的大眼睛里反映出来。所以，莫尔虽然没问什么，杜穆里埃却读懂了他的意思，对他说：“为何只需要你们取回 T1000 仪表而不要你们炸毁兵工厂呢？因为，以后美英一旦控制了阿富汗局势，这座兵工厂就会为我们所用了，我们可以在那里生产武器。现在的目的只是杀死仪表操作员，取走仪表，让兵工厂暂时处于瘫痪状态，你明白了吗？”

莫尔心想，我们杀死了操作员，他们还可以再换新的操作员啊，我们取走了 T1000 仪表，他们也会再有新的仪表替换啊！

杜穆里埃还是从他的眼睛里了解到他的疑问，对他说：“你们要去杀死的这位操作员是一个印度人，只有他一人懂得使用这个仪表。T1000 仪表是从联邦德国进口的，而制造这种仪表的厂家因经营不善，早已倒闭了，也就是说，这种仪表已经不生产了。所以我们拿走之后，阿富汗人无法得到新仪表。”

杜穆里埃说完了 A 连此次行动的重要性后，向莫尔强调，A 连官兵要像珍惜自己的生命一样，珍惜这台仪表。他告诫莫尔，阿富汗方面对这座兵工厂警戒很严，A 连的交通工具由联络处提供。最后，他交给莫尔一张兵工厂的图纸，要他们尽快熟悉地形，在夜间行动，这次行动名为“月光行动”。

莫尔为了让官兵们适应夜间行动，不得不令官兵们白天当黑夜，躺在床上睡大觉，夜间起床活动。几天下来，官兵们适应了夜行昼伏的生活习惯。

一周后的一天下午 5 时，莫尔的电台收到了杜穆里埃发出的行动信号。莫尔率领的 15 人突击队全副武装，登上了直升机。谁知莫尔出师不利，直升机升空飞行了不久，因为驾驶员不熟悉航线，先行的一架撞山坠毁，五人死亡，三人受伤。莫尔这一架见状吓得迅速返回基地。受伤的突击队员被阿富汗人生俘，审讯后被秘密枪决了。莫尔赶到坎大哈，向杜穆里埃报告了首战失利的情况。杜穆里埃望着垂头丧气的莫尔，给他打气说："失败是成功之母，别泄气，我相信你们一定能完成任务的。"他告诉莫尔，下一次行动不用直升机了，改乘汽车。他提醒莫尔，阿富汗人已加强了兵工厂周围的警戒。所以，如果从大门不能进去，就从厂外面的下水道里钻进去。当然，他又交给莫尔一张图纸，上面标明了下水道的位置。

三天后，莫尔再次接到了行动信号。到了夜里，天黑得伸手不见五指，他组织了 20 名官兵，乘坐汽车，在黑暗中悄悄地向兵工厂方向行进。一路总算顺利，眼看就要接近兵工厂了。莫尔怕汽车的马达声引起阿富汗人的注意，便命令官兵们下车步行。兵工厂设在不远的山坡上，天太黑，莫尔只是看过图纸，没到实地来，所以，只好摸索着向前靠近。莫尔端着夜视望远镜观察，他发现兵工厂的背后是很陡的峭壁，工厂下方 300 米处，有一个峡谷，峡谷里有一条不太宽的河流。月光下，河水泛着白光，犹如一条长长的白练。工厂大门紧闭，上面一层电网，显然从大门是无法进去的，他决定按第二套方案行动。他观察到要靠近下水道，首先要通过一条横跨峪谷的吊桥，而吊桥的一端设有岗楼，里面是全副武装的阿富汗哨兵，虎视眈眈地监视着周围的每一处。莫尔一边观察四周的地形，一边考虑如何接近下水道。最后，他发现峭壁不太高，峭壁下有一条小铁路连接到厂区。他灵机一动，决定用绳梯从工厂背后的峭壁下降到铁路上，绕一段小路，便可到达下水道。他发现峭壁和铁路那边没有岗哨。

莫尔伸手看表，认为时间还来得及，便命令官兵们按他的方案行动。官兵们在他的带领下，悄悄地爬到山上，放下绳梯，一个接着一个，动作敏捷地沿着峭壁往下滑。

莫尔很快找到了那个图纸上标着的极不显眼的下水道。他留下两名士兵，在下水道的出口处把守，其余的随他钻进了下水道。他们从下水道进了兵工厂的院子，发现院内居然没有卫兵，阿富汗人做梦也没想到有人会从下水道潜入工厂。工厂车间的大门紧闭着。机器的轰鸣声震天，兵工厂晚上依然在加班生产。莫尔想不能打草惊蛇硬闯，他发现厂房西侧有一排窗开着。太好了！他当即指挥官兵们从窗口潜入。官兵们按他的命令，一个接一个地钻窗子，下梯子，眼看着全部队员都快进工厂了，突然，一个队员由于过度紧张，从梯子上跌到了地下，发出了沉闷的声响。莫尔吓得出了一身冷汗，队员们迅速趴到地上，隐蔽起来，准备应付突发情况。也许是机器声太吵，这个士兵弄出的响声被机器声所掩盖。半晌，莫尔见工人们没有异常反应，又指挥官兵们接近目标。突然，有两个工人发现了眼前的英军，吓得连忙后退，不知所措。说时迟，那时快。几名官兵一个箭步上前，用匕首结果了这两名工人。

莫尔“按图索骥”，迅速找到 T1000 仪表，用匕首解决了那名印度操作员。然后用大老虎钳三下五除二，取下了那个 T1000 仪表。

莫尔带着官兵们从原路返回，出了下水道，岗楼里的阿富汗哨兵直到天亮后才发现工人和操作员倒在血泊中，T1000 仪表不翼而飞。莫尔一行顺利回到了驻地，立即摆起了庆功酒宴，他们喝着威士忌，听着音乐，跳起迪斯科。

## 铲除“毒蛇”

过了几年，莫尔离开了阿富汗，他被调到德国一家特工学校任教官。莫尔来到德国的慕尼黑附近的拉姆斯因的一个基地。这里有教室、宿舍和训练的靶场，还有十几架飞机停在停机坪上。所以，对外称这里是美国空军基地。其实，这里却是英美两国共同合办的特工训练学校。那十几架飞机只是掩人耳目的，其实都是早就报废了的旧飞机。

这所特工训练学校的校长是美军上校泰勒，副校长是英军上校福克斯，训练主任是英军中校弗弗雷特，教官共计 15 名，莫尔担任谍报教官。学员成分复杂，有来自亚洲各国的，也有欧洲各国的，这些学员毕业后，一般被分配到英美特种部队充当初级军官。他们的薪金比一般部队高出 50%，所以，许多流亡在英美法等国的青年，很愿意到这里来，以特工为谋生之路。他们的训练内容复杂多样。一般学员都要经过八个月的射击、刺杀、格斗、游泳、滑雪、攀登、跳伞、爆破、伏击、谍报等课目的训练。

莫尔教授的谍报科目，要学员学会使用暗号、密码、密写、微型胶卷拍摄、投信、暗号辨认等技术。

这一年的秋天，美国中央情报局来了电报，说发现纽约有一名潜伏的苏联特工，名叫戈尔斯基耶夫，绰号又叫“毒蛇”的，活动非常频繁，要特工训练学校派人前往曼哈顿铲除他。学校接到指令后，泰勒上校和福克斯上校经研究决定，由莫尔带领五名男女学员，去执行这项特殊任务。

莫尔接受任务后，独自琢磨了很久，最后，拟订了一个以毒攻毒的方案。此方案是：莫尔一行到曼哈顿后，以行医为掩护，与“毒蛇”接触，然后伺机行事，设法铲除他。

泰勒和福克斯听了莫尔的汇报，上报美国中央情报局。中央情报局批准了这个方案，并指定由中央情报局的迪安小姐协助他们行动。

莫尔一行乘坐 747 航班来到纽约，在“毒蛇”活动的街区里一家日本人开的鞋店隔壁，租了三间门面房，开了一家私人诊断。聘请了一位小有名气的妇科专家在此坐诊。莫尔为经理，其余人充当护士和杂役。

私人诊所开张一周，病人还真不少。可是，莫尔焦急地盼望前来协助工作的迪安小姐一直没有露面，“毒蛇”也不知在何处。

这天晚上，莫尔独自来到一家夜总会。他刚一进门，一位盛装打扮的小姐迎了上来，同他打招呼。莫尔仔细打量此人，觉得似曾相识，却一时想不起在何处见过。就在莫尔用力思索之时，对方却开口了，她笑着问：“莫尔先生，您的记性是不是出了问题？你难道忘了我们曾在阿富汗同过事吗？”

在阿富汗工作？在莫尔的记忆里，这似乎已是很久以前的事了，但对方一提起阿富汗三个字，莫尔立即回忆起来了，他十分兴奋能在这里遇到熟人，高兴地说：“啊，是露茜小姐，你怎么跑到美国来啦？”露茜在坎大哈的联络处干过，莫尔跟她打过交道。

露茜反问道："我怎么不能来？你不是也来了吗？"说罢，她压低声音说，"我已改名为迪安小姐——"

"啊，"莫尔一愣，"你，你就是迪安小姐？"

露茜点点头，小声地说："我就是中央情报局派来配合你工作的。"

莫尔有点生气了，他说："我们来美国已经好几天了，你怎么不主动与我接头呢？"

"这是上面的安排，你不要责怪我。他们说估计你会在这几天来这里，要我不必过早露面，主动找你。"

迪安头发卷曲蓬松，身穿一件低胸黑绸连衣裙。莫尔笑着说："瞧你这模样，性感极了。"

"我如果不这么打扮，你会正眼瞅我一眼吗？能引起你的兴趣吗？"迪安说着，一双蓝眸子射出火辣辣的目光。

莫尔言归正传，不再戏言，问道："迪安小姐，你还是赶快传达上面的指令吧。"

迪安没有回答他的问话，而是拉起他的手，步入舞池，在拉丁音乐的伴奏下，轻快地跳起舞来。跳了一会，迪安附在莫尔的耳边，低声地说："你向右看，坐在靠椅上那吸烟的西装客就是'毒蛇'，他时常光顾这里。"

莫尔听说"毒蛇"就在眼前，不由朝那边望去。迪安说："他来这里，一是与人接头，相互传递情报，二是来这里专盯女人，是出了名的色鬼。他已纠缠我不少日子了，过一会我就把你介绍给他。"

两人跳着跳着，转到了"毒蛇"跟前，舞曲停了，迪安笑眯眯地拉着莫尔对"毒蛇"说："戈尔斯基耶夫先生，我来向你介绍我的朋友，他是曼哈顿私人诊所的莫尔先生，我的朋友就是你的朋友。"

莫尔说："我们交个朋友吧，以后可以互相帮助。你有什么困难就找我，我在美国政府的朋友多，路子很广。"

迪安说："我实话告诉你，莫尔先生不仅是我的同乡，还是我的亲戚，你以后要照顾他的生意啊！"

“你放心吧！”戈尔斯基耶夫拍拍胸脯。

莫尔很顺利地与“毒蛇”接触后，投其所好，在第二次与他接触时，将他的小组成员贝丝小姐带到了夜总会。贝丝小姐为了引起“毒蛇”的注意，在莫尔的指点下，打扮得十分妖艳。功夫不负有心人，果然，戈尔斯基耶夫一见到贝丝，顿时被吸引住了，他的目光就像雷达，在贝丝的身上，上上下下扫来扫去。莫尔心中暗喜，表面却不动声色，趁着贝丝上洗手间的工夫，对戈尔斯基耶夫说：“先生，你是不是喜欢贝丝？”

“是的，是的。”戈尔斯基耶夫急切地回答。

莫尔拉拉他的衣服，说：“你别那么急，贝丝小姐跟我很熟，我来帮你创造机会。”

戈尔斯基耶夫兴奋地说：“谢谢，谢谢。”

这时，贝丝回来了，莫尔向她使了个眼色，贝丝心领神会，挽着戈尔斯基耶夫滑进舞池，莫尔回诊所去了。

时间一天天地过去，莫尔已经和戈尔斯基耶夫混得很熟了，“毒蛇”渐渐放松了警惕。莫尔觉得时机已经成熟了，开始实施铲除“毒蛇”的方案。

依照方案，莫尔假借为庆祝贝丝小姐的生日，在诊所不远的意大利酒店设宴，邀戈尔斯基耶夫来吃饭，在酒宴上用毒酒毒死他。莫尔计划兵分两路，由贝丝小姐登门接“毒蛇”，莫尔则带着酒在酒店等候。为了不打草惊蛇，莫尔不带助手，独自在酒店等候。过了约定时间，“毒蛇”未出现。一小时后，贝丝才慌慌张张地进来了，对莫尔说：“戈尔斯基耶夫不在住处，他常去的几个地方也没找到他。”

莫尔毕竟是老特工，他思前想后，觉得自己并没有什么地方做错了而打草惊蛇。最后他分析，很可能“毒蛇”正在暗处观察自己的一举一动。于是，他对贝丝说：“别急，也许他临时有事不能赴约，我们再等等吧。”他们又耐心地等了一会儿，戈尔斯基耶夫仍然没有露面。他俩正要站起身出门，戈尔斯基耶夫远远地走了过来。原来，“毒蛇”为了安全，早就在酒店里的僻静处观察动静。见莫尔和贝丝没有什么可疑之处，酒店里也没有什么可疑人员，他才出来。

莫尔装作生气的样子说：“戈尔斯基耶夫先生，你真的很难请啊！你再迟来一步，我们可就走了。”

“对不起，对不起！”戈尔斯基耶夫不停地打着招呼。

莫尔不失时机地转怒为喜，很客气地招呼他入座，然后吩咐侍者上酒上菜。贝丝为了配合莫尔分散戈尔斯基耶夫的注意力，一个劲地和他聊天闲扯调情。莫尔则神不知鬼不觉地将酒店送来的酒换成了自己带来的毒酒。贝丝一个劲地劝戈尔斯基耶夫喝酒时，迪安也来了，撒娇地对戈尔斯基耶夫说：“好啊，你真的没有良心啊，有了新欢就忘了旧友，不行，我今天一定要罚你三杯，否则，我们就绝交。”

戈尔斯基耶夫连忙一边搂着一个美人，赔罪地说：“好好好，我连干三杯。”

“好，你真够朋友！”迪安露出了笑脸，又给戈尔斯基耶夫斟满了一杯酒。戈尔斯基耶夫只好摇摇晃晃地连喝了三杯。一瓶毒酒下去了一半，毒性发作，戈尔斯基耶夫趴在桌子上，没有了动静。莫尔伸手在他的鼻孔一试，没有了出气，便向迪安和贝丝使了个眼色，她俩心领神会，架着戈尔斯基耶夫出了酒店，两人一边走还一边唠叨着：“酒鬼，要你少喝一点，你就不听，见了酒就没命地喝……”

他们将戈尔斯基耶夫送到了郊外的一座小树林里，把他的衣服扒掉，然后挖了个坑将他埋了。苏联老特工“毒蛇”，终于被铲除了。

# Chapter 7

# 神秘卫士

——特种部队的特殊使命

# 一、“带刀卫士”

## ——永不懈怠的白宫安全保卫部队

### 神秘之师

人们从电视中经常可以看到，美国总统无论身在何处，总有一群板着面孔、身着淡褐色的外套、戴着一副令人生畏的墨镜的人物簇拥着。这些人就是专门负责总统及其家人安全的美国安全勤务局的特工人员。美国安全勤务局历史悠久，始建于1895年，是根据当时财政部长休·麦卡洛克的建议成立的反伪钞特种警察部队，归财政部领导。同年7月5日，安全勤务局开始工作，当时只有1名处长和10名工作人员，规模很小。

1901年，美国第25届总统麦金利惨遭谋杀，惊动了美国朝野。为了保护总统的人身安全，国会立即通过一项法律，授权距白宫只有几步之遥的美国安全勤务局负起护卫总统及其家人的重任。

安全勤务局担任这一光荣而又责任重大的任务后，开始严格招聘和挑选队员。队员除了必须具备优秀的军事素质外，还必须对本职绝对忠诚。因此招聘人员极为严格，仅是对应聘人的审查，一般就要花1年多的时间，需要反复查证该人的品行、信仰、嗜好、性格等等，还要向应聘人的家人、同事、上司、老师、朋友，乃至小时候的伙伴进行调查核实，以确保人员的质量。

随着总统安全保卫的需要，安全勤务局不断发展壮大，人数已从成立时的11人增加到现在的2100人，其中包括115名妇女，但仍远远满足不了需求。同时，职责范围也日益扩大，由原来只负责警卫总统及其家人，逐渐扩大到警卫副总统及其家人、白宫及附近政府办公楼、外国驻华盛顿外交机构等。1968 年 6 月 6 日，参议员肯尼迪在洛杉矶被刺后，约翰逊总统立即命令安全勤务局把总统候选人也列在警卫保护的名单中。

安全勤务局在形形色色、变幻莫测的特殊战场上，以其惊人的胆识、非凡的智慧、精湛的技艺、顽强的意志、坚韧的毅力、无所畏惧的气概、献身的精神、全能的本领扮演着特殊的、鲜为人知的角色。

## 奇异墨镜

总统的警卫人员的特种装备主要有以色列制造的高速短管乌兹冲锋枪、催泪弹、速射手枪、芬兰匕首等等。其他装备有各种急救医药用品，甚至还有能把人从汽车残骸中救出的各种营救工具和器械。

但是，令人拍案叫绝的是每人必备的一副墨镜。这是一副令人望而生畏的墨镜。这种墨镜既能挡住恐怖分子喷射的油漆或酸类物，严防伤害眼睛，又能使人看不出他们在注视着谁，而且还能让人一眼就能看到他的存在，使任何一个角落的人都觉得总统警卫在盯着自己，给人以威严，使人感到害怕。这是安全勤务局的一种心理攻势。杀手一旦意识到特警人员的存在，就会下意识地慎重从事；一旦杀手认为自己被盯上，就会采取守势，甚至会因神经过敏而导致出现失误或者放弃行动。

为了防止恐怖分子冒充警卫人员，安全勤务局的警卫人员在执行任务时，除执行特殊任务时着特定的便衣外，平时总身穿淡灰褐色外套，胸前佩戴一个倒 A 字图案的徽章。徽章每天都要改变其图案方向，这是特警人员之间的暗号。

此外，每个队员都在衣领上佩戴一枚小别针。这是一具微型受话器，随时准备接受上级通报和指示。他们手腕上系有一个袖珍麦克风，以便随时向上级报告情况。其电线经衣袖一直串连到腰部的按钮。通过这套先进的通讯设备可与行动指挥部保持联系。行动指挥部通常设在一辆移动的黑色面包车中，里面配备的种种通信仪器，可以保证卫队队员与总部进行可视通话。

## 移动堡垒

美国总统的高级防弹防爆轿车，是总统的移动堡垒。该车重达50吨，简直是一辆重型坦克。事实上，它同坦克一样坚固，甚至在防弹功能方面更是有过之而无不及。这种车从轮胎、玻璃到车身，均采用特殊材料，并经特别工艺制成，像冲锋枪那样的轻武器是奈何不了它的。而且，车上还装有先进的通信设备，能够随时与世界各地进行通信联络。总统可以通过这个通信设备与各国首脑进行直接通话，或下达使用核武器的命令。为了防止窃听，车上还装备着频率变换器，不受任何电波干扰。

轿车由车技高超的特警驾驶。行车时，特警队长坐在总统的外侧进行防卫。停车时，20多名特警始终在轿车周围游动。轿车启动时，他们簇拥在其周围小跑。轿车正常行驶后，特警人员才乘上他们的专用车辆，或在前引路，或在后尾随。警卫人员的专用车不管遇到什么天气，车都不盖篷，以便能在发生意外时随时跳下车行动，保证万无一失。他们在车上，每人分别负责自己的监视方向，脸各朝一方，前后左右四面八方都是他们监视的目标。

美国总统即使是出国访问，也在“空军一号”总统专机到达前，用其他飞机把这座“移动堡垒”运抵出访地，保证总统一下专机，就能迅速进入这座“堡垒”，被保护起来。

## 壁垒森严

不论哪一个美国总统，一旦携眷入主白宫，便处于安全勤务局的严密保护之下。

在白宫，绿草如茵的草坪上、葱绿的树丛里，秘密安置着高灵敏度的电子传感器。鲜花怒放的玫瑰丛中，新颖别致的假山上，隐藏着录像装置……白宫的每个角落，到处都藏有一般人难以发现的报警器、监视器，就连总统办公桌下面也有一个紧急按钮。如果总统有事或发生意外，只要用膝盖轻轻一碰，警卫人员眨眼之间就会出现在总统那椭圆形的办公室内。

白宫的二楼是总统住房，其电梯与楼梯入口处，都有特警人员严密把守，不准任何人随便出入。

寄送白宫的一切邮件，都要经过特警人员严格检查，必要时送专家鉴定。认为安全了，才送交总统等有关首脑启封。每次有人参观白宫，其中必有便衣特警相随，以监视参观人的一举一动。为了确保安全，就连白宫周围的空气，也要定期检测，以防有毒气体或细菌“潜入”白宫。

总统夫人或子女逛街、上学，皆由特警人员护送。

壁垒森严的白宫防卫真可谓到了“针插不进”、“水泼不入”的程度。

不过，如此警备森严的白宫，近年来还是连续发生枪击事件。看来，警卫工作做到天衣无缝是相当困难的。

## 一人出门千人忙

“一人出门，千人忙碌”。这是美国总统外出的真实写照。美国总统外出前一周，安全勤务局就要为总统的安全，与当地警察紧张地忙碌起来。

首先，他们要在总统车队预定经过的路线上，认真寻觅刺客可能开枪行刺的可疑地点，并派出特警和警察将其控制起来；认真检查街道两旁可能安放定时炸弹的地方；海军派出潜水员协助特工对途经桥梁作水下检查；沿途指定若干家医院应付意外；安排若干条可供临时撤退的路线以防不测……

接着，在总统车队行进时，沿途两侧的高楼大厦上有专门部署的特警队神枪手，配备高倍望远镜、高性能枪支和足够的弹药，严密控制着制高点；街道两旁的人群中，夹着大量特工人员和警察，目不转睛地监视着人群的动静。行车路线通常安排 3 条，但到底走哪条好，由一个人掌握，以提高安全系数。这人通常坐在车队最前面的车上，视途中情况临时决定路线。

尔后，总统安全抵达目的地后，特警队员们要采取新的各种防范措施。如对总统将要发表演说的大厅、会场等场所，借助经过特殊训练的警犬进行彻底搜查。

## “金睛火眼”

对总统要去的一切公共场所，先要对出席的来宾用探测器进行十分仔细的检查，就是女士的小钱包也决不遗漏。一俟检查完毕，演说大厅立即便被严密封锁起来，防止恐怖分子偷袭。

总统出现在公众面前时，通常设立三层保护圈。内圈由队长和贴身卫士组成，行进时紧随总统轿车之后，只要总统一下车，他们就像盾牌一样散布在总统四周，总统前后各两名，最近的一名离总统约 1 米远，准备一有紧急情况便帮助总统撤离，或将其保护起来；第二圈是反狙击卫士，他们或明或暗高高据守在总统行进和停留现场周围的屋顶上和窗旁，虎视眈眈地监视着现场的动静；第三圈的护卫工作则是由直升机及电子监视仪担任。因此，任何人想冲破这三层保护圈暗杀总统都非易事。

总统开始滔滔不绝的演讲后，特警便要睁大眼睛，眼观六路，耳听八方，更加百倍地提高警惕。他们在特殊墨镜的掩护下，扫描着听众的一举一动，哪怕是一点极细微的动作，也逃不过他们犀利的眼睛。他们特别注意听众的眼、手及面部表情。如果看到大家的手露在外面，全神贯注地沉浸在总统的演说之中，就表明一切正常。如果发现离总统几米远的地方有人将手插进口袋，或移动位置，或毫无表情，无动于衷，或挤眉弄眼，左右环顾，或注意力不集中，马上就用无线电发出信号，让便衣队员进行检查或对其特别监控。

在公众场合，为了不影响执行保卫总统的任务，安全勤务局明令禁止保卫人员不得帮总统夫人拿花，或为总统撑伞，要处于随时都能出击的状态。

安全勤务局对美国总统的严密保护，曾一次次从“死神”手中抢回总统的生命。1963 年 11 月 22 日，约翰·肯尼迪总统乘敞篷汽车通过得克萨斯州达拉斯市被枪击时，一位特警人员挺身扑向当时的副总统林顿·约翰逊，用身体保住了这位副总统的生命。1975 年 9 月 5 日，加利福尼亚州萨克拉门托市，一名女杀手举起手枪，瞄准杰拉尔德·福特总统，在这千钧一发之际，一名特警奋不顾身扑向杀手，夺下手枪，并把她扭压在地上，避免了人员伤亡。

## 杀手遍地

但是，美国总统卫队的警卫虽如此严密，但在 40 任总统中，竟有 10 人遇刺，

4 人身亡。这是为什么呢？

美国是一个暴力泛滥的国家。对西部土著部落的武力征服史，使得美国民众十分推崇暴力。而且，美国枪支公开买卖，家家有枪，人人有自备武器。加之千奇百怪的行刺动机，更使安全勤务局防不胜防。

安全勤务局用计算机控制的可能行刺总统的人有 2.6 万名之众，其中有 250—450 人被列入“黑名单”。而且，这种早期预防系统也远远未能涵盖所有的凶手。美国有成千上万名精神病患者把个人的病患归结为总统的有害影响，其中扬言想谋杀总统的严重患者就有 200 多名。如枪杀里根总统的凶手欣克利就是一名漏网之鱼。1980 年他曾暗藏 3 支手枪登机而被拘捕，但“黑名单”中却没有他的大名。

1981 年 3 月 30 日，美国总统里根刚刚走出华盛顿希尔顿饭店，集聚在门前的人群中突然有人举起黑洞洞的枪口，朝里根总统连开 3 枪。一名特警队员飞身跳在枪手与总统中间，用身体保护总统。但里根总统还是身负重伤，险些命丧黄泉。保安人员当场捕获刺客，经审讯得知：这名刺客就是约翰・欣克利。而且行刺的动机十分荒唐，竟然是为博取一位年轻女电影演员的青睐！事后，法庭竟对这位试法凶手，以“神智不清”宣布他无罪，并下令将他送进华盛顿的一家精神病院。这样，约翰・欣克利便逃避了法律的制裁。

法律是一把双刃剑，它在制裁、惩罚罪犯的同时，有时也庇护了罪犯。在这样的情况下，总统卫士们面临的压力和对手无疑是更多了。

## 二、世界独有

### ——卡扎菲的女保镖

同利比亚的许多男子一样，卡扎菲原来也很歧视妇女。但是，自从他在利比亚推行革命后，逐渐改变了对妇女的看法。他越来越认为，妇女最能理解他的革命观点和主张，妇女是一支不可忽视的重要力量，在当今这个世界上，妇女在许多方面胜过男人，而且妇女总有一天将统治世界。他声称要对阿拉伯世界“那些把妇女当作奴隶使用、当作传宗接代的工具对待的宫殿发动攻击”，并提出加速利比亚“妇女解放”的一系列主张和实施措施，即取消一夫多妻制，夫妻在家庭中拥有平等的权利，在婚姻上女子的权力大于男子，妻子可以“休”掉丈夫，离婚时房地产归妻子所有；允许自由出售、使用避孕药和工具；妊娠后期可全薪休息2个月，分娩后可带薪休产假3—12个月；提倡把孩子送托儿所；实行全民免费义务教育和男女同校制，同时取消妇女戴面纱的习俗；妇女享有普遍就业的机会。这一切，对提高妇女的家庭和社会地位，维护她们的合法权益，有着极其重要的意义。特别是在十分封建的阿拉伯国家，真可谓是石破天惊、“大逆不道”的重大举措。

值得特别提出的是，卡扎菲主张全民武装，妇女和男子一样服兵役，把妇女的作用提高到了非同一般的高度，这在阿拉伯世界实属罕见。女兵服役年龄在16—25岁之间，如25岁后仍不结婚，可服役至30岁。为培养女军官，培养妇女骨干力量，卡扎菲于1979年创办了女子军校。女子军校学制为半年到两年，主修课有电讯、电子技术和行政管理等。基础课有历史、地理、法律、军事技术、战术、情报和医疗护理等。女兵们还接受严格的军事训练，从队列操练、刺杀、格斗、实弹射击，直至操纵雷达、发射杀伤力很大的前苏联制造的导弹。1983年9月1日，卡扎菲亲自为利比亚第一位女上校授衔。卡扎菲自己的军衔也为上校。

卡扎菲十分相信妇女，以至于他的元首卫队也全由女兵担任，这在世界上恐怕是独一无二的。女卫队队员定期从女军校中挑选。为了保持战斗力，女卫队队员不断更新。不过，在元首卫队中，有两位女卫士从未更换过。一位是外号叫“间谍”的法韦齐娅，她眼睛乌黑明亮，曾任《民众报》的总编辑；另一位是外号叫“难对付”的杜雷娅，聪慧美貌，据说她是卡扎菲最喜欢的女卫士。杜雷娅也表示自己在精神上“永远爱上了”卡扎菲。

卡扎菲无论走到哪里，女卫士都与他形影不离。1983年卡扎菲访问毛里塔尼亚，当他从专机上走下来时，五位腰挎手枪、手举《绿皮书》、一身绿军装的女卫士紧随其后，口中不断高呼“卡扎菲万岁”、“革命万岁”的口号。这一特殊的警卫，奇特的举动，使东道主和迎宾群众愕然不已。

卡扎菲自称使用女保镖的目的，是要树立一个重视妇女、发挥妇女作用的榜样。但也有人评论说，这是由于疯狂而又坚强的卡扎菲在国内外树立了不少死敌，针对他的谋杀事件时有发生，使他总有一种随时都有可能降临的危难感，而使用女卫队比使用男卫队更使他感到放心。当然，也可能是这两种原因兼而有之，也可能他有别种图谋。

## 三、守护之盾

——法国首脑特种安全保卫部队

### “高保处”——不惜血本建立起来的特殊安全部队

在国际事务和世界舞台上，法国是一个占据重要地位的西方大国，外国要人频频到该国访问和参加重要会议。为了万无一失地确保来访外国首脑的安全，避免因意外事件而引起争端，法国不惜血本，建立了“高级人士保卫处”，简称“高保处”。这是一支专门保卫来访外国领导人的特种安全部队，直属国家内政部。

由于要执行特殊任务，其队员必须经过极其严格的审查和考核后方能入队，因而他们都是从法国军、警、宪各部队中挑出来的佼佼者，训练有素，骁勇善战，枪法过人。

高保处负有特殊的使命，拥有绝对的权力。它可以对国内的任何地点、场所和部门进行控制和突击检查，有权向宪兵队、警察机关和其他安全保卫部门调用人员或武器装备。所以，说高保处是一支重权在握、人员精干、装备精良、作用特殊的精锐之师，并非言过其实。

高保处每执行一次国宾警卫任务通常可分为以下三个部分：外国首脑来访前的准备，访问过程中的警卫，以及机场、车站迎送时的警戒。

在国宾来访前，为确保其安全，高保处首先要召集官方旅行社警察总局、领土安全保卫局、情报及其他保安部门的负责人开会，根据外交部确定的外国首脑访问日程，制定安全保卫计划，布置任务，提出要求。国宾来访后，高保处实行全程陪同和 24 小时警卫。即国宾一下飞机，高保处的人员就会同民航代表首先查封国宾乘坐的飞机，由高保处全权负责保卫，然后高保处的队员便形影不离地在国宾下榻的地方及其访问的任何场所活动。为了防备不测，高保处人员除了紧跟在国宾周围进行警卫外，还另派队员身着便衣混在人群中配合行动，并有其他部门的保安人员与其协同。安全措施十分严密，可谓万无一失。国宾结束访问时，高保处和民航代表启封飞机，并对飞机进行检查，确认无问题后，交给国宾机组试飞。最后护送国宾登上飞机。至此，保卫外国宾客的任务才算完成。

高保处自成立以来，因其对本职高度负责、组织精心、措施严密，做到了万无一失，在世界上享有较高的声誉。

## 总统卫队——数度争"宠"技高一筹

为了保卫总统的安全，法国于1985年专门成立了一支近百人的总统卫队。

保卫总统具有至高无上的荣誉，是令人羡慕的职业。因此，警察和宪兵一直为赢得这一神圣的荣誉而争斗不休。法国有警察11万人，隶属国家内政部；同时有宪兵9万人，受国防部指挥。它们之间的职权范围界线不够明确，因此经常相互拆台，互相攻讦，演出了一幕幕闹剧。

在1985年前，总统及政府要人的安全保卫由警察负责。可是，在1984年法国总统密特朗访英期间，一名法国警卫为了考验英国同行，故意在密特朗即将前往的法驻英大使馆官邸花园里安放了一枚炸弹。这枚炸弹被英国警犬及时发现，从而出现了一场不小的炸弹风波。这使密特朗很难堪，也使法警方十分狼狈。在这节骨眼上，没想到宪兵又火上浇油，落井下石，抓住此事大作文章。就在密特朗总统从英国返回巴黎后不久，一名宪兵假扮成市民混过警察的保卫圈，向密特朗总统敬献了一束红玫瑰，与此同时，把一只空鞋盒藏在了距总统身边不远的地方。就在警方还未说明事情真相之前，宪兵第二天便在报纸上刊出有关照片和文章，将此事公布于众。

对宪兵的这一举动，警方大为恼火，寻机报复，"以牙还牙"。一次，总统要到一所军官学校参加毕业典礼。这次典礼的会场正好由宪兵负责保卫。所以，警方也趁机设法在总统座椅下放了一只空鞋盒。

宪警互相拆台，相互争斗，不利于安全保卫，法国政府有意协调两家的关系，决定由“国家宪兵行动小组”名声显赫的克里斯蒂昂·普多少校驻总统府负责安全领导工作，并由宪、警联合组成一支总统安全部队，担负保卫总统的任务。可警方觉得自尊心受到了损害，心理上难以承受，故予以拒绝。因而现在总统的安全由宪兵全权负责。

总统卫队的成员是从宪兵中精心挑选出来的，个个骁勇善战，武艺超群。他们执勤时，卫队成员身着统一的便服，总统走到哪里跟到哪里，警备森严。通常，警卫形成三道防护层：

第一层在总统身边，首先由1人提着用特殊材料制成的防弹公文箱，紧跟在总统身边，然后由3个人排成“品”字队形，分别行走在总统左右和身后。如果发生不测，1名队员立即趴在地上，其余2名队员迅速将总统推倒在那名队员的身上，使总统既免受袭击，又避免总统倒地时受伤。

第二层在距总统20米左右的地方，保卫人员时刻注视总统周围的人群，进行严密的监视，发现可疑的情况或出现紧急事态时，立即采取安全行动，确保总统的安全。

第三层在距总统20米以外的地方，由队员进行现场全方位监视。几名队员根据各自的任务，各司其职，严密监视周围有可能发生的异常情况，提前发现可疑的苗头，以便及时采取相应的措施。

## 四、贴身警卫

### ——拉脱维亚总统警卫部队

早在国内要求独立的呼声日益高涨之际，拉脱维亚当局考虑到未来总统的安全问题，遂产生了警卫总统的念头，计划成立一支24小时枪不离身、专职保卫总统的警卫特种部队。因此，拉脱维亚独立后，立即成立了总统警卫部队，并赋予它反恐怖和要人警卫双重任务。

总统警卫部队有成员550人，都是从军队和警察中挑选出来的精华，在体能、战技、心理等方面出类拔萃。所以，他们主要是进行以前不太熟悉的“贴身警卫”

训练。

训练内容主要是三个方面，一是如何保护政府要人，二是要人遭受意外袭击时，怎样使要人免受伤害，三是如何反击凶手或袭击者。其中反击根据情况分为无攻击情况下的反击和有攻击情况下的反击两种。这种训练进行5天。

训练由浅入深，由易到难，循序渐进。首先是学习如何根据现场人数和实际情况组织警卫队形、保卫人员应站立的姿势和重点监视的位置等等。然后，学习如何利用车辆使政府要人迅速脱离危险地区，以及进行反击、使用重火器等方法。接着学习最实用的战技——和柔道融为一体的徒手格斗反击技术。之后，进行车辆训练，特别是在意外情况下的驾车训练。总统警卫部队要求每个队员都能驾驶总统轿车，而且要达到能在被恐怖分子破坏的机场跑道上滑行若干距离的水平。同时还要学会避开前方和侧翼攻击的驾驶技术，以及在汽车全速前进中击中固定或运动目标的技能。

上述训练结束后，开始排爆训练。这是队员的一项重要训练，内容包括如何搜寻爆炸物，以及排除爆炸物的方法、程序和使用工具等。最后进行技术训练，学习如何在政府要人外出居住的寓所内发现各种各样的窃听器、监视器和避免被人窃听的技术等。

## 五、世界一流

——日本要人护卫特警队

### 逼真演习——神勇的机动特警队

机动特警队，是日本一支反恐怖特别警察部队，曾在1976年保卫“东京发达国家首脑会议”的安全行动中一举成名。该特警队机动性强，训练有素，是恐怖分子的天敌。

特警队为保护政府首脑和来访要人的安全，特别重视实战模拟训练，事事作最坏的准备，以便做到有备无患，万无一失。下面是机动特警队在为数众多的模拟实战训练中的两个演习战例。

## 大规模械斗显英雄本色

1976 年 6 月的一天，发达国家首脑会议在东京举行。

东京街头，1000 多名自发组织的群众，头戴白色、红白色、蓝色等各种式样的盔帽，手持各种颜色的三角小旗，在由用油漆写着“粉碎东京发达国家首脑会议”字样的几辆汽车的引导下，向大会会场挺进。机动特警队闻讯后，立即前来阻止。于是，行驶在游行队伍前的几辆汽车喷着红色火焰冲进机动队中，紧跟在车后的示威群众立即向机动队投掷石块和燃烧瓶，并挥舞大棒大打出手，与机动队发生了激烈冲突。顿时，出现了殴打与被殴打的混乱局面和流血骚乱的场面。

装扮成戴白色盔帽的核心派、戴红色盔帽的共产主义同盟、戴蓝色盔帽的社会主义青年同盟的年轻特警队员，与真正的机动队员动起了“真格”。掷石块，扔燃烧的木棍，运动场上一片火海。机动队员忠于职守，浴血奋战，不断给示威者戴上手铐，押上囚车；不断有人负伤倒下，痛苦的哀鸣声一片；救护人员救起倒在血泊中的伤员；巡逻车鸣着警笛跑来跑去；小型消防水泵熄灭了燃烧小屋的火焰……

机动队逐渐占据了上风，不久便控制了局面，最终镇压了游行队伍。

演习结束了。队员个个十分投入，以至于被打得浑身疼痛，甚至真有人受了轻伤。

## 国际机场主干道上的搏斗

一辆辆高级轿车从羽田国际机场向市区驶来。

身穿西服的外国重要人物（由甲班特警队员扮演）们，笑容满面地从高级轿车的车窗中伸出手来，频频地向路旁欢迎的人们挥手致意。

路旁，一个个身穿各色服装的人们（由乙班特警队员扮演），挥动着五彩缤纷的一束束鲜花，高呼“欢迎！”的口号，兴高采烈地欢迎外宾的到来。

此时，与这种欢迎气氛极不协调的几个恐怖分子（由丙班特警队员扮演），突然从欢迎的人群背后窜了出来，向高级轿车发动袭击。

机动特警队队员，身着便衣，系清一色的红色领带，早已混在了欢迎的人群中。此时，他们闪电般地冲了上去，挡住了恐怖分子的去路，拔出手枪进行射击，配合公开担任警卫的机动队员，迅速制服了恐怖分子，把他们一一抓了起来。

这一过程用了不到两分钟。

## 不顾一切——仪表堂堂的保安特警队

在日本，保卫首相及其他重要人物的安全，由隶属警视厅的保安特警队负责。

保安特警队的成员选自优秀的警员。保卫国家重要首脑是一项光荣而又艰巨的特殊任务，因此，保安特警队是一支训练有素、十分精强的要人保卫特种警察部队。

参加特警队的要求很严，每个入队队员必须符合以下条件：身高必须在 1.75 米以上，视力好，仪表堂堂，英俊潇洒，身强体健，反应敏捷，行动利索；必须具有柔道和剑道三段以上的资格；必须是优秀的手枪射手，也就是说，能在 20 秒钟内，至少能 5 次击中距离 25 米以远、小于 10 厘米的目标；必须有强烈的责任感和牺牲精神，严密保守机密。但对外语不作特殊要求，用警视厅的话来说，“他们是特种保安警察，不是外交官”。

目前保安特警队有人员 200 余人，平均年龄 35 岁，最年轻的 20 来岁。

由于特殊工作的需要，特警队员不穿警服，一律着合体的便服，系红色领带，胸前佩戴“SP”图案和编号的徽章，身背手枪，显得威武神秘，但又给人以生畏、恐惧的感觉。“SP”是保安警察一词的英文缩写。

特警队的一个重要任务是发现可疑分子，或在其行凶之前就将其抓住，或将其就地击毙。如果恐怖分子或凶手开枪射击，队员在反击前，首先要用自己的身体挡住飞来的子弹，确保重要人物的安全。如果暴徒向要人袭来，无论如何得用身体将暴徒撞倒。这是特警队的宗旨所决定的。

特警队的宗旨是“不顾一切，安全第一”。而这一宗旨，是 1975 年 6 月 16 日发生三木首相遭受袭击事件之后新制定的。

保安特警队的另一个重要任务是保护国内及来访的外国首脑的人身安全。这些首脑包括首相、参众两院议长、最高审判长、国务大臣、外交使节等。他们在保护来访国宾和陪同本国要员出国时，特别注意仪表，严格控制饮食，哪怕是自己十分爱吃的东西也不能多吃。

随着恐怖分子使用的武器装备日益先进，保安特警队的装备亦在不断更新和改进，而且样样俱全，以保证做到万无一失。特警队现拥有各种攻击和护身装备，如微型手枪、匕首、警棍、手铐、警笛、照明工具、对讲机、毒气筒、防弹背心等。特别是他们使用的警棍，是一种多功能的特殊警戒工具。它构造先进、奇特，平常折叠后装进衣袋内，使用时拉出，变得又粗又长，既可当刀用，又可当剑使，令人望而生畏。如果具有剑道级别的人使用这种神奇的秘密武器，击中手持短刀的暴徒的手腕，其骨头就会被打断，刀也随之脱手落地，甚至可以打断歹徒的胳膊，使其完全丧失进攻和抵抗的能力而束手就擒。

保安特警队保护要人时，通常采用特殊队形，把重要人物紧紧地夹在中间，即部分队员与重要人物并肩而行——“随身警卫”；部分队员专门监视前方的可疑分子——“前方警卫”；部分队员监视后方和侧翼的可疑分子——“后方、侧翼警卫”。要人上飞机时，保安特警队员故意露出手枪，面对送行的人群，目光严厉地扫视着要人周围的人们。与此同时，在送行的人群中，在周围的建筑物上，还有许多“秘密的队员”在目不转睛地盯着现场。如果可疑人向要人接近，就“格杀勿论”。

严密的保护、周到的措施和负责的精神，使保安特警队完成了一次又一次特殊的使命。

# Chapter 8

# 最新外国特种作战战例

# 一、海王星之矛

## ——美军海豹突击队越境击杀本·拉登

透过夜视仪，可以看到，三楼有一条狭窄的走廊，走廊两侧是两扇门，一扇通往左边，一扇通往右边。一群全副武装的突击队员正在搜寻他们从未亲眼看见，却又可能是价值最大，全世界妇孺皆知的一个重要人物。距排头侦察兵10英尺的地方，突然有个人影晃动了一下，“砰，砰！”枪响过后，人影消失，一切又回到了漆黑的世界。队员们迅速闯入房间，看见一个浑身是血的男人躺在床脚，身着长袍、头发凌乱的两个妇女正趴在他身上。她们嘴里念着阿拉伯语，歇斯底里地哭泣着。几个孩子蜷缩在墙脚，吓得目瞪口呆……

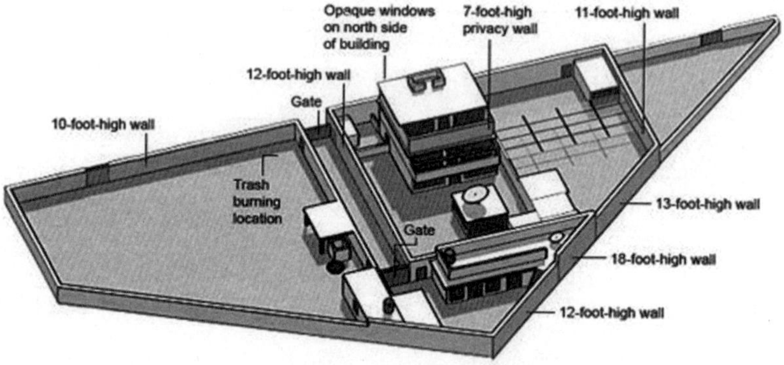


本·拉登住所示意图

### 追踪十年，拉登屡脱虎口 / 顺藤摸瓜，大亨终于现身

奥萨马·本·拉登于1957年3月10日出生在沙特阿拉伯首都利雅得，在家里

的 15 个孩子里排行第 11。他的父亲穆罕默德·埃瓦德·本·拉登从事建筑业，是个亿万富翁。他的生母艾丽娅·加南来自叙利亚，是他父亲 22 个妻子中的第 10 位。本·拉登的父母在他 3 岁时就离婚了。在沙特阿拉伯读高中时，拉登加入了一个伊斯兰学习小组，并且记住了整本《古兰经》。18 岁时，他与堂妹结婚。1976 年他们的儿子出生，同年本·拉登高中毕业，进入阿卜杜勒阿齐兹大学学习，并获得公共管理学位。1979 年苏联入侵阿富汗，本·拉登到了阿富汗，接受美国援助，建立营地，训练圣战者，对抗苏联入侵。1993 年他成立了基地组织，目标是要在整个中东地区创建一个独立的阿拉伯国家。逐渐走上宗教圣战之路后，美国也从朋友变成了他最主要的敌人。

2001 年 9 月 11 日 8 点 45 分，恐怖分子劫持四架民航客机，撞击美国双子大厦和五角大楼，3000 多人因此丧失。选择美国报警电话号码“9·11”作为实施恐怖活动的日子，明显是恐怖组织对美国超级大国地位的最大挑衅。基地组织头目本·拉登，一时成了美国民众恨不得千刀万剐的人物。事件发生仅 25 天后，小布什就宣布发动报复基地组织的阿富汗战争。10 月 7 日，美英两国部署 8 万兵力，先后动用 5 个航母战斗群和 500 多架战机，两个月就推翻了塔利班基地组织。不过，美国人最痛恨的本·拉登却在隆隆炮火中，奇迹般地逃生了。

2004 年 3 月 18 日，美国众议院一致同意，将对追捕本·拉登提供线索者的赏金从 2500 万美元增加到 5000 万美元。

为了获得有关本·拉登行踪的准确情报，美军运用了一切可以运用的手段，甚至冒着被世人谴责的风险，对基地组织的俘虏违规使用了酷刑审讯。包括让人连续窒息的水刑、长时间的强光照射、禁吃禁喝的饥饿战术、扒光衣服的羞辱策略等。沙特公民阿赫迈德·艾尔·卡赫塔尼，是“9·11”恐怖袭击事件的第 20 个嫌疑犯，被关在美军关塔那摩监狱中。经历中情局的严酷审讯之后，卡赫塔尼供出阿赫迈德·艾尔·科威特是本·拉登的信使和最得力的亲信。经过对多名基地组织成员的突击审讯之后，情报分析师推断艾尔·科威特有可能与本·拉登生活在一起。2010 年 8 月，艾尔·科威特给家里打的电话被情报部门拦截到，进一步验证了中情局的研判。中情局特工跟踪到科威特驾驶的一辆白色皮卡进入阿伯塔巴德的一所三角形院子，从此这个院子进入了美国情报部门的视野。这个地点并不平常，距离巴基斯坦首都伊斯兰堡仅 35 英里，两英里之外则是巴基斯坦军事学院。

随即美军构建了一个多维、立体、周密的侦察网络，实现了情报的相互印证和补充。动用“全球鹰”、“捕食者”等无人机，开始在阿伯塔巴德上方的高空不间断盘旋。召集 KH-12 光学成像卫星、“长曲棍球”雷达成像侦察卫星开始定位监视。地面则派出特工在其住所附近租了一套房子，设置所谓的“安全房”，并通过长焦相机密切关注本 · 拉登藏身住所里的一切情况。雇佣当地医生搜集院内居民的 DNA 数据，以便确认本 · 拉登身份。这个价值 100 万美元以上的院子确实有反常之处，不使用电话和网络，里面的垃圾也是直接焚毁而非由清洁工收走。邻居与院子中的人也很少接触。问题是，本 · 拉登究竟是否也住在里面？

巴基斯坦阿伯塔巴德本 · 拉登所住院落

在卫星提供的 24 小时动态监视视频中，情报分析人员分析出整个院子里共有 23 个人，其中 11 个为成年人，12 个为孩子，其中有本 · 拉登 6 个未成年孩子，库威特两兄弟各自的 3 个孩子，后院两只大型动物应该是奶牛或肉牛。成年人中有 4 个男的，应该是库威特两兄弟和本 · 拉登与哈立德父子。7 个成年女性中，包括本 · 拉登 3 个妻子，2 个年长的女儿，以及库威特两兄弟各自的妻子。所有人中只有一个人比较特殊，除了散步什么活也不干，大家把他称为“步行者”。情报分析师虽然看不清他的脸，但可以判断他身高在 1.90 米左右。2010 年 12 月，情报评估组认为这个住在主楼第三层的散步者很可能就是本·拉登。中情局局长帕内塔立刻给国防部长盖茨报告了这一情况。

美国国防部联合美国特种作战司令部“目标与分析中心”、国家空间地理情报局，根据无人机和侦察卫星传回的信息，绘制出了详细资料图，如本·拉登藏身处的细节情况、各种设施摆设、出入口位置、附近山川河流的地理情况等。

## 机密任务，松树林中紧张演练 / 午夜出发，战略高层实时指挥

2011 年早春的一天，海豹突击六队队员马克收到了队友的短信，“明天早上 8 点开会”，会议在保密会议室，任何人都不能带手机。组长也吞吞吐吐，并没向大家透露太多内容。“我们将要进行一次联合演练，去北卡罗来纳州受训。”有人预计几个星期后要去利比亚，也有人自信满满地认为是到叙利亚或伊朗。查理则提出一个最大胆的猜想：“我们要去抓 UBL。”（UBL 是本·拉登英文名 Usama bin Laden 的简称）沃尔特耸耸肩说：“没戏，我也已经去过伊斯兰堡了。那儿什么都没有。”

在北卡罗来纳州的一片松树林中，美军完全按照本·拉登藏身住处的结构按 1∶1 的比例修建了一处基地，使用了胶合板、围栏和海运集装箱。施工人员在训练基地种植了树木，在院子四周挖了沟，甚至在沟里放了成堆的土，以模拟那个巴基斯坦院落周围的马铃薯地。突击分队依据楼房的结构布局、居住人员的可能分布、周边地形与植被、武装人员配置等情况，进行有针对性的强化训练。透过各种渠道，大家已经知道这次的目标就是本·拉登，所以都很兴奋。基地作战中心的墙上挂满了跟巴基斯坦有关的地图，其中一幅是阿伯塔巴德市的地图。突击队员们围在电脑屏幕前，看到了无人机拍摄到的院子画面。虽然影像是黑白的，但还是显示了许多细节，那个“步行者”在视频里就像一只小蚂蚁在不停地移动。

执行任务的人员名单上一共有 28 个名字，包括一名爆破手、一名翻译，四名后备队员。这个行动还配属有一只代号为“开罗”的战斗攻击犬。所有人分成两个队四个小队，两架直升机代号为“一号”和“二号”，彼此呼应，互相照顾，分别运送第一队和第二队。本·拉登藏身院子的实体模型由泡沫塑料制成，在一块边长

5 英尺的正方形复合板上。从庭院里的小树到路边的汽车，还有行驶在院子北边的车辆。大门和房屋门、屋顶上的水箱、墙顶上的铁丝网都历历在目，甚至连邻居们的房子和土地都呈现出近乎精确的细节。

任务预案为 24 人分两队行动。第一队共 12 人，要先飞到主楼庭院，由马克带领第一组 6 人小队直接攻入代号 C1 的客房，目标为阿赫迈德·艾尔·科威特和他的老婆孩子；汤姆带领第二组 6 人小队负责清理主楼第一层，目标为科威特的弟弟阿布拉和他的家人。第二队也是 12 人，外加战斗犬，先到院子北侧，放下第一组 5 人小队（包括翻译阿里）和战斗犬，负责院外安全巡逻，驱离围观人群，防止巴方军队或警察介入；之后再飞到主楼正上方，索降其余 7 名队员（包括爆破手）进入主楼，负责清理二三层，目标为本·拉登父子及其家人。两架直升机（各配 2 名飞行员）空中悬停，等待撤收。

方案确定后，实战化训练就开始了，直升机的引擎轰鸣声一度使大家无法用语言交流，但是经过了三天训练，大家便已默契到不再需要交谈。整个训练任务几乎已经成了肌肉记忆。除了有时出现一些“黑客”通过无线电大声叫喊，整个通信网络安静极了。每个人都牢记各自的任务，一切进行得很顺利。队员们针对每种突发事件和紧急情况都进行了大量训练，直到腻烦。最后作战中心为决定用杰罗尼莫（印第安部族首领）来称呼本·拉登。2011 年 4 月底的一天，整个团队和所有的策划人聚集在基地的一个巨大的飞机库里。一群大人物，包括参谋长联席会议主席、海军上将迈克·马伦，海军上将比尔·麦克雷文，特种作战司令部的指挥官、海军上将艾瑞克·奥尔森和前海豹六队指挥官，大家围坐在地图附近的看台上。一位讲解人员流利地读着行动计划，每一位突袭小队队长都简短介绍他们各自的任务。最后一次夜间实战彩排时，这些大人物戴着夜视仪，详细观察，整个过程都很顺利。

一边是海豹突击队的紧张训练，一边则是白宫高层们的犹豫不决。奥巴马总统和他的顾问们还在讨论不同的方案，何时签署地面突袭命令还没有任何头绪。

对于如何杀死本·拉登，中情局局长帕内塔向总统奥巴马提出了三套方案：一是动用 B-2 隐型轰炸机对本·拉登的住所实施精确打击；二是派出特种部队实施“斩首行动”；三是动用无人机进行定点摧毁。在讨论方案时，多数高官态度模糊，仅帕内塔一人坚决支持风险最大的地面突袭方案。国防部长罗伯特·盖茨则强烈建议使用 B-2 空袭，只需要在一分半钟内齐射 32 枚 2000 磅激光制导炸弹，足以彻底摧毁院子里 30 英尺深的地堡系统。美国的地面部队无须冒险进入巴基斯坦。不过，造成间接式伤害的可能性非常大。关键是，轰炸之后，可能连本·拉登的一根头发也找不到。综合考虑以上因素，最终选择使用特种部队彻底消灭本·拉登。

4 月 28 日，最后一次商讨行动方案，奥巴马询问每个人的意见。副总统拜登明确表示反对地面突袭，盖茨和参联会副主席卡特赖特希望使用无人机方案，只是无人机定点摧毁的试验还不够成熟，尚无十足把握。只有帕内塔依旧坚持使用特种部队突袭。29 日上午 8 点左右，奥巴马将自己的高级助手们叫到了白宫的外交官接待室，他决心采用突袭方案，并向他们宣布第二天开始行动的命令。后来由于云层不够厚，推迟至 5 月 1 日。美国华盛顿与巴基斯坦伊斯坦布尔时差有 10 个小时，5 月 1 日早上就是巴基斯坦的晚上。平时要打 18 个洞的奥巴马，在高尔夫球场只打了 9 个洞就匆忙回到了白宫，球鞋都没来得及换。包括拜登、盖茨、国务卿希拉里·克林顿、空军准将马歇尔等在内的美国决策层很快都进入了情况观察室。通过突击队员头盔摄像头以及无人机拍摄的画面，利用跨越 11200 千米的视频传输技术，他们可以实时观看行动进展。

美国高层远程指挥突击行动

离午夜还有好几个小时，队员们必须想办法打发时间。除了去健身、喝咖啡，很多人都把时间用来整理装备。马克裤子的一个口袋里装着战术手套和速降连指皮手套。另一个口袋里装着一组备用电池、一块能源凝胶以及两个能量棒。右脚踝处的口袋里装着一块备用止血带，左脚踝处的口袋里装着橡胶手套和敏感现场勘查工具。左肩膀处的一个口袋里，放上 200 美元钞票，假如遇到不测，需要搭乘当地交通工具或是买通当地人的时候，就能派上用场。奥林巴斯数码相机装在右肩口袋里。皮带后边，别上一把丹尼尔·温克勒匕首。陶瓷防弹插板遮护住了马克身体的前后要害部位。前身插板两边各有一台无线电设备。两台无线电中间装了三个 HK416 突击步枪弹匣，还有一枚破片手榴弹。防弹背心前面有几支化学荧光棒，包括几枚红外荧光棒，肉眼无法发现，仅能通过夜视仪观察，以防暴露目标。这些荧光棒可以用来标记已经清理完的某些房间或场地。马克的枪装有 EOTech 全息内红点瞄准具，瞄准具后面还串列安装了一个 3 倍放大镜。

装上新式夜视仪的头盔重量不到 10 磅，戴在头上没有很笨重的感觉。沿导轨装在头盔边侧是崭新的普林斯顿充电灯。价值 65000 美元的夜视仪有四个镜筒，让突击队员的夜间视野从 40 度一下子扩展到 120 度，几乎没有什么死角。突击队使用的是骨传导耳机，右耳麦能接听整个行动部队网络的信息，左耳麦负责接听指挥网络。

背心前面的一个小口袋里装有一个小本子，是本次行动手册。第一页是指导任务的栅格坐标指南，也称为 GRG。这是从空中拍摄的拉登藏身之所的图片，所有重要区域全部标记了出来，建筑物都用数字编号。从飞行员到快速反应部队的每位成员，再到指挥中心的人员，所有人用的都是同一张 GRG。第二页是无线电频率表。最后是一份本次任务目标人物的名单及照片。马克认真研究了他的清除对象——艾尔·科威特兄弟的照片。每一页不仅有照片，还包括身高、体重以及任何能查到的别名。最后一页有张本·拉登的照片以及关于他和他的儿子当前大概相貌的素描参考图。

5 月 1 日晚上 11 点，在巴基斯坦本·拉登的家里，晚饭吃好，做完祷告后，本·拉登很快就进入了梦乡。但他永远都无法预知的是，同一时刻，远在 100 多公里外的阿富汗，一场针对他的秘密行动已经开始。

从阿富汗贾拉拉巴德空军基地飞到阿部塔巴德需要 50 分钟。四辆巴士向机场进发，前两辆装着 24 名行动小组成员，准备乘坐经过特殊改装的两架 MH-47 直奔现场。后两辆装着 40 余名突击队员组成的应急分队，准备乘坐两架 CH-47 在目标外围候命，以防两队人员遭遇不测，同时他们还要在目标建筑北面设立一个前沿加油站。飞行 15 分钟后，行动部队网络传来第一条带着杂音的讯号，“穿越边境。”飞机在超低空飞行，尽量不惊动巴基斯坦防空部门，虽然事先专门同巴防空部门进行了沟通，毕竟越少人知道越好。越来越接近阿伯塔巴德的时候，不同检查站五花八门的电台通信词汇不断出现在大家的耳朵中。“10 分钟，……6 分钟，……1 分钟”，大多数队员都在飞行途中抓紧睡觉。坐在敞开舱门的突击队员首先看到了曾经在幻灯片中反复出现的那所三角形宅院，院子外边漆黑一片，周围院落也没有一丝灯光，似乎停电了。真是天赐良机。

## 黑鹰坠落，行动没有中断 / 仔细核对，死者应是拉登

正当所有人准备就绪，一场精英行动即将上演时，突然间，直升机一个 90 度右转侧翻，尾桨几乎撞到院子的 12 英尺高南墙上，高级隐形黑鹰直升机不断向地面坠去。大家都变得极度沮丧，任务还没执行就要牺牲了，太不值得了！在直升机撞击地面之前的几秒钟里，包括白宫高层和机上乘员，所有人都屏住呼吸，等待着壮烈的那一刻。直升机一阵剧烈抖动之后，万幸的是，并没有出现爆炸、撞击声。大家回过神来时，才意识到飞机正以一个陡峭的角度停留在距离地面还有 6 英尺的位置。所有人以最快的速度逃离了直升机，没有一个人受伤，简直是奇迹。假如直升机任何其他部件撞到了墙，或者完全翻倒过来撞到了地面，恐怕就没人可以安然无恙地离开直升机了。不管怎么说，是两个飞行员完成了一项几乎无法完成的工作，挽救了大家的生命，也让行动得以继续。指挥层没有让第一架直升机坠毁的消息在整个行动部队网络中扩散，第二队的人根本不知道队员们刚刚经历生死一劫，这样倒是有利于他们排除干扰。总统和长官们非常担忧，向联合特种作战司令部询问情况。麦克雷文很快答复：“现在我们正改变计划，我们有一架直升机坠毁。我

坠毁黑鹰直升机的尾翼

们对这个意外事故有准备，会处理好的……”快速反应部队飞过来准备接替行动，当了解到任务可以继续的时候，他们又返回原地待命了。

考虑直升机燃料消耗，还有巴基斯坦方面作出反应需要的大概时间，所有行动必须在30分钟内完成，为防止意外情况出现，须预留10分钟机动时间。麦克雷文事先曾强调，“不用担心直升机降落位置的好坏，把伙计们送到地面就行。”二号直升机在看到一号直升机出事之后，放弃在主楼正上方索降的方式，而是改到院外降落。

跟在实物模拟和照片中看到的一样，院外第一间客房装的是上方有窗口的金属双开门。所有窗户都用帘子遮着，根本无法看清里面的情况。客房里突然有AK-47向外扫射，子弹在距队员头顶几英寸的地方呼啸而过。幸亏他们的枪都没有安装消声器，否则不容易分辨谁在射击。威尔在门左边作掩护，立即开始还击，“阿赫迈德·艾尔·科威特，出来！”没有任何回应。当队员决定炸门时，一个妇女抱着孩子开门走了出来。不过，她是否穿着自杀背心无人知道。队员的手指慢慢在扳机上加力，随时准备射击。她应该就是阿赫迈德·艾尔·科威特的妻子马里亚姆，她后面，还慢吞吞地跟着三个孩子。马里亚姆用阿拉伯语对威尔说，“你们打死了他。他死了。是你们杀了他。”威尔快速从上到下检查了一下这个女人。卧室的门口耷拉着一双腿，但无法判断那人是否还活着。两名队员把步枪抵在肩上，朝地上的人又扫射了一通，确保他被击毙。跨过艾尔·科威特的尸体，可以看到卧室门边的地上有一把手枪，还有一把 AK-47。突击队员还击的子弹已经毁掉了这间屋子，餐具被打碎，与破碎的布片一起散落得到处都是。地面淌满了水和艾尔·科威特的血。“C1 清理完毕。”马克通过行动部队网络报告后，把一根红外荧光棒扔到客房前门，两名队员迅速按原计划向 A1 靠拢。

汤姆的二人小队正在里面清理第一层。楼里漆黑一片，但在夜视仪的帮助下他们可以很容易辨别出走廊和通向长廊的四扇门，每边各两扇。当先头侦察兵发现一名男子的头从左边第一个房间伸出时，汤姆的小队仅用几步就立即进入房间，一枪击中了那个男人，后来证实那是阿布拉·艾尔·科威特。阿布拉·艾尔·科威特受伤在地板上挣扎时，阿布拉的妻子布沙拉跳到他身上试图保护他，侦察兵直接开火击毙了两个人。透过夜视仪，马克可以看到多束激光沿着窗户和阳台进行跟踪。第二层和第三层，没有出现任何动静。窗户上的遮盖物使人无法看到房间里面，当然，里面的人也无法看清外面。自 10 分钟前坠机到现在，前方行动进行得非常顺利。然后，后方白宫观察室却出了状况，在队员们进入本·拉登所住楼房的关键一刻，所有画面和声音却突然中断，足足 15 分钟的静默，高层指挥官们错过了最紧张激烈的场面，直到本·拉登最后被击毙，信号才恢复正常。

一层的障碍全部清除完毕，大家继续上楼实施攻击的念头越来越强烈，但查理通过无线电报告说，又有一扇金属门挡住了通往第二层的路。于是查理放置第三个爆破引线。马克站在那里，感觉这一切是多么的匪夷所思，所有镜头，就像在卡罗来纳州基地实战化训练一样，恍惚间，竟分辨不出是现实还是模拟。铁门被炸开的瞬间，超压冲飞了对面一扇门的铰链，一名队员离开那扇门不过才几秒钟，真是捡了一条命。

一名穿睡衣的男子在楼梯平台上快速探了一下头。据情报分析，住在第二层的应该是本·拉登的儿子哈立德。这个人没有胡子，从相貌上判断他不会是本·拉登。“哈立德。”这名突击队员低声喊道。“他们知道我的名字？”马克猜他当时就是这么想的。哈立德再次探出头来想看看到底是谁在叫他。这时，突击队员一枪正中他的面部。要是侦察兵当时没喊出他的名字，或许情况会完全不同。哈立德虽然 13

岁之后从未开过枪，但他只需待在楼梯上，在突击队员一步步接近时，无须瞄准，只要朝前方不停扣动 AK-47 的扳机就足以致队员们于死地。

躺在本·拉登身边的 28 岁年轻妻子阿迈勒被声响吵醒，本·拉登也坐了起来，当他们透过窗帘看到一束束激光时，本·拉登喘着粗气说："美国人来了。"他让其他人都下楼，"他们要的是我，不是你们。"

更多的队员冲上楼，跨过哈立德的尸体，奔向最后一个目标区——第三层。"砰，砰！"前面的侦察兵发现距他大约 10 英尺的地方有个人想从右侧门逃走，便射出了子弹。无人知道子弹是否射中目标，这个人又消失在了漆黑的屋里。队员们立刻冲进房间，阿迈勒扑过来，被队员们击伤倒地。一名男子躺在床脚，两名妇女正趴在他身上痛哭。她们嘴里念叨着阿拉伯语，歇斯底里地为那个男子哭泣着。

这名男子穿着白色的无袖 T 恤衫、宽松的棕色裤子，外面套着一身棕色的束腰睡衣。侦察兵的子弹射进了这名男子的头部右侧，血和脑浆从他头颅中流出来。他还在抽搐着，马克和那名队员对准他的胸口又补了几枪。子弹打穿了他的身体，由此带来的冲击力将他的身体一遍遍地撞向地板，直到他一动不动。大家迅速搜查卧室旁边的两个小房间，是凌乱的小办公室和卫生间，主要威胁消除之后，汤姆通过行动部队网络向其他队员通报，"第三层清剿完毕。"

死者的脸因中弹而面目全非、鲜血淋漓。前额上的一个弹孔摧毁了他整个右半边头骨，胸口从子弹进入的地方就炸开了花。鲜血还在汩汩地往外流。

"我想他就是我们要找的人。"汤姆说道。

马克根据检查清单上的内容，仔细核对。

他个子非常高，估计有 6 英尺 4 英寸。

确认。

鼻子与手册中拉登的合成照片一致。

确认。

他是第三层唯一的成年男性。

确认。

两个信使在中情局所描述的地方出现过。

确认。

威尔用阿拉伯语向一个眼睛哭肿的女人一遍遍地询问死者是谁时，“酋长。”女人说。“酋长叫什么？”威尔说。他不想给她提示，坚持只问不答。在她又说出了几个别名后，威尔朝阳台上的孩子们走去。威尔跪下来，问其中一个女孩子：“这个人是谁？”女孩不懂得撒谎。“奥萨马·本·拉登。”威尔笑了。“你确定这个人是奥萨马·本·拉登吗？”“是的。”女孩说。“好，谢谢你。”他说。回到客厅，威尔抓住拉登一个老婆的胳膊，使劲摇晃，表情比之前更加严厉，“告诉我，卧室里的那个人是谁？”女人开始哭泣，再也没有了抵抗的力量。“奥萨马·本·拉登。”她说。

汤姆离开房间的时候，在指挥网络上说：“我们有可能在第三层截获目标，重复一遍，是有可能在第三层截获目标。”他说话很谨慎，这是有必要的。

沃尔特从装备里掏出驼峰水袋软管，把水喷洒到死者脸上。马克拿起床上的一条毯子，给死者擦拭脸上的血迹。马克取出照相机和橡胶手套，开始拍照。与此同时，沃尔特也准备提取几组 DNA 样本。首先拍摄的是死者的全身照，再拍几张脸部特写。抓住胡子左右拨动面颊，又拍了几张左右侧面照，还拍了几张眼睛特写。其他队友们正在收集所有的电脑、存储卡、笔记本和视频影像资料。沃尔特用一根棉棒轻轻蘸取了本·拉登的血液，然后又把另一根棉棒塞入他的嘴里提取了唾液样本。最后，他掏出一根装有弹簧的注射器，提取血液和骨髓样本。马克用另一名队员的相机完成了第二组照片的拍摄，沃尔特也再次提取了一份 DNA 样本。如果在队员们飞回贾拉拉巴德的途中有一架直升机被击落的话，至少还有一份 DNA 样本和一组照片可以保存下来。

杰伊走到外面，通过卫星无线电设备向仍留在贾拉拉巴德的海军上将麦克雷文汇报情况。上将又不断地将行动的最新进展向奥巴马总统和白宫观察室的其他长官汇报。“为了上帝，为了我们的国家，我宣布杰罗尼莫 E.K.I.A。”（E.K.I.A 是 enemy killed in action 的缩写，意思是被现场击毙）杰伊说道。

## 收集物证，争分夺秒撤离现场 / 确认目标，就地取材活人当尺

无线电里，“爆炸小组准备爆破”的声音传来，是那架坠毁的黑鹰直升机。爆

破手开始围绕机身布置炸药。那架没有坠毁的黑鹰直升机和一架运载快速反应部队的 CH-47 直升机正在待命，等待结束任务。“还剩 10 分钟。”迈克通过无线电提醒每一个人。

拉登的办公室整洁有序，每一件物品都各有其位，所有的 CD、DVD 和存储卡都堆放得整整齐齐。海豹突击队重点收集所有的电子媒体——录音机、存储卡、闪存盘和电脑。衣柜顶部有两把枪，一把是 AK47 突击步枪，另一把是装在枪套里的马卡洛夫手枪。不过，两把枪里居然没有一粒子弹！真搞不懂，有足够时间准备的拉登，为什么连武器都没拿起来！“我们还需要 10 分钟，”一名突击队队员说，“我们甚至连一半任务都还没完成呢。”

“停止攻击，最后 5 分钟。”迈克说。这意味着所有人必须 5 分钟内到达着陆区。沃尔特已经将拉登装进运尸袋。其他人已经拍摄了科威特兄弟的照片，提取了 DNA 样本。大家都清楚燃油耗尽的危险，也都不想给当地警方或军队留出更多反应的时间。既然已经达成了此行目的——击毙本 · 拉登，是时候全身而退啦！

第二层的突击队员正从楼里鱼贯而出。他们看起来就像平安夜的圣诞老人。肩上扛的网眼袋都塞得满满的，个个步履蹒跚。大家收集了太多的情报资料，随身携带的网眼袋都用光了，就把房间里能找到的袋子都填满了。

队员们进入直升机时，已经用时 38 分钟。其实，每个人都担心，巴基斯坦执法部门和军队正在赶来并调查情况。在阿伯塔巴德，院子里的爆炸声已经引起了巴基斯坦军队的注意。他们下令停飞所有飞机，开始清查。随后紧急派遣两架 F-16 战斗机，机内还配有 30 毫米口径的自动机关炮和空对空导弹。由于巴军一直对印度保持高度戒备，因此该国的大部分防空力量都朝东防御。当两架战斗机以最快速度赶到阿伯塔巴德院子上空时，突击队员们早已没了踪影。

黑鹰直升机的油量已经不多，必须到加油点加油。黑鹰直升机一降落，两名加油兵戴着护目镜，抬着输油管，立即健步如飞奔到黑鹰直升机前。两架直升机次第起飞，朝西向阿富汗飞去。15 分钟后，两架飞机平安回到阿富汗基地。

麦克雷文蹲下身仔细查看本 · 拉登尸体。“他应该有 6 英尺 4 英寸高。”麦克雷文一边说一边扫了人群一眼。他指着一个人问道：“你有多高？”那位队员回答：“6

奥巴马宣布本·拉登被击毙

英尺 4 英寸。”“你介意躺在他身边吗?”他问。这名突击队队员先是一怔，确定麦克雷文不是拿他开玩笑后，立即并排躺到尸体旁，让麦克雷文目测。后来，奥巴马打趣地说，连炸毁价值 6000 万美元的直升机都不成问题，怎么买不起一把卷尺?他决定在为这位上将颁发奖章时，附送一把卷尺作礼物。

“伙计，很抱歉，”一个负责搜索第二层的队友说，“东西实在太多了，我们没有足够的时间，本来应该搞到更多的。”中情局的分析师听了他的话，差点儿笑了出来。“你很棒，”他说，“就看这堆东西吧，至少得花几个月才能处理完。这些东西比咱过去 10 年弄到的都多。”联邦调查局的 DNA 分析专家正从本·拉登的尸体上提取样本。他一结束，游骑兵队员立刻护送尸体到“卡尔文森”号航空母舰上，再带去海葬。美国东部时间 5 月 2 日 23 点 15 分，奥巴马在白宫东厅发表电视讲话，向全世界宣布了他就任以来在国家安全上取得的最大胜利。

“晚上好。今夜，我可以向美国人民和全世界宣告，美国实施的一项行动击毙了基地组织头目本·拉登……”

美国中情局在 2015 年 5 月、2016 年 3 月、2017 年 1 月、2017 年 11 月相继公布了近 60 万份与本·拉登有关的文件、照片、视频、音频等档案资料。2018 年 8 月，本·拉登的母亲加尼姆在沙特家中首次接受英国《卫报》专访，称自己的儿子原本是个“好孩子”，只是在大学时期被“洗脑”了。

本·拉登虽然早就去世，却因为他的特殊身份，至今依然未完全走出人们的视线。

## 二、夜幕下的闪电行动

### ——美军海豹突击队索马里解救人质

索马里是世界上最危险的国家之一，自1991年以来持续战乱，沿海地区海盗猖獗，频繁出现劫持人质事件。索马里当地时间2012年1月25日凌晨1时40分，中部城市加勒卡约的市民们还在睡梦中时，美国反恐精英部队的两个小组，在夜幕的掩护下从高空伞降。为了防止打草惊蛇，他们徒步潜行约1公里，到达加勒卡约南部的西莫·嘉伯村。这里是劫持人质的海盗营地，不仅防卫森严，而且附近还设置不明爆炸物，负责守卫的海盗们手中持有重型武器。一场激烈战斗即将打响，行动成功与否，人质是死是活，无人能够预测……

美军海豹突击队

### 绑架之都险象环生，扫雷人变人质/健康状况持续恶化，生命危在旦夕

加勒卡约一直被人们称为“绑架之都”。2011年10月25日，32岁的美国人杰茜卡·布坎南和60岁的丹麦人波尔·哈根前往机场途中突然被海盗绑架。他们两个人的具体身份是丹麦难民委员会下属的丹麦扫雷小组成员，执行的是索马里扫雷任务。两个人冒着生命危险，为索马里民众进行公益服务，然而海盗们却并没有因

杰茜卡·布坎南

波尔·哈根

此而善待他们。绑架得手之后，海盗组织就以他们为人质，向美国发起谈判。

从绑架两名人质的第一天起，海盗就通过国际援助组织直接联系了两名人质的家庭，索要巨额赎金。两个家庭根本无力支付，他们请求政府提供帮助。在美国联邦调查局的大力支持下，家属们耐心与海盗进行谈判，同时也尽最大可能为政府部门组织人力进行救援拖延时间。索马里的一位部落长老后来告诉人们，经过反复沟通与协商后，人质家庭答应付出 150 万美元的赎金，但海盗嫌少，谈判陷入僵局。

被海盗控制的两名人质，经过长达两个月的拘禁之后，伤病在身却得不到及时有效的医治，健康状况持续恶化，特别是美国人杰茜卡，生命危在旦夕。

## 闪电行动酝酿数月，一招制敌 / 海豹六队神兵天降，完美收官

人质绑架事件发生后，美国政府很快就全力介入，不仅指导人质家属与海盗的协商，而且秘密策划解救行动。专门组建的救援小组，集中了来自美国海军核心反恐特种作战部队的海豹突击队精英分子，主体人员均来自海豹六队。

情报人员负责弄清人质被藏匿的确切位置，行动人员利用模拟搭设的建筑，进行夜幕下的突袭演练。随着各方情报不断汇总，1 月 18 日左右，关于人质精确位置的信息终于确定。救援小组经过反复演练，对营救人质的把握也越来越大。

杰茜卡的丈夫埃里克称三个月的煎熬如同地狱。原来，他为了配合政府秘密的营救行动，关于妻子被绑架一事一直没有公开，在同事面前他大部分时间表现得像

没有任何事发生一样。政府高层要求媒体尽量不要炒作此事，防止海盗不断增加谈判筹码。为确保成功率，网络、报纸等各种媒体对政府的营救行动都未透露只言片语。

随着时间的推移，有可靠情报称，杰茜卡的身体状况正在迅速恶化。1 月 23 日奥巴马果断下令，派遣救援小组前往索马里执行解救人质行动。这是美军自 1994 年索马里撤军以来在该地区的最高调行动，由美军驻非洲司令部司令卡特·哈姆直接指挥，国防部长帕内塔和其他国家安全人员也密切关注。

救援行动以临近索马里的美军驻吉布提勒莫尼耶基地为依托。这个军事基地，有飞机跑道、通讯设施、医院以及保密设施，有利于美国特种部队迅速发起袭击，也便于情报人员展开工作。虽然特种作战人员个个都身手不凡，但要想在海盗猖獗的索马里顺利救走人质，却如同火中取栗，十分不易，争取当地民众的支持就显得非常关键。加勒卡约人属于哈卜尔盖迪尔部落。上世纪 90 年代，该部落首领穆罕默德·法尔拉·艾迪迪被控策划袭击在首都摩加迪沙的联合国维和部队，其部落成员在摩加迪沙对美国部队的打击也最为沉重。不过，尽管海盗中的很多人来自该部落，部落长老却早已厌倦了索马里海盗给他们生活带来的无穷困扰。长老们不仅为杰茜卡·布坎南、波尔·哈根以及美国记者迈克尔·斯科特·摩尔的获释斡旋，而且纷纷与海盗划清界线，积极配合美军的营救行动。

整个行动共出动了 6 架直升机，当大部分民众还在睡梦中时，海豹突击队仅用时数分钟，就将 9 名看管人质的全副武装的海盗全部击毙。两名被解救的人质安然无恙，海豹突击队也没有任何伤亡。行动前后持续一个小时，当地时间凌晨 2 时 30 分，这些特种部队士兵带着两名获救的人质登上“黑鹰”直升机，飞往勒莫尼耶基地。

## 国会大厦见到帕内塔，连连称好 / 人质家属接电奥巴马，激动万分

美国东部时间 1 月 24 日晚 6 时 43 分，奥巴马总统得知人质已经获救，非常高兴。在国会大厦中看到国防部长利昂·帕内塔时，忍不住连连说，“利昂，今晚干

得好！干得好！”不过，除他们两人外，在场大多数人那时还都不知道奥巴马在说什么。陆陆续续，消息传开后，副总统拜登向大家说，海豹突击队在此次行动中表现出的勇敢令人赞叹。

当晚22时32分，奥巴马打电话给杰茜卡的父亲约翰。

“布坎南先生，接下来跟你通话的是美国总统。”

“约翰，我是巴拉克·奥巴马。我有个相当好的消息告诉你。你的女儿杰茜卡被我们的海豹突击队救出。她现在正在回家的路上。”

奥巴马打电话给杰茜卡的父亲

备受煎熬三个月的老约翰听说女儿将安然无恙回到家中，非常激动。他发出感慨：“我真的为作为一个美国人而感到骄傲。”杰茜卡的哥哥斯蒂芬对此次行动赞不绝口：“这一天实在是太棒了。我们为海豹六队感到骄傲，并对他们充满感激。”后来奥巴马在接受美国全国广播公司的采访时，动情地说：“作为两个女儿的父亲，我无法想象约翰是如何熬过这段时间的。”

就在这次行动的同时，美国记者摩尔也在加勒卡约被海盗绑架。只不过与绑架杰茜卡的海盗属于不同部落，在海豹突击队突袭行动后的第二天，这批海盗也觉察到了致命的威胁，他们相信海豹突击队已经瞄准了他们。为此，他们每天3次转移。名叫哈桑·阿布迪的海盗说：“劫持美国人质挺困难，因为这是一种碰运气的游戏，要么死，要么获得巨额赎金。”一名海盗称：“我认为陆地行动将要结束，海上更安全。尽管船只也不是非常安全，但至少可以进行回击和抵抗。”

一些索马里人也为此次营救行动欢呼雀跃，他们说：“将无辜者从邪恶的人手中解救出来，我们真的非常高兴。他们都是客人，却遭到了残忍对待。这是违反伊斯兰教义和我们的文化的。”

1月25日，奥巴马发表声明称：“作为三军总司令，我为我们部队的这次行动感到无比骄傲。美国不会容忍任何人绑架我们的公民，我们会不遗余力地确保我们公民的安全，并将绑匪绳之以法。”

## 三、高卢鸡的尴尬

### ——法军外籍特种兵于叙利亚被俘

叙利亚内战的混乱局势，始自2011年初的反政府示威游行，反对派想效仿突尼斯与埃及以非暴力方式实现政治改革。此后几个月时间里，叙利亚冲突迅速升级为全面内战。

2012年初，霍姆斯地区正处于政府军与反政府军互相争夺的胶着状态。着眼各自的国家利益，海湾国家和美英法等国陆续对反对派给予援助，甚至逐渐承认“叙利亚反对派和革命力量全国联盟”作为叙利亚人民的唯一合法代表。在这种国际大背景下，法国外籍特种部队也跟随某些西方大国的步伐，悄然进入叙利亚领土，对反政府武装给予最有力的支持。既然是不公开的，自然不想让任何人知道。2月底的某一天，法军正在支持自由叙利亚军抵挡政府军的凌厉攻势，结果在一片混乱中，法国特种兵预定的转移路线被封堵，意外降临。摆在面前的只有两条路：乖乖被俘，注定暴露法

法国特种部队在野外训练

国政府秘密意图；同归于尽，让法国人的秘密行踪永远封存……

## 外籍特战军团，具备超强战力 / 法国政府授意，进入中东战局

法国外籍军团标识

世界上有外籍特种部队的国家有好几个，包括美国、西班牙、澳大利亚等国，但法国的规模较大。法国外籍兵团（法语 Legion etrangere；英语 French Foreign Legion）成立于 1831 年，是由外国志愿兵组成的陆军正规部队，拥有和法国正规军同样的装备，由来自美、英、韩、塞尔维亚、巴西等 136 个国家和地区约 8000 名志愿者组成。志愿者加入时可以隐瞒国籍和姓名，使用假名或改名也可以。不过，并非任何人都能加入这个军团，需要经过严格的选拔考试，淘汰率高达 95% 以上，最终只有少数人才能戴上军团的白色高顶帽。同时，要求成员之间必须紧密团结，不怕牺牲，以荣誉与忠诚来效命法国。当外籍军团官兵的母国同法国开战时，他们有权选择拒绝参战。

法国外籍军团包括 8 个团，分别为法国外籍兵团第 1、2、3 外籍步兵团，第 1、4 骑兵团，第 2 外籍伞兵团，第 1、2 外籍工兵团。外籍军团使用的常规武器包括 FAMAS 突击步枪、便携式匕首、AT4 火箭筒、毒刺便携式防空导弹、轻型无后坐力炮、FRF2 狙击枪、PGM 狙击枪等。与活跃在前线受雇于美国国防部的美国保安公司不同，法国外籍军团并非日内瓦公约所禁止的雇佣兵部队，而是法国的正式编制部队。军团士兵待遇不错，包吃包住每月薪水近 2000 欧元，服役满五年就可以获得法国长期居留权，优先申请成为法国公民，满七年可直接获得法国国籍。

相对于法国常规军团，外籍军团管理严格，训练强度大，战斗力较强，待遇较好，甚至也吸引了许多退役法国军人。不过，既然是外籍军团，按说不应该有本国人。因此，很多法国人参加外籍军团的同时，会立即获得比利时或加拿大等国籍身

外籍军团的精神象征——丹茹之手

份。军团士兵大都是外国人，为防止军事大权落在外籍军人手中，法国外籍军团的指挥官中有90%以上的军官是法国人，其他10%军官是前外籍军团士兵，不过，外籍人士最多做到低级委任军官，相当于连长级别。法国外籍兵团先后参加了墨西哥远征、两次世界大战，以及阿尔及利亚、刚果、波黑、海湾战争等。除战争活动外，缅甸的维和援助活动、海地的镇压暴动、印度洋地震的灾害援助也可以见到法国外籍军团的身影。

法国外籍军团最富有传奇色彩的战斗发生于墨西哥。1863年4月30日，一支由62名士兵和3名军官组成的步兵巡逻小队在丹茹（Danjou）上尉带领下在卡梅伦庄园附近巡逻时，受到了将近3个营的墨西哥步兵和骑兵共计800多人的围攻。这支小部队最终战至仅剩两人，墨西哥方面的指挥官慨叹道："他们不是人类，是魔鬼。"丹茹上尉在混战中遗失的假手（在阿尔及利亚失去一只手）现陈列在法国外籍军团博物馆内，成为外籍军团的精神象征。

法国第2外籍伞兵团、第2外籍步兵团等部队，只收留素质超级优异的战士，属于非常著名的特种部队。法国外籍特种部队每年都要执行大规模的出国军事行动，主要任务是通过换防来更好地维护和巩固法国的海外军事基地和军事权益。除了每年去国外集训一个月来提高对陌生环境的熟悉程度外，还采用四个月时限的轮流交替制，以提高部队的适应能力。去经度差比较大的地区执行任务时，还需要提前数月进行倒时差训练。去热带地区作战前，会先到法属圭亚那等地训练，训练完回法国本土休养一段时间后再去执行任务。还要根据任务区的天气植被情况，对武器装备进行专门调试，包括外在服装头盔涂成相应颜色等。外籍特战队员之间虽然生活习惯、信仰都大为不同，为了达成作战中的默契和相互信任，必须要靠较高的训练频率和朝夕相处的集体生活，尽量把各种失误、事故、协调不力等情况消灭在

法国外籍特种兵

训练磨合过程中，确保作战时的密切配合。战时队员们信奉“第一个人永远是对的”，不管走在前面的队友做了什么样的蠢事，都要立刻跟上，不能有任何犹豫，一旦出现失误，不能暂停前进，只能边运动边调整。当队友临阵受伤或者弹药用完时，要及时伸出援手、提供弹药补给。

据报道，这次活跃在叙利亚战场的法国军人主要来自法国第 2 外籍伞兵团，该团人员比较精干，全团大概 800 人左右，但执行任务的特种小分队有时候只有 5—8 个人。主要负责搜集情报、查找目标，比如搜救飞机失事跳伞飞行员、维护现场、抓捕关键人物等。作战时要求尽量不直接交火，而是采用其他方式，比如从直升机上远程射击让车辆停止，手势示意让对方降服等。白天，他们往往只是潜伏，最忙碌的是夜间，需要靠激光、红外指示进行远距离作战。如果观察员在车上用热成像仪观察到 300 米外有一个移动目标，先将红外信号弹打到天上，利用夜视仪瞄准目标，多名队员同时开火。目标打中与否，无须队员们自己判断，主要由无人机和观察员告知目标毁伤情况。

外籍特战军团作战任务很重，而且往往都是法国其他正规军队不愿意承担的或者危险比较大、牺牲概率高的秘密任务，如渗透、颠覆、暗杀、偷袭、侦查、攻击指引等。叙利亚战局非常复杂，各种势力角逐不断。基于本国利益或受西方某国授意，法国要秘密派遣武装力量支援反政府军。要做到不公开地与叙利亚政府反目，又必须隐蔽身份。外籍特战部队具有特殊组成和超强战力，恰恰成为法国政府的首选，于是外籍特种兵应时而需，悄然登上中东战场。

## 退路被截断，逃生无门 / 无奈被俘虏，行踪暴露

为了让法国力量顺利进入叙利亚，法国外交部门频繁出动，开辟通路。早在2月下旬，法国驻贝鲁特大使丹尼斯就访问了黎巴嫩东部。一个由法国军队情报机构参与的“安全小组”以外交官随从人员的身份与他同行，真实目的地为与叙利亚霍姆斯接壤的北贝卡（Baalbeck）。就在叙利亚一侧，秘密潜入霍姆斯的法军军官和专家，正在训练“自由叙利亚军”战士。按照维也纳公约，外交车辆不必接受搜查，冒充记者的法国特工们可以在黎巴嫩警察眼皮底下从贝鲁特大使馆轻松上车。有了黎巴嫩与叙利亚之间这种不为人知的绿色通道，法国外籍特种兵便可以源源不断地进入叙利亚。据法国独立媒体“伏尔泰网络”披露，截至2月底，被叙利亚政府方面抓获的法国特工就有19名之多。

媒体披露四名外国记者滞留霍姆斯，其中包括法国“女记者”埃迪特·布维耶（Edith Bouvier），受雇于乔治·马尔布吕诺（Georges Malbrunot，有法国情报机构背景）为《费加罗报》工作，还有一名来自France 24（海合会用于宣传颠覆叙利亚现政权的重要媒体，曾制作叙利亚驻法大使辞职的假新闻）的记者，四名记者受伤之后向外界发出紧急求救视频。俄罗斯等有关各方立即协同展开斡旋营救，“伏尔泰网络”创始人蒂埃里亲自参与了这次行动。不过，让他百思不得其解的是，四名记者拒绝了国际红十字会和叙利亚红星月会提供的脱险机会。在协商失败，“自由叙利亚军”拒绝释放记者之后的第四天，四名记者却“成功突破”自由叙利亚军和叙利亚政府军的重重防线，出现在黎巴嫩境内。人们普遍认为应该是一支由主要西方国家人员组成的突击队带走了四名记者。向来以穿着别致、柔和的女性服饰而闻名的独眼女记者玛丽·科尔文，在视频里却与法国摄影师雷米·奥奇力克一样，身着战斗服装。所有这些记者的真实身份都非常值得怀疑。

叙利亚政府军出动了包括精锐的第四装甲师部队在内的近7000名政府军士兵，于2月9日开始进攻霍姆斯——反政府军的大本营。此地能否守住，决定着反政府军的最后命运。不愿意看到巴沙尔政权重新控制全国的有关国家，心急如焚，恨不能亲自上阵，帮助反政府军坚守。一段时间以来，美国、北约和海合会虽未公开对叙利亚政府军发动常规打击。但在过去的十个多月里，它们却通过开展低密度战争，为叙利亚反对派提供最直接的支持。于是，霍姆斯小城变得异常复杂。在政府军的猛烈进攻下，“自由叙利亚军”迅速溃败，并最终于3月1日彻底放弃在霍姆斯的最后据点。据国外独立媒体透露，“自由叙利亚军”在逃亡黎巴嫩的路上，还屠戮了他们经过的两个村庄。政府军在攻打霍姆斯巴卜阿姆鲁地区的战斗中，在所有地下室和通道中开展清剿行动，寻找残余反政府武装和弹药，一举俘虏了600名叙利亚籍军人。118名外国军人预定的转移路线被封堵，无奈之下只得向叙军缴械投降，包括18名军官和100名伞兵，经审问得知，除少部分来自其他阿拉伯国家之外，主要是法国军人。与之同时被俘的还有60余名黎巴嫩武装人员。随后，叙政府军又逮捕13名法国军人，其中一人来自法国国防部下辖的对外安全总局，其他军官来自法国外籍军团的第2伞兵团，这些法国军官暂时被关押在霍姆斯的一家战地医院。叙利亚反政府武装巴卜阿姆鲁革命旅（叙利亚自由军），自由叙利亚领导人利亚德随后发表声明宣布，由于他们的武器远远少于政府军，在遭到大炮、坦克的轰炸和狙击手的射击近一个月后，决定全面从霍姆斯的巴卜阿姆鲁地区“战术撤退”。

为扰乱视听，这些法国军人在接受审问时表示，他们最初是被反对派武装所俘。不过，对于他们为何出现在叙利亚以及何时进入叙利亚，包括“逗留叙利亚领土的真实目的”，他们与霍姆斯骚乱有无关系等问题，基本上都是不置可否。

## 公开场合外交部坚决否认，私底下政府多方斡旋 / 各方势力叙利亚频繁博弈，代理人战争未有穷期

从人员规模上看，叙政府军的兵力是反政府武装力量的10倍以上，然而双方在霍姆斯的对峙和战斗持续近一个月。显然，叙内乱不仅仅是政府军和反对派双方之间的斗争。

自从叙利亚冲突爆发以来，俄罗斯深度介入、美国航母在叙利亚附近游弋，伊朗、土耳其、伊拉克、沙特和卡塔尔等各方力量纷纷刷存在感，一时之间，叙利亚成了国际力量角逐的大舞台。叙反对派武装不断得到西方国家包括自动步枪、机枪、夜视仪和防空导弹等在内的武器装备支持，甚至还得到外国军事专家在战术战法上的“指点”。对于法国总统萨科奇来说，大选在即，迫切需要让法国力量在这种国际大舞台上获得展示。冲突爆发前一年 12 月，法国外长就与叙利亚反对派“全国委员会”领导人举行了会晤，表示将承认该组织的“合法身份”，并呼吁在叙利亚设立“人道主义走廊”。舆论场上表明立场、说说“硬话”无须付出太多代价，公开武力介入却顾虑重重。于是，暗度陈仓成了上上之策。法国政府不仅私下向叙利亚自由军输送武器和提供卫星照片，鼓动他们对政府发动战争，还秘密派遣外籍特战队员入叙，神不知鬼不觉地实现法国政府意图，悄然为总统竞选“拉政绩”。

3 月 2 日，萨科齐在布鲁塞尔欧洲领导人峰会上称，因叙利亚暴力事件持续不断，法国决定关闭其驻叙大使馆，但依旧不考虑对叙出兵。如果得到联合国安理会授权，法国将向叙利亚反对派提供援助。

可笑的是，就在萨科奇发表讲话的当天，被俘事件成了热点新闻，引起舆论一片哗然。一边反复声称不会派兵、呼吁人道主义，一边派大量军队渗透叙利亚。这种言行不一的做法，让萨科奇颜面大失。

事件一出，法国外交部发言人立即表示，没有消息证实法国军人在叙利亚被俘。出于某种考虑，叙利亚政府也对叙国内出现法国军人一事未予置评。究竟是叙利亚方面吹牛呢，还是法国外交部在撒谎？真真假假，让人琢磨不透。

此一丑闻，让法国隐私暴露于世，为应对国际舆论谴责，照顾国内各方利益，迅速摆脱萨科奇的被动局面，法国政府展开了史无前例的斡旋行动。一方面在公开场合坚决否认。另一方面私下协商，紧锣密鼓。叙利亚政府说只要法国承认其侵略行径，这些被俘军人将受日内瓦公约保护，如果不承认则他们属于参与犯罪的外国公民，可能会遭到最严重以至死刑的惩处。俄罗斯《共青团真理报》报道，法国外长朱佩正与俄罗斯密切联系，希望俄出面解救被俘军官。消息灵通人士也透露，法国政府正积极就如何处理这些法国军人与叙利亚政府迅速达成某种默契。仅仅两天后叙利亚日报便称将按照战俘规定处理这些法国军人。

叙利亚官方曾一度乐观地认为，结束在霍姆斯地区的武装战斗，意味着全国战事基本结束，甚至动乱局势会在一个月内平息。可惜事态并未按照叙利亚政府的想法发展。安南六点和平计划实施一个多月，反对派武装大量渗透至政府军撤出地区，他们还利用停火间隙，获得西方国家提供的大量先进武器，包括反坦克导弹、轻型坦克、眼镜蛇导弹以及地对空导弹等重型武器。更有大量西方国家“军事志愿者”不断渗透。6月中旬叙利亚政府军再次逮捕大批“外国志愿军”，包括200至300名私人保安公司职员、葡萄牙籍退役伞兵和60名德国军事情报人员。叙反对派准备借助“外援”伺机东山再起，伊德利卜可能是他们新的基地。

同一时间，法国外长法比尤斯就叙利亚危机放出狠话，说叙局势愈发严峻，法方决定继续向巴沙尔·阿萨德政府施压。英国外交大臣黑格表示，若叙利亚局势继续恶化并爆发内战，不排除外国军事干预的可能。约旦叙利亚边境地区，美军特战部队已准备就绪，美国随时可能绕过安理会对叙利亚实施军事打击。

叙利亚政府军有俄罗斯的大力支持，反对派则有西方或明或暗的帮助。这种情况下，政府军没有可能剿灭反对派武装，而反对派武装也还没有实力推翻现政府，叙利亚危机已彻底演变为代理人战争。叙利亚国内局势的走向，恐怕叙利亚各方谁都无法左右，只能寄托于各大国之间的博弈与角力！

## 四、命殒索马里

### ——法军特种部队越境营救人质失败

2009年法国情报机构国外安全总局成员丹尼斯·埃里克斯（Denis Allex）与同事马克-阿卜拉雷一起以记者身份进入索马里，帮助索马里政府训练民兵，对付伊斯兰恐怖武装。7月14日他与阿卜拉雷在索马里首都摩加迪沙一家酒店遭绑架，8月份，阿卜拉雷侥幸逃脱，而埃里克斯则遭索马里反政府武装青年党“前进青年圣战者运动”（Harakat al-Shabaab al-Mujahideen）关押，成为人质。三年多后的一个凌晨，索马里南部布罗马雷尔镇（Bulo Marer）突然直升机轰响，子弹乱飞。一支规

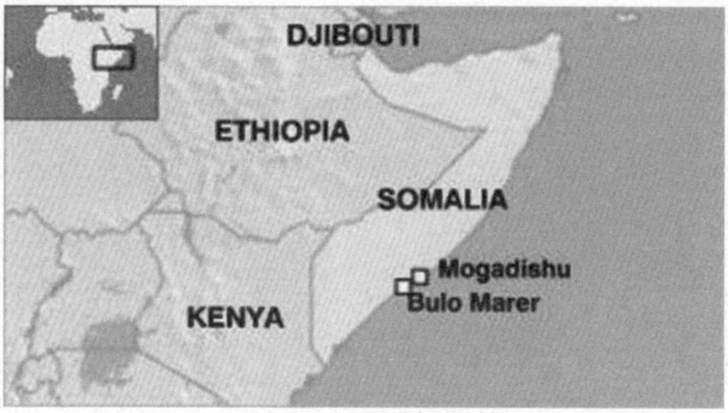


索马里南部布罗马雷尔位置示意图

丹尼斯·埃里克斯

模庞大的法国特种部队，经过一个月周密准备，借助黑夜的掩护，向绑架埃里克斯的恐怖组织发动突然进攻。埃里克斯能否成功逃出魔窟，特战队员可否全身而退？一切都充满变数，让人难以琢磨……

## 海上接近，暗夜着陆，自以为神兵天降 / 行踪暴露，打草惊蛇，三刻钟折戟而归

在埃里克斯备受虐待的三年半中，法国外交部门，一直想通过谈判寻找转机，但索马里青年党的要价是释放在世界各地被抓的众多伊斯兰圣战分子，并且索要高额赎金。法国不愿意屈服，随着人质处境日益恶劣，政府决定冒险派遣特种部队解救人质。实际上，对于埃里克斯的解救，从他被绑那天起，法国特种部队就准备采取行动了，只是恐怖组织关押人质的地点不停变动，为确保一次成功，行动不得不一再推迟。

经过多方努力，法国情报部门终于摸清了恐怖分子藏匿人质的地点：位于索马里首都摩加迪沙以南 110 公里处的布罗马雷尔镇。布罗马雷尔镇东侧靠海，为特战队员从海上进攻提供了绝佳条件。在恐怖组织将人质转移到下一个地点之前，特种部队决定立刻展开行动，发起时间确定为 2013 年 1 月 12 日凌晨 2 时。突袭行动由国防部下属情报机构国外安全总局主导，特种行动指挥部和海陆空三军参加，行动代号以人质埃里克斯命名。拯救行动从印度洋发起，防空驱逐舰“保尔骑士”号和两栖指挥舰“西风”参与行动。6 架直升机从“西风”号上起飞，机上搭载了 50 多名特种兵。其中 4 架 EC-725 猞猁型冲锋直升机运送外情局的空中特种部队队员和特种行动指挥部的特种兵，装备了大量武器，直飞布罗马雷尔镇，向绑架者发起突袭。两架特种行动指挥部的 EC-665 猛虎型战斗直升机进行掩护和提供支援。

为防止打草惊蛇，特种部队充分利用夜暗条件展开行动。如果选择直升机定点强突，虽然可能减少武装分子的反应机会，缩短特战队员的暴露时间，却有可能误伤人质。最后，4 架直升机未在目标上方悬停或降落，而是在距目标 3 公里的隐蔽处索降人员到地面，然后突击队员徒步悄然接近目标。

然而，直升机降落的轰鸣声，还是惊动了很多村民。在村民的通报下，武装分

索马里青年党武装人员

一名法军特种部队指挥官当场阵亡

子很快做好了应对准备。不过，特战队员们也不是吃素的，自信凭借他们的超强素质，照样可以击败恐怖分子。法军士兵向人质关押地点推进时，首先遇到恐怖分子设立的检查站，双方开始交火。附近训练营里驻扎的伊斯兰部队听到直升机的声音，也赶来增援。浓浓黑夜伴随的激烈枪战中，特战队员击毙了 17 名武装分子，却仍未找到埃里克斯。恐怖分子的人数却在不断增加，在环境陌生的情况下，敌众我寡，特战队员哪怕多留一分钟，危险系数都会成倍增加。45 分钟后，队员 KIA 和 MIA 遭遇不测，一名当场阵亡，一名中弹被俘，指挥官无奈下令撤回。突击队员们两次试图夺回受伤同伴，但没有成功。

12 日清晨，当地居民看到街头横着几具尸体，其中包括一名白人。青年党于 14 日在推特上公布了两张法国军人尸体的照片。在发布第二张照片的同时，伊斯兰分子还向法国总统叫板，写了句“弗朗索瓦 · 奥朗德，这值不值呢?”青年党称，在激烈的战斗之后，一名法国突击队员被队友抛弃，随即被伊斯兰圣战组织抓获。战斗结束后，青年党空降伞兵将这位战士转往基地医院，几小时后，这位战士不治身亡。随后青年党指挥官穆罕默德 · 阿卜杜拉发表声明：“挫败法国政府解救人质企图，解救行动遭遇灾难性失败。”

## 法军行动失误频出，没有取得预定战果 / 美军提供有限支援，未能改变最终败局

法国政府先前担心，一旦军事干预非洲事务，协助当地政府打击极端武装，武装组织很可能杀死法国人质，实施报复。所以，选择在法国军机空袭马里反政府武装的同一天突袭索马里，意在防止人质因此受到伤害。然而，法军实在是祸不单行，马里之战也损失一架直升机和一名中尉飞行员。非洲大地，法军一天两战，本想一石二鸟，结果一举两失。

法军行动失误的原因很多。

关于行动的保密性。为了 1 月 12 日的行动，从圣诞节起，“保尔骑士”号和“西风”号两艘战舰不再中途进入港口停靠，舰上人员对外网络、电话联系全部中断，连军队内部网络也不允许进入，只有指挥官与外界保持电话联系。法军军舰在索马里外海停留的情况，任何公共媒体都不允许报道。不过，网络等新兴媒体却早已对法军军舰情况有所关注，法国准备在索马里采取行动的意图可能部分已经暴露。青年党一旦得悉情况，完全有时间转移人质，并做好相应对抗准备。预想的秘密行动到最后就会演变成明目张胆的强攻。

关于情报的准确性。法军事先曾因藏匿人质地点无法确定，三四次都在开始营救行动前 1 小时取消行动。青年党指挥官穆罕默德・阿卜杜拉 1 月 12 日发表声明，声称“直升机袭击一处住所……以为埃里克斯拘押在那里。但这是个致命情报失误”，“埃里克斯处于安全地带，远离发生战斗的地方”。解救人质本身就存在极大的风险，必须有特别准确的情报，对手的人数、武器型号及数量、火力分布情况、人员素质、人质所处环境、人质健康情况（是否丧失行动能力）等等。法军事后承认，对当地武装实力有所低估。据说，法军所获人质关押地点的情报来源于美军。究竟是情报失误，还是青年党临时转移人质，无从判断。总之，法军空手而归。

关于行动的周密性。当天晚上，直升机轰鸣声促使一些居民打开手电筒，向天上照射以便查看情况，法军特战队员难辨身份，结果开枪错杀 4 名平民，激烈交火中另有 4 名平民丧生。飞机的巨大噪声已使此次行动失去奇袭意义。误伤平民引起

索马里青年党捡获法军遗留的冲锋枪和各种装置

众怒，不仅得不到民众理解和支持，更增加了此次行动的难度。现场行动指挥官离开躲藏之地时，却因打开手电筒而被武装分子击毙，更说明特战队员仓促中犯了某些低级错误。

这次行动并非法军单独行事，而是得到了美军的大力支援。为了不被索马里伊斯兰武装发现，担任具体行动指挥的“西风”号军舰在远离非洲海岸的印度洋中停泊。美国至少出动了一架飞机提供技术支持，以确保指挥舰和现场直升机之间的通讯联络畅通无阻。另外，一架美军战斗机曾短时间进入索马里领空，以备必要时给法军提供火力支持。由于现场一片混乱，法军士兵和恐怖分子纠缠在一起，美军战斗机无计可施，整个救援行动中一弹未发。战事结束后，美军飞机扬长而去。

## 总统连同国防部长公开谢罪，承认行动没有成功 / 索马里青年党扬言报复，两天后人质被枪决

2012 年 10 月，埃里克斯最后一次露面，在录像中向法国总统弗朗索瓦・奥朗德求救。奥朗德承诺尽全力寻找任何可能帮助他获释的人。营救行动结束后，奥朗德 1 月 16 日宣称这次行动本可以成功也应该成功，但人质遇害和两名军人阵亡的后果非常沉重，他愿意对法军在索马里失败的解救人质行动承担“全责”。同时强

法国国防部长让・伊夫・勒德里昂承认救援行动失败

调此次行动虽然失败，但“表明了法国面对恐怖分子的讹诈，绝不退让的决心”。法国国防部长让・伊夫・勒德里昂承认救援行动失败。法国总参谋长爱德华・吉约说，武力营救迫不得已。这次行动不仅损失惨重，更相当于在埃里克斯的死亡判决书上最后签字。

伊斯兰武装分子在法国救人行动失败后，威胁要采取报复行动，“法国政府在人质问题上的轻率行为必将导致苦涩的后果，这些后果最终无疑将由法国公民来承受。”青年党声称人质并没有死在交火现场，他们将在两天内决定其命运。行动结束后，青年党武装人员封锁布罗马雷尔镇，没收居民手机，增设检查站，抓捕一些低级别指挥官，调查是否有人向法国当局提供情报。索马里反政府武装 17 日对外宣称，已于 16 日处决了埃里克斯。

据法新社报道，除了埃里克斯，法国在非洲还有 8 个人质被不同的伊斯兰圣战组织扣押，其中有 6 人就在伊斯兰马格里布基地组织手里。法国在拯救人质失败的同时，又在马里用兵，不能不使人对其他人质的安全感到担心。被基地绑架的人质家属在 12 日下午就表达了自己的担心，因为一次武装拯救行动的失败，除了容易导致人质被“撕票”，还会进一步减少政府与基地谈判对话的可能。

法国政府在承认行动失败的同时，也一再强调打击恐怖主义的坚强意志。只是下次拯救人质行动，还是应该尽最大努力提高行动的成功率。

## 五、突出重围

### ——英国SAS特种部队英勇打破IS埋伏

摩苏尔，伊拉克第三大城市，尼尼微省首府。2017年6月的一天中午，英国SAS（Special Air Service）特种小分队刚刚在摩苏尔城执行完情报搜集任务，突然枪声大作，周围约50名全副武装的IS恐怖分子形成一个大包围圈。大家心里清楚，寡不敌众，胜算无多。可是，一想到IS组织对人质的种种残酷折磨，任何一个队员宁死也不愿意落入敌手。激战至傍晚时分，敌人仍未散去。子弹都已打光，所有人握手诀别，手持刺刀，冲向敌阵……

英国SAS特种部队

### 勇者必胜，敌军眼中的"红色魔鬼"/王者之师，世界首支特种作战部队

SAS的中文全称为英国陆军特别空勤团，又名英国皇家空降特勤队，是英国最精锐的特种部队，也是世界第一支正规的特种作战力量，堪称世界特种部队的楷模。"勇者必胜"（Who dares wins）是SAS的标识，也是他们的座右铭，时刻提醒着士兵不怕牺牲、奋勇向前。军种臂章特色鲜明，标志中锋利无比的短剑，意味着能精确刺入敌人要害；张开的翅膀，既表示出这支特种空勤团的身份，也显示了他们能迅速地"飞"到世界上任何需要的地方。

英国皇家空降特勤队军种标志

二战时期，陆军上校大卫·斯德林在埃及组建了英军第一支 CRW（Counter Revolutionary Warfare，反革命作战部队），号称“空降哥曼德”，即 SAS 的前身。成立目的是在纳粹德国北非军团的后方进行暗杀、破袭和营救盟军战俘活动。他们曾在一年半时间里，成功地炸毁德国空军的 250 架飞机和几十个弹药库，摧毁了德军秘密的核反应堆原料工厂，因为这支部队当时头戴红色贝雷帽，所以被德军称为“红色魔鬼”，就连德军著名统帅“沙漠之狐”隆美尔也无奈地下令：“对抓获的 SAS 俘虏就地枪决。”

SAS 部队是德军眼中的“红色魔鬼”

SAS 人数有 900 人左右，平均年龄 26 岁，受陆军本土司令部的指挥，司令部和训练基地设在距离伦敦西面 130 英里的基地赫里福德布雷德伯里，靠近布雷肯比肯思山（Brecon Beacons）。目前共有三个团，即第 22 特别空勤反恐团、第 21 特别空勤预备役侦察团和第 23 特别空勤预备役侦察团；包括 1 个指挥连、6 个战斗连和 1 个反暴突击队。SAS 按战术专长，分为狙击组和突击组，狙击组装备 L96A1 和 H&K 公司的 PSG-1 狙击步枪。突击组配备 MP5 冲锋枪。SAS 对突击队员的要求是，破门之后 4 秒内全歼敌人结束战斗并不得误伤人质。SAS 是全能型特种部队，不但保卫着英国及其盟友的安全，同时也要完成所有反恐怖、反叛乱、反情报活动及要员保护等任务。SAS 战功卓著，最为著名的是在 1980 年 4 月 30 日伊朗驻英国大使馆人质劫持事件中，只用 46 分钟就解救全部剩余人质，SAS 部队只有 1 人受轻伤，未误伤一名人质。

SAS队员通常是从空降团的伞兵志愿者中严格挑选，他们在加入特别空勤团以前，最少要受过8个星期的初级伞兵军事训练。SAS的所有志愿者首先须通过由赫里福德团本部挑选的课程，目的是发掘出每个人是否有心灵调适、身体耐力、自律能力和强韧的精神等素质。课程先是10天的适应期，主要进行地图判读训练。接着10天是单独一人的越野行军，有时要背25公斤的背包于20小时内行军64公里。之后是14周的接续训练，包括跳伞课程和战斗求生训练。长达两年的训练过程分五个阶段逐一完成，每个阶段都会有士兵被淘汰。第一阶段是体力测验，要求应试者全副武装向指定目标越野前进，而且随路程增加，负重也从25磅逐步增至50磅。第二阶段是为期21天的耐力测试，要求应战者接受持续20个小时内完成40英里山区徒步的远距离行军考验。第三阶段是野外生存和反审讯训练，应试者要经历3周荒野生存训练，并忍受肉体和精神上的痛苦折磨。第四阶段是专业训练，士兵们要学会高空自由跳伞、驾船技术和乘潜艇实施两栖作战、攀登山崖和冰坡、军用车辆驾驶、使用经纬仪和天文导航、沙漠地带机动作战的能力。第五阶段是外语和射击爆破训练。四分之一的士兵必须熟练掌握可能派遣地区的语言文字。3周射击训练中每个队员至少发射1500发子弹。全部训练科目通过的人获颁贝雷帽和徽章，成为SAS的永久性成员。SAS分为红队和蓝队，红队精通空降和山地作战，而蓝队更擅长驾驶舟艇和行军。

## 深入虎穴，秘密搜集恐怖组织情报 / 敌众我寡，突然遭到IS成员武装伏击

2017年6月底，IS组织在伊拉克大势已去，但垂死挣扎的散兵游勇却依然经常出现，伊拉克民众随时面临生命危险。特别是伊拉克北部的摩苏尔城，仍未完全摆脱IS组织的盘踞控制。驻伊英军指派SAS小分队奉命在摩苏尔城执行秘密情报搜集任务，重点查明该组织人员数量，尤其是IS指挥部位置及重武器的部署情况，为联军下一步清剿行动提供依据。SAS与普通地面部队相比就是不一样，他们平时早就谙熟于心的战术，在这种行动中可以淋漓尽致地发挥出来。大家分工合作，有

SAS 特战队员实战化训练

人负责标定重要目标位置，有人负责监视周边情况。时间不长，任务就圆满完成了。可惜的是，不知哪个队员无意间露了马脚，小分队的行踪竟然暴露于 IS 组织眼中。

IS 组织从对方外貌上判断出，对方来自外国而非库尔德部队或伊拉克政府军。来者不善，如不及时处置，弄不好会招来灭顶之灾。经过层层报告，IS 指挥部迅速调集人马，决定以优势兵力将对方来个“一锅端”。不过，IS 组织可不知道对手就是鼎鼎大名的英国 SAS 部队，否则他们可能要改变打法。约 50 名 IS 成员隐蔽藏身于 SAS 撤离的位置，等 SAS 队员一露头，密集子弹便立刻撒了过去。一段时间以来，IS 组织江河日下，士气低迷，他们太需要一场彻底的胜利了。所有人都觉得，这应该是一场没有任何悬念的漂亮仗，个个都很兴奋，就等着回去邀功请赏了。

一方刚执行完任务就仓促被围，一方早有预谋且人多势众；一方是闻名遐迩的特种部队，一方则是心狠手辣的恐怖分子。“红色魔鬼”居然被人算计，简直倒霉透顶。显然，一场血战在所难免。

大大出乎 IS 组织意料之外的是，本来可以速战速决的战斗，居然从中午打到了傍晚，长达 4 个小时的猛烈射击之后，对方仍未屈服。自己的兄弟倒是不断阵亡，20 个人丢失了性命。IS 成员个个杀红了眼，不断缩小包围圈。他们知道，随着时间的延长，对手肯定会弹尽粮绝，除了投降，别无他路。

## 近身肉搏，凸显特战精英超强素质 / 一个不少，取得突围战斗完美胜利

对每一名特战队员来说，任何一颗子弹都是宝贵的，特别是处在敌人包围之中，没有子弹就只能束手被擒。SAS 特战队员虽然被敌人包围的时间不短，但他们一直在顽强地抗击着，尽最大努力不让敌人靠近。既要用子弹挡住敌人，又不能轻易浪费弹药。IS 成员每每发觉对手没有生机，可以上来打扫战场之时，却总是被战壕中射出的子弹击中。对手的子弹就像长了眼睛一样，每一声枪响，就有一个兄弟倒下。

SAS 特战队员们原本以为任务结束后就能迅速脱离战场，随身携带的子弹并不多。到傍晚时分，队员们被困在一个小河床里。清点一下弹药，所有人的子弹加起来仅剩下不足 10 颗，IS 成员却依然将他们围成铁桶一般。进入天黑之后，只会更加不利。摆在 SAS 队员面前的只有三条路：等待救援、主动投降或者血拼到底。选第一条路，子弹用光其实就意味着坐以待毙，瞬间就会被敌人全部生擒，等援兵赶到，一切已为时已晚。选第二条路，IS 组织残酷对待人质的画面让所有人不寒而栗，主动投降也不可能活着见到家人。与其被敌人抓住折磨致死，倒不如拼个鱼死

SAS 队员勇猛作战

网破。大家用眼神很快达成共识，只有第三条路可选。SAS 士兵们相互握手告别，为分散敌人兵力，他们手持刺刀。待敌人密集弹雨稍有间歇时，便一起高喊着，向四面八方冲了出去。

常言道，“置之死地而后生”。弹药耗尽之后，能保命的手中武器只剩下了刺刀。SAS 士兵必须快速冲到敌人胸前，才能发挥出刺刀的威力，同时也才能让敌人的子弹失去作用。因此，一个个特战队员简直像疯了一样，拼尽全力冲向 IS 部队。IS 成员们一时间也被吓住了，没想到围攻了一下午，对手还有这等气势。趁着敌人发愣的片刻，SAS 士兵冲出了河床，向 30 多名 IS 成员杀去。特战队员们也知道凶多吉少，只有杀死更多敌人，才可以为留到最后的兄弟多争取些生存机会。

狭路相逢勇者胜，在你死我活的战场上，胜利永远属于勇敢的一方。在与敌人的搏杀中，一名 SAS 军官把 IS 恐怖分子的头部按在小水坑中，把他的脸死死压到泥里，直至其窒息而亡。解决完这个敌人之后，他看到身边不远处，还有一名持枪的敌人正在与队友扭打在一起。他马上捡起一块石头，砸在那个敌人的脸上，与队友一起将其消灭。另一名特战队员把突击步枪当棍棒，抡圆了，先后击杀了 3 名 IS 成员。还有人用拳头与敌人战斗。IS 成员们或许是得到了上司的指令，想尽可能抓几个活的当人质，也可能是抓活的可以得到更多赏金。剩余二十多人，张牙舞爪地冲过来，试图“活捉”特战队员。迎接他们的却没有一个放下武器的队员，只有一把把锋利的刺刀，以及一张张怒目圆睁的面孔。经过大约五分钟的殊死搏斗，勇敢的 SAS 队员放倒了 12 名 IS 成员。最后的十几个 IS 成员，见势不妙，惊慌失措地逃走了。经过大半天的勇敢拼杀，敌人总算撤退了。迎着夕阳的余晖，SAS 队员紧紧抱在了一起，庆幸上帝的护佑。看看浑身上下，几乎所有的队员都有两处以上枪伤，不过，这又算得了什么呢。大家收拾行装，立刻向安全地带转移。步行五英里后遇到了库尔德友军，在他们的支持下，SAS 分队终于安全回到了 SAS 基地。两天后，之前失踪的两名队员也顺利返回基地。SAS 部队执行这次任务，虽然不幸陷入埋伏，但搜集到了许多重要情报，关键是特战队员无一牺牲或被俘，再次让 SAS 的英名流传于世。

# 六、魂归尼日尔

## ——美军“绿色贝雷帽”部队惨遭伏击

2017年10月4日清晨，美国、尼日尔两国联合巡逻队完成例行巡逻任务，队员们拖着疲惫的身子，乘坐八辆车返回基地。离开尼日尔边境，车队时而拐弯，时而穿林，皮卡中的乘员虽然都紧紧抱着冲锋枪，但晃悠的车子明显起到了催眠效果，饥肠辘辘也难挡浓浓困意。11时35分，阳光正足，车队刚离开首都尼亚美西北部的东戈东戈村，拐进一条林荫道时，突然间枪声大作，一伙携带突击步枪和便携式反坦克武器的IS恐怖分子，似乎从天而降，一下子把巡逻队的每个人都打醒了……

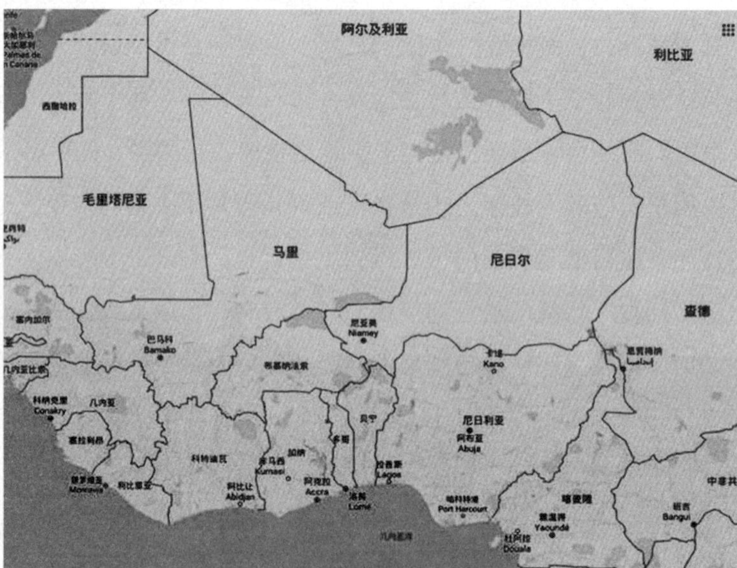


双方交战区域地图

## 美军非洲指挥机构，组织严密 / 驻非特种部队，反恐主力

美军非洲司令部（USAFRICOM），负责美军在非洲的作战指挥与协调，于

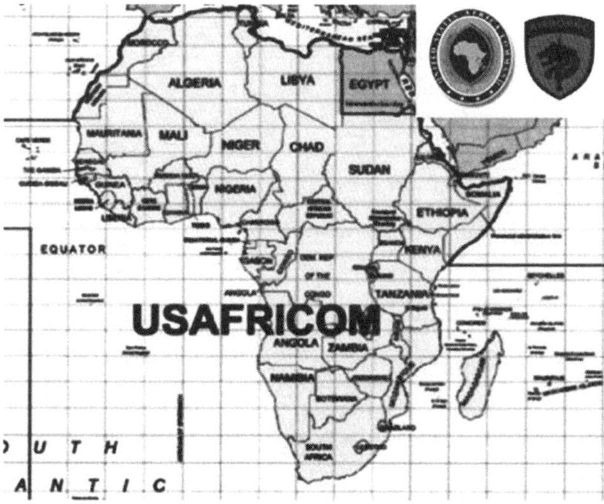


美军非洲司令部和非洲特种作战司令部责任区范围

2007年10月1日正式组建时，由于没有得到非洲相关国家的支持，不得不暂时安置在德国斯图加特。次年组建的美军非洲特种作战司令部（SOCAFRICA）也在该地，负责除埃及以外的54个非洲国家，责任区内特种作战的行动指挥、控制和行动部署均统一管理，核心任务是保护美国公民的生命安全和美国在非洲的利益。特种部队一向以训练有素、战技纯熟、组织严密、火力强大、装备先进而著称，在非洲恐怖组织猖獗的地区，自然少不了特种队员的身影。一个特种作战司令部先遣营，跨撒哈拉联合特种作战特遣队（the Joint Special Operations Task Force-Trans Sahara），驻扎在德国鲍姆霍尔德市，由上校层级的旅级指挥部直接指挥来自不同军种的特种部队，主要负责非洲西部和北部的特种作战行动。

非洲特种作战的指挥和控制小队在非洲乍得湖谷地，位于乍得共和国首都和第一大城市恩贾梅纳（N'D jamena），是中校层级的营级指挥部，负责指挥和控制两个先行的指挥基地以及美国特种作战在该地区的战术协同。先行行动基地——在尼日尔首都尼亚美（Niamey Niger），属于连级指挥部。以该基地为依托，特种部队少校军官指挥A类特种作战分队，在尼日尔执行战术行动。可以说，美军在非洲作战行动的指挥层级是由高到低，层次分明的：

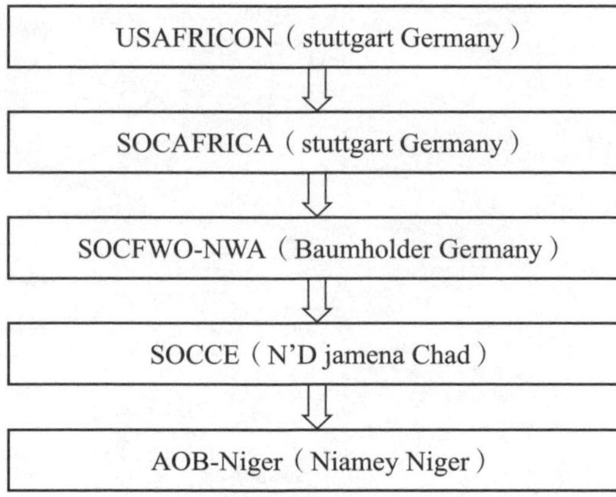


美军非洲特种作战指挥层级由高到低示意图

美国陆军特种作战大队（Special Force，简称 SF）由于在越战期间表现勇敢而闻名于世，其代号——绿色贝雷帽（Green Berets）更是妇孺皆知，该部有 6 个分队，主要任务是执行特种作战任务，参加反恐作战，并作为教官和顾问帮助别国训练反恐怖突击队。绿色贝雷帽每一名队员都拥有自己的技术专长，包括武器、工程、通信或者医疗等，是美国第一支正规化的特种部队。该部队的部分力量被非洲特种作战司令部派遣到西北非战场，驻西北非特种部队（U.S.Special Operations Forces Teams in Northwest Afica，简称 SOF），负责训练西北非国家的军队，支持东道主国家安全稳定工作，领导联合反恐、监督、侦察等军事行动。

美军绿色贝雷帽部队标志

## 侦察恐怖组织头目无果，反被设伏 / 车队行进过程警惕不够，仓促迎敌

2017 年 10 月 2 日，美军特种分队得到情报，可控范围内有一名 IS 首领身处瓦拉姆（Ouallam）。据此，小分队提交了一份任务计划，准备在尼日尔与马里边境附近一个叫蒂洛阿（Tiloa）的地方展开行动。在该区域展开联合民事或军事侦察，提高边境地区民众的警惕意识，对遏制地区恐怖主义活动大有好处。东西两区相互

配合，共同对付恐怖主义势力，得到尼日尔领导层的支持和允许。任务计划包括协助当地民选领导为民众兑现安全方面的承诺，评估民众对 IS 组织的态度等。不过，该任务计划书并没有详尽描述计划的具体目的，究竟应该查明恐怖组织头目的具体位置还是活捉或击毙？如此模糊的任务居然被尼亚美行动基地的领导核准，并且还希望上级指挥控制中心给予支持。

10 月 3 日，在瓦拉姆的驻尼日尔美国特种部队与尼日尔反恐部队准备前往蒂洛阿附近执行反恐行动，意图抓捕该首领。原计划是由驻扎尼日尔阿尔利特（Arlit）的美军特种分队主攻，由驻扎瓦拉姆的另外一支分队助攻，但因天气原因，美军并未展开行动。

10 月 4 日清晨 6 点，美军特种部队共出动 11 人，包括 8 名特战队员（5 名来自绿色贝雷帽部队）和 2 名特种行动支援队员，1 名美军情报人员，乘坐两辆装备重机枪的白色皮卡，一辆蓝色丰田 SUV。尼日尔军方共出动 35 人，包括 1 名尼日尔籍翻译，3 名尼日尔籍侦察小队队员，31 名尼日尔特战队员，他们来自尼日尔第 433 特战旅特战分队（Battalion Special de Rensengnement，433rd Special Interdiction Company）。尼日尔部队乘坐四辆黑色卡车和一辆黑色 SUV。美尼双方共计 46 人，组成联合巡逻队，乘坐八辆车。从距离尼日尔首都尼亚美 100 公里的瓦拉姆军营出动，执行巡逻侦察任务，并前往附近村庄与地区领导人见面。这只是一次相对低风险的常规例行性巡逻，而非专门的战斗行动。所以巡逻车队并没有带上更多的重型

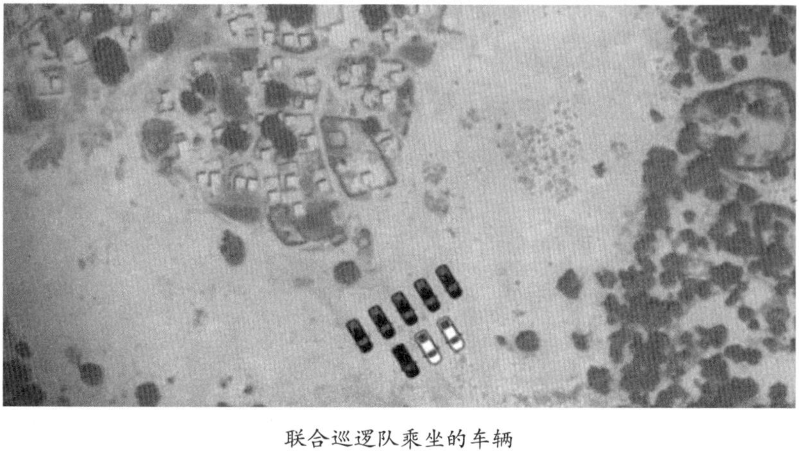

联合巡逻队乘坐的车辆

武器。尼日尔特战队员的随行装备中火力最强的是安装在汽车上的 7.62 毫米口径中型机枪，甚至没有为机枪手配备防护装甲。美国特种兵所携带的则是配备有瞄准镜的 M4 卡宾枪，个别人还装配有单发榴弹发射器。这样的火力配置一旦遭遇火力较强的敌对组织攻击，还是存在很大隐患的。

后来，巡逻队又接到新的任务，要求前往马里和尼日尔界地区，追赶逃跑的极端分子。两个小时后，大约 10 时 30 分巡逻队赶到目标区，却并未发现恐怖分子的踪影。任务结束，美尼两军特战人员乘坐八辆汽车，浩浩荡荡返回瓦拉姆基地。美尼联合巡逻队毕竟都是特战精英，携带武器，又组成快速行进的车队，谁也不会相信有哪家恐怖势力胆敢自动送上门来。最初的行程很顺利，队员们唯一期盼的就是早点回到基地，大吃特吃一顿，然后美美地睡上一觉。车队按既定路线行驶，周围一切都很安静，只有汽车的引擎声轰轰作响。非洲的太阳光很足，暴晒之下，又裹着深重的作战服，车上的特战队员无论哪一个姿势都不舒服，车子外面除了稀疏的小型绿色植物偶然出现，其他几乎没什么吸引眼球的东西，返回基地的路线似乎延绵无尽。

11 时 35 分，车队在东戈东戈村补充淡水并与村子长老进行会谈。之后，车队拐进一条林荫道，终于寻到难得的绿荫，让队员们沮丧的心情得到了一丝缓解。树林中的鸟儿清脆地叫着，似乎向他们发来问候，又似乎在提醒着什么。突然间，枪声大作，一下子把巡逻队的每个人都惊醒了。一伙携带突击步枪和便携式反坦克武器的 IS 恐怖分子，从树林中一涌而出，他们以轻武器火力攻击后方车队。看起来，敌人有备而来，为防止陷入包围，车队指挥官要求快速通过，尽快甩开敌人。车队进入树林后，敌人的火力却在不断加强。再不还击，已不可能摆脱敌人。车队只得停下来，同时通信兵用无线电向后方行动基地报告遭遇袭击情况，声称已同恐怖分子进行激烈交火。即便如此，绿色贝雷帽也没打算呼叫支援，毕竟自己是正规军中的精英分子，应该有能力把对手解决掉。出乎意料的是，尼日尔的兄弟们战斗意志太差，遭遇袭击后 2 个尼日尔人首先被吓得直接逃跑。

两辆白色皮卡车中的美军特战队员立刻用车载 M240 机枪对恐怖分子进行还击，几名士兵下车穿戴好个人防护设备，用小型轻武器对敌射击。美军指挥官带领四名尼日尔士兵步行向东南前进，他们打算从侧翼包抄部分敌人。战斗持续一小时，枪战过于激烈，队员们都没有更多机会呼叫支援。还好，尼日尔瓦拉姆高级行动基地 AOB 根据报告，决定派出快速反应部队，美军特种作战指挥部指挥官也陆续派出增援部队，似乎一场精彩的联合行动即将上演。

小队中士拉·戴维·约翰逊（La David Johnson）驾驶其中一辆白色皮卡前进，向另一辆皮卡靠拢，以便集中使用机枪火力扫射敌人。一名上士以车辆为掩护后退至丰田 SUV 附近，向北边的敌人发射 84 毫米 AT4 反坦克火箭。一辆尼日尔车载 6 名尼日尔战士，未经允许擅自离开，后来又跑了 2 名尼日尔士兵。负责侧翼包抄的美军士兵碰到了一片水域，无法通过。指挥官观察到，一组敌人正在向他的东部前进，他们还装备有摩托车和配备车装重机枪的皮车，携带有迫击炮和轻武器，看起来大约 50 人。

11 时 57 分，为防止被敌人边路包抄。指挥官下达指令负责包抄的 5 人小分队向南行进，但命令并未立刻执行，因为许多尼日尔士兵还躲在树林中，集合起来需要时间。尼日尔两辆皮卡被敌人重炮摧毁，只得就地弃用。剩下的两辆尼日尔车辆，率先离开美军车队向南行进。两辆白色皮卡载着 8 名美军特种兵从伏击圈中冲了出来，蓝色 SUV 落在了后面。美军皮卡跟随尼日尔皮卡向南行进大约 700 米后，四辆车摆开防御阵形。三位中士布赖恩·布莱克（Bryan Black）、杰里迈亚·约翰逊（Jeremiah Johnson）、达斯汀·赖特（Dustin Wright）集中在 SUV 附近，利用车身进行防护，向敌人顽强反击。

## 友军协助不力，特战队员孤军奋战 / 敌人火力强大，四名队员壮烈牺牲

一名队员为了掩护小队前进，阻断敌方视线，帮助大家顺利转移，向北扔出一枚烟雾弹。小队指挥官要求三名中士立即向红色烟幕附近前进，杰里迈亚·约翰逊竖起大拇指表示服从。达斯汀·赖特进入 SUV 慢速驾驶，向红色烟雾处撤离，既为掩护行踪，也顺便为增援部队标记位置。布赖恩·布莱克和杰里迈亚·约翰逊在车辆背向敌人一侧躲避敌人射击，可惜布赖恩·布莱克不小心稍微超出车头，一瞬

间即被敌人射杀阵亡。杰里迈亚·约翰逊也被敌人密集火力射中倒地，但他又顽强地爬了起来。达斯汀·赖特立刻下车协助杰里迈亚·约翰逊将布莱克尸体拉回到汽车背向敌人一侧。无奈没有队友支援，没有基地的援兵，敌人越围越紧。在敌人猛烈火力之下，两个人只能弃车前进，仓促间都无法进行相互掩护。在距离 SUV 西南 85 米处，杰里迈亚·约翰逊再次被击中，手臂中枪，坚持爬行了 40 英尺后停滞不前，鲜血染红了他身后的路线。达斯汀·赖特看到后，立刻返回约翰逊身边，不断向敌人射击进行掩护。在达斯汀·赖特的帮助下约翰逊重新站起来向前缓慢移动。他们一边搜索一边与敌人进行枪战。但很快两个人都没有了子弹，失去抵抗能力，倒地不起，两人相距仅数英尺。不久大批敌人包围过来，两人遭敌人数轮扫射而死。甚至他们阵亡之后，尸体的头部还被连续射击，鲜血直流。大约 12 时，布莱克、约翰逊、赖特三名英勇的特战队员，光荣的绿色贝雷帽战士牺牲了。这时，美军士兵剩下 8 人，尼日尔则剩下 25 名士兵与美军并肩战斗。

不过，三名贝雷帽的牺牲并没有被所有人意识到，否则必然会有更多支援。大家用无线电呼叫美军 SUV 及其他美军队员，可惜没有任何回应。意识到情况可能不妙，2 名美军特战队员自愿要求步行回到伏击点，以寻找救助其他队员。最先出发的 2 人来到了先前发生战斗的地点，杀死了几名敌人，但敌人数量太多，不得不仓促撤离。当他们往西南方向撤离时，又遇到了前来增援的两名队员。四人计划寻找另一条通往美军失踪车辆的路线。特种部队机械师兼司机、绿色贝雷帽拉·戴维·约翰逊，离开驾驶室来到车辆后方，使用车载 M240 机枪与敌人交火，机枪子弹耗尽后，他换成了 M2010 狙击枪继续射击。与此同时，小队指挥官带领美尼双方队员继续与敌人交火。

12 时 25 分左右，敌人的车载重机枪和随车步兵从东南方面向防御阵地开火，密集的子弹迫使指挥官下令撤离，美尼四辆车迅速转向西南行进，当发现部分人员没有上车后，美军一辆白色皮卡顶着猛烈攻击，绕了一圈，让遗落的美军士兵和尼日尔士兵上车。在敌人的猛烈机枪扫射中，拉·戴维·约翰逊和一名尼日尔士兵尝试登上另一辆白色皮卡，可惜没能成功。12 时 30 分左右，美军白色皮卡以为拉·戴维·约翰逊已经上车，为防止自身车辆被敌人打坏，司机猛然加速向西北行进。

拉·戴维·约翰逊和两名尼日尔士兵无法登上另一白色皮卡，只好步行撤往西南方向，而敌人则在后面紧紧追赶。视野中，主要是矮小的灌木，高一些的树木非常稀疏，很难找到合适的掩体，2 名尼日尔士兵先被击杀阵亡，拉·戴维·约翰逊又逃了 450 米，跑到视野中唯一可能掩蔽的地方——一棵突兀的荆棘树，继续与敌人作战。很快，一辆装载重机枪的敌人车辆驶来，在离拉·戴维·约翰逊 100 米处停了下来，连续向他开火，切断了他的撤离路线，大批敌人慢慢逼近。

美尼车辆离开伏击地点之后高速行进，敌人开车紧追不舍，猛烈射击。三辆车组成的东队向西北行进过程中，队员们并没有注意到另一辆白色皮卡的掉队。车队中 7 名队员（3 名美军，4 名尼日尔士兵）中有 5 名中枪，其中一名尼日尔士兵身负致命伤，生命垂危。开车的司机手肘中枪仍顽强地继续驾驶车辆行进。白色皮卡后车厢中的指挥官中枪后从车上坠落，司机顶着火力，绕回来救起指挥官，继续向西北行驶。进入树林后白色皮卡陷入泥潭，正好遇到了四名实施救援后返回的美军特战队员，大家终于汇合在一起，感觉实力大增。12 时 33 分，小队用无线电发送信息，称分队已基本失去战斗能力，他们即将被敌人追上。这也是美军特战队员第一次发出正式的求救信号，担心敌人会抢夺他们的无线电，暴露机密信息，他们发出信号后，立刻将电台进行了彻底破坏。7 名美国队员和 4 名尼日尔士兵弃车而行，在敌人密集的小型武器火力和迫击炮攻击下。他们带伤跑出沼泽地，甩掉敌人后，

战斗场面复原

在树林西北部的空地停下来。12 时 50 分左右，他们匆匆摆开防御阵形。这里似乎依然是恐怖分子的控制区域，敌人的攻势丝毫没有减弱的迹象。

战斗期间，基地派遣的无人机飞过来，但无法分辨地面敌我身份，只是盘旋拍照录像，并未实施直接火力支援。13 时 11 分，美军无人机再次过来巡视，13 时 18 分空中战斗机出动，仍然难以区分敌友。13 时 23 分，武装直升机出动，近距离观察辨认出恐怖分子后，终于发起对地攻击，14 时 58 分，空中战机也开始主动攻击地面敌人。16 时，地面人员与空中飞机建立联系，引导飞机对地打击。恐怖分子在这种立体打击下，再无还手之力，四散奔逃。

16 时 55 分，两架运输直升机在其他飞机的保护下，降落地面，抢运受伤和阵亡的人员。美军增援部队、FBI、尼日尔军队继续追赶恐怖分子的残余势力，于 18 时 25 分救回三具美军特战人员尸体，是首批阵亡的三位中士，布莱克、约翰逊和赖特。6 日早上 6 时 25 分，部队集结去寻找拉·戴维·约翰逊的下落，直到中午 12 时才发现他的尸体在大树下，随身装备已被敌人掳走。从现场状况来观察，拉·戴维·约翰逊应该是被包围后，不愿意当俘虏，自杀身亡。在场的所有军人一起脱帽致哀，表达了崇高的敬意。尼日尔的士兵帮忙一起将他的尸体抬上汽车，送上直升机。此次伏击事件中，4 名绿色贝雷帽战士和 4 名尼日尔士兵阵亡，美尼两军应该至少击毙 20 至 25 名恐怖分子。敌我双方枪战的后期，后续增援的尼日尔军队是随 ISR 到达东戈东戈村的第一支军队，包括 3 个战场快速反应小队至少 100 名尼日尔官兵参与了支援与救助。法军派遣 15 架包括幻影战机在内的飞机和 53 名士兵进行支援。载有美国驻马里特种部队的法国直升机增援，并带着美国伤员和巡逻队中的其他成员返回安全区域。法国、尼日尔的帮助对营救和恢复美军特战部队的战力是有帮助的。10 月 7 日美军非洲司令部确认，发生在尼日尔的美军士兵遇袭事件导致 4 名“绿色贝雷帽”部队成员丧生，恐怖分子包括“伊斯兰马格里布基地组织”和 IS 成员。美军非洲特种作战司令部宣布，暂时停止在非洲的特种作战行动。这是自 1993 年在索马里遭遇“黑鹰坠落”以来，美国军队在非洲的作战中遭受的最大损失。

2018 年 3 月 9 日，《纽约时报》发布了一段视频，还原了当时的现场状况。5

月 10 日美军给出的调查报告中认为，此次失利的原因是多方面的，首先是助攻分队人员为临时组合，配合不够默契；其次，行动中分队指挥官过于小心，在不恰当的时机砸毁了电台导致无法呼叫支援。增援部队反应不够迅速，伏击战打响两个小时才现身，应该也是原因之一。而且美军全球部署、连续征战，再精锐的特种兵也有身心疲惫的时候。四名绿色贝雷帽的阵亡，如果能引起美军深思，也算他们的鲜血没有白流。

## 七、血腥营救

### ——阿尔及利亚特种部队蛮攻“鲜血营”

在阿尔及利亚东部撒哈拉沙漠深处的艾因阿迈纳斯（Ain Amenas）天然气田，当员工们都在睡梦之中时，突然遭遇武装劫持，恐怖分子来自基地组织“蒙面旅”

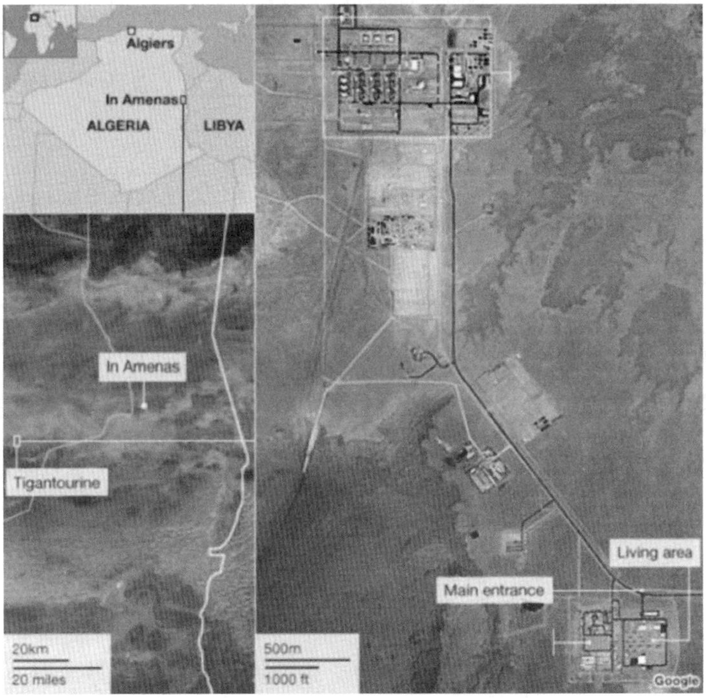


艾因阿迈纳斯天然气厂区位置图

下属分支“鲜血营”，他们“歃血为盟”，对参与军事打击马里极端武装的国家怀有刻骨仇恨。武力对抗没有胜算，绑架人质成了他们的常用手段。近800人的生命危在旦夕。劫持事件爆发后，阿尔及利亚政府立场坚定，发誓不与他们进行任何谈判，派遣特种部队迅速包围厂区，大规模人质解救行动即将上演……

## 凌晨五点钟，恐怖分子突入厂区 / 人质800名，10国人质成为筹码

2013年1月16日凌晨，大约40人组成的一伙极端分子全副武装，携带重型武器，分乘3辆挂有利比亚车牌的丰田越野汽车，从邻国潜入阿尔及利亚境内，为掩护行踪，汽车外壳还专门喷涂了气田投资方之一的公司标志。他们埋伏在艾因阿迈纳斯天然气田周围，天亮前发起进攻，凌晨五点钟就夺取了整个气田。武装分子首先袭击了一辆载有员工开往附近机场的大巴，随后闯入天然气田生活营地和天然气处理厂，打死1名阿尔及利亚籍保安和1名英国工作人员，打伤6人，包括3名外国人、1名保安和2名警员。在生产区和生活区有近800人被劫持，除了大量阿尔及利亚员工之外，还包括来自9个不同国家的41名人质，其中有7名美国人、6名挪威人、9名日本人、2名法国人、7名菲律宾人、2名罗马尼亚人、1名肯尼亚人、6名英国人、1名马来西亚人。显然，41名外籍人质成为恐怖组织向国际社会谈判要价的最大筹码。

艾因阿迈纳斯是撒哈拉沙漠产油区之一，位于阿尔及利亚首都阿尔及尔市东南方向1300公里处。遇袭的天然气田距离利比亚边境大约100公里，距离马里边境超过1000公里，气田周围荒无人烟。该气田由英国BP石油公司、挪威Statoil国家石油公司和阿尔及利亚石油天然气公司共同运营，日本工程巨头日挥公司参与建设。天然气田共有790名员工，其中包括来自26个国家的134名外国人。为了索要大笔赎金，起初，武装分子并未对外籍人质发出生命威胁，而是格外照顾，他们希望通过谈判获得好处后释放这些人质。阿尔及利亚人质大部分可以在站内自由走动，不少人偷偷向外籍同事提供水和食物。劫持者打算胁迫这些外籍人质转移到马里北部，与在那里已劫持的人质会合，然后继续谈判。

2012 年 11 月初，劫持行动即开始策划，劫持团伙是“基地”哈立德·阿布·阿巴斯旅成员，来自马里北部，他们分别持有毛里塔尼亚、阿尔及利亚、突尼斯、利比亚、加拿大、乍得、马里、埃及、尼日尔等国国籍。其中至少有 3 名阿尔及利亚人，还有炸药专家。1 名加拿大人和 1 名曾在厂区担任司机的尼日尔籍员工是劫持团伙中的内应，他们了解内部安保情况和外国人住宿信息。甚至在劫持过程中，他们还以同事的身份出面骗出躲藏起来的外国人。天然气站警卫的监控和防御装备虽然比较完善，但有内应的帮助，武装人员如入无人之境，清楚地知道每个房间里有什么人。

事件主谋为穆赫塔尔·贝勒穆赫塔尔（Belmokhtar），出生于 1972 年 6 月，在阿尔及利亚南部沙漠地带长大。1991 年前往阿富汗作战，曾进入“基地”组织在阿富汗坎大哈和贾拉拉巴德的营地进行接受训练。在阿富汗期间，他不慎引爆炸药失去左眼，后来装上了一只假眼。穆赫塔尔参与了大量走私活动，并主持多起贩毒、武器交易及非法移民活动。他是“基地”北非分支“伊斯兰马格里布基地组织”老资格头目之一，“蒙面旅”创始者，声称曾会晤过基地组织头目本·拉登。此后穆赫塔尔在撒哈拉沙漠地区的基地组织中地位不断上升，并成为伊斯兰武装集团（GIA）在撒哈拉地区的指挥官。贝勒穆赫塔尔被指控长期从事绑架杀戮阿尔及利亚人和外国人，法国情报机构称他是“抓不到的人”。这次行动，拉赫曼是现场指挥官，而贝勒穆赫塔尔则藏身在马里北部，通过卫星电话遥控整个袭击和劫持人质的过程。

武装分子宣称，此次攻击天然气田旨在“抗击犹太人和十字军”，法国必须立即停止军事攻击，要求“立即停止攻击我们在马里的人”，如果美国想在马里帮助法国，那么将“后果自负”。“如果阿尔及利亚、法国以及其他人质所属的国家拖延，不能满足我们的要求，将承担全部责任。”

## 断绝劫持者后路，不够灵活 / 排斥人质国协作，过于急躁

袭击发生后，阿尔及利亚官方对这起挟持事件保持了强硬态度，当天即派遣包括特种兵在内的军队力量，并且动用了坦克和武装直升机，严密包围整个厂区。劫

持者 16 日傍晚释放 30 余名阿尔及利亚人质，借此要求与阿军方展开面对面谈判，声称这样更有利于问题的解决。阿尔及利亚特战军官收到劫持者电话，要求阿尔及利亚释放 15 年前被关押的 100 名团伙，允许他们返回马里北部，这样可以换取西方国家人质获释。劫持者还要求阿官方提供车辆以便他们离开天然气田。

穆赫塔尔向阿尔及利亚政府开出两个主要的谈判条件：第一，法国、阿尔及利亚和相关国家之间立即协商，停止一切对马里北部武装组织的军事打击行动，法国撤出在马里的军队；第二，用劫持者手中的美国人，交换在美国监狱羁押的基地组织头子埃及人奥马尔·拉赫曼和巴基斯坦人西迪基。

随后，美国国务院明确表示不会与恐怖组织谈判，法国则直接拒绝了恐怖分子的撤军要求。阿内政部长卡布利亚在电视讲话中高调宣称，阿军方部队已将武装分子及人质所在气田包围，“我们不会与恐怖分子谈判”，也不会答应他们提出的任何要求。劫持者一心想通过谈判得到好处，却无人理睬，一切后路均被斩断。

在军方高压态势下，挟持人质者向政府叫嚣，任何解救人质的行动都会导致“悲剧性结局”。“如果阿尔及利亚部队试图袭击我们，我们将杀死所有人质。”随着僵持时间的延长，劫持者慢慢失去耐心，先枪杀了 3 名准备逃跑的日本人质，后来又对基督徒展开杀戮。

挪威政府向阿尔及利亚派遣一个应急小组以帮助挪威驻阿使馆处理相应事宜，努力组织营救在阿遭绑架的多名人质。日本内阁官房长官称首相下令组建政府特别工作组。英国也向阿尔及利亚派出快速部署小组以增强驻阿使领馆应对能力，确保相关人员安全。美国直接向事件发生地点派遣了一架无人侦察机，还准备向阿尔及利亚提供进一步协助。然而，阿尔及利亚政府决定独立处理人质危机，也拒绝了北约协助解救人质的请求，并且在没有事先通知各有关国家的情况下采取了军事行动。

## 冒险强攻，玉石俱焚 / 血腥收场，褒贬不一

17 日，阿尔及利亚军方和特种部队曾数度试图攻入人质所在建筑，激烈交火后，被劫持者击退。恐怖分子通过部分人质与媒体通话，要求阿军方撤离。

武装分子在生产设施周围埋设了大量地雷，用以阻挡阿尔及利亚军队的进攻。部分人质被强制要求穿戴“炸药带”，他们双眼被蒙，嘴被堵住，一串串炸药被套在脖子上，还有人质被迫穿上炸弹背心，他们被塞进 5 辆装有炸药的卡车，以便在阿军方发起进攻时充作“人体盾牌”。劫持者威胁准备将埋藏在油气管道里的炸药引爆，声称其威力足以摧毁气田周围方圆五公里甚至更大范围内的一切。发出威胁后，劫持者的车队开始向外冲击。

军方行动目标是不惜任何代价清场，绝不考虑谈判余地。为防止劫持者将人质转移，阿军方果断下令武装直升机对车队进行扫射。顿时火光冲天、爆炸声不断。四辆车很快被炸坏，一辆撞毁。一片混乱中，阿军队不加区分向所有人开火，除了 21 名劫匪外，30 名人质死亡，仍有 7 名外籍人质被劫持者控制，包括 3 名比利时人、2 名美国人、1 名日本人和 1 名英国人。只有 4 名外籍人质被安全救出，包括 2 名英国人，1 名法国人和 1 名挪威人。首次交火后，特种部队进入天然气处理厂，寻找幸存者。劫匪携剩余人质退回到生活区，并向阿军发出威胁，如果阿尔及利亚军方再靠近，就将处决剩余人质。

18 日早晨，劫匪带着人质、火箭弹、手榴弹、机关枪和炸药进入机房，随时准备引爆所有炸药。阿特种部队将机房围得水泄不通，双方保持对峙。当地部分长老

执行解救任务的阿尔及利亚特种部队

参与谈判，但由于军方立场强硬，谈判很难进行下去。

19日下午，劫持者发现越来越没有谈判的余地，也没有任何出逃的可能，便放弃生存希望，准备破坏油气田设施，同时开始虐待和屠杀剩余人质。阿特种部队果断发起最后进攻，终结了这场持续3天、牵涉多国的人质危机。军方在行动中缴获了一批包括6挺（FMPK）机枪、21支PMAK步枪、2个狙击枪瞄准镜、2门60毫米口径迫击炮及炮弹、6枚RPG火箭弹、C5-60毫米发射器、2枚火箭推进式榴弹发射器、若干手榴弹在内的武器弹药，以及一些装有10余枚手榴弹的爆炸式腰带。进攻结束后，军方扫雷部队加紧在厂区内清除武装分子先前埋设的地雷。特种部队打死最后11名劫匪，而劫匪也处死了7名剩余外籍人质。

该事件遇难总人数达到81人，包括37名外籍人质和12名阿籍人质，以及32名劫匪。其中4名恐怖分子的重要头目被击毙，他们是尼日利亚人阿卜杜勒·拉赫曼，阿尔及利亚人拉明·姆切内布、阿布–阿勒·柏拉，毛里塔尼亚人阿卜杜拉希–乌尔德·哈梅达，另外逮捕6名劫匪。同时，有部分营救人员丧生。事件中除了被劫匪主动释放的阿籍人质外，还有许多阿籍人质和外籍员工趁乱成功逃脱。特种部队共计解救685名阿尔及利亚人和107名外国人。不过，仍有5名英国人、5名挪威人和10名日本人生死不明。首批被救人质已经被运往首都以东500公里的泰贝萨机场。

阿尔及利亚深受恐怖主义危害，与本土的多个恐怖组织血战20多年，“不和恐怖分子讨价还价”，宁可付出惨痛代价也要惩处恐怖分子，并杜绝后者绑架更多人质的念头，是阿尔及利亚处理类似事件的通行原则。该事件是非洲十年来发生的最大的绑架外国人质事件。阿尔及利亚军方速战速决，但49名人质死亡的事实让其备受西方国家指责，阿尔及利亚被指不顾人质安危盲目开火，阿尔及利亚政府则坚称处置措施正确。

人质事件血腥收场后，英国、挪威、日本等国都纷纷表示不满。俄罗斯安全局专家表示，保障人质安全不是阿尔及利亚安全部队行动的主要任务。双方对峙过程中，日本首相安倍晋三曾致电阿尔及利亚首相，强调“人命最优先”原则，“对于采取危及人质生命安全的行为，我们十分担忧，要求立即停止军事行动”。美国反

1月19日阿军方护送一名获救的挪威人质（前右二）

恐专家乔纳森·舒尔茨说，阿尔及利亚军队经常是恐怖组织攻击的对象，但却应对乏术。在解救人质行动中，军队指挥官当时并没有掌握武装分子和人质位置的准确情报。对劫持者的军事抵抗能力、人员数目、残忍程度和恐怖手段等都估计不足。在人质可能遇到生命危险的情况下，如何采取应急措施等，都缺乏事先周密研究与规划，从而导致无法速战速决，其间既有误伤、也给绑匪留下了顽抗并屠杀人质的机会。还有专家指出了阿军在解救行动中所犯致命错误，首先，阿尔及利亚军方应观察劫匪行为特点，根据地形情况，选取最佳时机发动进攻。第二，阿尔及利亚军方不应直接用直升机向地面盲目开火造成人质伤亡。第三，阿尔及利亚军方应该主动接受国际援助，因为美英法特种部队在完成类似任务方面的经验更为丰富。第四，在解决人质的关键时刻，阿军方应该通过与劫匪谈判来拖延时间，寻找进攻机会。

由于缺少经验、装备落后等原因，小国在处理人质劫持案件时，出现失误似乎难以完全避免。即便是经验丰富、训练有素、装备先进，像美国和俄罗斯这样的大国，也曾在人质劫持案件中吃过大亏。阿军方解救人质行动虽然未能取得较好效果，但也得到了有关国家的谅解。英国国防大臣哈蒙德强调，出现人员伤亡是“令人震惊和不可接受的”，但“恐怖分子要承担所有责任”。法国总统奥朗德也为阿尔及利亚安全部队辩护，因为谈判是不可能的，所以进攻似乎是最好的选择。美国国防部长帕内塔在伦敦也驳斥那些因解救行动失败而对阿尔及利亚提出的批评意见。“他们在现场，他们了解恐怖主义的威胁，”他说，“我认为重要的是我们将继续与他们合作，发展一种地区行动方式。”挪威最初批评阿军队的强硬做法，但后来也支持此次行动。

阿尔及利亚长期存在恐怖威胁，该事件的发生也进一步令国际社会严重质疑阿政府保护本国能源工业免受日益猖狂的恐怖主义威胁的能力。2013 年 8 月，“鲜血营”和“争取西非唯一性和圣战”两个恐怖组织正式宣布合并，组建“纳赛尔主义独立运动”，贝勒穆赫塔尔成为领导人。2015 年 11 月 20 日“纳赛尔主义独立运动”袭击马里巴马科丽笙酒店，劫持 170 名人质，最终使 27 人遇害。贝勒穆赫塔尔及其领导的恐怖组织犯下了累累暴行。

## 八、黑鹰天降

### ——美军三角洲部队越境击毙 IS 高级头目

美军针对活跃在中东地区的各种恐怖主义势力，除部署在伊拉克的近 200 名特种部队官兵外，还有大约 50 人组成的驻叙利亚北部地区的特种部队。作为顾问和

美军三角洲特种部队

辅助，他们要协助当地库尔德人武装和阿拉伯部族武装，在国际联合阵线的空中支援下，打击 IS 目标。阿布·萨耶夫是 IS 高级指挥官，石油和天然气运营总监，号称 IS“钱袋子”。将此高价值目标活捉或斩首，注定断绝 IS 组织的资金链条，更能震慑恐怖分子的心理，为此，三角洲部队应需而动……

## 远程奔袭，三角洲跨境出击 / 活捉头目，美国人志在必得

叙利亚境内突尼斯人阿布·萨耶夫（Abu Sayyaf），直接参与 IS 军事行动的组织指挥，还负责操纵石油、天然气和金融的黑市交易，与 IS 大头目巴格达迪关系很好，也参与了该组织的武装活动。IS 在黑市出售石油，每天可获利大约 100 万美元，能源是 IS 组织获得活动资金的主要依靠。而阿布·萨耶夫的妻子乌姆·萨耶夫也是 IS 组织的成员，并在恐怖组织中担任重要角色。活捉阿布·萨耶夫，摧毁黑市贸易链条，不仅可以打击 IS 资金供应，还有望从他口中获取 IS 内部信息和可能遭这一组织囚禁的其他美国人质的线索。据说萨耶夫成为目标还与美国救援工作者凯拉·穆勒有关，穆勒在 2013 年被 IS 抓获，曾被强迫嫁给萨耶夫成为他的奴隶，2015 年 3 月被残忍杀害。

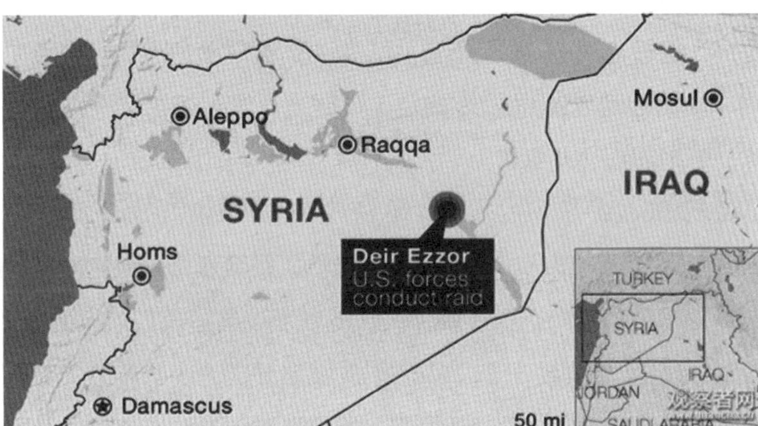


美军三角洲特种部队突袭地点位于叙利亚东北部代尔祖尔

2015 年 5 月 15 日，经过长达一年时间的追踪和数周的监视，在得到足够情报，并得到国安团队一致推荐的情况下，美国国防部长卡特亲自下达行动指令。由包括

三角洲特种部队在内的美军部队，在不通知叙利亚但得到伊拉克政府许可的情况下，使用黑鹰和鱼鹰直升机由伊拉克起飞，越境夜袭叙利亚东北部、代尔祖尔东南奥玛尔地区的一栋多层建筑，目的是活捉萨耶夫，成功后将其送往纽约接受审判。按原计划，特种部队本应在 3 月展开缉捕行动，但由于天气和其他原因不得不一再推迟。“三角洲”特种部队就是美国陆军特种部队第 1 作战分遣队，是“绿色贝雷帽”特种部队派生出来的一支精锐部队。主要任务是对付各种恐怖组织，编有三个中队，每个中队有 120 名成员。中队下辖若干小队，每个小队有 16 名队员。加上情报专家和其他辅助人员，在编人员总数大约是 1000 人。在美军内部戏称 D-boy，是当今全球装备最齐全、资金最雄厚的特种部队之一，其训练设施和训练拟真度也是其他国家特种部队所望尘莫及的。

当天深夜，20 余名特种部队官兵乘“黑鹰”直升机和“鱼鹰”倾转旋翼机，从伊拉克境内出发，空中飞行一个小时后，突击队直扑叙利亚东部最大城市代尔祖尔东南的奥玛尔。

## 负隅顽抗，萨耶夫一命呜呼 / 成功脱离，特种兵大获全胜

经受多次空袭之后，IS 极端分子有了较高的警惕意识，他们在多层建筑外构筑了简易工事，能够起到一定的防御作用。突击队员降落地面后，直接在住宅墙上炸出一个洞，随即冲入内部并与 IS 武装人员交火。飞机仍在上空盘旋，随时准备接应。恐怖分子把妇女和儿童作为“人体盾牌”，但突击队员设法击毙了武装人员，没有伤及平民。

突击队员原本打算活捉阿布·萨耶夫，可惜，在激烈交火中他被直接击毙。特种分队同时逮捕了他的妻子乌姆·萨耶夫，并解救一名遭他们奴役的雅兹迪女子。激战中，美军打死 19 名武装分子，其中包括 12 名外国人。队员们从现场缴获了笔记本电脑、手机和一些财务文件，还发现一些古亚述文本、古董和古钱币。其中很多文件披露了极端组织在叙利亚石油基础设施的重要细节。行动期间三角洲特种队员与武装分子发生激烈的白刃战，不过，美军无一伤亡。只有一架直升机多处中弹，但仍可正常飞行。

美军特种部队夜袭叙利亚恐怖分子头目阿布·萨耶夫住所

乌姆·萨耶夫在IS高层担任“高级顾问”一职，并了解恐怖组织从高层到基层的大量信息。虽然军事官员只能由男性担任，但是乌姆·萨耶夫依靠其丈夫，IS的“首席财务官”、“石油部长”阿布·萨耶夫获得了组织内的地位。经审讯，乌姆·萨耶夫供出了大量恐怖组织的内部机密，包括IS高级领袖巴格达迪的信息、其他头目的通讯资料和组织内部的运作细节等。乌姆·萨耶夫自己坦言，曾经参与了恐怖组织女性间谍的招募，抓捕库尔德雅兹迪族女性并当做性奴贩卖。根据这些情报信息，美国针对极端组织的石油运作发动定点空袭，恐怖分子从此失去了大量资金来源。

## 暗夜行动，让恐怖组织无眠／破窗而入，灭极端头目瞬间

“擒贼先擒王”，针对恐怖分子头目，一次无人机打击的成本至少为每小时1.2万美元，使用一枚巡航导弹的成本可能高达70万美元，但打击效果却不好评估。1986年美对利比亚卡扎菲发起“黄金峡谷”行动，出动8架F-111F战斗轰炸机，向利比亚首都的黎波里的阿齐齐耶兵营投掷了8枚重达2000磅的GBU-10激光制导炸弹，但卡扎菲还是安然无恙。出动特种部队进行地面打击，要冒着人员伤亡的风险，但误伤几率小，打击效果好。

美军特种部队编制有6万人之多，其中至少有1.2万专职部署在国外。国外的

活跃在伊拉克和叙利亚的极端恐怖主义分子

美军特种部队主要为当地政府军充当军事顾问，或协助温和派反政府武装打击恐怖组织，必要时也会介入武装冲突。在恐怖活动猖獗的地区，美军特种部队经常执行针对恐怖分子头目的斩首任务。斩首行动风险较大，在组织指挥方面要求极高，一般要通过战略筹划、战役指挥、战术实施。美军成建制的特种部队很多，但由于每次任务的实际情况千差万别，一般都要灵活抽调或模块化编建。除安排指挥员外，一般都要包括狙击手、卫生兵、通信员、翻译等，以人员精干、功能齐全为标准。行动前，要对目标人物所在建筑进行长期监视，甚至要动用卫星、无人机、地面情报人员。经过技术侦察与专职人员的情报分析相互印证，最终才能提出可供国家和军方高层领导人决策的行动方案。与美国陆军整体特种化趋势相适应，斩首行动一般都采用空中打击与特种作战相结合的方式。包括第 82 空降师、第 4 机步师等传统部队，其下属的斯特莱克（stryker，新一代轮式装甲车，美国陆军转型的重要标志）旅级战斗队，现在都迅速向特种作战任务靠拢。

美国为特战部队研发了多款特种飞机，为实施有效的斩首行动提供了绝佳条件。美国陆军第 160 特战航空团装备有 MH-6、MH-60、MH-47、MH-47G 等型号直升机，这些特种飞机都是对运输机型进行大幅度改装而来。美国空军特种投送的主力是以 C-130 改装的一批特种型，还包括 HC/MC-130J 特种作战替代型。在

MC-130 机翼下挂载有 113 公斤 GPS 制导炸弹和小直径炸弹（SDB）。美国空军还装备有 CV-22B 鱼鹰特种作战型，既能垂直起降，载重和航程又与 C-130 固定翼运输机接近，机腹下方安装有机炮。美国海军研发空投型浅水特战潜艇，除“先进蛙人输送系统”（ASDS）外，还专为“海豹”突击队设计了 SWCS（浅水作战潜艇），可运载 6 名蛙人航行 160.9 公里，能在水下零可见度下精确导航，可由运输机直接空投或由“俄亥俄”级核潜艇运送。美国未来轰炸机的概念中，甚至考虑用一种改装有增压载人舱的空射巡航导弹向地面投放特种部队。

美国精英特种部队近年来不断在伊拉克和叙利亚“开展突袭、解救人质、收集情报和逮捕极端组织领导人”。自 2010 年以来，美军特种部队以斩首行动为重要内容的出动强度，猛增至平均每月 340 次，2010—2012 年已累计达到约 2000 次。其中，特种部队乘直升机夜袭塔利班中高级指挥官等高价值目标成为最重要的战术，几乎每晚都有几十架直升机扑向塔利班目标。夜袭行动中有 85% 没有开火，有一半找到了要找的目标。通过斩首行动，仅仅半年时间美军特种部队就击毙近 3000 名塔利班人员，其中有 600 个头目。包括美军特种部队在内的联军，相当于每两天击毙一个恐怖分子头目，因而给 IS 领导层施加了很大压力，令他们内部产生猜疑和狂躁，甚至开始审讯自己人。

尽管未能活捉萨耶夫，但该行动已经成为一个样板，奥巴马政府据此设想用秘密战争来打击好战分子。这次成功是对 IS 头目的一次严重警告，“这给他们传递了明确的信息：无论藏身何处都可能被发现。”根据美国国防部的统计数据，截至 2017 年 1 月，约有 3.5 万名 IS 武装分子在叙利亚和伊拉克占据了约 1.75 万平方英里（约 4.5 万平方公里）的土地；到 2017 年 12 月，仅有约 1000—3000 名 IS 武装分子控制着叙利亚和伊拉克约 1900 平方英里（约 5000 平方公里）的土地。

2015 年 12 月 1 日，美国国防部长阿什顿·鲍德温·卡特（Ashton Baldwin Carter）针对叙利亚的动乱局势，警告极端恐怖组织，美国特种部队的部署“会警告叙利亚的每个人：你不知道晚上谁会从窗户中进来”。在美国和俄罗斯主导的两大军事联盟的共同打击下，IS 在伊拉克和叙利亚战场节节败退，国际反恐成效逐步凸显。

## 九、向我开炮

——俄罗斯联邦民族英雄扬威叙利亚

早在2012年3月9日，俄罗斯反恐精英——黑海舰队的海军陆战队，就搭乘“伊曼”号油轮抵达叙利亚的塔尔图斯港。只不过，在叙利亚冲突引发国际社会高度关注的敏感时刻，对于俄军入叙各方口径不一。叙利亚政府表示俄军将帮助叙政府清剿恐怖分子；但俄国防部则否认特种部队协助叙利亚政府反恐，强调该部队仅执行反海盗、撤侨等任务。直到2015年11月，俄特种部队在叙的行动才逐步曝光。俄特种部队主要驻扎在叙利亚拉塔基亚赫梅米姆空军基地，职责是在敌后侦察，为战斗轰炸机和巡航导弹指引目标，特别是引导空中力量对恐怖组织在叙利亚偏远地区的目标进行空袭。

驻叙利亚的俄军特种部队，集中了俄罗斯部队的精英。他们在赴叙利亚执行任务前，必须学习当地语言。行动中，他们能够根据作战性质的不同灵活使用“老

叙利亚拉塔基亚赫梅米姆空军基地驻扎有俄罗斯特种部队

虎”装甲车、自动榴弹发射器、反坦克导弹、迫击炮弹和无人机等装备，还善于利用夜视器材打击恐怖分子。俄罗斯特种部队的存在，极大地打击了IS组织的嚣张气焰。特种部队官兵主要活动在恐怖组织控制的区域，虽然他们都是精英，但面临的风险也是最大的。一次，格鲁乌特种部队中尉军官普罗霍连科执行任务时，突然陷入IS组织包围，弹尽粮绝之际，是束手被擒保存性命？还是饮弹自尽弃敌而去？然而，他选择了一个更为壮烈的方式……

## 军人世家，定志向献身军旅生涯 / 新婚燕尔，瞒家人奔赴海外战场

亚历山大·普罗霍连科（Alexander Prokhorenko）的老家在戈罗德基村，距离奥伦堡市130公里。普罗霍连科的父亲亚历山大是个拖拉机手，母亲纳塔莉娅是村干部。普罗霍连科的很多亲戚都是军人。其大学同学亚历山德拉对他印象很深，“他的家族中很多人行伍出身，他一直也梦想当兵服役”。普罗霍连科从学校毕业后，就读俄罗斯武装力量防空学院，之后成为俄军格鲁乌特种部队一员。他的另外两个兄弟也都跟随他的步伐，加入了俄罗斯军队。

2014年9月，普罗霍连科与美丽善良的叶卡捷琳娜结为夫妻，婚礼上播放了一

普罗霍连科与妻子叶卡捷琳娜

段视频，普罗霍连科在视频中说，他是最幸福的人，自己所有的愿望都梦想成真。普罗霍连科的班主任彼得·鲁西诺夫在婚礼现场感慨地评论他，“想当兵，结果成军官了。想成家，邂逅到了卡佳（叶卡捷琳娜的别名）。”两个人恩恩爱爱，生活幸福美满，他们还计划生一个小宝宝。终于在2015年底时，叶卡捷琳娜怀孕了。普罗霍连科既开心又担心，开心的是自己就要当爸爸了，担心的是，他已经得到消息，准备开赴前线，而且是到枪林弹雨的叙利亚战场。协助叙利亚政府军压制反政府武装，并打击IS极端组织。

他并不打算去说服领导，让他留在国内，守护好怀孕的妻子。虽然他知道，凭他优异的表现和他的特殊情况，领导也一定会同意他的请求。此刻，他首先想到的是，作为一名特种部队军官，为国家冲锋陷阵是自己的职责，能到一线战场锻炼是多么难得的机会，他也更想像父辈那样，建立军功，荣耀自己的家族。只是，牺牲了陪伴家人的时间，妻子会更加辛苦。他主意已定，决心舍小家为大家，反正执行完任务，还可以再回家补偿妻子和宝宝。这次赴叙执行任务是保密的，他谁也不能说，甚至兄弟部队都不知情。

2016年1月，临行前，普罗霍连科请求家族中的亲戚顺便照顾一下自己怀孕的妻子，他只说自己要去演习一段时间才能回来，亲戚们请他放心去执行任务。为了不让妻子担惊受怕，他说自己前往高加索地区执行例行性任务，只是时间比较长。妻子一向支持他的工作，但是要求他必须在新生儿出世之前回来。普罗霍连科掐指一算，笑着说：“没问题，我保证按时回来当爸爸。”

## 弹尽粮绝，特种军官陷入敌人包围圈/向我开炮，俄罗斯兰博与敌同归于尽

普罗霍连科来到叙利亚之后，几乎每天都要执行任务，随着一个个IS基地在他们的指引下被摧毁，看到越来越多的城市从恐怖组织手中解放出来，无数的民众恢复了他们平安的生活，他感到非常骄傲和自豪。3月10日开始，普罗霍连科所在的特种部队，持续在叙利亚巴尔米拉（Palmyra）古城近郊执行侦察任务，目的是引导俄军空袭该地区的恐怖组织。3月17日，普罗霍连科孤身一人在IS敌后执行

普罗霍连科与包围他的恐怖分子同归于尽

任务时，不小心被极端组织发现，大批IS武装分子包围过来。弹尽粮绝后，眼见突围无望，英勇的普罗霍连科果断通过无线电召唤空中飞机立刻对他所在位置进行打击。普罗霍连科壮烈牺牲的同时，陪葬的是那群包围他的恐怖分子。

普罗霍连科牺牲前与上级最后的通话，让无数人潸然泪下：

军官普罗霍连科（以下简称军官）：指挥员，我被包围了。

指挥员：请重复并确认。

军官：他们发现了我，附近正在交火，我被困住。我请求马上撤离。

指挥员：我询问一下能否撤离。

军官：请尽快，剩余的子弹已经不多。他们从四面八方逼过来，我坚持不了多久。

指挥员：确认可以撤离。请坚持以火力阻止住他们。然后转移至安全地带，空中支援正在路上。请给出联络信息。

军官：〈说出位置坐标〉

指挥员：〈重复位置坐标〉，请确认。

军官：确认。请尽快，我所剩弹药不多。这帮畜生，他们正在包围我。

指挥员：距撤离还有12分钟，请返回掩体。重复一遍，请返回掩体。

军官：他们靠近了。我已经被包围。（撤离）可能为时已晚。请转告我的家人，我爱他们。

指挥员：请返回绿线（注：政府军占领区和IS占领区的分界线），保持住火力，救援正在赶来。请等待空中火力支援。

军官：我无法再等，我被包围，这帮混蛋人数众多。

指挥员：十分钟后请返回绿线。

军官：我做不到，他们把我包围了，已经逼近。

指挥员：向绿线转移，重新向绿线转移。

军官：指挥员，我被包围了。敌人就在我身旁，我不想被他们抓获，我请求空中打击。他们会凌辱我，侮辱我这身制服。我希望能够有尊严地牺牲，希望与这帮混蛋们同归于尽。请满足我最后的愿望——请求空中打击。

指挥员：不予批准，请返回绿线。

军官：他们在这里，这是最后的请求，指挥员同志，谢谢。请告诉我所热爱的我的家庭和我的祖国，我爱他们。告诉他们，我战斗了，我也很勇敢，我能做的只有这么多了。请照顾我的家人，并为我复仇。指挥官同志，再见了。告诉我的家人，我非常爱他们。

指挥员：〈没有回答，随即下达了空中打击命令〉。

亚历山大·普罗霍连科阵亡，付出了年仅25岁的生命。在俄罗斯空军与特种部队有效的打击配合下，叙利亚政府军终于从IS手上夺回了沙漠古城、战略重镇巴尔米拉的控制权。3月20日至23日，俄空军对此地执行轰炸41架次，炸毁目标146处，炸死超过320名恐怖分子。每一名驻叙俄罗斯军人，包括叙利亚政府军在内，都想狠狠打击IS组织，为英雄复仇。

英雄无国界，普罗霍连科的战场壮举赢得了人们的广泛赞誉。英国《每日镜报》称他是现代版的特种兵“兰博”（Rambo）（注：电影《第一滴血》中的男主人公，孤胆英雄），面对一群IS极端分子时表现出了勇敢赴死的大无畏精神。而中国的网民则赞其为俄罗斯版“王成”(注：电影《英雄儿女》中的男主人公)，那一声“向我开炮”喊出了一名真军人的气质与风范。

## 迎烈士回家，向英雄致以崇高敬礼/授最高荣誉，让壮举永远激励国民

普罗霍连科牺牲在IS组织腹地，与敌人同归于尽，因此，他的遗体很快被IS组织藏起来。3月21日，俄国防部致信直接参与这场行动的叙利亚负责人，请求库尔德人协助从IS武装分子手中找回普罗霍连科的遗体。为了让英雄体面地回到祖国，俄罗斯与叙利亚司令部反复协商，要求不惜一切代价将烈士遗体平安送回家乡。叙利亚方面成立专门小组与IS谈判，IS“讨价还价”，就归还俄军官遗体提出了多项要求，谈判非常艰难，从3月21日至4月21日，持续了整整1个月。最终俄罗斯用6名武装分子囚犯换回了烈士遗体，叙利亚库尔德人民保护部队将英雄遗体转交给俄军方。事后，俄国防部长绍伊古特意致信库尔德武装表示感谢。

普罗霍连科的遗体被运回故乡奥伦堡后，俄国防部长绍伊古大将、副部长班可夫、都米恩及其他军方要员、亚历山大的家人与部队战友出席了告别仪式。班可夫在仪式发言中指出：“我们损失了可靠的战士，祖国忠诚的儿子。今天我们在这里告别俄罗斯英雄亚历山大中尉，他忠于职守，在叙利亚为俄罗斯利益而战斗。他的

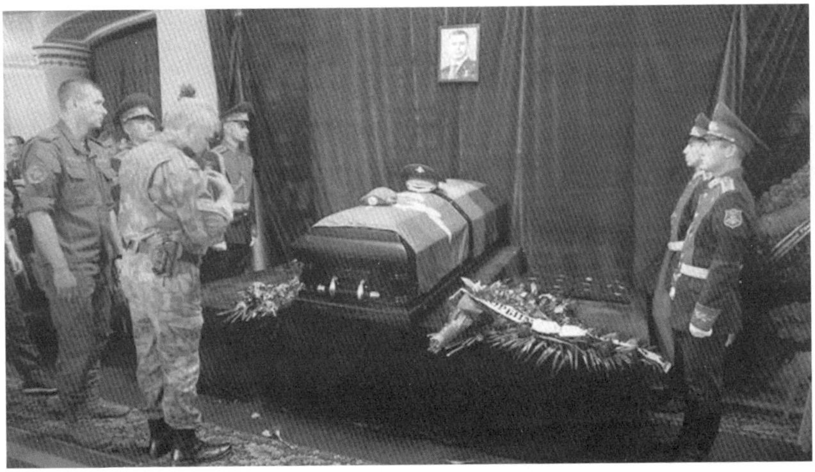

叙利亚军方将亚历山大·普罗霍连科烈士遗体移交俄罗斯军方

普罗霍连科的葬礼在家乡奥伦堡举行

牺牲是我们无法弥补的沉痛损失，我们将永远缅怀他的光荣事迹，他的壮举将成为忠于祖国的榜样。”副部长都米恩在发言中也盛赞“亚历山大为祖国而牺牲，是一个真正的英雄”。葬礼上，总统弗拉基米尔·普京亲自接见普罗霍连科的家人，并向普罗霍连科追授国家最高荣誉——“俄罗斯英雄”勋章，以奖励其在履行军人职责时表现出的勇敢无畏和英雄主义精神。

普罗霍连科的家乡母校也在热议这位出色的校友，这位当年优等生的照片至今仍悬挂在荣誉榜上。戈罗德基村中学教务主任纳塔莉娅·梅什科娃说，“他中学毕业时荣获银质奖章，上学时在各类竞赛中拔得头筹，为学校集体荣誉立下汗马功劳。他是个在艰难时刻无所畏惧的人，是大伙儿的靠山。”“我们希望能够以他的名字命名我们的学校，”老师纳杰日达说，“这是真正的壮举，我们将会讲给我们的学生们听。不是每个人都能有引导炮火轰炸自己的勇气。”

普罗霍连科的事迹在国际上产生了很大反响，4 月初，俄罗斯大使馆代表称，使馆收到了法国人发来的许多信，他们在信中对普罗霍连科的家人表示支持、慰问和同情。法国人还寄来了钱，请求用这些钱给普罗霍连科即将出生的孩子买礼物。5 月 9 日，卫国战争胜利日阅兵，莫斯科红场迎来两位特殊的参与者，是法国一对退休的让-克洛德·莫格（MAGE）夫妇。他们受俄罗斯总统普京邀请前来参加“不朽军团”的游行，他们还专门将自己家族的二战勋章，送给了普罗霍连科的家人。一枚“骑士”荣誉勋章和一枚铜棕榈十字勋章，勋章获得者是家族的两名亲属，一名亲属17岁时因参加抵抗运动被送到布痕瓦尔德纳粹集中营，另一名亲属曾是轰炸机飞行员。在抗击恐怖主义的战场上，普罗霍连科毫无疑问是与二战老兵们一样的真正的英雄。

俄军在俄罗斯总统普京的命令下，已经从叙利亚撤军。但从叙利亚撤出大部分俄军并不代表在叙利亚就没有俄罗斯战士了。部分俄罗斯精锐特种兵依然活跃在叙利亚。他们有的作为叙利亚军队的中层指挥官指挥作战，有的组成一个个特种作战小组，像普罗霍连科一样，对极端组织进行侦察并引导空中打击。

## 十、16:300

### ——俄罗斯特种部队勇猛击溃恐怖组织包围

1945年4月16日，苏军从奥得河、尼斯河同时向柏林发动进攻，激战16昼夜，德军停止抵抗。德国投降书于5月9日零时生效，第二次世界大战的欧洲战场

俄罗斯特种作战部队军官向国防部前的牺牲军人纪念碑致敬

正式结束。1995 年 4 月 19 日，俄罗斯联邦国家杜马通过了永久纪念胜利日的法令，规定 5 月 9 日为全民性节日。每年这一天，俄罗斯都要举行阅兵式，鸣放礼炮，并在莫斯科的无名战士墓长明火旁设立固定哨位。2017 年 5 月 9 日，俄罗斯胜利日，四个年轻军官来到位于莫斯科伏龙芝沿河街的国防部国家中心大楼前的一个纪念碑前，向英雄献花。他们的举动并没有引起人们的注意。因为在胜利日里，身穿军服胸配勋章手持鲜花的军人比比皆是。没人知道，他们是征尘未洗的战斗英雄。刚刚经历一场众寡悬殊的敌我战斗，才从九死一生的叙利亚战场回国，普京总统要亲自为他们颁发奖章。人们不禁要问，他们到底立下了何种战功，得以受到如此殊荣……

## 神秘 SSO，向敌为师 / 超强战斗力，屡立战功

二战结束后，苏联军队依据战争实践经验，于 1949 年成立了第一个独立特种侦察连，标志着苏联特种部队正式组建。此后，苏军陆续组建多支特种部队，在车臣战争以及国内反恐斗争中屡立战功。目前，最为知名的俄罗斯特种部队有三支："格鲁乌"特种部队，主要任务是在敌后实施侦察和破坏行动，并开展游击战争；"阿尔法"特种部队主要在俄境内从事反恐活动，与恐怖主义和以劫持人质、运输工具等其他极端主义行动进行斗争；"信号旗"特种部队则在国外专门执行特别任务并对俄驻外目标实施安全警戒。此外俄联邦内卫部队还有"勇士"、"罗斯"、"罗西奇"、"斯基弗"等多支特种部队。

俄罗斯胜利日出现的四名特战军官，来自俄罗斯最新组建的神秘特种部队"SSO"（CCO，Силы специальных операций，西里尔字母 CCO 转写罗马字母为 SSO）。作为一支成立于 2013 年的新锐特种部队，SSO 最早亮相于俄罗斯内务部组织的特战比武中，是一支直属于俄总参谋部的精锐特种部队。这支新组建的部队彻底改变 2008 年俄格冲突时特种部队的传统模式，敢于"向敌为师"，大胆采用美英特种部队的建设理念，从武器装备到战术风格一律采用西方模式。比如，队员们普遍使用新式 FAST 头盔和加了战术延展组件的枪械，配备了莱卡 VECTOR 测距仪和 SV-98 狙击步枪。这样一支年轻的特种部队却拥有着来自俄军各部队的顶级精锐

俄罗斯SSO特种部队

战士，两千余名士兵均为战斗力强悍的精英，每人都熟练掌握多种基础技能，会使用各种武器。SSO虽然没有像阿尔法、信号旗、格鲁乌等老牌俄罗斯特种部队那样为人熟知，但其实力仍旧不容小觑。2014年，俄罗斯收复克里米亚，大量俄军特种部队士兵涌入克里米亚地区，其中就有SSO的身影。他们精准快速地攻击了克里米亚的各处军事要塞，为俄军后期大规模作战打下了坚实基础。除SSO外，俄罗斯的各支老牌特种部队也开始了西化进程。无论是阿尔法、信号旗还是新锐的第604特种作战中心都已采用了与西方特战队类似的武器装备，人员编制、作战模式、战役战术也越来越接近国际潮流。

SSO部队被派往叙利亚战场后，多次执行包括训练叙利亚政府军、伏击敌军、刺杀恐怖分子首领、前沿火力侦察、纵深精确引导、进入敌军腹地展开攻击等多项高难度任务，甚至还曾让美军吃亏不小。2015年，土耳其击落俄罗斯一架苏24战机，正是SSO部队及时抢回了战机飞行记录器。2017年4月的一天，SSO特种部队小分队面对数百名恐怖分子，毫不畏惧，英勇作战，不仅让敌人丢下不少尸体，而且还能全身而退，其强悍的战斗力和出色的战果，向人们展示着俄军新型特种部队的超强战力。

## 协助友军，侦察敌情 / 引导打击，精准毁敌

在叙利亚阿勒颇省的一个区，征服阵线（Jabhanal-Nusra）恐怖分子频繁袭击叙利亚政府防御阵地，导致叙利亚政府军防线出现缺口。接到情报后，SSO 特种部队一支 16 人小分队，在叙利亚和俄罗斯联合指挥部的指挥下，携带包括 RPG-26 型火箭筒、带皮卡汀尼导轨的 AK-12 突击步枪等在内的武器装备，赴阿勒颇前线协助叙政府军布防，并对恐怖分子的藏身位置、火力据点、装甲车辆、弹药库和仓库等目标进行侦察，还要评估空中力量打击所需装备，根据所获目标信息引导战机实施纵深定点清除。在队员看来，这无非是叙利亚战场最为普通的一天。

特种侦察小队在距离恐怖分子不远的地方隐蔽下来，准确测量出藏匿武装分子的建筑、装甲车、弹药库以及周边交通要道的坐标。这些坐标数据很快传到后方指挥部。俄罗斯前线航空兵根据这些数据迅速发动定点空袭，成功消灭恐怖分子的 3 辆坦克，各种多管火箭炮和自制发射器，还包括两个弹药仓库。

## 恐怖分子火力密集，遭遇立体反击 /20 倍敌人来势汹汹，难敌战斗民族

俄罗斯空军力量对地打击完毕的同时，侦察小队所在的位置也被恐怖分子发现。很快特种小队便遭到敌方各种迫击炮和大炮的大规模轰击，敌人甚至动用了 BM-21 “冰雹” 火箭炮、D30 型 122 毫米榴弹炮和坦克等重装备，还集结了 300 人左右的恐怖分子团伙，对侦察小队的观察哨位发动猛烈进攻。

特战队员巧妙利用地形与恐怖分子周旋，在 2 天 2 夜里击退了敌人的四波进攻。其间恐怖分子多次动用推土机改装的自杀式汽车炸弹进行攻击，这种自爆车辆用两三层钢板焊接而成，中间装满砂石。虽然制作粗劣，但是用火箭筒却很难击毁它。特战队员们巧妙设下埋伏，利用 9P163-1 “短号” 便携式反坦克导弹和预设雷场成功将其摧毁。

到了晚上，特战队员充分利用热成像瞄准具和装备优势发动反击，摧毁了恐怖分子 1 辆坦克、2 辆装甲车和 1 辆自爆卡车，瓦解了恐怖分子包围消灭他们的企图。

队员们充分展示出了优秀的战术素养，以及良好的作战意识，在激烈对抗中他们成功避免了任何伤亡。恐怖分子在战场丢下 30 多具尸体后纷纷溃逃。特战小队打扫战场时，发现这些恐怖分子的装备精良，除了苏制和中制武器，还有大量配件齐全的美制武器和专业急救用品，甚至还拥有拍照录像取证的各种专业设备，头盔上都有以色列的电子设备。幸亏特战队员并非靠拼刺刀与敌人战斗到最后一刻，而是引导己方地面和空中火力进行增援，通过立体反击的方式，成功对极端武装进行了压制。即便如此，在被如此多的敌人包围 72 小时后，还能够毫发无损地顺利返回营区，简直就是奇迹。

## 英雄回国，历史铭记这一刻 / 总统授勋，国家以你们为荣

特种部队的身份常不为人所知，SSO 小分队创造如此辉煌战绩之后，悄然轮换回国。如果不是政府在胜利日故意安排媒体采访，根本无人知晓他们的英雄事迹。但他们默默无闻的奉献和牺牲，一定会被历史所铭记。

5 月 10 日，在上报给普京关于给这 16 人授勋的文件上，普京批示到，“同意，我将亲自授勋”。普京签发总统令，表彰他们在叙利亚的英勇战斗表现，下令对这些特种作战部队队员实施嘉奖。四名军官作为特战小分队的代表参加颁奖仪式。出于保密原因，官方并未公开其全名和面容，只知道名字分别是丹尼尔（Даниил）、尤金（Евгений）、罗曼（Роман）和维亚切斯拉夫（Вячеслав）。1 人来自海军，3

丹尼尔中校被授予“金星之星”

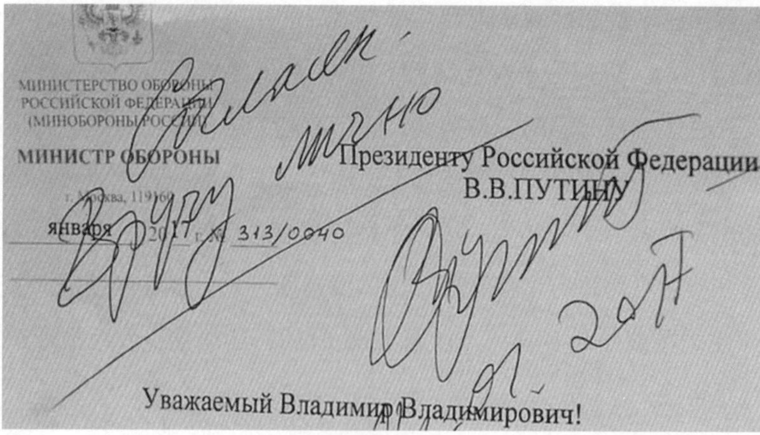

МИНИСТЕРСТВО ОБОРОНЫ
РОССИЙСКОЙ ФЕДЕРАЦИИ
(МИНОБОРОНЫ РОССИИ)
МИНИСТР ОБОРОНЫ
г. Москва, 119160
января 2017 г. № 313/0040

Президенту Российской Федерации
В.В.ПУТИНУ

Уважаемый Владимир Владимирович!

俄罗斯总统普京的亲笔签名“同意，我将亲自授勋”

人来自空降兵部队。丹尼尔中校作为队长被授予“金星之星”，还获得了“俄罗斯联邦英雄”的荣誉称号。俄罗斯联邦英雄称号是俄罗斯公民可以获得的最高级别荣誉头衔，由俄罗斯总统签发总统令，授予那些为国家服务而做出突出贡献、英雄壮举和辉煌事迹的国民。

普京在为这些特战军官授勋时说：“你们任何时候都没有令我们蒙羞。俄罗斯人和俄罗斯士兵，无论是今天还是任何其他时候，都表现出勇气和英雄气概，时刻准备作出任何壮举。这些勇士今天就在这里，就在莫斯科红场阅兵式上。国家以你们为荣！”

在未来战争中，大国间的较量很少会有万人会战规模，多数都局限在很小范围内，特种部队主导的渗透与反渗透的斗争将越来越普遍。俄罗斯通过叙利亚战场练兵，实现国家利益的同时，也培养了一大批现代化特战人才。

# 附录：参考资料

1.《名枪》杂志编辑部:《兵器世界之揭秘特种部队装备》，航空工业出版社 2012 年版。

2. 军情视点:《淬火精英——特种部队魔鬼训练实录》，化学工业出版社 2014 年版。

3. 军情视点:《精英之器——特种装备实录》，化学工业出版社 2014 年版。

4. 赵渊:《士兵突击——单兵技能训练与装备揭秘》，化学工业出版社 2014 年版。

5. 亚历山大·史迪威:《特战精英：特种兵技能装备大揭秘》，曹晓东、刘东锋译，机械工业出版社 2014 年版。

6. 亚历山大·史迪威:《极境求生：特种部队野外生存手册》，徐建萍译，新世界出版社 2012 年版。

7. 秋实、海清:《特种兵是怎样炼成的》，军事谊文出版社 2011 年版。

8. 秋实、海清:《特种部队大观》，军事谊文出版社 2011 年版。

9. 宋国涛:《外国著名特种部队》，中国社会科学出版社 2008 年版。

10. 薛一英、邓亮:《美军特种作战情报支援装备建设浅析》,《外国军事学术》2014 年第 2 期。

11. 于洋:《特种部队积极发展并装备侦察装备》,《国外兵器情报》2014 年第 7 期。

12. 李强、李发新:《特种部队训练要加强针对性和实战性》,《海军陆战学院学报》2014 年第 1 期。

13. 罗宾·摩尔:《搜捕本·拉登：美国特种部队在行动》，韩旭东等译，世界知识出版社 2004 年版。

14. 马克·欧文、凯文·莫勒:《艰难一日》，杨保林、张宝林、王蕾译，中信出版社 2012 年版。

15. 彼得·伯根:《刺杀本拉登》，刘苗苗、王巧译，哈尔滨出版社 2013 年版。

16. 姚春富:《终结本·拉登》，解放军出版社 2013 年版。

17. 程重阳:《猎杀本·拉登》，国防大学出版社 2014 年版。

18. 电影:《凌晨密令》、《猎杀本·拉登》；纪录片:《本·拉登之死》(BBC)。

**图书在版编目(CIP)数据**

外国特种部队揭秘/胡兆才等编著.—上海:上海人民出版社,2019
ISBN 978-7-208-15682-1

Ⅰ.①外… Ⅱ.①胡… Ⅲ.①特种部队-介绍-国外
Ⅳ.①E156

中国版本图书馆CIP数据核字(2019)第007324号

**责任编辑** 肖 峰
**封面设计** 一本好书

**外国特种部队揭秘**
胡兆才 费志杰等 编著

**出　　版** 上海人民出版社
(200001 上海福建中路193号)
**发　　行** 上海人民出版社发行中心
**印　　刷** 常熟市新骅印刷有限公司
**开　　本** 720×1000 1/16
**印　　张** 36.75
**插　　页** 10
**字　　数** 566,000
**版　　次** 2019年7月第1版
**印　　次** 2019年7月第1次印刷
ISBN 978-7-208-15682-1/E·72
**定　　价** 118.00元